भारतीय-आर्य भाषा और हिन्दी

भारतीय-आर्य भाषा और हिन्दी

पद्मभूषण भाषाचार्य साहित्यवाचस्पति
डॉ. सुनीतिकुमार चाटुर्ज्या

अनुवादक
आत्माराम जाजोदिया

अनुवादक निरीक्षक
डॉ. उदयनारायण तिवारी
महादेव साहा

राजकमल प्रकाशन

ISBN : 978-81-267-0933-5

मूल्य : ₹795

पहला संस्करण : 1954
दसवाँ संस्करण : 2020

प्रकाशक : राजकमल प्रकाशन प्रा. लि.
1-बी, नेताजी सुभाष मार्ग, दरियागंज
नई दिल्ली-110 002

शाखाएँ : अशोक राजपथ, साइंस कॉलेज के सामने, पटना-800 006
पहली मंजिल, दरबारी बिल्डिंग, महात्मा गांधी मार्ग, इलाहाबाद-211 001
36 ए, शेक्सपियर सरणी, कोलकाता-700 017

वेबसाइट : www.rajkamalprakashan.com
ई-मेल : info@rajkamalprakashan.com

मुद्रक : बी.के. ऑफसेट
नवीन शाहदरा, दिल्ली-110 032

BHARTIYA ARYABHASHA AUR HINDI
A philological study by Dr. Suniti Kumar Chatterji

सूची

खण्ड १ : : भारतवर्ष में आर्य भाषा का विकास

१. भारत-यूरोपीय, भारतीय-ईरानी (आर्य) एवं भारतीय-आर्य कुल --- १३
२. भारतीय-आर्य की अनार्य पटभूमिका, तथा भारतीय-आर्य भाषा का प्राचीन इतिहास --- ४३
३. भारत तथा बृहत्तर भारत में संस्कृत, एवं मध्य-युगीन भारतीय-आर्य भाषा का विकास --- ७८
४. नव्य-भारतीय-आर्य भाषा की ध्वनियों, विभक्तियों एवं शब्दावली का विकास --- ११३

खण्ड २ : : नूतन भारतीय-आर्य आन्तःप्रादेशिक भाषा 'हिन्दी' का विकास

१. आधुनिक भारत की प्रतिनिधि भाषा 'हिन्दी' --- १५५
२. हिन्दी (हिन्दुस्थानी) भाषा का विकास (१) --- १८१
३. हिन्दी (हिन्दुस्थानी) भाषा का विकास (२) --- १९९
४. हिन्दी (हिन्दुस्थानी) की समस्याएँ, तथा उन्हें हल करने के लिए प्रस्तावित सुझाव --- २२५
परिशिष्ट : १—प्राग्भारत-यूरोपीय --- २६६
परिशिष्ट : २—भारतीय-आर्य भाषा में बहुभाषीय तत्त्व --- २८८
परिशिष्ट : ३—भारतीय-रोमन वर्णमाला --- ३०१

प्राक्कथन

अक्टूबर १९४० में अहमदाबाद की गुजरात वर्नाक्युलर सोसाइटी "गुजरात विद्या सभा" के अनुसन्धान और पोस्ट-ग्रेजुएट या स्नातकोत्तर विभाग के आमन्त्रण पर मैंने भारत में आर्य भाषा के विकास और भारत की 'राष्ट्र भाषा' के रूप में हिन्दी पर चार-चार व्याख्यानों के दो अध्ययन-क्रम प्रस्तुत किये थे। यह पुस्तक इन्हीं व्याख्यानों के पुनर्निरीक्षण और विस्तार पर अधारित है।

भारतीय-आर्य भाषा के विकास पर प्रथम व्याख्यान-क्रम भारत में आर्य भाषा के इतिहास पर मेरे उन विचारों का विकास अथवा विस्तार है जोकि मैंने १९२६ में प्रकाशित 'बंगाली भाषा की उत्पत्ति और विकास' नामक अपनी अंग्रेजी पुस्तक में प्रस्तुत किये थे। दूसरे व्याख्यान-क्रम में मैंने वर्तमान भारत के जीवन में हिन्दी भाषा के महत्त्व और उसकी आवश्यकता दरसाने का प्रयत्न किया है; साथ ही मैंने हिन्दी के संस्कृति-शब्दों के लिए मुख्यत: संस्कृत का आश्रय लेकर 'भारतीय रोमन' लिपि में लिखी जाने वाली भाषा को अति स्वाभाविक एवं अनिवार्य समझकर सरल हिन्दी के वाद को सूत्रित करना चाहा है। भारतीय-आर्य भाषा पर अपने व्याख्यानों में दिये गए कुछ विचारों और सुझावों के लिए भारतीय भाषा-विज्ञान के अपने श्रद्धेय गुरु, पारिस के (अधुना परलोकगत) अध्यापक Jules Bloch ज्यूल ब्लॉक कृत L'Indo-Aryen नामक पुस्तक का मैं ऋणी हूँ। अपनी पुस्तक के हिन्दी-विभाग में मैंने उन तीन लेखों को सम्मिलित कर लिया है जो कि भारत की राष्ट्र भाषा के विषय पर मैंने कलकत्ता के दैनिक पत्र 'हिन्दुस्तान स्टैण्डर्ड' में लिखे थे (अक्टूबर ११, नवम्बर ७ और नवम्बर २१, १९३७)। हिन्दी (हिन्दुस्तानी या हिन्दुस्थानी) भाषा का दक्खिन में उत्तर भारतीय बोलियों के 'औपनिवेशिक' रूप में क्रमिक विकास के अध्ययन में अध्यापक ज्यूल ब्लॉक के १९२९ के 'फोरलान लैक्चर्स' ('भारतीय-आर्य भाषाशास्त्र की कुछ समस्याएं, Bulletin of the School of Oriental Studies, London Institution, ५ वाँ, ग्रन्थ, भाग ४, १९३०, पृष्ठ ७३०) में दिये गए सुझाव अनुसन्धान का पथ इंगित करने में बहुत सहायक रहे हैं।

यदि ये व्याख्यान विद्यार्थियों को सहायता प्रदान करने में और आम जनता की रुचि जागृत करने में सफल हों तो मुझे बहुत प्रसन्नता होगी।

हिन्दी के साथ इस पुस्तक का योग रहने के कारण मेरे कुछ हिन्दी-भाषी मित्रों ने इसके हिन्दी अनुवाद के लिए मुझसे कई बार अनुरोध किया था।[१] प्रकाशकों में भी इस ओर आग्रह दिखाई दिया। अन्त में, सन् १९५१ में राजकमल प्रकाशन को इस पुस्तक के हिन्दी अनुवाद को प्रकाशित करने का भार सौंपा गया। मैं उस समय अमेरिका जाने के लिए तैयार हो रहा था। हिन्दी अनुवाद पूरी तौर से करने का अवसर मुझे नहीं था। इसका एक खाका बनाने के लिए भाषा-तत्त्व से प्रेम रखने वाले एक हिन्दी लेखक की आवश्यकता थी। बम्बई में इस काम के लिए राजकमल प्रकाशन की ओर से श्री आत्माराम जाजोदिया एम० ए० नियुक्त किये गए। आप राजस्थान के हैं और भाषातत्त्व के सम्बन्ध में आपने काफी आग्रह प्रकट किया। अनुवाद करने के पहले, पुस्तक के कई अंशों में कुछ महत्त्वपूर्ण परिवर्तन और संशोधन आदि करने की जरूरत थी, ताकि पुस्तक यथासम्भव up-to-date अर्थात् समयानुसारी बन सके। ये सब परिवर्तन आदि हिन्दी अनुवाद में आ गए हैं। इससे हिन्दी अनुवाद को एक तरह से मूल पुस्तक का द्वितीय संस्करण कहा जा सकता है। पुस्तक का परिशिष्ट अंश हिन्दी अनुवाद में उतना आवश्यक नहीं होगा, इस विचार से मैंने उसे वर्जन किया है।

श्री जाजोदिया ने विशेष प्रयत्न के साथ अपना अनुवाद तैयार किया था। विषय साधारण पाठक और लेखक के लिए जटिल है, और इसकी पारिभाषिक शब्दों से भरपूर शैली को हिन्दी में उलथा करना कठिन काम था। हिन्दी तथा अन्य भारतीय भाषाओं में वैज्ञानिक वातावरण सहज भाव से लाना मुश्किल है। इसलिए अनुवाद के बहुतेरे स्थानों में कुछ क्लिष्ट भाव रहना अपरिहार्य है। अनुवाद का विवेचन करते हुए मैंने यथासम्भव और यथाज्ञान इसका संशोधन करने की कोशिश की है। हिन्दी मेरी मातृभाषा नहीं है, पर मूल अँग्रेजी के यथासम्भव पूर्णतया अनुगामी बनने के लिए और पारिभाषिक शब्दों तथा मामूली अँग्रेजी शब्दों के हिन्दी प्रतिशब्दों को यथायथ प्रयोग में लाने के लिए मुझे इस अनुवाद के काम में काफी परिश्रम करना पड़ा। तथापि श्री आत्माराम जी जाजोदिया ने अच्छे ढंग से और विद्वत्ता के साथ अपना काम पूरा करके मेरे परिश्रम का लाघव किया है, इसलिए मैं इनका आभारी हूँ।

१. इसका गुजराती अनुवाद वि० सं० २००८ (सन् १९५२) में गुजरात विद्या सभा, अहमदाबाद से प्रकाशित हुआ है। डॉ० भोगीलाल ज० सांडेसरा, अध्यक्ष, गुजराती विभाग, महाराजा सयाजीराव विश्वविद्यालय, बड़ोदा, ने अनुवाद किया है।

पुस्तक में कुछ भारतीय शब्दों के वर्ण-विन्यास में असामंजस्य दीखेगा, जैसे कभी 'बृज-भाषा' लिखा गया है और कभी 'बृज-भाखा' : 'दकनी', 'दखनी' और 'दक्कनी'। ये सब रूप वैकल्पिक हैं और एक के स्थान पर दूसरे का प्रायः व्यवहार होता है। इस विषय में सावधान होने की जरूरत थी, परन्तु इन छोटी बातों में एकरूपता आवश्यक होते हुए भी इसके अभाव से पाठकों की समझ में कोई कठिनाई नहीं होगी। 'हिन्दुस्तानी' और 'हिन्दुस्थानी', ये दोनों रूप लेखक ने प्रयुक्त किये हैं। इनके विषय में पुस्तक में यथास्थान विचार किया गया है।

इस पुस्तक के अन्तर्गत आठ व्याख्यान सन् १९४० में हमारी स्वतन्त्रता के सात साल पहले दिये गए थे। इस संस्करण में कुछ ऐसी बातें आ गई हैं जो उस समय के अनुकूल थीं, परन्तु परिस्थिति अब बहुत-कुछ बदल गई है। वर्तमान अवस्था के लिए पुस्तक को पूर्णतया संशोधित करने के लिए समय का नितान्त अभाव था, इसलिए जहाँ-जहाँ परिवर्तन अपेक्षित और अनिवार्य थे, वहाँ परिवर्तन कर दिये गए हैं। शेषांशों में विचार-शैली के ग्रहण के लिए पाठकों को कोई कष्ट न होगा, इसी दृष्टि से सर्वत्र परिवर्तन नहीं किये गए।

इस पुस्तक के अनुवाद और मुद्रण के कार्य में मेरे दो अन्य मित्रों ने प्रचुर सहायता की है। मेरे अन्यतम छात्र अध्यापक डॉ० उदयनारायण तिवारी और मेरे मित्र श्री महादेव साहा ने इस अनुवाद का निरीक्षण किया था। इनके इस सहयोग से ही पुस्तक दोष-त्रुटियों से मुक्तप्राय हो सकी, तदर्थ मैं इनका आभारी हूँ।

पुस्तक अब हिन्दी संसार के सामने पेश की जाती है। उसके मुद्रण में कुछ विशेष कठिनाइयों के कारण अनपेक्षित रूप में देर हो गई। आशा है कि इसका मूल अंग्रेजी रूप जैसे विशेषज्ञों द्वारा सादर भाव से गृहीत हुआ था, हिन्दी में इसके परिवर्द्धित द्वितीय संस्करण को वैसा ही आदर मिलेगा। हिन्दी के माध्यम से भारतीय-आर्यभाषा के इतिहास की रूपरेखा तथा हिन्दी की उत्पत्ति और विकास की आलोचना में इस पुस्तक से यदि शिक्षितुकामों को कुछ सहायता मिले, तो मैं अपने श्रम को सफल मानूँगा।

द्वितीय संस्करण के सम्बन्ध में

भाषातत्त्व जैसे नीरस समझे जाने वाले विषय पर यह पुस्तक है। परन्तु पूरे दो वर्ष के भीतर इसके प्रथम संस्करण की कुल-मुकुल दो हजार पुस्तकें हिन्दी-प्रेमी तथा छात्रों में खरीदी गईं, यह लेखक के लिए एक मार्जनीय आत्मप्रसाद की बात है। द्वितीय संस्करण के लिए भी आग्रह दिखाई देता है। इस नये संस्करण में कुछ संशोधन तथा संयोजन किये गए हैं, जिनकी आवश्यकता थी;

पर पुस्तक साधारणतया यथासम्भव प्रथम संस्करण की-सी रखी गई। अब आशा है कि यह नया संस्करण भी पूर्ववत् सुधीजनों में सुगृहीत होगा।

'सुधर्मा', कलकत्ता,
१५ अगस्त, १९५६

—*सुनीतिकुमार चाटुर्ज्या*

भारतवर्ष में
आर्य भाषा का विकास

१

भारत-यूरोपीय, भारतीय-ईरानी (आर्य) एवं भारतीय-आर्य कुल

भारतीय संस्कृति के विकास में आर्य भाषा का महत्त्वपूर्ण स्थान—संस्कृति की महान् माध्यम एवं प्रतीक—४५०० वर्ष से अबाध गति से प्रवाहित होता आ रहा आर्य भाषा का इतिहास—भाषा-कुल—भारत-यूरोपीय भाषा-कुल की कल्पना—संसार के अन्य बड़े भाषा-कुल—संसार की अन्य भाषाओं में भारत-यूरोपीय कुल का स्थान—आदि-भारत-यूरोपीय-कुल—*विरोस् (*wiros)—संसार की अन्य प्रजाओं को अपने से सम्बद्ध करनेवाली सांस्कृतिक शक्ति के रूप में भारत-यूरोपीय भाषा-कुल—मिश्रित जातियाँ और भारत-यूरोपीय भाषाएँ—आदि भारत-यूरोपीयों का निवास-स्थान—विभिन्न मत—आदि युग की भारत-यूरोपीय संस्कृति—समाज और धर्म—प्रत्नजीवन-सम्बन्धी भाषाश्रयी अनुसन्धान—ब्रान्देन्श्ताइन् एवं उनका भारत-यूरोपीय के आदि एवं पश्चात् के निवास-स्थान-विषयक मत—दक्षिण-यूराली एवं पूर्व-यूरोपीय क्षेत्र—हित्ती तथा भारतीय-ईरानी कुलों का मूल से पृथक्करण—मेसोपोतामिया तथा एशिया माइनर के भारत-यूरोपीय आर्य या भारतीय-ईरानी—बोगाज़क्योइ एवं अन्य प्राचीन प्रामाणिक लिपियाँ—आर्य (अथवा भारतीय-ईरानी) भाषा-कुल एवं उपजातियाँ—अनार्य उपजातियाँ—ईरान एवं पंजाब के 'दास-दस्यु'—ईरान से आरम्भ हुआ उनका सम्पर्क—भारतवर्ष में उनका आगमन—इस घटना का सम्भाव्य काल—ज्योतिष से प्राप्त साधन—आदि भारत-यूरोपीय कुल की भाषागत विशेषताएँ—प्राथमिक-भारत-यूरोपीय का ध्वनि-निचय—स्वरों की अपश्रुति की प्रकृति तथा उत्पत्ति—भारत-यूरोपीय रूपतत्त्व—भारत-यूरोपीय भाषा में क्रिया—उपसर्ग—समास—शब्दावली—भारत-यूरोपीय से भारतीय-ईरानी में परिवर्तन—ध्वनियों का परिवर्तन—Centum 'केन्तुम्' एवं Satəm 'सतम्' (शतम्)' शाखाएँ—उदाहरण—भारतीय-ईरानी धर्म एवं कविता—भारत-यूरोपीय एवं आर्य भाषाओं की छन्दोरीति—मेसोपोतामिया के

निवासियों का आर्यों पर सांस्कृतिक प्रभाव—ईरान में 'देव' एवं 'असुर' शब्द—आर्यों का भारत में आगमन—भारतीय-ईरानी से वैदिक जैसी (प्राचीन-) भारतीय-आर्य भाषा का परिवर्तन—प्राचीन-भारतीय-आर्य भाषा का सूत्रपात।

हम भारतीयों के लिए हमारी आर्य भाषा एक सबसे बड़ी विरासत या रिक्थ है। भारतवर्ष में अनेक जातियों के लोग एवं उनकी विभिन्न भाषाएँ हैं। इन उपादानों के सम्मिश्रण से ही भारतीय जन तथा भारतीय संस्कृति निर्मित हुई। परन्तु उसे यह एकसूत्रता और सुसम्बद्धता बहुत-कुछ अंशों में एक आर्य-भाषा एवं उसमें निहित मननशीलता से ही प्राप्त हुई है। अत्यन्त प्राचीन काल से भिन्न-भिन्न विदेशी जातियाँ अपनी विभिन्न संस्कृतियों को साथ लेकर भारत में आई हैं और यहाँ बसती गई हैं। उन्होंने अपने वंशानुगत संस्कारों, विचारों एवं सामर्थ्य के अनुसार यहाँ व्यवस्थित समाज एवं संस्कृति का निर्माण किया है, और अपने ढंग से जीवन बिताने की प्रणालियाँ एवं विचार विकसित किये हैं। उदाहरणार्थ, हमारे यहाँ की आदि-वासी नेग्रिटो या निग्रोवटु जातियाँ हैं। स्यात् ये भारत के प्राचीनतम निवासी हैं। नराकार किसी बृहत्काय वानर जाति के विकसित रूप में मानव की उत्पत्ति यहाँ भारत में हुई थी या नहीं, इस विषय में अब तक कोई प्रमाण उपलब्ध नहीं हुए हैं। इन नेग्रिटो आदि-वासियों के पश्चात् पश्चिमी एशिया की ऑस्ट्रिक जाति के मनुष्यों का आगमन हुआ और उनके पश्चात् द्रविड़ उसी पश्चिम दिशा से आये। ऑस्ट्रिक जाति के लोग प्राचीन भारत में 'निषाद' कहलाते थे और पहले युग के द्रविड़ लोग आर्यों में 'दास' और 'दस्यु' नामों से प्रसिद्ध थे। द्रविड़ों के बाद आर्य जातियाँ आईं, और उत्तर तथा उत्तर-पूर्व से तिब्बती-चीनी लोग, जो प्राचीन भारत में 'किरात' कहलाते थे, आये। भारतीय जातियों एवं भारतीय संस्कृति की मूला-धार ये ही चार जातियाँ थीं—निषाद, द्रविड़, किरात और आर्य; परन्तु ये स्वयं भी आने के समय पूर्ण रूप से विशुद्ध या अमिश्रित नहीं कही जा सकतीं। सम्भवतः इनके साथ-साथ और भी कई-एक मानव-उपादान सम्मिश्रित हुए; पर उनका अब तक ठीक-ठीक पता नहीं चल सका है, केवल अनुमान-मात्र अब भी किया जाता है। भारतीय जनता एवं संस्कृति जब एक सविशेष मूर्त स्वरूप को प्राप्त कर चुकी, तब ऐतिहासिक युगों में कुछ और भी मानवीय उपादानों का आगमन हुआ, जो अपने साथ न्यूनाधिक अंशों में आत्मसात् किये हुए अपने भिन्न मानसिक एवं आध्यात्मिक तथा धार्मिक संस्कारों और विचारों

को साथ लेकर आये थे। ये भारतीय-जन से कुछ दृष्टियों में आंशिक और कुछ वस्तुओं में पूर्ण रूप से घुल-मिल गए। भारत के सबसे प्राचीन आदिवासी नेग्रिटो के जीवन का मुख्य भाग (विश्व के आदि काल के निवासियों के सदृश) केवल आहार-अन्वेषण में ही व्यतीत होता था, क्योंकि इनमें पशु-पालन या कृषि, इन दोनों का प्रवर्तन अब तक नहीं था; और भारतीय संस्कृति के निर्माण में उसका कुछ भी हिस्सा नहीं है। वह या तो पूर्ण रूप से विलुप्त हो चुका है, या कहीं-कहीं सुसभ्य जाति के मानवों से सुदूर स्थानों में बचा रह गया है; अथवा उसके चिह्नावशेष ऐसी जातियों में मिल जाते हैं, जिनमें वह घुल-मिल गया है। ऑस्ट्रिक एवं द्रविड़ जातियों से भारतीय समाज-व्यवस्था एवं संस्कृति को कुछ मूलाधार-रूप उपादान प्राप्त हुए हैं। तिब्बती-चीनी जातियों का भी कुछ आंशिक अवशेष हिमाचल के पाद-देश की तथा उत्तर-पूर्वी भारत की जातियों और सम्भवतः उनकी संस्कृति में पाया जाता है। परन्तु इन सब विभिन्न उपादानों का सम्पूर्ण एकीकरण आर्यों की उच्चकोटि की व्यवस्था-शक्ति के फलस्वरूप ही हो सका। कहीं-कहीं यह एकीकरण रासायनिक पूर्णता को पहुंच गया, तो कहीं केवल परस्पर के सम्मिश्रण तक ही सीमित रहा। परन्तु भारतीय जन-समुदाय की ऐतिहासिक, धार्मिक और विचारगत विशेषताओं को लेकर बनी हुई संस्कृति के निर्माण में सबसे बड़ा हाथ आर्यों की भाषा का रहा। ऑस्ट्रिक और द्रविड़ों द्वारा भारतीय संस्कृति का शिलान्यास हुआ था, और आर्यों ने उस आधार-शिला पर जिस मिश्रित संस्कृति का निर्माण किया, उस संस्कृति का माध्यम, उसकी प्रकाश-भूमि एवं उसका प्रतीक यही आर्य भाषा बनी; आरम्भ में, संस्कृत, पाली, पश्चिमोत्तरीय प्राकृत ('गान्धारी'), अर्ध-मागधी, अपभ्रंश आदि रूपों में, तथा बाद में हिन्दी, गुजराती, मराठी, उड़िया, बंगला और नेपाली आदि विभिन्न अर्वाचीन भारतीय भाषाओं के रूप में, भिन्न-भिन्न समयों एवं प्रदेशों में भारतीय संस्कृति के साथ इस भाषा का अविच्छेद्य सम्बन्ध बंधता गया।

केवल भारतवर्ष के अन्तर्गत ही आर्य भाषा का लगभग ३५०० वर्ष पुराना अविच्छिन्न इतिहास उपलब्ध है, और भारत आने के पूर्व लगभग १००० वर्ष पहले का इतिहास कुछ धुंधले रूप में ईरान, ईराक तथा पूर्वी एशिया-माइनर में मिलता है। इसके भी करीब ५०० या १००० वर्ष और पूर्व के इतिहास के बारे में प्राप्त भाषा-शास्त्र-विषयक सामग्री के आधार पर कुछ निश्चित बातें जानी जा सकती हैं। ३००० या ३५०० सन् ई० पू० से लगा-कर आधुनिक काल के १९५० ई० तक आर्य-भाषा के विकास की निश्चित

रूपरेखा बनाई जा सकती है कि किस प्रकार वह धीरे-धीरे प्राचीन भारतीय-आर्य (प्रा० भा० आ०), मध्यकालीन भारतीय-आर्य (म० भा० आ०) और नवीन भारतीय-आर्य (न० भा० आ०) नामक रूपों (जिन्हें हम सरलता के लिए उनके प्रचलित नाम 'संस्कृत', 'प्राकृत' और 'भाषा' दे सकते हैं) में से होकर गुज़री। अन्य किसी भी भाषा-कुल का इतने बड़े काल का लगातार अटूट इतिहास हमें नहीं मिलता। मुख्यतः इसका कारण है हमारे पास वैदिक काल से लगाकर आगे तक की प्राप्य वेद आदि विश्वसनीय प्रमाण-सामग्री। शृङ्खला बराबर अटूट चलती रही है, यद्यपि कई-एक स्थानों पर कुछ कड़ियाँ टूट गई हैं, और कुछ-एक स्थलों पर नई कीलें जोड़ दी गई हैं, जिनके कारण काफी परिवर्तन हो गए हैं; फिर भी इस शृङ्खला के सहारे-सहारे हमारी आधुनिक भाषाओं—बँगला, गुजराती, मराठी, पंजाबी या हिन्दी के आज के अधिकांश शब्दों, कभी-कभी पूरे वाक्यों या व्याकरण के रूपों का प्राकृत और वैदिक से होते हुए ठेठ प्राचीन भारत-यूरोपीय कुल तक का इतिहास सरलता से आलेखित किया जा सकता है। आधुनिक गुजराती के एक वाक्य 'मा घेर छे' का पुराना इतिहास खोजते-खोजते हम करीब ३५०० ई० पू० के, उसके सम्भावित प्राथमिक भारतीय-यूरोपीय रूप *'मातेर्स् घृधॉइ एस्-स्कॅ-ति'[१] तक पहुँच सकते हैं। भाषा के विज्ञान का यह अध्ययन मानव-जीवन से सम्बन्धित एक अत्यन्त महत्त्वपूर्ण विज्ञान है; साथ ही यह इतिहास बड़ा मनोरंजक है, क्योंकि हमारे ऐहिक और मानसिक सांस्कृतिक विकास के साथ इसका बड़ा निकट सम्बन्ध है। साथ ही हमारे स्वाभाविक, साधारण और असाधारण सभी प्रकार के अवस्था-परिवर्तन में, जबकि कभी तो बाहर के राष्ट्रों से हमारा सम्पर्क बढ़ता रहा या कभी भीतरी एकान्तता की वृद्धि होती रही, सभी समयों में, हमारी संस्कृति के विकास के साथ यह भाषा अविच्छिन्न रूप से सम्बद्ध रही।

विभिन्न भाषाओं की धातुओं, उपसर्ग-प्रत्ययों एवं शब्दों को, जिन्हें जर्मन भाषा में 'श्प्राख्गुट' (Sprachgut) अर्थात् 'भाषा का माल' या 'भाषा-वस्तु' कहते हैं, ध्यान में रखते हुए, उनकी गठन-रीति में साम्य या वैषम्य को देखकर, संसार की करीब ८००-९०० भाषाओं एवं बोलियों को कुछ कुलों में विभाजित कर दिया गया है। अपनी समस्त परिस्थितियों एवं कृतियों के बीच, मानव के हुए विकास के इतिहास को स्पष्ट करने के लिए, भाषा-कुल-विषयक सिद्धान्त एक महत्त्वपूर्ण खोज सिद्ध हुई है। इस सिद्धान्त का पूर्ण विकास पिछली शताब्दी में हुआ, यद्यपि सर विलियम जॉन्स (Sir William Jones)

१. *matērs ghrdhoi es-ske-ti.

को यह सूझ सबसे पहले कलकत्ता में १८वीं शताब्दी में ही संस्कृत का अध्ययन करते समय आई थी। संस्कृत भाषा के विषय में उनका उत्साह बढ़ता गया, और उन्होंने कहा कि 'संस्कृत का गठन अद्भुत रूप से सुन्दर है; यह ग्रीक की पूर्णता से भी बढ़कर है, लेटिन से भी परिपुष्ट है, और इन दोनों भाषाओं से संस्कृत कहीं अधिक सुसंस्कृत भाषा है।' साथ ही इन तीन भाषाओं की धातुओं एवं व्याकरण में अत्यधिक साम्य अनुभव करते हुए उन्हें प्रतीत होने लगा था कि वास्तव में उनका उद्भव किसी एक ही भाषा से हुआ होगा, जो कि अब लुप्त हो चुकी है। सर विलियम जॉन्स का यह भी विचार था कि जर्मन, गॉथिक और केल्टिक तथा प्राचीन पारसीक भी उसी कुल की भाषाएँ हैं। जॉन्स की यह धारणा वास्तव में एक अत्यन्त चमत्कारपूर्ण सत्य एवं वैज्ञानिक कल्पना सिद्ध हुई, और कुछ समय पश्चात् वह भाषा-कुलों का सिद्धान्त प्रतिपादित करने में पथ-प्रदर्शक हुई। साथ ही एक ही उद्गम-स्थानवाली विभिन्न भाषाओं के तुलनात्मक अध्ययन से धीरे-धीरे आधुनिक भाषा-विज्ञान का जन्म हुआ। यह कहना अतिशयोक्ति न होगी कि आधुनिक भाषा-विज्ञान का जन्म उसी घड़ी में हुआ, जबकि संस्कृत, ग्रीक, लेटिन तथा गॉथिक एवं प्राचीन पारसीक भाषाओं की एक ही कुल से सम्भूत होने की चमत्कारपूर्ण सूझ सर विलियम जोन्स के मस्तिष्क में आई।

यूरोप, एशिया, अफ्रीका, आस्ट्रेलिया, ओशेनिया एवं अमरीका में जिन विभिन्न भाषा-कुलों से सम्बन्धित भाषाएँ तथा बोलियाँ बोली जाती हैं, उनमें सबसे महत्त्वपूर्ण भारतीय-आर्य-भाषा ही है। पृथ्वी पर इसके बोलनेवाले लोगों की संख्या सबसे अधिक है, और इसके अन्तर्गत कुछ ऐसी अत्यन्त प्रभावशाली प्राचीन एवं अर्वाचीन भाषाएँ आ जाती हैं, जिनका स्थान मानव की प्रगति के इतिहास में पिछले पच्चीस सौ वर्षों से सर्वाग्र रहा है। संसार में अन्य भी कई बड़े भाषा-कुल हैं, उदाहरणार्थ—Semitic **सेमिटिक-कुल** (*असीरी बाबिलोनी, *हिब्रू, *फीनीशियन, *सीरीयक्, अरबी, *साबीयन्, *इथियोपियन और हब्शी); Hamitic **हैमिटिक-कुल** (*प्राचीन मिस्री, *कॉप्टिक, त्वारेग, कबाइल और अन्य Berber 'बर्बर' भाषाएँ, सुमाली, फुलानी इत्यादि); Sino-Tibetan **चीनी-तिब्बती या भोट-चीनी** (सिनिक या चीनी, दै या थाइ अर्थात् स्यामी, म्रन्मा ब्रह्मी, बोद् या भोट या तिब्बती, भारत-ब्रह्म सीमान्त प्रदेशीय भाषाएँ इत्यादि); Uralic **उराली** (मग्यर, फिन्, एस्थ, लाप, वोगुल्, ओस्त्याक्); Altaic **अल्टाई** (तुर्की भाषाएँ, मंगोली और मंचू); Dravidian **द्राविड़ी** (तमिल, मलयालम्, कन्नड,

* ये मृत भाषाएँ हैं।

तेलुगु, गोंड इत्यादि, तथा ब्राहुई); Austric **आँस्ट्रिक या 'दक्षिण-देशीय'** (भारत की कोल या मुण्डा बोलियां, खासी, मोन्, ख्मेर, निकोबारी और अन्य Austro-Asiatic **दक्षिण-एशियाई भाषाएँ**; साथ ही Austronesian **दक्षिण-द्वीपीय भाषाएँ**, जैसे Indonesian **इन्दोनेसी**—मालइ, सुन्दानी यवद्वीपी, बाली, सुलबेसी, विसय एवं तगालोग आदि भाषाएँ; Melanesian **मेलानेसी**—फीजीद्वीपी; और Polynesian **पोलीनेसी**—यथा, सामोआई, ताहिती, माओरी, मारक्वेसी, हवायिद्वीपी); Bantu **बाण्टू-कुल** (मध्य एवं दक्षिण-अफ्रीका की स्वाहिली, लुगाण्डा, कांगो भाषाएँ, सेचुआना एवं जुलू इत्यादि); Sudanic **सुदानी** (पश्चिम अफ्रीका की योरुबा, गाँ, अशान्ती, मन्दिगो इत्यादि)। इनके अतिरिक्त उत्तरी, मध्य एवं दक्षिणी अमरीका में बोली जानेवाली अनेक अमरीकी भाषा-कुल की भाषाएँ हैं, जिन सबका उल्लेख करना कठिन है। इनमें से कुछ के बोलनेवाले कई लाख की संख्या में हैं और उनका सम्बन्ध बड़ी प्रौढ़ संस्कृतियों से है। फिर भी उपर्युक्त सब भाषाएँ भारत-यूरोपीय कुल की भाषाओं से सभी जगह पराजित होती रही हैं, अथवा उन पर भा० यू० कुल की भाषाओं की विभिन्न स्वरूपों में अमिट छाप पड़ती रही है। उनमें से एक भाषा अंग्रेज़ी तो देश या राष्ट्र आदि की सारी सीमाओं को तोड़कर सब भाषाओं से अधिक विश्व-भाषा का-सा रूप धारण कर रही है, और विश्व-संस्कृति के प्रसार का एक अद्वितीय माध्यम बन रही है। विश्व के भिन्न-भिन्न भागों में कई-एक ऐसे भी हैं, जो भारत-यूरोपीय भाषाओं से बिलकुल अपरिचित थे और या तो बसे हुए ही न थे, या अपनी निज की अलग भाषा बोलते थे—वे सभी अब भारत-यूरोपीय भाषा के उत्तरोत्तर वृद्धिगत प्रसार के केन्द्र हो रहे हैं। भारत स्वयं इन्हीं में से एक उदाहरण है। लगभग ४५०० वर्ष पूर्व जब भारतीय-यूरोपीय भाषा-कुल ने अपनी दिग्विजय-यात्रा आरम्भ की थी, तब सबसे पहले उसके साम्राज्य में मिलनेवाले विजित देशों में भारत एक था।

वैदिक; प्राचीन फारसी, और अवेस्ता; ग्रीक; गॉथिक तथा अन्य जर्मन; लैटिन; प्राचीन आइरिश तथा अन्य केल्ट बोलियों; तथा स्लाव एवं बाल्टिक भाषाओं; आरमीनियन; 'हित्ती' (Hittite); एवं 'तुखारी' (Tokharian) भाषाओं के मूल उत्स-स्वरूप आद्य-भारतीय-यूरोपीय भाषा अविभक्त रूप से एक जन-समुदाय द्वारा बोली जाती थी। उन्हें भाषा-तत्त्वविदों ने *'विरोस् (*wiros)' नाम दिया है। 'विरोस्' आ० भा० यू० भाषा का 'मनुष्य'-वाची शब्द है, और इसीसे संस्कृत का 'वीर' लैटिन का 'उईर्, (uir, vir), जर्मनिक का 'वेर्' (wer) और प्राचीन आइरिश का 'फ़ेर्' (fer) निकले

हैं। इस प्रकार 'विरोस्' भारत-यूरोपीय कुल के अन्तर्गत गिनी जानेवाली विभिन्न भाषाओं के बोलनेवाले बिलकुल पृथक्-पृथक् उद्गम एवं मानसिक गठनवाले आधुनिक जनों के भाषा-तत्त्व की दृष्टि से एक-मात्र पूर्वज सिद्ध होते हैं, यद्यपि वे उनके जन्मदाता पूर्वज न भी रहे हों। और, अब तो हमारे लिए 'विरोस्' किस प्रकार के थे, अथवा उनके वास्तविक सीधे वंशज आज कौन हैं, अथवा उनके शुद्धतम अवशेष कहाँ प्राप्त हो सकते हैं, यह सब पता लगाना भी असंभव है। प्राचीन भारत की ब्राह्मण, क्षत्रिय और वैश्य जातियों को ही भारतवर्ष में 'आर्य' नाम से प्रवेश करनेवाली 'विरोस्' की सच्ची सन्तान कहा जा सकता है। इसी कोटि में ईरान के आर्य भी आ जाते हैं। नात्सी जर्मनों को तो यह विश्वास करना सिखाया जाता था कि वे ही 'विरोस्' के विशुद्धतम वंशज हैं, हालाँकि जातीय सम्मिश्रण उननें भी पूर्ण रूप से निश्चित और स्वीकृत वस्तु है; यहाँ तक कि कुछ जर्मन विद्वान् स्वयं, जर्मनों की जातिगत शुद्धता के दावे को झूठा बतलाते हैं, और जर्मन, 'विरोस्' के सच्चे जातीय या भाषागत वंशज हैं, इस विषय में भी अपनी असहमति प्रकट करते हैं। प्राचीन भारत में जातियों का परस्पर-सम्मिश्रण एक नितान्त स्वाभाविक वस्तु रही है; इस बात का प्रमाण हमें महाभारत और पुराणों में वर्णित ब्राह्मण या क्षत्रिय और नाग या शूद्र या दास जातियों के परस्पर विवाहों की कथाओं से मिलता है। कुछ कट्टर आर्यों को अवश्य अपने वर्ण का अत्यन्त अभिमान था, और उन्होंने काले 'दास' या अनार्यों से दूषित होने से बचने के लिए परवर्त्ती काल में अपनी जाति एवं गोत्र में ही विवाह करने की पद्धति का निर्माण किया था। फिर भी 'ब्राह्मण'-ग्रन्थों में हमें गौर वर्ण ब्राह्मणों की अपेक्षा अधिक बुद्धिशाली एवं चतुर कृष्णवर्णवाले ब्राह्मणों का उल्लेख मिलता है। अनार्य भाषा, जाति एवं सामाजिक दृष्टिकोण का सामूहिक रूप में आर्यीकरण होने के साथ-साथ अनार्य नृपतियों या सरदारों को क्षत्रिय वर्ण में एवं उनके पुरोहितों को ब्राह्मण वर्ण में सम्मिलित कर लिया गया। ज्यों-ज्यों यह आर्यीकरण प्राचीनतर होता गया त्यों-त्यों उन उच्च वर्णों के साथ अनार्यों का एकीकरण सम्पूर्ण होता गया, जिनमें पहले केवल विशुद्ध आर्यों की ही गणना हो सकती थी। कुछ विदेशी जातियाँ भी परवर्ती एवं ऐतिहासिक युगों में इन उच्च वर्णों में सम्मिलित कर ली गईं; उदाहरणार्थ 'शाकद्वीपीय' कहलानेवाले ब्राह्मण; ये ईसा की प्रारम्भिक शताब्दियों में आये हुए 'शक' थे, और 'मिथ्र' या 'मिहिर'-पूजक ईरानी पुरोहित थे, जो कि शकद्वीप या शक-स्थान (=प्राचीन पारसीक 'सक-स्तान', आधुनिक फारसी 'सी-स्तान,' पूर्व ईरान में)

से आये थे और जिन्होंने प्राचीन आर्यों की सूर्य-पूजा को पुनः प्रतिष्ठित किया था। ऐसे ही अन्य और भी प्रमाणों से पता चलता है कि प्रारम्भ से ही भारतीय-यूरोपीय-भाषी 'विरोस्' अपनी भाषा एवं सामाजिक संगठन को साथ लिये हुए फैलते गए, और उनको उन्होंने शान्तिपूर्वक या अन्य उपायों द्वारा अपने सम्पर्क में आनेवाले जनों पर अधिष्ठित कर दिया। 'विरोस्'-जन की जातिगत विशेषताएँ अस्पष्ट हैं; बहुत सम्भव है कि ये लम्बे, बृहत्काय, लम्बी नासिकावाले, गौर-वर्ण, नीलाक्ष एवं हिरण्यकेश Nordic 'नॉडिक' कुल के रहे हों, परन्तु इस विषय में भी विद्वानों को सन्देह है और यह धारणा की गई है कि शायद ये अपनी मूल अवस्था से ही मिश्रित रक्त के हों। इस प्रकार वे विभिन्न जनों में (या तो विजेता एवं शासक उच्चवर्गों, अथवा शान्तिपूर्ण आगन्तुक निवासियों के रूप में), जोकि संख्या और संस्कारों में प्रबलतर थे, प्रतिष्ठित होकर, स्वयं उनमें एकीकृत होते गए; परन्तु उनकी भाषा और भाषा के सहगामी संस्कारों को आदिम निवासियों ने अपना लिया। यद्यपि इन आदिम निवासियों की जातिगत विशेषताएँ और भाषा नवागन्तुकों से सर्वथा मौलिक रूप से भिन्न थीं; पर जैसा कि स्वभावतः ऐसे परिवर्तनों में होता है, आदिम-जन इस प्रक्रिया को समझने में भी असमर्थ रहे और आर्यों के सम्पर्क से बिलकुल बदल गए। इस प्रकार वे भारतीय-यूरोपीय भाषा एवं संस्कारों के अभिमानपूर्ण दायी तथा समर्थक बन गए, यद्यपि उनको आत्मसात् करने की प्रक्रिया में इन भाषा एवं संस्कारों के मूल स्वरूप बहुत परिवर्तित हो गए। मानव के सांस्कृतिक इतिहास में यह एक अत्यन्त अभूतपूर्व घटना हुई (यद्यपि हम इसे अद्वितीय नहीं कह सकते) कि कोई एक जन एक भाषा एवं एक संस्कृति का निर्माण करे और बढ़ते-बढ़ते वह एक ऐसी सांस्कृतिक शक्ति का रूप ले ले जो कि अन्य जनों को अपने धरातल पर उनकी स्वीकृति कराकर उन्हें अपने से सम्बद्ध कर ले।

आद्य-भारतीय-यूरोपीय का विकास कहाँ हुआ और अपने प्राचीनतम रूपों वैदिक एवं गाथा (अवेस्ता) तथा होमर की ग्रीक के सदृश ही किसी रूप को वह कहाँ प्राप्त हुई, यह पता नहीं चल सकता; और न यही निश्चय किया जा सकता है कि 'विरोस्' ठीक-ठीक किस स्थान में एक अविभाजित जन के रूप में रहते थे। 'विरोस्' किसी प्रकार की भी लेखन-प्रणाली से अनभिज्ञ थे। इतिहास में भी उनका नाम आने के बहुत समय पहले मिस्री, सुमेरी, अक्कदी, असीरी, एलामी और एशिया-माइनर के, ग्रीस और पूर्वी भूमध्य-सागर के ईजियनों, हड़प्पा एवं मोहेंजोदड़ो संस्कृति के निर्माता पूर्वार्यों; तथा चीनी

नों द्वारा अत्यन्त उच्चकोटि की संस्कृतियों का निर्माण हो चुका था। वे उत्तरी मेसोपोतामिया तथा पूर्वी एशिया-माइनर के सुसंस्कृत जनों के सम्पर्क में सम्भवतः ईसा की तृतीय सहस्राब्दी के अंतिम शतकों में आये; और लगभग २००० वर्ष ई० पू० तक हम मेसोपोतामिया में उन्हें बहुतायत से पाते हैं। वे कहाँ से आये? एक इटालियन नृतत्व-विशारद सेर्जी (Sergi) ने अनुमान लगाया है कि एशिया-माइनर का पठार ही उनका प्रारम्भिक घर एवं विकास-स्थल था। अभी हाल में आविष्कृत हुई नेसीय Nesian या हित्ती Hittite भाषा—जोकि भारतीय-यूरोपीय कुल के साथ एक प्राचीनतम शाखा के रूप में, आद्य-भारतीय-यूरोपीय की पुत्री ही नहीं, किन्तु भगिनी के रूप में सम्बद्ध की जाती है—की खोज से उक्त कथन को अनुमोदन प्राप्त होता है। परन्तु कई-एक उपलब्ध प्रमाण हमें यह अनुमान लगाने को बाध्य करते हैं कि भारतीय-यूरोपीयों का आदिम निवास-स्थान यूरेशिया महाद्वीप के अन्य किसी भाग में रहा होगा। सेर्जी के पहले भी भारतीय-यूरोपीयों के आदि-निवास के विषय में अनेक मत प्रचलित थे। एफ़० माक्स म्यूलर (F. Max Mueller) ने मध्य-एशियावाले मत का प्रतिपादन किया। पिछली शताब्दी के मध्य तक मध्य-एशिया के विषय में बाहरी जगत् को बहुत कम ज्ञान था और दुनिया के लिए यह भाग परीदेश के आश्चर्यों से परिपूर्ण था। परन्तु गत शताब्दी के छठे दशक के लगभग लैथम (Latham) ने मध्य-एशियावाले मत का विरोध किया और सुझाव रखा कि भारतीय-यूरोपीयों का आदिम निवास-स्थान 'कहीं-न-कहीं यूरोप' में रहा होगा। इस 'कहीं-न-कहीं यूरोप में' को लेकर विभिन्न विद्वानों एवं अभ्यासियों ने अपनी कल्पना एवं बुद्धिमत्ता का उपयोग कर अटकलें लगाई हैं, और फलस्वरूप पूर्वी रूस, दक्षिणी रूस, उत्तरी जर्मनी, पश्चिमोत्तर यूरोप (Scandinavia), हंगरी, पोलैण्ड एवं लिथुआनिया आदि विभिन्न स्थल, प्राचीन आर्यों की लुप्त मातृभूमि बतलाये गए हैं। 'पूर्वी यूरोप में कहीं-न-कहीं' वाला मत काफी प्रसिद्ध रहा है। मध्य एवं पूर्वी यूरोप के प्रागैतिहासिक समाधि-स्तूपों का सम्बन्ध अश्व-परिपालक एवं अश्वोपयोक्ता भारतीय-यूरोपीयों के साथ होने का अनुमान लगाया जाता है। यह अन्दाज है कि उत्तर में शीतोष्ण वनभूमि से स्पृष्ट मध्य एवं पूर्वी यूरोप की समतल भूमि में ही अर्द्ध-अटनशील, अर्द्ध-प्रतिष्ठित भारतीय-यूरोपीय संस्कृति का विकास हुआ होगा। वहाँ से इनके दल-के-दल, भूमि के अनुर्वर हो जाने अथवा अन्य जनों के दबाव के कारण, दक्षिण, पश्चिम तथा दक्षिण-पूर्व एवं उत्तर-पश्चिम की ओर फैले और इन स्थानों में अन्य अधिष्ठित जनों के संसर्ग में आकर

प्राचीन ग्रीक, थ्रेसी (Thracians), फ्रीजी (Phrygians), आरमेनी Armenians), आर्य (भारतीय-ईरानी), जर्मन (German), केल्ट (Celts), तथा इटालियन जनों के पूर्व-पुरुष बने। अपने आद्य स्वरूप में भारतीय-यूरोपीय या 'विरोस्' किसी भी प्रकार की उच्च ऐहिक संस्कृति का निर्माण करने में समर्थ न हो सके। हाँ, उनके पास एक आश्चर्य-सुन्दर भाषा थी, और अनुमान है कि उनका समाज बड़े सुदृढ़ ढंग से संगठित था। उनकी उपजातियों का गठन विपरीत-से-विपरीत परिस्थितियों के बीच भी दृढ़तापूर्वक ठोस खड़ा रहा और उनके संसर्ग में आनेवाले अन्य जनों पर भी अपनी छाप छोड़ता गया। उनके समाज की रचना एक-विवाह एवं पितृप्रधान या पितृनिष्ठ पद्धति-वाले कुटुम्बों से हुई थी। यह पितृप्रधान कुटुम्ब ही भारतीय आर्यों में विख्यात 'गोत्र' या उपजाति की आधारशिला था, और इस प्रकार के कई गोत्र अपने-अपने प्रधान व्यक्ति के साथ सम्मिलित होकर एक 'जन' का निर्माण करते थे। भारतीय-यूरोपीयों की बुद्धि प्रखर थी, और उसके साथ व्यवहारकुशलता एवं समन्वय के गुण एकत्रित हो जाने से, वे सर्वत्र अजेय-से हो गए थे। स्त्री-पुरुषों के पारस्परिक सम्बन्धों में स्त्री को समादर की दृष्टि से देखा जाता था। वह या तो घर की अविवाहित कन्या के रूप में प्रार्थितव्या, रक्षणीया एवं पिता-भ्राताओं द्वारा विवाह में दातव्या थी; अथवा पत्नी के रूप में पुरुष की जीवन-संगिनी एवं सहधर्मिणी थी; अथवा माता के रूप में गोत्र की आदरणीया पथप्रदर्शिका तथा परामर्शदात्री थी। उन्होंने एक ऐसे धर्म की कल्पना की, जिसमें अलक्षित दैवी सत्ताओं का संहारक की अपेक्षा पालक का स्वरूप ही अधिक माना गया था; और ये सत्ताएँ प्राकृतिक शक्तियों के रूप में ही कल्पित की गई थीं। आँत्वान् मेय्ये (Autoine Meillet) के शब्दों में, उनकी देव-शक्ति की कल्पना 'स्वर्गीय, तेजस्वी, अमर एवं सुखद शक्ति के रूप में थी; उनकी यह कल्पना आधुनिक यूरोप के किसी निवासी की भावनाओं से विशेष भिन्न नहीं है।' मनुष्य पृथ्वी पर रहते हैं, परन्तु इन देवताओं का निवास-स्थान पृथ्वी से परे द्युलोक में था। किसी प्रकार के मानवीकृत जीवों का-सा न होकर, इनके स्वरूप का अनुमान शक्तियों के रूप में ही किया गया था; यद्यपि इनके रूप का मानवीकरण भी विद्यमान था और इन मानवीकरण के विचारों पर भारतीय-यूरोपीयों के अन्य ऐसे जनों, जो मानवरूप के देवताओं के विषय में अधिक सोच चुके थे, के संसर्ग में आने पर और भी प्रभाव पड़ा। फिर भी मिस्री और सुमेरी-अक्कदीमों की तरह इनके देवी-देवता विचित्र एवं बहुतेरे न थे। कुछ प्राकृतिक शक्तियों को अवश्य इन्होंने देवरूप माना था।

उदाहरणार्थ द्येउस् पतेर्स् (*Dyēus Pəters)=द्यौष्-पिता; *प्लृथेव्य मातेर्स् (*Plthewyə Matērs)=पृथ्वी माता; *सुवॅलिऑस् (*Suwelios)=सूर्य देवता; *अउसोस् (*Ausos)=ऊषा; *व्न्तॉस् (*Wntos)=वायु देवता। उनके धर्म के विषय में हमें लगभग पूर्णतया प्रत्न-जीवन-सम्बन्धी भाषाश्रयी अनुसन्धान (Linguistic Palaeontology) पर अवलम्बित रहना पड़ता है। इस विज्ञान द्वारा किसी एक जन की उत्पत्ति तथा उसकी संस्कृति के उद्गम का पता उसकी भाषा के शब्दों में निहित अर्थों का तुलनात्मक अध्ययन करके लगाया जा सकता है।

इसी प्रकार भारतीय-यूरोपीयों की ऐहिक संस्कृति के इतिहास का आधार भी प्रत्न-जीवन-सम्बन्धी भाषाश्रयी अनुसन्धान ही है; और जर्मन तथा अन्य कई विद्वानों ने इसके आधार पर 'विरोस्' जन में विकसित संस्कृति के इतिहास की प्रचुर प्रमाण में सामग्री उपस्थित की है। भाषा-विज्ञान के इस विभाग के साधनों का उपयोग भारतीय-यूरोपीयों के आदि निवास-स्थान का पता लगाने में भी किया गया है; अभी हाल में डब्ल्यू० ब्रान्देन्स्ताइन (W. Brandenstein) ने भारत-यूरोपीयों के आदि निवास-स्थान के रूप पर पर्याप्त प्रकाश डाला है [Die erste indogermanische Wanderung, 1936; दे० इस निबन्ध की अध्यापक ए० बेरीडेल कीथ (Prof. A. Berriedale Keith) द्वारा 'इण्डियन हिस्टॉरिकल क्वार्टरली,' कलकत्ता, १३-१, मार्च १९३७ में प्रकाशित अत्यन्त उपयोगी संक्षिप्त रूपान्तर।] ब्रान्देन्स्ताइन ने दिखाया है कि भाषाश्रयी प्रमाणों के आधार पर हम आद्य भारतीय-यूरोपीयों के इतिहास को दो स्पष्ट कालों में विभाजित कर सकते हैं: (१) प्राथमिक काल—जबकि भारतीय-यूरोपीयजन बोलियों की कुछ भिन्नता लिये हुए कई समूहों में विभक्त नहीं हुआ था; (२) उत्तर काल—जबकि भारतीय-ईरानी शाखा भारतीय-यूरोपीय पितृकुल से अलग हो चुकी थी और भारतीय-यूरोपीयों की मुख्य शाखा अलग होकर नई जलवायुवाले किसी नये प्रदेश को चली गई थी। पहले काल के अन्तर्गत तो भारतीय-यूरोपीय में प्रचलित कुछ खास शब्दों और धातुओं के अर्थ 'जैसे मूल में' प्रचलित थे वैसे ही भारतीय-ईरानी शाखा के पूर्वजों में प्रचलित बोलियों में भी ज्यों-के-त्यों रहे; परन्तु दूसरे काल में, इन शब्दों और धातुओं के अर्थ, भारतीय-ईरानी-बहिर्भूत अन्य शाखाओं में कुछ नये और भिन्न हो गए, जो भारतीय-ईरानी शाखा की बोलियों में नहीं मिलते। उदाहरणार्थ, आद्य-भारतीय-यूरोपीय में *gwer, *gwerau (*ग्वेर्, *ग्वेरौ) का मूल अर्थ 'पत्थर' होता था; संस्कृत में

उसके रूप 'ग्रावन्' (grāvan) का अर्थ कुछ संकीर्ण होकर ('सोमरस को) निचोड़ने का पत्थर' होता है; परन्तु भारतीय-यूरोपीय की अन्य शाखाओं में इस शब्द का अर्थ 'चक्की का पत्थर' और तत्पश्चात् 'हाथ-चक्की' हो गया (उदाहरणार्थ—प्राचीन अंग्रेज़ी cweorn, आधुनिक अंग्रेज़ी quern); यह अर्थ कालान्तर में विकसित हुआ। आद्य-भारतीय-यूरोपीय में *melg 'मॅल्ग' का अर्थ होता है 'रगड़ना'; संस्कृत में '√मृज, मृष्' में यही अर्थ विद्यमान है, परन्तु भारतीय-ईरानी के सिवा अन्य भारतीय-यूरोपीय बोलियों में उसका अर्थ 'दूध दुहना (to milk)' हो गया। इसी प्रकार आ० भा० यू० √*sei (सेइ) का अर्थ होता था 'अस्त्र फेंकना' (दे० संस्कृत 'सायक'), परन्तु भा० ईरानी के सिवा अन्य भा० यू० भाषाओं में इसका अर्थ 'बीज छितराना' या 'बीज बोना' हो गया (दे० लैटिन semen सेमॅन् = 'बीज'; जर्मन saeen, अंग्रेज़ी to sow)। आ० भा० यू० *mel (मॅल्) = 'कमजोर बनाना', संस्कृत में भी यही अर्थ मिलता है (√मल्); परन्तु अन्य भा० यू० भाषाओं और बोलियों में 'पसीना' का अर्थ निकलने लगा। आ० भा० यू० *Perkom पॅरकोम (= संस्कृत—पर्श) का अर्थ होता है (गरमी या अन्य प्राकृतिक कारणों से पड़ी हुई) 'पृथ्वी की दरार'; परन्तु अंग्रेज़ी शब्द furrow = 'फरो' का अर्थ 'खेत जुताई की दरारें', कुछ नया ही हो गया (दे० आधुनिक अंग्रेज़ी furrow < प्राचीन अंग्रेज़ी furh, जर्मन Furche)। आद्य-भारतीय-यूरोपीय की धातुओं और शब्दों के अर्थों में हुए विभिन्न परिवर्तनों का खूब बारीकी से अभ्यास करने के पश्चात् ब्रान्देन्श्ताइन एक अत्यन्त महत्त्वपूर्ण निष्कर्ष पर पहुँचे हैं। वह यह है : अपनी आद्यावस्था में, आदिम भारतीय-यूरोपीय जन, किसी अपेक्षाकृत शुष्क गैरिक प्रदेश में निवास करते थे, जहाँ हरे-भरे जंगल नहीं थे; परन्तु थीं कुछ छोटी बनानी जिनमें निम्नलिखित वृक्ष थे—बंज या बजरांठ (oak), वेतस (willow), भूर्ज (birch), गोंदयुक्त देवदार-जातीय वृक्ष, और एक लचीला वृक्ष; वहाँ फलदार वृक्ष न थे। प्रारम्भ में वे इन जानवरों से परिचित थे : ऋष्य (elk, एक हरिण-विशेष), जंगली वराह, भेड़िया, लोमड़ी, रीछ, खरगोश, ऊदबिलाव, चूहा और जंगली पशुओं में कुछ अन्य प्राणी। पालतू जानवरों में से गाय स्पष्टतः उन्हें सुमेरों से मिली थी (सुमेरी gud गुड्, उच्चारण gu = गु में अन्तिम व्यञ्जन का लोप लगभग २७०० वर्ष ई० पू० हो गया था, और आ० भा० यू० में उसका परिवर्तित रूप '*ग्वॉउस्-*gwous' ले लिया गया था।) उनके अन्य पालतू जानवर भेड़, बकरी, घोड़ा, कुत्ता और सूअर थे। वे कुछ पक्षियों और मछली

तथा कुछ जलचर जीवों को भी जानते थे। समय बीतने पर जब वे अपने आदिम वास-स्थान को छोड़कर आगे बढ़े तब उन्हें एक निम्न दलदल का प्रदेश मिला, जहाँ उनका परिचय कुछ विस्तृत एवं नूतन प्रकार की वृक्ष-वनस्पतियों से हुआ। आ० भा० यू० के प्राचीनतर स्तर की जाँच से प्राप्त प्राकृतिक लक्षण बहुत अंशों में यूराल पर्वत के दक्षिण एवं पूर्व में स्थित किरगिज़ के मैदानों (Kirghiz Steppes) पर घटित होते हैं; और उसके पश्चात् के स्तर के शब्दार्थ वैज्ञानिक दृष्टि से परीक्षा करने पर, भारतीय-यूरोपियों के नूतन आवास के जो लक्षण उपलब्ध होते हैं वे पूरे-पूरे कार्पेथियन पर्वतमाला से लेकर बाल्टिक समुद्र तक फैले हुए समतल प्रदेश पर घटित होते हैं। इसके अतिरिक्त भारतीय-यूरोपीय द्वारा पहले काल में अपनाये हुए वैदेशिक शब्दों का अध्ययन मेसोपोतामिया की सुमेरी और अक्कदी संस्कृति से सम्पर्क सूचित करता है, न कि पश्चिमी एशिया, मिस्र एवं ईजियन ग्रीस की न्यूनाधिक भिन्नतर संस्कृतियों से।

इसलिए ब्रान्देन्श्ताइन के मतानुसार मध्य-एशिया के भारतीय-आर्यों के प्रारम्भिक निवास-स्थान होनेवाला मत ही पुनः कुछ परिष्कृत रूप में सबसे अधिक सत्य अनुमान सिद्ध हो जाता है। इस प्रकार यूराल पर्वतमाला के दक्षिण में स्थित सुविस्तृत प्रदेश ही आद्य भारतीय-आर्यों की मातृभूमि सिद्ध हुई प्रतीत होती है। उनकी एक शाखा, भारतीय-ईरानी कुल की पूर्वज, सम्भवतः वहीं रही, जबकि मुख्य शाखा पश्चिम में आधुनिक पोलैण्ड की ओर प्रसरित होती चली गई। शायद यही जगह 'विरोस्' के यूरोप में फैलाने का मुख्य केन्द्र-बिन्दु हुई। अथवा यह भी सम्भव हो सकता है कि भारतीय-यूरोपीयों एवं एशिया-माइनर के हित्ती लोगों के पूर्वजों ने पहले अपने उत्तरी मध्य-एशिया के मैदानोंवाले घर को छोड़ा, और जबकि उनकी यूरोपीय शाखा पश्चिम की ओर चली गई, वे स्वयं दक्षिण-पश्चिम की ओर के कॉकेसस् में से होते हुए ख्रीस्ट-पूर्व तीसरी सहस्राब्दी के द्वितीयार्द्ध में एशिया-माइनर, मेसोपोतामिया एवं ईरान की ओर चले आए। यह मत काफी युक्तिसम्मत एवं विश्वसनीय प्रतीत होता है, और निश्चित रूप से अब तक के भाषा-विज्ञान एवं पुरातत्त्व-परीक्षा से प्राप्त सर्वतः ठोस प्रमाणों पर आधारित है। यूरेशिया के मैदान जंगली घोड़े का घर थे और घोड़े को पालतू बनाना संभवतः 'विरोस्' की अपने बर्बरकाल की ऐहिक संस्कृति के लिए सबसे बड़ी देन थी। ई० पू० तृतीय सहस्राब्दी के द्वितीयार्द्ध में उनके आने के पहले एशिया-माइनर तथा मेसोपोतामिया में भारवाही तथा वाहन पशु केवल बैल, गधा और ऊँट थे। 'विरोस्' अपने साथ अश्व को भी लाए, जिसे मनुष्यों का वाहन बनने बोझा ढोने तथा गाड़ियाँ खींचने का अभ्यास था; अश्व

की तेज चाल से अन्तर्राष्ट्रीय एवं सांस्कृतिक सम्बन्धों में क्रान्तिकारी परिवर्तन हो गया, क्योंकि अब परस्पर का सम्पर्क सरलतर और शीघ्रतर होने लगा।

इस प्रकार हम देखते हैं कि भारतीय-यूरोपीय एक ऐसे जन-समुदाय थे, जिनका रक्त विशुद्ध था या मिश्रित, यह कहा नहीं जा सकता; पर वे एक अद्भुतकर्मा बर्बर जाति थे जिसे इतिहास में आगे चलकर नाम कमाना था। लगभग ३००० वर्ष ई० पू० जैसे-जैसे वे दक्षिण और पश्चिम की ओर नये घर की खोज में आगे बढ़ते गए, वैसे-वैसे अपनी भाषा एवं मानसिक विचारों से उन्होंने एक दिग्विजय आरम्भ की; पिछले तीन सहस्र वर्षों के मानव के इतिहास में वही एक महत्त्वपूर्ण शक्ति बन गई। सम्भवतः हित्ती लोग तथा उनकी भाषा ही अपने पूर्वजों का घर छोड़कर दक्षिणी प्रदेश में आनेवाले 'विरोस्' के सर्वप्रथम समूह थे; और वे एशिया-माइनर में वहाँ के आदि निवासियों पर विजय प्राप्त कर वहाँ के शासक बन गए। परन्तु ईसा-पूर्व दूसरी सहस्राब्दी के मध्य में वे विदेशी जनों में दूर-दूर तक फैल जाने के कारण अपनी पितृशाखा के सम्बन्धियों से पृथक् पड़ गए, और इससे उनकी भारतीय-यूरोपीय भाषा में भी कुछ मौलिक परिवर्तन हो गए थे। उनके पश्चात्, भारतीय-ईरानी या आर्य, लगभग २००० वर्ष ई० पू० तक उत्तरी मेसोपोतामिया में आये। पश्चिम में कुछ और समय पश्चात् भारतीय-यूरोपीयों की एक और शाखा हेल्लेनीय या ग्रीक जाति, जो कि पूर्वी यूरोप, पोलैण्ड तथा कारपेथियन क्षेत्र में बस गए थे, बालकन प्रदेश में से आधुनिक रूमानिया, युगोस्लाविया, बुल्गारिया और अल्बानिया में होते हुए, ग्रीस और पश्चिमी एशिया-माइनर में आये। यहाँ ग्रीस और एशिया के द्वीपों और तटवर्ती प्रदेश में पहले से ही बसे हुए सुसंस्कृत जनों से मिश्रित हो गए। कालान्तर में उनकी भाषा पर अपनी भारतीय-यूरोपीय भाषा को अधिष्ठित करके उन्होंने उसे बदलकर ग्रीक भाषा का निर्माण किया, और एक सम्मिश्रित संस्कृति को जन्म दिया, जो १००० वर्ष ई० पू० के आसपास आद्य यवन या यूनानी अथवा ग्रीक संस्कृति बनी।

ह्यूगो विंक्लर (Hugo Winckler) द्वारा इस शताब्दी के प्रारम्भ में उत्तर-पूर्वी ए[illegible]िया-माइनर में प्राप्त बोगाज़-क्योइ (Boghaz Köi) लेख[illegible] भारतीय-यूरोपीयों की प्र[illegible]ति की कथा की दिशा को ही बदल दिया। इनमें प्रायः १४०० ई० पू० [illegible]तानी (Mitanni) जाति के कुछ सन्धि-पत्र मिलते हैं, जिनमें मितानी शासक-वर्ग अपने-आपको Maryanni 'मर्य-न्नि' (दे० वैदिक 'मर्य'=मनुष्य) नाम से घोषित करते हैं, और अपने कुछ देवताओं के नाम भी इस प्रकार देते हैं : "इं-द-र, मि-इत्-त-र, उ-रु-वन्-अ (या अ-रु-न), ना-स-

अत्-ति-य", जोकि बाबिलोनी लिपि में लिखे ऋग्वैदिक देवताओं इन्द्र, मित्र, वरुण और दो नासत्यों या अश्विनों के नाम ही हैं। बोगाज़-क्योइ तथा अन्य स्थानों में प्राप्त लेखों से यह बात स्पष्ट होती है कि ईसा-पूर्व द्वितीय सहस्राब्दी के अधिकांश भाग में ऐसी उपजातियाँ और उनके नृपति आदि मेसोपोतामिया तथा बाबिलोन के साम्राज्यों में थे, जिनके नामों और भाषा में प्राचीन वैदिक तथा प्राचीन पारसीक दोनों से अत्यधिक साम्य लक्षित होता है, और जो वहाँ के राजनीतिक एवं सांस्कृतिक जीवन में पूरा भाग लेते थे। मेसोपोतामिया में लगभग १५०० ई० पू० में वैदिक देवताओं तथा संस्कृत के सदृश भाषा को व्यवहार में लानेवाले जन की उपस्थिति से कई यूरोपीय एवं भारतीय विद्वानों ने यहाँ तक अनुमान लगा डाला कि उक्त जन एक भारतीय उपजाति ही थे, जो भारत में वैदिक संस्कृति का पूर्ण रूप से विकास हो जाने के पश्चात् भारत छोड़ गए। इस मत की दृष्टि से वे भारत में आर्यों की सर्वप्रथम चढ़ाई या वास के समय को ई० पू० २००० वर्ष से कितना ही पीछे ले जाते हैं, और उसी दृष्टि से वैदिक ऋचाओं का काल नज़दीक-से-नज़दीक २००० ई० पू० के भी पहले का हो जाता है।

परन्तु यह मत बिलकुल ही युक्तिसंगत प्रतीत नहीं होता। मेसोपोतामिया के दस्तावेज़ों का भाषा-स्तर वैदिक भाषा से निश्चय ही प्राचीनतर काल का है। वह भारतीय-आर्य की अपेक्षा भारतीय-ईरानी के सन्निकट है, जैसा कि निम्नलिखित नामों की साधारण परीक्षा-मात्र से स्पष्ट परिलक्षित होता है [दे० स्व० N. D. Mironov एन० डी० मिरोनोफ़् का 'आक्ता ओरिएन्तालिया' Acta Orientalia, वर्ष ६, अंक १, २, ३ में प्रकाशित Aryan Vestiges in the Near East of the 2nd Millenary B.C. ('अन्तिक-प्राच्य में द्वितीय सहस्राब्दी के आर्यों के चिह्नावशेष') शीर्षक लेख, जिसमें ये भारतीय-आर्य नाम उनकी भाषा-वैज्ञानिक परीक्षा के साथ दिये हुए हैं।] : "शिमालिया" = प्रकाशमान (अर्थात् तुषाराच्छादित) पर्वतों की देवी; "अइतगम" = हरिण-गन्ता (?); "सुवर्दत" = सूर्यदत्त, सूर्य द्वारा दिया हुआ; "तुष्रत्त" = भयंकर-रथ-युक्त; सभी पूर्व-वैदिक-कालीन भारतीय-ईरानी शब्दों "*झि.मालिय, *अइतगाम, *सुवर्दात, *दुझ.्रथ (= संस्कृत—हिमाल, एतगाम, स्वर्दत्त और दूरथ)" आदि शब्दों के बाबिलोनी लिप्यन्तर मात्र हैं; और "अइक, अइत" आदि रूपों में प्राप्त संयुक्त स्वर भी "अइ", जो वैदिक और संस्कृत में "ए" (व्यंजनों के पहले "ए" और स्वरों के पहले "अय्") हो जाता है, पूर्व-वैदिक है। पूर्ववैदिक "źh, झ." तथा "z, ज़" भी ज्यों-के-त्यों रखे गए हैं।

वास्तव में मेसोपोतामिया के आर्यभाषा-भाषी जन पूर्ववैदिक एवं पूर्व-भारतीय-आर्य ही थे, जो मेसोपोतामिया में घूम रहे थे या वहाँ से होकर आगे को बढ़ रहे थे; उनमें से कुछ तो एशिया-माइनर और मेसोपोतामिया में बस गए, और कुछ, जो पूर्व की ओर आगे बढ़े, पहले ईरान तथा उसके पश्चात् भारत में आये। भारतीय-ईरानियों की जो शाखाएँ मेसोपोतामिया में बस गईं, और धीरे-धीरे आस-पास की आबादी में घुलमिल गईं, उन्हीं में Maryanni मर्यन्नी या Mitanni मितन्नी एवं Harri हर्री (=आर्य ?), Manda मन्द तथा Kassi कस्सी (=काशि उपजाति ?) लोग थे, जिन्होंने १८०० ई० पू० के आसपास बाबिलोन को जीतकर वहाँ कुछ शताब्दियों तक शासन किया; परन्तु इनकी संख्या बहुत कम थी, और ऐहिक संस्कृति तथा संगठन इतने बली और प्रभावशाली न थे जिससे वे अपनी अलग भाषा और सांस्कृतिक स्वरूप को अक्षुण्ण बनाए रख सकते। कुछ उपजातियाँ मेसोपोतामिया में हमेशा के लिए बसी नहीं तथा और आगे पूर्व में निवास की खोज में बढ़ते-बढ़ते ईरान में आ पहुँचीं। इन्हीं में "पर्शु" (=? परशु-जन—दे० प्राचीन अंग्रेजी seax=चाकू से सम्बन्धित जर्मन उपजाति-नाम "साक्सोन" Saxon, जर्मन franka=बर्छी, उससे सम्बन्धित "फ्रांक" Frank उपजाति) तथा "मद" (अभिमानी या मत्त) लोग थे, जो बाद में ग्रीकों में "पारसीक" (Persai) तथा "मद" (Medes) कहलाए। इनके अतिरिक्त "शक" (=शक्तिशाली उपजाति) थे, जो ईरान के उत्तर (उत्तर-पूर्व तथा उत्तर-पश्चिम) को गये और वहाँ से दक्षिणी रूस तथा मध्य-एशिया में फैल गए। दक्षिणी रूसवाले लोग ग्रीकों के द्वारा "स्कुथेस्" (Skuthes) या "स्कुथिआइ" (Skuthioi) अर्थात् अंग्रेज़ी में "सीदियन" (Scythians) कहलाए। कुछ उपजातियाँ और भी आगे पूर्व की ओर बढ़ीं; उदा० भृगु-लोक (इनके साथ सादृश्य रखनेवाली एक उपजाति मुख्य भारतीय-यूरोपीय पितृशाखा के साथ-साथ पश्चिम में यूरोप की ओर गई, और वहाँ से ये पश्चिमी भृगु-लोग थ्राकिया या थ्रेस Thrace और माकेदोन या मकदूनिया Macedonia होते हुए एशिया-माइनर में आकर बस गए और "ब्रिगेस्" Briges या "फ्रूगेस्" Phruges अर्थात् "फ्रीजियन" Phrygians कहलाये), भारत, मद्र और कुरु गण (दे० "कुरु" एक व्यक्तिवाचक नाम के रूप में; ईरान में "कुरुष्"=ग्रीक Kuros "कुरोस्", लाटिन का Cyrus, "किरुस्" अंग्रेज़ी उच्चारण में "साय्रस्"—अकमीनी Achaemenian साम्राज्य का प्रतिष्ठाता) तथा अन्य और भी उपजातियाँ थीं, जो अन्त में भारत में आकर बसीं।

ईरान से भारत में आर्यों का आगमन शनैः-शनैः हुआ प्रतीत होता है,

सम्भवतः कई पीढ़ियों तक। आर्यों द्वारा रचित वैदिक साहित्य में इसके कोई स्मृति-चिह्न उपलब्ध नहीं होते; वस्तुतः आर्यों को यह ध्यान भी न रहा होगा कि वे एक नये देश में आये थे। वे सम्भवतः ईरान में पर्शु, मद एवं अन्य उपजातियों के साथ कुछ शताब्दियों तक बस गए थे, और वैसे, फारस या ईरान का पठार आर्यों के लिए ठहरने का स्थान न रहकर घर-सा ही हो गया था। यहीं निश्चित रूप से मेसोपोतामिया में ही विद्यमान भारतीय-ईरानी संस्कृति का बीज पल्लवित होकर पूर्ण विकसित भारतीय-ईरानी का आर्य-धर्म बन गया जिससे वैदिक भारतीय तथा ज़रथुश्त्र के पूर्व ईरानी, दोनों संस्कृतियाँ उत्पन्न हुईं। अग्नि-पूजक धर्म बलवत्तर हुआ; विस्तृत कर्मकाण्ड को लेकर एक विशेष प्रकार का पौरोहित्य चल पड़ा, और "सोम" ("*सउम", अवेस्ता का "हओम", वैदिक "सोम") को यज्ञों में बड़ा महत्त्व दिया जाने लगा। वैदिक एवं अवेस्ता के छन्दों की उत्पत्ति भी यदि मेसोपोतामिया में नहीं तो ईरान में अवश्य होकर, आरम्भिक अवस्था को प्राप्त हो गई थी। ईरान में आर्यों को पहले से बसे हुए विभिन्न जन मिले थे; उनमें अनिश्चित उत्पत्तिवाले पश्चिमी ईरान के "एलामी" Elamite तथा भारत के समीपवर्त्ती पूर्वी ईरान क्षेत्र के "दास" और "दस्यु" थे। ये दास-दस्यु भारत के पश्चिमी भागों (विशेषतया निश्चयपूर्वक पंजाब और सिंधु-प्रदेश) में भी फैले हुए थे। भारत में आर्यों को जिन जातियों से सामना करना पड़ा, वे 'दास' और 'दस्यु' नाम से वर्णित हुए (दे० ऋग्वेद); ईरानी भाषा में ये ही "*दाह" और "*दह्यु" हो जाते हैं, और ग्रीकों ने Dahai "दहाइ" नाम की जाति-विशेष का उत्तर-पूर्वी ईरान के निवासी होने का उल्लेख भी किया है। प्राचीन पारसीक में "दह्यु" जातिवाचक संज्ञा शब्द नहीं रहा, परन्तु "देश" अर्थ में प्रयुक्त पाया जाता है; इसीसे नव्य फ़ारसी शब्द "दिह्" (=गाँव) निकला है। प्राचीन पारसीक "दह्यु" शब्द अमुक प्रदेश के निवासियों का नाम न रहकर, कालान्तर में उक्त प्रदेश के अर्थ में व्यवहृत होने लगा; और धीरे-धीरे यह अर्थ भी छोड़कर केवल "भूमि" का द्योतक मात्र रह गया। इस प्रकार का शब्दार्थ विकास वैसे कोई अद्वितीय घटना नहीं है (दे० यूरोप में Wales, Wallachia "वेल्स, वालाख्यिा", जो आरम्भ में एक केल्ट Celtic उपजाति के नाम थे—Volcae "वोल्काए", जिससे प्राचीन जर्मन शब्द *Walx "वल्ख्"="विदेशी" निकला है।) स्पष्ट है कि आर्यों का भारत पर आक्रमण केवल आर्य प्रभाव का पूर्वी ईरान से पंजाब के "दास-दस्यु" प्रदेश में शनैः-शनैः प्रसरण मात्र था; और जब तक इस नये प्रदेश के जेय और विजित आदिवासी वही मिलते गए जो आर्यों के पूर्व-परिचित

थे, तब तक उन्हें यह विचार भी न उठ सकता था कि वे एक नये देश में आ रहे थे जो पहले से पूर्णतया नूतन तथा भिन्न था।

भारत में आर्यों का आगमन प्राचीन काल के विश्व-इतिहास में अपेक्षाकृत अर्वाचीन या आधुनिक घटना है। इस विषय में अपना मत प्रदर्शित करना दुःसाहस-सा दिखाई देगा; फिर भी यह समय ई० पू० दूसरी सहस्राब्दी के मध्य से अधिक प्राचीनतर तो नहीं हो सकता, पश्चात् का ही हो सकता है। भारतीय इतिहास को हम विश्व-इतिहास के अंग रूप में ही देख सकते हैं। विशेषतया अंतिक-प्राच्य के देशों के इतिहास से तो उसका अविच्छेद्य सम्बन्ध है। इसी प्रसंग में विचार करते हुए जब हम देखते हैं कि भारतीय-यूरोपीय जन, सुप्राचीन सभ्य जनों के सम्पर्क में २००० वर्ष ई० पू० के लगभग आये, तो आर्यों के भारतागमन के समय को और भी अत्युक्तिपूर्ण प्राचीन काल तक खींचकर ले जाना इतिहास के मूल सिद्धान्तों के विरुद्ध होगा। (इस विषय का प्राचीन रूढ़िवादी हिन्दू मत—कि आर्य भारत में भी स्वयंभूत हुए थे—तो विचारणीय ही नहीं है।) प्रागैतिहासिक और ऐतिहासिक मिस्र तथा काल्दिया (ईराक) की सभ्यता के युग से तुलना करने पर भी, अविभक्त भारतीय-यूरोपीयों का काल कुछ प्राचीनतर प्रतीत नहीं होता। हमारे यहाँ कुछ भारतीय विद्वानों ने इस प्रश्न की ज्योतिष की दृष्टि से परीक्षा की है; और ज्योतिष-विषयक प्राप्त उपादानों की अनेक दृष्टिकोणों से समीक्षा करके अत्यन्त प्राचीनतम काल-निर्णय प्रस्तुत किया है। परन्तु इस ज्योतिषाधार तर्क में एक बड़ी भारी कमी यह रह जाती है कि ज्योतिष के साध्यों पर विचार करने के लिए कोई सर्व-सम्मत प्रणाली नहीं है, और व्यक्तिगत अन्वेषक अपनी-अपनी पद्धति से विचार करके बिलकुल भिन्न-भिन्न काल-विषयक निर्णयों पर पहुँचे हैं। इसके अतिरिक्त, वेद और ब्राह्मण ग्रन्थों के रचनाकाल में आर्यों को ज्योतिष का कितना ज्ञान था, यह भी एक विवादग्रस्त प्रश्न है। यह तो सर्वविदित ही है कि गम्भीर एवं वैज्ञानिक ज्योतिष के आविष्कारक काल्दिया के लोग थे; ग्रीक लोगों ने उनके ज्ञान में अपनी ओर से कुछ वृद्धि की, तथा ग्रीकों से बहुत-कुछ अंशों में यह विद्या भारतीयों को मिली। गुप्त एवं गुप्तोत्तर काल में भारतीयों ने इस विषय में कुछ प्रगति की, और पृथ्वी के गोलाकार होने तथा उसके अपनी धुरी पर घूमते रहने के विषय में अनुसन्धान उन्हीं के किये हुए हैं। इस विज्ञान के ठीक-ठीक ज्ञान को लेकर जब हिन्दुओं ने अपने अतीत का काल-निर्णय आरम्भ किया, तब उनमें इस विषय की प्राचीनता के सम्बन्ध में धारणा अस्पष्ट थी। फलतः निर्णय में बहुत-सी उत्तर काल में की हुई गणना प्राचीन काल

सम्मिलित कर ली गई। अतएव, वैदिक काल-निर्णय के लिए पुरातत्त्व तथा भाषा-विज्ञान ही विशेष विश्वसनीय साधन माने जा सकते हैं; साथ-ही-साथ जहाँ भी ज्योतिष द्वारा कुछ निश्चित और स्पष्ट इंगित प्राप्त हो सकें, उनकी भी उपेक्षा न करनी चाहिए।

इस प्रकार आर्यों के भारतागमन की कोई तिथि निश्चित कर लेना कठिन होने के कारण, हम १५०० ई० पू० को उनके प्रारम्भिक समूहों के पंजाब में आने का सम्भाव्य काल मान लेते हैं। वे अपनी आर्य भाषा बोलते थे, और उसी भाषा में अपने देवताओं की स्तुतियों तथा वीरगाथाओं (नराशंस गाथा) का प्रणयन कर गान करते थे। यही आर्य भाषा तथा साहित्य के इतिहास का प्रारम्भ कहा जा सकता है। आर्यों के भारत में आने के पूर्व ही उनकी भारतीय-ईरानी या आर्य बोलियाँ, विरोस् लोगों की आद्य भारतीय-यूरोपीय से आगे के विकास के दो स्तरों में गुजर चुकी थीं। पहली, अविभक्त भारतीय-यूरोपीय भाषा थी। ब्रान्देन्श्ताइन, जिनका मत पहले चर्चित हो चुका है, तथा और कई गवेषक इस भाषा में भी एक से अधिक स्तर बतलाते हैं। परन्तु भारत में आनेवाली आर्य भाषा में अधिकतया संरक्षित ध्वनियाँ और रूप जिस भाषा में स्पष्टतया परिलक्षित होते हैं, ऐसी एक अधुना-लुप्त भाषा को हम पुनर्गठित कर ले सकते हैं, जो विशिष्ट-रूप-युक्त सीधी या साधारण सुप्राचीन अथवा प्राथमिक भारतीय-यूरोपीय भाषा कही जा सकती है।

यूरोप के विद्वानों की चार पीढ़ियों के निरंतर परिश्रम के फलस्वरूप जिस प्राथमिक भारतीय-यूरोपीय भाषा का पुनरुद्धार हुआ है, वह रूपों की दृष्टि से अत्यन्त समृद्ध है, और अपने विचार-क्षेत्र के सभी आवश्यक, सरल तथा जटिल व्यापारों को, सूक्ष्म विचक्षण व्यंजक-शक्तिपूर्ण प्रत्ययों द्वारा बड़े सुन्दर रूप से व्यक्त करने में समर्थ प्रतीत होती है; और सभी आदिम भाषाओं की भाँति, उसका काल-विचार सम्पूर्ण रूप से विकसित न होने पर भी, क्रिया द्वारा सूचित काल की सूक्ष्म व्यञ्जनाओं को भी ऐसी ही भली भाँति व्यक्त कर सकती थी, जैसा कई अन्य भाषाओं द्वारा दुर्लभ है, फिर चाहे वे तात्कालिक या घटमान, आरम्भसूचक या समाप्तिवाचक अथवा पौनःपुन्यवाचक विभेद रहे हों। अपनी भाषा की विभक्ति-प्रणाली भारतीय-यूरोपीयों की कल्पना-प्रधान प्रकृति के अनुरूप ही निर्मित हुई थी। प्रारम्भ में इस भाषा में लिंग-विषयक बोध या विचार प्रकृति के अनुसार ही था, परन्तु जैसे-जैसे प्रत्ययों पर लिङ्गों का संयोग दृढ़ हुआ, वैसे ही व्याकरणात्मक लिङ्ग की उत्पत्ति भी हुई। इससे भाषा का दृष्टिकोण और स्वरूप अपने-आप काव्यात्मक होता गया, और

प्रकृति तथा जीवन के विभिन्न व्यापारों को मूर्त्त या रूपक-स्वरूप में सोचने की प्रवृत्ति बढ़ती गई। प्राथमिक-भारतीय-यूरोपीय भाषा का ध्वनि-समूह अनवरुद्ध या प्रलम्बनशील ऊष्म ध्वनियों की अपेक्षा क्षणिक स्पर्श-ध्वनियों की ओर अधिक झुकता था। उसमें इन स्पर्शों के विस्तृत वर्ग थे जिनमें महाप्राणित स्पर्श भी मिलते हैं। इन अल्पप्राण स्पर्श और महाप्राण स्पर्शों के विभिन्न वर्गों में नासिक्य ध्वनियाँ भी प्राप्त हैं। उदाहरणार्थ, "क, ख, ग, घ, ङ" की विभिन्न रूप अलिजिह्व, ओष्ठ्य तथा साधारण (भूल से 'तालव्य' कही जाने-वाली) कण्ठ्य ध्वनियाँ (q, qh, g, gh, ṅ; qʷ,qʷh, g̈, g̈h, ṅ; k, kh, g, gh, ṅ) तथा "त, थ, द, ध, न" की दन्त्य (सम्भवतः वर्त्स्य), तथा "प, फ, ब, भ, म" की ओष्ठ्य आदि सभी ध्वनियाँ इसमें विद्यमान थीं। ऊष्म या अनवरुद्ध ध्वनियों में केवल एकमात्र s "स" था, जो अन्य सघोषों के साथ आने पर सघोष z "ज़" हो जाता था। इसमें "ल" और "र" ये दो अन्तःस्थ भी थे, जो पृथक् रखे गए थे। पूर्ण महाप्राण "ह" शायद इसमें नहीं था—यद्यपि भारतीय-यूरोपीय की शाखा के रूप में हित्ती भाषा की खोज के परिणाम-स्वरूप कुछ विद्वानों ने यह सुझाने की चेष्टा की है कि प्राचीनतम भारतीय-यूरोपीय भाषा में एक निश्चित "ह"-कार ध्वनि थी और वह केवल हित्ती में सुरक्षित पाई जाती है। परन्तु यह मत विवादग्रस्त है। उपरोक्त ध्वनियों के अतिरिक्त कई ऊष्म ध्वनि—सभी α, ϒ, θ, δ, ख़, घ़, थ़, ध़ ध्वनियाँ (अनु-क्रमानुसार अरबी के ख़े خ, ग़ैन غ, ث = थ़, तथा ध़ाल ذ); तथा "झ़" (ź) के सदृश सघोष एक तालव्य ऊष्म ध्वनि जो कि लाटिन "य" के परि-वर्तित रूप फ्रेञ्च 'j' से सादृश्य रखती है;—ये सब ध्वनियाँ भी भारतीय-यूरोपीय में थीं, यह बात कई विद्वानों ने कल्पित कर ली है; परन्तु वास्तव में प्राथमिक भारतीय-यूरोपीय भाषाओं के तथ्यों के विवेचन के लिए यह ध्वनियों की कल्पना अत्यावश्यक भी नहीं है। भारतीय- यूरोपीय के मुख्यतः तीन मौलिक स्वर थे—a "अ", e "ए", o "ओ"। इनके अतिरिक्त दो ह्रस्व तथा दीर्घ या गौण स्वर i "इ", u "उ" थे, जिनका दो अर्द्ध-स्वरों y "य" तथा w "व" से घनिष्ठ सम्बन्ध था और जो अधिकतर संध्यक्षर अथवा द्विस्वरों में ही लक्षित होते थे; इनके सिवाय विभिन्न कोटियों के कई निर्बल स्वर थे जिनमें से एक विशिष्ट उदाहरण तथाकथित अर्द्धमात्रात्मक स्वरध्वनि "अ॑" (ə) है। इन स्वरों के ह्रस्व एवं दीर्घ दोनों स्वरूप प्रयुक्त किए जाते थे और प्राथमिक या मौलिक तीनों स्वरों a, e, o "अ, ए, ओ" से y "य" तथा w "व" का संयोग होकर द्विस्वर या संध्यक्षर बन सकते थे।

स्वरों का नासिक्यीकरण नहीं हो सकता था। भारतीय-यूरोपीय भाषा के ध्वनि-तत्त्व एवं रूप-तत्त्व दोनों से घनिष्ठतया सम्बन्धित एक महत्त्वपूर्ण वस्तु है—स्वरों की अपश्रुति-प्रणाली (Ablaut)। इस प्रणाली के कारण, एक धातु के विभिन्न व्युत्पादित रूप और विभक्त्याश्रित सुबन्त तथा तिङन्त रूपों में अनेक प्रकार की स्वरों की अपश्रुति परिलक्षित होती है; उपसर्ग और प्रत्ययों में भी यह अपश्रुति पाई जाती है। उदाहरणार्थ, एक धातु के निम्नलिखित प्रकार के विभिन्न अपश्रुति-युक्त रूप मिल सकते हैं:—"*भेर्-ए-ति (bher-e-ti), भे-भोर्-ए (bhe-bhor-e), भेर्-ओस् (bher-os), भोर्-ओस् (bhor-os), भृ-तोस् (bhr̥-tos), भे-भ्र्-ओइ (bhe-bhr-oi), ग्वोउस् (g̑ous), ग्वोवि (g̑owi), ग्वेउस् (g̑eus), ग्वु (g̑u); भेर्-ओन्त्-स् (bher-ont-s), भेर्न्त्-ओ (bher-nt-ō); पॅ-ते-र्स् (pə-tēr-s), पॅ-ते-रौ (pə-ter-ōu), पॅ-ते-रि (pə-ter-i), पॅ-त्रो (pə-tr-ō), पॅ-तृ-सु (pə-tr̥-su); क्नृ-नेउ-ति (qr̥-neu-ti), क्नृ-नु-तइ (qr̥-nu-tai); सू-नु-स् (sū-nus), सु-नेउ-एस् (sū-neu-es), सू-नौ-स् (sū-nou-s)"। भारतीय-यूरोपीय भाषा में स्वरों की इस अपश्रुति का विकास होने में बहुत समय लगा। ऐसा अनुमान होता है कि प्रागैतिहासिक भारतीय-यूरोपीय भाषा में बलाघात का एक युग आया था, जबकि स्वरों की ह्रस्वता-दीर्घतात्मक अपश्रुति (Quantitative Ablaut) का जन्म हुआ (यथा "ए" से "ऍ" अथवा "अॅ" अथवा शून्य—e>ē, e>ə, e>zero का परिवर्तन), और उसके पश्चात् स्वराघात का युग आया जिसने स्वरों की उच्चारण-स्थान-परिवर्तनात्मक अपश्रुति (Qualitative Ablaut) को जन्म दिया, यथा "ए" और "अ" का "ओ" में परिवर्तन (e>ɔ, a>o)। परन्तु आदि आर्य-भाषा की बाहरी आकृति को इसके कारण एक सुनिश्चित स्वरूप प्राप्त हो गया, और स्वरों की अपश्रुति साधारणतया ग्रीक, संस्कृत, अवेस्ता, गाथिक तथा अन्य प्राचीन जर्मनिक, प्राचीन आइरिश, प्राचीन स्लाव आदि भारतीय-यूरोपीय गोष्ठी की भाषाओं में सबसे अधिक महत्त्व की वस्तु बन गई। न्यूनाधिक अंशों में यह लगभग सभी भारतीय-यूरोपीय भाषाओं में अब तक पाई जाती है (जैसे अँगरेजी—sing, song, इटालियन—dar, dono; नव्य भारतीय आर्य—"मर्—मार्, मिन्—मेल" इत्यादि)।

स्वरों की अपश्रुति भारतीय-आर्य भाषा में तो विद्यमान रही, परन्तु भारतीय-यूरोपीय की स्वर-पद्धति सरल बन जाने से "ए, ओ, अ" तीनों "अ" में परिवर्तित हो गए (उदा०—भा० यू० "*dedorka देदोर्क=मैंने देखा, *dedorke देदोर्के=उसने देखा"; यथाक्रम, ग्रीक "dedorka देदोर्क, dedorke देदोर्के"; परन्तु

संस्कृत में दोनों के लिए "ददर्श" है), और संस्कृत में से उच्चारण-स्थान-विषयक स्वर-अपश्रुति लुप्त हो गई। केवल दीर्घतात्मक अपश्रुति बच रही (उदा० "अ—आ; इ—अइ=अय्, ए—आइ=ऐ; उ—अउ=अव्, ओ—आउ=औ; ऋ—अर्=आर्")। यह प्रक्रिया अपने कुछ छिन्न-भिन्न रूप में संस्कृत के वैयाकरणों के पूर्ण रूप से दृष्टिगत थी, और उन्होंने विभिन्न स्थलों में इसे "गुण", "वृद्धि" और "सम्प्रसारण" नाम दिये हैं। इस सारी प्रक्रिया को सम्पूर्ण रूप से व्यक्त कर सके ऐसा कोई एक शब्द संस्कृत में नहीं है, इसलिए जर्मन Ablaut के आधार पर हमने "अपश्रुति" शब्द गढ़ लिया है। धातुएँ या तो संज्ञावाची (उदा० "*gwou ग्वौ, nr̥ नृ") या क्रियावाची (उदा०—"* deik देइक्, bher भेर्, ei एइ, ed एद्") अथवा संज्ञा एवं क्रियावाची ("*pō पो, wid विद्") होती थीं। रूप-तत्त्व की दृष्टि से भी भारतीय-यूरोपीय संज्ञा-शब्द के तीन वचनों में आठ कारकों के रूप, विभिन्न प्रत्ययों की सहायता से बनते थे; और इन प्रत्ययों में भी, जैसा ऊपर कहा जा चुका है, अपश्रुति स्पष्टतः दृष्टिगोचर होती थी। ये कारक-विभक्तियाँ संज्ञा-शब्दों के अन्तिम अक्षरों के हिसाब से भिन्न-भिन्न होती थीं (यथा—*deiwos देइवोस्—षष्ठी, deiweso देइवेसो, deiwoso देइवोसो या deiwosyo देइवोस्यो; परन्तु *sūnus सूनुस्, षष्ठी में sūnous सूनोउस्; *wesumenēs वेसुमेनेस्, षष्ठी wesumenesos वेसुमेनेसोस्; *krɔis क्रइस्—krɔios क्रइओस्; *yeqrt येकृत्—yeqnos येक्नोस्; इत्यादि)। सर्वनाम की कुछ विशेष कारक-विभक्तियाँ होती थीं, जोकि संज्ञा वाली विभक्तियों से भिन्न थीं। द्विवचन का प्रयोग केवल युगलवाची शब्दों के लिए ही होता था, न कि दो वस्तुओं के लिए; परन्तु द्विवचन का यह विशेष प्रयोग बिना किसी कठिनाई के प्रचलित हो गया। लिंग-भेद भी किसी एक विशेष संज्ञा-समूह या विशेषण की विभक्तियों और प्रत्ययों तक ही सीमित न था; "*-os ओस् (संस्कृत में -अः)" प्रत्ययान्त-शब्द भी स्त्रीलिंगी हो सकता था (उदा०—'ग्रीक parthenos पार्थेनोस्=कुमारी; nuos नुओस् <*snusos स्नुसोस्=संस्कृत—"स्नुषा"; संस्कृत "दार—दारा, दाराः"—पुंल्लिंग बहुवचन, तत्सम्बन्धी ग्रीक "doulos दोउलोस्"="दास", और संस्कृत "दारिका"; इत्यादि), तथा आकारान्त शब्द भी पुंल्लिगी हो सकता था (इसके अवशेष संस्कृत और लाटिन दोनों में मिलते हैं)। उत्तरकाल में विभिन्न प्राचीन भारतीय-यूरोपीय-गोष्ठी की भाषाओं में कुछ विशेष विभक्ति-प्रत्ययों से ही व्याकरणात्मक लिंग का बोध होने लगा। संख्यावाची शब्दों के सम्बन्ध में भारतीय-यूरोपीय में दश-

मिक या दशमलव प्रणाली का विकास बहुत पहले ही हो चुका था। सभी आदिम जनों की भाँति गिनती का आरम्भ अँगुलियों पर हुआ : तर्जनी से निकटस्थ वस्तु की ओर "वह एक, वह" इस प्रकार इंगित करते हुए, यों कहिए, प्राथमिक एकार्थ शब्द बना होगा (उदाहरण, "*oinos ओइनोस्, oiwos ओइवोस्, oiqos ओइकोस्" सर्वनामवाची मूल से सम्बन्धित "*oi ओइ" = संस्कृत, "एन, एत, एष, अयम्" आदि में आया हुआ "ए" तथा "अय्")। "दो" के अर्थ-द्योतक शब्द (*dwōu = द्वौ) का अर्थ "विभिन्नता" था (दे० ग्रीक dia, लाटिन dis); "तीन" (*treyes त्रयः) = "वह जो आगे चला गया था" (धातु—तेर, तृ)। यद्यपि बहुत-से प्रयत्न हुए हैं, फिर भी इसके आगे भारतीय-यूरोपीय के संख्यावाची शब्दों का विश्लेषण नहीं किया जा सकता। भा० यू० के उत्तम और मध्यम पुरुषवाची सर्वनामों में कई प्रकार की धातुएं मिलती हैं, (उदा० उत्तम पुरुष में—"*eghom एघोम् या egom एगोम्, me मे, wei वेई, ne ने", मध्यम पुरुष में "*tu तु, tuom या twom त्वोम्, yu यु, we वे" इत्यादि)।

भारतीय-यूरोपीय क्रियापदों का विचार करते हुए ज्ञात होता है कि उसमें काल-भेद पूर्ण रूप से सुनिश्चित नहीं था; परन्तु क्रिया के स्वरूप को भलीभाँति प्रकट करने के लिए कुछ रूपों में भी, धातु और उनकी पुरुषवाची विभक्तियों के बीच में कुछ प्रत्यय ('विकरण') जोड़ दिये जाते थे। संस्कृत, ग्रीक, लाटिन आदि भाषाओं में, क्रिया के काल (Tense) और प्रकार (Mood) का विकास इन्हीं प्रत्ययों से हुआ। संस्कृत में इन प्रत्ययों का कुछ अर्थ न रहा; हाँ, कुछ प्राचीन वैयाकरणों ने धातुओं का दस गणों में विभाजन करते समय अवश्य इनका ध्यान रखा। संस्कृत के वैयाकरणों ने इनमें से कुछ विकरणों को छोड़ दिया, और केवल सात विकरणों को माना, जबकि प्राथमिक भा० यू० में इनकी संख्या तीस है। (इनके अपवाद "अद्," "हु" तथा आंशिक रूप से "रुध्" आदि धातुएँ हैं, जिनके लिए न कोई विकरण हैं, और न भा० यू० के "ए, ओ" से प्राप्त "अ"-कारान्त विकरणयुक्त विभिन्न धातु रूप।) उदाहरणार्थ, संस्कृत के "छ (च्छ)" विकरण को भारतीय वैयाकरणों ने अपने व्याकरण में अलग स्थान न देकर, भ्वादि गण (भू—भव्+अ=भव) के अन्तर्गत गिन लिया है; परन्तु संस्कृत में इसकी द्योतक दसों धातुएँ हैं—(उदा०, ऋच्छति < √ऋ, गच्छति < √गम्, इच्छति < √इष्, पृच्छति < √पृष्, वाञ्छति < √वान्, वन्, यच्छति < √यम्, *अच्छति < √अस्, इत्यादि।) और भा० यू० भाषाओं में इस "छ (च्छ)" विकरण के सदृश दूसरे विकरण

मिलते हैं, जिससे ज्ञात होता है कि संस्कृत के "च्छ" का भा० यू० समानार्थी "*ske स्के, sko स्को" एक अत्यन्त उल्लेखनीय या महत्त्वपूर्ण रूप था जिसमें अपनी विशिष्ट प्रकार की प्रारम्भ-सूचक शक्ति विद्यमान थी। संस्कृत, ग्रीक प्रभृति प्राचीन भा० यू० भाषाओं में जिस विकरण "* so सो या *syo स्यो" से लुङ् या अनिर्दिष्ट अतीत तथा लृट् या भविष्यत् दोनों का विकास हुआ था, उसीसे युक्त कुछ पूरक रूपों से प्राथमिक भा० यू० में भविष्यत् की उत्पत्ति अभी तक नहीं हुई। प्राथमिक भा० यू० में किसी प्रकार की विशेष व्यंजना व्यक्त करने के लिए कुछ धातुओं का द्वित्व ("अभ्यास") हो जाता था, और यही बाद में व्यक्ति तथा पुरुषवाचक और वचन-द्योतक प्रत्यय ("तिङ्"-प्रत्यय) से मिलकर, पूर्णभूत काल (संस्कृत का लिट्) बन गया। प्रत्यय-साधित धातु रूप के साथ पुरुष तथा वचन व्यक्त करने के लिए लगाये जानेवाले तिङ्-प्रत्यय, भा० यू० में अनेक प्रकार के होते थे; कुछ अंशों में वे सार्वनामिक आधारों से प्राप्त थे। "*e ए" एक ऐसा उपसर्ग था जिसका व्यवहार धातु के कुछ रूपों के पहले भूतकाल व्यक्त करने के लिए आता था। आदिम भा० यू० में इस उपसर्ग या शब्दांश का उपयोग वैकल्पिक था, परन्तु कुछ प्राचीन भा० यू० भाषाओं में यह आवश्यक समझा जाने लगा। संस्कृत की असम्पन्न भूत (Imperfect) लङ्, अनिर्दिष्ट भूत (Aorist) लुङ्, तथा लृङ् (Conditional) क्रिया-रूपों के पहले का "अ"-आगम इसी "*e ए" से उत्पन्न हुआ है। प्रत्ययों तथा द्वित्व के सहारे भा० यू० में कुछ विशेष तिङन्तों की रचना हुई, यथा—प्रेरणार्थक (Causative) णिजन्त, इच्छार्थक (Desiderative) सनन्त, तथा पौनःपुन्यार्थक (Frequentative) यङन्त; परन्तु आदिम भा० यू० में ये अपनी अत्यन्त प्रारम्भिक अवस्था में थे। आदिम भा० यू० में कर्मवाच्य नहीं मिलता, केवल कर्तृवाच्य और आत्मनिष्ठवाच्य (Reflexive) मिलते हैं, जो संस्कृत में "परस्मैपद" और "आत्मनेपद" हो गए; और संस्कृत में कर्मवाच्य का विकास आत्मकर्मक (Reflexive) से बहुत समय पश्चात् हुआ। भा० यू० से भा० आर्य में आये हुए बहुत-से "उद्देश्यमूलक क्रियानाम" (Gerunds) तथा "तुमन्त" (Infinitives) थे, परन्तु भारतवर्ष में आते-आते इन सबका क्रमशः लोप हो गया। ऐसे बहुत-से क्रियाविशेषणात्मक तथा उपसर्गात्मक शब्द थे, जिनके स्वरों में अपश्रुति की क्रिया होती थी; इन दोनों से अनेक कारक तथा विशिष्ट क्रिया-रूपों का सम्बन्ध रहता था। ये ही संस्कृत के उपसर्गों के पूर्वज थे। संस्कृत में इनमें से अधिकांश लुप्त हो चुके हैं, परन्तु बाकी बचे हुए २१ सर्वांशों में भा० यू० से सीधे आये हुए हैं: *pro, pero, apo, ni, edhi, ewo, enu, proti, peri प्रो, पेरो, अपो, नि, एधि, एवो, एनु, प्रोति, पेरि = प्र, परा, अष, नि, अधि, अव, अनु, प्रति, परि, इत्यादि)।

भा० यू० की एक मुख्य विशेषता भिन्न-भिन्न शब्दों से समासों का निर्माण करना था। ऐसे समास भा० यू० से प्राचीन भा० यू० गोष्ठी की ग्रीक, संस्कृत तथा अन्य भाषाओं में आये हैं; उदा०—भा० यू० से उद्भूत कुछ नाम, जैसे, "* Wesumenēs वेसुमेनेस् = संस्कृत वसुमनाः, अवेस्ता—वोहुमनो, ग्रीक Eumenēs एउमेनेस्; *Seghodeiwos सेघोदेइवोस् = संस्कृत सहदेवः, प्राचीन नोर्स Sigtyr सिग्तिर < *Sigitiwaz सिगितीवज्; * Kweito-k̑lewes क्वेइतोक्लेवेस् = संस्कृत श्वेतश्रवाः, प्रा० स्लाव Svyatoslavŭ स्व्यतोस्लवु (दे० संस्कृत—उच्चैःश्रवाः, भूरिश्रवाः, ग्रीक Periklēs पेरिक्लेस् < Perik̑lewēs पेरिक्लेवेस् = संस्कृत परिश्रवाः, इत्यादि); *Wiqoworg̑os = *वृकवर्जः, ग्रीक Lukourgos, = लातीन में Lycurgus; *Leksoneros = रक्षानरः, ग्रीक A-leks-andros, लातीन में Alexander; k̥m̥tomg̑ya क्म्तोम्ग्व्या = ग्रीक hekatombē हेकातोम्बे, संस्कृत शतग्वा" इत्यादि। ऐसे शब्दों में प्राप्त समास भा० यू० भाषा का एक विशिष्ट अंग हैं, और इनको क्या संस्कृत, क्या ग्रीक, क्या प्राचीन जर्मनिक भाषाओं, क्या प्राचीन स्लाव तथा प्राचीन केल्तिक, सभी ने समान रूप से अपने में जीवित एवं सुरक्षित रखा है; इन सभी भाषाओं में समासों के गठन में भी अत्यधिक सादृश्य है।

अपनी शब्दावली में भा० यू० ने अपने आदि-स्थान Ural ऊराल पर्वत के दक्षिण में स्थित Eurasia यूरेशिया के समतल प्रदेश के निकटस्थ देश में बोली जानेवाली Ural-Altaic ऊराल-अल्ताई बोलियों के शब्द भी सम्भवतः लिये थे (और उसे शब्द दिये भी थे)। मेसोपोतामिया के सुसभ्य जनों—सुमेरों, तथा शेमीय अक्कदीयों—का भी परोक्ष या प्रत्यक्ष प्रभाव आदिम भा० यू० में उनसे आये हुए कुछ शब्दों में लक्षित होता है; यथा—सुमेरी "gu (d) गु (द्)" = 'बैल, गाय'; सुमेरी—"balag बलग्", अक्कदी "pilaqqu पिलक्कु" = 'कुठार', और सुमेरी "urudu उरुदु" = 'ताँबा'; संस्कृत में इनके रूप "गौ", "परशु" (ग्रीक pelekus पेलेकुस्) तथा "लोह" = 'लोहा' (शाब्दिक अर्थ, 'लाल धातु अर्थात् ताँबा' है; "लोह" प्राचीन "रोह, *रोध, रउध" से व्युत्पादित है, और "*रउध" में विदेशी काल्दीय उपादान तथा स्वदेशी भा० यू०—दोनों मिश्रित हो गए हैं)। पश्चिम की ओर जानेवाला भारतीय-यूरोपीय जनसमूह सुसंस्कृत एशिया-माइनर तथा प्राग्-हेलेनिक ग्रीस के सम्पर्क में आया, और उन क्षेत्रों में बोली

जानेवाली शेमीय तथा Asianic एशियानी (अर्थात् प्राचीन एशिया-माइनर की) भाषाओं से भी उसने कई एक शब्द लिये; उदा० ग्रीक *"tauros ताउरोस्"='साँड,' *oloiw "ओलोइव्"='जलपाई का पेड़,' *"melit मेलित्"='मधु,' "*ward वर्द"='गुलाब', "*woino वोइनो"="मद्य या शराब", इत्यादि। ये शब्द पूर्वीय भा० यू० में या इरानी तथा भारतीय-आर्य में नहीं मिलते।

यह हुई आर्य भाषा की मूल भा० यू० पृष्ठभूमि। इसका स्वरूप बदलता गया। पहले तो कई एक लक्षणीय ध्वन्यात्मक परिवर्तनों के कारण भाषा का आभ्यन्तर स्वरूप बदल गया; तत्पश्चात् जब आर्यभाषा-भाषो अपने आदि निवास के एकान्त या पृथक् अवस्थान को छोड़ मेसोपोतामिया के सुसंस्कृत जीवन के सम्पर्क में आये, तब भाषा में भीतरी तथा बाहरी दोनों स्वरूपों में परिवर्तन होने का अवसर मिला। सबसे बड़ा ध्वन्यात्मक परिवर्तन, ह्रस्व तथा दीर्घ स्वरों (अकेले या द्विस्वरों में आये हुए) "a अ, e ए, o ओ, ā आा, ē एए, ō ओओ" का "a अ, ā आ" में, तथा निर्बल स्वर "अॅ" (ə) का "इ" (i) में सरलीकरण था। व्यंजनों में, कण्ठ्य (तथाकथित 'तालव्य') "k̑ क, k̑h ख, ĝ ग, ĝh घ" की स्पर्श एवं महाप्राण ध्वनियाँ परिवर्तित होकर तालव्य ऊष्म तथा महाप्राणित ऊष्म "ś श, śh श्ह, ź ज़, źh ज़्ह" हो गईं (ऐसा ही या एतादृश परिवर्तन कुछ अन्य भा० यू० गोष्ठी की भाषाओं, जिनसे बाद में आरमेनी, अल्बानी तथा बाल्तिक-स्लाव भाषाएँ निकलीं, में भी हुआ); तथा, "इ, उ" स्वरों एवं "र, क" व्यंजनों के बाद आने पर, दन्त्य-ऊष्म ध्वनि "s=स", "ṡ=ष" हो जाती थी। इनके अतिरिक्त, मूल "qw क्व, qwh ख्व, g̈ ग्व, g̈h घ्व" और "q क़, qh क़्ह, g ग, gh घ" बदलकर केवल "क, ख, ग, घ" ध्वनियाँ रह गईं; और ये भी "e ए" तथा "i इ" की मूलतः तालव्य ध्वनियों के पहले आने पर, तालव्य होकर अर्थात् एक प्रकार की "य"-ध्वनियुक्त होकर, "c च, ch छ, j ज, jh झ (अथवा "क, ख, ग, घ" के गुजराती की सूरती उपभाषा के उच्चारण "क्य, क्य्ह, ग्य, ग्य्ह" के सदृश, k̑, k̑h, ĝ, ĝh) हो गईं; संस्कृत में ये ध्वनियाँ "c च, j ज" और "h ह" के रूप में मिलती हैं (इसी आधार से प्राप्त "छ" की ध्वनि संस्कृत में आर्यभाषा से आये हुए किसी भी शब्द में नहीं मिलती।) इस प्रकार भाषा के बाहरी ध्वनि-स्वरूप तथा साधारणतया श्रुतिगत विशेषता में बड़ा भारी परिवर्तन आ गया; बिलकुल नये ध्वनि-समूहों का प्रवेश [illegible] या तथा कई पुरानी ध्वनियाँ लुप्त हो गईं। भा० यू० के मूलतः कण्ठ्य (तथाकथिक 'तालव्य') "क, ख, ग, घ" का ऊष्म तालव्यों में परिवर्तित

होने (उदा० "आ० भा० यू० *क्म्तोम् kṃtom"='सौ' का संस्कृत में "śatam शतम्", अवेस्ता में "satəm सतॅम्", प्राचीन स्लाव में "sŭto सुतो" तथा लिथुआनी में "šimtas शिम्तस्") की घटना को विद्वानों ने भा० यू० की दोनों उपगोष्ठियों—पश्चिमी तथा पूर्वी—को लक्षणीय रूप से ठीक-ठीक विभाजित करती हुई विभाजन-रेखा के रूप में माना है। पश्चिमी उपगोष्ठियों में कण्ठ्य ध्वनियाँ ज्यों-की-त्यों बनी रहीं, बदलकर ऊष्म नहीं हुईं (दे० ग्रीक hekaton हे-कातोन्; लाटिन centum केन्तुम्; केल्तिक—प्राचीन आइरिश cet केत्, वेल्श cant कन्त्; तुषारी kant कन्त्); पूर्वीय उपगोष्ठी में उनका ऊष्मीभवन हो गया (दे० आर्य, स्लाव, बाल्तिक, आरमनी तथा अल्बानी भाषाएँ)। अब लाटिन centum 'केन्तुम्' और अवस्ता satəm 'सतॅम्' ये दोनों शब्द, साधारणतया अनुष्मीकारक तथा ऊष्मीकारक उपगोष्ठियों के द्योतक गिने जाते हैं। उपरोक्त परिवर्तनों के कारण, एक भारतीय-यूरोपीय वाक्य—*"ĝherisqendrosyo pətērs ek̂wosyo uperi sthətos ĝṃsk̂onts penqe wlqons gheghone घेरिस्केन्द्रोस्यो पॅतेर्स् एक्वोस्यो उपेरि स्थॅतोस्, ग्वम्स्कोन्त्स् पेङ्क्वे व्लृकोन्स् घेघोने," बदलकर इस प्रकार हो गया—*"źhariśkandrasya pitarš aśwasya upari sthitas gaćchants panka wṛkāns źhaźhāna "ज़्ह'रिश्चन्द्रस्य पितर्ष् अश्वस्य उपरि स्थितस्, गच्छन्त्स् पंच वृकान्स् ज़्ह'ज़्हा'न" (संस्कृत—"हरिश्चन्द्रस्य पिता अश्वस्य उपरि स्थितः, गच्छन् पंच वृकान् जघान।") अथवा "*so ĝeronts swom woik̂om melĝti, trnom weĝheti, ĝhutō deiwom yaĝetai "सो गेरोन्त्स स्वोम् वोइकोम् मेल्ग्ति, तृनोम् वेघेति, घुतो देइवोम् यगेतइ" का परिवर्तित रूप कुछ इस प्रकार हुआ "*sa źarants swam waiśam mārźti (mār̆sti) trnam waźhati, źhutā daiwam yaźatai सज़'रन्त्स् स्वम् वइशम् मा र्ज़् ति 'वज़्ह'ति (मार्श्ति), तृनम् वज़्'हति, ज़्हुता दइवम् यज़्'तइ"; संस्कृत—"स जरन् स्वम् वेशम् मार्ष्टि, तृणं वहति, हुता (=हुतेन) देवं यजते।")

लगभग २००० ई० पू० के आसपास तक भाषा भारतीय-ईरानी स्तर को प्राप्त हो चुकी थी, और भा० यू० के विकास की दूसरी स्थिति हमें लगभग १४०० ई० पू०, मेसोपोतामिया के Mitanni मितन्नी तथा अन्य जनों में प्राप्त होती है। आर्यभाषा इसी स्थिति में ईरान में लाई गई। आर्यभाषा में कविता के विकसित स्वरूप को सर्वप्रथम एक विशिष्ट वस्तु के रूप में कब से माना जाने लगा, यह हमें पता नहीं चलता। मितन्नियों में प्राप्त मित्र, वरुण, इन्द्र, नासत्य आदि तथा बाबिलोन के आर्य विजेता Kassi कास्सियों में उपलब्ध

"सूर्य" आदि आर्य देवताओं के नाम यह सूचित करते हैं कि मेसोपोतामिया में विचरण करती हुई आर्य जातियाँ इन तथा अन्य आर्य देवताओं की स्तुतियों से परिचित थीं। परन्तु इन स्तुतियों का स्वरूप क्या था ? क्या ये भी वैदिक सूक्तों तथा अवेस्ता के अनुरूप धर्मानुष्ठान में प्रयुक्त Yasht "यश्त्" की स्तुतियों के सदृश ही थीं ? फिर भी, यह तो बिलकुल स्पष्ट है कि गायत्री तथा कुछ अन्य छन्दों का विकास ईरान में सम्भवतः मेसोपोतामिया में ही हो चुका था। भा० यू० छन्दोरीति के सम्बन्ध में हमारे पास कुछ निश्चयात्मक सामग्री नहीं है, परन्तु विभिन्न भा० यू० भाषाओं के कुछ ऐसे साधारण वाक्यों या वाक्यांशों से, जो स्पष्टतया काव्यपूर्ण लक्षित होते हैं, यह पता चलता है कि भा० यू० जन किसी-न-किसी प्रकार की छन्दोरीति से परिचित थे। स्व० Prof. Antoine Meillet अध्यापक आँत्वान् मेय्ये ने वैदिक छन्दों के साथ ग्रीक नाटकों में प्राप्त छन्दों की तुलना करते हुए, उक्त छन्दोरीति के स्वरूप का निर्णय करने के लिए प्रयास किया था। प्राचीन ग्रीक hexameter हेक्सामीटर या षड्गण छन्द ही होमेर की रचनाओं में प्राप्त प्राचीनतम ग्रीक छन्द है, परन्तु यह भा० यू० से आया हुआ न होकर, ग्रीकों द्वारा आविष्कृत ही प्रतीत होता है। संस्कृत (वैदिक), अवेस्ता, प्राचीन नॉर्स, प्राचीन आइरिश तथा पुरानी लिथुआनी कविताओं के आधार पर यह अनुमान बाँधा जा सकता है कि भा० यू० छन्दोरीति श्लोकबद्ध या वृत्तबद्ध (stanzaic) थी, न कि होमेर के षड्गण (hexameter) की तरह सप्रवाह (continuous); आर्यों की छन्दोरीति भी सम्भवतः उसी के अनुरूप प्राथमिक भा० यू० की पद्धति को अटूट रखते हुए श्लोक या वृत्तबद्ध ही रही, जैसा कि वैदिक से प्रमाणित होता है।

आर्य लोग ईसा-पूर्व दूसरी सहस्राब्दी में उस समय की एशिया की सबसे बड़ी संस्कृति के सम्पर्क में आये, और सरल तथा अर्द्ध यायावर संस्कृति के जन तो वे थे ही; अतएव उन पर इस संस्कृति का बड़ा भारी प्रभाव पड़ा। हमारी भारतीय संस्कृत पुराणों में, राक्षसों के अर्थ में प्रयुक्त "असुर" लोगों की महान् ऐहिक संस्कृति, भवन-निर्माण-कला तथा उनकी क्रूरता का उल्लेख है। परन्तु यह बहुत ही सम्भव है कि यह शब्द उनकी "अश्शुर या अस्सुर" (असीरिया) के जनों की स्मृति का बोधक हो, जिनकी महान् वास्तु-कला तथा युद्ध में क्रूरता का प्रत्यक्ष अनुभव आर्य लोग उनके सम्पर्क में आकर प्राप्त कर चुके थे। असीरी-बाबिलोनी संस्कृति के कुछ उपादानों को आर्यों ने अपना लिया था, ऐसा प्रतीत होता है; उदा० राजचिह्नों में छत्र का उपयोग, तथा बरहुत एवं साँची में प्राप्त बहुत-सी वास्तुकलाविषयक तथा शिल्पसज्जाविषयक

बारीकियाँ, जो निश्चित रूप से पश्चिमी एशियाई काष्ठशिल्पों का पाषाण में रूपान्तर-मात्र हैं। आर्यों द्वारा असीरी-बाबिलोनी से वैदिक में अपनाए हुए कुछ शब्द भी मिलते हैं। उदा०—"मना"=एक परिमाणवाची शब्द, जो शेमीय "minah मिनह्" से आया है; तथा स्व० बाल गंगाधर तिलक ने यह भी दिखाया था कि किस प्रकार बाबिलोनी दन्तकथाओं में आये हुए कुछ सर्पों के नाम अथर्ववेद में परिवर्तित रूप में ले लिये गए हैं (दे०, रा० गो० भण्डारकर स्मृति-ग्रंथ, पूना, १९१७, पृष्ठ ३३)। ईरान में बस जाने के पश्चात्, आर्यों के प्रधान जन की उपशाखाओं के दो दलों में मतभेद हो गया। इसके झगड़े के मूल में प्राचीन उपजातिगत मतभेद ही थे या धार्मिक, यह कहना अब असम्भव है। परन्तु आर्य लोग दो उपशाखाओं में विभाजित अवश्य हो गए—एक "*daiva दइव" या dēva देव-पूजक थे, और दूसरे "* Asura-Mazdhās असुर-मज़्धास् (असुर-मेधाः—Ahura-Mazdāo अहुर मज्-दाओ)" के पूजक। जो कुछ भी हो, देवपूजक आर्य भारत की ओर बढ़ने लगे, और राह में उन्हें पूर्वी ईरान के "दास-दस्यु" जनों का बराबर पंजाब तक सामना करना पड़ा।

इन अनार्यों से सम्पर्क तथा स्वाभाविक विकास के कारण आर्यभाषा में और भी परिवर्तन आ गए। धीरे-धीरे वह आर्य (या Indo-Iranian अर्थात् भारतीय-ईरानी) से Indo-Aryan या भारतीय-आर्य भाषा बनती चली गई, जिसका नवीनतम विकसित रूप ऋग्वेद की भाषा में मिलता है। कुछ व्याकरणात्मक परिवर्तनों के कारण मूल-भाषा भा० यू० और आर्यभाषा के बीच का अन्तर बढ़ता जा रहा था। उदाहरण, एक नये प्रत्यय "आनाम्" का स्वरांत संज्ञा शब्दों के षष्ठी बहुवचन रूप के लिए, तथा अंतिम-स्वर-"उ"वाले (तु, न्तु) प्रत्ययों का प्रथम पुरुष आज्ञार्थ क्रिया के लिए (जो अन्यत्र भी मिलते हैं) प्रयोग। भारत में, सम्भवतः ईरान में भी, आर्य उपजातियों की भाषाओं में ध्वनितत्त्व, व्याकरण तथा शब्दावली की सभी दृष्टियों से नये परिवर्तन हुए। मूर्धन्य ध्वनियों का विकास हुआ—ध्वनि-तत्त्व में यह सबसे महत्त्वपूर्ण परिवर्तन हुआ; विकास के कारण अपने-आप ही आ गया हो, अथवा बहुत सम्भव है, इसके कारण बाहरी अनार्य प्रभावित रहे हों। फलतः, "z ज, ź ज़', ž ज़'" की आर्यध्वनियाँ बिलुप्त हो गईं, या बदल गईं। व्याकरणात्मक रूपों में भी नये परिवर्तन हुए। इनमें से एक प्राचीनतम परिवर्तन, उत्तम-पुरुष एक-वचन-वाची बिभक्ति "-मि" के उपयोग के विषय में हुआ; पहले "-मि" का प्रयोग केवल "अद्, रुध् तथा हु" गणों की विकरणविहीन क्रियाओं (Athematic

Verbs) के साथ ही हुआ करता था, अब वह वर्तमान काल में सभी धातुओं के साथ प्रयुक्त होने लगी। यह विशेषता समय बीतने पर अवेस्ता में विकसित हो गई, साथ ही ईरानी क्षेत्र में प्राचीन पारसीक में भी (उदा०—भा० यू०—*ed-mi एद्-मि=वैदिक अद्मि; भा० यू० *bher-ō भेर्-ओ=ग्रीक pher-ō फेर्-ओ, लाटिन fer-ō फेर्-ओ, गॉथिक bair-a=bera बेर्-अ, गाथा-अवेस्ती bar-ā बर्-आ; परन्तु, वैदिक—भर्-आ-मि, प्राचीन पारसीक bar-ā-miy बर-आ-मिय्; तथा प्राचीन-स्लाव ber-ǒ बेर्-ओं <*ber-ō-mi बेर-ओ-मि)। शब्दावली की दृष्टि से भी नये शब्द गढ़े जा रहे थे, और बाहर से अपनाए भी जा रहे थे। उपर्युक्त सभी कारणों से, भारत में इस भाषा को लानेवाली आर्य उपजाति की भाषा, आर्य या भारतीय-ईरानी न रहकर, भारतीय-आर्य हो गई। आर्य-भाषा के अतिरिक्त ये उपजातियाँ अपने साथ कुछ वैदिक सूक्तों तथा वैदिक पद्धतियों के धर्म तथा संस्कृति को भी अवश्य लाई थीं। इन भारतीय आर्यों ने भाषा के सामञ्जस्य के अतिरिक्त विश्व के एक अत्यन्त अद्भुत जातिगत, धर्मगत तथा संस्कृतिगत समन्वय का भी शिलान्यास किया, जिससे विश्व को हिन्दू जाति, हिन्दू धर्म तथा हिन्दू संस्कृति के साथ-साथ वैदिक, संस्कृत तथा पालि आदि प्राचीन, तथा हिन्दी, गुजराती, मराठी, बंगला, पंजाबी एवं अन्य और अर्वाचीन, भारतीय भाषाएँ भी प्राप्त हुईं।

२

भारतीय-आर्य की अनार्य पटभूमिका, तथा भारतीय-आर्य भाषा का प्राचीन इतिहास

आर्य आक्रमणवाला सिद्धान्त तथा उसकी अन्य लोगों की तरह शिक्षित हिन्दुओं द्वारा भी साधारणतया स्वीकृति—आर्यों को भारत के संस्कृतिदाता जन के रूप में स्वीकार करनेवाला प्राचीन मत—हिन्दू धर्म तथा संस्कृति के निर्माण में अनार्यों का भाग—भारत में आर्यों के पहले की अनार्य पटभूमि—अनार्य अथवा पूर्व-आर्य जन—प्रागैतिहासिक Negrito निग्रोबटु या Negroid निग्रो-आकृतिक जन—भारतीय आर्य भाषा में बचे हुए सम्भाव्य निग्रोबटु उपादान—"निषाद", ऑस्त्रिक Austric या दक्षिणदेशीय लोग—मलय उपद्वीप तथा द्वीपों में आदिम ऑस्त्रिक भाषा का प्रसार—इन्दोनेसीय, (माइक्रोनेसीय के साथ) मेलानेसीय, तथा पोलिनेसीय भाषाओं की मिलकर कहलानेवाली ऑस्त्रिक की Austronesian ऑस्त्रोनेसीय शाखा—Austro-Asiatic दक्षिण-एशियाई शाखा, जिसमें Mon-Khmer मोन-ख्मेर, खासी एवं कोल बोलियाँ तथा निकोबारी इत्यादि हैं—उत्तरी भारत में दक्षिण-एशियाई केन्द्र—हिमालय प्रदेश में हुआ ऑस्त्रिक का सम्भावित प्रसार—'सर्वनामी-भूत' भोट-ब्रह्म बोलियाँ—Burushaski बुरुशास्की—ऑस्त्रिक भाषा-कुल की भाषागत विशेषताएँ—कोल भाषाओं एवं यूराली भाषाओं में सम्बन्ध स्थापित करने का Hevesy हेवेशी का सुझाव—भारत में 'किरात' या मोंगोलयड उपादान—वर्तमान स्थिति—द्राविड़ लोग—द्राविड़ भाषाएँ—क्या द्राविड़ लोग एक भूमध्य प्रदेशीय जन थे?—द्रमिल' Dramizha—द्रमिड—दमिल—तमिल् Tamizh=तृम्मिलि तेर्मिलाई Trmmili-Termilai—आद्य द्राविड़ संस्कृति तथा प्राचीन तमिल साहित्य—मोहन्-जो-दड़ो तथा हड़प्पा की लिपि—पश्चिमी लिपियों तथा ब्राह्मी लिपि से सम्बन्ध—सिन्धी और दक्षिण-पंजाबी संस्कृति तथा उसका द्राविड़-भाषा से सम्भावित सम्बन्ध—पश्चिमोत्तरीय भारत, ईरान, मेसोपोतामिया, प्रागैतिहासिक काल के एक सांस्कृतिक क्षेत्र के अङ्ग—द्रविड़ संस्कृति और आर्यों का प्रसार—पूर्व में

आर्यों के प्रसार की सफलता के कारण—आर्य, किरात या मोंगोलायड, द्राविड़ तथा निषाद या ऑस्त्रिक की पारस्परिक भिन्नताएँ—आर्य एवं अनार्य के बीच का संघर्ष—अनार्य उपादानों के सम्मिश्रण का आरम्भ—आर्यों की बोलियाँ—वैदिक साहित्यकला की भाषा (Kunstsprache)—भारतीय-आर्य भाषा में "र", "ल"—वैदिक सूक्तों का गठन तथा प्रसार—वेद-संहिता या वैदिक संकलन—व्यास—आर्यभाषा का लिपिबद्ध होना—वैदिक आर्य जन तथा पश्चिमी उपजातियाँ—पौराणिक परिपाटी तथा उसके मूलतः प्राग्-आर्य या अनार्य होने की सम्भाव्यता—वैदिक एवं अवेस्ता भाषाओं की पारस्परिक निकटता—ऋग्वेद के कुछ सूक्तों के, प्राग्-वैदिक-आर्य भाषा में प्रणीत होने की सम्भाव्यता—पीढ़ी-दर-पीढ़ी हस्तान्तरित हुई भाषा तथा विद्वज्जनों की विद्याएँ—"ब्राह्मण" युग में आर्य उपभाषाएँ—"उदीच्य, मध्यदेशीय, प्राच्य"—प्राच्य बोली तथा "र" का "ल" में परिवर्तन—प्राच्य भाषा में मूर्द्धन्यीकरण, भारतीय-आर्य ध्वनितात्त्विक विशेषता का ही अविच्छिन्न रूप—आर्य-भाषा का प्रसार—बुद्ध के समय में उत्तरी भारत की भाषा-सम्बन्धी स्थिति—आदर्शों का संघर्ष तथा भाषा का संघर्ष—बौद्ध तथा जैन प्रोत्साहन से मध्यकालीन भारतीय-आर्य बोलियों का उपयोग—वैदिक "ब्राह्मण" साहित्य तथा "संस्कृत"—पाणिनि—"छंदः" या "छान्दस", तथा "लौकिक"—"लौकिक संस्कृत" का अधिष्ठित होना।

जब आर्य लोग भारत में आये, तब देश जनशून्य न था—यहाँ भी कुछ ऐसी जातियाँ और जन बसे हुए थे जिनकी सभ्यता काफी ऊँचे स्तर की थी। प्रागैतिहासिक काल में आर्यों के आक्रमण के सिद्धान्त के सर्वप्रथम प्रतिपादित होते ही, भारत के उच्चजातीय सुशिक्षित जनगण ने तुरन्त ही उसे स्वीकार कर लिया। शिक्षित जनों से प्रायः उच्च वर्ण के हिन्दुओं का ही बोध होता था, और आर्यों के आक्रमणवाले इस सिद्धान्त से उनके स्वाभिमान को ठेस नहीं पहुँची। अब वे अपने को मध्य-एशिया से आये हुए उन गौरवर्ण एवं अत्यन्त सुसंस्कृत आर्य विजेताओं की वास्तविक सन्तान के रूप में मान सकते थे, जिन्होंने जंगली काले अनार्यों के अन्धकारमय देश को सभ्यता के प्रकाश से आलोकित किया था। इसके अतिरिक्त, वे "आर्य" अर्थात् भारतीय-यूरोपीय भाषाएँ बोलनेवाले यूरोपीयों को अपने दूर के चचेरे भाइयों के रूप में देख सकते थे। आंग्ल-ऐतिहासिकों तथा उनके भारतीय बन्धुओं ने भी इस विषय में अपनी स्वीकृति व्यक्त की, और भारतीय जन को 'हमारा आर्य भाई, नम्र-स्वभाव

हिन्दू' ('Our Aryan brother, the mild Hindu') कहकर उसके पृष्ठ-पोषक बनने लगे। इस सिद्धान्त को इतनी सरलतया स्वीकार कर लेने का आंशिक कारण भारतीय मस्तिष्क की असाम्प्रदायिकता थी, जिसके कारण वह ऐसे किसी भी मत को स्वीकार करने में तत्पर रहता था, जो युक्तियुक्त प्रतीत हो। कुछ अंशों में इसका कारण जाति-व्यवस्था का क्रमशः विघटन, तथा जातियों एवं संस्कारों की अनेकविधता के कारण समाज के विभिन्न अंगों का परस्पर पूर्णतया एकसूत्रबद्ध न हो सकना था, जिसको लेकर उच्च वर्गों में नीचे स्तर वालों से श्रेष्ठता तथा पार्थक्य की एक प्रकार की भावना आ गई थी। कुछ हद तक इसका कारण एक प्रकार की हीन ग्रंथि (Inferiority Complex) भी था। क्योंकि बहुत से महत्त्वपूर्ण विषयों में उन्हें यूरोपीयों के सामने अपनी पराजय स्वीकार करनी पड़ती थी, अतएव उपरोक्त सिद्धान्त के अनुसार वे उनसे किसी भी प्रकार का नाता जोड़ सकने तथा अपने विजेताओं एवं सभ्यता-प्रसारकों की सन्तान रूप में घोषित करने में एक प्रकार का गुप्त आनन्द-सा अनुभव करते थे (यद्यपि राष्ट्र-प्रेम के क्षणों में वे अपनी इस भावना का विश्लेषण करना नहीं चाहते थे)। परन्तु हाल ही के अनुसन्धानों से प्राप्त कुछ तथ्यों से तथा पहले से प्राप्त तथ्यों के नये अर्थ प्रकाश में आने से, पता चला है कि प्राचीन भारत के असभ्य बर्बरों पर श्रेष्ठ गौर-वर्ण विजेताओं की विजय-कथा "आया, देखा, जीता" में ही सम्पूर्ण होने जितनी सहज नहीं है। प्राचीन भारतीय-यूरोपीय या आर्यभाषा-भाषी, यूरोप के आधुनिक भा० यू० भाषा-भाषी स्पेनवासियों, पुर्तगीज़ों, फ्रेंचों डचों तथा अँगरेज़ों की भाँति अदम्य विजेताओं की तरह भारत में नहीं आये थे, और न उन्होंने यहाँ बलपूर्वक सभ्यता का प्रवर्तन ही किया था। यह कहना भी सत्य नहीं है कि हिन्दू सभ्यता के सभी उदात्त एवं उच्च उपादान आर्यों की देन थे, तथा जो निकृष्ट तथा हीन उपादान थे वे अनार्य मानस की उच्छृङ्खलता के द्योतक थे। आर्य चित्त के कुछ दृष्टिकोणों के मूर्तरूप ब्राह्मण और क्षत्रिय की विचार तथा संगठन करने की योग्यता को स्वीकार कर लेने पर भी, कितनी ही नई सामग्री तथा नूतन विचारधारा यह सूचित करती है कि भारतीय सभ्यता का निर्माण केवल आर्यों ने ही नहीं किया, बल्कि अनार्यों का भी इसमें बड़ा भारी हिस्सा था। उन्होंने इसकी मूल प्रतिष्ठा-भूमि तैयार की थी। देश के कई भागों में उनकी ऐहिक सभ्यता आर्यों की अपेक्षा कितनी ही आगे बढ़ी हुई थी। नगरवासी अनार्य की तुलना में आर्य तो अटनशील बर्बर-मात्र प्रतीत होता था। धीरे-धीरे अब यह बात स्पष्टतर होती जा रही है कि भारतीय सभ्यता के निर्माण में अनार्यों का

भाग विशेष रूप से गुरुतर रहा। भारतीय प्राचीन इतिहास एवं दन्तकथाओं में निहित धार्मिक तथा सांस्कृतिक रीति-परिपाटी केवल अनार्यों से आई हुई वस्तु का आर्य भाषा में रूपान्तर-मात्र है, क्योंकि आर्यों की ओर से उनकी भाषा ही सबसे अधिक महत्त्वपूर्ण देन बन गई थी, यद्यपि वह भी अनार्य उपादानों से बहुत-कुछ मिश्रित होकर पूर्ण विशुद्ध न रह सकी। संक्षेप में, कर्म तथा परलोक के सिद्धान्त, योग-साधना, शिव, देवी तथा विष्णु के रूप में परमात्मा को मानना, वैदिक "हवन"-पद्धति के समक्ष नई "पूजा"-रीति का हिन्दुओं में आना—आदि तथा अन्य भी बहुत-सी वस्तुओं का हिन्दू-धर्म और विचार में आना, वास्तव में अनार्यों की देन है। बहुत-सी पौराणिक तथा महाकाव्यों में आई हुई कथाएँ, उपाख्यान और अर्द्ध-ऐतिहासिक विवरण भी आर्यों से पहले के हैं। हमारे बहुत-से ऐहिक संस्कार तथा सामाजिक एवं अन्य रूढ़ियाँ—उदाहरणार्थ, चावल-सरीखे हमारे अत्यन्त प्रचलित या महत्त्वपूर्ण धान्य की एवं इमली तथा नारियल इत्यादि शाक-फलों की खेती, पान का हिन्दू-जीवन और धार्मिक पूजन-अर्चन में उपयोग, साधारण जनता के अधिकांश धार्मिक विश्वास, हमारी विशिष्ट भारतीय पोशाक, जैसे धोती और साड़ी, भारत के कुछ भागों की हमारी वैवाहिक रीति-रस्में, तथा उनमें सिन्दूर और हल्दी का उपयोग, और इनके अतिरिक्त और भी कितनी ही ऐसी बातें हैं जो हमारे पूर्वार्य पुरखों की देन कही जा सकती हैं। भाषा की दृष्टि से, जैसा पहले कहा जा चुका है, उत्तरी भारत में मुख्यतः हमने आर्यों की भाषा को ही स्वीकार कर लिया है, परन्तु उस भाषा का भी लगभग कायापलट हो चुका है और वह भी पूर्वार्य पद्धति पर। दक्षिण में प्राचीन (पूर्वार्य) भाषाएँ ही चल रही हैं, यद्यपि उन पर भी, भारत में आकर पूर्ण भारतीय बनी हुई तथा विभिन्न युगों में आगे बढ़ती रही आर्य भाषा की गहरी छाप है।

आर्य भाषा के इस देश के इतिहास का वर्णन करने से पहले, भारत की अनार्य पृष्ठभूमि का संक्षेप में विहंगावलोकन कर लेना ठीक होगा। यह तो अब तक पता नहीं चल सका है कि भारत की भूमि पर किसी प्रकार के मानव का सर्वप्रथम उद्भव हुआ था या नहीं, यद्यपि अत्यन्त प्राचीन मानव-सदृश वानरों के अवशेष यहाँ प्राप्त हुए हैं। जैसा कि हम पहले कह आए हैं, भारत में आनेवाले प्राचीनतम जन (जिनके वंशज अब भी भारत में मिल सकते हैं), एक ठिगने कद के, कृष्णवर्ण ऊनी बालोंवाले नेग्रिटो (Negrito) या निग्रोबटु जाति के थे, जो सम्भवतः अफ्रीका से अरब तथा ईरान के समुद्र-तट प्रदेश के सहारे-सहारे यहाँ आये होंगे। इन नेग्रिटो लोगों (Negritos) की संस्कृति अपने

प्राचीन प्रस्तर-युग (Palaeolithic) या उष:प्रस्तर युग (Eolithic) विकास-काल की रही होगी, और उन्हें खेतीबाड़ी एवं पशुपालन का ज्ञान न था। वे सम्भवत: दक्षिण भारत में फैल गए, और शायद समुद्र पार करने के प्रयत्न भी किये (अथवा मलय प्रायद्वीप से तब जुड़े हुए और अब अन्तर्हित भूमिसेतुओं के सहारे यहाँ आये), तथा अन्दमान द्वीपसमूह में बस गए। वे अब भी फिलिपाइन द्वीपों तथा सुदूर इरियन Irian या न्यू-गिनी (New Guinea) में मिलते हैं (फिलिपाइन के Aeta "आयता" लोगों में और न्यू-गिनी के Tapiro "तापिरो" लोगों में)। आसाम और ब्रह्म-देश की राह से नेग्रिटो लोग शायद भारत से मालय और सुमात्रा में (जहाँ इनके वंशज Semang "सेमंग" लोग अभी तक बसे हैं) तथा उससे भी सुदूर द्वीपों में फैल गए होंगे। नेग्रिटो लोगों के अवशेष दक्षिणी बिलोचिस्तान में भी पाये गए बतलाए जाते हैं, और उनकी दक्षिण भारत में उपस्थिति का अनुमान यहाँ की कुछ जंगली जातियों Irula इरूल, Kadir कादिर, Kurumba कुरुम्ब तथा Paniyan पनियान आदिकों में प्राप्त चिह्नावशेषों से लगाया जा सकता है। आसाम की कुछ भोट-ब्रह्म (Tibeto-Burman) उपजातियों में भी नेग्रिटो लोगों के अवशेष पाए जाते हैं, उदा० नागा जाति, जिसने उन्हें आत्मसात् कर लिया है। भारत के समीप ही एक समूह रूप में अपनी स्वतन्त्र भाषा अन्दमानी के साथ उनका अस्तित्व अन्दमान द्वीपों में कायम है। अन्दमानियों के अतिरिक्त जो भी नेग्रिटो लोग भारत, मालय तथा प्रस्तर-भारत में अब तक बचे हैं, वे सब अपने सुसंस्कृत आर्य, द्रविड़ या ऑस्ट्रिक पड़ोसियों की भाषाओं की बोलियों का विकृत रूप व्यवहार में लाते हैं। आद्य नेग्रिटो भाषा, जैसी भी रही, अब केवल अन्दमानी के रूप में अवशिष्ट रही प्रतीत होती है, और उसका एक भाषा के रूप में किसी भी भाषाकुल से सम्बन्ध न होकर स्वतन्त्र अस्तित्व है। नेग्रिटो-गण अत्यन्त आदिम अवस्था के जन थे, इसलिए उत्तरकाल की आर्य सभ्यता के निर्माण में उनका कुछ भी हिस्सा न हो सका। बाद में आनेवाले अपने से अधिक सुसंस्कृत तथा शक्तिशाली जनों के सामने वे टिक न सके। अजिंता के भित्तिचित्रों में आलेखित गुप्तकालीन भारत की कुछ विशेष जातियों को देखकर यह अनुमान किया जा सकता है कि नेग्रिटो जन काफी दीर्घकाल तक भारत में बचे रहे, परन्तु अब वे लगभग पूर्ण रूप से विलुप्त हो चुके हैं। जैसी परिस्थितियों में वे थे, उनमें रहकर भारत में बाद में आनेवाली भाषाओं पर प्रभाव डालना उनके लिए असम्भव-सा था। आर्यों के आगमन के पूर्व और भाषास्तरों—ऑस्ट्रिक, किरात, तथा द्राविड़— ने नेग्रिटो भाषा को बिलकुल ढक

लिया था, इसलिए कुछ भी अवशिष्ट बचा प्रतीत नहीं होता। आर्य लोग जो इनके बहुत पीछे आये शायद इन्हें नहीं मिले, कम-से-कम पंजाब और गंगा के समतल क्षेत्रों में तो नहीं ही मिले; उनकी भाषा में इनके लिए नाम ही नहीं है। फिर भी जहाँ-तहाँ एकाध शब्द का, किसी विशेष वस्तु या प्राणी अथवा उद्भिद के नाम के रूप में, नेग्रिटो भाषा के भारत से पूर्ण लोप से बचकर रह जाना सम्भव है। बँगला भाषा का "वादुड़" (=चमगादड़) ऐसा ही एक शब्द जान पड़ता है। मूल शब्द "*बाद्" है; इसका रूप प्राचीन बँगला में "*बाद्-अड़्-ई=बादड़ी" होगा, जिसमें "अड़ी", अपभ्रंश तथा नव्य भा० आ० का प्रचलित ड़-युक्त 'स्वार्थिक प्रत्यय' (Pleonastic Suffix) है; इस "*बाद्" से, जिसका कोई अर्थ नहीं लगता, अब मिलाइए अन्दमानी—"वॉत्-दा, वात्-दा, वॉत्, वात (wat)", तथा निषाद उपजातियों द्वारा व्यवहृत मालय और इन्दोचीन की ऑस्त्रिक वंश की कुछ आदिवासी भाषाओं के शब्दों में प्राप्त "पेत् (pet), वेत् (wet), मेत् (met), वेद् (wed), वॉत् (wät), वोत् (wot)" इत्यादि शब्दांश; उदाहरण, "त्रापेत् (trapet), सापेत् (sapet), हाम्पेत् (ham-pet), सा-मेत् (sa-met), हामेत् (ha-met), कावेत् (ka-wet), कावेद् (kawed), गान्-ऑत् (gan-öt), कात्<का-अत् (ka-at), कावा <* का-वात् (ka-wot), उओत् (uot) प्रभृति शब्द।"

अधुनालुप्त नेग्रिटो-जाति को छोड़कर, कम-से-कम तीन अनार्य-भाषी जातियाँ भारतवर्ष में थीं, जिनका नवागत आर्यों से अनुलोम तथा प्रतिलोम विवाह द्वारा सम्मिश्रण हुआ और इस सम्मिश्रण का फल है आधुनिक भारतीय साधारण मानव। ये तीन जातियाँ थीं—(१) 'निषाद' या आस्ट्रिक, (२) द्रविड़ (दास-दस्यु-शूद्र) और (३) 'किरात' या मोंगोलाकार (Mongol-oid), जो चीन-भोट (Sino-Tibetan) गोष्ठी की भाषा या बोली बोल लेते थे।

नेग्रिटो के पश्चात् भारतभूमि में प्रवेश करनेवाले जन सम्भवतः "प्राथमिक ऑस्त्रालाकार" (Proto-Austroloids) थे, जो कि भूमध्य-प्रदेशवासी जनों की एक अत्यन्त प्राचीन शाखा माने जाते हैं। ऑस्त्रिक नाम से कहा जानेवाला भाषाकुल, बहुत सम्भव है, इन्हीं लोगों की भाषा से प्रारम्भ हुआ हो। भारत में अपने परिवर्तित रूप में ये "प्राथमिक ऑस्त्रालाकार" जन "ऑस्त्रिक" कह कर पुकारे जा सकते हैं। नृतत्व-विशारदों के मतानुसार, प्राथमिक ऑस्त्रालाकार जन एक लम्बशीर्ष, चिपिटनासिक, कृष्णकाय जन थे। आर्य उन्हें "निषाद" नाम से जानते थे। इनकी भाषा तथा इनके धर्म एवं संस्कृति के मूल उपादान भारत में ही अपनी विशिष्टता को प्राप्त हुए थे, और अपने परिवर्तित

रूप को हम "ऑस्त्रिक" आख्या दे रहे हैं। प्राचीन भारत में ये लोग आर्य भाषा में 'निषाद' कहलाते थे, और बाद में इनके 'कोल्ल' और 'भिल्ल' नाम भी पाए जाते हैं। 'शवर' नाम भी मूलतः इन्हीं का था, ऐसा अनुमान होता है। इन मूलतः भारतीय ऑस्त्रिकों की विभिन्न शाखाएँ अपनी भाषा को दक्षिण एवं पूर्व में, मालय एवं इन्दोनीसिया (सुमात्रा, जावा, बाली, बोर्नियो, सेलीबीज़ तथा फ़िलिपाइन द्वीपसमूह) में ले गईं, तथा इन्दोनीसिया से माइक्रोनीसिया और मेलानीसिया (कैरोलीन द्वीपों, मार्शल द्वीपों आदि तथा बिस्मार्क द्वीपसमूह, सोलोमन द्वीपों, सान्ता-क्रुज़ द्वीपों, न्यू-ईब्रायडीज़ द्वीपों, न्यू-कैलेदोनिया और फ़ीजी द्वीपों), तथा पॉलिनीसिया (समोआ, तोङ्गा, कुक द्वीपसमूह, सोसाइटी द्वीपों, ताहिती, तुआमोतु द्वीपसमूह, मारक्वेसस्, न्यूज़ीलैण्ड, हवायि, रापानुई या ईस्टर द्वीप) में ले गईं। इस प्रकार इन्दोनीसिया, माइक्रोनीसिया और मेलानीसिया तथा पॉलिनीसिया के द्वीपसमूहों में बोली जानेवाली सारी भाषाएँ ऑस्त्रिककुल की "दक्षिणद्वीपीय" (Austronesian) शाखा में से हैं। इन द्वीपों में मौलिक ऑस्त्रिक जन अन्य जातियों (मुख्यतः इन्दोनीसिया के मोंगोलाकार, माइक्रो-नीसिया एवं मेलानीसिया के नेग्रिटो, तथा पालिनीसिया के लम्बे काकेशी लोगों) के सम्मिश्रण से बहुत परिवर्तित हो गए (ये पालिनीसी लोग सम्भवतः इन्दोनीसिया से होकर सुदूर पूर्व प्रशान्त महासागर के द्वीपों में जाने के पहले से ही एशिया में ऑस्त्रिक तथा किसी एक अज्ञात काकेशी जाति के मिश्रित रूप में विद्यमान थे)। कुछ ऑस्त्रिक उपजातियाँ इन्दोचीन में ही रहकर उस क्षेत्र में फैल गईं, और उनके वंशज मोन (Mon), ख्मेर (Khmer) या कम्बोजी, चाम (Cham), अथवा इनसे कुछ कम प्रसिद्ध स्तिएंग (Stieng), बहनार (Bahnar), पलोउंग (Paloung), वा (Wa) आदि जातियाँ बन गईं। एक समूह निकोबार द्वीपों को चला गया, और निकोबारी जाति बन गया। कुछ दूसरे समूह (उदा० खासी Khasi लोगों के पूर्वज आदि) आसाम होते हुए भारत में आये; परन्तु खासी लोग बहुत-कुछ अंशों में ऐसे एक मोंगोलाकार जन जान पड़ते हैं जिन्होंने ऑस्त्रिक भाषा अपना ली है। भारत में रहनेवाली कुछ ऑस्त्रिक उपजातियों ने अपनी भाषा को अब तक सुरक्षित रखा है, यद्यपि उनका मोंगोलाकार, द्राविड़ तथा सम्भवतः नेग्रिटो लोगों से भी काफ़ी सम्मिश्रण हुआ; इनमें मुख्य कोल (Kol) या मुण्डा (Munda) जन हैं (यथा संथाल, मुण्डारी, हो, कोरवा, भूमिज, कुर्कू, सोरा या शवर, तथा गदाबा आदि उपजातियाँ)।

प्राथमिक ऑस्त्रालाकारों की एक बहुत प्राचीन शाखा के लोग आस्ट्रेलिया को चले गए; और वहाँ के कृष्णवर्ण आदिवासी बन गए। उनके पश्चात् की एक शाखा लंका चली आई; वहाँ के वेद्दा (Vedda) लोग उसी के अवशेष हैं। द्वीपी ऑस्त्रिकों या दक्षिणद्वीपीय (Austronesian) लोगों से पृथक् बोध होने के लिए, एशिया महाद्वीप के ऑस्त्रिक, दक्षिण-आसियाई (Austro-asiatics) कहलाते हैं। ऑस्त्रिक की इस दक्षिण-आसियाई शाखा में मोन्-ख्मेर भाषाएँ (मोन्, ख्मेर तथा इन्दोचीन की कुछ अन्य बोलियाँ); आसाम की खासी; भारतीय कोल (या मुण्डा) भाषाएँ एवं बोलियाँ; कोचीन-चीन की चाम; ब्रह्मदेश की वा और पलाउंग; निकोबारी; तथा मालय के आदिवासी नेग्रिटो लोगों की Semang सेमङ्ग और सेनोइ Senoi (सकाइ Sakai) बोलियाँ।

भारत की ऑस्त्रिकभाषी उपजातियाँ, दक्षिण-एशियाई के विभाग कोल, खासी तथा मोन्-ख्मेर आदि, एकाधिक समूहों से आई प्रतीत होती हैं। वे संस्कृति के नूतन-प्रस्तर-युग में थीं और सम्भवतः भारत में आने के पश्चात् उन्होंने ताँबे एवं लोहे का उपयोग करना सीखा। उन्होंने एक आदिम प्रकार की कृषि-प्रणाली विकसित की, जिसमें एक खोदने की लकड़ी का (*लग्, *लङ्ग्, *लिंग्—एक प्राचीन शब्द *लक् के विभिन्न रूप) पहाड़ी जमीन को जोतने के लिए उपयोग होता था। पहाड़ों के ऊपर की समतल भूमि पर तथा मैदानों में चावल की खेती का प्रारम्भ अधिकांशतः उन्हीं ने किया। उनकी भाषा से आये हुए नामों से सूचित होता है कि उन्होंने ही नारियल (नारिकेल), केला (कदल), पान (ताम्बूल), सुपारी (गुवाक), सम्भवतः हल्दी (हरिद्रा), अदरख (शृङ्गवेर), तथा कुछ शाकों—बैंगन (वातिंगण) और लौकी अथवा काशीफल (अलाबु)—की खेती का आरम्भ और विकास किया। वे पशुपालक प्रतीत नहीं होते, दूध का उपयोग वे जानते ही न थे; परन्तु हाथी को पालतू बनाने और मुर्गी पालने का काम सर्वप्रथम उन्होंने किया जान पड़ता है। भारत के कुछ भागों में प्रचलित बीसी से गिनने की पद्धति (दे० हिन्दी "कोड़ी", बँगला "कुड़ि"=बीस) भी दक्षिण-आसियाई प्रथा का अवशेष है। चन्द्र की तिथियों के अनुसार समय गिनने की उत्तरकालीन हिन्दू प्रणाली भी ऑस्त्रिकों (=दक्षिण-देशीयों) से आई हुई प्रतीत होती है।

ये दक्षिण-देशीय या दक्षिण-एशियाई उपजातियाँ सारे उत्तर भारत में पंजाब तक तथा मध्य-भारत में फैल गईं, और दक्षिण भारत में भी प्रवेश कर गईं। उत्तर भारत की बड़ी नदियों की घाटियाँ बसने के लिए बिलकुल उपयुक्त स्थल थीं। गंगा नदी का नाम "गंगा" भी किसी केवल 'नदी'-वाचक

प्राचीन दक्षिण-देशीय शब्द का संस्कृतीकृत रूप जान पड़ता है। इन्दोचीन में (चीनी-तिब्बती या थाई बोली में) इसी प्रकार का शब्द "खोंग" 'Khong' है, जैसे मे-खोंग Mé-Khong अर्थात् "माँ गंगा = माँ नदी" (दे० श्यामी "मे-नाम" Mé-nam = माँ जल)। मध्य एवं दक्षिणी चीनी में इसी शब्द का रूप "किआँग" पाया जाता है, जैसे याँग-त्से-किआँग Yang-tsze-Kiang और सी-किआँग Si-Kiang तथा अन्य भी कई नदियों के नाम—यू-किआँग Yu-Kiang, वु-नी-किआँग Wu-ni-Kiang, लुंग-किआँग Lung-Kiang, पे-किआँग Pe-Kiang, लो-किआँग Lo-Kiang, हान्-किआँग Han-Kiang इत्यादि। यह शब्द उत्तरी चीनी में Chiang "चिआँग" रूप में उच्चारित होता है। प्राचीन चीनी भाषा में इसका रूप था *Kang = "कांग", अर्थ साधारणतया 'नदी'। "गंगा" शब्द का यह अर्थ आधुनिक बँगला के थोड़े परिवर्तित "गाङ्ग" या "गाङ्" शब्द में 'कोई भी नदी या नाला' के अर्थ में सुरक्षित है। सिंहल में "गंगा" शब्द अब भी सभी नदियों के साथ प्रयुक्त होता है। चीनी भाषा में "*काँग, किआँग, चिआंग" शब्द दक्षिण चीन से आया हुआ है जहाँ पहले चीनी-तिब्बती दाइ Dai या थाइ Thai (अर्थात् शान्, श्यामी एवं लाओ) तथा दक्षिण-देशीय (Austric) लोग बसे हुए थे। वास्तव में, नदी के लिए प्राचीन चीनी (या उत्तरी चीनी) शब्द "हो Ho (= Xo)" था, जो आद्य चीनी में "*घा Gha" ऐसा उच्चारित होता था। थाइ खोंग Khòng शब्द का अर्थ 'उच्छृङ्खल, तूफानी' आदि होता था (दे० 'मे-खोंग' Me-khòng नदी का एक पुराना संस्कृत नाम—"खर-नदी"; इसी नदी का एक प्राचीन नाम 'खियांग' Khiang है, जो थाइ 'खोंग' Khöng का एक ध्वन्यात्मक रूपान्तर ही है; अन्नामी लोग इसे 'खोउंग' Khoung कहकर पुकारते हैं। ख्मेर भाषा में इस नदी के लिए प्रचलित 'तोन्ले-थोम्' Tonle-Thom है, जिसका अर्थ केवल 'बड़ी नदी' है। इसी का संस्कृत रूपान्तर 'महानदी' या 'खरनदी' हुआ है। अन्नामी लोग इसे 'सोंग-लोन' Song-Lòn (= बड़ी नदी) कहकर भी पुकारते हैं। दक्षिण-देशीय लोगों में मृतकों की समाधि पर लम्बी सीधी चट्टान या पत्थर के टुकड़े लगाने की प्रथा थी। महाभारत में वर्णित वृक्ष-समाधि भी उन्हीं की रिवाज थी। मृत्यु के पश्चात् के जीवन-विषयक उनके विचारों—जैसे एक मनुष्य का बहु आत्माएँ रहना, और उनमें से एक आत्मा का वृक्ष में, दूसरी का किसी प्राणी आदि में प्रवेश होना, इत्यादि विचारों से ही सम्भवतः उत्तरकालीन ब्राह्मण तत्त्वान्वेषियों को पुनर्जन्म का सिद्धान्त सूझ पड़ा था, क्योंकि आर्य मूलतः इससे अनभिज्ञ थे। भारत के विस्तीर्ण समतल प्रदेशों में इन दक्षिण-

देशीय जनों के अवशेष, हिन्दू (और मुसलमान) जनता में विद्यमान हैं; और उनके मूल अन्धविश्वास, उनके गँवई-कस्बे के रस्म-रिवाजों में अब भी सुरक्षित हैं, यद्यपि उनकी भाषा और बाहरी स्वरूप आर्यान्तरित हो चुके हैं। नृतत्त्वज्ञों का मत है कि भारत में सर्वत्र भारतीय समाज के नीचे स्तर में एक प्राथमिक ऑस्त्रालाकार असर पाया जाता है। दक्षिण-देशीय जन विभिन्न संस्कृति-कालों में रहे थे, तथा उनमें से जो मूलत: मध्य-भारत के पर्वत-प्रदेश में रहते थे अथवा आर्यों के दबाव के कारण वहाँ भग आए थे, वे आज तक भी अविकसित ही रह गए हैं। पहले वे अपने बाद में आनेवाले द्रविड़ों से सम्मिश्रित हुए, फिर आर्यों से। जब उन्होंने आर्यभाषा को सामूहिक रूप में स्वीकार कर लिया, तब उनकी अपनाई हुई इस आर्य भाषा में कुछ ऐसे परिवर्तन आ जाना बहुत स्वाभाविक था, जिनसे उनकी मूल भाषा की ध्वनियाँ, यथासम्भव (पर बहुत कम अंशों में) बाहरी रूप और वाक्यविन्यास, मुहावरे तथा वाक्य-भंगी, और शब्दावली आदि प्रतिबिम्बित हों। इस प्रकार दक्षिण-देशीय बोलियाँ भारत में आर्यभाषा के रूपान्तर की एक पृष्ठभूमि बन गईं। आर्य ध्वनितत्त्व, वाक्यविन्यास तथा मुहावरों पर तो सूक्ष्म किन्तु गहरा दक्षिण-देशीय प्रभाव पड़ा ही; इनके अतिरिक्त ऊपर उल्लिखित सभी ऐहिक संस्कृति-विषयक बातों में भी आर्य दक्षिण-देशीय (या निषादों) के ऋणी थे; इस बात के प्रमाण मौजूद हैं।

दक्षिण-देशीय बोलियाँ हिमालय प्रदेश के सहारे-सहारे फैलती गईं; और मैदान की आर्य भाषाओं मगही तथा मैथिली की तरह Dhimal धीमल, Limbu लिम्बू, Lahuli लाहुली, Kanauri कनौरी आदि कोई कुल मिलाकर २१ भोट-ब्रह्म बोलियों (जिन्होंने कोल बोलियों का स्थान छीन लिया था) ने भी उनकी कुछ विशेषताओं को आभ्यन्तर स्तर के रूप में अपना लिया। (ये तथाकथित "सर्वनामीकृत बोलियाँ" कहलाती हैं, जिनमें कोल की तरह क्रिया के साथ तत्सम्बन्धित सर्वनाम को भी युक्त कर दिया जाता है, जैसे हम संथाली, मुण्डारी आदि में पाते हैं।) दक्षिण-देशीय भाषा का एक रूप, जान पड़ता है, काश्मीर को भी पार करके उत्तर में चला गया, जहाँ वह आधुनिक हुँज़ा-नगैर (Hunza-Nagyr) राज्य में बोला जाता है, और "बुरुशास्की" Burushaski कहलाता है। इसका आसपास या सुदूर की किसी भी भाषा से कोई सम्बन्ध दृष्टिगोचर नहीं होता। दक्षिण-देशीय से एक-दो बातों में इसका कुछ साम्य है, और हो सकता है यह उसकी कोई पुरानी शाखा हो जिसका विकास अपने ही ढंग पर पृथकत्व में हुआ हो। इसके भी आगे दक्षिण-देशीय

भाषा भारत के पश्चिमोत्तर सीमा-प्रदेश से भी आगे पश्चिम की ओर गई हो सकती है। दक्षिण-देशीय भाषा-कुल एक उपसर्ग, प्रत्यय तथा अन्त:प्रत्यय-साधित गोष्ठी का है; गठन की दृष्टि से यह सर्वथा एकक और भारतीय-यूरोपीय-कुल से मूलत: भिन्न है। आधुनिक दक्षिण-देशीय भाषाएँ मूलभाषा से बहुत दूर चली गई हैं। मूलभाषा का भी अब तक पुनर्निर्माण नहीं हो सका। इन्दोनेसीय के सदृश कुछ दक्षिण-देशीय भाषाएँ ऐसी हैं, जिनका गठन अनेकाक्षरात्मक एवं विभक्तिशून्य है, परन्तु जिनमें कुछ उपसर्ग-प्रत्ययों तथा अन्त:प्रत्ययों का भी व्यवहार होता है; अन्य कुछ मोन्, ख्मेर तथा खासी के सदृश हैं, जो एकाक्षरात्मकता की ओर ढलती हैं (मानो निकटस्थ एकाक्षरात्मक 'किरात' या तिब्बती-चीनी भाषाओं के प्रभाव से ऐसा हो गया हो); दूसरी ओर भारतीय कोल भाषाएँ हैं, जिनमें प्रत्यय-संयोजन (Suffix-incorporation) की पूर्ण विकसित प्रणाली पाई जाती है। इस प्रकार प्रत्यय-योजित भारतीय-आर्य भाषा एवं योगात्मक द्राविड़ तथा Ural-Altai यूराल-अल्ताई भाषाओं के सामने, दक्षिणदेशीय या निषाद भाषावली अपने उपसर्गों, प्रत्ययों एवं अन्त:प्रत्ययों को लेकर, अपनी विशिष्टता के साथ खड़ी है।

पिछले कुछ वर्षों से हंगेरी के विद्वान् हेवेशी विलमोश (Hevesy Vilmos, या William Hevesy या Guillaume de Hevesy, या Wilhelm von Hevesy) भारतीय कोल (या मुण्डा) भाषाओं के उद्भव के विषय में एक नये ही मत का प्रकाशन कर रहे हैं। वे भारत से न्यूज़ीलैंड एवं प्रशान्त महासागर-स्थित रापानुई (या ईस्टर द्वीप) तथा हवायि द्वीप-समूह तक फैली हुई भाषाओं के एक दक्षिणदेशीय भाषा-कुल का अस्तित्व ही नहीं मानते। उनके मतानुसार, कोल-भाषाएँ यूराल-अल्ताई भाषा-कुल की हैं, तथा हंगेरी के मग्यर (Magyar), उत्तर और उत्तर-पूर्व यूरोप और रूस की एस्थ, फ़िन्, लाप, ऑस्त्याक्, वोगुल्, चेरेमिस्, ज़िर्यन, वोत्याक्, मर्द्विन् तथा समोयेद् (Esth, Finn, Lapp, Ostyak, Vogul, Cheremis, Ziryen, Votyak, Mordvin, Samoyed) आदि भाषाओं से घनिष्ठतया सम्बन्धित हैं। यदि इस मत को सही मान लिया जाए, तो भारत के प्राग्-आर्य जनों तथा संस्कृतियों में एक और नये उपादान का समावेश हो जाता है। परन्तु कोल और यूराली भाषाओं के बीच किसी प्रकार का साम्य निश्चित करने के पहले, इन दोनों समूहों की भाषाओं के पूरे-पूरे जानकार, अभ्यस्त भाषाविद् द्वारा इनका सम्यक् परीक्षण आवश्यक है। अपने कथन के प्रतिपादनार्थ हेवेशी द्वारा पेश किये गए नृतत्त्वात्मक प्रभावों को नृतत्त्वविशारदों

ने स्वीकार नहीं किया है। इनमें भारतीय कोल (या मुण्डा) जनों के विषय में हमारे सर्वमान्य प्रामाणिक विद्वान् राँची के राय बहादुर शरत्-चन्द्र राय भी हैं। यद्यपि दक्षिण-देशीय भाषा-कुल-विषयक मत के संस्थापक एफ् पातर श्मिट् (Pater F. Schmidt) ने भी कोल भाषाओं के निर्माण में कुछ-कुछ यूराली प्रभाव माना है, परन्तु इन दोनों भाषा-कुलों का पारस्परिक सम्बन्ध निश्चयपूर्वक अब तक सिद्ध हुआ प्रतीत नहीं होता। फलतः, कोल भाषा की दक्षिण-देशीय कुल की दक्षिण-एशियाई शाखा में गणना ही अब भी प्रचलित एवं स्वीकृत है।

भारत के अनार्य-भाषियों में द्राविड़ों का स्थान विशेष महत्त्वपूर्ण है। उसके विचार के पहले Mongoloid मोंगोलाकार 'किरात' या भोटचीनी भाषा बोलनेवालों के बारे में कुछ कहना चाहिए। वैदिक साहित्य में किरातों का उल्लेख आता है—सम्भवतः ये लोग भारत में आर्यों से भी प्राचीनतर हैं। भारत की उत्तर-पूर्व दिशा किरात जाति का आदि-स्थान था—पूरब-चीन प्रान्त। चीनी, भोट, स्यामी, बर्मी—ये सब किरातों की जातियाँ हैं। प्रागैतिहासिक युग में ये लोग ब्रह्मपुत्र-उपत्यका तथा तिब्बत की राह से भारत में आये। समग्र आसाम, पूर्व और उत्तर बंगाल, उत्तर बिहार, भोटान, नेपाल, कुमायूं-गढ़वाल—इन सब स्थानों में ये लोग फैल गए। सिन्ध प्रदेश, राजस्थान, मध्यभारत तक इनका प्रसार हुआ। परन्तु ज्यादातर ये उत्तर भारत में ही (आसाम, बंगाल, बिहार, नेपाल इत्यादि स्थानों में) सीमित थे, इसलिए इनका प्रभाव समग्र भारत के ऊपर नहीं पड़ सका। (भारत में किरात-जाति के स्थान के सम्बन्ध में देखिए मेरी पुस्तक—Kirata-jana-krti : the Indo-Mongoloids, their contribution to the History & Culture of India, Asiatic Society, Calcutta 1951 और Assam and India; the Place of Assam in the History & Civilisation of India, Gauhati University, 1955.)

दक्षिण-देशीयों ने भारत में कब से प्रवेश करना आरम्भ किया, यह ठीक-ठीक नहीं जाना जा सकता, परन्तु इस घटना का काल येशू-ख्रिस्त के हज़ारों वर्ष पूर्व निश्चयपूर्वक रहा होगा, और आर्यों के पश्चिम से आगमन और द्राविड़-भाषियों के भी उसी दिशा से आगमन से तो अवश्य ही प्राचीनतर रहा होगा। भूमध्य-जातियों की विभिन्न शाखाओं के प्रतिनिधि द्रविड़ लोग दक्षिण-देशीयों के पश्चात् आये प्रतीत होते हैं; यह भी सम्भव है कि द्रविड़ दक्षिण-देशीयों से पहले आये हों। आधुनिक द्राविड़ भाषाओं का अपना

बिलकुल अलग ही एक समूह है। तमिल, मलयालम, कन्नड़, टोडा, कोडगु, तुलु, तेलुगु, कुइ, गोंड, कुडूँख और माल्तो भाषाएँ क्रमशः भारत के दक्षिणी, मध्य तथा पूर्वी अन्तःप्रदेश में बोली जानेवाली द्राविड़ भाषाएँ हैं। इनके अतिरिक्त, बिलोचिस्तान में क्वेटा के आसपास बोली जानेवाली ब्राहुई (Brahui) भाषा है, जोकि ईरानी कुल की पश्तो एवं बलोची तथा भारतीय आर्य सिन्धी के नज़दीक या बीचों-बीच बोली जानेवाली एक पृथक् द्राविड़ भाषा है। द्राविड़ के योगात्मक गठन की तुलना अल्ताई-यूराली भाषाओं से हो सकती है, परन्तु द्राविड़ के शब्द-रूप, धातुएँ, प्रत्यय आदि किसी भी निकट या दूरस्थ भाषा के कुल से नहीं मिलते। अद्यतन मतों के अनुसार, मूल द्राविड़-भाषी लोग पश्चिम के निवासी थे। (इस अनुमान की पुष्टि के लिए जो युक्तियाँ लेखक ने पेश की हैं, उन्हें दिसम्बर १९२४ के "माडर्न रिव्यू", कलकत्ता में प्रकाशित उसके भारत में "द्राविड़ों का उद्भव और संस्कृति का उदय" शीर्षक लेख में देखिए।) उनका मूल आवास पूर्वी भूमध्यसागर के कुछ अंचल और एशिया-माइनर (लिकिया प्रदेश Lycia) तथा ईजियन द्वीपसमूह के कुछ भागों (क्रीट Crete) में था। यह भी सम्भव है कि हेलेनिक से पूर्वकाल (Pre-Hellenic) के ग्रीस-निवासी ईजियन (Aegean) जनों से सादृश्य रखते हों, या वे ही हों। द्राविड़ों का एक प्राचीन नाम "*द्रमिझ," या "*द्रमिल" था, जिससे भारतीय-आर्य शब्द "द्रमिड़", "द्रविड़", "दमिल" तथा तमिल भाषा का शब्द "तमिल् (तमिझ्.)" निकलते हैं। एशिया-माइनर के प्राचीन लिकी लोगों (Lycian, जिन्होंने शिला-लेखों में अपने को "तृम्मिलि Trmmili" लिखा है) तथा प्राग्-हेलेनिक (Pre-Hellenic) क्रीट द्वीपीय लोगों (लिकी लोग जिनके वंशज थे और जो हेरोडोटस के कथनानुसार "तेर्मिलाइ Termilai" नाम को क्रीट से लाए हुए अपने पुराने नाम से परिचित थे) का इस प्रकार सम्भवतः वही नाम था, जिससे हमें भारत में विभिन्न युगों में "द्रमिल, द्रमिड़, द्रविड़, दमिल तथा तमिल् (तमिझ्)" आदि रूप प्राप्त हुए हैं।

अभी कुछ वर्षों पूर्व तक द्रविड़ जनों की प्रागैतिहासिक अवस्था का अनुमान लगाने का कोई प्रश्न ही न उठा था। बिशप कॉल्डवेल (Bishop Caldwell) ने तमिल के ऐसे विशुद्ध शब्दों की सहायता से, जिनका संस्कृत या भारतीय आर्य परिवार की किसी भी भाषा से सम्बन्ध नहीं है, अपनी "द्राविड़ भाषाओं का तुलनात्मक व्याकरण" (Comparative Grammar of the Dravidian Languages) में आदिम द्राविड़ सभ्यता के स्वरूप का पुनरालेखन करने का प्रयत्न किया था। स्व० प्रो० पी० टी० श्रीनिवास

अय्यंगार ने भी उसी प्रकार अपनी अत्यन्त महत्त्वपूर्ण Pre-Aryan Tamil Culture शीर्षक पुस्तक में (जो मद्रास विश्वविद्यालय में दिये गए व्याख्यानों का सन् १९३० में प्रकाशित रूप है), प्रत्नजीवन-सम्बन्धी भाषाश्रयी अनुसन्धानों का ही अवलम्बन किया है। सभी द्राविड़ साहित्य अनति-प्राचीन भूतकाल के हैं, और उनमें से प्राचीनतम में भी उत्तर-भारतीय प्रभाव (विशेषतया संस्कृत शब्द) पाए जाते हैं। तमिल साहित्य की परम्परा अत्यन्त प्राक्तनकालीन है, परन्तु उपलब्ध "चेन्-तमिभ़्" या "संगम्"-काल का प्राचीन तमिल साहित्य भी, भाषा के रूप को देखते हुए, ईसा की प्रथम सहस्राब्दी के मध्य के पहले का प्रतीत नहीं होता। हाँ, उनमें से कुछ प्राप्य ग्रन्थों के मूल रूपों का समय ईसा की प्रारम्भ की कुछ शताब्दियों का हो सकता है, उदाहरण 'पत्तु-पट्टु', 'एट्टु त्तोकै', 'पतिनण्-कीभ़्-कणक्कु' ('कुर्रल' ग्रन्थ को लेते हुए) आदि संकलनों में आई हुई रचनाएँ, तथा 'चिलप्पतिकारम्' और 'मणिमेकलै' के सदृश कुछ वर्णनात्मक काव्य। परन्तु आर्यों के भारत तथा भारत से बाहर के द्रविड़ जगत् के सम्पर्क में आने के काल (लगभग ईसा-पूर्व दूसरी सहस्राब्दी का मध्य या अन्तिम समय), और इस काल (ईसा की प्रारम्भिक शताब्दियों), में तो बड़ा भारी अन्तर है।

स्व० श्री राखालदास बनर्जी द्वारा सन् १९२० में मोहेन्-जो-दड़ो तथा अन्य प्रागैतिहासिक स्थानों की शोध, एवं हड़प्पा की खुदाई और वहाँ प्राप्त उपकरणों का नये सिरे से अध्ययन के कारण, भारत के सांस्कृतिक तथा भाषा-विषयक इतिहास का एक नया ही मार्ग हमारे सामने खुल गया। एक से अधिक मंज़िलवाले और भूगर्भ के अन्दर से पानी आदि जाने के लिए बनी नालियों-वाले, ईंट के बने घरोंवाले सुयोजित नगर; विस्तृत रूप से प्रचारित लेखन-कला; विभिन्न रूपों में चित्रित और अलंकृत मृतिकापात्र; मृतदेहों के सत्कार की विचित्र प्रणालियाँ; सुसंस्कृत जीवन के लिए आवश्यक (बच्चों की गुड़ियों तक) तमाम साज-सामग्रीवाली एक अत्यन्त उच्च एवं विकसित सभ्यता का सिन्ध में मोहेन्-जो-दड़ो एवं अन्य स्थानों में, तथा दक्षिण-पंजाब के हड़प्पा में पता चला, जिसने समस्त विश्व के विद्वज्जनों को अत्यन्त आश्चर्यचकित कर डाला। और जब यह कहा गया कि प्रकाश में आई हुई यह सभ्यता वैदिक आर्यों से सम्बन्धित न होकर आर्यों के आगमन से पहले के किन्हीं अनार्यजनों से सम्बन्ध रखती थी, तब तो भारतीय विद्वानों के विस्मयपूर्ण अचम्भे का ठिकाना न रहा। उनके लिए तो वैदिक-जगत् ही भारतीय सभ्यता की उच्चतम श्रेणी तथा प्राक्तनकाल के प्राचीनतम समय का द्योतक था। फिर भी मोहेन्-जो-दड़ो (सिन्ध) और हड़प्पा

(दक्षिण-पंजाब) की संस्कृति का अध्ययन एवं अनुसन्धान जारी रहा; और सन् १९२४ में ("मॉडर्न रिव्यू", कलकत्ता में) लेखक द्वारा स्व० राखालदास बनर्जी की प्रेरणा से इस सभ्यता-विषयक प्रारम्भिक प्रयत्नरूप लिखित विवरण का प्रकाशन हुआ। तत्पश्चात् उक्त स्थानों का अनुसन्धान-कार्य बहुत आगे बढ़ा, और मोहेन्-जो-दड़ो के विषय में सर जॉन मार्शल (Sir John Marshall) ने अत्यन्त सुन्दर ग्रन्थमाला प्रकाशित की। अभी कुछ वर्षों पहले हड़प्पा के विषय में भी मोहेन्-जो-दड़ो की पद्धति पर ही श्री माधवसरूप वत्स का अत्यन्त उच्चकोटि का ग्रन्थ प्रकाशित हुआ है। विद्वानों ने इस प्रश्न पर कार्य जारी रखा है; और यद्यपि मोहन्-जो-दड़ो की सभ्यता और विशेषतया वहाँ की लिपि की पहेली अब तक विशेष सुलझी नहीं है, फिर भी सिन्ध-पंजाब की इस प्रागैतिहासिक सभ्यता के स्वरूप एवं सादृश्य सम्बन्धों के विषय में कुछ ठीक-ठीक साधारण अनुमान लगाए जा सकते हैं।

मोहेन्-जो-दड़ो तथा हड़प्पा की लिपि सैकड़ों मुद्राओं पर प्राप्त है, जिसमें सम्भावित रूप से धार्मिक अर्थवाले अनेक प्रकार के—मुख्यतया साँडों तथा अन्य प्राणियों, कुछ मानवों एवं बहुत-सी अज्ञात वस्तुओं की आकृतियों के विशिष्ट आलेखन हैं। इस लिपि में विकास की विभिन्न कक्षाएँ द्रष्टव्य हैं, यथा चित्र, लिपि-चित्र और अक्षर-लिपि। ये सब जब तक किसी ज्ञात लिपि के साथ प्रकाशित न हों, तब तक इस लिपि का पढ़ा जाना असम्भव है। प्रारम्भ में, यह भी कह देना अनुचित न होगा कि कुछ विद्वानों द्वारा सिन्ध-पंजाब लिपि को सीधे ही पढ़ने के किये गए प्रयत्नों का गम्भीर शिलालेख-शास्त्र की तथा भाषा-शास्त्र की दृष्टि से कोई मूल्य नहीं है। उदाहरण, इस विषय में वाडेल (Waddell) के बेसिर-पैर के तर्क-वितर्क; तथा फ़ादर एच० हेरास (Father H. Heras) के इस क्षेत्र में घोर आत्मनिश्चयात्मक अनुमानों के अनुसार मोहेन्-जो-दड़ो की मुद्राओं में ५०० ई० की 'चेन-तमिझ्' या प्राचीन तमिल (जिसका समय स्वयं ख्रिस्त-पूर्व काल की आद्य तमिल से शताब्दियों दूर होना भाषाविदों ने स्वीकार किया है) पढ़ने की प्रचेष्टा करना भाषा-विज्ञान की ठोस पद्धतियों के सर्वथा विरुद्ध है। परन्तु एक बात स्पष्ट है। सिन्ध-पंजाब लिपि का भारत के बाहर की ईलामी (Elamite) तथा प्राचीन क्रीट और साइप्रस (Crete, Cyprus) की लिपियों से सम्बन्ध और सादृश्य है। यह भी बहुत सम्भव है कि भारत की इस अत्यन्त प्रावतन लिपि का, पूर्वी भूमध्य-प्रदेश में ग्रीक वर्णों के रूप में फ़ीनीशियन लिपि के आगमन से पहले प्रचलित किसी प्राचीन लिपि से सम्बन्ध रहा हो। वैसे तो फ़ीनीशियन लिपि से स्वयं के उद्भव-विषयक सिद्धान्तों में भी अब परिवर्तन करने की

आवश्यकता प्रतीत होती है, क्योंकि इसका उद्भव या तो मिस्र की चित्र-लिपि से होना सम्भव है, अथवा यह क्रीट में प्राप्त पूर्व-भूमध्य-सागर के देशों की लिपि का परिवर्तित या परिवर्द्धित रूप हो सकती है। एक दूसरी बात भी स्पष्ट होती जा रही है। सिन्ध-पंजाब-लिपि के अन्तिम रूप में, 'ब्राह्मी' लिपि (तथा उसके वंशजों की गुप्तकालीन लिपि, 'देवानागरी', बंगला, ग्रन्थ आदि) की व्यंजनों के साथ स्वरमात्रा जोड़ने की प्रणाली पूर्ण निश्चित रूप से मिलती है। इसके अतिरिक्त, सिन्ध-पंजाब लिपि के बहुत-से वर्ण, मौर्यकालीन ब्राह्मी के चतुर्थ और तृतीय शताब्दी ई० पू० के प्राचीन रूपों से मिलते-जुलते हैं, तथा यह सादृश्य प्रचुर एवं आश्चर्यजनक है। इस प्रकार, सिन्ध-पंजाब लिपि का उद्भव चाहे कहीं से भी हुआ हो, यह बात बहुत सम्भव प्रतीत होती है कि इसी लिपि से भारत की राष्ट्रीय लिपि तथा आधुनिक भारतीय लिपियों की जननी ब्राह्मी का उद्भव हुआ—न कि प्रत्यक्ष रूप से फ़ीनीशियन से या परोक्ष रूप से दक्षिणी अरबी सेबीयन (South Arabic Sabaen) के माध्यम द्वारा फ़ीनीशियन से। यह बात अत्यन्त महत्त्वपूर्ण है, क्योंकि इससे यह सिद्ध होता है कि भारत के आर्यों ने लेखन-कला अपने समकालीन अनार्यों से सीखी, अथवा आर्य एवं अनार्य दोनों से सम्भूत मिश्रित जनों ने, आर्यभाषा के आर्यों के साथ-साथ गंगा के प्रदेश में सांस्कृतिक भाषा के रूप में प्रसार होने पर, भारत में आरम्भ से प्रचलित लेखन की इस अनार्य पद्धति को अपना लिया।

मोहेन्-जो-दड़ो एवं हड़प्पा जनों के जातिगत तथा भाषा-विषयक सम्बन्ध अब तक निश्चित नहीं किये जा सके हैं। उनका शरीर-गठन आधुनिक सिन्ध के निवासियों से अवश्य मिलता-जुलता है, परन्तु उनकी भाषा के विषय में कुछ भी निश्चित रूप से पता नहीं चलता। अनुमानतः द्रविड़ों के साथ ही उनका सम्बन्ध स्थापित किया जाता है; विचाराधीन रूप से यह मान भी लिया जाता है। सिन्ध और पंजाब आज आर्यभाषी हैं, परन्तु आर्यों के आगमन के समय द्राविड़-भाषी भी रहे हो सकते हैं। ईसा-पूर्व क... शताब्दियों में भी सिन्ध कुछ 'संकर' अर्थात् ओछी एवं नीच जातियों का प्रदेश माना जाता था; उदाहरण—बौधायन धर्म-सूत्रों में उस देश की यात्रा करनेवाले किसी उत्तर-भारतीय आर्य के लिए प्रायश्चित्त करने का विधान है। बिलोचिस्तान में द्राविड़-भाषा-भाषी ब्राहुइयों की उपस्थिति से, सिन्ध के भी द्राविड़भाषी रहे होने के मत की काफ़ी पुष्टि होती है। ये ब्राहुई सम्भवतः मोहेन्-जो-दड़ो जन के अवशेष-रूप भी माने जा सकते हैं। मोहेन्-जो-दड़ो से सम्बन्धित बतलाए जाने के अतिरिक्त, द्रविड़ लोग भूमध्य-प्रदेशीय-जन भी माने

गए हैं। मोहेन्-जो-दड़ो सभ्यता में भूमध्य-प्रदेशीय एवं पूर्वी-एशियाई महत्त्वपूर्ण सादृश्य स्पष्टतया लक्षित होते हैं। सिन्ध-पंजाब से बिलोचिस्तान (Nal नाल) तथा उत्तर-पूर्वी ईरान (Anau अनाउ) होते हुए पश्चिमी ईरान में ईलाम तथा सुमेरी काल्डिया तक के विस्तृत प्रदेश में, प्रागैतिहासिक काल में, सम्भवतः एक ही संस्कृति या सामान्य उपादानवाली विभिन्न संस्कृतियों का एक समूह प्रवर्तित रहा होगा। उन्हीं दास-दस्यु (* दाह-दह्यु) जनों के सिन्ध, पंजाब तथा पूर्वी ईरान में बसे हुए रहने की सम्भावना विचारणीय हो सकती है। यह अनुमान यथेष्ट रूप से तर्कसम्मत है कि आर्यों की पंजाब में अपने विरोधी और 'दास', 'दस्यु' और 'शूद्र' कहे जानेवाले द्रविड़-जनों से मुलाकात हुई; तत्पश्चात् उनके उपजातीय नाम 'आन्ध्र, द्रमिड़, कर्णाट, केरल' आदि प्रचलित हुए, तथा अन्त में सभी दक्षिण-भारतीय-जनों (खासकर द्राविड़भाषियों) के लिए 'द्रविड़ (=द्रमिड़)' नाम साधारणतया प्रयुक्त होने लगा (दे० 'पंच-गौड़' की तुलना में 'पंच-द्रविड़')। उपर्युक्त सारे विवेचन से सहज ही यह विश्वसनीय अनुमान लगाया जा सकता है कि आर्यों के आगमन के पूर्व द्रविड़ों ने ही पंजाब और सिन्ध की महान् नागरिक सभ्यताओं का निर्माण किया था। यह अनुमान सही है या ग़लत, इसका अन्तिम निर्णय तो तभी हो सकेगा जब हम मोहेन्-जो-दड़ो लिपि को पढ़ सकेंगे, और जब वहाँ की भाषा आधुनिक द्राविड़ भाषाओं की जननी या उनका एक आद्यरूप सिद्ध हो जाएगी। परन्तु इसी अनुमान के सहारे, मोहेन्-जो-दड़ो लेखों में सीधे प्राचीन तमिल पढ़ने लगना, जैसे पादरी हेरास साहब कर रहे हैं, बिलकुल युक्तिसंगत न होगा।

इस प्रकार यह सम्भावना खड़ी हो जाती है कि जब आर्य आये, तब उत्तरी भारत के मैदानों में द्रविड़ और निषाद जन निवास करते थे। इनमें पहले दास-दस्यु और शूद्र भी कहलाते थे और अधिकतर पश्चिमोत्तर तथा पश्चिम में पाए जाते थे, और दूसरे मध्य तथा पूर्व में। दक्षिण के विषय में ठीक-ठीक पता नहीं चलता। द्रविड़ लोग नगर-निर्माण-कुशल थे, और शान्ति-पूर्ण जीवन के संगठन में अधिक प्रवीण थे। वे पशुपालन भी करते थे। इस विषय में वे आर्यों के समान तथा दक्षिण-देशीयों से भिन्न थे। कुछ विभिन्न मतवाद और कर्मकाण्ड, कुछ दर्शन-शास्त्र-विषयक और अन्य विचार, तथा योगसाधना-समेत कुछ रहस्यमार्गी पंथ, द्रविड़ों की ही देन हैं। स्व० प्रो० मार्क कॉलिन्स (Prof. Mark Collins) के विश्वसनीय सुझाव के मुताबिक हिन्दुओं की सोलह के हिसाब से गिनने की विशिष्ट प्रणाली के जनक भी द्रविड़ ही थे। सम्भवतः जातिभेद की प्रथा का जन्म भी अपने अत्यन्त प्रारम्भिक

सूक्ष्म रूप में उनमें विद्यमान था। ईश्वर की उमा और शिव—योगी 'पशुपति' शिव—के रूप में कल्पना, प्रारम्भ में द्रविड़ों से ही आई थी, और बहुत सम्भव है कि इसमें तथा एशिया-माइनर के तेषुप्-हेपित् (Tešup-Hepit) अथवा मा-अत्थिस् (Ma-Atthis) पन्थ में ऐक्यसाम्य रहा हो। (इस विषय में देखिए Indian Research Institute कलकत्ता द्वारा सन् १९४० में प्रकाशित डी० आर० भण्डारकर ग्रन्थ में डॉ० हेमचन्द्र राय चौधुरी का Prototypes of Siva in Western Asia "पश्चिम एशिया में शिव के आदिम रूप" शीर्षक लेख, पृष्ठ ३०१-३०४।) परमात्मा को माता के रूप में कल्पित करने की प्रथा मिनोआ के पूर्व-हेलेनिक ग्रीस (Minoan Pre-Hellenic Greece) में विशेष रूप से थी। अत्यन्त सुसंस्कृत होते हुए भी मोहेन्-जो-दड़ो जन शायद युद्ध-कुशल न थे; परन्तु (कुछ समय के लिए तो शायद) उनके विशाल नगरों और उनकी विस्तीर्ण प्राचीरों को देखकर ही आर्य लोग भय से दूर रहे। ध्यान रहे कि आर्यों ने सर्वप्रथम पश्चिमोत्तर पंजाब से दक्षिण की ओर नावें चलाने योग्य विस्तीर्ण सिन्धु के किनारे-किनारे बढ़ना ठीक नहीं समझा, बल्कि दक्षिणी पंजाब तथा सिन्धु के नागरिक जनों को टालकर पंचनद प्रदेश की दिशा से गंगा के मैदान की ओर प्रसार किया। पूर्व में सम्भवतः उनका सामना न तो हुआ और न होने की बहुत आशंका ही थी, क्योंकि इस ओर अधिकांशतः शान्त, निर्बल तथा कुछ कम संगठित दक्षिण-देशीय लोग रहते थे। इन दक्षिण-देशीयों ने विहार (राजगृह—राजगिरि) तथा मध्य-भारत में कुछ गढ़ों को छोड़कर और कहीं कोई नगर बसाया नहीं जान पड़ता। उनकी सभ्यता मुख्यतः नागरिक न होकर ग्राम्य थी। जो भी हो, यह मान लेना ग़लत न होगा कि दक्षिण-देशीयों और द्रविड़ों के बीच, या स्वयं दक्षिण-देशीयों के भीतर ही समत्व और सम्मिलन का अभाव था। एक प्रभुत्वशील, ऐहिक सभ्यता में कमज़ोर परन्तु युद्ध-कला-प्रवीण, और नियमानुशासित, तथा अन्य जातियों के अनुभवी एवं व्यवहारकुशल जन के लिए, ऐसे समूहों को एक-एक कर जीत लेना बहुत सहज था। आर्यों के लिए बाहरी रूप से ही विजय प्राप्त कर, इन सरलता से बदले जानेवाले तथा विरोध करने में अक्षम जनों पर अपनी अमिट छाप छोड़ देने का वास्तव में यह बड़ा अच्छा अवसर था। परन्तु एक तो आर्य संख्या में कम थे; दूसरे यहाँ की जलवायु के कारण जीवन एक प्रकार से रूढ़ि के अधीन हो गया, और उनकी स्वाधीन जीवन-पद्धति तथा मूल स्वभाव धीरे-धीरे छूटता गया। इन्हीं कारणों को लेकर उसके आर्य वैदेशिक गुण मिटते चले गए, और क्रमशः धीरे-धीरे या त्वरित गति से उसका अवश्यम्भावी

भारतीयकरण हो गया। आर्यजन अपने घोड़े के रथ, पशुधन तथा 'ग्राम' या अटनशील उपजाति के साथ आया था। प्रकृति के मानवीकृत स्वरूपों के अपने देवताओं की पूजा वह अपनी उपभोग्य श्रेष्ठ वस्तुएँ—जौ की रोटी, मांस, दूध, मक्खन तथा सोमरस आदि—होम के रूप में चढ़ाकर किया करता था। एशिया-माइनर के तथा असीरी-बाबिलोनी जनों से उसने पहले ही उनके कुछ धार्मिक विचार आत्मसात् किये थे, और साथ ही उनकी कुछ दन्तकथाएँ भी; उदाहरणार्थ जल-प्रलय की कथा। उनके मुख्य राष्ट्रीय देवता इन्द्र में बाबिलोनी देवता Marduk 'मर्दुक' के कुछ लक्षण आ गए थे; जैसे, वृत्र से इन्द्र का लड़ना मेघ-रूपी महानाग के साथ मर्दुक के लड़ने का स्मरण दिलाता है। द्रविड़ों को घोड़े का पता था। जहाँ तक हमें मालूम है, संस्कृत 'घोट' और अन्य भारतीय-आर्य 'घोड़ा', तमिल 'कुतिरै', कन्नड़ 'कुदुरे', तेलुगु 'गुर्रमु' आदि शब्दों का मूल रूप "*घुत्र (या घोत्र)" शब्द सम्भवतः भारत की प्राचीनतम द्राविड़ भाषा से आया हुआ है; परन्तु वाहन के लिए सम्भवतः वे अश्वरथ की अपेक्षा बैलगाड़ी का ही अधिक उपयोग करते थे। उनके जीवन-निर्वाह के मुख्य साधन कृषि, पशुपालन तथा मछली पकड़ना था। अपने देवताओं की पूजा वे फूल, चन्दन और अन्य सुगन्धित विलेपन चढ़ाकर किया करते थे (ये क्रियाएँ उत्तरकालीन हिन्दू "पूजा" के सदृश थीं), और देवताओं को वे एक विश्वव्यापी परमात्मा के विभिन्न स्वरूप मानते थे। आरम्भ से ही आर्यों की समाज-व्यवस्था पितृनिष्ठ (patriarchal) थी, परन्तु इसके विरुद्ध द्रविड़ों में वह मातृनिष्ठ (matriarchal) थी।

दक्षिण-देशीय जन अपना जीवन-निर्वाह आदिम प्रकार की कृषि पर अपनी छोटी-छोटी बस्तियों में रहकर चलाते थे। उनके देवता—जो भिन्न-भिन्न बुरी और अच्छी प्रेतात्माओं के रूप में माने जाते थे—अनघड़ मूर्तियों या पत्थर की शिलाओं के रूप में थे। इन्हें वे बलिपशु के रक्त या सिंदूर अथवा उनके अभाव में अन्य किसी लाल रंग से लिप्त कर देते थे। एक आदिम-प्राकृतिक समाज और कृषि-समृद्ध देश में निवास करने के कारण, ये सहज भाव से परमत-सहिष्णु हो गए थे, तथा 'जियो और जीने दो' के विचार को स्वीकार कर चुके थे (जैसा उत्तरकालीन भारतीय मानसिक प्रकृति में परिलक्षित होता है)।

द्राविड़-भाषी 'दास-दस्यु' तथा दक्षिण-देशीय 'निषाद' जनों के अतिरिक्त आर्यों को सम्भवतः कुछ चीन-भोट-भाषी उपजातिगण भी (जिन्हें वैदिक काल से आर्य लोग 'किरात' कहते थे) हिमालय के पाद प्रदेश तथा पूर्वी भारत के कुछ स्थानों में मिले। ये 'किरात' या भारतीय मोंगोलाकार जन (Indo-

Mongoloids) भारत में बहुत सम्भव है कि १००० वर्ष ई० पू० से भी बहुत पहले आ गए थे। उत्तर-पूर्वी तथा पूर्वी भारत के हिन्दू इतिहास एवं संस्कृति के विकास में इनका काफ़ी बड़ा हिस्सा है। इन्हीं कुछ प्रदेशों तक ही सीमित रह जाने के कारण, उनकी प्रसिद्धि तथा प्रभाव सारे भारत में उतना न फैल सके।

पूर्वी ईरान के दास-दस्युओं से लड़ते-भिड़ते अफ़गानी पर्वत-प्रदेश और भारत-अफ़गानी दर्रों से होते हुए आर्यों ने जब पंजाब के मैदान में प्रवेश किया, तब भारत में उसे उपर्युक्त वातावरण एवं परिस्थितियाँ मिलीं। प्रथम सम्पर्क में तो शायद उनकी देशीय जनों से मुठभेड़ ही हुई होगी; 'संग्राम' अर्थात् लड़ने के लिए गोत्रों का मिलित होना तथा 'दस्यु-हत्याएँ' अर्थात् दस्युओं के साथ युद्ध हुए, जिनमें उन्होंने अपने राष्ट्रीय देवताओं—इन्द्र, अग्नि, मरुत् आदि से सहायता की प्रार्थना की। पंजाब में सम्भवतः सबसे भयानक सामना हुआ, और वहीं उनकी सबसे बड़ी बस्ती बसी। जो भी हो, पंजाब भारतीय आर्यों के प्रसार का मुख्य केन्द्र-स्थान रहा; और 'उदीच्च' या 'उत्तर-देश' के नाम से यहाँ के आर्य अपनी विशुद्ध भाषा तथा रक्त का बड़ा गर्व अनुभव करते थे। (पालि तथा अन्य प्राचीन भारतीय साहित्य में उल्लिखित 'उदोच्च' अर्थात् उदीच्य ब्राह्मणों को हमेशा अपनी उच्चता का बड़ा अभिमानी पाया जाता है, और अन्य लोग भी इसे बिना हिचकिचाहट के स्वीकार करते हैं।) इसके अतिरिक्त पंजाब की भाषा की अपेक्षाकृत विशुद्धता ई० पू० तीसरी शताब्दी के अशोक शिला-लेखों से तथा तत्पश्चात् भी प्रमाणित होती है। अधिकांश आर्य अधिवासी 'विश्' (वैश्य) कहलाए। पश्चात् काल में कुलीन शस्त्रोपजीवी वर्ग 'राजन्य' या 'क्षत्रिय' कहलाया, तथा विद्वान् बुद्धिमान् वर्ग 'ब्राह्मण'। विजित अनार्य 'दास' या तो गुलाम बना लिये गए, अथवा 'शूद्र' नाम से जीवन के नीची कोटि के काम-धन्धे करने लगे। सम्भवतः भाषा के परिवर्तन और आर्य-भाषा का स्वीकार आरम्भ होते ही, अनार्यों के कृषि-जीवी तथा अभिजात वर्गों को तो आर्य जातियों में सम्मिलित कर लिया गया; और उनके पुरोहितों को, होम आदि अग्निपूजा तथा आर्य देवताओं को मानने लगने पर, ब्राह्मणों की श्रेणी दे दी गई।

आर्यों की भिन्न-भिन्न शाखाएँ समय-समय पर भारत में आई थीं, और प्रत्येक शाखा की बोली एक-दूसरे से कुछ भिन्न थी। यह भिन्नता प्रारम्भ में नाम-मात्र की थी। उनके सूक्तों, स्तवों एवं उद्गीय-गीतों में प्रयुक्त एक प्रकार की साधु-भाषा (Kunstsprache) विकसित हो चुकी थी; यही उनकी समस्त

साहित्य-निधि थी जो हमें ऋग्वेद तथा अथर्ववेद में मिलती है। आर्यों के पंजाब में प्रथम बार बसने के पश्चात्, पंजाब से पश्चिम फ़ारस तक के प्रदेश में एक प्रकार का भाषासाम्य रहा होना बहुत सम्भव है। सीमान्त प्रदेशों की बोलियाँ (अर्थात् भारतीय-आर्य की पश्चिमी बोलियाँ) कुछ विषयों में ईरानी से साम्य रखती थीं। प्रो० आँत्वान् मेय्ये (Prof. Antoine Meillet) ने ऋग्वेद की साहित्यिक भाषा-मूल इस आर्यभाषी प्रदेश की एक पश्चिमी बोली को ही बतलाया है। इस मूल वैदिक भाषा में केवल 'र' ध्वनि ही थी, जैसी कि ईरानी (प्राचीन पारसीक तथा अवेस्ता) में पाई जाती है, और भारतीय-यूरोपीय 'र' एवं 'ल' दोनों के लिए 'र' ध्वनि का ही उपयोग होता था। शब्दों के भीतर घोषवत् महाप्राण 'ध', 'भ', 'घ' रहने से, उनके 'ह' में निर्बलीकरण का इस भाषा में आधिक्य था (उदाहरण : भारतीय-ईरानी रूप "*yaźamadhai यज़ामधइ", वैदिक भाषा में "यजामहे" हो जाता है, जबकि अवेस्ता में यही रूप "yaźamaide यज़ामइदे" होता है)। 'र' और 'ल' का प्रश्न ही प्राचीन भारतीय आर्य भाषा की बोलियों की विभिन्नता का एक महत्त्वपूर्ण कारण है। इस प्रकार पश्चिम की एक बोली में 'ल' न होकर केवल 'र' था। दूसरी में, जिसकी प्रतिनिधि संस्कृत और पालि हैं, 'र' और 'ल' दोनों थे; तीसरी में 'र' न होकर केवल 'ल' ही था, जो सम्भवतः सुदूर पूर्व की बोली थी। इस पूर्वी बोली की पहुँच आर्यों के प्रसार तथा भाषा-विषयक विकास के द्वितीय युग के पहले-पहल ही, आधुनिक पूर्वी-उत्तर प्रदेश और बिहार के प्रदेशों तक हो गई थी। यही अशोक काल की पूर्वी प्राकृत (जो जैनों की अर्द्धमागधी प्राकृत का प्राचीन रूप मानी जाती है) तथा उत्तरकालीन मागधी प्राकृत बनी, जिनमें 'र' न होकर केवल 'ल' था। इस प्रकार भारतीय-यूरोपीय का "*Krəi-lɔ क्रॅइ-लो" शब्द आर्य-भाषा में "श्री-ल" हो गया, तथा भारतीय-आर्य में उसके तीन भिन्न-भिन्न रूप "श्री-र" (दे० अवेस्ता का "स्त्रीर"), "श्री-ल" तथा "श्लीं-ल" बने।

इस प्रकार के उपभाषागत या बोलियों के भेद का आरम्भ सम्भवतः भारतीय युग के पहले ही हो चुका था। आर्य लोग भारत में आने के समय निश्चित रूप से कई सूक्त-स्तव तथा अन्य काव्य-रचनाएँ अपने साथ लाए थे। यह परम्परा भारत में भी अविच्छिन्न रही, और अनार्य जातियों के आर्य जातियों में मिल जाने पर सम्भवतः अनार्य कवियों ने भी इस बँधी-बँधाई साहित्यिक साधु भाषा में स्तुति-रचना करने के प्रयत्न किये होंगे। इस प्रकार अलिखित कण्ठस्थ साहित्य का परिमाण बढ़ता चला गया, और धीरे-धीरे एक प्रकार का सुसंगठित पुरोहित-वर्ग उसका अधिष्ठाता बन गया। उन्होंने गाँवों या वनों के

सीमान्त प्रदेशों में बने आश्रमों में छोटी-बड़ी पाठशालाएँ बना लीं, जहाँ पौरोहित्याभिलाषी आर्य-युवक व्यवस्थित पद्धति से सूक्त-स्तव आदि कण्ठस्थ करते थे एवं कर्मकाण्ड आदि सीखते थे। हो सकता है, इस प्रकार की आश्रम-पाठशालाओं के निर्माण में सुसभ्य द्रविड़ों का भी भाग रहा हो, क्योंकि उन्हें भी तो अपनी संस्कृति तथा धर्म-विद्या को जीवित रखना था। परन्तु साहित्य जब तक लिखित रूप को न प्राप्त हो सका, तब तक अलक्षित भाषा-गत परिवर्तनों का आ जाना अवश्यम्भावी था। इस प्रकार कुछ ऐसे सूक्तों की भाषा, जिनकी रचना आर्यों ने भारत के बाहर ही भारतीय-ईरानी काल में लगभग १८०० से १५०० वर्ष ई० पू० की होगी, पीढ़ी-दर-पीढ़ी स्वयं भाषा के परिवर्तनों के साथ-साथ बदली होगी, और किसीको इस बात का पता भी न चला होगा और जब अन्त में इस भाषा को लिखित रूप दिया गया तब, सम्भव है, वह अपनी मूल भाषा से बिलकुल बदल गई हो। लिखने के कुछ ही समय पहले रचित एक सूक्त और सैकड़ों वर्ष पहले रचित एक दूसरे सूक्त की भाषा का लिखित रूप इस प्रकार लगभग एक-सा ही हो गया होगा। हाँ, यह हो तभी सकता था जब कि उस प्राचीनतर सूक्त का अर्थ अनेक पीढ़ियों में से आते-आते दुर्बोध न हो गया हो; भले ही उसके बाहरी स्वरूप धीरे-धीरे अलक्षित रूप से स्वयं बदलने वाली भाषा के साथ-साथ ज़बरदस्ती बदलते चले गए हों।

यह प्रश्न अत्यन्त महत्त्वपूर्ण हो जाता है कि आखिर वेदों का संकलन कब हुआ? लेखन की सहायता के बिना तो इन संकलनों का निर्मित होना असम्भव था। आर्यभाषा का सर्वप्रथम लेखन तथा असम्बद्ध, अव्यवस्थित सूक्त-स्तवों का चार वेद-ग्रन्थों के रूप में लिखा जाना, सम्भवतः साथ-साथ ही हुआ। पुराणों के प्रसिद्ध पराशर-पुत्र कृष्ण द्वैपायन 'वेदव्यास' (='वेद-सम्पादक') ही इनके संकलनकर्ता थे। महाभारत तथा पौराणिक आख्यानों के अनुसार, ये कौरव-पाण्डवों के वयोवृद्ध समकालीन थे। महाभारत का युद्ध किस हद तक एक ऐतिहासिक घटना थी, यह पता नहीं चलता। कलियुग के प्रारम्भ—३१०१ वर्ष ई० पू० के पश्चात् की विभिन्न तिथियाँ इस विषय में सामने रखी गई हैं। इन्हीं में से एक विशेष रूप से प्रचलित ई० पू० १५वीं शताब्दी है। यह तर्क-वितर्क प्रस्तुत विषय की सीमा के बिलकुल बाहर है, परन्तु लेखक इस बारे में श्री एफ० ई० पार्जिटर (F. E. Pargiter) के स्वतन्त्र अनुसन्धानों के फलस्वरूप स्थापित किया हुआ मत (दे० उनकी Ancient Indian Historical Tradition "प्राचीन भारतीय ऐतिहासिक परम्परा" शीर्षक पुस्तक, ऑक्सफ़र्ड यूनिवर्सिटी प्रेस, १९२२) तथा प्रो० हेमचन्द्र राय चौधरी द्वारा (Political History of India from the Accession of Parikshit to the Extinction of the Gupta Dynasty "परीक्षित के राज्यारोहण से गुप्त-वंश तक का भारतीय राजनीतिक इतिहास" कलकत्ता विश्वविद्यालय, चतुर्थ संस्करण, १९३८, शीर्षक पुस्तक में) प्रतिपादित मत को स्वीकार कर लेता है। जैन इतिहास के अनुसार, जैसे एल्० डी० बर्निट (L. D. Barnett) ने दिखाया है (Foreword to Dr. B. C. Law's Ancient Mid-Indian Kṣatriya Tribes, Vol. I, Calcutta 1924), इसी मत का समर्थन मिलता है। इस मत के अनुसार, ऐतिहासिक प्रतीत होते महाभारत के कुछ पात्र, उदाहरण राजा परीक्षित, ई० पू० १०वीं शताब्दी में हुए थे। यह तिथि—९५० ई० पू० के लगभग—भारतीय इतिहास, संस्कृति तथा आर्य भाषा के विकास-विषयक हमारे द्वारा प्रतिपादित काल-गणना से सम्पूर्ण रूप से मेल खाती है। सम्भवतः ई० पू० १०वीं शताब्दी में ही आर्यभाषा के लिए अनार्यों (द्रविड़ों) की प्राचीन सिन्धी-पंजाबी लिपि स्वीकृत की गई, और इस लिपि के विकास में तीसरी-चौथी शताब्दी ई० पू० की ब्राह्मी तक लगभग छः-सात सौ वर्ष तो अवश्य लगे होंगे (जैसा कि सभी लिपियों की प्रारम्भिक अवस्था के पश्चात् होना सम्भव है)। इतने पर भी ब्राह्मी लेखन-प्रणाली सर्वथा सम्पूर्ण नहीं थी, बल्कि कुछ विषयों में तो बिलकुल अपूर्ण थी। इस दृष्टि से संस्कृत के लिए प्रयुक्त सुसम्पूर्ण ब्राह्मी लेखन-प्रणाली का विकास होते-होते लगभग ८०० से १००० वर्ष लगे होंगे। विशेषतया नई भाषाओं के लिए प्रयुक्त किसी आद्य लिपि के केवल स्मृतिसहायक (mnemonical)-से रूप को देखते हुए, १०वीं शताब्दी ई० पू० की आद्य भा० आर्य लिपि, जो एक प्रकार की 'प्राथमिक ब्राह्मी' ही थी, तत्कालीन बोलचाल की वैदिक ध्वनियों को व्यक्त करने का स्थूल प्रयास-मात्र प्रतीत होती है। आद्य लिपियों के विषय में उदाहरण देखें—शेमीय-गोष्ठी की अक्कदी भाषा के लिए सुमेरी कीलकाक्षरों का प्रयोग; हित्ती के लिए सुविकसित सुमेरी, बाबिलोनी-असीरी लिपि का प्रयोग; उत्तरकाल में मध्य-एशिया की Si-Hia सी-हिया भाषा के लिए चीनी अक्षरों का प्रयोग; सुग्दी के लिए सीरियन के एक विशिष्ट रूप का, तथा फ़ीनीशियन के एक विशिष्ट रूप 'खरोष्ठी' का पश्चिमोत्तरी प्राकृत (जो ईसा के आसपास की शताब्दियों की संस्कृत से बहुत मिलती-जुलती है) के लिए प्रयोग। किसी भी प्रकार की लेखन-प्रणाली—अच्छी, बुरी या अपूर्ण—की सहायता के बिना वैदिक संहिताओं का संकलन सम्भवतः हो ही नहीं सकता था।

ई० पू० दूसरी सहस्राब्दी के द्वितीयार्द्ध की (मुख्यतः अन्तिम) शताब्दियों

में अन्तिक-प्राच्य देशों में विभिन्न जनों का प्रचुर परिमाण में आवागमन हुआ। जातीय संघर्ष और देश-परिवर्तन के इस प्रवाह में भारतीय-यूरोपीय उपजातियों की 'केन्तुम्' (हित्ती और आदिम ग्रीक) तथा 'सतम्' (आर्यगण) दोनों शाखाओं के जन भी बहते चले गए। प्राचीन मिसरी लेखादि प्रमाणों से पता चलता है कि १२२६ ई० पू० के आसपास राजा रामसेस् द्वितीय (Ramses II) के पुत्र फ़ारओ मर्न-प्ताह (Pharaoh Mern-Ptah) के राजस्व के पाँचवें वर्ष में लीबियन (Lybian) लोगों ने मिस्र पर आक्रमण किया; और उनके सहायकों के रूप में मिस्र में बाहर से कई उपजातियाँ आईं, जिनमें अकयवश (Akaywaša), रुकु (Ruku), तुरुष (Turuša), शकर्स (šakarša) तथा शार्देन (šardena) जन थे; इन सबको मिस्र के राजा ने पूर्ण रूप से पराजित कर दिया; इन उपजातियों को 'उत्तर-देशीय' तथा 'सामुद्रिक देशों से आये हुए' बतलाया गया है। इन सबको अब एशिया-माइनर और ग्रीक द्वीपों के निवासी भारतीय-यूरोपीय और गैर-भारतीय-यूरोपीय उपजातियों के रूप में पहचाना जा चुका है। 'अकयवश' जन होमेर द्वारा उल्लिखित 'अखइओइ या एकियन' (Akhaioi या Achaeans) नामक प्राचीन ग्रीक थे; 'रुकु' गैर-भारतीय-यूरोपीय 'लिकीय या लुकोई' (Lycians या Lukoi) थे; 'तुरुष' और 'शर्दिन' एशिया-माइनर के निवासी तुर्स तथा सार्दिनीय (Tyrsenian and Sardinians) जन थे (तुर्सेनीय या Etruscan एत्रुस्कन अथवा तुस्कन Tuscan और सार्डिनियन) लोग मूलतः एशिया-माइनर के निवासी थे, जो इटली और सार्डिनिया द्वीप में जाकर बस गए थे); शकर्षों को सिसिली को अपना नाम देनेवाले 'सिकेल Sicel' लोगों के रूप में पहचाना गया है, परन्तु इस विषय में मतभेद है। ये निश्चित रूप से एशिया-माइनर के निवासी थे। ११९२ ई० पू० में रामसेस् तृतीय (Ramses III) ने उत्तरी आक्रमणकारियों के एक और गुट को पराजित किया, जिनमें पुरसति (Purasati), वषाष (Wašaša), तक्रुइ (Takrui), तथा दनउना (Danauna) जन थे। इनमें से 'पुरसति' मूलतः क्रीट द्वीप के निवासी फिलिस्तीनों (Philistines) के रूप में पहचाने गए हैं; 'दनउना' होमेर के 'दानाओइ' (Danaoi) अर्थात् प्राचीन ग्रीक लोग थे; अन्य दो उपजातियाँ सन्तोषजनक रूप से पहचानी नहीं जा सकी हैं। ऋग्वेद (७-१८) के सुप्रसिद्ध वासिष्ठ सूक्त में वर्णित तृत्सु-वंशी राजा सुदास् के आर्य और अनार्य उपजातियों के समूह के साथ भारत-भूमि पर हुए युद्ध के वर्णन में इन उपजातियों का उल्लेख है—'तुर्वश, मत्स्य, भृगु, द्रुह्यु, पक्थ, भलान, अलिन, शिव, विषाणिन्, वैकरण, अनु, अज, शिग्रु तथा यक्षु'। इन उपजातियों के विषय में हमारा ज्ञान नहीं के

बराबर है। सुप्रसिद्ध भारतीय विद्याविशारद हमारे मित्र श्री हारीतकृष्ण देव का सुझाव है कि उपर्युक्त 'यक्षु' तथा 'शिग्रु' लोग ही मिस्री लेखों के 'अकयवश' एवं 'शकर्ष' रहे होंगे। 'तुर्वश' एक संयुक्त नाम है जिसमें वेदों में अन्यत्र उल्लिखित 'तुर' तथा 'वश' उपजातियाँ सम्मिलित थीं। ऋग्वेद ७-१८ में 'तुर्वश' के आसपास 'मत्स्यों' का भी उल्लेख है तथा कौषीतकि उपनिषद्, ४ में भी 'मत्स्यों' के साथ-साथ 'वंशों' का उल्लेख है। 'तुर्व' या 'तुर' तथा 'वश' नामों से मिस्री लेखों की 'तुरुष' तथा 'वषष' उपजातियों का स्मरण हो आता है (दे० हारीतकृष्ण देव का लेख—"Vedic India and Minoan Men", पृष्ठ १७७-१८४, Studia Indo-Iranica, Ehrengabe fuer Wilhelm Geiger, Leipzig, 1931)। यदि उपर्युक्त सारे समीकरण ठीक हों, तो यह अनुमान लगाया जा सकता है कि ई० पू० १३वीं तथा १२वीं शताब्दी की एशिया-माइनर की कुछ प्रसिद्ध उपजातियाँ भी आर्यों के मुख्य समूह के साथ-साथ भारत में आई थीं, जिनमें उत्तरकालीन ग्रीकों के समरूप भारतीय-यूरोपीय अखइयन (Akhaians) थे; और 'शकर्ष' तथा 'तुर्ष' थे, जो सम्भव है आरम्भ में अनार्य या अभारतीय यूरोपीय रहे हों परन्तु बाद में आर्यभाषी हो गए हों; तथा 'वषाष' (=वश) जन थे, जो शायद आरम्भ से ही आर्य थे। 'पुरसति' लोगों को श्री देव यजुर्वेद में उल्लिखित 'पुलस्त्य' लोग बतलाते हैं। ये मुक्त केशित थे। इनके दूसरी ओर 'कपर्दिन्' लोग थे जो केशों को वेणिबद्ध रखते थे; इन्हींमें वसिष्ठ का अपना गोत्र तृत्सु भी था। श्री देव ने और भी सुझाव रखा है कि ये 'कपर्दिन्' यहूदी प्राचीन पुराण (Old Testament) में उल्लिखित 'कॅफ्टर' (Caphtors) थे, अथवा मिस्री लेखों में उल्लिखित 'केफ्तिउ' (Keftiu) (=अर्थात् Cretans या क्रीटनिवासी ?) ही थे, जिन्हें प्राचीन चित्रों में लम्बी वेणियों के साथ चित्रित किया गया है। जो भी हो, हमारा यह अनुमान निरी अटकल नहीं होगा कि आर्यों ने भारत में आकर बस जाने के बाद भी पश्चिम सीमा-द्वार से अन्य जातियों के (फिर चाहे वे उनके कुटुम्बी जन भारतीय-यूरोपीय अथवा द्रविड़ों के भाई-बन्धु कोई भी रहे हों) प्रवेश का मार्ग खुला रखा; और अपनी ही भाँति जैसे-जैसे उनका आर्यीकरण एवं भारतीयकरण होता गया, वैसे-वैसे उनसे मैत्री या शत्रुता बढ़ाते गए। इस प्रकार सुदास् के विदेशी अथवा अर्द्ध-विदेशी उपजातियों से भारत में हुए युद्ध का वसिष्ठ के जिस सूक्त में वर्णन हुआ है वह १२वीं शताब्दी ई० पू० से पहले की रचना नहीं हो सकती। वेद-संहिताओं का संकलन इस दृष्टि से इस काल से कम-से-कम एक शताब्दी पश्चात् तो अवश्य ही हुआ होगा। दसवीं शताब्दी ई० पू० इस काल-गणना से

पूरा-पूरा मेल खाती है।

जो लोग हमेशा से भारतीय वैदिक युग का सम्भावित काल २००० वर्ष ई० पू० या उससे भी पहले का मानते आए हैं और अपने विश्वास को पौराणिक कालक्रम अथवा वंशावलियों पर आधारित करते हैं, वे स्वभावतः ही आर्यों के भारत में आगमन या आक्रमण की कालगणना का विरोध करेंगे; क्योंकि न तो वे इतनी पश्चात् की तिथियों की कल्पना ही कर सकते हैं और न ये तिथियाँ पौराणिक परम्पराओं द्वारा प्रतिपादित सुदूर प्राक्तन काल से मेल ही खाती हैं। पौराणिक परम्पराओं का बहुत-सा भाग अत्यन्त प्राचीन हो भी सकता है, परन्तु उनके आधार पर आर्यों के आक्रमण-काल को अत्यन्त प्राचीन गिनना सर्वथा असंगत होगा, क्योंकि पौराणिक परम्पराओं का पूर्वार्य काल में अनार्य द्रविड़ (तथा दक्षिण-देशीय) राजाओं और वंशों से सम्बन्धित होना केवल सम्भव ही नहीं, नितान्त विश्वसनीय हो सकता है। इस परम्परा की कथाओं तथा उपाख्यानों का कालान्तर में आर्यीकरण हो गया। मतलब यह कि जिन जनों में से ये विकसित हुई थीं उनके आर्यीकरण होने पर ये कथाएँ भी आर्यभाषा प्राकृत एवं संस्कृत में अनूदित कर ली गईं। इस प्रकार के सम्मिश्रण में एक भाषा द्वारा एकीकृत दोनों जातियों की दन्त-कथाएँ भी अविच्छेद्य रूप से सम्मिश्रित हो गईं। मानव के इतिहास में इस प्रकार की घटनाएँ, जब भी दो भिन्न-भिन्न जातियाँ एकीकृत हुई हैं, अनेक बार घटित हुई है। क्रीट की प्राग्-भारतीय-यूरोपीय मिनोअन (Minoan) संस्कृति की खुदाई करवानेवाले महान् पुरातत्त्ववेत्ता सर आर्थर ईवान्स (Sir Arthur Evans) का यह मत है कि ईलियाद् में आये हुए कई पात्रों से सम्बन्धित देवताओं तथा युद्ध-नायकों की खास-खास ग्रीक दन्त-कथाएँ वास्तव में प्राग्-भारतीय-यूरोपीय मूल से सम्भूत हैं। जब प्राग्-भारतीय-यूरोपीय ईजियन (Aegean) जनों का भारतीय-यूरोपीय हेलेन (Hellenes) जनों—एकियन Achaeans, दनाअन Danaons, तथा डोरियन Dorians इत्यादिकों—के साथ समीकरण होकर इतिहास के 'ग्रीक जन' निर्मित हुए, तब इन दन्तकथाओं को भी ग्रीक जीवन-व्यवहार में अपना लिया गया। और जब, ग्रीस के मुख्य देश में कुछ ऐसे मिनोअन चित्र प्राप्त हुए जिनमें ओइदीपुस् (Oidipous) की कथा, पेर्सेफोने (Persephone) की कथा तथा आखेटिका देवी आर्तेमिस् (Artemis) की आकृति चित्रित थी, तब यह मत प्रामाणिक सिद्ध हो गया। यवद्वीप के निवासी ईसा की प्रथम सहस्राब्दी के पूर्वार्द्ध में हिन्दू और बौद्ध हो चुके थे, परन्तु उनके अपनाये हुए हिन्दुत्व तथा भारतीय देवताओं एवं नायकों की दन्तकथाओं में कुछ देशज इन्दोनेसीय उपादान भी

मिश्रित हो गए थे (उदा० अर्जुन के अनुगामी 'सैमार' नाम के तीन दास)। कालान्तर में वे मुसलमान हो गए, और इस्लामी दन्तकथाओं का आरोपण ब्राह्मणीय पुराणों की कथाओं पर हुआ, और 'शिव', 'आदम' के वंशज होकर बचे रहे। मिस्र की 'उसिर-इस्त' (Usir-Ist) की कथा वहाँ के ग्रीक राजाओं की सुविधानुसार ग्रीक बनाकर ऑसिरिस्-इसिस् (Osiris-Isis) आख्यान बन गई, और ग्रीकों से बाद में रोमन जगत् में आ गई। किसी भी देश की जनता में भले ही उथल-पुथल हो जांए, वहाँ की दन्तकथा तथा परम्परा साहित्य बहुत कम नष्ट होता है, केवल बाहरी वेश बदल जाता है, और वह जीवित बना रहता है, आगत नई भाषा की ध्वनियों की सुविधानुसार नामों में फेर-बदल कर लिया जाता है; कभी-कभी देवताओं और वीर-नायकों के नामों का अनुवाद भी कर लिया जाता है। जब दो जातियों का परस्पर सम्मिश्रण होता है, तब यह घटना अवश्यम्भावी है। आर्यों के मेसोपोतामिया, ईरान और भारत में आवा-गमन के लगभग २००० से १००० वर्ष ई० पू० के काल के साथ, यदि १५०० वर्ष ई० पू० से भी प्राचीनतर प्रतीत होती भारतीय पौराणिक कथाओं की संगति बिठानी है, तब उनकी अनार्य मूलस्रोत से सम्भूत होने की धारणा अत्यावश्यक हो जाती है। इस दृष्टि से 'सूर्यवंश' और 'चन्द्रवंश' की अधिकांश पौराणिक कथाएँ प्राग्-आर्य सम्भूत किन्तु उत्तरकाल में आर्य बनी हुई दन्त-कथाएँ मात्र मानी जा सकती हैं। कभी-कभी एक संस्कृत शब्द और उसके प्राकृत रूप के बीच का वैषम्य हमें विचार में डाल देता है; उदा० पौराणिक कथाओं में वर्णित प्रसिद्ध सूर्यवंशी राजा 'इक्ष्वाकु' का पालि में नाम 'ओक्काक' ही क्यों हुआ ?

जरथुश्त्र (= संस्कृत जरदुष्ट्र) (लगभग ७वीं शती ई० पू० ?) द्वारा रचित मानी गई प्राचीन अवेस्ता की 'गाथाओं' (लगभग ६ठी शती ई० पू० के) एवं ऍकेमेनी (Achaemenian) राजाओं के प्राचीन पारसीक शिला-लेखों, तथा वैदिक भाषा में इतना अधिक साम्य है कि कालगणना में वे एक-दूसरे से बहुत दूर नहीं मानी जा सकतीं। हाँ, सभी भाषाओं में परिवर्तन की गति एक ही नहीं रहती; कुछ प्रगतिशील होती हैं जो नूतन उपादान जल्द ही अपनाती चली जाती हैं, और जल्द ही बदल जाती हैं, जबकि दूसरी रक्षणशील रहती हैं जो परिवर्तन को रोकती हैं। परन्तु गाथाओं और वेदों की भाषाएँ तो यमज बहनों-सी दीखती हैं; और वैदिक भाषाओं का काल २००० वर्ष ई० पू० से प्राचीनतर हो नहीं सकता, क्योंकि [(प्राग्वैदिक तथा प्राग् गाथा की जननी) आर्य भाषा तब तक ईरानी और भारतीय आर्य-शाखाओं में अविभाजित

न होकर एक ही भाषा रही प्रतीत होती है, जैसा कि मेसोपोतामिया तथा एशिया-माइनर के दस्तावेज़ों से उपलब्ध थोड़े-बहुत प्रमाणों से सिद्ध होता है।

परन्तु यदि वैदिक संहिताएँ दसवीं शती ई० पू० में लेखबद्ध की गईं, तो दो, चार या आठ सौ वर्ष पूर्व के भारत में या भारत के बाहर ही प्रणीत सूक्तों को भी उनमें सम्मिलित करने में कोई रुकावट तो थी ही नहीं। हमें ऋग्वेद संहिता के प्रथम मन्त्रों के रचयिता ऋषि मधुच्छन्दस् के काल का पता नहीं चलता और न विश्वामित्र का ही, जिन्होंने प्रसिद्ध गायत्रीमन्त्र की रचना की। हम तो इन मन्त्रों को उनके नाम से उसी रूप में पाते हैं, जिसमें वे सर्व-प्रथम लेखबद्ध होते समय प्रचलित थे। परन्तु संकलन-काल के चार-पाँच सौ वर्ष पहले यदि उनकी रचना हुई रही होगी, तो उनका रूप आज के उपलब्ध पाठ से बहुत भिन्न रहा होगा। इस प्रकार—

अग्निम् ईले (ईडे) पुरोहितं
यज्ञस्य देवम् ऋत्विजम्।
होतारं रत्न - धातमम्॥

का ऋग्वेद में, जैसे ऊपर कहा जा चुका है, सकलन होने के कुछ शताब्दियों पूर्व कुछ इस प्रकार का रूप रहा होगा—

अग्निम् इज़्दइ पुरज़्-धितम्
यज़्नस्य दइवम् ऋत्विजम्।
ज़्ह'उतारम् रत्न-धा-तमम्॥

तथा प्रचलित गायत्री मन्त्र—

तत् सवितुर् वरेणियम्
भर्गो देवस्य धीमहि।
धियो यो नः प्र चोदयात्॥

का प्राचीनतर सम्भाव्य आदिम रूप कुछ इस प्रकार का रहा होगा—

तत् सवितृस् वरइनिग्रम्
भर्गज़् दइवस्य धीमधि।
धियज़् यज़् नस् प्र क'उदयात्॥

वैदिक पाठों के एक बार लेखबद्ध हो जाने के बाद, करीब तीन हज़ार वर्षों से अब तक वे बड़े यत्न से उसी रूप में सुरक्षित रखे गए हैं। अब उपलब्ध पाठों की प्राचीनतम पोथियाँ अब से लगभग एक हज़ार वर्ष पुरानी भी शायद ही होंगी, परन्तु भारतीय वैदिक परम्परा में प्रधानतः वे ही पाठ अपने मूल स्वरूप में सुरक्षित हैं, जो तीन हज़ार वर्ष पहले प्रचलित थे। आर्य

लोग अपने भारतीय-यूरोपीय पूर्वजों से पाई हुई रिक्थ के रूप में अपनी भाषा और उसमें विद्यमान मन्त्र-साहित्य का कुछ भाग साथ लाए थे; और इसे आर्य आक्रामकों या देशान्तराधिवासियों ने बिना किसी विशेष प्रयास के विलक्षण रूप से सुरक्षित रखा। परन्तु पहले जो भाषा पीढ़ी-दर-पीढ़ी स्वभावतः ही चली आती थी, और अपने मूल गुणों को कायम रखती थी भारत में अनार्यों द्वारा अपनाई जाने पर उसका वैदिक बोलचाल का लहजा बदल गया, और वह अध्ययन करके प्राप्त करने की ऊँची विद्या बन गई। फलतः विद्वज्जनों का प्रयास भी उसमें सम्मिलित होने लगा; और पाठ को सुरक्षित रखने की दृष्टि से, पारस्परिक व्यवस्था की जगह अमुक सिद्धान्तों के अनुसार वर्णमाला में ही फेरफार कर लिये गए। वैदिक लेख-पद्धति (Orthography, जो बहुत बाद में प्रतिष्ठित हुई) तथा वैदिक उच्चारण-पद्धति (Orthoepy) के बीच उसके इतिहास के प्रारम्भिक काल में आये हुए भेद को कुछ विद्वानों ने लक्षित किया है, उदा० जिन्होंने वैदिक छन्दों का अध्ययन किया है। ऐसा ही एक उत्कृष्ट अध्ययन स्व० डॉ० बटकृष्ण घोष की Linguistic Introduction to Sanskrit पुस्तक (कलकत्ता १९३७), पृष्ठ ४८-६९ में मिलेगा।

वैदिक साधुभाषा (जो वेद-संहिताओं के संकलन के पश्चात् सप्रयास अध्ययन करने की किताबी भाषा हो गई थी) की बात तो दूर रही, भारतीय-आर्य की उपभाषाओं का भी भारत में आने पर अपना अलग विकास आरम्भ हो गया। आर्यभाषा पूर्व प्रान्त की ओर अग्रसर हुई। नैपाल की तराई में (आधुनिक उत्तरी बिहार में) बुद्ध का जन्म हुआ, और आधुनिक बिहार तथा पूर्वी उत्तर प्रदेश में उन्होंने अपने धर्म का प्रचार किया; इस बीच आर्यभाषा विदेह (उत्तरी बिहार) और मगध (दक्षिणी बिहार) तक फैल चुकी थी। इसी समय के बीच इस भाषा में बड़े भारी परिवर्तन सामने आ रहे थे। १००० वर्ष ई० पू० से ६०० वर्ष ई० पू० तक के काल के, जिसमें ब्राह्मण-ग्रन्थों की रचना हुई, साहित्य में भारत की भाषागत स्थिति की ओर कुछ निर्देश मिल जाते हैं। प्रतीत होता है कि आर्यभाषा तीन मुख्य विभेदों में विभाजित थी : (१) उदीच्य या उत्तरीय (या पश्चिमोत्तरीय), (२) मध्यदेशीय या बीच के देश की, तथा (३) प्राच्य या पूरब की भाषा। यह महान् आर्यभाषा के बोलनेवाले उत्तर-भारत के राष्ट्रों का युग था, जो अफ़गानिस्तान से बंगाल तक फैले हुए थे। आधुनिक पश्चिमोत्तर-सीमान्त प्रदेश तथा उत्तरी पंजाबवाले 'उदीच्य' प्रदेश की बोली अत्यन्त विशुद्ध गिनी जाती थी और

उसका रूप प्राचीन भारतीय-आर्य के निकटतम और कुछ रूढ़िबद्ध था। 'कौषीतकि ब्राह्मण' में एक जगह उल्लेख है कि "उदीच्य प्रदेश में भाषा बड़ी जानकारी से बोली जाती है; भाषा सीखने के लिए, लोग उदीच्य-जनों के पास ही जाते हैं; जो भी वहाँ से लौटता है, उसे सुनने की लोग इच्छा करते हैं," (तस्माद् उदीच्याम् प्रज्ञाततरा वाग् उद्यते; उदञ्च उ एव यन्ति वाचम् शिक्षितम्; यो वा तत आगच्छति, तस्य वा शुश्रूषन्त इति ॥ सांख्यायन या कौषीतकि ब्राह्मण, ७-६।) । प्राच्य उपभाषा सम्भवतः आधुनिक अवध, पूर्वी उत्तर प्रदेश तथा शायद बिहारवाले प्रदेश की भाषा थी। यह भाषा 'व्रात्य' नामक अटनशील आर्यभाषी उपजातियों में भी प्रचलित थी, जो वैदिक अग्निहोत्र तथा ब्राह्मणीय सामाजिक और धार्मिक व्यवस्था को माननेवाले नहीं थे। प्राच्य या पूरब के लोगों को 'आसुर्य' अथवा राक्षस या बर्बर एवं झगड़ालू वृत्तिवाले कहा जाता था, तथा आर्यों को इनके प्रति कोई विशेष प्रेम भी न था। ब्राह्मणों में कहा है कि "व्रात्य लोग उच्चारण में सरल एक वाक्य को कठिनता से उच्चारणीय बतलाते हैं और यद्यपि वे (वैदिक धर्म में) दीक्षित नहीं हैं, फिर भी दीक्षा पाए हुओं की भाषा बोलते हैं (अदुरुक्त-वाक्यम् दुरुक्तम् आहुः; अदीक्षिता दीक्षितवाचम् वदन्ति। ताण्ड्य या पञ्चविंश ब्राह्मण, १७-४।) । इससे उचित रूप से यह अनुमान लगाया जा सकता है कि वैदिक धर्म और संस्कृति के संस्थापक मध्यदेशीय तथा उदीच्य आर्यों की भाँति आर्य-भाषा के संयुक्त व्यञ्जनों और अन्य ध्वन्यात्मक विशेषताओं का उच्चारण व्रात्य एवं प्राच्य की जन सरलता से न कर सकते थे; अथवा दूसरे शब्दों में यों कहा जा सकता है कि उनमें संयुक्त व्यंजन समीकृत हो गए हों, ऐसी प्राकृत प्रवृत्तियाँ हो चुकी थीं। मध्यदेश की भाषा के विषय में कहीं स्पष्ट रूप से उल्लेख नहीं मिलता, परन्तु यह स्पष्ट है कि वह न तो पश्चिमोत्तरी 'उदीच्य' की भाँति बिलकुल रूढ़ि-बद्ध ही थी और न पूरब की 'प्राच्य' की तरह शिथिल और स्खलित ही; वह दोनों के बीच का मार्ग अनुसरण करती थी। वैयाकरण महर्षि पातञ्जलि द्वारा अपने महाभाष्य (ई० पू० २री शती) में पुनःकथित ब्राह्मण-साहित्य की एक कथा में उल्लेख आया है कि असुर (सम्भवतः पूरब के) लोग संस्कृत शब्द 'अरयः' (=शत्रुगण) का 'अलयो' या 'अलवो' उच्चारण करते थे। इससे पता चलता है कि पश्चिमवालों को पूरबी लोगों के 'र' को 'ल' बोलने की आदत लक्षित हो चुकी थी।

भारतीय-आर्य-भाषा के विकास की द्वितीय अवस्था—प्राकृत या मध्य-युगीय आर्यकाल— में हमें पूर्वी भाषा में 'र' की जगह 'ल' हो जाने की पश्चिम-

वालों से भिन्नता तो मिलती ही है, इसके अतिरिक्त एक और परिवर्तन भी दृष्टिगोचर होता है : 'र' तथा 'ऋ' के पश्चात् आनेवाले 'दन्त्य' का मूर्द्धन्यीकरण हो जाता है। इस प्रकार भारतीय-आर्य 'कृत', 'अर्थ', अर्ध' प्राच्य-भाषा में 'कट', 'अट्ठ', अड्ढ' हो गए; जबकि मध्यदेशीय में वे बिना मूर्द्धन्यीकरण के 'कत (या 'कित'), 'अत्थ' और 'अद्ध' बन गए। उदीच्य में ये ही शब्द बहुत समय तक 'कृत', 'अर्थ' और 'अर्ध' बने रहे, और जब अन्त में 'र' का समीकरण हो भी गया तो भी दन्त्यों का मूर्द्धन्यीकरण तो नहीं ही हो सका। जैसा कि लेखक की Origin and Development of the Bengali Language (कलकत्ता १९२६, पृष्ठ ४८३) में बतलाया गया है, यह मूर्द्धन्यीकरण प्राच्यों की 'र' को 'ल' बना लेने की आदत से सम्बन्धित था। भारतीय-ईरानी से भारतीय-आर्य विकसित होने में भारतीय-यूरोपीय तथा भारतीय-ईरानी का र्+त्' भारतीय-आर्य में भी 'र्त् (त्ं)' ही बना रहा, परन्तु भारतीय-यूरोपीय का 'ल्+त्' भारतीय-आर्य में बदलकर 'ट्' हो गया। उदा० भारतीय-यूरोपीय—*mrto, *bherter से भारतीय-ईरानी—*mrta*-bhartar बने, जिनसे भारतीय आर्य 'मृत-भर्ता' प्राप्त हुए। परन्तु भारतीय-यूरोपीय *ghlto-qom तथा *qultheros का (भारतीय-ईरानी—*z'hiakam तथा *kultharas से होता (हुआ) भारतीय-आर्य (संस्कृत)—'हाटकम्' तथा 'कुठारः' हो गया। भारतीय-आर्य 'र' प्राच्य भाषाओं में सर्वत्र 'ल' हो गया; उदा० 'राजा-लाजा', 'क्षीर—खील', तथा भारतीय-आर्य (वैदिक संस्कृत) के 'मृत, भर्ता', '*म्लृत-, *भल्ता' बन गए, और 'ल्त्' के 'ट्' बन जाने विषयक प्राचीन ध्वनितत्व-सम्बन्धी नियमानुसार, ये भारतीय-आर्य के पूर्वी रूप में 'मटभट्टा' हो गए। (इस प्रकार पूर्वी प्राकृत में लक्षित मूर्द्धन्यीकरण, आधुनिक नार्वे तथा स्वीडन की भाषाओं के मूर्द्धन्यीकरण से भिन्न दीख पड़ता है, क्योंकि इनमें मूल स्केण्डिनेवियन 'र्त' तथा 'र्द' का सीधे ही मूर्द्धन्यीकरण होकर अनुक्रम से 'ट्' तथा 'ड्' उच्चारण हो जाता है।) कुछ शब्द, जैसे 'भद्र', 'क्षुद्र' भी इसी प्रकार पहले '*भद्ल, *क्षुद्ल' बने और तत्पश्चत् समीभूत होकर 'भल्ल', 'क्षुल्ल> खुल्ल' बन गए। उत्तरी भारत, समतल मैदानों का प्रदेश होने के कारण, पश्चिम से पूर्व की ओर प्रायः तथा कभी-कभी पूर्व से पश्चिम की ओर लोगों का आवागमन बेरोकटोक सहज रूप से हो सकता था, और एक प्रादेशिक भाषा में प्रचलित विशेष रूप दूसरी प्रादेशिक भाषा में सरलतया पहुँच सकते थे। इसलिए बहुत प्रारम्भिक काल से ही आन्तर्प्रादेशिक भाषाओं का सम्मिश्रण अबाध गति से शुरू हो गया था। आर्यभाषा के इतिहास का अध्ययन करते समय इस बात

को विशेष रूप से ध्यान में रखना होता है। जब वैदिक मन्त्र लेखबद्ध हो रहे थे, तभी ये 'ल्' और 'ट् (ड्)' वाले प्राच्य रूप उनके पाठों में प्रविष्ट होने आरम्भ हो गए थे; उदा० विकट < विकृत, कीकट < किम्-कृत, निकट < नि-कृत, दण्ड < *दन्द्र (दे० ग्रीक देन्द्रोन् dendron), अण्ड < *अन्द्र (दे० प्राचीन चर्च 'स्लाव' इएँद्रो iendrŏ : यह शब्द सम्भवत: मूलत: द्रविड़ भी हो सकता है, दे० तामिल—'अ ़'='नर'), √पठ् < √प्रथ्, √घट् <ग्रथ्, कट < कर्त (=खड्डा), आढ्य > √ऋध्, क्षुल्ल < *क्षुद्ल < क्षुद्र, इत्यादि।

इस प्रकार भारतीय आर्यभाषा के विकास की द्वितीय अवस्था व्यंजनों के समीभवन आदि परिवर्तनों के साथ सर्वप्रथम पूर्व में आई। इस समय में भाषा के प्रादेशिक रूप त्वरित गति से फैलते जा रहे थे। प्रारम्भ में विजित अनार्यों के बीच बसे हुए आर्यों की भाषा के मुख्य-मुख्य स्थानों पर द्वीपों के समान केन्द्र थे, परन्तु जिस प्रकार अग्नि किसी वस्तु को ग्रास करती हुई बढ़ती जाती है, उसी प्रकार आर्यभाषा पंजाब से बड़े वेग से अग्रसर हो रही थी, और ज्यों-ज्यों अधिकाधिक अनार्यभाषी उसके अनुगामी बनते जाते थे, त्यों-त्यों उसकी गति भी क्षिप्रतर होती जाती थी। धीरे-धीरे अनार्य भाषाओं के केवल गंगातटवर्ती भारत में कुछ ऐसे केन्द्र-मात्र रह गए जिनके चारों ओर आर्यभाषा का साम्राज्य छाया हुआ था। यह स्थिति उसी प्रकार थी, जिस प्रकार कि हम लोग आधुनिक छोटा नागपुर या आसाम में पाते हैं। पालि जातकों में ऐसे 'चंडाल' जाति के ग्रामों का उल्लेख है जिनके निवासी अत्यन्त प्राचीन उपजातियों (सम्भवत: दक्षिण-देशीय मूल) के थे; ये 'चण्डाल' अपनी स्वतन्त्र भाषा बोलते थे, परन्तु साथ-साथ अभिजात ब्राह्मण की भाषा भी सीख लेते थे।

बुद्ध के समय में उत्तर भारत में आर्यभाषा की भाषागत स्थिति कुछ इस प्रकार थी—

१—तीन प्रादेशिक बोलियाँ—(अ) उदीच्य, (ब) मध्यदेश तथा (स) प्राच्य विभागों में बोली जाती थीं। उदीच्य अब भी वैदिक के निकटतम थी, जबकि प्राच्य उससे सर्वाधिक दूर चली गई थी। इन सभी पर अनार्य प्रभाव पड़ता जा रहा था।

२—'छान्दस' या आर्य या प्राचीन वैदिक कविता की भाषा, जो प्राचीनतम भारतीय-आर्य भाषा का साहित्यिक रूप थी, और जिसका ब्राह्मण लोग पाठशालाओं में अध्ययन करते थे।

३—उपर्युक्त (२) का एक अपेक्षाकृत नवीन रूप, अथवा मध्यप्रदेश तथा प्राच्य की प्रादेशिक भाषाओं के उपादानों से युक्त उदीच्य का एक पुराना

रूप। यह ब्राह्मणों में प्रचलित परस्पर व्यवहार तथा शिक्षण की शिष्ट भाषा थी, और उनके द्वारा वेदों की भाष्य-टीका तथा धार्मिक कर्मकाण्ड एवं दार्शनिक विवेचनों के लिए प्रयुक्त होती थी। ब्राह्मण-ग्रन्थों में हमें यही भाषा मिलती है।

इनके अतिरिक्त द्रविड़, दक्षिण-देशीय तथा (विशेषकर उत्तर-भारत में) चीनी-तिब्बती अथवा किरात बोलियाँ भी दूरस्थ निर्जन प्रदेशों में अथवा सम्भवतः गाँवों के नीचे वर्ग के लोगों में बोली जाती थीं। परन्तु इसका स्थान भी आर्यभाषा ले रही थी।

प्राच्य बोली छान्दस तथा ब्राह्मण-ग्रन्थों की संस्कृत से इतनी अधिक दूर जा चुकी थी कि उदीच्य प्रदेश से आनेवाले व्यक्ति को प्राच्यों की भाषा समझने में कुछ कठिनाई का अनुभव होता था। इसलिए बुद्ध के दो ब्राह्मण शिष्यों ने यह प्रस्ताव रखा था कि तथागत के उपदेश को प्राचीन भाषा 'छान्दस', अर्थात् सुशिक्षितों की साधुभाषा में अनूदित कर लिया जाए। परन्तु बुद्ध ने इसे अस्वीकृत कर दिया, और साधारण मानव की सभी बोलियों को ही अपना माध्यम रखा। उनका यही अनुरोध रहा कि समस्त जन उनके उपदेश को 'अपनी मातृभाषा में ही' ग्रहण करें (सकाय निरुत्तिया)। इससे इन बोलियों के साहित्यिक प्रयोग में बहुत मदद मिली। वास्तव में वाणी तथा चित्त के स्वातन्त्र्य की दृष्टि से यह एक क्रान्तिकारी आन्दोलन था जिसका उस समय पूरा-पूरा महत्त्व लोग न समझ सके और न लाभ ही उठा सके। कुछ ही समय में बौद्ध अथवा जैन प्रभाव से विभिन्न प्रादेशिक बोलियों में साहित्य खड़ा हो गया। इस आन्दोलन के पीछे सम्भवतः कुछ ऐसी भावना थी कि लौकिक भाषा को छान्दस या ब्राह्मण-ग्रन्थों की संस्कृत के विरोध में खड़ा किया जाए, क्योंकि यह भाषा प्रथम तो वैदिक कर्मकाण्ड पर आधारित कट्टरपन्थी ब्राह्मणों की भाषा मानी जाती थी; दूसरे, साधारण जनों के समझने में अत्यन्त दुरूह होती जा रही थी; तीसरे, धीरे-धीरे उसका प्रारम्भिक भाव तथा अर्थ भी विलुप्त होता जा रहा था। भाषाओं के इस संघर्ष में विभिन्न आदर्शों का संघर्ष खड़ा हो गया। ब्राह्मण लोग उपनिषदों के तत्त्वज्ञान का विकास कर रहे थे, जो स्वनाम के अनुसार केवल गिने-चुने उच्च लोगों के लिए ही निर्मित था। (बुद्धिवादियों की साधारण लोगों की उपेक्षा तथा अभिमानपूर्ण एकान्तता स्वभावतः उनके मानस को अहंभाव से युक्त कर देती है; इसी कारण) ब्राह्मण केवल अपने वर्ग तथा उच्च वर्णों के लोगों में से चुना हुआ सुसंस्कृत श्रोतावर्ग चाहता था, और जनसाधारण की उपेक्षा करते हुए विज्ञजनों की-भाषा का व्यवहार करता था।

परन्तु परिवर्तन की बलवती भावना के सामने ब्राह्मणों की प्रणाली भी ठहर न सकी। बुद्ध से शताब्दियों पहले ब्राह्मण द्वारा प्रयुक्त भाषा भी तीव्र गति से बदलती हुई लौकिक भाषाओं से प्रभावित होकर भिन्न रूप धारण करने लगी। विशेषतः इस प्रभाव से वह बच भी नहीं सकती थी। इस प्रकार परिवर्तित प्राच्य लोकभाषाओं के प्रति ब्राह्मणों के मन में बिलकुल स्नेह या रस न था। पूर्व में रहते हुए भी वह हमेशा पश्चिमी भूमि की ओर देखा करता था, जो वैदिक संस्कृति का जन्मस्थान थी, जहाँ का अभिजात-वर्ग समस्त आर्यावर्त के उच्च वर्णों का उद्‌गम-स्थान था और जहाँ आर्यभाषा अपने विशुद्ध रूप में बोली जाती थी। उसके तथा उसकी भाषा के सौभाग्य से इसी समय एक महान् वैयाकरण का पश्चिमोत्तर प्रदेश में उदय हुआ, जहाँ के जन-साधारण की बोलियाँ भी अब तक 'छान्दस' तथा 'ब्राह्मण' रूप के ध्वनि-विज्ञान तथा व्याकरण की दृष्टि से भी इतनी निकट थीं कि उनसे भिन्न प्रतीत न होकर केवल उनका एक 'लौकिक' या प्रचलित रूप बनी हुई थीं। इस 'लौकिक' रूप पर भी स्थानीय जनभाषाओं की शब्दावली तथा मुहावरों का प्रभाव पड़ चुका था। पाणिनि का जन्म गान्धार में शालातुर (आधुनिक अटक नगर के समीप लाहौर या लाहोर) गाँव में हुआ था, तथा उसकी शिक्षा तक्षशिला में हुई थी। ये दोनों ही स्थान उदीच्य प्रदेश में हैं। उसका उदय-काल सम्भवतः ५वीं शताब्दी ई० पू० रहा होगा, क्योंकि वह पारसीकों तथा पारसीकों के सेवक यवनों या ग्रीकों से परिचित था। (लेखक डॉ० हेमचन्द्र राय चौधुरी की दी हुई पाणिनि की तिथि को मान्य गिनता है।) अपने व्याकरण से उसने हमेशा के लिए साहित्यिक संस्कृत को नियमबद्ध कर दिया। इस प्रकार, ऋग्वेद की वैदिक साधु-भाषा तथा 'ब्राह्मण-ग्रन्थों' की साहित्यिक भाषा के पश्चात्, भारतीय-आर्य का तीसरा रूप 'साहित्यिक संस्कृत' प्रतिष्ठित हुआ। मूलतः यह उदीच्य बोलियों पर आधारित था और मध्य प्रदेश, पूर्व तथा दक्षिण के भी अखिल ब्राह्मण-जगत् ने इसे सहर्ष स्वीकार कर लिया। इस प्रकार एक महान् भाषा की स्थापना हो गई, जो तीन सहस्राब्दियों तक भारत में आर्य-भाषा का सबसे महान् तथा महत्त्वपूर्ण रूप बनी रही। यही भाषा भविष्य में सांस्कृतिक धाराओं एवं सभ्य विचार तथा अनुशीलन का एक सर्वश्रेष्ठ माध्यम, और आज तक जीवित, विश्व की कतिपय मौलिक संस्कृतियों में से एक का बाहरी व्यक्त रूप बननेवाली थी। इसके विजयी जीवन का आरम्भ इसके जन्म से तभी हो गया जब इसने भारत तथा बृहत्तर भारत की दिग्विजय का श्रीगणेश किया, और एक वास्तविक 'देवभाषा' के रूप में इसका विस्तीर्ण प्रभाव अत्यन्त सुदूरवर्ती देशों पर भी पड़ा।

३

भारत तथा बृहत्तर भारत में संस्कृत, एवं मध्य-युगीय भारतीय-आर्य भाषा का विकास

साहित्यिक संस्कृत, प्राभाप्रा के ध्वनि-विचार तथा रूप-तत्त्व का भाण्डार या निधि, और मभाप्रा के वाक्य-विन्यास तथा शब्दावली का प्रतिबिम्बित रूप—उसका बढ़ता हुआ महत्त्व—'गाथा' या बौद्ध संस्कृत—आर्यभाषा (विशेषतः संस्कृत) का अखिल भारतवर्ष में सांस्कृतिक शक्ति के रूप में प्रसार—भारत के बाहरी देशों में हिन्दुओं (ब्राह्मणीय तथा बौद्धों) का प्रसार—मध्य-एशिया (खोतन)—सीलोन या लंका—बृहत्तर भारत के देश और संस्कृत—ब्रह्मदेश—थाई-देश (स्याम) तथा भारतीय-चीन (इन्दोचीन)—मलय प्राय-द्वीप—इन्दोनेसिया या द्वीपमय-भारत—यवद्वीप एवं बाली में संस्कृत तथा इन्दोनेसीय भाषाओं में संस्कृत उपादान—संस्कृत और मध्य एशिया की विलुप्त भाषाएँ प्राचीन खोतानी, तुखारी तथा सुग्दी—संस्कृत और अन्य भारतीय भाषाएँ एवं फ़ारसी—पश्चिम में संस्कृत और भारतीय-आर्यभाषा का नगण्य प्रत्यक्ष प्रभाव—संस्कृत और भोट या तिब्बती भाषा—प्राचीन भारत और प्राचीन चीन—संस्कृत का चीनी भाषा पर प्रभाव—कोरिया तथा जापान में संस्कृत—आधुनिक पाश्चात्य विश्वविद्यालयों में संस्कृत का अध्ययन—संस्कृत का अर्वाचीन भारत में स्थान—मभाप्रा के पश्चात् संस्कृत तथा देश-भाषाओं (Vernaculars) की अन्योन्याश्रितता।

पूर्व में मभाप्रा-युग का आरम्भ—'उदीच्य' प्रदेश की प्राकृत—पश्चिमोत्तरी नव्य-भारतीय-आर्यभाषा और दक्षिण-पूर्वी नव्य-भारतीय-आर्यभाषा, लहँदी या पश्चिमी पंजाबी और चटगाँवी बंगला—मभाप्रा में संयुक्त व्यंजनों का समीकरण—दन्त्यों का मूर्द्धन्यीकरण सम्भवतः स्वतःसिद्ध अथवा अनार्य प्रभाव के कारण—धातु-विषयक बोध या धात्वाश्रयी धारणा (Root-sense) का लोप, तथा स्वरान्त अक्षरों के उच्चारण करने की अन्य प्राभाप्रा तथा मभाप्रा की रीति—ब्राह्मी (तथा देवनागरी एवं अन्य भारतीय) लिपियाँ और

अन्त्य आभाआ तथा मभाआ में स्वरान्त उच्चारण करने की प्रणाली—अन्त्य आभाआ में "अविमुक्त" स्पर्श—"अभिनिधान" या "संधारण"—इन सबके कारण मभाआ में व्यंजनों का समीकरण कैसे हुआ—स्वरों के आभाआ परिमाणों में फेरफार—मभाआ में स्वरों की दीर्घता, भाषा-छन्दः पर आश्रित होने की रीति—आभाआ एवं मभाआ में उदात्तादि स्वर तथा बल—मभाआ में स्पर्श एवं महाप्राणों का अस्पृष्ट और ऊष्म उच्चारण—मभाआ के इतिहास के विभिन्न युग—ऊष्मीभूत स्पर्शों का लोप—शौरसेनी, मागधी तथा महाराष्ट्री—क्या महाराष्ट्री शौरसेनी का एक पश्चरूप है ?—मभाआ में रूप-तत्त्व-विषयक क्षय—बाहरी विच्छेदक प्रभावों की सम्भावना—मभाआ में प्राप्त ऐसी कुछ विभक्तियाँ जो मौखिक आभाआ में चालू थीं, पर वैदिक तथा संस्कृत में जो अनुपलब्ध हैं—नभाआ में अनुसर्ग या कर्मप्रवचनीय—मभाआ में उनका आरम्भ—मभाआ और नभाआ के संख्या-सूचक शब्द तथा उपभाषागत सम्मिश्रण—दशान्त संख्यानामों के लिए आधुनिक गुजराती शब्द—मभाआ का क्रियारूपतत्त्व—विभक्ति-साधित भूतकालिक रूपों की जगह "त (-इत)" वाला भावे निष्ठित—उद्देश्यमूलक क्रियानाम तथा असमापिका क्रिया—स्वार्थे प्रत्यय—मभाआ की प्रादेशिक बोलियाँ—साहित्यिक प्राकृतों की कृत्रिमता—मभाआ की शब्दावली—मभाआ में अर्द्ध-तत्सम—'देशी' उपादान—अनुकार-शब्द—प्रतिध्वनि-शब्द—आभाआ के 'देशी' उपादान—नव्यभाआ में मूलतः मभाआ के दुर्बोध्य शब्द—मभाआ में विदेशी शब्द—भारतीय-आर्य भाषा (आभाआ, मभाआ, नभाआ) में बहुभाषिता।

आर्यभाषा का दो प्रकार से प्रसार हो रहा था। बोलचाल की बोलियों की सीमाएं विस्तृत होती जा रही थीं, साथ-ही-साथ संस्कृत धार्मिक और उच्च बौद्धिक जीवन की भाषा के रूप में प्रतिष्ठित हो रही थी। बौद्धों और जैनों के लोक-भाषा के लिए आग्रह से भी संस्कृत का महत्त्व कम नहीं हो रहा था। जैसे-जैसे बोलचाल की प्रादेशिक भाषाएँ आभाआ की प्रकृति से दूरतर होती गई, वैसे संस्कृत की महत्ता इस सारी अव्यवस्था के बीच व्यवस्थापूर्ण भाषा के रूप में और भी बढ़ने लगी। संस्कृत ने अपनी सुरक्षा दो प्रकार से की। एक तो शब्दों तथा व्याकरण के बाहरी रूप में प्राचीनता को बनाए रखकर, और दूसरे मभाआ का वाक्य-विन्यास और शब्दावली में अनुसरण करके। इस प्रकार उसने अपना मार्ग एक तरह से "सुवर्ण-मध्य" रखा। आर्यभाषा जैसे-जैसे देश

के हृदय-प्रदेश तक अग्रसर होती गई, वैसे ही उसके ध्वनि-तत्त्व में शीघ्रगामी परिवर्तन भी होते रहे, जैसा कि हम पहले देख चुके हैं। उसने अपनी प्रत्यय-विभक्तियों की बहुलता को भी सीमित करना आरम्भ कर दिया। बहुत-से विषयों में उसने अनार्य भाषाओं की रीतियों को आत्मसात् कर लिया। शब्दों के विषय में, प्राचीन वैदिक शब्दनामों का प्रायः त्याग कर दिया गया, और उनकी जगह बोलचाल की भाषाओं में नए शब्द आ गए। संस्कृत ने भी इसी मार्ग का अनुगमन किया; यद्यपि आवश्यकता पड़ने पर उसमें प्राचीन शब्दों का प्रयोग भी किया जाता था। उदा० निम्नलिखित प्राचीन शब्दों—"अश्व = घोड़ा; अश्मन् = पत्थर; श्वान = कुत्ता; वृष = साँड; अवि = भेड़; अनड्वन् या उक्षन् = बैल; वाह, रथ = गाड़ी, रथ; रै, राधः = धन-सम्पत्ति; सहः = शक्ति; दम, वेश = घर; द्रु = पेड़; उदन् = पानी; असृक् = खून; √अद् = खाना; √गृभ् = लेना, पकड़ लेना; √हन् = वार करना; √वक्ष = बढ़ना; √यज् = पूजा करना; √विज्, वेज् = काँपना; √पृ-ण् = भरना; √पत् = उड़ना; √सू = जन्म देना," इत्यादि के स्थान में बोलचाल की भाषा में अनुक्रम से "घोटक, प्रस्तर (जिसका मूल अर्थ था 'फैली हुई टहनियाँ', दे० यजुर्वेद १८-६३), कुक्कुर या कुर्कुर (अनुकार शब्द), षण्ड (गोण), मेष (एडक), बलीवर्द, शकट (*गड्डिका), धन, बल, वाटिका (गृह), वृक्ष (गच्छ, पिण्ड), जल (पानीय), रक्त (रुधिर, लोहित), √खाद् (√जम्), प्र √+ आप्, √मारय्, √वृध्, √पूजय्, √कम्प्, √पूरय्-, √उड्डीय्-, √जनय्" आदि नये शब्द प्रचलित हो गए, और ये ही आधुनिक भारतीय-आर्य भाषा में बचे रहे हैं, न कि वैदिक तथा आभाआ के प्रचलित प्राचीन शब्द। पाणिनि ने संस्कृत व्याकरण का रूप हमेशा के लिए निश्चित कर दिया, परन्तु संस्कृत भाषा का पाणिनि के समय के मान-परिमाणों में बद्ध रहना सम्भव न था। संस्कृत भाषा में एक सतत विकास परिलक्षित होता है, और किसी भी संस्कृत के साधारण ग्रन्थ की शब्दावली, वाक्य-विन्यास तथा समयानुसार बराबर बदलती हुई विशेषताओं को देखकर उस ग्रन्थ का काल-निर्णय सहज ही किया जा सकता है। पाणिनि के समय में 'लौकिक' या प्रचलित संस्कृत का भारतीय-आर्य प्रादेशिक बोलियों में सम्भवतः वही स्थान रहा होगा, जो आधुनिक काल में हिन्दी या हिन्दुस्तानी (हिन्दुस्थानी) का है। जनसाधारण सर्वत्र संस्कृत समझ लेता था, फिर चाहे वह पूरब का ही रहा हो, जहाँ से प्राकृत उद्भूत हुई जान पड़ती है। प्राचीन भारतीय नाटकों (जिनके प्राचीनतम खण्डित उदाहरण ईस्वी पहली शती के उपलब्ध हैं) में उच्च वर्ग के पात्रों के संस्कृत में और निम्न वर्ग

के तथा स्त्री-पात्रों के प्राकृत में बोलने की परिपाटी थी। इससे यह बात स्पष्ट हो जाती है कि इस साहित्यिक रूढ़ि का प्रचलन प्राकृत के विकास-काल में लोगों द्वारा व्यवहृत भाषाओं को देखकर ही हुआ था। जन्मजात आर्यों, मिश्रित आर्यों, अनार्यों तथा आर्यीभूत अनार्यों में प्रचलित ऐतिहासिक गाथाएँ, वीरकाव्य और लोकगीत, आर्यभाषा के प्रचलित लौकिक रूपों में कहे या गाए जाते थे, एवं ये ही संस्कृत में अनूदित होकर महाभारत तथा पुराणों का प्रारम्भिक मूल रूप बने। इनमें विशेषतया महाभारत में विद्यमान अनेक बोलचाल के प्रयोग इस बात के साक्षी हैं। संस्कृत के विकास के आरम्भिक काल में बौद्ध तथा जैन दोनों ही इसके प्रति उदासीन थे, और 'छान्दस' अर्थात् वैदिक भाषा के लिए उनके मन में ब्राह्मणों की-सी श्रद्धा न थी। परन्तु धीरे-धीरे ये दोनों पन्थ भी संस्कृत को स्वीकार करने लगे। (सम्भवतः ईसा पूर्व की शताब्दियों में) बौद्धों ने 'गाथा' नामक एक "मिश्रित संस्कृत" विकसित की जिसमें हमें प्राकृत का अत्यन्त कृत्रिम संस्कृतीकरण प्राप्त होता है। एक प्रकार से यह मभाआ द्वारा प्राभाआ की भावना एवं प्रत्नता के प्रति अर्पित की हुई श्रद्धांजलि-मात्र थी।

उत्तरी भारत के अधिकांश भाग के अनार्य उपादानों का आर्यीकरण और समन्वित हिन्दू-संस्कृति में उनका समावेश हो जाने के साथ-साथ, धर्म तथा दर्शन, ऐतिहासिक परम्परा, दन्तकथा तथा आख्यान-साहित्य आदि सभी विषयों में संस्कृत भारतीय संस्कृति का प्रतीक बन गई। यह समन्वय का एकीकरण ईसा-पूर्व की पहली सहस्राब्दि-भर चलता रहा, और इस काल के द्वितीयार्द्ध में वह लगभग सम्पूर्ण हो चुका था। (इस दृष्टि से देखने पर, 'वैदिक' के समक्ष हिंदू संस्कृति', हेलेनिक-संस्कृति की अपेक्षा अद्यतन प्रतीत होती है, क्योंकि हेलेनिक का विकास अपने सर्वोच्च शिखर पर ई० पू० ३०० वर्ष के पहले ही पहुँच चुका था। वास्तव में हिन्दू-संस्कृति की समकालीन तो यूरोप तथा अंतिक-प्राच्य के अनुक्रम से हेलेनिस्टिक या ग्रीक-रोमन तथा ससानी या बैजन्ताइन युग की संस्कृतियाँ थीं।) उत्तरी भारत में जब यह एकीकरण की क्रिया सम्पन्न हो रही थी, उसी बीच आर्यभाषा को अपना माध्यम बनाकर यह समन्वित संस्कृति, भारत में एक अजेय शक्ति का रूप धारण कर चुकी थी। आर्यभाषा विभिन्न अनार्यभाषियों तथा आर्य-भाषियों के बीच एकता का अमोघ शक्तिशाली बन्धन सिद्ध हुई। आर्यों के आगमन से पूर्व, भारत में किसी एकभाषात्मक बन्धन की अनुपस्थिति से (संस्कृत या प्रादेशिक प्राकृतों के रूप में), आर्य-भाषा को उत्कर्ष का सबसे प्रथम तथा सबसे बड़ा अवसर मिल गया। इसकी पृष्ठभूमि में विद्यमान सांस्कृतिक समन्वय के कारण विभिन्न जनों को इसे अपनी भाषा

बनाने में सरलता प्रतीत हुई। इस प्रकार आर्यभाषा अपने विभिन्न स्वरूपों एवं बोलियों के रूप में, पश्चिम में गान्धार से लेकर पूर्व में विदेह एवं मगध तक, तथा उत्तर में हिमालय के पादप्रदेश सें लेकर मध्य-भारत के वन-प्रदेश तक, तथा पश्चिम के सागर-तट की ओर गुजरात से होकर दक्षिण में, लगभग ६०० वर्ष ई० पू० तक प्रतिष्ठित हो गई। इसके पश्चात् वह बंगाल में, दाक्षिणात्य में, तथा सुदूर दक्षिणी भारत में प्रसारित हुई। आर्यभाषा को (प्राकृत एवं संस्कृत दोनों रूपों में) प्रवासी आर्यजन सुसंगठित और सुप्रतिष्ठित द्राविड़ जातियों में ले गए, जिनकी अपनी भाषा इतने दृढ़, सुनिश्चित रूप को पहुँच चुकी थी कि साधारण जीवन में उसकी जगह आर्यभाषा का स्थापित होना असम्भव था। उदा० आन्ध्र, कर्णाट तथा द्रविड़ जन थे। इनमें से आन्ध्र एवं कर्णाट की भाषाओं के अत्यधिक सुसभ्य होने पर भी कुछ स्थानों पर उन्हें आर्यभाषा के सामने झुकना पड़ा; परन्तु द्राविड़ (या संकुचित अर्थ में तमिल) भाषा, आन्ध्र और कर्णाट की सीमाओं से भी बहुत सुदूर दक्षिण होने के कारण, उस पर आर्य-भाषा के दबाव या उसके समक्ष झुकने का द्राविड़ भाषा के लिए प्रश्न ही नहीं था। परन्तु सुसभ्य द्राविड़ भाषाओं पर आर्यभाषा के दोनों रूपों, संस्कृत तथा प्राकृत, का प्रभाव पड़ना ईसा-पूर्व की शताब्दियों में ही आरम्भ हो गया था। प्राचीन तमिल में तमिल वेश में मौजूद प्राकृत शब्दों की संख्या काफी आश्चर्यजनक है; तेलुगु और कन्नड़ के प्राकृत शब्द भी उल्लेखनीय संख्या में हैं; और जहाँ तक विद्वज्जन-व्यवहृत संस्कृत शब्दों का प्रश्न है तेलुगु, कन्नड़ तथा मलयालम भाषाएँ, इनके 'तत्सम' रूपों से, जिनके वर्ण-विन्यास भी ज्यों-के-त्यों हैं, बिलकुल लबालब भर गईं। तमिल भी इस क्रिया से बच न सकी; हाँ, उसने आर्य-शब्दों के वर्ण-विन्यास का आवश्यक रूप से सरलीकरण या तमिलीकरण अवश्य कर लिया। इस प्रकार संस्कृत का हिन्दू जीवन में वही स्थान दक्षिण में भी हो गया, जो उत्तर में था। संस्कृत अखिल भारतीय हिन्दू-राष्ट्र की एक समान आधारशिला बन गई।

ईसा-पूर्व की शताब्दियों में जब भारत-भूमि पर समन्वित या एक-रूप 'आर्यानार्य' हिन्दू-संस्कृति का विकास हो रहा था, उसी समय भारत के बाहर भी उत्तर, पश्चिम और पूर्व एवं दक्षिण-पूर्व की ओर उसका प्रसार हो रहा था— उत्तर तथा पश्चिम में स्थल-मार्ग से, और पूर्व और दक्षिण-पूर्व में जल तथा स्थल-मार्ग दोनों से। यह इतिहास विलुप्त हो चुका है। परन्तु जिस प्रेरणा के वश होकर प्राचीन हिन्दुओं—ब्राह्मणों और बौद्धों—ने दुर्लंघ्य पर्वतों, मरुभूमियों तथा वनों को पार किया, और समुद्र के भय का सामना किया, वह केवल

सांसारिक न होकर आध्यात्मिक भी थी। उसके पीछे केवल वाणिज्य-व्यापार के लाभ की आशा न थी, बल्कि ऋषियों तथा बौद्धों द्वारा उपदिष्ट तत्त्व-ज्ञान और त्याग-मार्ग के उपदेश को समस्त विश्व तक पहुँचाने की प्रबल इच्छा भी थी। कुछ मामलों में राजनीति तथा कूटनीति भी कारण थीं। ईसा-पूर्व तीसरी शताब्दी में भारतीय प्रवासियों का पंजाब और पश्चिमोत्तर प्रदेश से अपनी प्राकृत भाषा के साथ खोतन प्रदेश में जाकर बसने का पता चला है। यह पश्चिमोत्तरी 'गांधारी' प्राकृत (जैसा शाहबाज़गढ़ी और मानसेहरा के शिलालेखों से विदित होता है) अभी मूल आभाआ से उतनी दूर नहीं हटी थी जितनी (सारनाथ तथा गिरनार के शिलालेखों की) पूर्वी और दक्षिण-पश्चिम की प्राकृतें। मध्य-एशिया (दक्षिणी सिन्-कियांग अथवा चीनी तुर्किस्तान) में इस प्राकृत का अपना स्वतन्त्र इतिहास बना। निया (Niya) और अन्य स्थानों पर उपलब्ध ईसा के पश्चात् की शताब्दियों के बहुत-से दस्तावेज़ों से यह बात स्पष्ट होती है कि यद्यपि इस भाषा में ध्वनि-विकास तथा रूप-तत्त्व-सम्बन्धी एवं वाक्य-विन्यास तथा शब्दावली-विषयक कई नूतनताओं का समावेश हुआ, जिनमें स्थानीय आर्य (ईरानी) और अनार्य भाषा-पद्धतियों का प्रभाव लक्षित होता है, फिर भी इसका भारतीय-आर्य और संस्कृत स्वरूप अधिकांशतः ज्यों-का-त्यों बना रहा। दूसरी एक प्राकृत भाषा ई० पू० छठी शताब्दी के मध्य में गुजरात (काठियावाड़) से सीलोन या लंका पहुँचाई गई। अत्यन्त प्राचीन सीलोनी किंवदन्ती के अनुसार, यह कार्य सीहपुर के राजकुमार विजय के साहसपूर्ण सैन्य-प्रस्थान के पश्चात् तुरन्त ही हुआ। (भारत से जाकर लंका में बसनेवाले सर्वप्रथम प्रवासी राजकुमार विजय दन्तकथाओं के पात्र न होकर ऐतिहासिक व्यक्ति भी हो सकते हैं। उनके बंगदेशीय होने का भी दावा किया गया है, परन्तु विशेषतः भाषा-विषयक प्रमाणों से लेखक इस निश्चित मत पर पहुँच पाया है कि लंका में भारत से आनेवाले मूल आर्यभाषी प्रवासियों के प्रतीक रूप होने की दृष्टि से विजय पूर्वी भारत के न होकर, पश्चिमी भारत के ही रहे होंगे। इस सम्बन्ध में देखिए लेखक की Origin and Development of the Bengali Language, कलकत्ता, १९२६, पृ० १५, ७२-७३, १७६)।

भारतीय ब्राह्मणीय प्रवासी लोग स्थल-मार्ग से ब्रह्मदेश को भी गये। उत्तरी तथा दक्षिणी ब्रह्मदेश के भारतीय क्षत्रिय राजाओं द्वारा बसाए जाने की कुछ कहानियाँ (जो वास्तव में अत्यन्त मध्ययुग में रचित बौद्धों की धार्मिक पण्डितों द्वारा गढ़न्त जान पड़ती हैं) को अत्यन्त प्राक्तन बतलाया जाता है, परन्तु ये स्वीकार्य नहीं हैं। परन्तु ब्रह्मदेश के प्राचीनतम पालि और अन्य आर्य

शिलालेख ५वीं-६ठी शताब्दी से प्रारम्भ होने, तथा मगध एवं दक्षिण ब्रह्मदेश का सागर-मार्ग से खिृष्ट-पूर्व काल में सम्पर्क जारी रहने के साहित्यिक प्रमाण उपलब्ध होने के कारण, यह अनुमान अवश्य बाँधा जा सकता है कि भारत के दक्षिणदेशीयों (Austrics) के जातिगत और भाषागत बन्धु, दक्षिण तथा मध्य ब्रह्मदेश के निवासी "मंञ्" Ramn (=Mon मोन् या Talaing तलैंग) लोगों तक, भारतीय संस्कृति और भाषा खिृष्ट-पूर्व काल में चटगाँव और अराकान के स्थल तथा अन्य जल-मार्गों से पहुँची थी। और, ईसा के पश्चात् १००० वर्ष तक के काल में मंञ् (मोन्) और प्यू (Pyu) जनों का धार्मिक (ब्राह्मणीय और बौद्ध) तथा सर्वतः सांस्कृतिक आर्यीकरण बड़े जोर-शोर से चलता रहा। यह आर्यीकरण भारतीय लिपि और संस्कृत भाषा एवं पश्चात् काल में पालि भाषा द्वारा होता रहा। इनके साथ-साथ प्राकृत बोलियाँ तथा प्राचीन तमिल एवं प्राचीन तेलुगुं प्रभृति द्राविड़ भाषाएँ (जो पहले से ही प्राकृतों की तरह संस्कृत की छत्रछाया और अभिभावकता को स्वीकार कर चुकी थीं) भी थीं। चीनी-तिब्बती बर्मी बोलनेवाली उपजातियाँ, Mran-ma 'म्रन्-मा', ब्रह्मदेश में उत्तर से आने के पहले ही चीन के माध्यम द्वारा परोक्ष रूप से भारतीय या भारतीय-आर्य प्रभावों के क्षेत्र में आ चुकी थीं (चीन से ब्रह्मों के ब्रह्मदेश में आने से पूर्व ही बौद्ध-धर्म की महायान शाखा और बौद्ध-धर्म के कुछ आर्य शब्द तथा पद इन्हें मिले थे।) ब्रह्मदेश में एक बार बस जाने पर, ११वीं शताब्दी में उनके महान् विजेता राजा अनिरुद्ध (अनोयाठा) तथा क्यन्-चच् साः चन्जित्ता) के राजत्व-काल से 'म्रन्-मा' लोगों का मोन् जनों से घोर युद्ध आरम्भ हुआ; ११वीं से १८वीं शताब्दी तक के ब्रह्मदेश के इतिहास की मुख्य घटना यही युद्ध रहा, जिसके फलस्वरूप अन्त में मोन् लोगों का ब्रह्मदेश से अस्तित्व ही मिट गया। इन दोनों जातियों के शान्तिपूर्ण अथवा युद्धजनित सम्पर्क-काल में ब्रह्म का बौद्ध-धर्म तथा पालि (कुछ हद तक संस्कृत) भाषा द्वारा धीरे-धीरे यहाँ तक आर्यीकरण होता गया कि सांस्कृतिक दृष्टि से बौद्ध ब्रह्मदेश केवल भारत से ही सम्बन्धित रह गया। पालि अब ब्रह्मदेश में प्रमुख धार्मिक भाषा के रूप में प्रतिष्ठित है, उससे बर्मी भाषा में सैकड़ों शब्द आए हैं तथा बर्मी साहित्य को प्रेरणा मिली है। इसके अतिरिक्त, ब्रह्मी विद्वज्जनों ने पालि साहित्य का कलेवर और महत्त्व बढ़ाने में भी हाथ बँटाया है। भारतीय प्रभाव तथा संस्कृत-भाषा दक्षिणी स्याम (द्वारावती), कम्बोडिया (कम्बुज) तथा अन्नाम (चम्पा) में खिृष्टाब्द-पूर्व से ही प्रविष्ट होते रहे थे। धीरे-धीरे इन्दोचीन के इस क्षेत्र में संस्कृत उसी स्थान पर प्रतिष्ठित हो गई, जो उसे

भारतीय जनता के जीवन में प्राप्त था। ईसा की दूसरी-तीसरी शताब्दी के बीसियों संस्कृत शिलालेख संस्कृत के इस महत्त्व के प्रमाण हैं। अब भी कम्बुज के ख्मेर लोगों की भाषा और भिन्न जन प्रतीत होते चाम (Cham) जनों की नष्टप्राय भाषाएँ संस्कृत (तथा पालि) शब्दों से भरी पड़ी हैं। थाई (स्यामी) लोग ब्रह्मी जनों से (कम-से-कम भाषादृष्ट्या अवश्य) सम्बन्धित थे, और उन्होंने भी (ब्रह्मी लोगों की भाँति) उत्तर में आकर द्वारावती के Mon 'मोन्' तथा कम्बुज के Khmer 'ख्मेर' आदि विजित दक्षिणदेशीयों की संस्कृति को अपना लिया था। संस्कृत का स्यामी भाषा में अब भी वही स्थान है जो उसका तमिल, तेलुगु, मराठी, गुजराती, हिन्दी, बंगला और उड़िया प्रभृति में है। यहाँ तक कि अब भी स्यामी भाषा संस्कृत से शब्द लेती है; उसके अधिकांश पारिभाषिक, वैज्ञानिक, औपचारिक रस्मों से सम्बन्धित, तथा सरकारी पदवियों एवं काम-काज से सम्बन्धित शब्द, संस्कृत शब्दनामों, धातुओं और विभक्तियों का आश्रय लेकर ही बनाए जाते हैं। (उदा० स्यामी भाषा में 'टेलीफ़ोन' के लिए 'दूर-शब्द' व्यवहृत है जिसका उच्चारण 'थोरोसप्' या 'थुरसप्' किया जाता है; 'एरोप्लेन' का अनुवाद 'आकाश-यान' हुआ है और 'आगात्-छान्' के रूप में उच्चारित होता है; चलते सिक्के 'टिकल या बाट' के सौवें हिस्से—Cent का अनुवाद 'शतांश' किया गया है जिसका उच्चारण 'सिदांग्' होता है; Railway Traffic Superintendent का अनुवाद 'रथ-चारण-प्रत्यक्ष' किया गया है, तथा Irrigation officer का 'वारि-सीमाध्यक्ष'; स्याम के राजा का नाम Aduldet='अतुलतेजाः'; युद्धमन्त्री की उपाधि Phibun Songkhram='विपुल-संग्राम'; एक छोटे शहर का नाम Aranya Pradesa 'अरण्य प्रदेश', उच्चारण—आराञ् पथेत्; इत्यादि। कुलीन अभिजात-वर्ग के नाम अब भी अधिकांशतः संस्कृत से लिये हुए हैं।

इन्दोचीन अर्थात् आधुनिक स्याम या थाई भूमि, लाओस, कम्बुज, वियेत्-नाम देश-समूहों से आगे जब हम मलय-देश तथा इन्दोनेसिया (द्वीपमय भारत) की ओर बढ़ते हैं, तो वहाँ भी हमें संस्कृत की विजय पहले की तरह ही स्पष्ट परिलक्षित होती है। इन्दोचीन, ब्रह्मदेश, स्याम, कम्बुज, लाओस् तथा कोचीन-चीन की ही भाँति सुमात्रा, जावा तथा बाली, विशेषकर जावा, में भी बीसियों स्थानों तथा नगरों के नाम संस्कृत में हैं। उदा० शूर-कृत=सूर-कर्त (Soera-karta)[1]; अयोध्याकृत=जोग्यकर्त (Djogyakarta);

१. रोमन अक्षरों में लिखी जाती इन्दोनेसीय भाषाओं का वर्ण-विन्यास डच भाषा की पद्धति के अनुसार है। इसमें—oe = 'उ, ऊ'; j, tj, dj तथा sj

ब्रह्मा=ब्रोमो (Bromo); सुराभय=सूराबाया (Soerabaya); वनसभा=वोनोसोबो (Wonosobo); सुमेरू=स्मेरू (Smeroe) इत्यादि। जावा के सुन्दानी और यवद्वीपी दोनों जनों के नाम मुसलमान धर्मावलम्बी होने पर भी साहित्य-गंधी संस्कृत में हैं। उदा० "विर-पुस्तक (Wiropoestaka)=वीर-पुस्तक; सूरादिपूर (Soeradipoera)=सुराधिपुर; आर्ज-आदिविजय (Hardja Hadiwidjaya)=आर्य-आदिविजय; सूर्यो-प्रनत (Soerjo-pranata)=सूर्य-प्रणत; सस्त्रोविर्य (Sastrowirja)=शास्त्रवीर्य; सस्त्रो-तम (Sastro-tama); पूजा-आर्य (Poedja-arja); वीरवङ्स (Wirowangsa); पूर्व-सुविज्न्य (Poerwa Soewidjnja)=पूर्व-सुविज्ञ; वीर्य-सुशास्त्र (Wirja-Soesastra); सस्र-प्रविर (Sasra - Prawira)=सहस्र-प्रवीर; सस्र-सूतिक्स्न (Sasra-Soetiksna)=सहस्र सुतीक्ष्ण; दिर्जसूब्रत (Dirdja-Soebrata)=धैर्यसुव्रत; आर्यसूबित्त (Ardja-Soebita); रंग्ग-वर्सित (Rangga-Warsita); विर्जदिराज (Wirdjadiraja); यसविदग्द (Jasawidagda); सस्र-कूसूम (Sasra-koesoema); मर्त-अर्जन (Marta-Ardjana); आदि-सुसास्त्र (Adi-Soesastra); रेक्सा-कूसूम (Reksa-koesoema); बूदि-दर्म (Boedi Darma) =बुद्धिधर्म; द्विजआत्मज (Dwidja atmadja); प्रवीर-सूदीर्ज (Prawira-Soedirdja); सूर्याधिकुसुम (Soerjadikoesoema); रेक्सा-सूसील (Reksa-Soesila); सस्र-हर्सन (Sasra-Harsana); कर्त-अस्मर (Karta-asmara)=कृत-स्मर; सस्र-सूगन्द (Sasra-Soeganda); जयपुष्पित (Djaja-Poespita); चित्रसेन्तन (Tjitra-Sentana); अरिय-सूतीर्त (Arija-Soetirta); कर्त-विबव (Karta-Wibawa)=कृत-विभव; आर्जो-सूप्राज्न्यो (Hardjo-Soepradjnjo) =आर्य-सुप्राज्ञ"; इत्यादि, इत्यादि। प्राचीन मलय, सुमात्रा, यवद्वीप, बाली तथा बोर्नियो द्वीपों में अनेक संस्कृत शिलालेख मिलते हैं, जिनमें प्राचीनतम ई० ४थी-५वीं शताब्दी के हैं। इनसे पता चलता है कि स्थानीय हिन्दू राजा और ब्राह्मण लोग संस्कृत को भारत की ही भाँति व्यवहार में लाते थे। यह परम्परा १६वीं शताब्दी के आरम्भ तक चलती रही, परन्तु ई० १५२० में पूर्वी यवद्वीप के अन्तिम हिन्दू राज्य 'मजपहित्' (Madjapahit) को, जिसका संस्कृत नाम 'बिल्व-तिक्त' था, पश्चिमी यवद्वीप के मुसलमान शासकों ने जीत लिया,

---

अनुक्रम से 'य, च, ज, श' व्यञ्जन हैं, तथा nj- का उच्चारण 'ञ्' होता है। 'h' का उच्चारण प्रायः नहीं किया जाता, तथा मूर्धन्य ध्वनियाँ अलग नहीं होतीं। देखिए, J. Gonda, 'Sanskrit in Indonesia', विशेष महत्त्वपूर्ण पुस्तक, (नागपुर, १९५३)।

और वह परम्परा छिन्न हो गई। सुमात्रा तथा यवद्वीप बौद्ध एवं संस्कृत अध्ययन के इतने बड़े केन्द्र बन गए थे कि कई बार भारत से भी विद्यार्थी पढ़ने के लिए यहाँ आते थे। इसी प्रकार कम्बुज (Cambodia) में तन्त्रविद्या तथा तत्सदृश अन्य संस्कृत ग्रन्थों का अध्ययन होता था। इन ग्रन्थों में से कुछ का पता अभी हाल में नेपाल की हस्तलिखित प्रतियों में लेखक के माननीय सहकर्मी डॉ० प्रबोधचन्द्र बागची ने लगाया है (दे० उनकी Studies in Tantras, भाग १, कलकत्ता विश्वविद्यालय, १९२९, पृ० १-२९)। आज भी बालिद्वीप के दस लाख निवासियों में से ९९ प्रतिशत लोग हिन्दू-धर्म के कुछ स्थानीय मलय तथा दक्षिण-द्वीपी उपादानों से मिश्रित रूप का पालन करते हैं; संस्कृत मन्त्र और पाठ आज भी बली के ब्राह्मणों द्वारा काम में लाए जाते हैं और यद्यपि वे स्वतन्त्र रूप से संस्कृत का अध्ययन नहीं करते, फिर भी उनकी भाषा स्थानीय बोलियों से मिश्रित तथा दूषित होने पर भी प्रायः अच्छी संस्कृत रहती है। इन मन्त्रों एवं पाठों में से कुछ का बली में स्व० प्रो० सिल्वाँ लेवी (Prof. Sylvain Lévi) ने संकलन करके बड़ौदा की 'गायकवाड़ ओरियण्टल सीरीज़' में प्रकाशित करवाया था। यवद्वीपी तथा बालिद्वीपी दोनों के साहित्य मुख्यतया संस्कृत पर ही आधारित हैं, और ये दोनों भाषाएँ अपने विकास के प्रारम्भिक काल में संस्कृत शब्दों से बिलकुल भरी हुई थीं। संस्कृत के वसन्त-तिलक और शार्दूल-विक्रीड़ित आदि कुछ छन्द यवद्वीपी और बालिद्वीपी भाषाओं में सुगृहीत हो गए हैं; और 'अर्जुन-विवाह' (Ardjoena-Wiwaha) या कृष्णायन (Kresnayana) के सदृश प्राचीन यवद्वीपी ग्रन्थों के श्लोक जिनमें संस्कृत शब्दों की लम्बी लड़ियों-की-लड़ियों के बीच में कहीं-कहीं एकाध दक्षिण-द्वीपी (यवद्वीपी) क्रियाशब्द या शब्दांश या संज्ञाशब्द मिल जाता है, बिलकुल संस्कृत-कन्नड़ या संस्कृत-मलयालम (मणिप्रवालम्) के श्लोकों-से दीख पड़ते हैं। आज भी यवद्वीप तथा बली में सांस्कृतिक शब्द, औपचारिक पदावली तथा उपाधियाँ संस्कृत से ही लिये जाते हैं। जब यवद्वीपी लेखक डॉ० नोतोसूरोतो (Dr. Notosoeroto) हॉलैण्ड से एक डच-मलय पत्र प्रकाशित करते हैं तो वे उसका नाम रखते हैं 'उदय' (Oedaya); जब कुछ साहित्यिक जोग्यकर्त में यवद्वीपी संस्कृति के अध्ययन के लिए एक सम्मेलन की स्थापना करते हैं तो वे उसका नाम रखते हैं 'बूदि-ऊतोमो' (Boedi-Oetomo) = बुद्धि-उत्तम; तथा स्त्रियों के एक मण्डल (club) का नाम रखा जाता है 'वोनितो-विरोमो' (Wonito-Wiromo) = वनिता-विराम। ईसा की चौदहवीं शताब्दी में 'मजपहित' (Madja-pahit) साम्राज्य के यवद्वीपी राजा लोग, अपने साम्राज्य के

अन्तर्गत इन्दोनेसीय द्वीपों के सभी महत्त्वपूर्ण स्थानों में लोगों में हिन्दू-यवद्वीपी संस्कृति और धर्म के प्रचारार्थ, 'भुजङ्ग' (Boedjonggo) नामक शास्त्रों में पारंगत प्रचारकों को भेजते थे। इन द्वीपों में संस्कृत की उपस्थिति के फलस्वरूप अधिकांश इन्दोनेसीय (दक्षिणद्वीपी) भाषाएँ संस्कृत की सांस्कृतिक शब्दावली से परिपूर्ण हो गईं। यह परिस्थिति हमें एशियाई महाद्वीप के भाग मलय से लेकर पूर्व में मलक्का एवं तिमोर तथा उत्तर में फिलिपाइन द्वीप-समूह तक मिलती है। संस्कृत शब्दों का प्रसार और भी दूर तक पूर्व में हुआ, यहाँ तक कि ऑस्त्रोनेसीय भाषा गोष्ठी के अन्तर्गत की सुदूर मेलानेसीय तथा पोलिनेसीय भाषाओं में भी संस्कृत उपादान अनुमित किये गए हैं।

मध्य एशिया की विलुप्त भाषाएँ ईरानी गोष्ठी की प्राचीन खोतनी तथा ('केन्तुम्' शाखा की) भारतीय-यूरोपीय तुख़ारी (या प्राचीन कूचियन एवं प्राचीन काराशहरी (Old Kuchean Old Qarašahrian) ईसा की प्रारम्भिक शताब्दियों में भारतीय वर्णमाला में ही लिखी गईं। इन भाषाओं में संस्कृत से अनुवाद हुए, तथा इन्होंने बहुत-से सांस्कृतिक शब्द भी संस्कृत से लिये। इसी प्रकार ईरानी कुल की एक भाषा सुग्दी, जो मध्य एशिया के एक विस्तृत क्षेत्र में बोली जाती थी तथा जिसकी आदिभूमि पामीर का पठार या आधुनिक रूसी तुर्किस्तान का प्रान्त था, पर भी संस्कृत का अपेक्षाकृत कुछ कम प्रभाव पड़ा।

ये सब भारतीय-यूरोपीय भाषाएँ संस्कृत के साथ सरलता से मिल-जुल सकती थीं, और प्राचीन खोतनी तथा तुखारी, कुछ हद तक चीनी और उत्तरी मध्य एशिया की तुर्की में भारतीय एवं संस्कृत का प्रभाव पहुँचाने का माध्यम बनीं। ईरान में बौद्ध धर्म की उपस्थिति तथा ईरान के भारत से सम्पर्क से फ़ारसी (मध्ययुगीन तथा आधुनिक दोनों) में भी कुछ भारतीय-आर्य शब्द आये, जिनमें कुछ ये हैं—"बुत=मूर्ति (मूलरूप 'बुद्ध' मूर्ति); शकर=चीनी या खाँड (<सक्करा, शर्करा); क़न्द या कन्द=मिश्री (<खण्ड); शमन=बौद्ध पुरोहित (<श्रमण); किर्बास्=कपड़ा (<कार्पास); नारगील=नारियल (नारिकेल); चन्दन, सन्दल=चन्दन; नील=नील; बबर्=बाघ (<व्याघ्र); लाक=चपड़ी की लाख (<लक्खा, लाक्षा); बरहमन=ब्राह्मण (बाद में आया हुआ); शतरंग या शतरंज (<चतुरंग); शाग़ल=सियार (<शृगाल); राय=राजा (<राअ, राजा)" इत्यादि। भारतीय-आर्य तथा अन्य भारतीय शब्द फ़ारसी के पश्चिम में अरबी तक गये, और वहाँ से फ़ारसी तथा अरबी के माध्यम से परोक्ष रूप से भूमध्य-प्रदेश के देशों तक

पहुँचे। इसके पहले भी प्राचीन भारतीयों और ग्रीकों के सम्पर्क से कई भारतीय शब्द (विशेषतः व्यापार-विषयक) सीधे भी ग्रीक भाषा में गये थे; और इसी प्रकार कई ग्रीक शब्द भारत में आकर संस्कृत में ले लिये गए थे। इस विषय में Indian Antiquary १८७२ में प्रकाशित श्री ए० वेबर (A. Weber) का, 'ग्रीक में संस्कृत तथा संस्कृत में ग्रीक शब्द' विषयक लेख द्रष्टव्य है। परन्तु जिस प्रकार पूर्व तथा उत्तर में संस्कृत का सांस्कृतिक प्रसार हुआ दीख पड़ता है, उसी प्रकार पश्चिम में नहीं हुआ।

ईसा की सातवीं शताब्दी में तिब्बत में बौद्ध-धर्म के आगमन के पश्चात् तिब्बती भाषा पर भी संस्कृत का प्रभाव पड़ने लगा था। परन्तु तिब्बती, चीनी की तरह एक स्वतःसम्पूर्ण भाषा है, अतएव उसमें संस्कृत शब्दों के तिब्बती प्रतिशब्द अपने उपादानों से ही बना लेने की प्रवृत्ति रही, फिर मूल शब्द का भाव चाहे कितना ही विषम और जटिल अथवा विदेशी तथा निगूढ़ क्यों न रहा हो। यहाँ तक कि व्यक्तिवाचक नामों का भी तिब्बती में अनुवाद कर लिया गया। उदा० "बुद्ध = सङ्स्-र्ग्यस् (Saṅs-rgyas) = (आधुनिक उच्चारण)—सेङ्-जे (Seṅ je); प्रज्ञा-पारमिता = शेस्-रब्-फा-रोल्-तु (Ses-rab-pha-rol-tu); वज्र-सत्त्व = र्दो-र्जे-सेम्स्-द्पाइ (Rdo-rje-sems-dpa'i); अमिताभ = होद्-द्पाग् मेद् (Hod-dpag med)—आ० उच्चा० = यो-प्या-मे (ö-pä-me); तारा = स्ग्रोल्-म (Sgrol-ma) उच्चा० डोल्-मा (Ḍolma); अवलोकितेश्वर या लोकेश्वर = स्प्यान्-रस्-ग्ज़िग्स् (Spyan-ras-gzigs,) आ० उच्चा० चेन्-रे-सी (Cen-rä-ši)" इत्यादि।

चीन का आर्य-भारत से सम्पर्क सम्भवतः ईसा-पूर्व की शताब्दियों में हुआ, पर कब और किस प्रकार, इसका पता नहीं चलता। 'लाऊ-त्ज़' (Lao Tsze) की 'ताओ-तेः-किंग' (Tao-teh-king) (लगभग ५३० वर्ष ई० पू०) तथा उपनिषदों में कुछ बातें बहुत मिलती-जुलती हैं, परन्तु लाऊ-त्ज़ू का Tao 'ताओ' (प्राचीन रूप* 'धाऊ' Dhãu) तथा उपनिषदों का 'ऋत' ('धर्म', 'ब्रह्म') दोनों चीन तथा भारत के स्वतन्त्र अनुशीलन द्वारा प्राप्त किये हुए एक समान दार्शनिक सिद्धान्त भी हो सकते हैं। कुछ विद्वानों का मत है कि इन दोनों देशों के बीच ईसा-पूर्व प्रथम सहस्राब्दी के मध्य में परोक्ष सम्पर्क स्थापित हुआ था, क्योंकि प्रत्यक्ष रूप से चीनी तथा भारतीय जनता के बीच का यह सम्पर्क मध्य-एशिया के जनों के माध्यम से हुआ था। चीनी सेनापति तथा अन्वेषक चांग कियेन (Chang Kien) ई० पू० दूसरी शताब्दी में जब मध्य-एशिया में आया तब उसे वहाँ के निवासियों से भारत के बारे में सुनकर और चीनी रेशम

तथा बाँस की बाँसुरियों को मध्य-एशिया के मारफ़त भारत जाते देखकर बड़ा आश्चर्य हुआ। वास्तव में ये चीजें आधुनिक युन्-नान (Yun-nan) और आसाम की राह से भारत आती थीं। बाँस की जंरियों का उल्लेख थोड़ा मनोरञ्जक है। चीनी से संस्कृत में अपनाये हुए शब्दों में से हमें केवल चार शब्द ज्ञात हैं—एक तो चीन देश का नाम 'चीन'—यह ई० पू० २५५-२०२ के 'त्सिन्' (Ts'in) राजवंश से लिया गया है, जिसके राजत्व-काल में प्रथम वार चीन एक एकीकृत शक्तिशाली साम्राज्य बना। दूसरा शब्द 'कीचक' (=एक प्रकार का बाँस) है, जो प्राचीन चीनी शब्द *की-चॉक् Ki-cŏk (='की' जाति का बाँस) से निकला है। (देखिए श्री सिल्वाँ लेवी का Ecole Francaise de l' Extreme Orient, Hanoi के २५वें वार्षिक ग्रन्थ में 'Etudes Asiatiques' शीर्षक लेख, पृष्ठ ४३, पारिस १९२५)। तीसरा शब्द लेखक के अन्यत्र लिखे अनुसार (दे० सर ई० डेनिसन रॉस् स्मारक-ग्रन्थ, पूना १९३९, पृ० ७१-७४) 'मुसार' (musāra) है, जो महाभारत की तथा बौद्ध संस्कृत में मिलता है और 'किसी प्रकार का बहुमूल्य पत्थर या अन्य वस्तु' के अर्थ में व्यवहृत है। चौथा शब्द प्राचीन संस्कृत-चीनी शब्द-कोष में उल्लिखित ८वीं शताब्दी ई० की संस्कृत का 'शय' (=काग़ज़) शब्द है, जो आद्य चीनी के 'त्सियेः' (tsieh) शब्द से आया है। ऐसे और कई चीनी शब्द भारत में आये हैं; यथा—'सिन्दूर'=चीनी Ts'in-t'ung='चीनी सीसा, चीनी सिन्दूर' (इसका पर्यायवाचक एक संस्कृत शब्द 'नागरक्त' सम्भवतः किसी चीनी शब्द वा वाक्य का अनुवाद है); 'तसर'='एक प्रकार का रेशम', चीनी Ta-ssĕ (p)। भारत तथा चीन में प्रत्यक्ष और नियमित रूप से सम्पर्क ईसा की प्रथम शताब्दी में तब आरम्भ हुआ जब ई० स० ६० के लगभग तत्कालीन चीन के सम्राट् के बुलाने पर भारतीय भिक्षु काश्यप मातंग (Kia-yeh Mo-tang) और फ़ा-लान (Fa-lan) (? धर्मरत्न) चीन में बौद्ध मत का उपदेश देने के लिए गये। महायान शाखा के संस्कृत ग्रन्थों का शीघ्र ही चीनी में अनुवाद होने लगा। इस प्रकार भारतीय तथा चीनी विद्वज्जनों और धर्म-प्रचारकों के सहयोग से प्रमाण में बहुत बड़े और अत्यन्त मूल्यवान् चीनी बौद्ध साहित्य का निर्माण हुआ। इस विषय में चीनवालों ने संस्कृत नामों और शब्दों को चीनी रूपों में अनूदित करने की अपनी मूल पद्धति का ही उपयोग किया; अन्यथा चीनी लोगों के लिए अपनी भावव्यंजक (Ideogrammatic) चित्रलिपि (Hieroglyphic) में सम्मिश्रित, दुरूह तथा उनके कानों को बर्बर-सी प्रतीत होती विदेशी ध्वनियाँ व्यक्त करना कठिन था। कुछ संस्कृत शब्द भी चीनी में उनके

पन्द्रह सौ वर्ष पहले प्रचलित उच्चारण के साथ अपना लिये गए, परन्तु आधुनिक चीनी प्रादेशिक भाषाओं में यह प्राचीन चीनी उच्चारण इतना अधिक बदल गया है कि मूल शब्द का चालू ध्वनि-रूप पहचाना ही नहीं जा सकता। उदा० 'बुद्ध' का कुछ परिवर्तित उच्चारण '*बुद्ध् या *बुध्' होकर उसका प्राचीन चीनी उच्चारण '*भ्य्वद् या भ्य्वत् (*Bhywəd या Bhywət)' हुआ; आधुनिक चीनी बोलियों में उसके विभिन्न उच्चारण 'फ्वात्', 'फ़्वात्', 'फ़ात्', 'फ़ो' एवं 'फ़ू' (Phwat, Fwat, Fat, Fo, Fu) होते हैं; 'अमित (या अमिताभ) बुद्ध' का उच्चारण अब 'ओ-मि-तो-फ़ू (O-mi-to Fu)' होता है; 'काश्यप' से प्राचीन चीनी '*Ka-źyap का-ज्यप्' हुआ, जो आधुनिक बोलियों में 'का-येप्, का-येह्, किआ-येह् तथा चिआयेह् (Ka-yep, Ka-yeh, Kia-yeh, Chia-yeh)' आदि विभिन्न रूपों में बोला जाता है (प्राचीन जापानी में इसीका रूप 'का-सिअपु Ka-siapu' लिया गया था, जिससे परिवर्तित आधुनिक रूप 'का-श्यो Ka shyo' प्राप्त हुआ है)। 'ब्रह्मा' से निकला हुआ *'ब्रम्ह्' अब 'फान्' (Fan) हो गया है; 'ब्राह्मण'>*ब-र-मन् (Ba-ra-man) होकर 'पो-लो-मेन् (Po-lo-men)' बन गया। तिब्बती की भाँति (शायद तिब्बती में यह सूझ चीनी से ही आई थी) चीनी में भी संस्कृत व्यक्तिवाचक नामों के भी अनुवाद प्रचलित हैं; जैसे—बुद्ध की उपाधि 'तथागत', चीनी में 'झू-लाइ (Ju-lai) (=उस ओर गया हुआ)' हो गई; 'अश्वघोष'='मा-हेंग Ma-heng (=घोड़े की हिनहिनाहटवाला)' बन गया; 'धर्म-सिंह'='फ़ा-शिह Fa-shih (धर्म का सिंह)' हो गया; 'धृतराष्ट्र'='दी-क्वो Di-Kuo (=राज पकड़ने वाला)', 'दशरथ'='श: Shih-Chü'; आधुनिक युग में भी नामों का ऐसा अनुवाद होता है—जैसे 'रवीन्द्र'='चेन्-तान् Chen-tan (=वज्र अर्थात् इन्द्र और सूर्योदय)'; 'सुनीति'='शान्-ताओ Shan-tao', 'सु-मन'='शान-यी Shan-yi'; इत्यादि-इत्यादि। परन्तु इनके अतिरिक्त भी मूल संस्कृत शब्द अपने अत्यन्त विकृत रूप में चीनी में मिलते हैं; और बौद्ध-दर्शन में ऐसे शब्दों का जो भाव होता था, वह चीनी में चिरकाल-प्रतिष्ठित हो गया है। प्राचीन चीनी जनों ने महान् भारतीय-चीनी संसर्ग-काल में संस्कृत सीखने के गुरुतर प्रयास किये थे जिनके फलस्वरूप ईसा की सातवीं-आठवीं शती के रचित संस्कृत-चीनी शब्द-कोष पाये गए हैं। इनकी हू-ब-हू प्रतिलिपियाँ जापान से १८वीं शताब्दी में प्रकाशित हुई थीं। (इस प्रकार के कई कोषों का अनुशीलन हुआ है, जिनमें से दो के आलोचनात्मक संस्करण लेखक के मित्र तथा सहकारी डॉ० प्रबोधचन्द्र बागची द्वारा कुछ समय पूर्व सम्पादित हो चुके हैं।) 'चीन में संस्कृत

भाषा' : यही एशिया की दो महान् जनताओं के बीच स्थापित सांस्कृतिक सम्बन्ध की महान् प्रतीक है; केवल इन्हीं दो जनों ने एशिया में अपनी दो मौलिक संस्कृतियों का निर्माण किया। हाँ, यह अवश्य कहा जा सकता है कि एक ओर चीन की प्रतिभा तथा ग्रहण-शक्ति और दूसरी ओर भारत की भौतिक विषयों में स्वभावतः आग्रह-हीनता के कारण, इस सम्पर्क और बन्धुत्व से चीन को ही विशेष लाभ हुआ। चीन ने भारतीय चिन्तन, भारतीय भावुकता तथा भारतीय धार्मिक कला को आत्मसात् कर लिया; परन्तु चीनी मानववाद की महत्ता, चीनी कला की मौलिक सृजन-शक्ति और चीनी जिज्ञासुवृत्ति भारत की आत्मा पर प्रभाव न डाल सकी। इस पर भी यह प्रश्न सम्भवतः उठ सकता है कि जिस प्रकार गुप्त-काल के सिक्कों पर उपलब्ध कला में चीनी कला का निश्चित प्रभाव दीख पडता है, उसी प्रकार क्या गुप्त-काल के संस्कृत-साहित्य में निहित प्रकृति-प्रेम की भावना भी चीनी प्रभाव तो नहीं है? संस्कृत के अध्ययन द्वारा चीनी अभ्यासियों को ध्वनि-विज्ञान से परिचय प्राप्त हुआ, जिसका अभाव चीनी भाषा-चर्चा की बहुत बड़ी कमी था, यद्यपि यह कमी बहुत-कुछ उनकी लिपि की विचित्रता को लेकर ही थी। संस्कृत के उदाहरण को सामने रखकर उसके अनुरूप ही चीनी लोगों ने अपनी भाषा के ध्वनि-तत्त्व का अध्ययन करना आरम्भ किया।

कोरिया एवं जापान में संस्कृत भाषा गुप्तोत्तरकालीन प्राचीन भारतीय लिपि के साथ चीन से आई। पहले जापानी तथा कोरियाई विद्यार्थी संस्कृत का अध्ययन चीन में ही करते थे। अब भी उपर्युक्त गुप्तोत्तरकालीन लिपि जापान के कुछ तान्त्रिक मत के बौद्ध-पंथों में प्रचलित है। जापानी भाषा के अनेकाक्षरात्मक स्वरूप के कारण वह संस्कृत शब्दों के प्रकाश का अच्छा माध्यम बन सकी। वस्तुतः यह है भी आश्चर्य की बात कि चीनी और कोरियाई की अपेक्षा जापानी में संस्कृत का प्रभाव उसके अपनाये हुए बौद्ध-संस्कृत शब्दों के रूपों में विशेष दृष्टिगोचर होता है। साधारणतया जापानी लोग संस्कृत नामों, शब्दों तथा पदों के चीनी अनुवाद का जापानी उच्चारण व्यवहार में लाते हैं। [उदा० धर्म=आधु० चीनी—ता-मो (Ta-mo) परन्तु जापानी में—दरुम (Daruma); चीनी फ़ो या फ़त् (Fo or Fat)=बुद्ध का जापानी उच्चारण बुत्सु (Butsu), अथवा लेखनानुसार<बुतु (Butu) होता है; चीनी फ़न् (Fan)=ब्रह्मा, जापानी में बोन् (Bon) हो गया; तथा चीनी पो-लो-मेन् (Po-lo-men)=ब्राह्मण, जापानी में ब-र-मोन् (Ba-ra-mon) हो गया।] परन्तु इनके अतिरिक्त (जापानी तथा चीनी दोनों लिपियों में लिखे हुए) कुछ

मूल संस्कृत शब्द भी जापानी में पाए जाते हैं। उदा० 'सर' (Sara)=पात्र (<शरात्र); 'त्सुद्ज़ुमि' (Tsudzumi), प्राचीन जापानी 'तुदुमि' (Tudumi)=छोटा नगाड़ा (<दुन्दुभि); हत्सि (Hatsi)=प्राचीन जापानी 'पति' (Pati)=कटोरा<पात्र; बिनयक (Binayaka)=विनायक; बिशमोन् (Bishamon)=वैश्रवण; बशि (Bashi)=वशिष्ठ; एम या येम (Ema or Yema)=यम; कोम्पिर (Kompira)=कुम्भीर; बिरुशन (Birushana)=बैरोचन; रुरि (Ruri)=वेलुरिय, वैडूर्य; सुतर (Sutara) =बौद्ध ग्रन्थ (=सूत्र); बोदइ (Bodai)=बोधि; हन्न्या (Hannya) (लिखित रूप 'पन्न्या'=Pannya)=बुद्धि (<प्रज्ञा); नरक (Naraka)=नरक; गरन् (Garan)=मन्दिर, मठ (=संघाराम); बिकु और बिकुनि (Biku, Bikuni) =भिक्षु, भिक्षुणी; शमोन् (Shamon)=श्रमण; सो (So)=पुरोहित (<संघ); सम्मइ (Sammai)=समाधि; रकन् (Rakan) (=अर्हन्त); हरमित (Haramita)=पारमिता; युक (Yuka)=योग; बेद या बिद (Beda or Bida)=वेद; म(न्) दर (Maṇdara)=अनेक रंग=मण्डल; हुंदरिके (Hundarike)=कमलविशेष=पुण्डरीक; इत्यादि। कुछ ७वीं शताब्दी ई० के ताड़पत्रों के हस्तलिखित संस्कृत ग्रन्थ जापान में सुरक्षित हैं। (अठारहवीं शताब्दी में जापान में इनका अध्ययन हुआ और एक चीनी प्रतिलिपि के साथ उन्हें प्रकाशित किया गया था; तथा श्री एफ़० मैक्समुलर (F. Max Mueller) ने बुन्यू नञ्जियो (Bunyu Nanjio) की सहायता से ऑक्सफर्ड से १८८४ ई० में इनका एक हू-ब-हू संस्करण प्रतिलिपि तथा टिप्पणियों के साथ प्रकाशित किया गया था।) लगभग २० वर्ष हुए डॉ० जे० ताकाकुसु (Dr. J. Taka-Kusu) ने जापानी भाषा के बौद्ध-धर्म की विरासत या रिक्थ के रूप में आये हुए संस्कृत तथा अन्य भारतीय उपादानों का अध्ययन तोक्यो (Tokyo) के 'यंग ईस्ट' (Young East) में प्रकाशित किया। इस अध्ययन के फलस्वरूप प्राचीन तथा मध्ययुग में इन दोनों देशों के प्रत्यक्ष सम्पर्क न होते हुए भी संस्कृत के माध्यम द्वारा हुई भारतीय भावना का सुदूरस्थित जापानी भाषा पर मनोरंजक प्रकाश पड़ा।

संस्कृत भाषा के यूरोप में अध्ययन से वह भाषा-विषयक जगत् में अपने उचित या प्राप्य स्थान पर पुनःप्रतिष्ठित हो गई। भारतीय-यूरोपीय पट-भूमिका तथा भारत-यूरोपीय भाषा-शास्त्र के अध्ययन में अपने महत्त्व के कारण संस्कृत को अधिकांश यूरोपीय विश्वविद्यालयों में स्थान दिया गया है। विशेषतः ग्रीक और लातीन भाषा-तत्त्व के अध्ययन के लिए संस्कृत अनिवार्य विषय हो गई है।

भारतीय-यूरोपीय के प्राचीनतम साहित्यिक लेख-पत्र-(नवीन आविष्कृत हित्ती आदि के ग्रन्थों तथा होमर की कविताओं के साथ-साथ) वेदों की भाषा के रूप में संस्कृत को यथेष्ट सम्मान की दृष्टि से देखा जाता है। भारत के लिए इसका महत्त्व निर्विवाद रूप से सबकी स्वीकृति पा चुका है। जर्मनी के नात्सी (Nazi) लोग अपने नार्डिक (Nordic) जात्यभिमान में भी अपनी विशिष्टता के प्रतीक को संस्कृत शब्द 'स्वस्तिक' (Swastika) से ही पुकारते थे—एक शब्द जो आभाआ-काल से पीढ़ियों से हमारा है और जिसका नभाआ रूप 'साथिया' या 'साथियो', क्रमशः राजस्थानी और गुजराती में अब भी प्रचलित है। इसके भी आगे, वे अपने को 'आर्य' (Arier, Arisch) कहलाने में अभिमान अनुभव करते थे, तथा यहूदियों को अनार्य (nichtarisch) कहकर घृणा की दृष्टि से देखते थे। परन्तु स्वयं भारत में आधुनिक भारतीय बुद्धिजीवियों में संस्कृत-जैसे इस महान् रिक्थ के प्रति उपेक्षा का एक षड्यन्त्र-सा खड़ा हो रहा है। वास्तव में 'घर का जोगी जोगना' ही रहता है और 'आँन गाँव का सिद्ध' हो जाता है। जबकि संस्कृत आज भी आधुनिक भारतीय भाषाओं में जीवन-रस का सिंचन कर रही है, तब उसे 'मृत' कैसे कहा जा सकता है? कम-से-कम संस्कृत का यह रूप तो हमें कभी भी न भूलना चाहिए। इसके अतिरिक्त संस्कृत का एक और भी—और लेखक की दृष्टि में गुरुतर—महत्त्व है। संस्कृत भारतीय संस्कृति की एकमात्र प्रतीक है; वह उस भारतीय चिन्तन की प्रतीक है जिसका निर्माण सर्वश्रेष्ठ आर्य तथा पूर्व-आर्य (द्रविड़ एवं दक्षिणदेशीय) उपादानों के सम्यक् समन्वय से हुआ है—वह भारतीय चिन्तन, जो विगत से तीन हज़ार वर्षों से एक ऐसे वातावरण में निर्मित होता था, पलता आ रहा है जहाँ सत्य के अन्वेषण में पूर्ण स्वातन्त्र्य रहा है, जहाँ सभी आध्यात्मिक तथा अन्य प्रकार के अनुभवों के प्रति सहिष्णुता दिखाई गई है, तथा जहाँ शाश्वत सत्य से सम्बन्धित विषयों में कभी संकीर्णता नहीं रही।

संस्कृत के पश्चात् वे भाषाएँ आईं जिन्हें हम वैज्ञानिक दृष्टि से उसीके कनीयस् रूप कह सकते हैं। ये प्राचीन 'प्राकृतें' तथा आधुनिक 'भाषाएँ' हैं। विभिन्न बोलियों के एक शृंखला की कड़ियों के रूप में होते हुए भी प्राचीन काल में प्रायः विदेशी लोग भारतीय भाषा को एक ही समझते थे, और संस्कृत उस शृंखला की मध्य-स्थित मणि-सी थी। ऊपर उल्लिखित चीनी शब्दकोषों में बहुत-से देशज प्राकृत शब्द संस्कृत कहकर दिये गए हैं। ये सब संस्कृत से सम्बन्धित भारतीय शब्द थे; वास्तव में वे संस्कृत शब्दों के ही पश्च-विकसित रूप थे; अतएव स्वभावतः संस्कृत की पंक्ति में उनका स्थान भी था, यही

मान्यता भारतीय जन की भी थी। प्राकृत और संस्कृत परस्पर अविच्छेद्य थीं; दोनों में से किसीके भी स्वतन्त्र अस्तित्व की कल्पना भी नहीं की जा सकती थी; वास्तव में ये दोनों बहुत-कुछ अन्योन्याश्रित थीं। भारतीय-आर्य भाषा के मभाआ काल के पश्चात् के विकास की चर्चा करते समय यह बात ध्यान में रखनी चाहिए। लेखक का तो मत है कि आजकल के भारतीयों को भी यह बात भली-भाँति याद रखनी चाहिए।

संस्कृत की भारत तथा भारत से बाहर दिग्विजय की उपरिलिखित कुछ अप्रासंगिक चर्चा का उद्देश्य, चार संस्कृतियों—एक आर्य, तथा तीन अनार्य (द्रविड़, निषाद एवं किरात)—के भारत में हुए एकीकरण का महत्त्व दिखलाना था। भाषा में भी इस एकीकरण के स्पष्ट प्रमाण मौजूद हैं। भारत में आगमन के पश्चात् सात-आठ शताब्दियों के भीतर ही जैसे-जैसे भारतीय-आर्य भाषा अनार्य जनों द्वारा अपनाई जाने लगी, वैसे-वैसे उसमें कई नये परिवर्तन आने लगे। जैसा पहले कहा जा चुका है, सर्वप्रथम पूर्व में व्यंजनों के समीकरण तथा दन्त्यों के मूर्द्धन्यीकरण आदि ध्वनिभेद की नई प्रवृत्तियों का श्रीगणेश हुआ, जो वास्तव में पूर्वोल्लिखित पूर्व-वैदिक ध्वनि-तत्त्व नियम (ल्+दन्त्य= मूर्धन्य) का ही उत्तरकालीन प्रचलन था। ये समीकरण तथा 'र' के 'ल' में परिवर्तित हो जाने की प्रवृत्तियाँ सम्भवतः दसवीं शती ई० पू० की या उससे भी प्राचीनतर थीं। बुद्ध के कुछ पहले, लगभग ६०० वर्ष ई० पू० तक पूर्वी भारत में भारतीय-आर्य भाषा का मभाआ काल पूर्णतया प्रतिष्ठित हो चुका था, जबकि पश्चिमोत्तर भारत—उदीच्य—तथा सम्भवतः मध्यदेश—में भी, जहाँ तक ध्वनि-विज्ञान का प्रश्न था, वैदिक (या आभाआ) रूप ही चल रहा था; परन्तु रूप-तत्त्व में यहाँ की भाषा भी अन्य प्रादेशिक बोलियों के समान ही हो गई थी। इसके अतिरिक्त, उदीच्य की भाषा के मध्य-एशिया में प्रचलित मभाआ प्रादेशिक रूप के उदाहरणों से पता चलता है कि उदीच्य में अन्य बोलियों के किंचित् पहले से ही कुछ विशेष वाक्य-वैन्यासिक तथा रूपतात्त्विक नवीनताएँ आ गई थीं, उदा० भूतकाल के कर्तरि रूप को व्यक्त करने के लिए त-साधित भावे निष्ठित (Passive Participle) तथा अस्त्यर्थ क्रिया (Substantive Verb) के संयुक्त काल रूप का प्रयोग (उदा० कृत अस्ति = किया है, किया।) ध्वनि-विज्ञान को छोड़कर, अन्य सब विषयों में सभी भारतीय-आर्य भाषाओं में मभाआ रीति एक साथ ही आ गई। और कुछ बातों में यह ध्वनि-विज्ञान-सम्बन्धी रूढ़िबद्धता उदीच्य बोलियों—सुदूर पश्चिमोत्तर भारतीय-अफ़गान सीमान्त-प्रदेश की 'दर्द' बोलियों (जिनका भारतीय-आर्य-भाषाओं से स्वतन्त्र

अपना बिलकुल पृथक् ही विकास हुआ है) तथा पंजाब की बोलियों—की हमेशा से एक खास विशेषता रही है। उदीच्य की इस ध्वनि-विज्ञान-सम्बन्धी रूढ़िबद्धता की तुलना में पूर्व की भाषाओं का ध्वनि-वैज्ञानिक क्षय (अथवा विकास) बहुत अधिक शीघ्रतर हुआ। यह वस्तु आज भी पूर्वी बोलियों के विषय में स्पष्ट होती है। पश्चिमोत्तरी लहंदी और पंजाबी अब भी कुछ बातों में मभाआ की ध्वनि-पद्धति का अनुसरण करती हैं [यथा, मभाआ के द्वित्वावस्थित व्यंजनों का संरक्षण; द्विव्यंजनों या दीर्घ-व्यंजनों के पहले आये हुए ह्रस्व स्वर का एक दीर्घ स्वर में परिवर्तन और साथ-ही-साथ इन द्वित्वावस्थित व्यंजनों में से एक का लोप—इस रीति का विरोध] जबकि सुदूर-पूर्व की एक बोली, चटगाँवी बँगला, कुछ बातों में पश्चिमी बँगला से भी विकास में एक कक्षा आगे बढी हुई है; [यथा, मभाआ की द्विस्पर्श ध्वनियों से प्राप्त हुए अन्तःस्वरिक स्पर्शों (Intervocal Stops) का भी लोप; तथा मभाआ के 'म्म्' से आये हुए अन्तःस्वरिक 'म्' का आनुनासिक हो जाना, इत्यादि।] (दे० लेखक कृत The Quaternary Stage of Indo-Aryan, in the Proceedings of the All-India Oriental Conference, Patna, 1930.)

मभाआ का व्यंजनों का समीकरण द्रविड़ तथा दक्षिणदेशीय प्रभाव का ही फल है, यह नहीं कहा जा सकता; यह क्रिया स्वाभाविक विकास-जन्य भी हो सकती है। इस विषय में निश्चित रूप से कुछ कहा नहीं जा सकता, क्योंकि आर्य-भाषा द्वारा दो-तीन हज़ार वर्ष पूर्व स्थान-भ्रष्ट की हुई भाषाओं की प्रकृति के विषय में हमें कुछ भी पता नहीं है। परन्तु इस प्रकार का आमूल परिवर्तन, जिसका अन्यत्र प्रतिकार हुआ है, वास्तव में ध्यान देने योग्य घटना है। दूसरा उदाहरण मूर्द्धन्यों का विकास है। 'ल्+त् (थ्), ल्+द् (ध्), ल्+न्, ल्+स्, आभाआ में क्रमशः ट् (ठ), ड् (ढ), ण् तथा ष्' बन जाते थे। आर्य-भाषा में यह परिवर्तन उसी प्रकार पूर्णतया स्वतोभूत भी हो सकता है, जिस प्रकार आधुनिक नॉरविजियन तथा स्वीडिश (Norwegian & Swedish) भाषाओं में 'र्+त्=ट, र्—द्=ड' का एतादृश विकास (बिना किसी अन्य प्रक्रिया की सहायता के) स्वयंभू रूप से हुआ है। परन्तु हमारे समक्ष द्राविड़ तथा निषाद-जातीय भाषाओं की मूर्द्धन्य ध्वनियाँ विचारणीय हो जाती हैं, (कम-से-कम कोल बोलियों की तो अवश्य ही;) मूर्द्धन्य ध्वनियाँ द्रविड़ भाषाओं की एक प्रमुख ध्वनि-समूह हैं, और हम देखते हैं कि जैसे-जैसे आर्य-भाषा का विकास आगे बढ़ता है, वैसे-वैसे दन्त्यों की जगह मूर्द्धन्य ध्वनियाँ बढ़ती जाती हैं। इस

विषय में हम अवश्य बाहरी, सम्भवतः द्रविड़ प्रभाव की कल्पना कर सकते हैं।

मभाआ का व्यञ्जन-समीकरण मुख्यतः दो विशेष वस्तुओं पर आधारित है, जिनसे आर्य-शब्दों का रूप प्रभावित हुआ है। वे हैं—(१) 'धातु-विषयक बोध या धात्वाश्रयी धारणा' का लोप, तथा (२) 'स्वरान्त शब्दोच्चारण की प्रवृत्ति।' किसी भी भाषा का जन्मजात बोलनेवाला व्यक्ति उसमें उच्चारित प्रत्येक शब्द के विभिन्न उपादानों में निहित सूक्ष्म शक्तियों से साधारणतया परिचित रहता है। भाषा-विषयक जर्मन शब्द 'टोन्फार्बे ('Tonfarbe'= Tone-colouring=उच्चार-राग) भी वास्तव में किसी-न-किसी सूक्ष्म अर्थ का सूचक है। हर शब्द के प्रत्येक गठनात्मक उपादान का, उसके शताब्दियों के व्यवहार से क्षयित होकर एक प्रकार से मृतप्राय हो जाने के पहले, कुछ-न-कुछ अर्थ और महत्त्व अवश्य रहता है। एक भाषा के शब्द जब कि धातु और प्रत्ययों के संयोग से बने होते हैं, तब उसका प्रत्येक जन्मजात बोलनेवाला व्यक्ति साधारणतया स्पष्ट रूप से यह जानता रहता है कि किसी एक शब्द का धातुभाग कौनसा है, और प्रत्यय भाग कौनसा। हाँ, यदि चिन्तन तथा अभिव्यक्ति, आलस्यादि अन्य प्रभावों से आच्छादित हो गई हों, तो बात दूसरी है। उदाहरणार्थ—एक जन्मजात आर्य-भाषी 'धर्म' शब्द में धातुभाग 'धर्' तथा प्रत्यय भाग 'म' है, इतना तो कम-से-कम जानता रहेगा ही। 'धर्म' शब्द का उच्चारण करते समय स्वभावतः उसके मन में इस शब्द का 'धर्/म' इस प्रकार विश्लेषण हो जाता होगा। इसी प्रकार अन्य शब्दों के विषय में भी, यथा 'सूर्/य, सह्/य, दिव्/य, सभ्/य, कृ/त, कृप्/त, भग्/न, पक्/व' इत्यादि। सघोष एवं अघोष व्यञ्जनों के आकर्षण से कुछ ध्वनि-विषयक परिवर्तन तो अनिवार्य हो जाएँगे; उदा० '*लभ्+त् का लब्-ध, '*दुध्+त का दुग्-ध' इत्यादि; परन्तु यह परिवर्तन विशेष महत्त्वपूर्ण नहीं है, क्योंकि यहाँ संयोग और विश्लेषण अस्पष्ट नहीं हुआ। परन्तु जब किसी भाषा के चिन्तन के विषय में बिलकुल भी क्रियाशीलता से काम नहीं लिया जाता, अथवा जब उसके शब्द रिक्थ रूप न होकर किसी अन्य सांस्कृतिक समूह से, ज्ञात या अज्ञात रूप से, अपनाए ही जाते हैं, तब यह धातु-विषयक बोध या तो धुँधला पड़ सकता है, या बिलकुल विलुप्त ही हो जाता है। उपर्युक्त विश्लेषण पर ऐसी हालत में साधारणतया कोई ज़ोर नहीं दिया जाता, और आवश्यकता पड़ने पर सप्रयास चिन्तन करने पर ही वह ध्यान आ सकता है। ऐसे अवसरों पर समूचा शब्द एक स्थूल पिंड की भाँति गिन लिया जाता है, और उसका

किसी भी प्रकार का विश्लेषण मान्य कर लिया जाता है, जो अधिकांशत: उसके मूल उपादानों पर आश्रित न होकर, ध्वनि के पीछे बना लिया जाता है। इस प्रकार धातुपद तथा प्रत्यय की ओर ध्यान न देकर यदि 'धर्म' को एक एकीभूत शब्द मान लिया जाए तो उसका विश्लेषण इस प्रकार हो सकता है—'ध/र्म'। यदि बोलनेवाले व्यक्ति में स्वभावतः अभ्यास से प्राप्त की हुई व्यञ्जनान्त की जगह स्वरान्त उच्चारण करने की आदत हो, तो निश्चय ही यही रूप प्रचलित समझा जाएगा। इस स्वरान्त उच्चारण से सम्बन्धित ही स्वरों को लम्बा करके उच्चारण करने की आदत है। प्राचीन अँग्रेज़ी से मध्ययुगीन अँग्रेज़ी के विकास-काल में ऐसी ही एक प्रक्रिया हुई। प्राचीन अँग्रेज़ी का 'ऍट-अन् (ĕt-an)' शब्द (दे० संस्कृत—अद्+अन), मध्य० अँग्रेज़ी में 'ए-टेन् (e-ten)' हो गया। इस स्वरोच्चार के कारण आरम्भ का ह्रस्व 'ऍ (ĕ)' स्वर दीर्घ होकर 'ए (ē)' हो गया, और यह शब्द 'ए-टन्' (ē-ten) बन गया, जिससे 'ए-ट (ē-te=ē-tə)' और अन्त में आधुनिक नव्य अँग्रेज़ी रूप 'ईट् (īt—लिखित रूप eat)' प्राप्त हुआ। इस प्रकार प्राचीन अँग्रेज़ी का ह्रस्व स्वर 'ए (ĕ)' आधुनिक अँग्रेज़ी में दीर्घ 'ई (ī)' हो गया।

यदि एक लेखन-पद्धति किसी एक भाषा-विशेष को लिखने की दृष्टि में रखकर ही बनाई गई हो तो वह उस भाषा के उच्चारण की सूचक बन जाती है। ब्राह्मी लिपि, जिसमें आर्य-भाषा सर्वप्रथम लिखी गई थी, किस प्रकार की थी, यह हम कह नहीं सकते। सम्भवतः वह दक्षिण की ब्राह्मी के सदृश रही हो सकती है, जिसके प्रत्येक व्यञ्जन-वर्ण में 'अ' स्वर निहित नहीं होता। यह भी सम्भव है कि वह साधारण उत्तरी ब्राह्मी की तरह अक्षरमय (Syllabic) भी हो, जिसमें बीच में स्वर के बिना लाए कई व्यञ्जनों के एकत्रित 'संयुक्त व्यञ्जन' बन जाते हैं। आधुनिक देवनागरी और उसकी अन्य सहोदरा अथवा सम्बन्धिनी लिपियों में यही पद्धति पाई जाती है। अशोककालीन ब्राह्मी में द्विव्यञ्जन नहीं थे और अशोक के शिला-लेखों की भाषा मभाआ होने के कारण उसमें बहुत-से संयुक्त-व्यञ्जन-समूह भी नहीं पाए जाते, और न उन्हें व्यक्त करनेवाले संयुक्ताक्षर ही। देवनागरी तथा अन्य भारतीय लिपियों के कुछ शब्दों का वर्ण-विन्यास निश्चित रूप से ब्राह्मी परम्परा का ही अनुसरण है; यथा 'ध/र्म (=dha-rma), स/त्य (=sa-tya), दि/व्य (=di-vya), क्लृ/प्त (=kl-pta), भ/ग्न (=bha-gna), प/क्व (=pa-kva)' इत्यादि। जब आभा[illegible] परिवर्तित होकर

मभाआ का रूप ले रही थी, उसी समय इस परम्परा का विकास हुआ। प्राचीनतम आभाआ में 'लिप्-त' या 'भक्-त' सदृश शब्दों का उच्चारण, उनमें आये हुए समस्त या संयुक्त स्पर्श-समूहों (प्-त्, क्-त् आदि) के प्रथम स्पर्श के पूर्ण विस्फोट (explosion) के साथ होता होगा (जिस प्रकार स्वरक्षय से प्राप्त नभाआ के संयुक्त व्यञ्जनों का तथा संस्कृत के आभाआ के अपनाए हुए संयुक्ताक्षरों का आधुनिक भारतीय उच्चारण होता है, जैसे हिन्दी के 'सक्ता, नाप्ता' आदि शब्दों में, तथा संस्कृत से गृहीत हिन्दी के 'भक्ति, दीप्ति' आदि शब्दों में।) यह बात विशेषतया तब लागू होती रही होगी, जबकि बोलनेवाले व्यक्ति को यह पता रहा हो कि 'लिप्' तथा 'भक्' उच्चारित शब्दों के धातुभाग हैं। परन्तु ठीक आभाआ से मभाआ के संक्रमण-काल में उच्चारण-सम्बन्धी एक नई रीति उत्पन्न हो गई। यह रीति, आर्य-भाषा की उच्चारण-पद्धति का सविशेष रूप से अध्ययन करनेवाले तथा अन्य आभाआ के भाषागत अभ्यास-विषयक ग्रन्थ 'प्रातिशाख्यों' के प्रणेता विद्वज्जनों को ब्राह्मणों द्वारा व्यवहृत शिष्ट भाषा में दृष्टिगोचर हुई। इस रीति को 'अभिनिधान' या 'सन्धारण' कहा जाता था, जिसका अर्थ होता था कि किसी अन्तिम स्पर्श-व्यञ्जन अथवा व्यञ्जन के पहले आये हुए व्यञ्जन का उच्चारण अपूर्ण या रुका हुआ ('सन्नतर' या 'पीड़ित') होना चाहिए। (दे० ऋक्-प्रातिशाख्य तथा अथर्ववेद-प्रातिशाख्य) इसका यही अर्थ लगाया जा सकता है कि उक्त स्पर्श का उच्चारण पूर्ण रूप से व्यक्त नहीं होता था। उसका केवल 'स्पर्श'-मात्र होता था, न कि व्यञ्जन को पूर्ण करने के लिए आवश्यक स्फोटित मोचन। तदनुसार 'भक्त', 'लिप्त' आदि शब्दों का उच्चारण पूर्ण विस्फोटित 'क्' या 'प्' के साथ यथा, 'भक्/त, लिप्/त' इत्यादि न होकर 'भ-क्त, लि-प्त' (या 'भ/क्त, लि/प्त') होता रहा होगा; और सारे उच्चारण में केवल एक विस्फोट—दूसरे व्यञ्जन के पश्चात्—होता होगा। इसके पश्चात् वर्णोच्चारण में एक और महत्त्वपूर्ण परिवर्तन हुआ। केवल एक विस्फोट के कारण जिह्वा में कुछ मन्थरता आ गई। इससे पहले व्यञ्जन के उच्चारण-स्थान (Point of Articulation) को बिलकुल स्पर्श न करके, जिह्वा तुरन्त दूसरे व्यञ्जन तक पहुँच गई, और वहीं अधिक समय तक रुकी रही; फलतः, एक दीर्घ स्पर्श (या तथाकथित द्विस्पर्श) की उत्पत्ति हुई। इस प्रकार 'अभिनिधान' तथा स्वरान्त उच्चारण पर आधारित नई वर्णिक व्यवस्था के फलस्वरूप समीकरण का आना अनिवार्य था। उदा०—'धर्-म > ध-र्म > धम्म; शुक्-र > शु-क्र > सुक्क; अक्-षि >

अ-विष > अ-क्खि, अ-च्छि; *स्पृश्-त > स्पृष्-ट > *स्पु (ऱ्)-ष्ट > *ह्पु-ह्‌ट > फु-ट्‌ठ; सह्‌-य > स-ह्य < *स-ह्‌ज < स-ज्झ', इत्यादि। अन्तिम स्पर्श भी तत्सदृश ही सन्थाली के 'त', 'प', 'क', 'च' की भाँति अस्फोटित (Unexploded) थे। स्फोट की इस कमी के कारण उनके श्रुति-गत गुणों में बाधा आती थी, और इसी प्रकार होते-होते मभाआ में, अन्त में, उनका लोप हो गया। (उदा० '*विद्युत् > विज्जु; मनाक् > *मिनाक् > मिना'।)

स्वरान्त व्यञ्जनों के आधिक्य के कारण सम्भवतः स्वरों की दीर्घता-विषयक दृष्टि में नूतनता आ गई। भारतीय-यूरोपीय भाषा में स्वरों की दीर्घता का व्युत्पत्ति से गहन सम्बन्ध है, यों कहा जा सकता है। परन्तु भारतीय-यूरोपीय स्वरापश्रुति का मूल स्वरूप, 'एँ, एँ, ओँ, औ, अँ, न्, म् (ĕ e, ŏ o, ə, n̥, m̥)' आदि स्वरों के लोप से अप्रचलित-सा हो गया; और भारत की आर्य-भाषाओं में स्वरों की दीर्घता धीरे-धीरे भाषागत लय पर आश्रित रहने लगी। यह बात संस्कृत में बहुत कम मिलती है, क्योंकि संस्कृत इस विषय में पुरानी रीति या आभाआ की व्युत्पत्तिमूलक स्वरों की दीर्घता का अनुसरण करती है; फिर भी कुछ उदाहरण मिल जाते हैं (यथा, 'प्रदेश या प्रादेश, प्रतिकार या प्रतीकार')। परन्तु जैसे-जैसे आभाआ का रूप बदलकर मभाआ स्थिति से गुजरता गया, वैसे-वैसे इस पद्धति का प्रयोग बढ़ता चला गया। ह्रस्व स्वरों के स्थान पर दीर्घ तथा दीर्घों के स्थान पर ह्रस्व स्वर इस बात के सूचक हैं कि मभाआ में स्वर या अक्षर-परिमाण की व्यवस्था के लिए एक नई पद्धति प्रचलित हो चुकी थी। इस प्रकार के उदाहरण हमें पालि, शिलालेखों की प्राकृत तथा अन्य प्राकृतों में प्रचुर परिमाण में मिलते हैं। यथा पालि—'तूरियं, सतीमती, अब्भमत्त की जगह अब्भामत्त, कुम्मिग, दीघम् अद्धान ('नं' के बदले) सोचति, दुखं (दुक्खं की जगह), दक्खिसं (दक्खिस्सं के बदले), पावचन, पटिक्कुल (=पवचन, पटिकूल), (दे० गाइगर-कृत 'पालि लितेरातूर उन्ड् स्प्राख़े' §§३२, ३३, W. Geiger, Pali Litteratur and Sprache); प्राकृत—पाअड (< प्रकट), रिट्ठामय (<अरिष्टमय), पासिद्धि (<प्रसिद्धि), णाही-कमल (< नाभि-कमल), गिरीवर, धिईमओ (< धृति-मतः), जगई(<जगति), भणिमो(<भणामः)' इत्यादि (दे० पिशेल, ग्रामाटिक डर प्राकृत्-श्प्राख़ेन्' §§७०, ७३, ९९, १०८, १०९ आदि: Pischel, Grammatik der Prakritsprachen)। नव्य भारतीय-आर्य भाषा में भी यह परिवर्तन द्रष्टव्य है: दे० हिन्दी—'पानी', परन्तु 'पनिहार' (पानी लानेवाला), 'नरायन' (=नारायण), 'जानवर' (< फारसी–जानवर); आद्य मैथिली

'राजा', किन्तु 'रजाएस' (=राजादेश); बँगला—'दिन (अलग शब्द का उच्चारण 'दीन'), परन्तु 'दिन-काल (=समय)', 'हात (=हाथ)', परन्तु 'हात-पाखा' (=हाथ का पंखा, इस समस्त पद का प्रथम 'आ' विकृत होते हुए भी ह्रस्व है) इत्यादि।

बलाघात का प्रश्न भी उपरिर्चचित प्रश्न से सम्बन्धित है। भारतीय-यूरोपीय की कम-से-कम अन्त्य अवस्था में आघात मुख्यतः स्वराघात के रूप में था, जिसमें शब्दों पर उनकी आद्यावस्था में दिये गए ज़ोर को ही बहुधा कायम रखा गया था। यह स्वर-ध्वनि के उच्चारण में उच्चावच भाव (Tone) आद्य ग्रीक की भाँति वैदिक में भी बिलकुल सुरक्षित रखा गया था, जिससे शब्द के रूप में फेरफार न होने पाए। मभाआ-काल में, लगभग प्रथम सहस्राब्दी ई० पू० के मध्यभाग में अधिकांश मभाआ भाषाओं में वैदिक या आभाआ स्वर अप्रचलित हो गया। वैदिक स्वर स्वतन्त्र रूप से, कभी धातु पर और कभी प्रत्यय पर व्यवहृत था; उसकी जगह एक नये प्रकार का आघात—बल या श्वास-क्रियात्मक आघात—जिसका प्रयोग निश्चित था, साधारणतया अन्तिम दीर्घ-स्वर पर—व्यवहृत होने लगा। इस विषय में आर्य-भाषा-समूह दो उपसमूहों में विभक्त हो गया। एक तो दक्षिण-पश्चिमी समूह (जिसका आधुनिक रूप मराठी है), जिसमें कुछ समय तक वैदिक स्वराघात प्रचलित रहा और तत्पश्चात् स्वराघात की जगह बलाघात व्यवहृत होने लगा; दूसरा समूह अवशिष्ट प्रदेशों की आर्य-भाषाओं का बना, जिनमें वैदिक स्वराघात मुक्त रूप से छोड़ दिया गया और एक सुनिश्चित बलाघात अपना लिया गया। (प्राकृत के अधिकांश साहित्यिक रूपों को भी सम्मिलित करते हुए) मभाआ में इतनी अधिक भाषागत संकरता दृष्टिगोचर होती है कि मभाआ की विभिन्न प्रादेशिक बोलियों के एतद्विषयक दृष्टिकोण के विषय में कुछ भी मत स्थिर करना असम्भव हो जाता है। अतएव स्वभावतः केवल नव्य भारतीय-आर्य भाषाओं के विषय में ही कुछ हद तक ऐसा कार्य होना सम्भव है, जिससे कुछ सुनिश्चित निष्कर्षों पर पहुँचा जा सके। लेखकों, वैयाकरणों तथा प्रतिलिपिकारों, सभी ने प्राकृत भाषा का बहुधा बिना किसी उत्तरदायित्व के मनमाने ढंग से व्यवहार किया है। फलतः प्राकृत तथा तत्सम्बन्धित अन्य विषयों के बारे में कुछ भी निश्चयात्मक निष्कर्ष निकालने या सिद्धान्त प्रतिपादित करने में बड़ी अड़चनों का सामना करना पड़ता है। फिर भी लेखक के एक भूतपूर्व शिष्य और साम्प्रतिक सहकारी डॉ० मनोमोहन घोष यह पता लगाने का प्रयत्न कर रहे हैं कि मध्यकालीन भारतीय-आर्य के बलाघात तथा स्वराघात को

लेकर कुछ नूतन तथा सुनिश्चित सिद्धान्तों पर पहुँचा जा सकता है या नहीं; और इस भाषागत विशेषता को आधार बनाकर उपभाषाओं के विभक्त होने के समयादि के बारे में कुछ सिद्धान्त प्रतिपादित किये जा सकते हैं या नहीं।

मभाआ के ध्वनि-तत्त्व के बारे में एक और बात का उल्लेख कर देना ठीक होगा। इस विषय के लेखक ने अपनी 'बंगला भाषा का उद्‌भव तथा विकास', पृष्ठ २५२-२५६ (Origin & Development of the Bengali Language) में भी विवेचन किया है। वह है मभाआ के अमुक निश्चित काल में, स्वरान्तहित एककावस्थित स्पर्श (Intervocal Single Stop) तथा महाप्राण ध्वनियों का, उनके सघोष हो जाने के पश्चात् तथा लुप्त हो जाने के पहले उष्मीभूत हो जाना। आभाआ के 'शोक, रोग, अति, नदी' आदि शब्द प्राकृत के क्रमशः 'सोअ, रोअ, अइ, नई' बन जाने के पहले, 'सोग, रोग, अदि, नदी' की एक और अवस्था से गुज़र चुके थे। तत्पश्चात् एक विवृत या ढिलाई से उच्चरित, अर्थात् उष्मीभूत उच्चारण ɣ.δ (घ़, ध़) सामने आया, और स्पृष्ट उच्चारणों को भाषा से लुप्त होकर उनके तथा विवृत व्यंजनों के भी पूर्णतया विलुप्त हो जाने के पहले, उपर्युक्त शब्द 'सोघ़, (Soɣa), रोघ़ (roɣa) अधि़ (aδi) तथा नधी़ (naδi)' हो गए थे। उष्म उच्चारण की यह अवस्था आद्य मभाआ तथा द्वितीय मभाआ के बीच की विभाजन-रेखा-सी है। यह एक परिवर्तन की सूचक है, जिसके कारण भारतीय-आर्य भाषा का स्वरूप एक बार पुनः बदल गया। इस विशेष अवस्था को आधार मानकर मध्ययुगीन भारतीय-आर्य भाषा के इतिहास को विभिन्न कालक्रमों में विभाजित कर दिया गया है: प्राचीन या आद्य मभाआ (आद्य-प्राकृत-अवस्था); परिवर्तनकालीन मभाआ; द्वितीय मभाआ (प्राकृत); तथा तृतीय या अन्त्य मभाआ (अपभ्रंश)। उपर्युक्त उष्म उच्चारण सारे आर्यभाषी जगत् में ईसा के लगभग एक-दो शताब्दी पूर्व से पश्चात् तक—अनुमानतः २०० वर्ष ई० पू० से ई० सन् २०० तक—प्रचलित रहा प्रतीत होता है। शिलालेखों के वर्ण-विन्यास (orthography) तथा प्राकृत हस्तलिखित ग्रन्थों में स्वरान्तहित स्पर्शों के व्यवहार में हिचकिचाहट से हमें इस उष्म उच्चारण की सूचना मिलती है। कुछ प्रमाण, बहिर्भारतीय (Extra-Indian) भाषा खोतानी के उष्म उच्चारणों के लिए व्यवहृत भारतीय लिपि से भी प्राप्त होते हैं। भारतीयों ने इन नई ध्वनियों के लिए कोई नये चिह्न ढूंढ़ने का प्रयत्न ही नहीं किया।

भारत में वर्ण-विन्यास-शास्त्र की परम्परा हमेशा से रूढ़िबद्ध रही है। लोग प्रादेशिक भाषाओं अथवा उनके साहित्यिक रूपों में लिखने का प्रयत्न

करते समय भी, तत्कालीन प्रचलित भाषा में न लिखकर हमेशा ऐसी शैली में लिखते आए हैं, जो ध्वनि-तत्त्व तथा व्याकरण दोनों की दृष्टि से थोड़ी-बहुत प्राचीन-लक्षण-सम्पन्न (archaic) या अप्रचलित हो। यह बात केवल भारत के विषय में ही लागू होती, ऐसी बात नहीं है; विश्व की अन्य कई भाषाओं के विषय में भी यह बात दृष्टिगोचर होती है। उदाहरणार्थ स्पेनिश भाषा में 'आबोगादो (abogado)' लिखकर 'अवोघाधो (avoγaδo)' या 'आवोआओ (avoao)' तक उच्चारण किया जाता है। साहित्यिक प्राकृतों में से शौरसेनी तथा मागधी में 'क, ख, त, थ' की जगह एकावस्थित स्वरमध्यस्थ रूप से प्राप्त "ग, घ (या ह), द, ध' के प्रयोग का वैयाकरणों द्वारा उल्लेख मिलता है। शौरसेनी और मागधी प्राकृत की वर्ण-विन्यास-परम्परा परिवर्तनकालीन मभाआ की उस अवस्था जितनी प्राचीन प्रतीत होती है जिसके साथ उष्म उच्चारण की रीति प्रचलित थी। (इस विषय में एक बात द्रष्टव्य है; ऋग्वेद की भाषा की निर्माण-क्रिया में, उष्म उच्चारण द्वारा उसमें सम्मिलित, आभाआ की एक उपभाषा-विशेष का बोध होता है; उसीसे आई हुई रीति के अनुसार वैदिक तथा संस्कृत के कई एक शब्दों में 'ध, भ, घ' का 'ह' हुआ मिलता है।) परन्तु महाराष्ट्री प्राकृत में सारे एकक-स्थित स्वरान्तहित स्पर्श पहले से ही लुप्त या अभिनिहित पाए जाते हैं। फलतः यद्यपि महाराष्ट्री का उल्लेख प्राकृत व्याकरणों में शौरसेनी तथा मागधी के बराबर साथ-साथ ही मिलता है, फिर भी उसमें हमें इन दोनों की अपेक्षा विकास की एक पश्चकालीन अवस्था दृष्टिगोचर होती है। यह भी सम्भव है कि एक प्रदेश की बोली से दूसरी का विकास आगे बढ़ जाए, और इस प्रकार महाराष्ट्र प्रदेश की भाषा शूरसेन और मगध की भाषाओं की अपेक्षा उतने ही काल में अधिक क्षयित हो गई हो। उक्त प्रश्न के इस तथा अन्य पहलुओं का भली भाँति अध्ययन करने के पश्चात् कुछ समय पूर्व डॉ० मनोमोहन घोष इस विश्वसनीय निष्कर्ष पर पहुँचे कि महाराष्ट्री, शौरसेनी तथा मागधी की समकालीन महाराष्ट्र प्रदेश की भाषा न होकर वास्तव में शौरसेनी का ही एक पश्च विकसित रूप थी, जिसमें से एकक स्वरमध्यस्थ स्पर्शपूर्ण विलुप्त हो गए थे, और यों एकक स्वरमध्यस्थ महाप्राण स्पृष्ट वर्ण 'ह' में परिवर्तित हो चुके थे। डॉ० घोष के मतानुसार, महाराष्ट्री अपनी आद्यावस्था में शौरसेनी का ही एक पश्च रूप थी, जो दक्षिण में ले जाया गया और वहाँ उसमें स्थानीय प्राकृत के शब्द तथा रूप आ जाने पर उसका वहाँ के साहित्य में उपयोग किया गया। दक्कन या महाराष्ट्र से इस भाषा को, काव्य के एक श्रेष्ठ माध्यम के रूप में उत्तरी भारत में पुनः लाया गया।

उत्तर-देशीयों ने प्राचीन शौरसेनी का ही व्यवहार चालू रखा था, जबकि उसका यह नव्य रूप दक्षिण में प्राचीन साहित्यिक परम्परा के व्याघातों से बद्ध न रहने के कारण स्वभावतः विकसित होकर साहित्य के लिए व्यवहृत होने लगा। इस प्रकार इस प्रादेशिक बोली को अपने गुणों की अभिव्यक्ति का अवसर मिला, जिसको सबने स्वीकार किया; और कालान्तर में वह साहित्यिक प्राकृतों के समूह में गण्यमान्य स्थान पर प्रतिष्ठित हो गई। उत्तर भारत की हिन्दुस्तानी (हिन्दुस्थानी) के 'दकनी' रूप का उत्तर से ले जाया जाकर दक्षिण में साहित्य के लिए उपयोग भी ऐसी ही एक घटना है, जो इस सादृश्य के कारण बरबस सामने आ जाती है। (दे० मनोमोहन घोष, Journal of the Dept. of Letters, कलकत्ता विश्वविद्यालय, अंक २३, १९३३, पृ० १-२४।) उपर्युक्त दृष्टि से महाराष्ट्री प्राकृत, एक प्रकार से शौरसेनी प्राकृत (जिसमें एकक-स्थित स्वरमध्यस्थ स्पर्श केवल सघोष रूप में विद्यमान हैं) तथा शौरसेनी अपभ्रंश के बीच की एक अवस्था का ही नाम है।

रूप-तत्त्व की दृष्टि से मभाआ का इतिहास एक क्रमवर्धमान क्षय का ही इतिहास है। यह क्षय इतना क्षिप्रतर और मूल से सम्बन्धित हो गया कि विशेषतया क्रिया के विषय में तो बाहरी क्षयकारी प्रभावों की शंका खड़ी हो जाती है। संज्ञा-रूपों में एक प्राचीन किन्तु अस्थिर रूप—द्विवचन—का धीरे-धीरे लोप हो गया। कारकों की संख्या कम कर दी गई और एक ही कारकरूप एकाधिक कारकों का काम देने लगा। सर्वनामों की विशेष विभक्तियाँ संज्ञाओं के साथ भी प्रयुक्त होने लगीं। परन्तु जहाँ तक कारक-विभक्तियों का प्रश्न था, कई एक ऐसे रूप, जोकि वैदिक या लौकिक संस्कृत में नहीं मिलते, परन्तु आभाआ की विभिन्न प्रादेशिक बोलियों में पाए जाते थे, मभाआ में सुरक्षित देखे जाते हैं। इससे यही सिद्ध होता है कि आभाआ के सभी कारक-रूप वैदिक तथा संस्कृत में सुरक्षित न रह सके। एक 'अस्' या 'अः' साधित षष्ठी रूप था [जो प्रथमा के सदृश ही था और जो वैदिक वाक्यांश 'सूरे (<सूरस्) दुहिता' = 'सूर्य की पुत्री' में सुरक्षित जान पड़ता है]; सम्भवतः इसके अन्तिम 'स् (ह् या विसर्ग)' का लोप हो जाने पर मभाआ के 'राम-केरक' तथा 'रामस्स केरक' (= केवल 'रामस्य' के बदले 'रामस्य कार्यकम्') आदि रूप बने होंगे। अन्त्य मभाआ का एक 'ह' साधित षष्ठी रूप एक पहेली हो रहा है। वह अनुसर्गीय या वैभक्तिक '*ध' से निकला भी हो सकता है, जो मूलतः सप्तमी वाचक था और जो पालि के 'इध' (= संस्कृत 'इह') में भी प्राप्त होता है, तथा जो सप्तमी प्रत्यय 'हि (<*धि)' से सम्बन्धित है, जैसे मभाआ में 'कहि = कहाँ' < आभाआ का

'*कधि' (<भारतीय-यूरोपीय '*क्वोधि' qʷodhi> ग्रीक पोथि pothi') इत्यादि। इस प्रकार के क्षय से कुछ हानि अवश्य हुई, परन्तु नवीन रूपों के आगमन से लाभ भी हुआ। यहाँ हम परोक्ष द्राविड़ या दक्षिणदेशीय (आॅस्ट्रिक) प्रभाव की प्रतिक्रिया का अनुमान कर सकते हैं। परिवर्तनकालीन मभाआ अवस्था के पश्चात् से, क्रियार्थक और संज्ञासूचक अनुसर्ग, षष्ठी या अन्य किसी विभक्ति-साधित रूप से जुड़कर, प्रातिपदिक या नव्य-भारतीय आर्य के विकृत या गौण या तिर्यक (oblique) रूप बन गए, तथा लुप्त एवं प्रचलित कारक-विभक्तियों की स्थान-पूर्ति अथवा संवर्धन करने लगे। इन तथाकथित परसर्गिक या अनुसर्गिक रूपों के कारण, भारतीय-आर्य भाषा द्राविड़ और दक्षिणदेशीय (कोल) भाषाओं के निकट आ गई। अन्त्य मभाआ में इन रूपों की संख्या बढ़ते-बढ़ते इतनी बढ़ गई कि इनमें से अधिकांश संज्ञा-रूप तथा कुछ क्रिया-रूप सारे आर्य-भाषी क्षेत्र में प्रचलित हो गए। नभाआ अवस्था में और भी क्रियार्थक अनुसर्ग मिलाये गए (जैसे गुजराती के 'थी' और 'थकी', बंगला 'हइते, थेके', पुरानी हिन्दी 'लागि' इत्यादि) जिससे भाषा का रूप द्राविड़ी के और भी निकट आ गया।

मभाआ (तथा नभाआ) के संख्यावाचक शब्दों से भी आर्य-भाषा-क्षेत्र में हुए भाषागत परस्पर सम्मिश्रण का ठीक-ठीक अनुमान लगाने में सहायता मिलती है। उदाहरणार्थ हिन्दी के संख्यावाचकों को ही ले लीजिए; 'एक' संस्कृत से लिया हुआ शब्द है, जिसका प्राकृत रूप 'ऍक्क' है; प्राकृत रूप से प्राप्त वास्तविक तद्भव शब्द 'ए' होगा जो असमिया में मिलता है ('एक> एअ>ए'); 'द्वौ'> 'दो' वास्तविक मध्यदेशीय रूप है, परन्तु 'तीन' पूर्व से आया प्रतीत होता है ('त्रीणि> *तिर्णि> तिण्णि'); संस्कृत 'षष्' को देखते हुए हिन्दी का 'छः' अवश्य एक पहेली बन जाता है—मूर्धन्य 'ष' का 'छ' होना, और अन्त में विसर्ग या ह-कार का आना, ये अनपेक्षित हैं—मूल रूप 'षष्' यों अलग रहकर कभी भी कथ्य भाषा में चालू नहीं था, जिससे इस शब्द के अन्त में जो विसर्ग या ह-कार है उसे हम '-ष्' से उद्भूत सोच सकते हैं, 'बारह', 'बाविस', 'बत्तिस' आदि में गुजराती की जननी दक्षिण-पश्चिमी प्राकृत का प्रभाव दृष्टिगोचर होता है, जिसमें 'द्व', 'ब' में बदल गया था। 'ग्यारह', 'बारह' (<'एकादश', 'द्वादश') में हिन्दी में आई हुई दुहरी नियम-प्रतिकूलता दृष्टि-गोचर होती है, क्योंकि 'द' से 'ड' होकर 'र' हो गया, ('द' से 'ड' हो जाना पूर्वी प्राकृत की विशेषता है, दे० अशोक के कुछ पूर्वी शिलालेखों में 'दुवाडश' शब्द'), तथा 'स' बदलकर 'ह' हो गया (यह पंजाबी आदि पश्चिमोत्तरी बोलियों की विशेषता है)। इसके अतिरिक्त हिन्दी 'ग्यारह' का '[illegible]' अन्त्य प्राकृत पर पड़े

हुए संस्कृत प्रभाव का उदाहरण है। निम्नलिखित रूप द्रष्टव्य हैं : 'पंच' से निकले हुए रूप—'पाँच', 'पन्' (यथा '*पन रह <पन्द्रह'), 'पच्' (यथा आघात-लुप्ति के कारण बने 'पचीस', 'पचास'), 'पँय' या 'पइँ' (यथा 'पइँ-तिस' <'पञ्जतीस'), 'वन्' (जैसे 'इकावन, बावन' में <एक्कवन्न- <पन्न, पण <पंच), तथा पुनः 'पन्' (यथा 'पच्पन्' <'पञ्चपञ्चाशत्')। 'सत्तर' में प्राकृत के युग्म 'त्त' तथा आभाआ के 'त् >र्' ('सप्तति >सत्तरि') दोनों की उपस्थिति हिन्दी में नियमानुकूल नहीं है। इसी प्रकार 'इकहत्तर' (<एक-सप्तति, प्राकृत 'एँक्कहत्तरि') का 'स' के बदले 'ह' हिन्दी में नियमानुकूल नहीं है। ('स्, स्स्', >'ह' से युक्त शब्दों ने कुछ विषयों में हिन्दी पर आक्रमण सा कर दिया है, और कुछ क्रियारूपों में भी यह परिवर्तन लक्षित होता है।) संख्या-वाचक शब्द एक भाषा से दूसरी भाषा में ले जाए जाने के लिए सहज भाषा-वस्तु हैं, और विभिन्न प्रकार के आभ्यन्तर लेन-देन तथा व्यापार के कारण ही शब्द-रूपों का यह परस्पर सम्मिश्रण सम्भव हुआ प्रतीत होता है।

इस विषय में एक और प्रश्न उठ सकता है। वह यह है : गुजराती में 'त्रयोदश', 'चतुर्दश', 'अष्टादश' आदि के अन्तिम दो अक्षरों 'दश' में से दोनों का स्वरलोप किस प्रकार हो गया, जो अन्य नभाआ भाषाओं में नहीं होता। (दे० गुजराती—'तेर्', चौद्, अढार्', जिनमें अन्तिम दो स्वर लुप्त हो गए और हिन्दी 'तेरह, चौदह, अठारह', जिनमें नियमानुसार अन्तिम एक ही स्वर लुप्त हुआ।) लेखक का यह सुझाव है कि मभाआ में इन संख्यावाचकों के 'स' का अन्तिम 'अ' (षष्ठी विभक्ति 'स्स < आभाआ' 'स्य' की भाँति) बहुत पहले 'परिवर्तन' कालीन मभाआ अवस्था में ही, दक्षिण-पश्चिमी भारतीय-आर्य-प्रदेश की भाषाओं से लुप्त हो चुका था। इसीसे, 'अष्टादश >*अड्ढारस्, > अड्-ढार' इत्यादि होकर, नभाआ की आधुनिक गुजराती में नियमानुसार 'अढार्' हो गया। (दे० प्राचीन सौराष्ट्र की मुद्रा पर ब्राह्मी लेख 'रञो नहपानस क्षहरातस' का ग्रीक प्रत्यक्षर Rannio Nahapanas Ksaharatas)।

मभाआ की क्रिया के रूप-तत्त्व का और विशेष विवेचन अनावश्यक होगा। आभाआ के अधिकांश सूक्ष्म काल तथा भावरूप धीरे-धीरे नष्ट हो गए, और अन्त में द्वितीय मभाआ अवस्था में केवल एक कर्तरि वर्तमान, एक कर्मणि वर्तमान, एक भविष्यत् (निर्देशक रूप में), एक अनुज्ञार्थक तथा एक विधिलिङ् वर्तमान रूप प्रचलित रहे; साथ ही कुछ विभक्तिसाधित भूत रूप भी बचे रहे; यथा—भूतकाल का निर्देश साधारणतया 'त,-इत' (या-'न')-साधित कर्मणि कृदन्त या निष्ठित द्वारा होने लगा, और यह कृदन्त, क्रिया

अकर्मक होने पर कर्ता के, एवं सकर्मक होने पर कर्म के विशेषण का कार्य करता था। इस प्रकार, उपर्युक्त रूप की सकर्मक क्रिया का भूतकाल वास्तव में कर्मवाच्य में ही होता था, और इसीलिए क्रिया का भूतकालिक रूप स्वभावतः विशेषण का कार्य करने लगा। इस विषय में आर्य भाषा ने द्रविड़ के मार्ग का अनुसरण किया, क्योंकि द्रविड़ भाषा में क्रिया से अपने-आप विशेषण का बोध होता था। आभाआ में विभिन्न प्रकार के भूतकाल—असम्पन्न (लङ्), सामान्य (लुङ्) तथा सम्पन्न (लिट्)—(उदा० '√गम्' धातु के रूप क्रमानुसार 'अगच्छत्, अगमत्, जगाम') उसकी विशेषता थे। उनसे क्रिया का क्रियारूप कायम रहा था। परन्तु मभाआ में इनके बदले भूतकाल भावे या कर्मणि-कृदन्त 'गत' लगाकर बनाया जाने लगा, और यही कर्मणि-कृदन्त रूप नभाआ में भी विद्यमान है। कालान्तर में संस्कृत पर भी प्रादेशिक बोलियों का असर पड़ा, और भूतकाल सूचित करने के लिए संस्कृत में भी विशेषतः कर्मणि-कृदन्त का ही प्रयोग होने लगा। इसके अतिरिक्त, संस्कृत में दो-एक नये क्रियारूप भी विकसित हो गए; उदा० यौगिक सम्पन्न भूतकाल ('कारयामास, कारयाञ्चकार, कारयाम्बभूव'), एक नूतन यौगिक भविष्यत् ('दातास्मि') तथा एक सम्भाव्य भविष्यत्, जिसमें लङ और लुङ में जैसे 'अ' का आगम दिखाई देता है ('अकरिष्यम्') आदि; परन्तु ये जितने शीघ्र उद्भूत हुए थे उतने ही शीघ्र लुप्त भी हो गए। अन्तःसाधित वर्तमान कृदन्त (शत्)-तथा-तव्य-साधित उद्देश्यमूलक क्रियानामों का प्रचुर परिमाण में प्रयोग होने लगा, और इनको आधार बनाकर नभाआ में कई नये काल-रूप विकसित हुए। कुछ भाषा-क्षेत्रों के नभाआ में विकसित यौगिक-कर्मणि रूप का, अनीय-साधित उद्देश्यमूलक रूप से अवश्य कुछ-न-कुछ सम्बन्ध रहा होना चाहिए; उदा० 'एतत् करणीयम्', मभाआ 'एअम् करणिज्जं (अं)', बँगला (बोलचाल में)= 'ए करन् जाय।' पश्चकालीन प्राकृत में 'य' तथा 'त्वा'-साधित असमापिका क्रिया (Absolutive) के कई परिवर्द्धित रूप पहले की अपेक्षा अधिक महत्त्वपूर्ण कार्य करने लगे। इनके कारण समापिका क्रिया (Finite Verb) का उपयोग कम हो गया। यह प्रवृत्ति बँगला में बहुत अधिक दृष्टिगोचर होती है। स्व० श्री जे० डी० एण्डर्सन (J. D. Anderson) को विशेषतः बँगला में इस असमापिका-क्रियात्मक वाक्यांश का अधिक प्रयोग, तिब्बती-ब्रह्मी अधःस्तर का प्रभाव जान पड़ा (देखिए, Origin and Development of the Bengali Language, II, पृष्ठ १०११)। जैसे-जैसे मआभा अवस्था परिवर्तित होकर नभाआ की ओर बढ़ती गई, वैसे-वैसे 'अल्ल, इल्ल, ऍल्ल, ड़' आदि स्वार्थे

प्रत्ययों का प्रयोग बढ़ता गया। ये प्रत्यय किसी वस्तु की गुरुता या लघुता, कुरूपता या सुकुमारता के बीच के सूक्ष्म अन्तर की अभिव्यक्ति के लिए प्रयुक्त होने लगे।

लौकिक या साहित्यिक संस्कृत पर मभाआ का बड़ा भारी प्रभाव पड़ा। मभाआ के बहुत-से शब्दों (उदा० 'वट< वृत्, नापित< √स्ना, लांछन <लक्षण, पुत्तल <पुत्र, भट्टारक <भर्ता, भट < भृत, मनोरथ <मनोऽर्थ', इत्यादि) को अपनाने के साथ-साथ, संस्कृत में धातुओं एवं क्रियामूलों के समूचे गणों के गण, जिनका उद्भव आर्य या अनार्य या अनिश्चित था, थोड़े-से हेर-फेर के बाद ज्यों-के-त्यों मिला लिये गए। इनके अतिरिक्त, अदृष्ट रूप से वाक्य-विन्यास और मुहावरों में मभाआ से सन्निकटता तो पहले से थी ही। इस प्रकार बाहरी रूप में नहीं तो भी भीतरी गठन में तो संस्कृत और मभाआ अधिकांशतः एक सदृश ही दृष्टिगोचर होती थीं। इस बात का उन विद्वानों को अनुभव हुआ था, जिनके लिए संस्कृत प्राकृत का एक परिवर्तित आद्यतर एवं पूर्णतर पाठ-मात्र थी।

मभाआ की विभिन्न अवस्थाओं—प्राथमिक मभाआ, परिवर्तनकालीन मभाआ, द्वितीय या माध्यमिक मभाआ तथा अन्त्य मभाआ या अपभ्रंश—के ध्वनि-तत्त्व तथा रूप-तत्त्व की स्थितिरेखा लगभग निश्चयात्मक रूप से स्थिर की जा चुकी है। इस विषय का और अधिक विवेचन अनावश्यक होगा। एक अत्यन्त महत्त्वपूर्ण प्रश्न आद्य, मध्य तथा अन्त्य मभाआ की विभिन्न बोलियों के प्रादेशिक सम्बन्धों का निरूपण करना है; कहने का तात्पर्य यह है कि प्राचीन भारतीय वैयाकरणों द्वारा प्रादेशिक नामों के साथ उल्लिखित प्राकृत बोलियाँ किस हद तक आधुनिक प्रादेशिक बोलियों की पूर्वज कही जा सकती हैं। यह प्रश्न बड़ा जटिल है; विशेषकर बहुतेरी बोलियों के विषय में तो उपलब्ध सामग्री भी इतनी कम और मिश्रित प्रकार की है कि उसके आधार पर उपर्युक्त प्रश्न का सुलझना असम्भव-सा प्रतीत होता है। उदाहरणार्थ एक बात जो स्पष्ट होती जा रही है, वह यह है कि पालि भाषा का मगध प्रदेश से कोई सम्बन्ध नहीं है, यद्यपि उसका एक वैकल्पिक नाम 'मागधी भाषा' है। पालि वास्तव में शौरसेनी से सम्बन्धित एक मध्यदेशीय भाषा है। अशोक-कालीन बोलियों को लेकर और अलग ही प्रश्न उठते हैं। मध्यदेश की बोली अशोक के शिलालेखों में नहीं मिलती, इससे स्पष्ट है कि अशोक के दरबार की भाषा पूर्वी प्राकृत ही राज्य-भाषा थी, और उसका प्रभाव अन्य सभी बोलियों पर पड़ा था। सम्भवतः तत्कालीन मध्यदेशीय जन को पूर्वी-प्राकृत समझने में कोई कष्ट नहीं

होता था। इनके अतिरिक्त बोलियों के कृत्रिम या नाटकीय रूप—शौरसेनी, मागधी, महाराष्ट्री, आवन्ती, पैशाची आदि—भी थे। महाराष्ट्री के प्रश्न पर पहले विवेचन हो चुका है (दे० पृ० ९२-९३)। अन्य बोलियाँ 'कृत्रिम बोलियाँ' कही जा सकती हैं। वास्तव में हमें उपलब्ध, उनका रूप, वैयाकरणों (तथा तत्पश्चात् के प्राकृत लेखकों) द्वारा, शौरसेनी, मागधी, महाराष्ट्री, पैशाची आदि किस प्रकार की प्रादेशिक बोलियाँ होनी चाहिएँ, इस दृष्टि से कल्पित किया हुआ रूप है। व्याकरणों में उनके साधारण रूप के विषय में दिये गए स्वल्प परिचय सर्वसाधारण के अभिमत पर आधारित हैं, जिन्हें वैयाकरणों ने व्यक्त-मात्र कर दिया है। पर इनसे हमें कुछ बातें ज्ञात होती हैं। उपरोक्त बोलियों की तुलना किसी आधुनिक हिन्दी-नाटक में व्यवहृत 'मंच की कृत्रिम बँगला' अथवा किसी अच्छे बँगला नाटक में व्यवहृत 'नाटकीय हिन्दी', 'नाटकीय उड़िया' या 'नाटकीय पूर्वी बँगला' (Stage Hindi or Stage Oriya or Stage East Bengali) से की जा सकती है। अन्तर केवल इतना ही है कि आधुनिक बोलियों के नाटकीय रूप प्राचीन बोलियों की अपेक्षा लक्ष्य के अधिक निकट पहुँचते हैं। मभाआ की शब्द-रेखाएँ, जान पड़ता है, आधुनिक प्रान्तीय भाषाओं तथा बोलियों के सूक्ष्म अध्ययन से ही स्थिर की जा सकती हैं; साथ में जो भी प्रकाश स्वयं प्राकृतों से मिल सके वह तो रहेगा ही।

मध्य भारतीय-आर्य भाषा की शब्दावली को लेकर कई रोचक प्रश्न उठ खड़े होते हैं। पालि के पश्चात् की मभाआ के अर्द्ध-तत्सम उपादानों के प्रति विशेष ध्यान दिया गया प्रतीत नहीं होता। 'पदुम' < 'पद्म' से या 'पउम' से प्राप्त शब्द 'पऊवँ', या 'रदण', 'रतन' < 'रत्न', उससे प्राप्त मभाआ के 'रअण' 'या रयण' आदि शब्दों का इतिहास आभाआ से मभाआ में आये हुए शब्दों का इतिहास न कहा जाकर, वस्तुतः संस्कृत से अपनाये हुए शब्दों का इतिहास कहा जाना चाहिए। तत्सम तथा तद्भव का स्पष्ट अन्तर मभाआ के विषय में भी रखा जाना चाहिए। संस्कृत से लिये गए इन परिवर्तित शब्दों में समीकरण की अपेक्षा स्वर-भक्ति या विप्रकर्ष ही साधारणतया होता है। इस प्रकार के शब्द मभाआ के विषय में सभी अवस्थाओं में आते रहे। अतएव मभाआ में पहले तथा पश्चकाल में आये हुए अर्द्ध-तत्समों के अन्तर को भी स्पष्ट रूप से समझा जाना चाहिए। मभाआ के अर्द्ध-तत्समों पर इस प्रकार प्रकाश पड़ने से नभाआ की कुछ गुत्थियाँ भी सरलतया सुलझ सकेंगी, क्योंकि इन मभाआ अर्द्ध-तत्समों में से अधिकांश नभाआ में सन्निविष्ट पाए जाते हैं; उदा० 'आर्दशिका > *आदरसिका > *आरसिआ > नभाआ, आरसी,

सर्षप > सरिसप, सरिसव > हिन्दी सरसों' इत्यादि (इनके तद्भव रूप '*आसी, *सासो' अपेक्षित हैं)।

मभाआ के 'देशी' उपादान का भी एक उलझन में डाल देनेवाला और गहन विचारणीय प्रश्न है। बहुत-से तथाकथित 'देशी' शब्द, मभाआ में आये हुए आर्य शब्द-मात्र हैं; किसी प्राचीन वैयाकरण की असतर्कता के कारण वे तद्भव के रूप में ज्ञात न हो सके। 'देशी-नाम-माला'-सदृश ग्रन्थों में आये हुए शब्दों में से एक प्रकार के बहुत-से शब्द हैं। इनमें से कुछ अनुकार-शब्द (Onomatopoetic) हैं। आर्य-भाषा का इतिहास ज्यों-ज्यों आगे बढ़ता जाता है, त्यों-त्यों इन अनुकार-शब्दों की बढ़ती हुई संख्या भी द्रष्टव्य बनती जाती है। द्राविड़ तथा निषाद (Austric) दोनों भाषाओं के अनुकार शब्द उनका एक बहुत महत्त्वपूर्ण भाग हैं; अतएव इस विषय में अनार्य अधःस्तर का प्रभाव पड़ा हुआ मान लेना अयुक्ति-संगत न होगा। प्रतिध्वनि-शब्द (उदा० 'गुजराती—घोड़ो-बोड़ो; मराठी—घोड़ा-बिड़ा; हिन्दी—घोड़ा-वोड़ा; बंगला—घोड़ा-टोड़ा='घोड़े इत्यादि') द्राविड़ भाषाओं की नव्य-भारतीय-आर्य को एक और देन है, और इनके भाषा में आने का आरम्भ मभाआ से ही हो चुका था, यह अनुमान भी गलत नहीं कहा जा सकता।

अन्त्य भारतीय-आर्य में भी बहुत-से शब्द द्राविड़ या निषाद परिवार से आये हुए सिद्ध किये जा चुके हैं। इस सम्बन्ध में वैदिक तथा संस्कृत के अनार्य उपादान भी विचारणीय हो जाते हैं। संस्कृत वैयाकरणों ने कभी इस बात की कल्पना तक न की थी कि उनकी देवभाषा ने भी शबरों, निषादों, पुलिन्दों, कोल्लों, भिल्लों और अन्य नीची जातियों की भाषाओं से शब्द उधार लिये होंगे; इसलिए काल्पनिक सिद्धान्तानुसार संस्कृत तथा वैदिक में 'देशी' और 'विदेशी' का भेद था ही नहीं। परन्तु कल्डवेड (Caldwell), गुण्डर्ट (Gundert) आदि विद्वानों से आरम्भ करके प्शिलुस्कि (Przyluski) आदि आज के विद्वानों द्वारा प्रतिपादित 'भारतीय-आर्य पर Austric या निषाद प्रभाव' वाले सिद्धान्त तक की खोजों ने अनुशीलन की दिशा ही बदल दी। गवेषणा का कार्य आगे बढ़ रहा है, तथा भारतीय-आर्य एवं संस्कृत में काफ़ी बड़ी मात्रा में द्राविड़ निषाद प्रभृति अनार्य उपादान दृष्टिगोचर हुए हैं; इनके अतिरिक्त भारतीय-आर्य ध्वनि-तत्त्व और वाक्य-विन्यास पर अदृष्ट रूप से पड़े सूक्ष्म तथा गहरे प्रभाव तो हैं ही।

मभाआ के एक और विशेष उपादान का ठीक-ठीक सम्बन्ध स्थिर करना पहेली बन रहा है। नव्य-भारतीय-आर्य भाषाओं तथा बोलियों में ऐसे

कई सौ शब्द हैं जिनकी व्युत्पत्ति भारतीय-आर्य उद्‌गमों से नहीं मिलती; हाँ, उनके प्राकृत पूर्व-रूपों का अवश्य सरलतया पुनर्निर्माण किया जा सकता है। उनका बाहरी रूप साधारणतया युग्म व्यंजनों या नासिक्यों एवं तत्सम्बन्धित स्पर्शों एवं महाप्राणों से बना बिलकुल प्राकृत का-सा रहता है, तथा उनसे व्यक्त भाव भी न्यूनाधिक अंशों में मूलगत या प्राथमिक रहते हैं। उदा० 'अड्डा=व्यवधान, परदा; अण्णाड़ी=मूर्ख; अट्टक्क=रुकावट; खिल्ला=खीला; कोरा=अपरिष्कृत या खुरदरा; खोट्ट=धब्बा, कलंक; खोस्स=भूसा; गोड्ड=पाँव; गोद्द=गोद; मुङ्ग=मूँगा, प्रवाल; √ढुंढ=ढूँढना; फिक्का=फ़ीका; √लोट्ट=लोटना; √लुक्क्=छिपना' इत्यादि। ये शब्द बड़े धोखे में डाल देनेवाले हैं। सर आर० एल० टर्नर (R. L. Turner) ने, नव्य-आर्य-भाषा के व्युत्पत्ति-शास्त्र के अध्ययन की दृष्टि से अत्यन्त महत्त्वपूर्ण गिने जाते, अपने 'नेपाली शब्दकोष' (Nepali Dictionary) में इस प्रकार के करीब ४५० भारतीय-आर्य पुनर्गठित शब्द दिये हैं जिनके मूल शब्द 'अभारतीय-यूरोपीय, अनिश्चित अथवा अज्ञात' हैं। 'देशी-नाम-माला' में दिये हुए कुछ शब्दों की भाँति इस तालिका के कुछ शब्द भी निश्चित रूप से आर्य हैं; उदा० प्रो० टर्नर के समूह का 'अँगौछा' शब्द 'अंग' एवं √'प्रोञ्छ् (=रगड़ना)' से आया प्रतीत होता है; 'उम्मड्ड्=(उमड़ना <उद्+√मृद्' से; 'उद्‌वक्क्' (=उल्टी करना) < उद्+√वृक्क (=पेट)' से; 'गल्ली' (=गली) सम्भवतः हिन्दी का 'गैल' शब्द ही है, जो इस प्रकार आया है : 'गग्र+इल्ल <गग्र+इल्ल'; 'गढ़' भारतीय-यूरोपाय '*घृधो—*ghr̥dho-(=आभाआ *गृध-) से प्राप्त है, जिससे संस्कृत-'गृह, गेह' तथा मभाआ एवं नभाआ 'घर'=स्लाव 'ग्रदु (gradu)', जर्मनिक 'गर्द (gard)', लातीन—'होर्तुस् (hortus)', आदि निकले हैं; 'छेंड, छेड्ड (=छेद) < छिद्र'; 'ठट्ठ (=ठठरी)', या थाली जो मध्य पारसीक 'तश्त' से आया है (दे० S.K. Chatterji, 'New Indian Antiquary, II 12, मार्च १९४०, पृ० ७४६); तथा 'धोत्त'=कपड़ा, सम्भवतः 'धोत्र < √धाव्=धोना' से, इत्यादि। नभाआ के एक महत्त्वपूर्ण शब्द-समूह के इन मभाआ पूर्वरूपों का पुनर्निर्माण करने का प्रयत्न वस्तुतः होना चाहिए, परन्तु इसके पहले नभाआ के रूपों से इस प्रकार के जितने भी शब्द एकत्रित किये जा सकें, पूर्ण ब्यौरे के साथ किये जाने चाहिएँ। तत्पश्चात् इनका ठीक-ठीक शब्दार्थ तात्त्विक एवं ध्वनि-तात्त्विक रूप से स्थिर होना चाहिए। इसके बाद ही इनके उद्‌गम का अन्वेषण सुचारु रूप से हो सकता है।

मभाआ के अभारतीय विदेशी उपादान, कुछ अंशों में संस्कृत में अपना

लिये गए हैं, और कुछ अंशों में उनका किसी प्राकृत (या संस्कृत) ग्रन्थ या शिलालेखों में उल्लेख हुए बिना ही, वे नभाआ तक में आ गए हैं। शिलालेखों में भी हमें ऐसे कुछ अपनाये हुए विदेशी शब्द उपलब्ध होते हैं। उदा० अशोक-कालीन प्राकृत में—'दिपि'=खुदा हुआ लेख, 'निपिस्त'=लिखा हुआ; साँची लेखों में—'असवारी'=घुड़सवार, सैनिक; कुषाण तथा अन्य शिलालेखों में—'क्षत्रप' या 'छत्रव'=फ़ारसी राजप्रतिभू या शासक या राज्यपाल; ये सब प्राचीन पारसीक से आये हुए हैं; 'सेक्य-कार'=खुदाई का काम करने-वाला (> बँगला 'सेकरा'=सुनार) एक ७वीं शती के लेख में मिलता है, यह भी ईरान से है; संस्कृत 'कंथा' (='दीवार'), ईरानी 'कन्द्' (जैसे यार-कन्द्, खो-कन्द्, ताश-कन्द्, समर-कन्द्, कन्दहार आदि स्थान-नामों में; इत्यादि।) जब इन शब्दों का मभाआ रूप नहीं मिलता तब इनका पह-चानना कठिन हो जाता है। कुछ उदाहरण ये हैं: नभाआ का 'ठाठ' मभाआ के 'ठट्ठा' से निकला है, जो स्वयं ईरानी 'तश्त' से आया है। (जैसा हम ऊपर देख चुके हैं); स्व प्रो० सिल्वैं लेवी (Sylvain Lévi) के सुझाव के अनुसार 'ठाकुर' (ठक्कुर) प्राचीन तुर्की 'तेगिन्' (tegin) से निकला है; 'पठाण', 'पठान' या 'पाठान' पश्तो 'पश्तान' या 'पख़्तान'=मभाआ 'पट्ठाण' से आया है; इत्यादि। चीनी भाषा से भारत में आये हुए कुछ शब्दों के उदा-हरण ऊपर हम दे चुके हैं।

मभाआ तथा संस्कृत दोनों में एक बात विशेष रूप से द्रष्टव्य है। वह है अनुवाद-समासों द्वारा प्रदर्शित 'बहुभाषिता' (Polyglottism या Multi-linguism) की रीति। लेखक ने बड़ौदा की अखिल-भारतवर्षीय ओरिएण्टल कान्फ्रेंस के समक्ष पढ़े गए अपने 'भारतीय-आर्य भाषा में बहुभाषिता' शीर्षक निबन्ध में इस विषय की चर्चा की है। नव्य-भारतीय-आर्य भाषा में दो भिन्न-भिन्न भाषाओं के समानार्थी शब्दों से बने हुए अनुवाद-समासों के अनेक उदाहरण मिलते हैं। यथा—'हिन्दी—साग-सब्ज़ी (भारतीय और फ़ारसी); झण्डा-निशान (भारतीय-फ़ारसी); वकील-बैरिस्टर (फ़ारसी-अरबी 'वकील' तथा अँग्रेज़ी 'बैरिस्टर'); खेल-तमाशा (भारतीय-फ़ारसी); बंगला—वा (क)-खड़ी (अँग्रेज़ी chalk चॉक से, जिसका १०० वर्ष पूर्व 'चाक' ऐसा उच्चा-रण होता था, बँगला-खड़ी); बाक्स-पेंड़ <अँग्रेज़ी बॉक्स (box) और बंगला पेंड़ <पेटक', इत्यादि। मभाआ तथा आभाआ (संस्कृत) में लेखक को ऐसे केवल दस उदाहरण मिले: यथा—'कार्षा-पण=सिक्का (प्राचीन पारसीक कर्श' और संस्कृत (निषाद-मूल 'पण'=गिनती में प्रयुक्त 'चार' संख्या);

शालिहोत्र=घोड़ा (दक्षिण-देशीय या निषाद *शालि <*सात, जैसे संस्कृत 'सादिन्'=घुड़सवार, दे० शालि-वाहन=सात-वाहन और कोल 'सद्-ओम्'= घोड़ा, तथा होत्र <*घोत्र, *घुत्र, संस्कृत 'घोट'=घोड़ा का प्राचीन रूप, और इसी शब्द के द्राविड़ रूप—तमिल 'कुतिरै <*गुतिरइ, कन्नड़ कुदुरे <*गुतुरइ, तेलुगु गुर्रं-मु <* गुत्र', इत्यादि) । उसके पश्चात् कुछ और भी उदाहरण मिलते हैं । इस प्रकार के अनुवाद-समासों की उपस्थिति इस बात का प्रमाण है कि प्राचीन भारत में भी आधुनिक भारत की भाँति एक साथ विभिन्न भाषाएँ बोली (अथवा पढ़ी, या प्रयुक्त की) जाती थीं, जिससे ये समास बन सके ।

इस प्रकार मभाआ के साधारण शब्द, अनुकार शब्द तथा समास-पदों का अध्ययन भारतीय-आर्य भाषा के इतिहास में मभाआ के पूर्वकालीन तथा पश्चकालीन दोनों युगों की दृष्टि से महत्त्वपूर्ण है ।

४

नव्य-भारतीय-आर्य भाषा की ध्वनियों, विभक्तियों एवं शब्दावली का विकास

नव्य-भारतीय-आर्य युग का लगभग १००० ई० के आसपास प्रारम्भ—भारत पर तुर्की-ईरानी आधिपत्य तथा नभाआ भाषाओं का उत्थान—अपभ्रंश-साहित्य की परम्परा का आरम्भ और उसका प्रभाव—'पिङ्गल'—'अवहट्ठ'—संस्कृत की तुलना में अपभ्रंश तथा नभाआ का गौण स्थान—इस्लामधर्मी तुर्कों एवं ईरानियों द्वारा उत्तरी भारत की विजय का स्वरूप—नभाआ भाषाओं का हिन्दू-धर्म एवं संस्कृति को सुदृढ़ करने के लिए उपयोग—बंगला, मैथिली, उड़िया, अवधी, 'हिन्दी', पंजाबी, राजस्थानी, गुजराती, मराठी आदि भाषाओं में नभाआ साहित्यों का उदय—'ब्राह्मणों' में उपलब्ध प्राभाआ इत्यादि की लुप्त-प्राय गद्य-परम्परा—संस्कृत की नई गद्य-शैलियाँ—नभाआ में गद्य की कमी—उसके कारण—मभाआ का नभाआ में परिवर्तन—ध्वनि-सम्बन्धी परिवर्तन—नवीन भाषागत रीतियों के समक्ष पंजाबी में गतिरोध—नवीन ध्वनि-विषयक रीतियों के लिए सूचक-चिह्नों का नभाआ की लेखन-प्रणाली तथा लिपि में अभाव—नभाआ में कण्ठनालीय ऊष्म [ह] की जगह कण्ठनालीय स्पर्श ['] का उपयोग—नभाआ में महाप्राणों की जगह आश्वसित ध्वनियों अर्थात् कण्ठ-नाली-स्पर्श के साथ मिली हुई स्पष्ट ध्वनियों का उपयोग—इस विषय में मध्य-देशीय भाषाओं, 'हिन्दी' (पूर्वी तथा पश्चिमी) एवं अन्य उपभाषाओं की, आस-पास के क्षेत्र की भाषाओं से भिन्नता—पूर्वी बंगला में आश्वसित ध्वनियाँ—पंजाबी में ह-कार तथा महाप्राण ध्वनियाँ—पंजाबी में महाप्राणत्व की जगह उच्चावच स्वर-ध्वनि का उपयोग—गुजराती में कण्ठनाली स्पर्श के साथ मिली हुई ध्वनियाँ—आश्वसित ध्वनियाँ तथा 'भीतरी' एवं बाहरी आर्य-भाषा का प्रश्न—'भीतरी' एवं 'बाहरी' आर्य-भाषा का सिद्धान्त—कण्ठनालीय स्पष्ट तथा आश्वसित आदि ध्वनियों की विभिन्न नभाआ-क्षेत्रों में स्वतन्त्र रूप से उत्पत्ति—इसकी पूर्वी बंगला एवं राजस्थानी-गुजराती के अपभ्रंश-काल जितनी सम्भाव्य प्राचीनता—नभाआ में बलाघात तथा स्वरों की लम्बाई—बंगला

बलाघात एवं स्वर-परिमाण—सम्भावित अनार्य (द्राविड़ या तिब्बती-चीनी) प्रभाव—हिमालय के पादप्रदेश, उत्तरी एवं पूर्वी बंगाल तथा आसाम में तिब्बती-ब्रह्मी जन—नव्य-भारतीय-आर्य भाषाओं में परस्पर प्रतिक्रिया—हिन्दी पर पंजाबी प्रभाव—हिन्दी का गुजराती, मराठी, बंगला आदि पर प्रभाव—साहित्यिक बंगला का आधुनिक हिन्दी पर प्रभाव—हिन्दी में बंगला के माध्यम से आये हुए विदेशी शब्द—नभाआ में ध्वनि तथा विभक्ति-परिवर्तन—नभाआ रूप-तत्त्व—आभाआ तथा मभाआ के अवशेष—संज्ञा-रूपतत्त्व का नूतन अनुसर्गों के कारण प्रसार—मभाआ में अनुसर्गों की उत्पत्ति—इस विषय में अनार्य प्रभाव—नभाआ के संज्ञात्मक एवं क्रियात्मक अनुसर्ग—कर्ता बहुवचन का एक प्रवृद्ध षष्ठीरूप द्वारा निर्देश—गौण या तिर्यक् बहुवचन रूपों का प्रथमा में आरोपन—नभाआ में शब्द-संयोग द्वारा बने बहुवचन—नभाआ के आदरार्थक सर्वनाम-रूप—आत्मवाचक सर्वनाम ('आप') का आदरार्थक द्वितीय (या तृतीय) पुरुषवाचक सर्वनाम की जगह प्रयोग—नभाआ में क्रिया का तिङन्त-प्रकरण—आभाआ क्रिया-कालरूपों का लोप—नभाआ में कृदन्तात्मक काल—नभाआ की क्रिया के भूतकाल में कर्तरि, कर्मणि एवं भावे प्रयोग—नभाआ के बहुत-से रूपों में इन प्रयोगों में फेरफार—नभाआ में साधारण तथा यौगिक काल—नभाआ के ध्वनितत्त्व एवं रूपतत्त्व के विषय में साधारण मत—'दरदी' भाषाएँ—उनका भारतीय-आर्य समूह से भिन्न वर्गीकरण करना आवश्यक—यूरोप के यायावर या अटनशील जनों की भाषाएँ—सिंहली भाषा—नभाआ शब्दावली पर संस्कृत प्रभाव—उसकी विशिष्ट अद्वितीयता एवं मूल्य—फारसी एवं अंग्रेजी तथा उनका नभाआ पर प्रभाव—नभाआ का भविष्य।

लगभग १००० ई० के आसपास से आर्य भाषा के इतिहास का एक नया युग—'नव्य-भारतीय-आर्य' काल—आरम्भ होता है। भारतीय इतिहास में अत्यन्त महत्त्वपूर्ण घटनाएँ घटित हो चुकी थीं, परन्तु बाहर की युग-प्रवर्त्तक प्रक्रियाओं के अतिरिक्त भी, भारतीय संस्कृति का समन्वय अबाध एवं अविच्छिन्न गति से चलता रहा। भारतीय जीवन एवं चिन्तन का प्रसार हो रहा था, तथा भारतीय मस्तिष्क, हृदय और हस्त की विलक्षण स्वतन्त्रता के कारण, मानवता की स्थायी सम्पत्ति-रूप चिन्ता, भावना एवं कला-कौशल का निर्माण हो रहा था। भारतीय संस्कृति के १००० ई० तक के इतिहास में हमें उज्ज्वल नामों की एक ऐसी नक्षत्रमाला, अमर विचारों की एक ऐसी शृंखला, वैज्ञानिक

गवेषणाओं की एक ऐसी समष्टि तथा कलात्मक सृजनों की एक ऐसी परम्परा मिलती है जो बहुत समय पश्चात् आज मनुष्य द्वारा सम्पादित उपलब्धियों की सिरमौर गिनी जाने योग्य सिद्ध हुई है। आर्य भाषा तथा कुछ हद तक द्राविड़ भाषा की प्रगति भी भारतीय संस्कृति के इस उत्कर्ष के साथ-साथ होती रही। आर्य भाषा के वैदिक, संस्कृत, पालि एवं प्राकृत आदि रूपों में, तथा द्राविड़ भाषा के तमिल तथा कन्नड़ आदि रूपों में (जिनके प्राचीनतम उदाहरण १००० ई० के भी पहले के उपलब्ध हैं), विशुद्ध साहित्य, दर्शन तथा उस समय तक विकसित निश्चयात्मक विज्ञान एवं चिन्तन पर तत्त्वद्रष्ट्या उच्चतम कोटि के ग्रन्थों का निर्माण हो चुका था। तुर्कों तथा अन्य मुसलमान विदेशियों द्वारा उत्तरी भारत और उत्तरी भारत के मुसलमानों द्वारा दक्षिण भारत की विजय को लेकर, १००० ई० के पश्चात् जब एक नये युग का सूत्रपात हुआ, तब भारतीय भाषाओं को भी भारतीय विचारों तथा भारतीय संस्कृति की नई दिशा को व्यक्त करने के लिए एक बार नये सिरे से कटिबद्ध होना पड़ा। प्राकृतों का युग बीत चुका था। प्रादेशिक अपभ्रंशों की राह से होती हुई प्राकृतें, परिवर्तित होकर, आधुनिक भारतीय भाषाएँ बन गई थीं। संस्कृत बिलकुल मृत नहीं हुई थी—अब भी प्राचीन साहित्य-भण्डार के रूप का उसका अध्ययन जारी था, तथा सब प्रकार के गम्भीर निबन्ध-प्रबन्धों या मननशील साहित्य के लिए विद्वज्जन संस्कृत का ही प्रयोग करते थे। परन्तु जैसे-जैसे बोलचाल की भाषाएँ संस्कृत की आद्य-भारतीय-आर्य मान से दूर हटती गईं, वैसे-वैसे दोनों के बीच का बाहरी रूप का अन्तर उत्तरोत्तर बढ़ता चला गया। संस्कृत में अतीत का गौरव निहित था, परन्तु देशी भाषाओं को भी तत्कालीन जनता की आवश्यकताएँ पूर्ण करनी थीं; उन्हें संस्कृत का पृष्टबल लेकर ही देश के भीतर स्वदेशी संस्कृति का संरक्षण करना था। यदि भारत पर तुर्की-मुसलमानी विजय न हुई होती तो जान पड़ता है, भारतीय-आर्य देशी भाषाओं के उनके जन्म के पश्चात् भी गम्भीर साहित्यिक विषयों के लिए प्रयोग कुछ देर से होता। भारत में भाषा का इतिहास इस बात को सूचित करता है कि जनता की रुचि हमेशा से नवीन वस्तुओं की ओर न होकर कुछ प्रौढ़ या पुरातन तत्त्वों की तरफ रही है। पर, कुछ क्षेत्रों में आधुनिक भारतीय-आर्य भाषाओं का उपयोग उनके उदय-काल से आरम्भ हो गया, इसका कारण यह था कि जनता के निकट पहुँचकर अपने सिद्धान्तों का प्रचार करने के लिए आधुनिक भाषाएँ विशेष उपयुक्त एवं प्रबलतर साधन थीं। उदा० बंगाल में १०वीं शताब्दी के पश्चात् ज्योंही स्थानीय मागधी अपभ्रंश का बंगला स्वरूप विकसित हुआ त्योंही

प्राचीन बंगला गीति-साहित्य के लिए उसका प्रयोग आरम्भ हो गया। परन्तु साधारणतया, उत्तरी भारत के अधिकांश भाग में, द्वितीय प्राकृत के पश्चात्, ईसा की प्रथम सहस्राब्दी के मध्य में आरम्भ हुई अपभ्रंश भाषा-परम्परा, तुर्की-ईरानी विजय के समय भी बराबर चल रही थी। (कालिदास के 'विक्रमोर्वशी' में कुछ अपभ्रंश श्लोक मिलते हैं। यदि ये प्रक्षिप्त हों, अथवा आद्य द्वितीय प्राकृत की कालिदास-कालीन—४०० ई०—अपभ्रंश के परिवर्तित रूप हों, तो साहित्यिक अपभ्रंश-साहित्य का श्रीगणेश उक्त तिथि के आसपास गिना जा सकता है। अपभ्रंश की कुछ विशेषताएँ, उदा० अन्तिम 'ओ' का क्षयित होकर 'उ' हो जाना, इसके भी पहले ईसा की तृतीय शताब्दी में ही पश्चिमोत्तरी प्राकृत में दृष्टिगोचर होती हैं; परन्तु पश्चिमोत्तरी प्राकृत के लिए प्रयुक्त खरोष्ठी लिपि की वर्ण-विन्यास परम्परा के इतिहास का ठीक-ठीक अनुमान लगाना अत्यन्त कठिन या असम्भव ही है।) आधुनिक भारतीय-आर्य भाषाओं के पूर्णतया प्रस्फुटित-पल्लवित हो जाने के पश्चात् भी अपभ्रंश-परम्परा चलती रही। इसका स्वरूप या तो विशुद्ध अपभ्रंश रहा, अथवा देशी भाषाओं की लेखन-पद्धति, शब्दावली तथा मुहावरों के रूप में अपभ्रंश, वातावरण एवं छाप बनी रही। इस तरह एक प्रकार की अर्द्ध-अपभ्रंश, अर्द्ध-नभाआ साहित्यिक भाषा प्रचलित हो गई, जो हमें राजस्थान की 'डिंगल' उपभाषा तथा 'पृथ्वीराज-रासो' आदि कई ग्रन्थों में मिलती है। अपभ्रंश का नभाआ से मिश्रित या प्रभावित एक पश्च रूप १४०० ई० के लगभग पूर्वी भारत में प्रचलित था; यह 'अवहट्ठ' (अपभ्रष्ट) कहलाता था। नभाआ के पूर्ण रूप से उदय हो जाने पर भी अपभ्रंश (एवं कुछ अंशों में प्राकृत) की परम्परा बराबर चलती रही; ई० १५वीं शताब्दी के अन्त में संकलित 'प्राकृत-पैंगल' इस बात का ज्वलन्त उदाहरण है। यदि भारतीय जीवन की धारा पूर्वनिर्मित दिशा में ही बहती रहती और उस पर बाहर का कोई भीषण आक्रमण न हुआ होता, तो सम्भवतः, जैसा पहले सुझाव रखा जा चुका है, नव्य-भारतीय-आर्य साहित्यों का श्रीगणेश तथा विकास एक-दो शताब्दी पश्चात् ही होता। अल्-बेरूनी ने लगभग १०२५ ई० के भारत के अपने वर्णन में इस बात का उल्लेख किया है कि (उत्तरी भारत में) भारतीय-आर्य भाषा दो रूपों में विभाजित थी; एक तो उपेक्षित कथ्य भाषा जिसका केवल साधारण जन में प्रचार था, और दूसरी शिष्ट, सुशिक्षित उच्च-वर्ग में प्रचलित साहित्यिक भाषा, जिसे बहुत-से लोग अध्ययन कर प्राप्त करते थे तथा जो व्याकरणात्मक विभक्ति-योग, व्युत्पत्ति-योग, व्युत्पत्ति तथा व्याकरण के नियमों एवं अलंकार-रस-शास्त्र की बारीकियों

से बद्ध थी। इन दो रूपों के बावजूद भी वह भारतीय भाषा को एक ही गिनता है। सुसंस्कृत ब्राह्मण-वर्ग संस्कृत की परम्परा को ही चलती रखता और उसके संरक्षक क्षत्रिय एवं अन्य नृपतिगण उसे आश्रय भी देते रहते—यद्यपि वे स्वयं तथा उनसे नीचे वर्ग की प्रजा अपभ्रंश, मिश्रित अपभ्रंश तथा देशी भाषाओं से ही अपना मनोरञ्जन करते थे। कारण यह था कि उनमें प्रचलित चारणों के वीरगाथा-काव्य, प्रेम-शृंगार-गीति तथा भक्ति-काव्य, ब्राह्मण की साधारण साहित्यिक अभिरुचि तथा प्रवृत्ति के बाहर की वस्तु थे।

परन्तु तुर्कों की विजय के साथ एक बिलकुल नूतन, अपूर्वागत वस्तु देश में आई। वह था उनका बिलकुल असहिष्णु तथा आक्रामक वृत्तिवाला इस्लाम धर्म। इस्लाम-अनुयायी अपने धर्म को ही एकमात्र सच्चा धर्म मानते थे, तथा अन्य धर्मानुयायियों को विश्वासहीन, मूर्तिपूजक, 'काफ़िर' मानकर उनसे 'सच्चे' धर्म के समक्ष झुक जाने की ही आशा रखते थे। तुर्कों की विजय के पहले जितने भी विदेशी आक्रमणकारी यहाँ आये उन्हें भारत ने आत्मसात् कर लिया तथा उनमें से कुछ को क्षत्रिय तथा ब्राह्मणों के सदृश वर्ण में सम्मिलित कर लिया था (केवल सिन्ध में ७१२ ई० में विजेताओं के रूप में आये हुए अरबों के विषय में यह न हो सका था, परन्तु अरब लोग थोड़े ही समय के प्रभुत्व के पश्चात् खदेड़ दिये गए थे।) इसका मुख्य कारण यह था कि इन विदेशी जनों का बौद्धिक तथा आध्यात्मिक वस्तुओं के प्रति दृष्टिकोण अरबों के इस्लाम-जनित दृष्टिकोण से भिन्न था, और उसकी सुसंस्कृतता और सहानुभूति भारतीय विचारधारा से पूरा-पूरा मेल खाती है। इन विदेशियों में से कुछ तो अत्यन्त सुसंस्कृत जन थे (यथा, प्राचीन पारसीक तथा ग्रीक, जिनकी भौतिक संस्कृति भारतीय संस्कृति से अधिक विकसित थी और जिनकी सभ्यता का बौद्धिक स्तर भारतीयों के बराबर था।) परन्तु तुर्कों के विचार सर्वथा भिन्न थे। वे 'दीन' अनुयायियों के रूप में अपने को 'खुदा' के 'बन्दे' मानते थे, जिनका मुख्य कर्तव्य 'काफ़िर बुतपरस्तों' को सच्चे धर्म इस्लाम की छत्रच्छाया में लाना और 'खुदा' के हुक्म का विरोध करनेवालों को लूटना तथा मौत के घाट उतारना था। तुर्कों की विजय की प्रारम्भिक हलचलपूर्ण शताब्दियों में, उन्होंने भारतीयों के मानस को भी बलपूर्वक अपने ही सदृश बनाने की चेष्टा की; उनकी यह प्रवृत्ति भारतीय संस्कृति को बड़ी हानिप्रद सिद्ध हुई; अधिकांश भारतीय विचारधारा के नियामक तो विदेशी म्लेच्छों के इस नूतन प्रकार के बर्बर आक्रमण की आकस्मिकता तथा हिंसात्मकता के समक्ष किंकर्त्तव्यविमूढ़ हो गए, और जो

सँभले रह सके, उन्होंने इस आक्रमण से अपनी सभ्यता के आध्यात्मिक तथा सांस्कृतिक उपादानों के संरक्षण करने के प्रयत्न आरम्भ कर दिए। जनता में अपने उच्च आध्यात्मिक और सांस्कृतिक विचारों के प्रसार के लिए, उन्होंने लोक-भाषा को अपना माध्यम बनाया; इस प्रकार जनता अपने जीवन और धर्म को अन्तरित कर तुर्कों का-सा न बनाए, इसके लिए उन्होंने प्रयत्न किये। तुर्की आक्रमण की चोट से आई हुई प्रथम मूर्च्छा से ज्योंही उत्तर-भारतीय हिन्दू सँभलकर उठे, त्योंही उनमें अटनशील धर्म-प्रचारक तथा उपदेशक निकल पड़े, जो ईश्वर को राम, कृष्ण और शिव आदि विभिन्न रूपों से देखते थे और हिन्दू धर्म के प्राचीन एकेश्वरवाद का प्रचार करते थे। साथ ही ब्राह्मणों ने भी रामायण-महाभारत तथा पुराणों के अध्ययन, अनुवाद और टीका लिखने की प्राचीन परम्परा को और भी अधिक उत्साह से बनाए रखने का प्रयत्न किया। घुमक्कड़ साधु-सन्तों के भक्तिपूर्ण गीत एवं पदावलियाँ तथा रामायण-महाभारत एवं पुराणों के अनुवाद, विभिन्न नभाआ भाषाओं के साहित्यों के मूलाधार बने। (इनके साथ-साथ साहित्य के अन्य प्रादेशिक रूप भी विकसित हो रहे थे; उदा० बंगाल के स्थानीय कथा-नायकों लाउ सेन, गोपीचन्द्र या गोविन्दचन्द्र आदि से सम्बन्धित बौद्ध-गीत, कर्मकाण्ड-साहित्य तथा वर्णनात्मक काव्य, और सर्प-देवी मनसा आदि की स्थानीय लौकिक पूजा-पद्धति तथा गुजरात की जैन-कथाएँ और उपदेशात्मक साहित्य।) इस बीच तुर्की-साम्राज्य की नींव दृढ़तर हो रही थी और १३वीं शती ई० में उत्तर-भारत का अधिकांश भाग 'मुस्लिम' आधिपत्य के अधीन आ गया था।

नभाआ साहित्यों की आवश्यकता और उनके निर्माण के लिए आवश्यक सामग्री, दोनों एक साथ ही उपस्थित हो गए थे, इसलिए भारतीय साहित्य का प्रवाह हिन्दू-पौराणिक कथाओं के वर्णन तथा हिन्दू-धार्मिक विषयों के काव्यमय आलेखन की ओर प्रवर्द्धित शक्ति के साथ बह चला। १२वीं शती के आसपास तक हिन्दू देवताओं और अवतारों के विषय में रचित छोटे-छोटे गीत अपभ्रंश तथा लोकभाषा साहित्य के मुख्य विषय हो चुके थे। इस विषय के कुछ उल्लेखनीय उदाहरण ये हैं: ११२६ ई० में महाराष्ट्र के चालुक्यवंशी राजा सोमेश्वर तृतीय भूलोकमल्ल के संरक्षण में लिखे गए बृहत् संस्कृत-विश्वकोष 'अभिलषितार्थ-चिन्तामणि' या 'मानसोल्लास' के गायन-कला-सम्बन्धी परिच्छेद ('गीत-विनोद') में आई हुई कुछ लोक-भाषा की कविताएँ तथा काव्यांश; 'प्राकृत-पैङ्गल' में आई हुई कुछ कविताएँ; जयदेव का 'गीत-गोविन्द', जिसके २४ पद मूलतः अपभ्रंश या बंगाल में

उदीयमान नभाआ लोकभाषा में लिखे गए प्रतीत होते हैं। प्राचीन बंगला 'चर्यापद' दामोदर पंडित कृत 'उक्ति व्यक्ति प्रकरण' (ई० बारहवीं शती के प्रथमार्ध में रचित, जिसमें प्राचीन अवधी या कोसली के माध्यम से संस्कृत सिखाने का प्रयत्न किया गया है) तथा कुछ प्राचीन राजस्थानी (मारवाड़ी) गुजराती पुस्तकों का भी उल्लेख करना चाहिए। इस प्रकार नभाआ-साहित्यों का उन्नति-पथ पर अभियान आरम्भ हो गया, और १६०० ई० तक नभाआ प्रादेशिक भाषाओं में हमें कई अत्यन्त महत्त्वपूर्ण ग्रन्थ मिलते हैं, जिनमें मराठी की 'ज्ञानेश्वरी' एवं 'एकनाथी रामायण'; बँगला में चंडीदास का 'श्रीकृष्ण-कीर्त्तन', विजयगुप्त तथा विप्रदास के 'पद्मपुराण', गुणराजखान की 'श्रीकृष्ण-विजय', कृत्तिवास की 'रामायण', मुकुन्दराम का 'चण्डी-काव्य' तथा कृष्णदास कविराज का 'चैतन्य-चरितामृत', शंकरदेव और उनके सम-सामयिक कवियों का असमिया साहित्य; मैथिली में ज्योतिरीश्वर ठाकुर का 'वर्ण रत्नाकर' (ई० १३२५ के पहले), विद्यापति की पदावली, और 'कीर्तिलता' (अपभ्रंश से मिश्रित); उड़िया में जगन्नाथदास का 'भागवतपुराण'; अवधी में तुलसीदास का 'रामचरितमानस' तथा अन्य ग्रन्थ; 'हिन्दी' में कबीर के 'पद'; पंजाबी की प्राचीनतम 'साखियाँ'; मिश्रित अपभ्रंश तथा प्राचीन पश्चिमी हिन्दी में 'पृथ्वीराज-रासो'; राजस्थानी में मीराँबाई के 'भजन'; और गुजराती में नरसिंह मेहता (१४१५-१४१८) की रचनाएँ एवं पद्मनाभ (१४५६) की 'कान्हड़दे-प्रबन्ध'। इस प्रकार नभाआ साहित्यों का जीवन सुनिश्चित हो गया। नभाआ लोकभाषाओं ने इस प्रकार, मुसलमानी तुर्कों के आक्रमण का, जो भारतीय जन पर इस्लाम-धर्म जबरदस्ती लाद देना चाहता था, सामना किया। १६वीं-१७वीं शती में उत्तर-भारतीय मुसलमानों ने भी भारतीय-आर्य भाषा को एक नूतन उपलब्धि के रूप में बड़े उत्साह से स्वीकार किया, और तत्पश्चात् १७वीं-१८वीं शती में परिस्थितियों के ज़ोर से एक समन्वयमूलक भाषा 'उर्दू' का जन्म हुआ जो 'हिन्दी' या 'हिन्दुस्तानी' (हिन्दुस्थानी) का मुसलमानी रूप-मात्र थी। इसके पहले प्राचीन अवधी के ग्रन्थ 'पद्मावत' (लगभग १५४५ ई०) के रचयिता मलिक मुहम्मद जायसी और दक्कन में बीजापुर के शाह बुरहानुद्दीन जानम (मृ० १५८२) के सदृश मुसलमान लेखक भी, जो इस्लाम (साधारणतया सूफ़ी इस्लाम) का उपदेश फ़ारसी से अनभिज्ञ जनता तक पहुँचाना चाहते थे, हिन्दुओं की भाँति प्रचलित लोकभाषा का ही व्यवहार करते थे; और महात्मा कबीर तो केवल नाम छोड़ और सब दृष्टियों से एक हिन्दू-कवि ही थे, जो उत्तर-भारत के मध्ययुगीन हिन्दू धर्मोपदेशकों

और ग्रन्थकारों गोरखनाथ और रामानन्द की सीधी परम्परा के एक महान् सन्त और भक्त थे।

नव्य-भारतीय-आर्य को संस्कृत, प्राकृत तथा अपभ्रंश से रिक्थ रूप में मिली हुई परम्परा काव्य-साहित्य की थी। संस्कृत के बृहत्काय काव्य-साहित्य की तुलना में यहाँ का गद्य लगभग नगण्य-सा है। 'ब्राह्मण'-साहित्य, महाभारत का गद्य-भाग, कौटिल्य का 'अर्थशास्त्र', वात्स्यायन का 'कामसूत्र', पतञ्जलि का 'महाभाष्य' आदि अवश्य हमारे सामने हैं, परन्तु 'कादम्बरी', 'वासवदत्ता', 'शांकर-भाष्य', 'पञ्चतन्त्र' तथा 'भोज-प्रबन्ध' आदि पश्चकालीन ग्रन्थों की परम्पराएँ भिन्न-भिन्न प्रतीत होती हैं और इनमें से अन्तिम (भोज-प्रबन्ध) की शैली तो आद्य नभाआ (उदा० गुजराती)-गद्य के सदृश जान पड़ती है। पालि भाषा के 'जातकों' एवं धर्मसूत्रात्मक साहित्य, तथा जैनों के 'अंगों' का गद्य—ईसा-पूर्व काल के 'ब्राह्मणों', महाभारत के गद्यांशों, तथा 'विष्णुपुराण' आदि की गद्य-परम्परा का है। परन्तु इन पश्चकालीन संस्कृत टीकाओं तथा गद्य-काव्यों की शैली नभाआ भाषाओं में न आ सकी। नभाआ भाषाओं में जहाँ भी कहीं गद्य का उपयोग हुआ, वहाँ वह वैज्ञानिक या दार्शनिक या विचारात्मक रूप में न होकर, सीधे-सादे कथात्मक रूप में हुआ। यह बात प्राचीन गुजराती, आद्य पंजाबी, ब्रजभाषा, आद्य मैथिली और आद्य आसामी (के 'बुरञ्जी' नामक विशिष्ट इतिहास-साहित्य) में उपलब्ध गद्य के उदाहरणों का अध्ययन करने मात्र से प्रमाणित होती है। गद्य के लिए सरल-सीधी शैली ही पर्याप्त थी, क्योंकि तब तक उसके सामने गहन एवं सूक्ष्म विचारों की अभिव्यक्ति का अवसर ही उपस्थित न हुआ था; और इसी कारण भाषा की छिपी हुई व्यञ्जना-शक्ति पूर्ण रूप से प्रदर्शित न हो सकी थी। परन्तु जब से उन्नीसवीं शताब्दी में (प्रथमार्द्ध में केवल बम्बई, बंगाल एवं मद्रास, तथा द्वितीयार्द्ध में बाकी समस्त भारत का) भारतीय-चिन्तन अंग्रेज़ी साहित्य के माध्यम से यूरोपीय विचारधारा के घनिष्ठ सम्पर्क में आया, तब से ब्रिटिश काल के अन्तर्गत भारतीय-आर्य भाषा के विकास के एक बिलकुल नूतन युग का सूत्र-पात हो गया। एक प्रसिद्ध बंगाली लेखक ने इस बात को सूत्र रूप में यों कहा है 'कि अंग्रेज़ी के साथ-साथ भारत में गद्य का आविर्भाव हुआ, तूक की जगह तर्क या विचार ने ले ली।' इस विषय में भारतीय-आर्य भाषा के लब्धप्रतिष्ठ विदेशी विद्वान् ज्यूल ब्लॉक् (Jules Bloch) का यह कथन (दे० इस विषय की उनकी अमूल्य पुस्तक 'भारतीय-आर्य' L' Indo-Aryen, पारिस, १९३४) बहुत-कुछ अंशों में सही प्रतीत होता है कि भारतीय-आर्य भाषाओं के समक्ष

जब आधुनिक शिक्षण-व्यवस्था की सार्वजनीन स्वीकृति के फलस्वरूप वैज्ञानिक विषयों की अभिव्यक्ति का प्रश्न उपस्थित हुआ, तब एक कठिन समस्या खड़ी हो गई; क्योंकि देशी भाषाएँ तब तक ऐसे विषयों के पूर्णतया प्रकाशन के लिए सम्पूर्ण रूप से समृद्ध माध्यम न बन सकी थीं, और उपयुक्त वैज्ञानिक और पारिभाषिक शब्दावली की कमी के साथ-साथ अधिकांश नभाआ भाषाओं का लड़खड़ाता-सा एवं अनिश्चित गद्य-विन्यास भी इस असामर्थ्य का कारण था। यदि नभाआ भाषाओं में एक सरल और शक्तिशाली गद्य-शैली का आविर्भाव शीघ्र ही हो गया होता, तो भारतीय चिन्तन के पुनर्निर्माण में बड़ी भारी सहायता मिलती, और उनको लेकर भारतीय मानसिक जागृति का उदय भी कितना ही पहले हो गया होता।

मध्य भारतीय-आर्य अवस्था के बीत जाने पर भारतीय-आर्य भाषा ऊपर वर्णित वातावरण में पनप रही थी। मभाआ से हुए इस पृथक्करण या परिवर्तन का स्वरूप कुछ इस प्रकार रहा : मभाआ-युग से भाषा में एक प्रकार के क्षय का आरम्भ हो गया था। यह क्षय अबाध गति से बराबर चलता रहा। न तो नये व्याकरण-रूपों के रूप में विकास-क्रम विशेष आगे बढ़ा, और न बाहर से नये शब्दों के रूप में कुछ नूतन उपादान सम्मिलित किये गए। उपर्युक्त क्षय-प्रक्रिया अब सम्पूर्ण हो चुकी थी, और विकास एवं शक्ति-सञ्चय की एक नई क्रिया का आरम्भ हो चुका था। ध्वन्यात्मक क्षय भी साथ-साथ ही चलता रहा था। भारतीय-आर्य-भाषी प्रदेश के अधिकांश भाग में 'अक्क' तथा 'अकअ' के सदृश प्राकृत शब्दों का 'अ' स्वर तथा 'क्' व्यञ्जन संकुचित हो गया, और वे क्रमशः 'आक' तथा 'अका' बन गए। दोनों ही उदाहरणों में व्यञ्जन की दीर्घता (या द्वित्व) तथा अन्तिम स्वर की स्थान-पूर्ति के लिए स्वर को दीर्घ बना दिया गया। किसी व्यञ्जन के पहले आया हुआ पूर्ण सानुनासिक घटकर निकटस्थ स्वर का नासिक्यीभवन-मात्र रह गया (उदा० 'चन्द्र > चन्द > चाँद')। पंजाब की बोलियों में इस प्रकार के व्यञ्जन-सम्बन्धी परिवर्तनों का गतिरोध हुआ और इस विषय में उनका अपना भिन्न पथ रहा; परन्तु अन्य सभी बातों में पंजाबी तथा सिन्धी (जिनका अपना स्वतन्त्र विकास हुआ था) भी अन्य नव्य-भारतीय-आर्य भाषाओं—हिन्दी (हिन्दुस्थानी), ब्रजभाषा, अवधी, राजस्थानी-गुजराती, मराठी, उड़िया, मैथिली, बँगला-असमिया, पर्बतिया इत्यादि—की सहगामिनी ही रहीं।

नभाआ के ध्वनि-विज्ञान को लेकर कई एक सम्पूर्ण और जटिल प्रश्न उपस्थित होते हैं। प्रथम दृष्टि में तो यों जान पड़ता है जैसे ध्वनि-व्यवस्था

में कोई नूतन परिवर्तन हुए ही नहीं, अथवा कोई और नई ध्वनियाँ आई ही नहीं। हस्तलिखित अथवा मुद्रित ग्रन्थों से तो इस बात का कोई प्रमाण मिलना असम्भव है, क्योंकि भारतीय-आर्य भाषा के लिए उसी प्राचीन भारतीय लिपि का व्यवहार किया जाता रहा है, जो पहले प्रचलित थी, फिर चाहे वे देवनागरी या बंगला, उड़िया या आसामी रही हों, अथवा मैथिली, मोड़ी, लांडा, शारदा, या कैथी आदि, और इनमें किसी नई सम्भावित ध्वनि के लिए कोई नया वर्ण नहीं जोड़ा गया। स्वतन्त्र रूप से विभिन्न भाषा या उपभाषा क्षेत्रों में कई प्राचीन ध्वनियों में सुनिश्चित परिवर्तन हुआ है, और यह बराबर समझ में भी आ सकता है। उदा० आभाआ तथा मभाआ की 'च' तथा 'ज' ध्वनियों का मराठी में (कुछ विशेष संयोगों में), गंजाम की उड़िया में, सूरत की गुजराती में, कुछ राजस्थानी बोलियों में, परबतिया या गोरखाली तथा पूर्वी बंगला में, 'त्स्' तथा 'द्ज़्' (ts, dz) में परिवर्तन। इसके अतिरिक्त फ़ारसी तथा बहुत-से फ़ारसी (एवं अरबी) शब्दोंवाली मुसलमानी हिन्दी, अर्थात् उर्दू के सम्पर्क से, बहुत-सी विदेशी नई ध्वनियाँ आ गईं। उदा० 'फ़, ज़, ख, ग़, श़, भ़' तथा अरबी के 'हम्ज़ा' और 'एन' (कम-से-कम 'आलिम' लोगों अर्थात् अरबी-फ़ारसी के पण्डितों की भाषा में तो अवश्य ही) तक आ गए, क्योंकि इन ध्वनियोंवाले शब्द बड़ी संख्या में भारतीय-आर्य भाषाओं में अपनाये गए। कुछ अंशों में स्वरों का उच्चारण भी बदला प्रतीत होता है; उदा० संस्कृत (आभाआ) 'अ' (ă) बंगला-असमिया तथा उड़िया में एक वृत्तौष्ठ निम्न-मध्य पश्च स्वर (ɔ) हो गया, परन्तु मराठी में विस्तृतौष्ठ उच्च-मध्य पश्च स्वर (ʌ) हुआ; राजस्थानी तथा पश्चिमी हिन्दी के अपने तथा बाहर से लिये हुए शब्दों में 'ऐ, औ (ai, au)' साधारण अग्र तथा पश्च निम्न-मध्य ध्वनि 'ऍ, ऑ (ɛ, ɔ)' हो गए। कुछ भाषाओं में सानुनासिक स्वर आ गए। इन सबके अतिरिक्त, क्षय के सिद्धान्त के चलते रहने की मुख्य परिचायक एक और क्रिया हुई; वह है बहुत-सी नव्य-भारतीय-आर्य भाषाओं में आभ्यन्तरीन तथा अन्तिम स्वरों का लोप।

नभाआ भाषा के विभिन्न रूपों के आधुनिक अध्ययन-अनुशीलन ने, विशेषतः ध्वन्यात्मक एवं ध्वनितत्त्वात्मक रीतियों के परीक्षण ने, तो विद्वानों की आँखें ही खोल दीं। यह बात महाप्राण स्पर्शों तथा महाप्राण 'ह' के विषय में विशेष रूप से सिद्ध होती है। सर्वप्रथम पंजाबी के विषय में इस प्रक्रिया का अध्ययन डॉ० ग्राहम बैली (Dr. Grahame Bailey) ने किया, तत्पश्चात् पूर्वी बंगला तथा अन्य कुछ भाषाओं के विषय में लेखक ने तदनुरूप ही कार्य

किया । 'ह' के लिए बहुत-सी नभाआ भाषाएँ भिन्न ध्वनियों का उपयोग करती हैं; यथा 'कण्ठनालीय स्पर्श' या हम्ज़ा' (जिसके लिए ['] या [?] चिह्न व्यवहृत होता है), और सघोष महाप्राण 'घ्, झ्, ढ्, ध्, भ्' के प्राण या 'ह्'-उपादान की स्थानपूर्ति, 'कण्ठनालीय स्पर्श' के साथ मिली हुई ध्वनि से हो जाती है। फलस्वरूप, नई ध्वनियाँ—म्', ज्', ड,' द', ब' (या 'ग, 'ज, 'ड, 'द, 'ब) प्राप्त होती हैं, जिन्हें 'आश्वसित ध्वनियाँ' (Implosives, Recursives) कहा गया है। ऐसी ही (परन्तु महाप्राण नहीं) ध्वनियाँ सिन्धी में भी विकसित हुई हैं (दे० R. L. Turner आर० एल० टर्नर : Bulletin of the School of Oriental Studies, London) (३), पृ० ३०१—३१५)। इस विषय का यथासम्भव पूर्ण विवेचन लेखक ने अपने बंगला निबन्ध 'महाप्राण वर्ण' (प्रथम बार, 'हरप्रसाद शास्त्री स्मारक-ग्रन्थ', बंगीय साहित्य परिषद्, कलकत्ता, में प्रकाशित) में, तथा Bulletin of the Linguistic Society of India लाहौर, १९२९ में प्रकाशित, अपने अंग्रेज़ी निबन्ध 'नव्य-भारतीय-आर्य भाषा में आश्वसित ध्वनियाँ' (Recursives in New Indo-Aryan) में किया है।[1] 'राजस्थानी भाषा' विषय की अपनी छोटी-सी पुस्तिका में लेखक ने इस बात का कुछ विचार भी किया है (राजस्थान विश्वविद्यापीठ, उदयपुर, १९४९ पृ० १४-२९।) परन्तु यहाँ भी इस विषय में दो-एक बातों का उल्लेख कर देना

१. महाप्राण तथा आश्वसित ध्वनियाँ।

भारत के प्राचीन ध्वनि-वैज्ञानिकों को 'ख, घ, छ, झ, ठ, ढ, थ, ध, फ, भ' महाप्राण स्पर्श-ध्वनियाँ, उच्छ्वसित, 'ऊष्मन् या प्राण' से युक्त ध्वनियाँ ही प्रतीत हुई थीं। इसी कारण उन्होंने इन्हें 'महाप्राण' अर्थात् 'लम्बे श्वासवाली' नाम दिया था। इसी तरह रोमन लोगों ने भी χ, θ, φ आदि यूनानी महाप्राण स्पर्शों का पृथक्करण रोमन लिपि में लिखते समय इस प्रकार किया था : स्पर्श + ह h महाप्राण : = ख = ch; θ = थ = th; φ = फ = ph। कालान्तर में जब भारत में भी हिन्दी भाषा को अरबी-फ़ारसी लिपि में लिखने का अवसर आया, तब महाप्राण ध्वनियाँ इस प्रकार लिखी गईं : स्पर्श ध्वनिवाला वर्ण + हे (ه = ह); यथा— "काफ़ + हे, كه = ख; गाफ़ + हे, گه = घ; चे + हे, چه = छ; जीम + हे, جه = झ," इत्यादि। यूरोपीय (पुर्तगाली, अंग्रेज आदि) लोगों ने भी इसी पद्धति का अनुसरण किया।

हाल ही में श्री अमलेशचन्द्र सेन बंगला के महाप्राण तथा अल्पप्राण दोनों प्रकार की स्पर्श-ध्वनियों के पूरे-पूरे यंत्रांकन उतारने के पश्चात्

अवसरोपयुक्त होगा। नव्य-भारतीय-आर्य भाषाओं में मध्यवर्ती-पश्चिमी हिन्दी एवं पूर्वी हिन्दी तथा कुछ हद तक बिहारी—भाषाओं में महाप्राण ध्वनियाँ बड़ी रूढ़िबद्धता से सुरक्षित रखी गई हैं। अन्तिम 'ह' का भी पूर्ण स्पष्ट उच्चारण किया जाता है; उदा० 'बारह' का 'ह' जो 'बारह आना' बोलते समय और भी स्पष्टतर सुनाई पड़ता है, तथा 'घाम', 'बाघ', 'झाड़', 'साँझ', 'ढोल',

इस निष्कर्ष पर पहुँचे कि "महाप्राण तथा अल्पप्राण स्पृष्ट ध्वनियों के उच्चारणों की प्रकटन व्यवस्था में वास्तव में मूलगत भेद है।" इसी सिद्धान्त को प्रमाण बनाकर उन्होंने यह सिद्ध करने का प्रयत्न किया है कि "महाप्राण स्पृष्ट ध्वनियाँ स्वतन्त्र ध्वनि-इकाइयाँ हैं और इन्हें हम (युग्म न मानकर) एक-एक अलग ध्वनि मान सकते हैं।" इनके उच्चारण तथा उससे सम्भूत श्रुतिगत प्रभाव दोनों की दृष्टि से, श्री० सेन के मतानुसार साधारण अल्पप्राण स्पृष्ट एवं उनके तथाकथित महाप्राण रूप, बिलकुल भिन्न-भिन्न ध्वनियाँ मानी जानी चाहिएँ (Proceedings of the 2nd International Conference of Phonetic Sciences; London, 1925, Cambridge से प्रकाशित, १९३६, पृ० १८४—१९३)। वास्तव में इन ध्वनियों में भिन्नता है, इसे कभी अस्वीकार नहीं किया गया; परन्तु इस भिन्नता का मूलाधार महाप्राण स्पर्शों के उच्चारण के समय प्रयुक्त होता दीर्घतर कपोल-प्रसर तथा वक्ष-पेशियों द्वारा डाला जाता गुरुतर अक्षर-भार है। साधारण व्यवहार में हम महाप्राणित स्पर्शों को स्पर्श + महाप्राण (या महाप्राणयुक्त स्पर्श) ही मानना चालू रख सकते हैं; फिर उन्हें उच्चारित करते समय शब्द-यन्त्रियों की गति के आभ्यन्तर प्रकार या विभेद चाहे जितने होते हों। (इस बात से श्री० सेन भी सहमत हैं।) वैसे देखा जाए तो इन ध्वनियों के बीच का अन्तर कोई ऐसा मूलगत नहीं है।

डॉ० परमानन्द बहल ने भी आश्वसित ध्वनियों के प्रश्न की अपने निम्नलिखित दो लेखों में छानबीन की है: (1) A Critique on Dr. S. K., Chatterji's article 'Recursives in New Indo-Aryan' pp. 19-23, श्री देशराज खुल्लर द्वारा सम्पादित तथा Mercantile Press लाहौर द्वारा प्रकाशित Panjab Oriental Research के Vol. I, No. I, January 1941 वाले अंक में प्रकाशित; (2) Injective Consonants in Western Panjabi, प्रकाशक वही, पृ० ३२-४७। डॉ० बहल का मत है कि हमारे पूर्वी बंगला की सघोष महाप्राण ध्वनियाँ

'पढ़ना', 'धो', 'सूध', 'भाई', 'सभा', 'लाभ' आदि शब्द, जिनमें महाप्राण ध्वनि आद्य, मध्य या अन्त्य सभी स्थानों में पूर्ण स्पष्टतया उच्चारित होती है। परन्तु आसपास चारों ओर की भाषाओं में सघोष महाप्राण विभिन्न रूपों में परिवर्तित हुए हैं, और 'ह' महाप्राण ध्वनि, या तो लुप्त हो गई है अथवा

तत्सदृश गुजराती तथा सिन्धी की ध्वनियों से भिन्न हैं और वे लेखक द्वारा प्रयुक्त शब्द Recursive की आलोचना करते हुए उसके स्थान पर Injective शब्द सुझाते हैं। इसी दौरान में वे लिखते हैं कि पंजाबी (पूर्वी पंजाबी) में प्रारम्भिक स्थानीय सघोष महाप्राणों के परिवर्तन में महाप्राणत्व रहता है। पिछले प्रश्न के विषय में तो इन पंक्तियों का लेखक यही स्थिर कर सका है कि उसके निजी श्रुतिगत प्रयोगों का अन्य पंजाबी के ध्वनि-वैज्ञानिकों के कार्य से मिलान करने पर दोनों का मत एक सदृश ही जान पड़ता है। (दे० (1) "T. Grahame Bailey: Panjabi Phonetic Reader, London, 1914; (2) E. Sramek: Panjabi Phonetics, Experimental Study of the Amritsar dialect, 'Urusvatī Journal', Vol. 2, 1931; (3) बनारसीदास जैन: Phonology of Panjabi, and Ludhiani Phonetic Reader; (4) सिद्धेश्वर वर्मा: पृष्ठ ११७ पर दिये हुए, लेखक को लिखे उनके व्यक्तिगत पत्र से।) 'Recursive' शब्द का उपयोग प्रो० डेनियल जोन्स (Prof Daniel Jones), एन् त्रुबेत्सकॉय् (N. Trubetzkoy) तथा आर० एल० टर्नर (R. L. Turner) आदि विद्वानों ने भी किया है, और पूर्वी बंगला की आश्वसित (Recursive) ध्वनियों की श्रुतिगत एवं उत्पत्तिमूलक दोनों प्रकार से परीक्षा करने पर, लेखक को वे उपरोक्त विद्वानों के आश्वसित (Recursive) ध्वनियों के वर्णन से पूरा मेल खाती दिखलाई पड़ती हैं। (हमारे मित्र श्री अमलेशचन्द्र सेन, जो कि ध्वनि-विज्ञान के एक प्रयोगवादी व्यक्ति हैं, इस विषय में भी सहमत नहीं होते कि इन ध्वनियों के उच्चारण में श्वास भीतर लिया जाता है, यद्यपि कण्ठतन्त्री इनमें काफ़ी नीची कर लेनी पड़ती है।) यह सब होते हुए भी लेखक का तो अब तक यही मानना है कि पूर्वी बंगला की 'आश्वसित ध्वनियों' तथा गुजराती, राजस्थानी, बोलचाल की पंजाबी एवं बोलचाल की हिन्दी (उदा० दकनी) तथा सिन्धी की तत्सदृश ध्वनियों में (कम-से-कम श्रुतिगत दृष्टि से, जैसा कि बंगीयेतर सुननेवाले सज्जनों ने भी स्वीकार किया है) कोई अन्तर नहीं है।

कण्ठनालीय स्पर्श-ध्वनि में बदल गई है। उदाहरणार्थ, पश्चिमी बंगला में 'ह' तथा अन्य सघोष महाप्राणों का, शब्द के आरम्भ में आने पर, पूर्ण और स्पष्ट उच्चारण किया जाता है, परन्तु वही आन्तर्वाचिक या अन्तिम होने पर 'ह' का तो हमेशा लोप हो जाता है, और सघोष महाप्राण ऊष्म बन जाते हैं। पूर्वी बंगला में 'ह' कण्ठनालीय स्पर्श-ध्वनि में परिवर्तित हो जाता है, और अघोष महाप्राण भी आरम्भ में रहने पर ही महाप्राण बने रहते हैं। पूर्वी बंगला में आरम्भिक सघोष महाप्राण हमेशा आश्वसित ध्वनि हो जाते हैं, और उनका महाप्राणत्व कण्ठनालीय स्पर्श होकर, सघोष महाप्राण की मूलाधार सघोष स्पर्श-ध्वनि को बदल देता है। इसके अतिरिक्त, शब्दों के भीतर के अघोष एवं सघोष दोनों महाप्राण, पहले आश्वसित हो जाते हैं और इसके पश्चात् नये बने हुए आन्तरिक आश्वसितों का कण्ठनालीय स्पर्श उपादान (अथवा 'ह' उच्चारण की जगह आया हुआ कण्ठनालीय संस्कृत स्पर्श) प्रथम अक्षर में आ जाता है, जिससे उस अक्षर की व्यञ्जन ध्वनि में फेरफार आ जाता है। उदाहरणार्थ निम्नलिखित शब्द लिये जा सकते हैं :

लिखित बंगला		**सही बोलचाल की पश्चिमी 'साधु' बंगला**	**ठेठ पूर्वी बंगला**
हात	hāt	(ha:t)	(ʔa:t)
हय	hay	(hɔe)	(ʔɔĕ)
बाहिर	bāhir	(bair, ba:r, be:r)	(baʔir > bʔair).
बेहाइ	behāi	(beai)	(bʔiai < biʔai)
शहर, सहर	sahar, sahar	(šɔhɔr, šɔɔr)	(šcʔɔr, šʔuɔ:r)
सन्देह	sandēha	(śɔndeo)	(śɔndeʔɔ > ṡʔɔndeɔ)
बहिन्	bahin	(boin > bon)	(buʔin > bʔuin).
खा	khā	(kha:)	(kha:)
घा	ghā	(gha:)	(gʔa:)
घोड़ा	ghoṛā	(ghoṛa)	(gʔora, gʔura)
बाघ	bāgh	(ba:g)	(ba:gʔ > bʔa:g)
झड़	jhar	(jhɔ:ṛ)	(dzʔɔ:r)
साँझ	sāṉjh	(śã:jh)	(śaⁿdzʔ > śʔaⁿdz)
धान	dhān	(dha:n)	(dʔa:n)
भात	bhāt	(bha:t)	(bʔa:t)
लाभ	lābh	(la:b, la:β)	(la:bʔ > lʔa:b)
भाग	bhāg	(bha:g)	(bʔa:g)
मध्य	madhya	(moddho)	(moiddʔɔ > mʔoiddɔ)

पूर्वी बंगला के आश्वसित तथा कण्ठनालीय स्पर्श उच्चारणों के विषय में और भी कई महत्त्वपूर्ण बातें द्रष्टव्य हैं, परन्तु प्रस्तुत विषय के लिए वे अवसरोपयुक्त नहीं हैं। पंजाबी में भी 'ह' तथा सघोष महाप्राणित स्पर्श-ध्वनियों के विभिन्न प्रकार के उच्चारण पाए जाते हैं; इनमें से एक विशिष्ट उदाहरण पक्की पूर्वी पंजाबी (Standard Eastern Panjabi) में, जिसमें उत्तर-पूर्वी पंजाबी भी शामिल है, पाया जाता है। यहाँ सघोष महाप्राणों के रूपान्तर के साथ स्वर-विन्यास में भी परिवर्तन आ जाता है। (पंजाबी अघोष महाप्राण नहीं बदलते।) आद्यवस्थित सघोष महाप्राण पंजाबी में एक निम्नोन्नत (या निम्न उन्नतावनत) स्वर-विन्यास के साथ अघोष स्पर्श बन जाता है जिसके लिए यह संकेत-चिह्न (∪) निश्चित किया गया है। इस प्रकार हिन्दी—'भूख' (bhūkh), (=बुभुक्षा, बुभुक्खा) पंजाबी में 'पु∪क्ख', (pu∪kkh), संस्कृत ध्यान'='ति∪आन' (ṭiu̯a:n) हो जाता है। पंजाबी (लिखित) 'ढग्गा' =बैल, उच्चारण में 'ट∪ग्गा' (ṭʌ∪gga:), 'झाड़ू'='च∪आड़ू' (ca:∪ṛu:), तथा 'घोड़ा'='क∪ओड़ा' (ko:∪ṛa:) बन जाते हैं। जब वे शब्दों के भीतर आते हैं तब वे अल्पप्राण हो जाते हैं, परन्तु स्वर-विन्यास भी साथ ही बदल जाता है; और जब उसके बाद का स्वर बलयुक्त रहता है, तब उसका स्वर-विन्यास निम्नोन्नत हो जाता है, जिसके लिए J यह चिह्न स्थिर किया गया है। उदा० 'कढ़ा' (उबला हुआ)='कड़ा J आ' (kʌJṛa:) बन जाता है। परन्तु जब बलयुक्त स्वर उसके पहले आता है तब स्वर-विन्यास उच्च-अवनत हो जाता है जिसका संकेत-चिह्न (`) है। उदा० 'बद्धा' (बँधा)='ब`द्दा' (bʌ'dda:); 'दे-ओढ़ा (१$\frac{3}{2}$)'='दे`ओड़ा' (de`oṛa:), 'कुज्झ' (कुछ)=कु`ज्ज् (ku`jj) तथा 'समझ्' (समझ)='स`म् ज्' (sʌ`mj) हो जाते हैं। दो महाप्राण ध्वनियों वाले शब्दों में साथ-साथ में दो भिन्न-भिन्न स्वर-विन्यास पाए जाते हैं; यथा—'भाभी, ढीढ (पेट), झंघी (झाड़ी)' बदलकर क्रमशः (pa:∪bi`, ṭi∪`d, cʌ∪ṅgi:`) हो जाते हैं। स्वतन्त्र 'ह' का जहा भी लोप होता है, वहाँ स्वर-विन्यास भी बदल जाता है; उदा०—'हत्थ (हाथ)—'ह्∪त्थ् (hʌ∪tth), हस् =(hʌ∪s), हसा=(ɘs∪a:), बहा (=बिठाना)=(bɘ∪a:), बैह(=बैठना) =(bɘ`e), लाहोर=(lʌ∪or) (प्राचीन*हालउर<शालातुर' से प्राप्त); प्राचीन त्रिहुँ (trihu͠) से 'त्रै' का तिर्यक् रूप त्रि`उँ (triu͠), इत्यादि।[1]

उपर्युक्त उदाहरणों में मौलिक भारतीय आर्य महाप्राणो के कई ऐसे रूपान्तर देखे जा सकते हैं जो वास्तविक चिन्ता का विषय हो सकते हैं एवं

१. डॉ० सिद्धेश्वर वर्मा से लेखक को पता चला है कि श्रुति की दृष्टि से पंजाबी

जो भाषा की विशिष्ट ध्वनियों में सम्मिलित हो गए हैं। परन्तु इनके अतिरिक्त अन्य नभाआ भाषाओं में भी एतादृश परिवर्तन दृष्टिगोचर होते हैं; उदा० पहाड़ी या हिमालय पादप्रदेश की भारतीय-आर्य बोलियों, राजस्थानी बोलियों तथा गुजराती में। इस प्रश्न का ऐसे व्यक्तियों द्वारा पूर्ण अध्ययन होने की आवश्यकता है जिनकी मातृभाषा गुजराती हो तथा जो आसपास के महत्त्वपूर्ण भारतीय-आर्य भाषा रूपों से, विशेषकर राजस्थानी (उदा० मारवाड़ी) से भी भली भाँति परिचित हों। गुजराती बोलनेवाले 'ह' तथा महाप्राण ध्वनियों में हुए परिवर्तन से भली भाँति परिचित हैं, इसीलिए गुजराती लेखन में शब्दों के मध्य में 'ह' का उपयोग किया जाता है; 'यथा 'ब्हेन (b-hēn), ब्हेचर (b-hēcar), ग्हेलो (g-hēlō), इत्यादि। सम्मिलित व्यंजनों की आश्वसित ध्वनि बना देने में ह-कार का कण्ठनालीय स्पर्श अर्थात् महाप्राण का कण्ठनालीय संवार में परिवर्तन हो जाना, गुजराती में स्पष्टतया दृष्टिगोचर होता है। उदा० फ़ारसी—'शह्र्>शेहेर (=शहर) (ś?e:r); लेहेर (leher) > = (l?e:r); संस्कृत—अरघट्ट >प्राकृत—अरहट्ट, अरहण्ट>रहेंट (rahĕṭ)>(r?e:ṭ) (=चक्का); कहार (kahār) =(k?a:r); फ़ारसी—जवाहिर> भ़वेर= (j?ʌver); फ़ारसी—ज़ह्र्>जेहेर, ज्हेर, झेर (jher) = (j?e:r); पेहेरण (peheraṇ) = (p?erəṇ); पेहेल (phehel) = (p?e:l); बहोत (bahōt) = (b?ō:t)'; संस्कृत—'द्वि+उभौ>बेहु' की जगह 'बे'उ' = (b?eu); संस्कृत 'महामात्र> महात (mahāt) = (m?a:t); मेघ>मेह (me:h) = (m?e:); रहथान (rahathā̃n) = (r?e:than:n); वहाण (vahāṇ) = (v?a:ṇ); साधु> साहु = (s?a:u); वधू> वहु = (v?ʌu:); सहाणुं (सयाना, दे० मराठी—शहाणा) = (s?a:ṇũ); सहज = (s?e:j)', इत्यादि।

आभ्यन्तर सघोष महाप्राणों के ह-कार के लिए आई हुई कण्ठनालीय विवृति, कण्ठनालीय संवृति में परिवर्तित हो जाती है और तत्पश्चात् उसका आरोप, प्रथम वर्ण दूसरा व्यंजन होने पर उस व्यंजन पर हो जाता है। उदा० "देढ़ = (डेढ़) > (dĕṛh > d?e:r); मोट = (mōṭh > m?o:ṭ), दे० मराठी—मोठा, राजस्थानी—मोठा; लाथ = (l?a:t), वेढ (अँगूठी) = (v?e:ṛ); लुठवुँ (लुटना) = (l?uṭəvũ); डाढ़ (कोने का दाँत) = (d?a:ṛ); रीझवुं (खुश होना = (r?ijvũ); वढवाढ (झगड़ा) = (v?ʌṛv?a:r); साँझ > (s?ã j);

में 'भ, ध, ढ' आदि के परिवर्तन में महाप्राणता सुनाई नहीं पड़ती; परन्तु उनका मत है कि उसके बाद के स्वर के साथ श्वास का कुछ परिमाण संलग्न रहता है, जो उसके स्वर-विन्यास की एक विशिष्टता माना जा सकता है।

अढार (१८) = (vḍʔa:r); अमे (= हम) (<प्राचीन अम्हहि) = (ʌmʔe);" इत्यादि।

इस विषय के अन्य नभाआ भाषाओं में से सविस्तार उदाहरण देने की आवश्यकता नहीं है। यह प्रश्न अवश्य उठ सकता है कि इस प्रकार का उच्चारण कहाँ तक नभाआ में एक नई वस्तु है तथा किस हद तक वह मभाआ से आया है। यदि इसे हम पुरानी मिरास या रिक्थ के रूप में ही गिनें, तो स्वभावतः यह प्रश्न सामने आता है कि उसका इतिहास आभाआ में भी प्राप्त होना चाहिए और उदाहरणस्वरूप वैदिक भाषा में भी इस उच्चारण के सदृश ही कोई वस्तु उपलब्ध होनी चाहिए। यदि यह वस्तु आद्यभाआ जितनी प्राचीन सिद्ध की जा सके तो स्व० ए० एफ़० आर० हॉर्नले (A. F. R. Hoernle) द्वारा प्रतिपादित 'आभ्यन्तर तथा बहिःस्थित भारतीय-आर्य-भाषा' (Inner and Outer Indo-Aryan) विषयक सिद्धान्त की पुष्टि होती है। इस सिद्धान्त का भाषागत दृष्टि से सर जॉर्ज अब्राहम ग्रियर्सन (Sir George Abraham Grierson) ने सविस्तार चर्चा करते हुए अनुमोदन किया है, परन्तु भारतीय-आर्य भाषा के अधिकांश अभ्यासियों ने, जिनमें लेखक भी सम्मिलित है, इसका खण्डन किया है। इस मत के अनुसार भारतीय-आर्य भाषाएँ दो समुदायों में विभाजित हो जाती हैं—एक तो 'आभ्यन्तर या भीतरी' और दूसरी 'बहिःस्थित या बाहरी'। पहले समुदाय में केवल पश्चिमी हिन्दी बोलियाँ—ब्रजभाषा, बुन्देली, कनौजी, 'जानपद (Vernacular) हिन्दुस्तानी', बाँगरू तथा उर्दू के साथ हिन्दी (हिन्दुस्थानी या हिन्दुस्तानी)—हैं। इसके आसपास चारों ओर दूसरा समुदाय है, जिसमें पश्चिमी पंजाबी, सिन्धी, राजस्थानी, गुजराती, उड़िया, बंगला, असमिया, बिहारी उपभाषाएँ तथा हिमालय के पाद प्रदेश की पहाड़ी बोलियाँ सम्मिलित मानी जाती हैं। ग्रियर्सन के मतानुसार, 'भीतरी' तथा 'बाहरी' समुदायों के ध्वनि-तत्त्व, ध्वनि-विज्ञान तथा रूप-तत्त्व में कुछ लक्षणीय भेद हैं। इन दोनों समुदायों के अतिरिक्त कुछ उपभाषाओं के एक समुदाय को 'अन्तर्मध्य समुदाय' कहा गया है। इस समुदाय की भाषाएँ हैं तो 'बाहरी समुदाय' की, परन्तु उन पर 'भीतरी समुदाय' का अत्यधिक प्रभाव माना गया है। कोसली या 'पूर्वी हिन्दी' को एक ऐसा ही अन्तर्मध्य उपभाषा-समूह माना गया है। इसके अतिरिक्त पूर्वी पंजाबी, राजस्थानी और गुजराती पर भी 'पूर्वी हिन्दी' की ही भाँति 'भीतरी समुदाय' के प्रभाव की कल्पना की गई है; कहीं-कहीं तो इन उपभाषा-समूहों को 'भीतरी समुदाय' से मिला हुआ ही माना गया है। हॉर्नले तथा ग्रियर्सन साहब के मतानुसार, इन दोनों

समुदायों के बीच अन्तर रहने का कारण यह है कि ये समुदाय भिन्न-भिन्न समय पर आये हुए आर्य-आक्रमणकारियों या बसनेवालों के दो बिलकुल अलग-अलग समूहों की प्रतिनिधि उपभाषाओं से बने हैं। 'बाहरी आर्यसमूह' सर्वप्रथम भारत आया, और 'मध्यप्रदेश'—आधुनिक पश्चिमी उत्तर प्रदेश तथा पूर्वी पंजाब—में बस गया। इस 'बाहरी समुदाय' का आर्यों के 'दरदभाषी' उपसमूह से सम्बन्ध था जो आज भी काश्मीर, पश्चिमोत्तर एवं भारतीय अफ़गान सीमान्तप्रदेश तथा हिमालय के पादप्रदेश में निवास करते हैं। 'भीतरी समुदाय' वाले बाद में आये, और उन्होंने 'बाहरी समुदाय' वालों को अपने 'मध्यदेश' के निवास-स्थान से निकालकर उन्हें उत्तर, पूर्व, पश्चिम तथा दक्षिण की ओर फैलने को बाध्य किया; इस प्रकार 'भीतरी' के चारों ओर 'बाहरी समुदाय' वालों का एक वर्तुल बेड़ा-सा बन गया। जैसा कि लेखक पहले कह चुका है, इस सिद्धान्त से भाषाशास्त्री लोग सहमत नहीं हैं। स्व० रमाप्रसाद चन्द ने नृतत्त्व की दृष्टि से इस सिद्धान्त की कुछ बातों का आंशिक समर्थन किया है। उनके मतानुसार, वास्तविक आर्यजनों के जातिगत दो भेद थे, जो एक ही भाषा और संस्कृति के बन्धनों के कारण परस्पर सम्बद्ध थे। इनमें से एक समूह लम्ब-शीर्ष था और दूसरा मध्यम-शीर्ष। 'आभ्यन्तर समुदाय' वाले लम्बशीर्ष थे, तथा मध्यमशीर्षों के वंशज आधुनिक गुजरात, उड़ीसा, बंगाल तथा अन्य प्रदेशों के जन हैं। इस प्रकार पूर्व तथा पश्चिम की 'बाहरी' भाषाओं की प्रतिनिधि-स्वरूप बंगला तथा गुजराती के (कल्पित) विशेष साम्य का कारण, बंगाल और गुजरात के जनों का विशेष जातिगत सम्बन्ध बतलाया जाता है।

भाषा-शास्त्र की दृष्टि से यह सिद्धान्त ग्राह्य प्रतीत नहीं होता, और न रमाप्रसाद चन्द का नृतात्त्विकमूलक निरूपण ही निश्चयात्मक है; क्योंकि उनका मत स्वयं 'भीतरी-बाहरी समुदाय' वाले सिद्धान्त को कई मूलगत बातों में काटता है। यह सब-कुछ होते हुए भी, एक बात तो माननी ही पड़ेगी। वह यह है कि महाप्राणों के उपयोग में 'भीतरी' भाषाएँ (पश्चिमी हिन्दी) तथा एक 'अन्तर्मध्य' भाषा (पूर्वी हिन्दी), औरों से बिलकुल भिन्न अपना स्वतन्त्र अस्तित्व रखती हैं। इनमें ठीक आभाआ महाप्राण ध्वनियाँ सुरक्षित हैं जबकि इनके 'बाहरी' वर्तुल की भाषाएँ—पंजाबी एवं हिन्द की या लहँदी, राजस्थानी, गुजराती, मराठी, उड़िया, बंगला, असमिया (कुछ अंशों में) बिहारी बोलियाँ तथा हिमालय-पादप्रदेश की पहाड़ी भाषाएँ—सघोष (तथा कभी-कभी अघोष) महाप्राणों एवं ह-कार का भिन्न-भिन्न रूपों में

व्यवहार करती हैं। साधारणतया कण्ठनालीय स्पर्श के साथ-साथ आंशिक रूप में विशिष्ट स्वर-विन्यास का व्यवहार पूर्वी बंगला में पाया जाता है। पंजाबी में महाप्राण तथा सघोष महाप्राणित स्पर्शों का स्थान बहुत-कुछ अंशों में स्वर-विन्यास-परिवर्तन ने ले लिया है; और सिन्धी में अल्पप्राण व्यंजनों का कुछ परिस्थितियों में आश्वसित रूप हो गया है। पूर्वी और पश्चिमी हिन्दी के अतिरिक्त अन्य नभाआ भाषाओं की इस विषय में रीतियों का कहाँ तक पूरा विचार हो सकता है, यह भी विचारणीय है। इस विषय में आलोचना के लिए पर्याप्त सामग्री नहीं मिलती; परन्तु जितनी भी उपलब्ध है, उसके सहारे यह अनुमान लगाया जा सकता है कि विभिन्न नभाआ प्रदेशों में यह परिवर्तन स्वतन्त्र रूप से विकसित हुआ है। अन्ततः यह उन अनार्य भाषाओं की रीतियों के पुनरुज्जीवन का प्रभाव कहा जा सकता है, जिनमें भारतीय-आर्य-भाषाओं के अत्यन्त स्पष्ट सघोष महाप्राणों का, जो अन्य भाषाओं में नहीं पाए जाते, उच्चारण नहीं किया जा सकता। अथवा दक्षिणदेशीय भाषाओं (यथा मुण्डारी, सन्थाली आदि) की भाँति 'अपनिहित स्पर्शों' की उपस्थिति के कारण, आर्य महाप्राण ध्वनियों का पूर्ण रूप से स्वीकार न हो सका। आधुनिक भारतीय-आर्य भाषाओं में मराठी, गुजराती तथा बंगला के अतिरिक्त अन्य सभी नभाआ भाषाओं के ई० १५०० के पूर्व के इतिहास के अध्ययन के लिए प्रामाणिक सामग्री का नितान्त अभाव है। पूर्वी बंगला के विषय में, जे० आकैं (J. Hackin) द्वारा १९२४ में सम्पादित और पारिस से प्रकाशित एक संस्कृत-तिब्बती मन्त्रकोष के आधार पर यह युक्तियुक्त रूप से कहा जा सकता है कि उसमें सघोष महाप्राणों का आश्वसित उच्चारण कम-से-कम १०वीं शती ई० से अवश्य प्रचलित था। गुजराती के विषय में (Indian Antiquary, १९१४-१९१६) स्व० एल्० पी० टेस्सीटोरी (L. P. Tessitori) द्वारा विलक्षण पाण्डित्य के साथ वर्णित तथा चर्चित प्राचीन पश्चिमी राजस्थानी अथवा आद्य गुजराती के उल्लेख से कुछ प्रमाण उपलब्ध होते हैं—यथा, जिन शब्दों में अब हमें कण्ठनालीय स्पर्श मिलता है, उसकी जगह पहले पूर्ण ह-कार था, उदा० गुजराती—'म्हेलइ (mʔelʌi) < मेहलइ (उतरता है); द्हाड़ो (dʔa:ro)<दिहाडउ, *दिहडउ, दिअहडउ <*दिवस-ट-क=दिन; प्हेरावे (pʔera:ve) <पहिरावइ<*परिहावेइ<*परिधापयति; व्हाल (vʔa:l) (प्रेम) <वाहिलु<वल्लहु<वल्लभः; स्हामु (sʔa:mu) सामने<साह्मऊ <सामहउ <सामुहउ < सम्मुख-क'; इत्यादि। प्राचीन गुजराती में ह-कार पूर्ण महा-प्राण भी हो सकता था, अथवा संवृति या कण्ठनालीय स्पर्श के साथ मिली हुई

ध्वनि के लिए भी प्रयुक्त हो सकता था। शुद्ध लेखों से इन सघोष महाप्राणों का परिमाण जाँचना सम्भव नहीं है। इस प्रकार यह गुत्थी बिना सुलझी ही रह जाती है। परन्तु राजस्थानी में ह-कार की जगह कण्ठनालीय स्पर्श-ध्वनि तथा सघोष महाप्राणों के आश्वसित उच्चारण की उपस्थिति से यह अनुमान लगाया जा सकता है कि राजस्थानी तथा गुजराती में इस प्रकार का उच्चारण कम-से-कम अपभ्रंश-काल की रिक्थ तो अवश्य ही है।

बल तथा स्वर-दीर्घता की दृष्टि से कुछ नभाआ उपभाषाओं में महत्त्व-पूर्ण परिवर्तन आ चुके हैं। बंगला इनमें से एक अत्यन्त अधिक परिवर्तित उदाहरण है, जो अब तक साधारण नव्य-भारतीय-आर्यभाषा की प्रतिनिधि रूप गिनी जाती हिन्दी (हिन्दुस्थानी या हिन्दुस्तानी) से बहुत भिन्न हो चुका। बंगला में (कम-से-कम सर्वमान्य प्रचलित बंगला में, क्योंकि उसकी अन्य बोलियों का अभी सम्यक् विश्लेषण नहीं हुआ है) बल का जब अलग शब्दों में उपयोग होता है तब मुख्यतः वह पहले अक्षर पर पड़ता है, परन्तु वही शब्द जब किसी वाक्य में प्रयुक्त होता है तब उसकी बल-योजना, उस वाक्यांश की बल-योजना के अधीन बन जाती है जिसमें उसका प्रयोग हुआ हो। प्रत्येक वाक्य, breath-group 'श्वास-समूह' कहे जाते कई टुकड़ों में विभक्त रहता है, और प्रत्येक 'श्वास-समूह' में एक मुख्य 'बल' रहता है जो उस 'श्वास-समूह' के प्रथम शब्द के प्रथम अक्षर पर पड़ता है, और अन्य शब्दों का 'बल' लुप्त हो जाता है। उदा०—/'काल आमरा/'तीर्थ-यात्रा क'रते/' बेरोबो (कल हम तीर्थयात्रा के लिए रवाना होंगे); तुमि/'काल आमादेर/'बाडीते ऐसे/' मध्याह्न-भोजन/कर्'बे (कल तुम हमारे घर पधारकर दोपहर का भोजन करो); इत्यादि। बंगला वाक्यों की यह विशिष्ट बल-योजना, जिसमें शब्द-बल या स्वर-दीर्घता पर वाक्य-लय की छाप रहती है,[1] हिन्दी की सुनिश्चित बल-योजना से बिलकुल उलटी है; हिन्दी में बल विशेषतः वाक्य के अन्त की ओर के किसी दीर्घ अक्षर पर पड़ता है और इस बल पर वाक्य-लय की इतनी छाप नहीं रहती। कुछ लोगों ने हिन्दी की इस विशेषता को अनार्य उपस्तर की उपस्थिति का परिचायक बतलाया है, क्योंकि आरम्भिक बल (Indian Antiquary १९०९ में K. V. Subbayya के प्रस्तावानुसार) आद्य द्राविड़ भाषाओं, तथा तिब्बती-ब्रह्मी उपभाषाओं की खास विशेषता है।

भारत में अनार्य भाषाओं की चर्चा करते समय अपने द्वितीय व्याख्यान में लेखक ने चीनी-तिब्बती या तिब्बती-चीनी कुल की एक शाखा तिब्बती-ब्रह्मी

१. इस विषय का पहले तृतीय अध्याय में भी उल्लेख किया जा चुका है।

का उल्लेख नहीं किया था। चीनी-तिब्बती या तिब्बती-चीनी कुल में ये भाषाएँ आ जाती हैं : तिब्बती, ब्रह्मी, स्यामी, चीनी तथा हिमालय के दक्षिणी पाद-प्रदेश, नेपाल, उत्तरी बंगाल, आसाम में बोली जाती हुई बहुसंख्यक अन्य भाषाएँ; और उत्तर-पूर्वी एवं पूर्वी बंगाल, भारत-ब्रह्मी सीमान्त प्रदेश एवं बर्मा और चीन में बोली जाती अनेक भाषाएँ तथा उपभाषाएँ। एक सन्दिग्ध बौद्ध परम्परा के अनुसार तिब्बती लोग, यांग-त्से-कियांग के उद्गम के पासवाले अपने आद्य तिब्बती-चीनी निवास-स्थान से ईसा-पूर्व प्रथम सहस्राब्दी के मध्य में आये बताए जाते हैं। तिब्बती एवं ब्रह्मी दोनों जनों से सम्बन्धित (सुविधा के लिए 'तिब्बती-ब्रह्मी' या 'भोट-ब्रह्मी' कही जाती) उपजातियाँ तिब्बत और आसाम के मार्ग से होकर भारत में आईं, और सारे आसाम तथा पूर्व एवं उत्तर बंगाल के बहुत-से भाग में फैल गईं। इनका प्राचीन संस्कृत नाम है 'किरात'। अब वे वहाँ की जनता में अदृष्ट रूप से मिश्रित हो गई हैं जिनमें हिन्दू एवं मुसलमान दोनों धर्मानुयायी बंगला एवं असमिया बोलनेवाले जन हैं। कुछ विद्वानों का यह मत है कि बंगला व्यंजनों के ध्वनि-तत्त्व के विषय में पूर्वी बंगला की कुछ विशेषताएँ, तुर्क-पूर्व समय के बंगला के विकास-काल में, उस पर पड़े हुए तिब्बती-ब्रह्मी प्रभाव के कारण ही आई हैं; विशेषतया 'च, ज' का त्स्, द्ज़् (ts, dz) के रूप में उच्चारण तथा रूप-तत्त्व एवं वाक्य-विन्यास-विषयक कुछ बातें; यथा बंगला, असमिया आदि भाषाओं में संस्कृत 'त्वा' और 'य' प्रत्ययों से संयुक्त 'असमापिका क्रिया' का बहुल प्रयोग। भारत की किरात या तिब्बती-ब्रह्मी उपजातियों की न तो कोई उल्लेखनीय उच्च सभ्यता थी और न कोई महत्त्वपूर्ण संस्कृति ही; अतएव भारतीय संस्कृति के निर्माण में उनका नाम-मात्र का ही भाग हो सकता है। इसके अतिरिक्त, भोट-ब्रह्मों का भारत में आगमन भी काफ़ी देर से हुआ, तथा उनका प्रभाव नेपाल, उत्तर एवं पूर्व बंगाल तथा आसाम तक ही सीमित रहा।

अन्य सभी बातों की भाँति ध्वनि-तत्त्व के विषय में भी किसी एक भाषा-क्षेत्र की भाषा का उक्त क्षेत्र की भाषागत रीतियों के अनुसार सीधा विकास नहीं होने पाया; पास-पड़ोस की और कभी-कभी दूर की किसी भाषा से आये हुए शब्द एवं रूप उस क्षेत्र की भाषा के विकास में हस्तक्षेप करते ही रहे हैं। हिन्दी पर कई एक बातों में पंजाबी का प्रभाव स्पष्ट है; बंगला पर उत्तर-प्रदेशीय भाषाओं एवं बिहारी बोलियों का, जो स्वयं हिन्दी या हिन्दुस्ता-(स्था)नी के प्रभावान्तर्गत हैं, प्रभाव पड़ा है। उदा०—पंजाबी में अब भी मभाआ के युग्म व्यञ्जन सुरक्षित हैं; जैसे—'कम्म् (< कर्म); कल्ल् (< कल्य);

सच्च् (< सत्य); कुज्झ् (< = किञ्चित्); हत्थ् (<हस्त); नत्थ् (<नस्ता = नाक की बाली); रत्ती (<रक्तिका = तोलने का लाल दाना)' इत्यादि, तथा फ़ारसी 'चादर', 'उमेद' से क्रमशः 'चद्दर', 'उम्मेद' आदि। हिन्दी में इनकी जगह एक व्यञ्जन का सीधा रूप लिया गया है; परन्तु हिन्दुस्ता(स्था)नी (संस्कृतनिष्ठ हिन्दी एवं उर्दू) में हमें 'काम', 'हाथ', 'कल', 'सच', 'कुछ', 'नथ', 'रत्ती', 'चद्दर (चादर)', 'उम्मेद (उमेद)' आदि रूप मिलते हैं, जबकि हिसाब से ये रूप '*काल, *साच, '*कूछ, *नाथ, *राती, चादर तथा ऊमेद' ही होने चाहिएँ थे। हिन्दी के 'कल', 'सच' आदि रूप पंजाबी से ही आये हुए रूप हैं, केवल पहले अक्षरों का 'अ' ह्रस्व कर दिया गया; और अन्तिम दीर्घ या द्वित्व-व्यञ्जन, हिन्दी के मौलिक-ध्वनि-विज्ञान के नियमानुसार मान्य न होने के कारण, ह्रस्व हो गया या अकेला रह गया। भारत में भाषागत प्रभाव का स्रोत साधारणतया पश्चिम में पंजाब की ओर से पूर्व की ओर बहता रहा है, और पंजाब हमेशा से आर्यों के तथा आर्य-प्रभाव के प्रसार का मुख्य केन्द्र-स्थल रहा है। पंजाब का यह महत्त्वपूर्ण स्थान कुछ अंशों में तो परम्परा को लेकर है; कुछ अंशों में पंजाब के निवासियों की कार्यशीलता भी इसका कारण है। इसके अतिरिक्त, दिल्ली की हिन्दी जब विकसित हो रही थी उस काल में—कम-से-कम तुर्की और भारतीय मुसलमानों के उत्तरी भारत के राजत्व-काल में—मुसलमानी राज्य के मुख्य-मुख्य उत्तर-भारतीय केन्द्रों में पंजाबी मुसलमान अच्छे महत्त्वपूर्ण स्थानों पर प्रतिष्ठित थे, यह भी एक कारण हो सकता है। उदा०—बंगला में देशज शब्द 'पाहाराला' के अतिरिक्त हिन्दी 'पहरावाला' शब्द से निकला हुआ 'पाहारोला'; 'बाड़ीआला' के अतिरिक्त हिन्दी 'बाड़ीवाला' से प्राप्त 'बाड़ीओला'; ठेठ बंगला अर्द्ध-तत्सम 'केष्टो' के साथ-साथ हिन्दी अर्द्ध-तत्सम 'किसन' से प्राप्त 'किशन् (जी)' भी मिलता है। इसी प्रकार हिन्दी का प्रभाव गुजराती, मराठी तथा नेपाली एवं अन्य भाषाओं तक पहुँच गया। दिल्ली की हुकूमत के कायम होने और १६-२०वीं शताब्दियों में धीरे-धीरे उर्दू या मुसलमानी हिन्दी के मुसलमान चिन्तन एवं संस्कृति की श्रेष्ठतम भाषा के रूप में प्रतिष्ठित हो जाने के साथ ही हिन्दुस्थानी भाषा-क्षेत्र का महत्त्व पुनः बढ़ गया, और पंजाबी तथा पश्तो तक मध्यदेशीय प्रभाव के अन्तर्गत आ गईं। बंगला का भी एक अत्यन्त संस्कृतनिष्ठ तथा उच्च कोटि के साहित्यवाली भाषा के रूप में साहित्यिक हिन्दी पर प्रभाव पड़ा। इससे हिन्दी में बंगला की विशिष्ट छापवाली संस्कृत शब्दावली बढ़ी, तथा दूसरे प्रकार के भी कई शब्द आये, यथा विदेशी (पुर्तगाली, अंग्रेज़ी) शब्द, जिनका समुद्रतट-

वर्ती बंगाल से होते हुए हिन्दी में आना स्वाभाविक था। साहित्यिक हिन्दी पर, इसी प्रकार, परन्तु परिमाण में बहुत कम, गुजराती तथा मराठी का भी प्रभाव पड़ा है।

नभाआ-काल में हुए ध्वन्यात्मक परिवर्तनों के कारण भारतीय-आर्य भाषा का बाहरी कायाकल्प सम्पूर्ण हो गया। ध्वनियों के कार्य-क्षेत्र में आभाआ से नभाआ तक आश्चर्यजनक परिवर्तन हो गया। प्राचीन स्वरों एवं व्यञ्जनों का, जैसे संस्कृत में, कुछ व्युत्पत्तिमूलक अर्थ रहता था; परन्तु मभाआ के पश्चात् और विशेषतः नभाआ में वे आसपास की स्वर एवं व्यञ्जन ध्वनियों पर ही आश्रित रहते हैं, अर्थात् उनका मूल्य पारस्परिक सम्बन्धजन्य शक्ति तथा उनके आसपास के वातावरण के अनुसार निर्धारित होता है। इस प्रकार ध्वनि-विज्ञान का नया ही धरातल निर्मित हो गया। अपनिहिति, अभिश्रुति; स्वर-संगति; निर्बल स्वरध्वनियों का दुर्बल या क्षयित हो जाना, यथा—आ a का अ ă (अर्थात् ʌ, ə), तथा ए, e एवं ओ o का यथाक्रम इ i, उ u हो जाना; स्वरों के वज़न का मनमाना व्यवहार (जैसे उर्दू कविता में); इत्यादि क्रियाएँ, जिनकी आद्यभाआ में कल्पना भी नहीं की गई थी, नभाआ में प्रचलित रीतियाँ बन गईं। इनके बहुत ही प्रकृष्ट उदाहरण बंगला एवं काश्मीरी भाषाएँ हैं। (काश्मीरी ठीक-ठीक रूप से संस्कृत एवं भारतीय-आर्य समूह की भाषा नहीं, वरन् एक दरदी Dardic भाषा है। इन दरदी भाषाओं के प्रश्न की चर्चा आगे की जाएगी।) स्वर एवं व्यञ्जन ध्वनियों के ठीक-ठीक नाप-जोख का प्रश्न स्पष्ट एवं सुनिश्चित रूप से उनके रूप-तत्त्व से सम्बन्धित है। जब ध्वनि-तत्त्व की प्रचीन बारीकी लुप्त हो गई और क्षिप्रतर उच्चारण को लेकर एक नई व्यवस्था की स्थापना हुई, तब रूप-तत्त्व भी बदले बिना न रह सका, और उसमें भी आवश्यक नये परिवर्तन हुए।

नभाआ के ध्वनि-तत्त्व की अपेक्षा उसके रूप-तत्त्व का निर्माण विशेषतया प्राचीन उपादानों के क्रम-परिवर्तन एवं संयोजन आदि से हुआ था। आभाआ से प्राप्त उपादान इस विषय में बहुत स्वल्प था; इसीका बढ़ा-चढ़ाकर मभाआ के केवल संज्ञा-शब्दों के कुछ रूपों के लिए उपयोग हुआ।

आभाआ के सुबन्त प्रकरण में (सम्बोधन रूपों को लेकर) २४ रूप थे; वे मभाआ में सैद्धान्तिकदृष्ट्या केवल ५-६ रह गए और नभाआ के अधिकांश रूपों की आद्यावस्था में तो इनमें से भी व्यवहार में केवल दो ही शेष रहे। केवल ये ही रूप बहुत विस्तृत क्षेत्र में मिलते हैं, यथा—कर्त्ता एकवचन, करण एकवचन, अधिकरण एकवचन (या सम्प्रदान एकवचन), करण बहुवचन,

सम्बन्ध बहुवचन एवं कभी-कभी कर्त्ता बहुवचन भी। करण तथा सम्बन्ध बहु-वचन के रूप कर्त्ता बहुवचन में भी प्रयुक्त होते थे। हिन्दी-जैसी भाषा में हमें किसी आ-कारान्त 'सबल' संज्ञा शब्द के चार कारक रूप मिलते हैं; कर्त्ता एक-वचन, कर्त्ता बहुवचन के रूप में चलता हुआ करण बहुवचन, एक संदिग्ध (या सम्भवतः आभाआ) उद्‌गमवाला अधिकरण एकवचन, तथा एक सम्बन्ध बहु-वचन रूप। (उदा० आभाआ कर्त्ता एक० 'घोटकः'=कर्त्ता ए० हिन्दी—'घोड़ा', ब्रज० 'घोड़ौ; करण बहु० आभाआ—*'घोटकेभिः'=हिन्दी कर्त्ता बहु० 'घोड़हि'> 'घोड़े'; आभाआ अधिकरण एक०—*'घोटकधि'='घोडअहि' > 'घोड़े', हिन्दी तिर्यक् एक०; आभाआ सम्बन्ध बहु० 'घोटका-नाम्'=हिन्दी तिर्यक् बहु० 'घोड़ों', बोलचाल में—'घोड़न, घोड़ाँ, इत्यादि।) व्यञ्जनान्त संज्ञा शब्दों के और भी कम रूप होते हैं। यथा—कर्त्ता एक० 'पुत्रः' > 'पूत'; कर्त्ता बहु० 'पुत्राः' >'पूत'; अधिकरण एक०—'पुत्रे' > 'पूत'; सम्बन्ध बहु० 'पुत्राणाम्' > 'पूतों' (बोलचाल में 'पूताँ, पूतन्'), इसी प्रकार कर्त्ता एक० 'वार्त्ता' > 'बात'; कर्त्ता बहु० *'वार्त्तानि' (स्त्रीलिंग में भी नपुंसक 'आनि'-प्रत्यय का ही उपयोग करते हुए) >'बातें'; 'वार्त्ता' (मूलरूप) >'बात'; सम्बन्ध बहु० 'वार्त्तानाम्' >'बातों'। अन्य भाषाओं में आभाआ की दूसरी विभक्तियाँ सुरक्षित रही हैं; जैसे मराठी में तिर्यक् अधि-करण की जगह सम्बन्ध-सम्प्रदान प्रचलित है, और कर्त्ता बहुवचन ज्यों-का-ज्यों रखा गया है! (उदा० कर्त्ता एक० 'देवः' > 'देव', बहु० 'देवाः' > 'देव'; सम्प्रदान एक० 'देवाय'> मराठी तिर्यक् एक० 'देवा'; सम्बन्ध बहु० 'देवानाम्' > तिर्यक् बहु० 'देवाँ'; कर्त्ता एक० 'इष्टा', >'ईट्', बहु० 'इष्टाः', मभाआ 'इट्टाओ' > कर्त्ता बहु० 'इटा'; सम्प्र० एक० 'इष्टायै', मभाआ 'इट्टाए' > मराठी तिर्यक् एक० 'इटे', सम्ब० बहु० 'इष्टानाम्' > तिर्यक् बहु० 'इटाँ'।) आभाआ के इस अल्प अवशेष को भी प्रचलित रहने के लिए नई रीतियों का आश्रय लेना पड़ा। आनुसर्गिक रूप मभाआ से लिये गए। मभाआ के कुछ अनुसर्ग संस्कृत में भी प्रविष्ट हो गए। उदा० 'तस्मै दत्तम्' की जगह 'तस्य कृते' या 'तस्यार्थे दत्तम्'; 'गृहम् गच्छति' की जगह 'गृहाभिमुखं गच्छति'; केवल 'तेन कृतम्' के बदले 'तस्य द्वारेण' या 'तत्कर्तृकं कृतम्'; 'पर्वते' की जगह 'पर्वतस्य उपरि'; वं 'जले' के बदले 'जल-मध्ये' आदि का प्रयोग। आभाआ उपसर्गों का अब केवल क्रियापूर्व प्रयोग रह जाने से इन व्यञ्जक शब्दों की भाषा में कमी हो गई जो वाक्य में शब्दों के पारस्परिक सम्बन्ध के सूचक थे। इनके अतिरिक्त कुछ सामीप्य या नैकट्यसूचक शब्द आभाआ में भी संज्ञा-

शब्दों के पश्चात् व्यवहृत होते थे, यथा 'समीप, अन्तिक, निकट, पार्श्व' आदि।

साथ-साथ द्राविड़ और दक्षिणदेशीय भाषाओं का उदाहरण भी था—उदाहरण क्या, दबाई हुई अनार्य भाषा का अदृष्ट रूप से पहुँचा हुआ प्रभाव था। इस प्रकार कारक रूप बनने के लिए संज्ञा-शब्दों के साथ केवल संज्ञा-शब्द ही नहीं, कृदन्त, उद्देश्यमूलक क्रियानाम (असमापिका क्रिया आदि) तथा अन्य क्रिया-रूप भी जोड़े जाने लगे। कभी-कभी किसी पद-गठनकारी प्रत्यय ने भी कारक रूप धारण कर लिया। उदा० 'घोटक-त्य->* घोडअच्च- > मराठी घोडाचा'। अथवा इस प्रकार भी सम्भव है—'घोटक-कृत्य > घोडअ-अच्च > घोडाचा', इत्यादि। ये संज्ञा-शब्द तथा कृदन्त शब्द भी आभाआ की मिरास रूप बची-खुची कारक-विभक्तियों के आश्रय से बने हैं। मभाआ में प्रचलित प्राचीन कारकसूचकों का भी, भाषा के अन्य उपादानों की तरह, ध्वन्यात्मक क्षय हो गया, और इन क्षयित रूपों से नभाआ में बहुत-से नये प्रत्यय विकसित हुए। इन रूपों का ध्वन्यात्मक सरलीकरण इस हद तक हो गया था कि बदले हुए रूपों से उनके मूल रूपों तथा शक्तियों का अनुमान लगाना ही अत्यन्त दुष्कर हो गया। उदा०—आभाआ 'कार्य' से (मभाआ अर्द्ध-तत्सम रूप '*काइर > केर, केल' से होते हुए) बंगला के षष्ठी प्रत्यय 'एर,-र' प्राप्त हुए हैं; 'कार्य' के तद्भव रूप 'कय्य' > 'कज्ज' से सिन्धी षष्ठी प्रत्यय '-जो, जी' निकले हैं; 'कर्ण' > 'कण्ण' से हिन्दी तृतीया प्रत्यय 'ने', राजस्थानी-गुजराती चतुर्थी प्रत्यय 'ने' तथा गुजराती षष्ठी प्रत्यय 'नो, -नी, -ना, -नुँ' निकले हैं; 'अन्तर्' > 'अन्त' से बंगला सप्तमी प्रत्यय '-त्', 'त्-ए' तथा मराठी सप्तमी प्रत्यय '-आँत' निकले हैं; 'कक्ष' > 'कक्ख' के (अर्द्ध-तत्सम) 'कख' > 'कह' से हिन्दी चतुर्थी प्रत्यय 'कहु' > 'को', तथा सिन्धी 'कहि' > 'खे' निकले हैं। इसी प्रकार 'उपरि, प्रति' आदि अनुसर्गीय संज्ञा-शब्दों के रूप में व्यवहृत उपसर्गों से हिन्दी के सप्तमी प्रत्यय 'पर, पै, या प' प्राप्त हुए हैं। नभाआ की एक बड़ी विशिष्ट प्रक्रिया यह है कि विभक्तियुक्त होकर एक शब्द पहले कारकसूचक रूप बनता है और फिर धीरे-धीरे वह स्वयं भी केवल विभक्ति ही बन जाता है। नभाआ के विभक्तिसाधित या अनुसर्गीय रूपों के नये सुबन्त-प्रकरण में हमें इस रीति का ही प्रचलन दृष्टिगोचर होता है। उदा० मराठी—'घरी-चा'; गुजराती—'आ-देश-मा-ना लोको'; बंगला—'इहा-र आगे-कार', 'घर्-एर भितर्-ए-कार'; दकनी हिन्दुस्तानी—'मेरे-कू' (हिन्दी 'मुझे' या 'मुझको' की जगह); हिन्दी 'उस-में-से' इत्यादि।

'कृत', (संस्कृत द्वित्वसाधित रूप 'दत्त' के बदले) √दा धातु से प्राप्त

'*दित', 'सत्-क >सत्रक', 'सन्त या असन्त' < √अस्, '*थक्किय' <'स्तभ्+√कृ (?)' आदि क्रियात्मक कृदन्त रूप भी परसर्गों का कार्य करने लगे; इन्हीं से हिन्दी षष्ठी प्रत्यय—'का'; पंजाबी षष्ठी प्र० 'दा'; आद्य आसामी 'साक् (=हाक्)'; काश्मीरी (दरदी) षष्ठी प्र० 'सोन्दु (sŏndu)'; गुजराती पंचमी प्रत्यय—'थी' और 'थकी'; बंगला पंचमी प्रत्यय—'हइते' > 'ह्ोते', एवं 'थाकिया' > 'थेके' आदि निकले हैं। जब कभी किसी नये असमापिका या सम्भावनार्थ का व्यवहार हुआ, तब ये रूप नभाआ में भी आ गए (उदा० बंगला—'दिया (=देकर)' का तृतीया की जगह, तथा हिन्दी—'करि> कर' आदि का प्रयोग।) इस विषय में भी भारतीय-आर्य भाषा द्राविड़ भाषाओं के निकट आती है।

पूर्वी एवं कभी-कभी मध्यदेशीय भाषाओं में किसी संज्ञा-शब्द के बहुवचन बनाने के लिए एक नई रीति का प्रयोग हुआ है; वह है उस शब्द के पश्चात् षष्ठी एकवचन का सबल रूप और समूहसूचक एक शब्द जोड़ देना। कुछ भाषाओं में कालान्तर में यह समूहसूचक शब्द जोड़ दिया गया और केवल षष्ठी एकवचन से ही बहुवचन का बोध होने लगा। सर्वप्रथम इसका प्रयोग सर्वनामों के साथ हुआ, एवं तत्पश्चात् बंगला में संज्ञा शब्दों के साथ भी। उदा० मैथिली में हमरा-सभ', (दे० 'हमर'='मेरा', मूल अर्थ—'हमारा'), मध्य बंगला —'आमि-सब' (कर्त्ता० बहु+समूहवाचक संज्ञा), एवं 'आम्हारा', 'तोम्हारा' तथा 'आमरा', 'तोमरा'+'सब' आदि; भोजपुरिया—'हमनी-का' ='हम' (शाब्दिक अर्थ='हमारा'), 'तोहनी-का'='तुम' 'तू' (शाब्दिक अर्थ—'तुम्हारा, तेरा'); बुन्देली—'हमारे, तिहारे'='हम, तुम' (शा० अ० 'हमारा, तुम्हारा')। बंगला में इसी रीति से सप्राण संज्ञा-शब्दों के साथ प्रयुक्त बहुवचनवाची प्रत्यय '-एरा, -रा' निकले हैं; उदा० 'लोकेरा सब' 'मा (य्)+एरा-सब'='लोगों का समूह (शा० अ०—सब), माताओं का समूह'; और इन रूपों से प्राप्त—'लोकेरा'=लोग, 'मायेरा'=माताएँ।

आभाआ से प्राप्त बहुवचन प्रत्ययों के लुप्त हो जाने तथा तृतीया एवं षष्ठी बहुवचन रूपों का कर्तृवाची रूपों की तरह प्रयोग होना (जो सन्तोषप्रद नहीं जान पड़ा) आरम्भ होने के पश्चात् योगात्मक या संश्लेषण पद्धति से बहुवचन रूप बनाने की रीति का प्रायः उपयोग होने लगा। इस प्रकार का संश्लेष द्राविड़ प्रभाव का परिचायक है। इसके अनुसार, संज्ञा शब्दों के साथ 'सब (भ) (<सर्व=सब्ब+सभा); सकल, समह, गण, लोक > लोक्, लोग; मानव> मान, मेन, मन; जन, कुल > गुल (गुला, गुलि); आदि, सर्व > हर (हरु)'

इत्यादि शब्द जोड़े जाने लगे, और उपलब्ध बहुवचनवाची संश्लिष्ट या समस्त शब्द का सुबन्त प्रकरण किसी एकवचन रूप की तरह चलाया जाने लगा। उदा० (बंगला) 'लोक्-गुलि-के'=लोगों को, परन्तु (हिन्दी) 'बन्दर-लोगों-से' (पंचमी)। बहुवचन बनाने के लिए संश्लेष या योग का प्रयोग मभाआ एवं संस्कृत में भी मिलता है, परन्तु वहाँ वह अपवाद रूप में एक प्रकार की रीत्यात्मक या शैली-विषयक विशेषता दिखलाने के लिए ही प्रयुक्त हुआ है। नभाआ में आकर यह प्रयोग आवश्यक प्रतीत होने लगा।

आदरसूचक सर्वनामों का विकास नभाआ के कुछ रूपों की एक और विशेषता है। संस्कृत में—प्राभाआ में—भी 'भवान्', 'भवती' आदि तृतीय पुरुष के आदरसूचक शब्दों के रूप में यह प्रवृत्ति पहले से ही दृष्टिगोचर होने लगी थी। परन्तु इस विषय में मध्यदेशीय तथा पूर्वी भाषाओं की अपेक्षा पश्चिमी भाषाएँ अधिक रूढ़िबद्ध हैं। मराठी, गुजराती, राजस्थानी, पंजाबी और सिन्धी में अब भी प्राचीन प्रथम पुरुष एकवचन (मीं, हुँ, में, मइँ, मुँ) ही प्रचलित है, परन्तु पूर्वी भाषाओं में प्राचीन प्रथम पुरुष बहुवचन के रूप ने एकवचन की जगह ले ली और नये बहुवचन रूप, प्राचीन एकवचन या बहुवचन मूल की सहायता से बनाने पड़े। पुराना एकवचन रूप अप्रयुक्त हो गया, अथवा गँवारू प्रयोग के रूप में कहीं-कहीं मिलता है; (पूरब की केवल असमिया एवं उत्तरी बंगला बोलियों में प्राचीन एकवचन का एकवचन के रूप में और बहुवचन का बहुवचन के रूप में अब भी व्यवहार होता है); उदा० बिहारी—'हम', बंगला 'आमि' (प्राचीन एकवचन 'मुइ', गँवारू या जानपदीय गिना जाने लगा); उड़िया—'आम्भे' ('मुँ' गँवारू प्रयोग हो गया); परन्तु असमिया में अब भी एक० 'मइ', बहु० 'आमि' प्रचलित हैं। पश्चिमी हिन्दी में प्राचीन पद्धति ही चलती रही, अतएव प्रचलित हिन्दी (एवं उर्दू) में हमें 'मैं—हम' एवं ब्रजभाषा में 'हौं—हम' (दे० गुजराती 'हुँ—अमे') मिलते हैं; परन्तु हिन्दी या हिन्दुस्थानी के सम्मिश्रित स्वरूप के कारण 'मैं' की जगह 'हम' का प्रयोग भी साधारणतया होने लगा। फलस्वरूप, एक नया संश्लिष्ट बहुवचन 'हम-लोग' बना लेना पड़ा। उत्तम पुरुष का प्राचीन एकवचन प्रयोग उसी प्रकार लुप्त हो गया जान पड़ता है, जैसे (अधिकांश भाषाओं में) मध्यम पुरुष एकवचन, जिसकी जगह सम्बोधन में शिष्टाचार की दृष्टि से प्रायः बहुवचन प्रयुक्त होने लगा; (दे० फ्रेन्च vous एवं tu, अंग्रेज़ी—you एवं thou, जर्मन—Sie एवं Du, तथा इटालियन एवं स्पैनिश में एकवचन 'तुम' की जगह क्रमशः Lei एवं Usted प्रयोग)। एक और महत्त्वपूर्ण विकसित रूप, मध्यम पुरुष (या प्रथम पुरुष) आदरार्थी

सर्वनाम है, जो आभाआ आत्मवाचक सर्वनाम 'आत्मन्' = मभाआ 'अप्पण' से बना हुआ है। इसका आरम्भ पश्चिमी हिन्दी में हुआ प्रतीत होता है, और धीरे-धीरे इसका मध्यम पुरुषवाचक आदरार्थी प्रयोग शिष्ट भाषा के एक रूप की तरह अन्य भाषा-क्षेत्रों में भी होने लगा ('आप', 'आपनि' इत्यादि)।

नभाआ के संज्ञा-रूपों का सुबन्त प्रकरण अधिकांशतः मभाआ से प्राप्त है, परन्तु उसके क्रिया-रूपों का तिङन्त प्रकरण मुख्यतः अपना स्वतन्त्र विकसित हुआ है। मभाआ से प्राप्त यत्किंचित् रूपों में से भी कुछ का क्रमशः लोप होता रहा। नभाआ काल में विभक्ति-साधित कर्मवाच्य तथा सम्भावक एवं विभक्तिसाधित भविष्यत् रूपों ('चलिष्यामि > चलिस्सामि >*चलिहामि > ब्रज०—चलिहौं; चलिस्सम् या चल्लिस्सम् > गुजराती—चालीश') में विभिन्न क्षेत्रों में बहुत-से रूप कम कर दिये गए। परन्तु सबसे अधिक महत्त्वपूर्ण बात यह हुई कि कुछ कृदन्त भी कालरूपों के आधारों के रूप में प्रतिष्ठित हो गए। उदा० 'कृत > किअ-, कीन-, कीध-; कृत + अल्ल, इल्ल > कयल्ल, कयिल्ल > कइल-, कैल, केल; कुर्वन्त्- > करन्त- > करता, करदा, करित्-, करत्; कर्तव्य- > अर्द्ध-तत्सम मभाआ—*करितब्ब > अर्द्ध-तत्सम = करिअब्ब-, करिअब-, करिब-, करब-, करिब' इत्यादि। नभाआ में आरम्भ में तीन काल थे—(१) सामान्य वर्तमान (जो बहुत-से क्षेत्रों में 'सम्भावनार्थक' हो गया है), (२) सामान्यभूत (जो सर्वत्र आभाआ के '-त' या '-इत'-साधित कर्मणि कृदन्त से प्राप्त हुआ है), तथा (३) सामान्य भविष्यत् (जो या तो आभाआ के प्राचीन विभक्तिसम्पन्न भविष्यत् से प्राप्त हुआ, अथवा 'इतव्य'-साधित भविष्यत् कर्मणि कृदन्त या '-अन्त्'-साधित शतृ-प्रत्यय या वर्तमान कृदन्त से निकला कृदन्तसम्पन्न रूप है)।

नभाआ-काल में आर्यभाषा में क्रियाओं के भूतकाल के तीन रूप प्रचलित रहे; अकर्मक क्रियाओं का 'कर्तरि प्रयोग' (जिसमें क्रिया, विशेषण के रूप में, कर्त्ता के विशेषण का कार्य करती थी), सकर्मक क्रियाओं का 'कर्मणि प्रयोग' (जिसमें क्रिया, विशेषण बनकर, कर्म के विशेषण का कार्य करती थी) तथा एक 'भावे प्रयोग' (जिसमें क्रिया 'स्वतन्त्र रूप' से प्रयुक्त रहती थी, और क्रिया का कोई कर्म न रहने के कारण कर्म की जगह सम्प्रदान का प्रयोग होता था) उदा० 'स गतः' > हिन्दी—'वह गया', ब्रजभाषा—'सो गयौ' (कर्तरि प्रयोग); 'तेन भक्तम् खादितम्' > हिन्दी—'उसने भात खाया', 'तेन रोटिका खादिता' < हिन्दी—'उसने रोटी खाई' (कर्मणि प्रयोग); तेन राज्ञः कृते या कक्षे *दृक्षितम् = दृष्टम्' > हिन्दी—'उसने राजा को देखा' (भावे

प्रयोग)। पश्चिमी हिन्दी एवं पूर्वी पंजाबी में ये प्रयोग अधिकांशतः विद्यमान रहे हैं, परन्तु अन्य क्षेत्रों में इनमें कई प्रकार का थोड़ा-बहुत फेरफार हो गया है। उदाहरणार्थ, भूतकालिक मूलरूप में कर्त्ता के पुरुषवाची प्रत्यय जोड़कर, बिहारी बोलियों, अवधी तथा बंगला-असमिया-उड़िया आदि पूर्वी भाषाओं में कर्मणि प्रयोग का कर्तरि बना लिया गया है। उदा० प्राचीन बंगला—'मार्-इल्-अ' (पु० एवं न०) 'मार्-इल्-इ' (स्त्री०) = मारा, एक भूतकालवाची क्रियारूप था जिसका प्राचीन कर्मणि प्रयोगानुसार कर्म के विशेषण की तरह प्रयोग होता था। परन्तु आधुनिक बंगला में हमें इस प्रकार के कर्तरि प्रयोग मिलते हैं—'मारिलाम' (=मैंने मारा), 'मारिलि' (तूने मारा), 'मारिल' या बोलचाल में 'मारिले' > 'मार्ले', 'माल्ले' (=उसने मारा)। राजस्थानी-गुजराती में कर्मणि एवं भावे प्रयोग एक-दूसरे में मिश्रित हो गए हैं। उदा० गुजराती—'ते-णे स्त्री-ने-मारी' (न कि 'मार्यु़ँ') = शाब्दिक अर्थ—'उसके द्वारा, स्त्री के विषय में, वह मारी गई' जिसका हिन्दी प्रतिरूप यों होगा—'*उस-ने स्त्री-को मारी' (न कि 'मारा')। क्रिया के साथ पुरुषवाची विभक्तियों का प्रयोग नभाआ के पूर्ण विकास के पश्चात् प्रचलित हुआ, परन्तु इस प्रयोग का प्रत्येक भाषा में अपना-अपना स्वतन्त्र विकास हुआ, यहाँ तक कि बंगला में भी पूर्वी बंगला की क्रियाओं के पुरुषवाची प्रत्यय पश्चिमी बंगलावाले प्रत्ययों से कुछ भिन्न हैं। पश्चिमी पंजाबी तथा सिन्धी में प्राचीन कर्मणि प्रयोग ही चलता रहा, परन्तु साथ-साथ कर्ता-सम्बन्धी पुरुषवाची प्रत्यय भी संयुक्त होते रहे। उदा० लहँदी (प० पंजाबी)—'किताब पढ़ीम्' (मैंने किताब पढ़ी है)—शाब्दिक अनु० 'किताब (स्त्री०), वह मेरे द्वारा पढ़ी गई', और मराठी में पुरुष-वाची प्रत्यय केवल अकर्मक क्रियाओं के साथ ही जोड़े जाने लगे (उदा० 'मी उठलों'='मैं खड़ा हुआ', परन्तु 'म्या मारिला, मारिली या मारिलें'='मेरे द्वारा वह मारा (-री) गया (-यी))'।

नभाआ में प्राचीन सामान्य कालों के साथ-साथ कालों के सूक्ष्म विभेद व्यक्त करने के लिए कई यौगिक कालों का भी प्रयोग होने लगा। घटमान एवं पराघटित कालरूपों तथा समुच्चयबोधक अव्ययों से युक्त अथवा अयुक्त संकेतार्थ लृङ् एवं वैकल्पिक आदि कई रूपों का भिन्न-भिन्न भाषाओं में स्वतन्त्र रूप से विकास हुआ। क्रिया के कालरूपों को अत्यन्त सूक्ष्मता से प्रदर्शित करने के लिए हुए उपर्युक्त प्रयत्न भारतीय-आर्य भाषा की बड़ी भारी प्रगति के सूचक हैं, क्योंकि प्राभाआ में विकसित मूल काल एवं वाच्य रूपों की व्यवस्था मभाआ-काल में छिन्न-भिन्न हो गई थी, और भारतीय-आर्य भाषा की कई एक

आधुनिक बोलियों में तो सुनिश्चित कालरूप का विकास होना अभी बाकी है। जो भी हो, मभाआ में ये यौगिक कालरूप प्राप्त नहीं होते, और आभाआ में तो इनका अस्तित्व ही नहीं था। वैसे इनका विकास-क्रम भारतीय-यूरोपीय समूह के अन्य—ईरानी, जर्मनिक तथा लाटिन—उपसमूहों के विकास-क्रम से, उनकी विशिष्ट विकास-रेखाओं को छोड़कर, साधारणतया मिलता-जुलता है। इस प्रकार भारतीय-आर्य भाषा भी समयानुसार प्रगतिशील होती रही है, यह बात सिद्ध होती है।

रूपतत्त्व की दृष्टि से भी भारतीय-आर्य भाषा के विकास में उसके अपने देशज उपकरणों एवं उपादानों का ही पूर्णतः उपयोग हुआ है; साथ-ही-साथ ध्वनि-विज्ञान एवं वाक्य-विन्यास के विषय में भी उसके स्वदेशी रूप में विनाश के लक्षण तो दूर रहे, बहुत अधिक परिवर्तन ही नहीं आने पाए। विभिन्न नभाआ भाषाओं का रूपतात्त्विक विकास अधिकांशतः समान ही हुआ है। इनके बीच का साम्य इतना अधिक स्पष्ट है कि हम यह निर्विवाद कह सकते हैं कि नभाआ अवस्था के सूत्रपात के पहले तक, मभाआ-काल में, इन उपभाषाओं में बहुत-कुछ अंशों में एकता थी। प्रो० भ्रूल ब्लॉक (Prof. Jules Bloch) के कथनानुसार, यह एकता 'संस्कृत' में दृष्टिगोचर होती है जो स्वयं भारतीय-आर्य भाषा की जननी तथा उसकी महान् आश्रय एवं परिचायक है।

इस अखिल-भारतवर्षीय विकास-क्रम से केवल दरदी भाषाएँ अलग रहीं। कुछ अंशों में यही बात सिंहली भाषा तथा एशिया एवं यूरोप के यायावर या अटलशील जनों की भाषाओं के विषय में कही जा सकती है। (पहले 'पिशाच' कही जाती) दरदी समूह की भाषाएं भारत की सुदूर पश्चिमोत्तर सीमान्त प्रदेश तथा भारत-अफ़गान सीमा के उत्तर-पश्चिम में बोली जाती हैं। ये तीन शाखाओं में विभक्त हैं : (१) कश्मीरी के साथ शीणा (१३-१४ लाख लोग); केवल 'शीणा' (२५ हज़ार बोलनेवाले) जो कश्मीरी के उत्तर एवं उत्तर-पश्चिम में बोली जाती है; 'कोहिस्तानी' (७ हज़ार बोलनेवाले), जो पश्चिमोत्तर सीमान्त प्रदेश में दरगाई एवं मलाकन्द के उत्तर में बोली जाती है; (२) कोहिस्तानी के भी उत्तर-पश्चिमोत्तर सीमान्त प्रदेश में बोली जाती 'खोवार' या 'चित्राली' या 'चत्रारी'; तथा (३) खोवारी एवं कोहिस्तानी के पश्चिम-स्थित अफ़ग़ान प्रदेश के भाग 'काफ़िरिस्तान' (अब 'नूरिस्तान') की विभिन्न बोलियाँ ('कलाशा, गवर-बती, परी, लघमानी, दीरी, तिराही, वैं, वासी-वेरी, अश्कुन्द' इत्यादि)। ग्रियर्सन ने इन भाषाओं एवं

बोलियों के समूह को एक स्वतन्त्र समूह माना था, और तदनुसार उन्होंने भारतीय-ईरानी को इन तीन समूहों में विभाजित किया था : (१) पश्चिम की ईरानी, (२) पूर्व की भारतीय-आर्य, तथा (३) इन दोनों के बीच की सुदूर उत्तर में दरदी भाषाएँ। झू.ल् ब्लॉक, गेओर्ग् मोर्गेन्स्त्यर्न (Georg Morgenstierne) तथा आर० एल० टर्नर आदि विद्वान् इस त्रिविध वर्गीकरण से सहमत नहीं हैं। उनके हिसाब से दरदी भाषाएँ भारतीय-आर्य के अन्तर्गत का ही एक समूह हैं, और तदनुसार आधुनिक दरदी भाषाओं का वर्गीकरण नभाआ भाषाओं के साथ होना चाहिए। परन्तु इस विषय में दो बातें विचारणीय हैं। एक तो यह बात मानी जाती है कि कुछ विषयों में दरदी भाषाएँ भारतीय-आर्य की अपेक्षा ईरानी कुल के निकटतर हैं; दूसरे, दरदी भाषाओं का विकास अपने बिलकुल स्वतन्त्र पथ का अनुसरण करते हुए हुआ है, यद्यपि उसमें भी कई बातें परस्पर-विरोधी दृष्टिगोचर होती हैं। केवल कश्मीरी एक ऐसी भाषा है जिसका अपने हिन्दू एवं बौद्ध धर्म के कारण हिन्दू भारत तथा उसकी संस्कृत भाषा से गहरा सम्बन्ध रहा; उसके अतिरिक्त अन्य दरदी भाषाओं का भारत से सम्पर्क रहा प्रतीत नहीं होता, और न उन पर भारतीय-आर्य या मध्य-देशीय भारतीय (अर्थात् मिश्रित आर्य-अनार्य) प्रभाव ही पड़ा जान पड़ता है। ईसा के पहले तथा पीछे की शताब्दियों में शक तथा कुषाण साम्राज्यों के समय दरद जनों के तक्षशिला, पेशावर (पुष्पपुर), काबुल (कपिशा) एवं काश्मीर के सदृश अन्तर्राष्ट्रीय संस्कृति-संगम के केन्द्रों के निकटस्थ होने के कारण, बौद्ध और ब्राह्मण-संस्कृतियों के कुछ उपादान उन तक पहुँचे प्रतीत होते हैं। अभी कुछ समय पहले तक, जबकि यहाँ के लोग मुसलमान बनना शुरू हुए थे अथवा बन रहे थे, यहाँ की कुछ जातियों में भारतीय-आर्य धर्म और देवी-देवताओं के कुछ अंश विद्यमान थे; उदा० बशग़ाली उपजाति में मुख्य देवता के रूप में 'इम्-रा' (< यमराज) की पूजा का प्रचलन। उनको अब आसपास के मुसलमान जनों—पठान और ग़लचा उपजातियों—के सांस्कृतिक स्तर पर उठाया जा रहा है (और यह स्तर उनके मूल सांस्कृतिक स्तर से विशेष ऊँचा नहीं है)। उनकी अवस्था या तो ऐसे जनों की-सी है जो देश की अननुकूल जलवायु के कारण, उच्च बौद्धिक तथा भौतिक संस्कृति की प्रतिष्ठा से पतित होकर, पुनः बर्बर हो गए हों, अथवा परम्परागत धर्मजात संस्कृति से रहित आद्य भारतीय-ईरानी जनों की-सी सभ्यताविहीन। दरदी भाषाओं के ध्वनि-विज्ञान एवं रूप-तत्त्व की मूल भावना भी भारतीय-आर्य संस्कृत से भिन्न है, और बर्बर बोलियों के रूप में उनका इतिहास भी भिन्न है। अतएव उन्हें मुख्य

भारतीय-आर्य समूह से भिन्न गिनना ही युक्तियुक्त होगा; हाँ, जिन-जिन विषयों में इन दोनों समूहों के परस्पर सम्पर्क रहे हों, उनका स्पष्टीकरण एवं तुलनात्मक उल्लेख अवश्य भारतीय-आर्य एवं दरदी दोनों समूहों के समझने में सहायक सिद्ध होगा।

एशिया एवं यूरोप के यायावर या घुमन्तू लोगों (जिनमें फ़ारस, आरमेनिया, सीरिया, ग्रीस, बलकन राज्य समूह, रूमानिया, हंगरी तथा साधारण एवं सारा पूर्वी यूरोप; जर्मनी, फ्रांस, स्पेन, इंगलैण्ड, स्कॉटलैण्ड एवं वेल्स आदि सभी देशों के यायावर जन आ जाते हैं) की बोलियाँ भी भारतीय-आर्य समूह की ही एक दूर प्रक्षिप्त शाखा से ही निकली हैं। ये भाषाएँ भारत से बाहर जाती हुई कुछ उपजातियों के साथ, ईसा की कुछ शताब्दियों पहले उपर्युक्त देशों में पहुँचीं, और मूलतः ये भारतीय-आर्यसमूह की पश्चिमोत्तरी भाषाओं से सम्बन्धित भाषाएँ थीं। इस भाषा-समूह की विभिन्न बोलियों का अध्ययन हुआ है। इनमें से अत्यन्त आधुनिक तथा विस्तृत अध्ययन वेल्स की यायावर बोलियों का, स्व० डॉ० जॉन सैम्पसन (Dr. John Sampson) ने किया है। उन्होंने इन बोलियों का तुलनात्मक विवेचन किया है जिनमें मभाआ तथा नभाआ भाषाओं का लगातार उल्लेख किया गया है (दे० 'वेल्स के यायावरों की बोली', ऑक्सफर्ड यूनि० प्रेस, १९२६; The Dialect of the Gypsies of Wales)। इन भाषाओं का क्षेत्र भारत से अत्यन्त दूर होने तथा संस्कृत से उनका सम्बन्ध छिन्न रहने के बावजूद भी उनके विकास का इतिहास वास्तव में भारतीय-आर्यसमूह के इतिहास का भाग ही है। परन्तु इन भाषाओं का प्रश्न कुछ गहन और दुर्बोध होने के कारण उनकी चर्चा पृथक् रूप से होनी आवश्यक है, यदि भारत एवं भारत के बाहर की उत्सुक जनता को इनके विषय में प्राथमिक वर्णन से भी अवगत कराना हो। भारतीय भाषा-शास्त्र में जिन वस्तुओं का अध्ययन शीघ्र ही अपेक्षित एवं आवश्यक है, उनमें से दो मुख्य, दरदी भाषाओं का पूर्ण अध्ययन, तथा भारत के बाहर की यायावर भाषाओं के विषय में अनुशीलन हैं।

सिंहली भारतीय-आर्य भाषा का एक और रूप है जो सिंहल (लंका) देश में सम्भवतः पश्चिमी भारत (गुजरात, काठियावाड़ तथा दक्षिणी सिन्ध ?) से ले जाया गया था। यह कार्य शायद ईसापूर्व प्रथम सहस्राब्दी के द्वितीयार्द्ध में सम्पन्न हुआ होगा, और तत्पश्चात् उस भाषा का सिंहल में अपना स्वतन्त्र विकास नहीं हुआ। उस पर पश्चकाल में आर्य भारत, पूर्वी भारत (बंगाल, मगध) आदि से आये हुए यात्रियों तथा बसनेवालों की भाषाओं एवं बोलियों

का बराबर प्रभाव पड़ता रहा, और फलतः क्रमानुसार नये उपादान सम्मिलित होते रहे। विल्हेल्म् गाइगर (W. Geiger) का सिंहली के इतिहास-विषयक कार्य वास्तव में अमूल्य है (दे० उनका ऐतिहासिक 'सिंहली भाषा का व्याकरण', कोलम्बो, आर० ए० एस० सीलोन शाखा, १९३८, तथा इसके पूर्व के लेखादि)। यह कार्य भारत में मभाआ तथा नभाआ-विषयक हुए कार्य के बराबर साथ-साथ चलता रहा है। सिंहली के पश्चिमी भारत से सम्बन्ध तो स्पष्टतया दृष्टिगोचर होते हैं। दसवीं शताब्दी में उसका Elu 'एळु' (<*हिअळु<सिहळु <सिंहल) रूप विकसित हुआ जो 'प्राचीन सिंहली' कहा जा सकता है। उस समय सिंहल की भाषा अपनी अपभ्रंश अवस्था में थी; उसमें ध्वनि-विषयक क्षय तथा स्वरसंगति, युग्म व्यंजनों का दीर्घीभूत हुए बिना सरलीकरण, अन्तिम स्वरों का लोप आदि ध्वनि-विषयक परिवर्तन हो रहे थे। सिंहली भाषा का इतिहास, भारतीय आर्य-भाषाओं से पृथक् स्वतन्त्र रूप से विकसित होने पर भी, एक पूर्णतया मौलिक एवं भिन्न, नई भाषा का निर्माण नहीं कहा जा सकता। वस्तुतः, उसका विकास भारतीय-आर्य भाषाओं के बराबर साथ-साथ चलता पाया जाता है। विशेषतया उत्तरकालीन-समय में आर्य भाषाओं की भाँति सिंहली का भी संस्कृत से गठबन्धन हो गया, और इसके साथ-साथ पालि से आई हुई धार्मिक शब्दावली तो थी ही। लंका से सिंहली मालदीव द्वीपों में प्रसरित हो गई। यहाँ की थोड़ी-सी मुसलमान आबादी सिंहली की एक उप-भाषा बोलती है, ठीक उसी तरह, जैसे पड़ोस के लक्कदीव द्वीपों की जनता द्राविड़ी मलयालम की एक बोली बोलती है। सिंहल की मूल अनार्य भाषा प्राचीन वेद्दा या व्याद्दा (Veddah व Vãdda) अब लुप्त हो चुकी है, और व्याद्दा जन अब सिंहली की ही एक बोली बोलते हैं। व्याद्दा भाषा सम्भवतः दक्षिणदेशीय या अधिकांशतः दक्षिणद्वीपीय भाषा का ही एक रूप रही होगी। द्राविड़ी तमिल भी सिंहली के सम्पर्क में बहुत पहले ही आ गई थी इस प्रकार सिंहली के आसपास का वातावरण, यायावार या अन्य अतिभारतीय भाषाओं की भाँति न होकर, भारत की आर्य-भाषाओं के वातावरण का-सा ही रहा है।

हम यह कह सकते हैं कि नव्य-भारतीय-आर्य भाषाओं का जन्म संस्कृत के वातावरण में हुआ। (आभाआ से प्राप्त उपादानों पर ही आश्रित) वास्तविक नभाआ तो बिलकुल क्षीण भाषा थी, जो अपने-आप स्वतन्त्र रूप से जीवित भी नहीं रह सकती। परन्तु माता पुत्री को शक्ति प्रदान करने के लिए हर घड़ी कटिबद्ध थी, और नभाआ ने संस्कृत के सुसमृद्ध कोष से ही अपना शब्द-भण्डार भरना आरम्भ किया। इसके सिवा और कोई चारा ही न था, और इस

विषय में, बड़े भाषा-शास्त्री बनकर संस्कृत से शब्द उधार लेने की इस नीति को बुरा समझने की तनिक भी आवश्यकता नहीं है। संस्कृत के शब्द बड़े स्वाभाविक रूप से नभाआ में आये। फ्रेंच, स्पैनिश एवं इटैलियन के लिए लांटिन भी शायद इतनी अनिवार्य नहीं है जितनी नव्य-भारतीय-आर्य भाषाओं के लिए संस्कृत। किसी भाषा के अन्तर्गत संस्कृत शब्दों का परिमाण उसकी संस्कृति के अनुरूप ही रहा, अर्थात् उसके लेखकों के संस्कृत अध्ययनानुशीलन के सीधे अनुपात में रहा। नभाआ के प्रारम्भिक काल से ही उसमें संस्कृत-शब्द भरने शुरू हो गए थे, और कुछ भाषाओं में तो वह भरती बिलकुल संपृक्तिबिन्दु (saturation) तक पहुँच गई। हमारी यह धारणा नितान्त भ्रमपूर्ण है कि १९वीं शती के पण्डितवर्ग ने अंग्रेज़ी से टक्कर दिलाने के लिए बंगला आदि नभाआ भाषाओं को संस्कृत शब्दावली से लादना आरम्भ किया। मराठी 'ज्ञानेश्वरी', अवधी 'रामचरितमानस', बंगला 'चैतन्य-चरितामृत' तथा ब्रजभाषा 'सूरसागर' प्रभृति चार विभिन्न प्राचीन एवं प्रसिद्ध नभाआ भाषा-ग्रन्थों में भी संस्कृत शब्दों (और वह भी कठिन शब्दों) की कमी नहीं है। 'मणिप्रवाल' या मलयालम् की संस्कृत-मलयालम् मिश्र शैली, कन्नड़ की प्रचुर संस्कृतपूर्ण शैली, उड़िया में कवि सारळा-दास के प्रेम-कथानकों की भाषा, बंगला तथा अन्य प्रदेशों के पुराण कथा-वाचक 'कथक' एवं 'व्यासों' की अत्यन्त संस्कृतगर्भित भाषा—इन सबमें कोई अस्वाभाविक प्रवृत्ति लक्षित नहीं होती; हाँ, यह कहा जा सकता है कि उनमें भी कभी-कभी अच्छाई का ही अतिरेक हो गया है। इसका एक अवश्यम्भावी फल प्राप्त हुआ है: नभाआ में प्राकृत मूलवाले ('तद्भव' एवं 'देशी') शब्दों के आगमन की उत्तरोत्तर क्षीणता और उनका 'तत्सम' तथा 'अर्द्धतत्सम' शब्दों द्वारा उन्मूलन। इससे संस्कृत शब्दाधिक्य के कारण भाषा का इतिहास अस्पष्ट हो सकता है। परन्तु केवल अपने इतिहास के लिए ही एक भाषा का अस्तित्व नहीं होता; उपर्युक्त क्रमागत संस्कृतीकरण को लेकर ही विभिन्न नभाआ भाषाओं का सांस्कृतिक एकीकरण दृढ़तर होता रहा, एवं उनके आर्यत्व की रिक्थ की सुरक्षा हुई। इसी राह से सुसभ्य द्राविड़ भाषाओं का भी आर्य भाषाओं के साथ हमेशा के लिए सुदृढ़ गठबन्धन हो गया। आज की किसी भी आधुनिक आर्य भाषा में संस्कृत शब्दों का परिमाण लगभग ५०% कहा जा सकता है। इनमें अपरिवर्तित वर्ण-विन्यासवाले तत्सम अथवा बदले हुए अर्द्ध-तत्सम दोनों प्रकार के शब्द आ जाते हैं। जब नभाआ भाषाओं का आरम्भ हुआ, उस समय स्वभावतः यह परिमाण कुछ कम था; परन्तु कुछ ग्रन्थों में यह ५०% से भी अधिक पाया जाता है। यह देख-

कर हमारे दुखी होने का कोई कारण नहीं है, जबकि हम प्रत्यक्ष देखते हैं कि अंग्रेज़ी में भी ६०% विदेशी (फ्रेंच एवं लाटिन) तथा फ़ारसी में ६०% से ८०% तक विदेशी (अरबी के) शब्द मौजूद हैं। संस्कृत शब्दों के आधुनिक शुद्ध तत्सम तथा मभाआ एवं नभाआ अवस्था के अर्द्ध तत्सम परिवर्तित रूप इस तथ्य के प्रमाण हैं कि आर्य भाषा के समग्र इतिहास के क्षेत्र में भारतीय संस्कृति की धारा अविच्छिन्न रूप से प्रवाहित होती रही है। भारत की आर्य एवं द्राविड़ सभी भाषाओं में विद्यमान ये संस्कृत-शब्द भारत की मूलगत एकता एवं अविभाज्यता के ज्वलन्त प्रतीक रूप हैं। लेखक की दृष्टि में तो इस प्रतीक के महत्त्व को रत्ती-भर भी कम करने की कुचेष्टा, हमारी सबसे अधिक मूल्यवान् रिक्थ 'भारतीय सांस्कृतिक परम्परा' पर प्रत्यक्ष रूप से आक्रमण ही है।

पिछले वर्षों में भारतीय जीवन के समक्ष दो ऐसी भाषाएँ उपस्थित हुई हैं, जिन्होंने भारतीय-आर्य भाषा पर आधिपत्य जमाकर भारतीय विचार-धारा और संस्कृति तथा भारतीय जीवन पर आधिपत्य जमाने का प्रयत्न किया है। इनमें से एक फारसी या यों कहिए, अरबी-मिश्रित फ़ारसी है। फारसी का आगमन, तुर्क विजेताओं के विजयी मुसलमानों की सांस्कृतिक भाषा के रूप में हुआ। कालान्तर में वह उन भारतीय मुसलमानों की भी सांस्कृतिक भाषा बन गई, जिन्होंने विदेशी धर्म तथा विदेशी रीति-रिवाजों को (जितने अधिक परिमाण में वे अपना सके) अपनाया। फारसी पहले मुसलमान, बादशाहों की राजभाषा एवं मुसलमानी धार्मिक कानूनों के अनुसार न्याय देनेवाले न्यायालयों की मान्य भाषा के रूप में प्रतिष्ठित थी। परन्तु १६वीं शती के द्वितीयार्द्ध में, अकबर के अर्थमन्त्री एक हिन्दू राजा टोडरमल के परामर्शानुसार, राजस्व-विभाग की भाषा भी हिन्दी तथा अन्य तब तक प्रचलित भारतीय भाषाओं की जगह फ़ारसी कर दी गई। इस घटना से फ़ारसी को भारतीय जीवन में एक इतना महत्त्वपूर्ण स्थान प्राप्त हो गया जैसा पहले कभी भी न था, क्योंकि सरकारी नौकरी चाहनेवाले बहुत-से हिन्दुओं ने भी फ़ारसी का अध्ययन करना आरम्भ कर दिया। इसी घटना को लेकर फ़ारसी-मिश्रित हिन्दी के एक रूप अर्थात् उर्दू का विकास सम्भव हो सका, और उसका प्रसार इतना शीघ्रतर भी हो सका। फ़ारसी भाषा-धारा अब तक भारतीय भाषाओं के प्रवाह से पृथक् ही प्रवाहित होती रही थी। जहाँ-तहाँ कुछ फ़ारसी के शब्द उत्तर भारत की साहित्यिक भाषाओं में प्रवेश कर गए थे, परन्तु भारतीय-आर्य भाषा की शब्दावली के फ़ारसीकरण के समझ-बूझकर प्रयत्न केवल १८वीं एवं १९वीं शताब्दियों से ही प्रारम्भ हुए। (१६वीं शती के मध्य में) मलिक मुहम्मद

जायसी ने हिन्दू राजपूत प्रेमगाथा का रूपक बनाकर अपनी सूफ़ी-रहस्यवादी रचना 'पदुमावती' ऐसी देश-भाषा अवधी में लिखी जोकि उसी शताब्दी में अवधी भाषा में ही लिखे गए गोस्वामी तुलसीदास के ग्रन्थों की भाषा से बिलकुल भी भिन्न नहीं है। हाँ, केवल एक भिन्नता है: जायसी की भाषा में प्राकृत शब्दों का आधिक्य है, जबकि तुलसी की भाषा में तुलसी के संस्कृत के विद्वान् होने के कारण प्राकृत शब्द कम हैं; वैसे जायसी संस्कृत नहीं जानते थे। लगभग १४वीं शताब्दी के अन्त में दक्षिण में जब भारतीय भाषा के लिए फ़ारसी लिपि का प्रयोग आरम्भ हुआ, तब एक फ़ारसीकृत रूप का 'दखनी' या 'दकनी' के नाम से उद्‌भव हुआ। फिर भी पूरी दो शताब्दियों तक 'दकनी' साधारण हिन्दू भाषा से भिन्न नहीं हुई। गोलकुण्डा के कवि राजा मुहम्मद कुली कुतुब शाह (मृ० १६११ ई०) तथा अन्य तत्कालीन एवं उनके पश्चात् के सूफ़ी कवियों की भाषा में हिन्दी एवं संस्कृत के शब्द प्रचुर मात्रा में पाए जाते हैं। १८वीं तथा १९वीं शताब्दियों में दिल्ली, लखनऊ एवं हैदराबाद (दक्कन) के फ़ारसीकरण के हामी लेखकों ने भाषा के स्वरूप में क्रान्तिकारी परिवर्तन कर दिया, और फलतः आज की उर्दू बनी, भारतीय संस्कृतनिष्ठ या संस्कृताश्रयी शैली को जिसने त्याग दिया, और यों जिसे आधुनिक दृष्टि से वास्तविकतया 'हिन्दी का मुसलमानी रूप' ही कहा जा सकता है।

भारतीय-ग्रार्य भाषाओं में फ़ारसी-अरबी शब्द धीरे-धीरे बराबर प्रविष्ट होते रहे हैं, परन्तु यह कार्य बड़े स्वाभाविक रूप से होता आया था। उक्त शब्दों को भारतीय-आर्य भाषा ने आत्मसात् कर लिया है। परन्तु भारतीय-आर्य भाषा का बिना सोचे-समझे अन्धा फ़ारसी या अरबीकरण भारतीय राष्ट्रीयता की भावना की दृष्टि से अत्यन्त हानिकर तथा अवाञ्छनीय समझा जाता है। एक-दो उदाहरण लीजिए—

"कभी ऐ मुन्तज़र्-ए-हक़ीक़त नज़र आ लिबास् ए मजाज़ में"

(अर्थ—वास्तविकता जिसकी राह देख रही है, ऐसी तू, कभी तो रूपक का स्वरूप धारण करके मुझे दृष्टिगोचर हो।)

या

"तेरे दीदार का मुश्ताक़ है नर्गिस वा-चश्म्-ए-वा,
तेरी तारीफ़ में रतबु-ल्-लिसाँ सोसन ज़बाँ होकर—"

(अर्थ नर्गिस आँखें खोलकर तुझे देखने की प्रतीक्षा कर रही है, और सोसन का फूल जिह्वा का रूप धारण कर तेरी प्रार्थना में मुखरित हो रहा है।)

ऊपर उद्धृत पंक्तियों की भाषा एवं शैली, दो शताब्दियों जितनी प्राचीन भी मुश्किल से है, तथा इसके ४/५ का भारतीयों की समझ से कोई अर्थ ही नहीं होता। ऐसी भाषा एवं शैली को, तीस शताब्दियों से भी अधिक प्राचीनतर परम्परावाली एवं संस्कृत भाषा की-सी विशदता तथा गहराई को लेकर चारों ओर से सुपुष्ट एवं विकसित बनी हुई भारतीय-आर्य भाषा का चरम लक्ष्य बनाना नितान्त अर्थशून्य एवं देशात्मबोधहीन चेष्टा के अतिरिक्त और क्या कहा जा सकता है ? लेखक का विचार यह सब कहकर भी उन लोगों के साथ वादविवाद में उतरने का तनिक भी नहीं है, जो उपर्युक्त शैली के समर्थक हैं और जो इसे 'इस्लामी भाषा-शैली' मानते हैं। इस प्रश्न का निराकरण किसी अन्य उपयुक्त अवसर पर किया जा सकता है।

भारतीय-आर्य भाषा के समक्ष प्रभुत्व के विचार से आकर खड़ी हुई दूसरी भाषा अंग्रेज़ी है। अंग्रेज़ी की स्थिति अन्य भाषाओं से बिलकुल भिन्न है। वह हमारे राज्य-संचालन की, हमारे शिक्षण की, हमारे उच्च विचार एवं मनन तथा वैज्ञानिक ज्ञान की भाषा होने के साथ-साथ विश्व-संस्कृति का एक अद्वितीय माध्यम भी है। अंग्रेज़ी के भारतीय-आर्य पर आधिपत्य जमाने के प्रयत्न इतने ज़ोर-शोर से नहीं हुए; वे तो धीरे-धीरे परन्तु निश्चित रूप से अपना कार्य चुपचाप करते रहे हैं। यह बात इतनी स्पष्ट तथा सर्वविदित है कि उसका विवेचन या विश्लेषण करने की आवश्यकता प्रतीत नहीं होती।

अपने सुदीर्घ जीवन-काल के पश्चात् अब भारतीय-आर्य भाषा के समक्ष भी उसके बोलनेवालों के सदृश ही, अनेक नई परिस्थितियाँ एवं नये प्रश्न आकर खड़े हुए हैं। आज की भाषा का भविष्य अधिकांशत:—किस हद तक इस भाषा के बोलनेवाले उक्त प्रश्नों का निराकरण करने में सफल होते हैं, अथवा कहाँ तक वे आज के आदर्शों के संघर्ष से परिपूर्ण विश्व में एक ऐसी स्थिति का निर्माण कर सकते हैं, जिससे उसका पूर्ण स्वाभाविक विकास अवश्यम्भावी बन जाए—इसी बात पर निर्भर है।

नूतन भारतीय-आर्य आन्तःप्रादेशिक भाषा 'हिन्दी' का विकास

प्राक्कथन

अगले अध्यायों में 'हिन्दी' तथा 'हिन्दुस्थानी' इन दोनों नामों से लेखक का मतलब उस महान् भारतीय-आर्य सार्वजनीन भाषा से है, जिसे (उसके संज्ञा-शब्दों, सर्वनामों तथा क्रियारूपों के साथ प्रयुक्त विशिष्ट अनुसर्गों एवं विभक्तियों को ध्यान में रखते हुए) 'के-में-पर-से, इस-उस-जिस-किस एवं ना-ता-आ-गा भाषा' कहा जा सकता है, तथा जो दो सुसंस्कृत साहित्यिक भाषाओं—हिन्दू 'साधु-हिन्दी' (High Hindi या 'नागरी-हिन्दी') तथा मुसलमानी 'उर्दू' की आधार रूप है। १२वीं-१३वीं शती की तुर्की विजय के पश्चात् (पूर्वी पंजाब से बंगाल तक के) उत्तर-भारत में बोली जानेवाली सब बोली तथा भाषाओं का प्राचीनतम एवं सरलतम नाम 'हिन्दी' ही है। लेखक ने इस शब्द का वही प्राचीन अर्थ लिया है, एवं यह अर्थ अब तक भी साधारण जनता में उसी प्रकार व्यवहृत है। 'हिन्दुस्तानी' एक बहुत पीछे का बना हुआ तथा क्लिष्ट शब्द है। एक विशुद्ध फ़ारसी शब्द के रूप में उसका मतलब धीरे-धीरे हिन्दी के मुसलमानी रूप उर्दू के सदृश ऐसी भाषा से लिया जाने लगा, जो फ़ारसी एवं फ़ारसी-अरबी शब्दावली से लदी हुई हो, तथा जिसमें हिन्दी एवं संस्कृत उपादानों को स्थान यथासम्भव नहीं दिया गया। भारतीय भाषा-शास्त्र के कुछ विद्वानों तथा भारतीय राष्ट्रीय कांग्रेस आदि संस्थाओं के कुछ राजनीतिक एवं सामाजिक कार्यकर्ताओं ने इस फ़ारसी शब्द 'हिन्दुस्तानी' का एक बृहद् अर्थ लगाने का प्रयत्न किया है। उनके अनुसार, 'साधु (या नागरी) हिन्दी' तथा 'उर्दू', दोनों की मूलाधार रूप भाषा का नाम ही 'हिन्दुस्तानी' है। परन्तु ऐसे व्यक्तियों के प्रयत्नों के बावजूद भी, अधिकांश अंग्रेज़ एवं अन्य विदेशी लोग तथा बहुत-से भारतीय मुसलमान 'हिन्दुस्तानी' एवं 'उर्दू' को हिन्दी की वही एक शैली समझते हैं जो फ़ारसी लिपि में लिखी जाती है तथा जिसमें फ़ारसी-अरबी शब्दावली का बाहुल्य रहता है। उपर्युक्त शब्द का भारतीय रूप 'हिन्दुस्थानी' है (जिसमें प्रयुक्त 'स्थान' शब्द, प्राचीन पारसीक 'स्तान' > आधु० फ़ारसी 'अस्तान्' से निकला हुआ न होकर, संस्कृत 'स्थान' से निकला है)। इससे साधु-हिन्दी अर्थात् उर्दू के साहित्यिक सम्पर्कों तथा

सम्बन्धों से रहित, मूलरूप साधारण बोलचाल की उत्तर-भारतीय सार्वजनीन भाषा का बोध होता है। यह हिन्दुस्थानी (या हिन्दुस्तानी), उत्तर भारत के पछाँहे की कथ्य भाषा पर आधारित है। 'हिन्दूस्थानी' या 'हिन्दुस्थानी', ये दोनों शब्दरूप मराठी, गुजराती एवं बंगला में तथा दक्षिण की भाषाओं में प्रचलित हैं (केवल तमिल को छोड़कर, जिसमें महाप्राण वर्ण हैं ही नहीं); दक्षिणवाले इस शब्द के 'त' वाले रूप को नहीं जानते। 'थ' वाला उच्चारण लेखक ने बिहार, उत्तर प्रदेश, मध्यभारत, एवं राजस्थान के कुछ हिन्दुओं (तथा अशिक्षित मुसलमानों) में, तथा कुछ पंजाबी हिन्दुओं एवं सिक्खों में भी सुना है। हाँ, साधु-हिन्दी के वर्ण-विन्यास में साधारणतया त-वाले फ़ारसी रूप का ही प्रयोग किया जाता है। भारत में भी कर्नल जेम्स टॉड (Col. James Tod) द्वारा सन् १८२९ में राजपूताना प्रदेश के लिए 'राजस्थान' शब्द का व्यवहार हुआ है (जिससे भारतीय भाषा-शास्त्र में इस प्रदेश की भाषा का सूचक 'राजस्थानी' शब्द प्राप्त हुआ है, और स्वतन्त्र भारत में राजपूताने का नूतन नाम दिया गया है 'राजस्थान'।) इसके अतिरिक्त प्रचलित नामों में भारतीयीकृत 'विलोच् (इ) स्थान, अफ़गान् (इ) स्थान, तुर्क् (इ) स्थान, सी-स्थान, आरब् (इ) स्थान' इत्यादि भी हैं। हम 'द्राविड़स्थान, बाण्टूस्थान, वाल्तीस्थान' भी सुनते हैं। (वास्तव में हमें स्याम के नये अँग्रेज़ी Thai-land 'थाइलैण्ड' के सदृश नामों को भी 'थाइ-स्थान' आदि बना लेने में कोई बाधा न होनी चाहिए। 'थाइलैण्ड' स्वयं 'थाइ' या स्वामी राष्ट्रीय नाम 'मुआङ्ग् थाइ' (Muang Thai) का अनुवाद-मात्र है।) जहाँ कहीं भी 'हिन्दी' का 'देवनागरी लिपि में लिखित संस्कृत-बहुल शैलीवाली उत्तर-भारतीय हिन्दुओं की साहित्यिक भाषा' इस अर्थ में व्यवहार किया गया है, वहाँ लेखक ने आंग्ल-भारतीय नाम 'साधु-हिन्दी' (High Hindi) अथवा हिन्दी नाम 'नागरी हिन्दी' का प्रयोग किया है (नागरी से 'नागरी लिपि में लिखित भाषा' के साथ-साथ 'नागरिक' = सुसंस्कृत भाषा' का भी बोध होता है; इस विषय में देखिए 'नागरी प्रचारिणी सभा' का नामकरण, जो संस्था वास्तव में एक 'हिन्दी साहित्य परिषद्' ही है)। वह समय अब आ गया है जबकि हम सरकारी एवं वैज्ञानिक साहित्य में भी विदेशी नामों 'हिन्दुस्तान' एवं 'हिन्दुस्तानी' को त्यागकर उनके भारतीय रूप 'हिन्दुस्थान' तथा 'हिन्दुस्थानी', जो सर्वत्र प्रचलित हैं, का ही व्यवहार करें। (तुलनीय, कामताप्रसाद गुरु की पुस्तक का नाम—'हिन्दुस्थानी शिष्टाचार'।)

१

आधुनिक भारत की प्रतिनिधि भाषा 'हिन्दी'

भारत में भाषाओं की विविधता—यह विविधता केवल बाहरी सतह पर है—महान् साहित्यिक भाषाएँ—हिन्दी (हिन्दुस्थानी) का स्थान—हिन्दी के कतिपय गुण—संज्ञाओं से क्रिया-रूप बनाने की एक सरल रीति—हिन्दी ध्वनियों की सुनिश्चितता एवं स्पष्टता—हिन्दी (हिन्दुस्थानी) व्याकरण की सरलता—'बाज़ारू हिन्दी' का उससे भी अधिक सरल रूप—'बाज़ारू हिन्दी' भारत की वास्तविक सार्वजनीन एवं राष्ट्रीय भाषा—उत्तरी भारत के भारतीय जीवन में सरल हिन्दी या हिन्दुस्थानी का स्थान—भारत में राष्ट्रीय आन्दोलन एवं हिन्दुस्थानी–भारतीय राष्ट्रीय कांग्रेस द्वारा किया गया सार्वजनिक राजनीतिक आन्दोलन और हिन्दी—दो नाम, 'हिन्दुस्थानी'—तथा 'हिन्दुस्तानी'–हिन्दी-हिन्दुस्थानी के विभिन्न रूप—(१) 'उर्दू' : उसका विस्तार एवं उसकी कमियाँ—भारतीय सेना में व्यवहृत रोमन लिपि में लिखित उर्दू (हिन्दुस्तानी)—उत्तरी भारत के ईसाइयों में रोमन उर्दू—उर्दू को सरकार की ओर से रेडियो तथा अर्ध-सरकारी चलचित्रों में मिलता सहयोग—(२) 'साधु हिन्दी' या 'नागरी हिन्दी'—उसका स्थान—हिन्दू जीवन में उसका स्थान—देवनागरी लिपि और संस्कृत शब्दावली—हिन्दी या हिन्दुस्थानी क्षेत्र से बाहरवाले लोगों के द्वारा 'साधु हिन्दी' का प्रसार—'खड़ीबोली'—'पड़ी बोली'—'ठेठ हिन्दी'—(३) हिन्दी या हिन्दुस्थानी का मौलिक भाषा का रूप—साधु हिन्दी तथा उर्दू, दोनों के मिलने का आदर्श माध्यम—(४) 'वर्नाक्यूलर' या 'प्रादेशिक लोकभाषा (जानपद) हिन्दुस्तानी'—पश्चिमी उत्तर प्रदेश तथा पूर्वी पंजाब में प्रचलित लोकभाषाएँ और बोलियाँ, जिनके साहित्यिक माध्यम (१) या (२) हैं—(५) 'बाज़ारू हिन्दी' या 'बाज़ारू हिन्दुस्थानी' एक बहुरूप भाषा, जो (१), (२) या उनके मूलाधार (३) के सुनिश्चित मान से नीचे स्तर की हो जाती है।

समस्त भारत एक राष्ट्र है, इस तथ्य के विरुद्ध प्रमाण-रूप प्रायः यह बात रखी जाती है कि यहाँ अनेक भाषाएं एवं बोलियाँ हैं। भाषा-शास्त्रियों ने यहाँ अपने वक्तव्यों को बिलकुल परिपूर्ण बनाने के वैज्ञानिक अति उत्साह में आकर कुछ सौ व्यक्तियों द्वारा बोली जाती बोलियों से लगाकर करोड़ों की महान् साहित्यिक भाषाओं तक को भिन्न-भिन्न गिन लिया है। भारतीय भाषाओं के वर्गीकरण तथा गणना की दृष्टि से सबसे विस्तृत वर्णन सर जॉर्ज अब्राहम ग्रियर्सन (Sir George Abraham Grierson) ने अपनी वृहद् ग्रन्थमाला 'भारत का भाषा-विषयक सिंहावलोकन' (Linguistic Survey of India) में दिया है। ग्रियर्सन साहब के अनुसार भारत में १७९ भाषाएँ तथा ५४४ उपभाषाएँ या बोलियाँ बोली जाती हैं। परन्तु १९२१ ई० की भारतीय जन-गणना के अनुसार १८८ भाषाएँ तथा ४९ बोलियाँ पाई गईं; (इनमें ब्रह्मदेश भी सम्मिलित था, जो अब भारत से पृथक् गिना जाता है।) 'सर्वे' तथा 'जन-गणना' दोनों के आँकड़ों के बीच की एक गोल संख्या, मान लीजिए १८०, को यदि हम भारतीय भाषाओं की कुल संख्या मान लें, और बोलियों के पुछल्ले को छोड़ दें (क्योंकि बोलियाँ भाषाओं में शामिल हैं), तो वैज्ञानिक महत्त्व एवं स्वतन्त्र स्थिति की दृष्टि से गण्य सभी भारतीय भाषाएँ इस संख्या के भीतर आ जाती हैं। परन्तु इन १८० भाषाओं में भी कोई १३० तो 'भोट-चीन' 'मोन-ख्मेर', 'कारेन' तथा 'मान' समूहों एवं कुलों की भाषाएँ हैं, जो भारत की उत्तर-पूर्वी सीमा (भारत-ब्रह्मी सीमान्त) प्रदेश में बहुत ही पिछड़ी हुई एवं अल्पसंख्यक उपजातियों द्वारा बोली जाती हैं, एवं जिनका कोई सांख्यिक, सांस्कृतिक या राजनीतिक महत्त्व भी नहीं है; अथवा कुछ भाषाएँ ऐसी हैं जिन्हें हम मुख्यतः भारतीय नहीं कह सकते (यथा—कारेनी, स्यामी, ब्रह्मी, तिब्बती या भोट, अन्दमानी, निकोबारी, तथा आर्य फ़ारसी इत्यादि भाषाएँ।)

भारत ज़्यादातर विस्तृत मैदानों का प्रदेश है। यहाँ के जनों में एक-दूसरे से दूर-दूर तक आकर मिलना-जुलना सुलभ एवं सहज है। अतएव यहाँ ऐसी भाषाएँ ही महत्त्वपूर्ण गिनी जा सकतो हैं जो किसी महान् संस्कृति की परि-चायक हों तथा भावाभिव्यक्ति का उत्तम माध्यम रही हों। एक छोटी-सी पहाड़ी उप-जाति की अपनी स्वतन्त्र उपभाषा हो सकती है, परन्तु उसका महत्त्व उस पहाड़ी जाति के छोटे-से जीवन-क्षेत्र तक ही सीमित रहेगा। एक सुविकसित तथा सुसंस्कृत जीवन के लिए तो उक्त उपजातिवालों को भी पास-पड़ोस की किसी महान् सांस्कृतिक भाषा का ही सहारा लेना पड़ेगा। इस आवश्यकता को पूर्ण रूप से अनुभव किया जा चुका है और व्यवहार के क्षेत्र में भी इसकी अपेक्षा

सर्वमान्य हो चुकी है। उदाहरणार्थ पश्चिमी मध्य प्रदेश तथा उत्तरी बरार में निवास करनेवाली कुर्कू नामक एक कोल उपजाति के लोगों को, जिनकी संख्या लगभग १ लाख २० हजार है, हिन्दुस्थानी या मराठी अनिवार्य रूप से जाननी पड़ती है। आसाम एवं बंगाल के भोट-ब्रह्म उपभाषा बोलनेवाले जनों का काम भी बंगला या असमिया जाने बिना नहीं चल सकता; उसी प्रकार नेपाल के भोट-ब्रह्म-भाषियों के लिए परवतिया (या गोरखाली) का ज्ञान अनिवार्यतः आवश्यक हो जाता है। १९२१ ई० की जनगणना के अनुसार, केवल ६६३ व्यक्तियों-वाली ऊटकमण्ड की टोडा जाति की अपनी अलग भाषा है, परन्तु वे भी तमिल, कन्नड़ आदि आसपास की भाषाएँ जानते हैं। गोंड जनों की संख्या लगभग १३ लाख होगी, परन्तु ये सब हिन्दी, मराठी, उड़िया, तेलुगु आदि भाषा-क्षेत्रों में बँटे हुए हैं; फलतः इनमें से एक-न-एक भाषा तो उन्हें जाननी ही पड़ती है। भारत में आदिवासी भाषा बोलनेवालों में २६ लाख संख्यावाले सन्थाल सबसे बड़े समूह हैं। ये मुख्यतः छोटा नागपुर में बसे हुए हैं, परन्तु बंगाल, उड़ीसा तथा आसाम के कुछ क्षेत्रों में भी बड़ी संख्या में पाए जाते हैं। अपने-अपने प्रदेशानुसार, इन्होंने भी बिहारी या हिन्दुस्थानी, बंगला या उड़िया का अपनी सांस्कृतिक भाषा के रूप में अपना रखा है। इन छोटी-मोटी उपजातीय या आदिवासी भाषाओं के अतिरिक्त महान् द्राविड़ एवं आर्य कुलों की भी कुछ ऐसी भाषाएँ हैं, जिनका व्यवहार घरेलू जीवन के बाहर नहीं होता, क्योंकि उनके बोलनेवालों ने अपनी भाषा से सम्बन्धित एक-न-एक महान् सांस्कृतिक भाषा को अपना रखा है।

उक्त भाषाओं में हिन्दी या हिन्दुस्थानी का स्थान सबसे आगे है। कुछ बातों में तो हिन्दी भारत की सबसे महत्त्वपूर्ण भाषा है। हिन्दी या हिन्दुस्थानी घरेलू भाषा की दृष्टि से अवश्य केवल दक्षिण-पूर्वी पंजाब, पश्चिमी उत्तर प्रदेश, उत्तर-पूर्वी मध्य प्रदेश, उत्तरी ग्वालियर तथा पूर्वी राजस्थान आदि, कतिपय प्रदेशों में ही बोली जाती है; और यहाँ भी अधिकांश भागों में प्रादेशिक बोलियाँ और केवल शहरों में हिन्दुस्थानी बोली जाती है। परन्तु फिर भी अपने दो रूपों—नागरी हिन्दी एवं उर्दू—में, हिन्दुस्थानी बंगाल, आसाम, उड़ीसा, नेपाल, सिन्ध, गुजरात एवं महाराष्ट्र को छोड़कर बाकी समस्त भारत की सर्वमान्य भाषा है। गुजराती तथा मराठी बोलनेवाली जनता, साधारणतया नागरी हिन्दी को तो भलीभाँति पढ़ एवं समझ ही लेती है। बोलचाल की हिन्दुस्थानी समझने में गुजराती-भाषी लोगों को विशेष कठिनाई अनुभव नहीं होती। राजस्थान तथा मालव की जनता ने पिछली शताब्दियों के अपने उच्च-

कोटि के राजस्थानी 'डिंगल' साहित्य के रहते हुए नागरी हिन्दी को अपना लिया है। कुछ थोड़े-से सिक्खों एवं अन्य व्यक्तियों को छोड़कर बाकी सारे पंजाबी भी हिन्दुस्थानी का (नागरी हिन्दी या उर्दू रूप में) व्यवहार करते हैं। पूर्वी उत्तर प्रदेश तथा बिहार के अधिकांश निवासियों ने (विशेषकर शिक्षित जनों में) भी हिन्दी या हिन्दुस्थानी (प्रायः नागरी-हिन्दी) को अपना लिया है; यद्यपि उनकी मातृभाषाएँ हिन्दी से बहुत भिन्न हैं। अब इन मातृभाषाओं का व्यवहार केवल घर में ही होता है। (इधर में कुछ वर्ष पूर्व उत्तर-बिहार के करीब एक करोड़ मैथिलभाषियों ने अपनी मातृभाषा को उक्त प्रदेश की मान्य भाषा स्वीकृत करवाने तथा उसे पटना विश्वविद्यालय के अन्तर्गत स्कूलों एवं कॉलेजों में उपयुक्त स्थान दिलवाने के लिए, आन्दोलन शुरू किया था; कलकत्ता विश्व-विद्यालय ने तो उसे मान्य कर भी लिया।) पच्चीस लाख आसामी तथा करीब एक करोड़ दस लाख उड़िया जनता प्रायः बंगला अच्छी तरह समझ लेती है, यद्यपि असमिया तथा उड़िया स्वतन्त्र भाषाएँ हैं। इसी प्रकार अधिकांश गोरखाली बोलनेवाले हिन्दुस्थानी साधारणतया समझ लेते हैं, और नागरी-हिन्दी पढ़-समझ भी लेते हैं।

साहित्य एवं विचार-विनिमय की दृष्टि से भारत में महत्त्वपूर्ण गिनी जानेवाली बड़ी भाषाएँ केवल दस हैं—हिन्दुस्थानी (नागरी-हिन्दी तथा उर्दू दोनों रूपों में), बंगला, मराठी, गुजराती, उड़िया, सिन्धी, तेलुगु, कन्नड़, तमिल् तथा मलयालम्। इनमें से सिन्धी शायद छोड़ी जा सकती है क्योंकि ३५ लाख सिन्धी-भाषी अब भारत में आये हुए कई लाख हिन्दू शरणार्थियों के सिवा, अधिकतया पाकिस्तान के नागरिक बन गए हैं।

भारत के अन्य भागों में हिन्दुस्थानी की स्थिति का उल्लेख पहले हो चुका है; तथा बंगाल, आसाम एवं उड़ीसा में भी बोलचाल की हिन्दी (हिन्दुस्थानी) का एक सरल रूप 'बाज़ारू हिन्दी', नगरवासी बहुतेरे लोग किसी तरह से समझ लेते हैं। इस प्रकार हिन्दी या हिन्दुस्थानी एक ऐसी महान् भाषा सिद्ध हो जाती है जो (नागरी-हिन्दी या उर्दू दोनों में से किसी एक रूप में) १५ करोड़ लोगों की साहित्यिक भाषा है। (यह संख्या १८९१ ई० की जनगणना पर आधारित 'लिंग्विस्टिक सर्वे ऑफ़ इण्डिया' के अनुसार दी गई है। 'लिं० स० ऑफ़ इं०' में विभिन्न भाषा-भाषियों के आँकड़े इस प्रकार दिये हुए हैं—लहँदी या पश्चिमी पंजाबी—१ करोड़; पंजाबी या पूर्वी पंजाबी—१ करोड़ २५ लाख; राजस्थानी—१ करोड़ ६० लाख; खास हिन्दुस्थानी को लेते हुए पश्चिमी हिन्दी—३ करोड़ ८० लाख; पहाड़ी—२० लाख; पूर्वी

हिन्दी—२ करोड़ ४५ लाख; तथा बिहारी—३ करोड़ ७० लाख। कुल मिलाकर ये १४ करोड़ जन १८९१ ई० में स्पष्टतया या मूक रूप से हिन्दुस्थानी का सहारा लेते थे।) इस संख्या में यदि हम ऐसे आर्यभाषी जनों को भी जोड़ दें जोकि प्रायः हिन्दुस्थानी समझ लेते हैं तथा उसका व्यवहार करते हैं (यद्यपि यह हिन्दुस्थानी बड़ी कामचलाऊ होती है), तो यह कथन अतिशयोक्ति न होगा कि हिन्दुस्थानी १५ करोड़ लोगों की साहित्यिक भाषा बनी है। इसके अतिरिक्त इसके बोलचाल में प्रचलित बाज़ारू हिन्दी रूप को, भारत के तथा भारत से बाहर के करीब साढ़े चौबीस करोड़ लोग थोड़ी-सी तकलीफ उठाए समझ सकते हैं (बंगला—५ करोड़ ३० लाख; उड़िया—१ करोड़ १० लाख; असमिया—२० लाख; गुजराती—९५ लाख; मराठी—२ करोड़ १० लाख, लगभग; इनके अतिरिक्त सिन्धी, काश्मीरी तथा अन्य आर्यभाषाएँ बोलनेवाले जन हैं, जो हिन्दुस्थानी के समझनेवालों के वृत्त में आ सकते हैं)। द्राविड़भाषी दक्षिण में भी सबसे अधिक समझ ली जानेवाली उत्तर-भारतीय भाषा हिन्दुस्थानी ही है, खासकर शहरों एवं बड़े तीर्थ-स्थानों में। इसके अतिरिक्त फ़िजी, ब्रिटिश गायना, त्रिनीदाद, वेस्ट इण्डीज़, दक्षिणी तथा पूर्वी अफ्रीका, मॉरिशस, मालय तथा इन्दोनेसिया में हिन्दुस्थानी-(नागरी-हिन्दी एवं उर्दू) समझनेवाले और साथ-साथ तमिलभाषी भारतीयों की बस्तियाँ हैं।

बोलनेवालों एवं व्यवहार करने तथा समझनेवालों की संख्या की दृष्टि से हिन्दुस्थानी का स्थान जगत् की महान् भाषाओं में तीसरा है; इसके पहले केवल चीनी भाषा की उत्तरी बोली और अंग्रेज़ी, ये दोनों ही आती हैं, और इसके पश्चात् अनुक्रम से हिस्पानी, रूसी, जर्मन, जापानी, इन्दोनेसियन तथा बंगला भाषाएँ आती हैं।

इस प्रकार हिन्दी या हिन्दुस्थानी आज के भारतीयों के लिए एक बहुत बड़ी रिक्थ है। यह हमारे भाषाविषयक प्रकाश का एक महत्तम साधन है, तथा भारतीय एकता एवं राष्ट्रीयता का प्रतीक बन सकता है। वास्तव में हिन्दी ही भारत की भाषाओं का प्रतिनिधित्व कर सकती है। बंगला, मराठी, पंजाबी आदि अपनी बहनों की ही भाँति हिन्दी भी आद्य-भारतीय-आर्य भाषा की सीधी वंशज है, एवं उसका 'भाषा का माल' (Sprachgut) अर्थात् 'धातुएँ तथा शब्दादि' भी उन्हीं की तरह आभाआ भाषा (की प्रतिनिधि संस्कृत) से ही विरासत में आया है। अन्य भारतीय-आर्य भाषाओं की भाँति इसके वाक्य-विन्यास एवं विचार-सरणी भी द्राविड़ एवं कोल (मुंडा) भाषाओं के

निकटतर आते रहे हैं। फलतः एक द्राविड़ या कोल-भाषी व्यक्ति को हिन्दी या हिन्दुस्थानी में (या दूसरी किसी आर्य भाषा में) धातुएँ तथा शब्दावली भले ही भिन्न मिलें, पर शब्दों तथा मुहावरों के अनुक्रम द्वारा व्यक्त किया हुआ मानसिक वातावरण उसे अपनी भाषा से भिन्न प्रतीत नहीं होगा। अंग्रेज़ी के सदृश भाषा में उसे जो बिलकुल विदेशी तथा अलग ही विचार-पद्धति मिलेगी, हिन्दी (और हिन्दी की बहनों) में उसे ऐसा न होकर, अपनी भाषा की-सी सुपरिचित रीति ही प्राप्त होगी। यह सब होने के साथ-साथ, हिन्दी (हिन्दुस्थानी) एक महान् सम्पर्क-साधक भाषा है। संस्कृत (जो इसकी जननी है तथा नागरी-हिन्दी जिससे बराबर अपने शब्दों का भण्डार परिपूर्ण करती रहती है), द्राविड़ भाषाएँ (जिनके रूप-तत्त्व, वाक्य-विन्यास एवं मुहावरों की कुछ आधारभूत बातें इसमें मिलती हैं) तथा फ़ारसी एवं अरबी-फ़ारसी (जिनका इसकी शब्दावली पर प्रभाव पड़ा है और जिसके उर्दू रूप की लिपि, बौद्धिक तथा सांस्कृतिक शब्द, साहित्यिक अंग तथा आदर्श एवं अभिव्यक्ति के साधन, सब इन्हीं से आये हैं)—सब एकत्रित होकर हिन्दुस्थानी में एक ही जगह मिल जाती हैं। अभी हाल के युग में हिन्दुस्थानी पर अंग्रेज़ी का भी प्रभाव पड़ा है। सभी महान् अन्तर्राष्ट्रीय स्थिति को प्राप्त भाषाओं (उदा० अंग्रेज़ी) की भाँति हिन्दुस्थानी भी अब प्रान्त या देश के संकुचित दायरे को छोड़कर विश्वकोषीय स्थिति (encyclopaedic stage) को प्राप्त कर रही है। अब वह विदेशी शब्दों को, आवश्यकता पड़ने पर ज्यों-का-त्यों भी, आत्मसात् करने में समर्थ है। इस स्थिति को न समझकर कुछ लोग हिन्दी को शब्दावली के विषय में सीमित रखना चाहते हैं। पिछड़ी हुई अकिञ्चन प्रादेशिक बोलियों की तरह आवश्यक तथा व्यंजक विदेशी शब्दों के प्रति भी 'छुई-मुई' वाली स्थिति अब हिन्दुस्थानी की नहीं रही। जहाँ तक विदेशी शब्दों को स्वीकार कर सम्पन्न होने का प्रश्न है, हिन्दुस्थानी एक अत्यन्त उदार तथा युक्तियुक्त नीति का अनुसरण करनेवाली भाषा कही जा सकती है।

हिन्दुस्थानी की शैली संक्षिप्त या लाघवपूर्ण एवं अलंकृत या विस्तार-पूर्ण, दोनों प्रकार की हो सकती है। हिन्दुस्थानी एक ओजपूर्ण पौरुषयुक्त भाषा है: एक 'मरदानी ज़बान' या 'पुरुख की बोली' कहकर इसके बोलने-वालों तथा प्रशंसकों ने इसका वर्णन किया है। अन्य भारतीय भाषाओं (एवं कुछ हद तक फ़ारसी) की तरह हिन्दी में भी एक खास विशेषता है, जिससे उसकी व्यंजक शक्ति सहज ही बढ़ जाती है; वह है किसी भी संज्ञा शब्द के साथ 'करना' या 'बनाना' अर्थवाली क्रिया का प्रयोग। उदा० 'विश्वास

करना', 'विचार करना', 'हुक्म या आज्ञा करना', इत्यादि। यह रीति बड़ी सहज एवं सरलता से समझ में आ जानेवाली है और इसके कई लाभ हैं: इसके कारण क्रिया रूप बनाने के लिए प्रत्ययों का आश्रय, जोकि प्राचीन, अप्रयुक्त एवं असुविधाजनक हो गया है, नहीं लेना पड़ता; (उदा० अंग्रेज़ी—clean>cleanse=हिन्दु० 'शुद्ध या साफ़ करना'; अंग्रेज़ी—fool>befool=हिन्दु० 'निर्बोध या बेवकूफ़ बनाना'; अंग्रेज़ी—black>blacken=हिन्दु० 'काला > काला करना'; अंग्रेज़ी—stable> stabilise=हिन्दु० 'पक्का या मज़बूत करना', इत्यादि।) दूसरे, इस प्रयोग के कारण संज्ञा का ही क्रिया के रूप में उपयोग करने से आती अस्पष्टता दूर हो जाती है; (उदा० अंग्रेज़ी—search >to search=हिन्दु० 'खोज>खोज करना'; quarrel>to quarrel=हिन्दु० 'झगड़ा> झगड़ा करना'; fight> to fight='लड़ाई> लड़ाई करना या लड़ना', इत्यादि।) इस प्रयोग में थोड़ा सा विस्तार अवश्य आ जाता है, परन्तु बदले में अर्थ अत्यन्त स्पष्ट हो जाता है; फलतः सीखने, याद रखने तथा शब्दों का विभिन्न अर्थों में प्रयोग करने में बहुत कम प्रयास की आवश्यकता रह जाती है। इन्हीं कारणों से, अभी हाल में अंग्रेज़ी को सहज एवं विदेशियों के लिए सरलता से बोधगम्य बनाने के लिए प्रयासरूप निर्मित 'बुनियादी अंग्रेज़ी' (Basic English) के विधायकों ने भी इस हिन्दुस्थानी या भारतीय पद्धति को अपना लिया।

हिन्दी (हिन्दुस्थानी) की एक और बहुत बड़ी विशेषता उसकी ध्वनियों का नपा-तुला एवं सुनिश्चित रूप है। उसके स्वर बिलकुल स्पष्ट हैं, तथा स्वर-ध्वनियों का परिवर्तन दुरूह नियमों से बद्ध नहीं है, जैसा कि उदाहरण काश्मीरी तथा पूर्वी बंगला का; स्वर-परिवर्तन की दुरूहता के कारण विदेशियों के लिए ये भाषाएँ कठिन पड़ती हैं। हिन्दी (हिन्दुस्थानी) की स्वर-ध्वनियाँ सरल हैं; इनमें एक ह्रस्व 'अ' जिसका उच्चारण अंग्रेज़ी but के u की भाँति होता है; एक दीर्घ 'आ' जिसका उच्चारण अंग्रेज़ी father के a की भाँति होता है; ह्रस्व एवं दीर्घ 'इ ई, उ ऊ'; दीर्घ 'ए' एवं 'ओ'; दो द्विस्वर ध्वनियाँ 'ऐ' एवं 'औ' जिनका उच्चारण दक्षिणी अंग्रेज़ी के उच्चारणानुसार lad एवं law के स्वरों की भाँति है, हैं। फ्रेंच u या जर्मन ü तथा eu या जर्मन oeu तथा ö की तरह वृत्तौष्ठ अग्रस्वर यहाँ नहीं हैं और न जापानी u या मराठी ह्रस्व 'अ' की भाँति प्रसरित पश्च स्वर ही हैं जिनका सही-सही उच्चारण करने में विदेशी लोगों को बड़ी कठिनाई पड़ती है। हिन्दी (हिन्दुस्थानी) की व्यञ्जन ध्वनियाँ भी सुस्पष्ट हैं; उसके महाप्राण 'घ, झ, ढ, ध या भ' सुनिश्चित ध्वनियाँ हैं

और उसके 'ह' से केवल 'ह-कार' का ही बोध होता है। पंजाबी की तरह महा-प्राणों के उच्चारण में विभिन्न प्रकार के सविशेष उच्चारण-परिवर्तन हिन्दी में नहीं होते और न गुजराती तथा पूर्वी बंगला की भाँति 'ह-कार' को लेकर विचित्र प्रकार के व्यंजन ध्वनि-परिवर्तन ही होते हैं। हिन्दी की व्यंजन ध्वनियाँ विशिष्ट रूप से भारतीय हैं। दंत्य एवं मूर्द्धन्य ध्वनियाँ अन्य भारतीय भाषाओं की तरह ज्यों-की-त्यों रखी गई हैं और वे असमियाँ अथवा पारसी गुजराती की तरह एक ही दन्तमूलीय समूह में परिवर्तित नहीं होतीं। कुछ ऐसी आवश्यक ध्वनियाँ भी हैं जो हिन्दी और अन्य भारतीय भाषाओं में नहीं थीं। ये ध्वनियाँ हिन्दी के फ़ारसी से सुदीर्घ सम्पर्क होने के कारण उसमें आ गईं; उदा० 'ज़, श, झ़, फ़, ख़, ग़' इत्यादि। इनके अतिरिक्त अरबी की भी दो ध्वनियाँ— 'क़' तथा 'ऐन' वर्ण की ध्वनि—हिन्दी ने अपना रखी हैं।

उपर्युक्त विशेषताओं के अतिरिक्त हिन्दी के व्याकरण रूप भी अन्य भारतीय भाषाओं की तुलना में कम हैं। 'लिंग्विस्टिक सर्वे ऑफ़ इण्डिया' में हिन्दुस्थानी व्याकरण के मोटे-मोटे नियम एक पृष्ठ में ही आ गए हैं, जबकि अवधी, बंगला, मराठी, तमिल, तेलुगु आदि भाषाओं के लिए दो-दो पूरे भरे हुए पृष्ठ लगे हैं; पूर्वी पंजाबी में तीन पृष्ठ लगे हैं और मैथिली में चार। और यह तो उस 'स्टैण्डर्ड' साहित्यिक हिन्दुस्थानी की बात है जिसमें 'नागरी-हिन्दी' तथा 'उर्दू' दोनों रूपों की व्याकरण-शुद्ध 'साधु भाषा' सम्मिलित है, जिसे या तो पश्चिमी उत्तर प्रदेश तथा दक्षिण-पूर्व पंजाब के निवासी ही बोलते हैं, या ऐसे लोग बोलते हैं जिन्होंने स्कूलों में शुद्ध नागरी-हिन्दी अथवा उर्दू पढ़ी हो। पछाँह के लोगों को छोड़कर 'हिन्दी संसार' की साधारण जनता द्वारा, तथा हिन्दी-क्षेत्र के आसपास के प्रदेशों में साधारण जन द्वारा, जिसने हिन्दुस्थानी पढ़ी नहीं, बोली जानेवाली अत्यन्त प्राणयुक्त सार्वजनीन 'हिन्दुस्थानी' का व्याकरण तो और भी संक्षिप्त है। यह हिन्दी या हिन्दुस्थानी बिना लेश-मात्र भी मान-हानि के 'बाज़ारू हिन्दुस्थानी या बाजारू हिन्दी' कही जा सकती है, और यह भाषा भारत तथा विदेश में रहनेवाले साढ़े चौबीस करोड़ जनों को एक जीवित सूत्र में बाँधनेवाली मौलिक आन्तर्देशिक या आन्तर्जातीय भाषा है। ऐसी 'सर्वसाधारण या बोलचाल की हिन्दुस्थानी' का व्याकरण तो केवल एक पोस्टकार्ड पर लिखा जा सकता है।

अब स्वभावतः हमारे सामने 'हिन्दी या हिन्दुस्थानी' के विभिन्न रूपों का प्रश्न उठता है। इनमें व्याकरण-शुद्ध साहित्यिक रूप 'नागरी-हिन्दी' तथा 'उर्दू' भी आ जाते हैं, और साथ ही 'बोलचाल की हिन्दुस्थानी' के अत्यन्त

सरलीकृत व्याकरणवाले वे अनेक रूप भी, जिनका व्यवहार आम जनता (विशेषकर नगरों में)—अफ़गान सीमान्त प्रदेश से ब्रह्मदेश तक एवं हिमालय के पाद-प्रदेश के दक्षिण तक—कराची और पेशावर से डिब्रूगढ़ और चटगाँव तथा श्रीनगर और दार्जिलिंग से हैदराबाद और बंगलौर तक, करती है। नागरी-हिन्दी अथवा उर्दू की व्याकरणों की दृष्टि से इस भाषा के अनेक प्रादेशिक रूपान्तर दिखाई पड़ते हैं जिनमें व्याकरण की न्यूनाधिक शुद्धता बदलती देखी जाती है, परन्तु ये भेद मूलगत नहीं हैं। इन विभिन्न प्रादेशिक रूपों में भी कुछ सर्वसाधारण मूलाधार रूप उपादान इस प्रकार के हैं, जो ऊपर कहे हुए विस्तृत महादेश में बोली जाती हिन्दी (हिन्दुस्थानी) में सर्वत्र एक-से पाए जाते हैं। इन्हीं के कारण हिन्दी (हिन्दुस्थानी) व्यवहार की दृष्टि से अखिल भारत की वास्तविक राष्ट्रभाषा कहलाने योग्य है; इसे सारा देश समझता है—हिन्दू-मुसलमान के भेद को यहाँ स्थान नहीं है।

सन् १९४९ में नागरी-लिपि में लिखी हुई हिन्दी को अंग्रेज़ी के साथ हमारे संविधान में 'सरकारी भाषा' (Official Language) की मान्यता दी गई है। पर इस सरकारी भाषा हिन्दी का भविष्य रूप क्या होगा, इस विषय पर संविधान की ३५१ संख्यक धारा में कुछ इंगित किया गया है।

अब वह समय आ पहुँचा है जबकि हम हिन्दुस्थानी के सरल रूप, राहोरास्त एवं हाटबाज़ार की बोली को, जोकि सदा-सर्वदा अजस्र गति से बहती हुई प्रवाहिनी है, मान्य कर लें। यह धारा नागरी-हिन्दी तथा उर्दू की पठन-कक्षाओं, पांडित्यपूर्ण साहित्यों तथा व्याकरणों, उत्तरी भारत के अभिजात-वर्ग के घरों तथा औपचारिक सम्मेलनों में ऐसे लोगों द्वारा बोली जाती भाषा से दूर स्वतन्त्र रूप से बहती रही है, जो जन्म से ही विशुद्ध हिन्दुस्थानी के वातावरण में पले हैं अथवा जिन्होंने बचपन से उर्दू या नागरी-हिन्दी के उच्च संस्कारों को आत्मसात् किया है। हमें अब इस भाषा के गुणों को देखते हुए यह आवश्यक वस्तु मुक्तकण्ठ से स्वीकृत कर लेनी चाहिए कि होनहार एवं हाटबाज़ार की आम जनता की सहज हिन्दुस्थानी ही भारत की वास्तविक राष्ट्रभाषा है। यह मान्यता सच्चे रूप में दी गई तभी सिद्ध हो सकती है जबकि हम इस सरल रूप को एक नियमित स्वरूप देकर उसका प्रयोग सुशिक्षित तथा सुसंस्कृत जनों में प्रचलित नागरी-हिन्दी तथा शिष्ट उर्दू के व्याकरण-शुद्ध रूपों के साथ-साथ एक विकल्प की तरह होने दें।

हमने ऊपर आधुनिक भारत में हिन्दुस्थानी के स्थान को स्पष्ट करने की चेष्टा की है। यह बात तो सर्वविदित है कि उत्तरी भारत में यदि कोई

व्यक्ति वहाँ की जनता से विचार-विनिमय करना चाहता है, तो उसके लिए हिन्दी या हिन्दुस्थानी के किसी भी एक रूप—नागरी-हिन्दी या उर्दू या केवल बाज़ारू हिन्दुस्थानी—का ज्ञान अनिवार्य हो जाता है। कलकत्ता या ढाका आनेवाले किसी एक गुजराती सज्जन को रेल, जहाज़, बाज़ार, रास्तों में सभी जगह लोगों से बातचीत करने के लिए अपनी टूट-फूटी हिन्दुस्थानी का ही उपयोग करना पड़ेगा, चाहे वे उसका अपनी मातृभाषा के कारण बहुत-कुछ गुजरातीकरण क्यों न कर डालें; हाँ, कुछ इने-गिने शिक्षित लोगों से-उनका काम अंग्रेज़ी से भी चल जाएगा। लगभग ३५ वर्ष से भी पहले की बात है, महात्मा गांधी कलकता आये थे। उस समय लेखक ने उनका हिन्दुस्थानी में दिया हुआ व्याख्यान सुना था। उस भाषा पर उनकी मातृभाषा गुजराती का काफ़ी गहरा रंग चढ़ा था; परन्तु लेखक को उन दिनों के अपने हिन्दी के सीमित ज्ञान के बावजूद भी उस भाषा को समझने में बिलकुल भी कठिनाई नहीं हुई। इसी प्रकार एक बंगाली सज्जन अपनी टूटी-फूटी हिन्दुस्थानी के सहारे, फिर चाहे वह थोड़ी-बहुत बंगालीकृत हो, उत्तर भारत में पश्चिमी कोने तक बड़ी आसानी से प्रयाण कर सकते हैं। यह इसी महान् 'आदान-प्रदान (मेल-मिलाप) भाषा' की कृपा का फल है कि प्रवास या साधारणतया अन्य सम्पर्कों के अवसर पर हमें प्रादेशिक भाषाओं की विभिन्नता उत्तर भारत में (द्राविड़भाषी दक्षिण की तुलना में) बिलकुल भी नहीं अखरती। रास्ते में एकत्रित हुए लोगों के ऐसे झुण्ड हमें मिलेंगे जिनकी आपस में बोली जाती स्थानीय भाषा हम बिलकुल भी न समझें; परन्तु उनमें से भी १० प्रतिशत लोग ऐसे निकल ही आएँगे जो सहज हिन्दुस्थानी में किये हुए किसी प्रश्न का उत्तर, समझ में आ जाने लायक हिन्दुस्थानी से मिलती-जुलती-सी भाषा में अवश्य दे ही देंगे। यह बात आपको सर्वत्र मिलेगी; चाहे आप कुमिल्ला जाएँ या दार्जिलिंग, नोआखाली या बरिशाल, चाईबासा या पूना, पुरी या पेशावर, जोकि सारे हिन्दी या हिन्दुस्थानी क्षेत्र के बिलकुल बाहर पड़ते हैं। भारत में आनेवाला अंग्रेज़ थोड़ी-सी 'बाज़ारू हिन्दुस्थानी' सीख लेता है, और उसीसे उत्तर भारत के शहरों और गाँवों तथा दक्षिण भारत के बड़े शहरों तक में उसका काम अच्छी तरह चल जाता है। लन्दन में चटगाँव, कलकत्ता, मद्रास आदि भारतीय बन्दरगाहों पर काम करके गये हुए एक मलयदेशी नाविक ने, तथा भारत में तीन वर्ष तक मऊ, पेशावर, कलकत्ता तथा लाहौर की छावनियों में रहकर गये हुए एक अंग्रेज़ सैनिक ने, स्कॉटलैण्ड के सुदूर उत्तर के ओबन (Oban) नगर में हैदराबाद-

दक्कन की रेल-कम्पनी में काम करके लौटे हुए एक स्कॉच मज़दूर ने, तथा ग्रीस की राजधानी अथेन्स में भारत के ग्रीक फ़र्म राली ब्रदर्स की रंगून एवं कलकत्ता-स्थित ऑफ़िसों में कर्मचारी का काम करके लौटे हुए एक ग्रीक सैनिक अफ़सर ने—इन सबने समय-समय पर भारत के बाहर भिन्न-भिन्न जगहों पर लेखक को हिन्दुस्थानी में सम्बोधित किया है। अन्दमान द्वीपों में पोर्ट ब्लेयर की भारतीय कैदियों की बस्ती में भी मुख्यतः प्रचलित भाषा का स्थान चलतू हिन्दुस्थानी ही है, यद्यपि कैदी लोग भारत के विभिन्न भागों के निवासी हैं। उत्तर भारत में घुमक्कड़ 'साधु-संन्यासी' लोग अपने 'संघ' बनाकर विभिन्न प्रदेशों में घूमते समय स्थानीय जनों से इसी हिन्दी या हिन्दुस्थानी में ही बातचीत करते हैं; यहाँ तक कि बंगाल में (तथा जहाँ तक लेखक ने सुना है, आर्यभाषी भारत के अन्य भागों में भी) हिन्दी या हिन्दुस्थानी तो 'साधु-संन्यासी' लोगों की स्वाभाविक भाषा ही समझी जाती है। 'साधु' लोग निरन्तर विचरण एवं भ्रमण की भावना से प्रेरित होकर घरबार छोड़कर सुदूर अपरिचित देशों तथा तीर्थस्थानों की यात्रा करते रहते हैं, और हिन्दू-धर्म के धार्मिक जीवन के एक अखिल भारतवर्षीय दृष्टिकोण में उनका विशिष्ट स्थान होता है। उत्तर भारत की धार्मिक तथा सांस्कृतिक परिस्थिति में ऐसी एक 'सधुक्कड़' भाषा का अपना खास स्थान है। उपर्युक्त परिभ्रमण तथा हिन्दू धर्म की अखिल भारतीयता—इन दोनों वस्तुओं की भाषागत अभिव्यक्ति हमें पूर्णतया हिन्दी या हिन्दुस्थानी में मिलती है। केवल बंगला या गुजराती, पंजाबी या मराठी का ज्ञान किसी व्यक्ति को प्रांतों के संकुचित क्षेत्र तक ही सीमित रख सकता है; परन्तु हिन्दी या हिन्दुस्थानी को लेकर वह अखिल भारतीय बन जाता है: सर्वसाधारण की भावना भी यही है। इस प्रकार हम देखते हैं कि हिन्दुस्थानी उत्तरी या आर्य भारत के वातावरण में पूर्णतया छाई हुई है।

हिन्दी या हिन्दुस्थानी भाषा तो हमारे यहाँ हमेशा से ही थी, परन्तु हमारे राजनीतिक कार्यकरों की दृष्टि में भारतीय जीवन में उसका महत्त्व पिछले कुछ दशकों में ही आकर खड़ा हुआ। उन्नीसवीं शती के अन्तिम चतुर्थांश में लगभग नवें दशक में भारतीय राष्ट्रीय कांग्रेस का जन्म हुआ। अब अंग्रेज़ी पढ़े हुए भारतीय शिक्षित वर्ग ने भी अपने देश के पुनरुज्जीवन के विषय में विचार करना आरम्भ किया। बंगाल, गुजरात, महाराष्ट्र, पंजाब, उत्तरी भारत तथा मद्रास प्रेसिडेंसी, सभी प्रदेशों के देशभक्त कार्यकर्त्ता एवं नेता अपने देश का पुनरुद्धार करने को कटिबद्ध हुए। इस महान् कार्य को सफल

करने के लिए उनमें आपस में जितने भी विचार-विनिमय, वादविवाद आदि होते थे, वे सारे अंग्रेज़ी में ही होते थे। करीब ४५ वर्ष पहले, जब हम लोग पाठशाला में पढ़ते बालक थे, मुझे याद है, डेरा-इस्माइल-खाँ या किसी अन्य पश्चिमोत्तर प्रदेशीय शहर के रहनेवाले एक पंजाबी राष्ट्रीय प्रचारक कलकत्ता में आये थे। उस समय को देखते हुए अत्यन्त उत्तेजनापूर्ण, अंग्रेज़ों के विरुद्ध, दिये जाते उनके व्याख्यानों से विद्यार्थियों में देशभक्ति की एक लहर-सी आ गई थी। मज़ा यह था कि ये सारे व्याख्यान अंग्रेज़ी में दिये जाते थे। हम लोग श्री टाहिलराम गंगाराम के पीछे-पीछे कलकत्ता की सड़कों पर एक साथ उनका अंग्रेज़ी में बनाया हुआ 'राष्ट्रीय गीत' गाते हुए घूमा करते थे। उस गीत की प्रारम्भिक पंक्तियाँ इस प्रकार थीं :—

"God save our Ancient Hind,
Ancient Hind, once Glorious Hind;
From Kashmir to Cape Comorin." इत्यादि। यह बंग-भंग के कुछ पहले की बात है जबकि स्वदेशी आन्दोलन का तूफ़ान-सा आया और भारत में एक नये राजनीतिक युग का सूत्रपात हो गया। स्वदेशी आन्दोलन के साथ-साथ एक 'स्वीयमेव, स्वदेशीयमेव' की-सी भावना हममें आ गई। स्कूल में हम लोग अंग्रेज़ी से अमिश्रित विशुद्ध बंगला बोलने का प्रयत्न किया करते थे। अंग्रेज़ी शिक्षाप्राप्त भारतीयों के दिमाग़ में बसी हुई इस 'कमज़ोरी' को, कि हम लोग अपनी मातृभाषा में हमारी शिक्षा एवं संस्कार की भाषा (अंग्रेज़ी) के शब्द मिलाए बिना बोल ही नहीं सकते, दूर करने की हमारी तीव्र इच्छा थी।

बंगाल से प्रारम्भित राष्ट्रीय आन्दोलन की कामना अखिल भारतीय रूप धारण करने की थी। स्वदेशी आन्दोलन का प्रारम्भ होने से पहले, बंकिम चन्द्र चटर्जी, केशवचन्द्र सेन, भूदेव मुखर्जी, स्वामी विवेकानन्द और रवीन्द्रनाथ ठाकुर सरीखे बंगाल के सभी राष्ट्रीय विचारधारा के लेखक, जिन्होंने स्वदेशी आन्दोलन का मार्ग प्रशस्त किया, हमेशा एक और अविभाज्य भारत की बात सोचते थे। महान् उपन्यासकार और विचारक बंकिमचन्द्र चटर्जी (१८३८-१८९४) ने मातृभूमि की कल्पना देवी-स्वरूपिणी माता के रूप में, भगवती उमा और श्री और वाक् के रूप में की और उनके राष्ट्र-गान 'वन्दे मातरम्' ने स्वतन्त्रता के राष्ट्रीय आन्दोलन को सर्वाधिक प्रभावकारिणी आदर्श-शक्ति प्रदान की। भारत-माता की कल्पना बंगाल के इन राष्ट्रीय कार्यकरों के साथ विकसित हुई। अवनीन्द्रनाथ ठाकुर ने अपना प्रसिद्ध **'भारत-माता'** चित्र अगली

शताब्दी के प्रारम्भिक दिनों में अंकित किया और अपने देश तथा इसके इतिहास के एक प्रकार से पुनरुद्घाटन से प्राप्त नये-नये उत्साह तथा अंग्रेज़ों की साम्राज्यवादी नीति के प्रति घृणा की भावना ने इस इच्छा को जन्म दिया कि देश की अपनी परम्पराओं और अपनी भाषाओं का अवलम्बन ग्रहण किया जाए। उत्तर-भारत के प्रति—रामायण, महाभारत तथा भागवतपुराण के, बुद्ध, अशोक, विक्रमादित्य और हर्ष के, पृथ्वीराज चौहान, प्रतापसिंह और अकबर के देश के प्रति––बंगाल में सदैव से भावुकतापूर्ण आदर का भाव रहा है और उत्तर-भारत की भाषाओं, ब्रजभाषा और हिन्दी को बंगाल का सहज सद्भाव प्राप्त हुआ। सारे देश को, कम-से-कम उत्तर-भारत के लोगों को, एक सूत्र में बाँधनेवाली शक्ति के रूप में हिन्दी की सम्भावनाओं के प्रति सबसे पहले बंगाल के राष्ट्रीय नेता जागरूक हुए और उन्होंने अपने बंगला लेखों में इस बात का समर्थन किया कि उत्तर-भारत की सर्वसाधारण जनता को एकता के सूत्र में बाँधनेवाली भाषा के रूप में हिन्दी का उपयोग किया जाना चाहिए।

ई० सं० १८७५ में (बंगला संवत् १२८० के चैत्र ५ को) महान् धार्मिक सुधारक एवं नेता केशवशन्द्र सेन ने अपने पत्र 'सुलभ समाचार' में निम्न विचार व्यक्त किया था। बंगला उच्चारणानुसार वर्ण-विन्यास में थोड़ा फेरफार करके ये विचार ज्यों-के-त्यों यहाँ दिये जाते हैं :—

"यदि भारतवर्ष एक ना हइले भारतवर्षे एकता ना हय, तबे ताहार उपाय कि ? समस्त भारतवर्षे एक भाषा व्यवहार कराइ उपाय। एखन जतोगुलि भाषा भारते प्रचलित आछे, ताहार मध्ये हिन्दि-भाषा प्राय सर्वत्र-ह प्रचलित। एइ हिन्दी-भाषा के यदि भारतवर्षेर एकमात्र भाषा करा जाय, तबे अनायासे शीघ्र सम्पन्न हइते पारे। किन्तु राजार साहाय्य ना पाइले कखनो-इ सम्पन्न हइबे ना। एखन इंग्रेज-जाति आमादेर राजा। ताँहारा जे ए प्रस्तावे सम्मत हइबेन, ताहा विश्वास करा जाय ना। भारतवासीदेर मध्ये अनैक्य थाकिबे ना, ताहारा परस्पर एक हृदय हइबे, इहा मने करिया हय-तो इंग्रेजेर मने भय हइबे। ताँहारा मने करिया थाकेन जे, भारतवासीदेर मध्ये अनैक्य ना थाकिले ब्रिटिश साम्राज्य स्थिर थाकिबे ना।······भारतवर्षेर मध्ये जे-सकल बड़ो-बड़ो राजा आछेन, ताँहारा मनोयोग करिले, ए कार्यटी आरम्भ करिते पारेन।······जेमन एक भाषा करिते चेष्टा करा कर्तव्य, तेमनि उच्चारणकेओ एक रूप करिते चेष्टा करा कर्तव्य।·········भाषा एक ना हइले एकता हइते पारे ना।" (जोगेन्द्रनाथ गुप्त, "सुलभ समाचार ओ केशवचन्द्रेर राष्ट्रवाणी", भाग-१, कलकत्ता, बंगला संवत् १३४६।)

उपर्युक्त उद्धरण में व्यक्त भावनाओं में देशभक्तिपूर्ण व्यग्रता और करुणा-जनक सरलता के साथ यह मान लिया गया है कि राष्ट्रीय एकता लाने के लिए समस्त भारत में एक अकेली भाषा अपनाने की समस्या का समाधान बड़ा सरल है और उस समय के लिए यह सर्वथा स्वाभाविक था कि लोग इस समस्या में निहित उन कठिनाइयों की कल्पना न कर सकें, जिनका आज लगभग एक शताब्दी बाद हमें सामना करना पड़ रहा है। आशावाद के इसी स्वर में एक लेखक ने बंकिमचन्द्र चटर्जी के साहित्यिक पत्र **'बंग दर्शन'** में १८७७ ई० में (बंगला संवत् १२८४ के अंक ५, पृ० ४०-४६ पर) एक 'भारते एकता' शीर्षक लेख लिखा था, जिसे बालमुकुन्द गुप्त ने अपने पत्र **'भारत-मित्र'** में (सन् १६०४ में) उद्धृत किया था; हो सकता है कि इस लेख के लेखक स्वयं बंकिमचन्द्र रहे हों। उक्त लेख का कुछ अंश कतिपय आवश्यक वर्ण-विन्यास के हेर-फेर के साथ यहाँ उद्धृत किया जाता है—

"उपसंहार-काले सुशिक्षित बंगवासी-गण-के एकटि कथा बलिते इच्छा करि। इंग्रेज़ी भाषा द्वारा जाहा हउक, किन्तु हिन्दि शिक्षा ना करिले कोनो क्रमे-इ चलिबे ना। हिन्दि भाषाय पुस्तक ओ वक्तृता द्वारा भारतेर अधिकांश स्थानेर मंगल-साधन करिबेन, केवल बाङ्गला ओ इंग्रेज़ी चर्चाय हइबे ना। भारतेर अधिवासी संख्यार सहित तुलना करले, बाङ्गला ओ इंग्रेजी कय जन लोक बलिते ओ बुझिते पारेन? बाङ्गलार न्याय जे हिन्दिर उन्नति हइतेछ ना, इहा देशेर दुर्भाग्येर विषय। हिन्दि-भाषार साहाय्ये भारतवर्षेर विभिन्न प्रदेशेर मध्ये जाँहारा ऐक्य-बन्धन संस्थापन करिते पारिबेन, ताँहारा-इ प्रकृत भारत-बन्धु नामे अभिहित हइबार योग्य। सकले चेष्टा करुन, यत्न करुन, जतो दिन परे-इ हउक, मनोरथपूर्ण हइबे।"

ई० सन् १८६२ के आसपास, कोई ६० वर्ष पहले, बिहार के शिक्षा-विभाग के एक परिदर्शक, महान् लेखक तथा शिक्षाविशारद श्री भूदेव मुखर्जी ने निम्नांकित विचार अपनी पुस्तक 'आचार-प्रबन्ध' (५वीं आवृत्ति, चूँचुड़ा, बंगीय संवत् १३२८, पृ० १६०) में प्रदर्शित किये थे। भूदेव बाबू के प्रयत्नों द्वारा ही मुख्यतः बिहार के न्यायालयों में देवनागरी तथा कैथी लिपि का व्यवहार स्वीकृत हुआ था। उनका कहना यह है—

"भारतवासीर चलित भाषागुलिर मध्ये हिन्दी-हिन्दुस्थानी-इ प्रधान, एवं मुसलमानदिगेर कल्याणे उहा समस्त-महादेश-व्यापक। अतएव अनुमान करा जाइते पारे जे, उहाके अवलम्बन करिया-इ कोनो दूरवर्ती भविष्य काले समस्त भारतवर्षेर भाषा सम्मिलित थाकिबे।"

इतिहासवेत्ता के रूप में भूदेव मुखर्जी भली भाँति समझ सके कि १८वीं शती में मुगल दरबार के मुसलमान उमरावों, हुक्कामों और सिपाहियों का हिन्दी-हिन्दुस्थानी के प्रसार में कितना बड़ा हाथ रहा है। ऊपर उद्धृत पुस्तक में एक अन्य स्थान पर (पृ० ५) उन्होंने आधुनिक भारतीय भाषाओं को मिलानेवाली महान् भाषा के रूप में संस्कृत के महत्त्व पर ज़ोर दिया है।

आर्यावर्त की महान् आधुनिक भाषा के रूप में हिन्दी का बंगाल में तो सम्मान था ही। उधर भारत के दूसरी ओर दयानन्द सरस्वती ने, जो मूलतः गुजराती थे, हिन्दू समाज का सुधार करने और अपने मत के अनुरूप वैदिक धर्म को पुनरुज्जीवित करने के विचार से अपनी कलकता-यात्रा के बाद पंजाब में **आर्य-समाज** की स्थापना की तथा हिन्दुओं में, जो केवल फारसी और उर्दू ही पढ़ते तथा काम में लाते थे और इस तरह इस्लाम के वातावरण से घिरे रहते थे, अराष्ट्रीयता को रोकने के प्रभावकारी साधन के तौर पर उन्होंने संस्कृतपूर्ण हिन्दी को अपनाया। स्वामी दयानन्द से कुछ पहले पंजाब में **ब्रह्म-समाज** के बंगाली प्रचारक तथा शिक्षा-शास्त्री नवीनचन्द्र राय ने पंजाब तथा उत्तर प्रदेश के हिन्दुओं के लिए सर्वाधिक उपयुक्त भाषा के रूप में नई-नई उभरती हुई संस्कृतगर्भित हिन्दी का पक्ष-समर्थन किया। इस प्रकार हिन्दी को बंगाल, पंजाब तथा गुजरात से सबल समर्थन प्राप्त हुआ। महाराष्ट्र में सन् १८९४ ई० में कम-से-कम दो लेखकों ने अखिल-भारतीय भाषा के प्रश्न पर विचार किया— शंकर रामचन्द्र हातवलणे ने (अपनी **एक-भाषा** में), जिन्होंने किसी विशिष्ट भाषा की सिफारिश नहीं की, और केशव वामन पेठे ने (अपनी **राष्ट्र-भाषा** में), जिन्होंने हिन्दी का प्रस्ताव किया।

स्वदेशी आन्दोलन का आरम्भ होते ही उपेक्षित मातृभाषा का प्रश्न चर्चित होने लगा, विशेषतः बंगाल में, जहाँ पर कि भाषा, विभक्त बंगदेश के ऐक्य की अमर प्रतीक थी। परन्तु अब भी हिन्दुस्थानी को उसका उपयुक्त स्थान न मिल सका था। परन्तु बंगाल के राजनीतिक नेताओं में से एक पत्रकार स्व० कालीप्रसन्न काव्यविशारद ने हिन्दुस्थानी के महत्त्व का सबसे पहले उस समय भी अनुभव किया, और एक प्रसिद्ध राष्ट्रीय गीत की रचना भी हिन्दी में की। इसे सन् १९०५-१२ के स्वदेशी आन्दोलन के दिनों में बंगाली नवयुवक कलकत्ता की सड़कों पर तथा अन्यत्र भी गाते फिरा करते थे। गीत की प्रारम्भिक पंक्तियाँ कुछ इस प्रकार थीं—

"भैया, देश का ई क्या हाल।
खाक मिट्टी जौहर होती सब, जौहर है जंजाल।"

अन्त में यह पंक्ति था—

"हो मतिमान् देश की सन्तान, करो स्वदेश-हित।"

हिन्दुस्थानी के सर्वाग्र न आ सकने का एक कारण यह था कि बंगाल, महाराष्ट्र, पंजाब आदि प्रान्तों की भाँति हिन्दुस्थानी क्षेत्र (बिहार, उत्तर प्रदेश, मध्य प्रदेश तथा अन्य प्रदेशों) की जनता राजनीतिक दृष्टि से उतनी जाग्रत नहीं हुई थी। परन्तु महात्मा गांधी की तीक्ष्ण एवं व्यवहारपूर्ण दृष्टि से हिन्दुस्थानी का महत्त्व छिपा न रह सका; उन्होंने हिन्दी या हिन्दुस्थानी को उत्तर भारत की आम जनता में राजनीतिक चेतना लाने के एकमात्र साधन रूप में पहले-पहल देखा। इसके अतिरिक्त, उनके दृष्टिकोणानुसार हिन्दुस्थानी भारत के समस्त जनों को एक सूत्र में बाँधनेवाली तथा उनकी एकता का प्रतीक-स्वरूप थी। जब बुद्धिजीवियों ने अब तक अंग्रेज़ी के उपयोग द्वारा आई हुई एकान्तता को छोड़कर सार्वजनिक तथा राजनीतिक जीवन में हिन्दुस्थानी का उपयोग आरम्भ किया, तो उत्तर भारत की जनता ने, जहाँ भी हिन्दुस्थानी समझी जाती थी, इस आह्वान का बड़े उत्साह से स्वागत किया। इस प्रकार जनता तक पहुँच सहज बनी और सुदूर भविष्य में प्रभाव डालनेवाली एक राजनीतिक, सामाजिक, सांस्कृतिक तथा भाषागत क्रान्ति का, विशेषतः उत्तर भारत की जनता में, जो वर्तमान शताब्दी के दूसरे दशक से पहले तक मुख्यतः शिक्षा में पिछड़े होने के कारण राजनीतिक चेतनाविहीन थी, सूत्रपात हुआ।

हिन्दुस्थानी बोलने या व्यवहार करनेवालों में से सभी की वह मातृभाषा नहीं है। सुशिक्षित वर्गों के बाहर इसके बोलचाल के विभिन्न रूप 'बोलियों' के रूप में ही व्यवहृत होते हैं। भारतीयकृत नाम 'हिन्दुस्थानी' का मूल फ़ारसी रूप 'हिन्दुस्तानी' का व्यवहार आरम्भ हुए अभी बहुत समय नहीं हुआ है। 'हिन्दुस्तानी' शब्द का अर्थ होता है 'हिन्दुस्तान की (भाषा)'; और 'हिन्दुस्तान', यह शब्द, मुस्लिम काल में अपने सीमित अर्थ में पंजाब तथा बंगाल के बीच के उत्तर-भारतीय मैदान के लिए प्रयुक्त होता था। पूरबी हिन्दी तथा बिहारी बोलनेवाला पूर्वी उत्तर प्रदेश तथा बिहार का भाग, जो 'पूरब' कहलाता है, भी इसी 'हिन्दुस्तान या हिन्दुस्थान' का ही एक हिस्सा है। बंगाल में बंगला न बोलनेवाले तथा बिहार या उत्तर प्रदेश के लोगों को 'हिन्दुस्थानी' अथवा 'पश्चिमी' कहा जाता है। परन्तु 'पंजाबी' या राजस्थान के निवासी 'मारवाड़ी' इन हिन्दुस्तानियों (या हिन्दुस्थानियों) से भिन्न गिने जाते हैं। सारे मुसलमान राजत्व-काल में जिस प्रकार दक्षिणी प्रदेश के लिए 'दक्कन' (दखन, दकन) शब्द का उपयोग हुआ है, उसी भाँति उत्तर के लिए

'हिन्दुस्तान' का व्यवहार हुआ है। लुधियाना एवं अम्बाला के बीच में स्थित 'सरहिन्द' (फ़ारसी 'सर-इ-हिन्द'=हिन्द या भारत का मस्तक) से इस 'हिन्दुस्तान' की पश्चिमी सीमा का आरम्भ गिना जाता है। यूरोपीय प्रवासियों के उल्लेखानुसार, 'हिन्दुस्तानी' (इन्दोस्तानी) शब्द का उक्त भाषा के (बोलचाल के रूप के) अर्थ में प्रयोग, कम-से-कम १७वीं शती ई० के आरम्भ में शुरू हो गया था। उनके मतानुसार, उत्तरी भारत में यदि उस समय कहीं इसका प्रयोग होता था तो वह 'बैनियन या बनिया' (अर्थात् देवनागरी) लिपि में लिखकर ही होता था। चाहे उत्तरी भारतीय शहरों में हो या सूरत में, या कहीं अन्यत्र, जहाँ भी यूरोपीयों को भारतीयों से काम पड़ता था, उन्हें इस चालू हिन्दुस्तानी का ही आश्रय लेना पड़ता था। भारतीय व्यवसाय में लगे हुए अपने डच मालिकों की सुविधा के लिए, जे० जे० केटेलेयर (J. J. Ketelaer) ने १७१५ ई० में डच भाषा में हिन्दुस्थानी भाषा का सर्वप्रथम यूरोपीय व्याकरण लिखा था, जिसका एक लाटिन अनुवाद हॉलैण्ड में लायडेन (Leyden) से १७४३ ई० में प्रकाशित हुआ था। (इस विषय में द्रष्टव्य—'नागरी प्रचारिणी सभा' बनारस द्वारा सं० १९९० वि० में प्रकाशित 'द्विवेदी अभिनन्दन ग्रन्थ', पृ० १९४-२०३ में लेखक का हिन्दुस्तानी का सबसे प्राचीन व्याकरण' शीर्षक लेख; तथा लाहौर से प्रकाशित Bulletin of the Linguistic Society of India, पृष्ठ ३६३-३८४ में लेखक का The Oldest Grammar of Hindustani शीर्षक लेख; तथा J. Ph. Vogel का BSOS, १९३६, अंक ८, पृ० ८१७-८२२ में प्रकाशित Joan Josua Ketelaer of Elbing, Author of the first Hindustani Grammar शीर्षक लेख।) 'हिन्दुस्तान' (तथा उससे प्राप्त विशेषण रूप 'हिन्दुस्तानी') शब्द, जैसा पहले कहा जा चुका है, फ़ारसी भाषा का समास शब्द है। आधुनिक फ़ारसी शब्द 'अस्तान्' या 'इस्तान्' > प्राचीन पारसीक 'स्तान'=संस्कृत 'स्थान', का भारतीयीकरण कर लेने से हमें 'हिन्दुस्थान' शब्द मिलता है। साधारणतया हिन्दुओं में यही रूप धीरे-धीरे प्रचलित भी हो गया। आम तौर से बंगला, महाराष्ट्री तथा गुजराती में 'थ'-वाले रूप का ही प्रचलन है। केवल नागरी हिन्दी में फ़ारसी का विशुद्ध रूप दिखाने अथवा अपने उर्दू के सम्पर्क के कारण 'त'-वाला रूप ही चलता है, क्योंकि उर्दू में तो भारतीय छाया भी वर्जित है। 'हिन्दुस्तानी' तथा 'हिन्दुस्थानी' इन दोनों शब्दों में एक बड़ा सूक्ष्म-सा अन्तर है। 'थ'-वाले रूप से किसी एक बंगाली, महाराष्ट्रीय या गुजराती सज्जन को एक ऐसी भाषा का बोध होता है जिसे वह सरलता से समझ सकता है, तथा जो उर्दू की तरह फ़ारसी शब्दों से लदी हुई नहीं है।

यही 'थ-वाला रूप उत्तरी भारत के हिन्दुओं के मुँह से प्रायः सुना जाता है, यद्यपि नागरी-हिन्दी में प्रायः 'थ'-वाला रूप लिखा नहीं जाता। दूसरी ओर, 'त'-वाले फ़ारसी शब्द 'हिन्दुस्तानी' से प्रायः भारतीय मुसलमान, अंग्रेज़ तथा अन्य विदेशी जन, उर्दू के सदृश भाषा या उर्दू ही का अर्थ लगाते हैं।

उपर्युक्त विवेचन के अनुसार हमें हिन्दुस्थानी के निम्नांकित विभिन्न रूप प्राप्त होते हैं—

(१) उर्दू भाषा—यह फ़ारसी-अरबी लिपि में लिखी जाती है जो फ़ारसी लिपि में सविशेष भारतीय ध्वनियों के लिए तीन नये वर्ण (टे, डाल, ड़े) जोड़कर बनाई गई है। (फ़ारसी लिपि स्वयं अरबी लिपि ही है, जिसमें चार नये वर्ण फ़ारसी भाषा की सुविधा के लिए बढ़ा दिये गए हैं।) उर्दू अफ़ग़ान प्रदेश की सीमा से लेकर बंगाल तक के उत्तरी भारत के सारे शरीफ़ मुसलमानों की साहित्यिक भाषा है। पूर्वी पंजाब एवं पश्चिमी उत्तर प्रदेश तथा कुछ अंशों में हैदराबाद-दक्कन के कुलीन मुसलमान अपने घरों में इसका विशुद्ध रूप बोलते हैं या बोलने की कोशिश करते हैं। शहरों के रहनेवालों में बोलनेवाले की शिक्षा तथा सामाजिक स्तर के अनुसार इसमें न्यूनाधिक परिमाण में स्थानीय बोलियों का मिश्रण रहता है। पूर्वी उत्तर प्रदेश तथा बिहार के शिक्षित मुसलमान भी अक्सर इसका व्याकरण-शुद्ध रूप बोलने का प्रयत्न करते हैं, परन्तु उनकी उर्दू प्रायः अशुद्ध तथा पूर्वी हिन्दी एवं बिहारी प्रयोगों से मिश्रित रहती है। पंजाब में भी शिक्षा और सामाजिक स्तर के अनुसार ही पंजाबी का कम या अधिक मिश्रण रहता है। सुसंस्कृत पंजाबी मुसलमान आपस में पंजाबी का भी व्यवहार करते नहीं हिचकते, और फ़ारसी लिपि में लिखे पंजाबी साहित्य के विषय में भी उन्होंने कुछ कार्य किया है। स्वाभिमान की भावना की वृद्धि के साथ-साथ उर्दू अपने शुद्ध रूप में बहुत-से उत्तर-भारतीय मुसलमानों की घर की भाषा भी बनती जा रही है। केवल बंगाली मुसलमान अब तक उर्दू को अपना नहीं सके; वे अपनी मातृभाषा बंगला को ही पकड़े हुए हैं। वास्तव में पिछले कुछ वर्षों तक कुलीन बंगाली मुसलमानों के जीवन पर उर्दू का कि[illegible] भी प्रभाव न पड़ा था। यदि कभी कौटुम्बिक पत्र-व्यवहार में वे बंगला का व्यवहार न भी करते थे, तो उसके बदले फ़ारसी का उपयोग करते थे, पर उर्दू का तो कभी नहीं।

हिन्दुस्थानी के इस 'उर्दू' रूप का १७वीं शती ई० पूर्व कोई अस्तित्व ही न था। इधर इसकी शब्दावली अत्यधिक फ़ारसीकृत हो गई, यहाँ तक कि कई बार पूरे-के-पूरे वाक्य केवल एकाध भारतीय—अर्थात् हिन्दी—शब्द या

शब्दांश को छोड़कर बिलकुल फ़ारसी तथा अरबी शब्दों से ही बने हुए होते हैं। यह भाषा उन हिन्दुओं को, जिन्होंने इसका अभ्यास न किया हो, समझ में तो नहीं ही आती; उनके अतिरिक्त ऐसे बहुत-से मुसलमान भी इसे नहीं समझ सकते जो फ़ारसी या अरबी के मौलवी अथवा आलिम-फ़ाज़िल नहीं हैं। परन्तु उर्दू की फ़ारसी-अरबी शब्दावली एवं फ़ारसी-अरबी लिपि (जिसके कारण अरबी के शब्द उर्दू में बड़ी सरलता से अपनाए जा सकते हैं) भारतीय मुसलमानों के लिए सबसे बड़े आकर्षण हैं। इनके अतिरिक्त उनके लिए यह तथ्य भी कम आकर्षक नहीं है कि सारा उर्दू साहित्य मुसलमानी भावना, विचार एवं प्रेरणा पर ही आधारित है। इस दृष्टि से उर्दू बिहार, पूर्वी उत्तर प्रदेश, पंजाब, बंगाल, आसाम, उड़ीसा, महाराष्ट्र, गुजरात, सिन्ध, यहाँ तक कि द्राविड़-भाषी दक्षिण के मुसलमानों की भी महान् सांस्कृतिक भाषा बन गई। (उदा० पूर्वी बंगाल के मुसलमान उर्दू को 'नबीजी-की-भाषा' अर्थात् 'पैगम्बर मुहम्मद साहब की भाषा' कहकर पुकारते हैं।) बंगाल के दोनों विश्वविद्यालयों में उर्दू को, फ़ारसी तथा अरबी के साथ-साथ, एक प्राचीन रीति-समृद्ध या उच्चश्रेणी की (Classical) भाषा का पद प्रदान किया गया है।

उत्तर प्रदेश तथा पूर्वी पंजाब के कुछ हिन्दू भी घर में न्यूनाधिक अंशों में फ़ारसीकृत उर्दू का व्यवहार करते हैं। इनके अतिरिक्त, खासकर पंजाब, पश्चिमी उत्तर प्रदेश तथा निज़ाम के राज्य के बहुत-से हिन्दू उर्दू पढ़ते भी हैं। परन्तु इन हिन्दुओं के उर्दू से सम्पर्क रहने का कारण उनका मुग़ल-राज्य-व्यवस्था एवं कचहरी के साथ रहा हुआ दीर्घकालीन सम्बन्ध था, जिसके कारण उनके लिए फ़ारसी का ज्ञान अनिवार्य-सा हो गया था। अब वे भी धीरे-धीरे हिन्दी की ओर आकर्षित हो रहे हैं; और अब, भूतपूर्व निज़ाम राज्य में मराठी, तेलुगु और कन्नड़ को उनका उचित स्थान मिल गया है और हिन्दी (संस्कृतपूर्ण) को भी वह स्थान प्राप्त हो गया है जिससे यह वंचित रखी गई थी।

रोमन अक्षरों में लिखी हुई उर्दू को ब्रिटिश-भारतीय सैन्य-विभाग में अंग्रेज़ी के पश्चात् दूसरा स्थान प्राप्त था और हिन्दुस्तानी जाननेवाले भारतीय सैनिकों के लिए सैन्य-विभाग ने रोमन उर्दू की कुछ छोटी-छोटी पुस्तिकाएँ भी प्रकाशित की थीं। भारतीय अग्न्यास्त्रदल का आदर्श-वाक्य भी 'इज्ज़त-ओ-इक़बाल' (=सम्मान एवं सौभाग्य) रखा गया था, जिसके दोनों शब्द उर्दू में अरबी से लिये हुए हैं। कुछ हद तक ईसाई मत-प्रचार के लिए भी उत्तरी भारत के शहरों में रोमन उर्दू का प्रयोग किया गया है। लखनऊ आदि जगहों से इसमें कई बार पुस्तक-पुस्तिकाएँ प्रकाशित होती रहती हैं। एक प्रकार से ब्रिटिश सरकार ने

उर्दू को अंग्रेज़ी के पश्चात् द्वितीय राजभाषा का-सा स्थान दे रखा था। महारानी विक्टोरिया को भी जब कोई एक भारतीय भाषा सीखने की इच्छा हुई तो उन्हें फ़ारसी लिपि में उर्दू सिखाई गई। यूरेशियाई तथा आंग्ल-भारतीय बच्चों को भी यूरोपियन स्कूलों में जब कोई भारतीय भाषा पढ़ाना आवश्यक समझा जाता था, तो फ़ारसीपूर्ण उर्दू को ही अवसर दिया जाता था। अब नागरी-हिन्दी उसका स्थान ले रही है। सरकारी 'ऑल-इण्डिया-रेडियो' के दिल्ली तथा अन्य स्टेशनों से सुनाए जानेवाले 'हिन्दुस्तानी' संवाद प्रायः फ़ारसी से बिलकुल लदी हुई उर्दू में ही होते थे। हिन्दी या हिंदुस्थानी शब्दों की जगह जान-बूझकर फ़ारसी-अरबी शब्दों को रखा जाता था। (उदा० 'प्रधान मन्त्री' के बदले 'वज़ीरे-आला', 'लड़ाई' के बदले 'जंग', 'गेहूँ' के लिए 'गन्दुम', या 'मीठा' के लिए 'शीरीं'।) संस्कृत तथा बहुत-से प्रचलित हिन्दी शब्दों को ध्यान से परे रखा या निकाल दिया जाता था, और विशुद्ध उर्दू शैली कायम रखने का प्रयत्न किया जाता था। यही हाल सरकारी युद्ध-सम्पर्कित प्रचार के लिए तैयार वाक्-चित्रों की 'हिन्दुस्तानी' का था। इस प्रकार हम देखते हैं कि फ़ारसीपूर्ण उर्दू को भारत की ब्रिटिश सरकार की ओर से भी बहुत-कुछ सहायता प्राप्त थी, क्योंकि इसे ब्रिटिश सरकार 'मुस्लिम सल्तनत' से प्राप्त हुई एक विरासत समझती थी। मुग़लों की राजभाषा फ़ारसी थी और सिद्धान्त की दृष्टि से ब्रिटिश राज्य उनके पश्चात् ही प्रतिष्ठित हुआ; अतएव ज्यॉर्ज चतुर्थ, विक्टोरिया, एडवर्ड सप्तम, ज्यॉर्ज पंचम तथा ज्यॉर्ज षष्ठ आदि सबकी रजत-मुद्राओं पर भी उनका मूल्य फ़ारसी भाषा तथा लिपि में ('यक रुपियह, हश्त आनह्, चहार आनह्, दो आनह्' आदि) लिखा रहता था। हिन्दू जनता के मन में तो इस बात का पूरा सन्देह था कि इस वस्तु के लिए अधिकांशतः भारत में ब्रिटिशों की मुसलमानों के प्रति राजनीतिक पक्षपात की नीति ही उत्तरदायी थी।

परन्तु स्वतन्त्रता-प्राप्ति के बाद, संस्कृतपूर्ण हिन्दी के समर्थकों के विरोध के फलस्वरूप, सरकार का दृष्टिकोण बदला है और अधिकांश सरकारी औपचारिक कार्यों में नागरी तथा साधु-हिन्दी को अपनाया जा रहा है।

(२) 'साधु'-हिन्दी या नागरी-हिन्दी—हिन्दुस्थानी के इस रूप का व्याकरण उर्दू के सदृश ही है, परन्तु लिपि देवनागरी है; देशज हिन्दी या हिन्दुस्थानी (अर्थात् प्राकृत) उपादानों का इसमें पूर्णतया समावेश किया गया है। उनके अतिरिक्त इसमें बहुत-से अरबी-फ़ारसी के भी पूर्णतया आत्मसात् किये हुए शब्द हैं। इसकी उच्च सांस्कृतिक शब्दावली संस्कृत से ली जाती है। (केवल पंजाब तथा पश्चिमी उत्तर प्रदेश के कुछ हिन्दुओं को छोड़कर, जोकि काफ़ी

प्रयत्नों के बावजूद भी उर्दू परम्परा का त्याग नहीं कर सके हैं), नागरी-हिन्दी उत्तर भारत की समस्त हिन्दू जनता की महान् शैक्षणिक एवं सांस्कृतिक भाषा बन चुकी है। यह स्वीकार करना ही पड़ेगा कि साहित्य में तथा पत्र-पत्रिकाओं में व्यवहृत आधुनिक खड़ीबोली हिन्दी, साहित्यिक तथा मौखिक उर्दू (हिन्दुस्तानी) ही पर आधारित है—अपने व्याकरण में, तथा मुहावरो में। शब्दावली तथा बहुतेरे वाक्यों के ढंगों के लिए आधुनिक साहित्यिक बंगला ने भी इसके निर्माण में प्रचुर प्रभाव डाला है। पुरानी अवधी (कोसली) तथा ब्रजभाषा का साहित्यिक प्रभाव भी इस पर गहरा है। और इसे नई तौर से संस्कृतनिष्ठ बनाने के लिए सूरदास, तुलसीदास, बिहारीलाल इत्यादि प्राचीन कवियों की भाषा ने प्रचुर सहायता दी थी।

साधारणतया 'साधु' या नागरी-हिन्दी सारे बिहार एवं उत्तर प्रदेश, मध्य भारत तथा 'हिन्दी-भाषी' मध्य प्रदेश एवं राजस्थान के हिन्दुओं के सार्वजनिक जीवन, पाठशाला के शिक्षण, साहित्यिक प्रगति तथा पत्रकारिता की एकमात्र भाषा हो चुकी है। आर्यभाषा का व्यवहार करनेवाले एवं देवनागरी लिपि से परिचित बंगाल, असम, औड़िशा तथा गुजरात-महाराष्ट्र के लोगों को छोड़, प्रत्येक उत्तर-भारतीय हिन्दू साधारणतया नागरी-हिन्दी समझ सकता है। सैद्धान्तिक दृष्टि से तो यह पूर्वी पंजाब तथा पश्चिमी उत्तर प्रदेश के शिक्षित हिन्दुओं के घर की भाषा है, परन्तु व्यवहार में ये लोग भी हिन्दी तथा उर्दू के बीच की भाषा बोलते हैं, जिसमें विशेषकर हिन्दू धर्म, आचार-विचार आदि से सम्बन्धित बहुत-से ऐसे संस्कृत-शब्द आ जाते हैं, जिनका उपयोग करने के लिए किसी मुसलमान को न तो अवसर ही मिलता है और न उसकी इच्छा ही रहती है। आजकल समस्त उत्तर प्रदेश (जिसमें मध्यवर्ती तथा पूर्वी उत्तर प्रदेश भी सम्मिलित हैं) के बहुत-से हिन्दुओं ने नागरी-हिन्दी को अपने घर की तथा सामाजिक व्यवहार की भी भाषा बनाने का प्रयत्न आरम्भ किया है। घर के बाहर पूर्वी उत्तर प्रदेश तथा बिहार के शिक्षित हिन्दू इसके साथ अपनी मातृभाषा पूर्वी हिन्दी तथा बिहारी की विभिन्न बोलियों को मिलाकर बोलते हैं; हाँ, उनके घर में अब भी अवधी, बघेली, भोजपुरिया, मगही, मैथिली आदि स्थानीय बोलियाँ ही व्यवहृत होती हैं, यद्यपि इन पर भी नागरी-हिन्दी का थोड़ा-बहुत प्रभाव पड़े बिना नहीं रहता।

हिन्दुओं के लिए 'उच्च'—या 'साधु' या 'नागरी' हिन्दी में सबसे बड़ा आकर्षण उसकी देवनागरी लिपि (जिसे ब्रिटिश राज्यकाल में संस्कृत के लिए अखिल भारतीय लिपि के रूप में स्वीकार किया जा चुका था) तथा

संस्कृत शब्दावली है; दूसरे शब्दों में, उनके लिए नागरी हिन्दी, लिपि तथा शब्दावली दोनों प्रधान बातों की दृष्टि से 'देवभाषा' संस्कृत का ही आधुनिक प्रचलित रूप सिद्ध हो जाती है। हिदू नेतागण इस बात को अच्छी तरह समझते हैं कि भारतीय देशज नागरी लिपि के स्वीकार हो जाने के बाद संस्कृत शब्दावली तथा हिन्दू या भारतीय वातावरण का आना सहजसिद्ध हो जाएगा। इसी दृष्टि से बनारस में स्थापित हिन्दी वाङ्मय की अत्यन्त महत्त्वपूर्ण संस्था, जिसकी शाखाएँ उत्तरी भारत में सर्वत्र हैं, का नाम 'हिन्दी साहित्य परिषद्' न रखकर 'नागरी-प्रचारिणी सभा' रखा गया। यहाँ हमें यह न भूलना चाहिए कि करीब एक शताब्दी पहले फ़ारसी लिपिवाली उर्दू से उच्च या साधु हिन्दी का अस्तित्व पृथक् दरशाने के लिए उसे 'नागरी-भाषा' कहा जाता था। लेखक ने उच्च या साधु हिन्दी की ऐसी प्रकाशित पुस्तिकाएँ भी देखी हैं जो लगभग पूरी-पूरी संस्कृत या संस्कृत पदावलीमय होते हुए लीथो में फ़ारसी-अरबी अक्षरों में छपी हैं। उदाहरणार्थ आर्य-समाज के कुछ प्रकाशन हैं, जिनमें केवल उर्दू भाषा तथा लिपिमात्र जाननेवाले पंजाब और पश्चिमी उत्तर प्रदेश के लोगों के लिए गायत्री आदि वैदिक स्तुतियाँ तथा अन्य वैदिक मन्त्र भी फ़ारसी-अरबी अक्षरों में छापे गए थे। ऐसे व्यक्तियों के लिए देवनागरी लिपि का अथवा नागरी हिन्दी या संस्कृतमय हिन्दी का प्रचार एक ही वस्तु था, क्योंकि लिपि के पीछे-पीछे भाषा में उससे सम्बद्ध शब्दावली बरबस चली आती है।

हिन्दुस्थानी पश्चिमी हिन्दी-समूह की बोलियों में से एक प्रधान बोली है। जन्मजात अधिकार या मातृभाषा के रूप में बोलनेवाले इसके 'अपने' लोग 'पछाँह'—पश्चिमी उत्तर प्रदेश, पश्चिमी मध्य प्रदेश, पूर्वी पंजाब तथा राजस्थान एवं मध्य प्रदेश के समीपवर्ती प्रदेश—के लोग हैं। हिन्दुस्तान के पूर्वी भाग को 'पूरब', अतएव उक्त प्रदेश को 'पछाँह' या पश्चिमी प्रदेश कहा जाता है। आश्चर्य की बात है कि हिन्दी के सबसे बड़े प्रचारक या प्रसारक उसके अपने 'पछाँही' लोग न होकर अन्य लोग ही रहे हैं, जिनमें पूर्वी उत्तर प्रदेश, बिहार तथा राजस्थान के लोग (मारवाड़ी) मुख्य हैं। नागरी-हिन्दी उनके हिन्दू विचारों तथा भावनाओं के अनुरूप एक अत्यन्त उपयुक्त सांस्कृतिक भाषा सिद्ध हुई; और यद्यपि वे स्वयं इसके बहुत-कुछ अशुद्ध रूप को ही बोलते थे, फिर भी जाने-अनजाने उन्होंने इसका बड़ा प्रसार किया तथा दूर-दूर तक इसे अपने साथ ले गए। ज्यों-ज्यों उत्तर प्रदेश तथा बिहार में एक शक्तिशाली हिन्दू मध्यवित्त श्रेणी का प्रभाव बढ़ता जाता है, त्यों-त्यों नागरी-हिन्दी

की सुरक्षा एवं विकास के लिए अनुकूलतर वातावरण तैयार होता जाता है; और वहाँ की आम जनता का अब तो बच्चा-बच्चा तक इसके पक्ष में है। नागरी-हिन्दी या खड़ीबोली हिन्दी के इतिहास का आरम्भ गद्य-साहित्य को लेकर (१९वीं शती के आरम्भ में कलकत्ता में अंग्रेज़ों की छत्रच्छाया में) उर्दू के साथ-साथ ही हुआ। आरम्भ में जिस खड़ीबोली का पद्य के लिए उपयोग किया गया, वह शुद्ध न थी; उसमें स्थानीय बोलियों का पुट था। उर्दू के विषय में भी अधिकांशतः यही बात रही। परन्तु ब्रजभाषा तथा अवधी आदि स्थानीय बोलियों को छोड़कर खड़ीबोली हिन्दी या नागरी-हिन्दी का साहित्य के लिए प्रयोग उर्दू की अपेक्षा कहीं अधिक पुराना है। उदाहरण के लिए १५वीं शताब्दी में कबीर के पदों में हमें इस भाषा का नमूना मिलता है। 'हिन्दी' (प्राचीन 'हिन्दवी') नाम भी भाषा की दृष्टि से उर्दू या 'हिन्दुस्तानी' आदि नामों से प्राचीनतर है और कबीर की रचनाओं की भाषा का अधिकांश भाग उर्दू न होकर हिन्दी ही रहा है।

संस्कृतपूर्ण नागरी-हिन्दी तथा फ़ारसी-अरबीमय उर्दू दोनों के ही (संस्कृतरहित तथा अविदेशी उपादानों से बने हुए) देशज रूपों का व्याकरण लगभग एक ही है। यह व्याकरण करीब-करीब दिल्ली की उच्च श्रेणी द्वारा व्यवहृत भाषा का व्याकरण कहा जा सकता है। इस एक व्याकरण, एक ही प्रकार की धातुओं, प्रत्ययों तथा शब्दों के एक ही भण्डार को प्रतिष्ठा-भूमि बनाकर उर्दू तथा नागरी-हिन्दी के भिन्न-भिन्न भवनों का निर्माण हुआ है। दोनों भाषाओं में समान रूप से निहित इस मूल भाषा को 'खड़ीबोली' कहा गया है; और हिन्दी-उर्दू-खड़ीबोली समूह से पृथक् व्याकरणवाली प्रत्येक उत्तर-भारतीय भाषा या बोली 'पड़ी बोली' कही जाती है। हाँ, यह बात बिलकुल ठीक है कि संयोगवश विशुद्ध खड़ीबोली का प्रत्यक्ष जीवन में कहीं भी व्यवहार होता नहीं देखा जाता, क्योंकि इसका गठन सम्पूर्णतया प्राकृत से प्राप्त उपादानों से हुआ है और केवल उन्हींके द्वारा स्वतन्त्र रूप से, उच्च संस्कृति-विषयक गहन एवं निगूढ़ विचारों की अभिव्यक्ति असम्भव हो जाती है। इस कार्य की सिद्धि के लिए मध्यकालीन भारतीय-आर्य भाषा ने संस्कृत का आसरा लिया (एवं तत्पश्चात् देखा-देखी उर्दू ने फ़ारसी-अरबी की शब्दावली का पल्ला पकड़ा)। संस्कृत तथा फ़ारसी-अरबी दोनों की शब्दावली से रहित विशुद्ध खड़ीबोली की शैली 'ठेठ हिन्दी' कहलाती है। इस भाषा में कुछ गद्य की पुस्तकें—कथा-कहानियाँ—लिखी गई हैं, परन्तु वे केवल 'साहित्यिक वैचित्र्य' या साहित्यिक कसरत के नमूने-मात्र हैं।

(३) हिन्दुस्थानी (हिन्दुस्तानी)—इस रूप को हम खड़ीबोली का वह रूप कह सकते हैं जिसकी शब्दावली में उर्दू तथा नागरी-हिन्दी दोनों की शब्दावलियों का सुष्ठु समन्वय रखा गया हो। इसमें फ़ारसी-अरबी उपादान भी सम्मिलित हैं और साथ ही संस्कृत शब्द भी प्रयुक्त होते रहते हैं—इसे हम हर रोज़ के प्रत्यक्ष जीवन के व्यवहार की हिन्दी कह सकते हैं जो अत्यन्त संस्कृतपूर्ण नहीं है। इसका झुकाव 'ठेठ' शैली की ओर अधिक है, परन्तु व्यवहार की भाषा रहने के कारण न तो इससे विदेशी शब्द ही निकाल दिए जा सकते हैं और न संस्कृत के ही। उर्दू तथा नागरी-हिन्दी के बीच यह एक प्रकार की आदर्श सुवर्ण-मध्य सी है। परन्तु उपर्युक्त दोनों भाषाएँ अब तक सांस्कृतिक शब्दों के चुनाव के विषय में अपना-अपना विशिष्ट मार्ग स्थिर कर चुकी हैं; और जब तक इनमें से कोई एक आत्महत्या न कर ले, तब तक दूसरी का एकच्छत्र साम्राज्य स्थापित नहीं हो सकता। पश्चिमी उत्तर प्रदेश के हिन्दू-मुसलमान आपस में बोलते समय साधारणतया इस विषय में सन्तुलन रखने का प्रयत्न करते हैं, परन्तु मुसलमान लोग अधिकांशतः संस्कृत शब्दों का व्यवहार करने का प्रयत्न ही नहीं करते। इस प्रकार जब भी किसी मुसलिम व्यक्ति से बोलने या बुलवाने का अवसर आता है तो दोनों अवसरों पर एक प्रकार से उर्दू का ही हाथ ऊपर रहता है। भारतीय राष्ट्रीय कांग्रेस के कुछ सदस्य खड़ीबोली हिन्दुस्तानी (या हिन्दुस्थानी) के आदर्श को सत्य रूप में व्यवहार में लाना चाहते हैं। वे अरबी, फ़ारसी तथा संस्कृत के शब्दों का बिना विचारे एक ही साथ मनचाहा प्रयोग करते हैं—इसमें भी उनका झुकाव, मुसलमानों की भावनाओं को चोट न पहुँचे, यह ध्यान में रखकर, अरबी-फ़ारसी की ओर ही अधिक रहता है। कट्टर मुसलिम भावना के लिए फ़ारसी या अरबी को निकालकर लाई हुई संस्कृत-शब्दावली असह्य है। अतएव केवल उस भावना के पोषण या परितोषण के लिए कांग्रेसी हिन्दू लोग अरबी या फ़ारसी उपादानों को 'राष्ट्रभाषा' में सुविधा देने के नाम पर अधिकांशों में स्वीकृत ही कर लेते हैं। राष्ट्रीय भारतीय कांग्रेस द्वारा प्रस्तावित एक प्रचलित शिक्षा-पद्धति के विषय में 'विद्या-मन्दिर' शब्द का प्रयोग उक्त मनोभावना का एक उदाहरण है। यह शब्द संस्कृत से लिया गया है और सम्भवतः 'विद्या' और 'मन्दिर' इन दोनों सरल प्रचलित शब्दों से कोई दिल्ली का मुसलमान भी अपरिचित न होगा। परन्तु बहुत-से मुसलमानों को यह सीधा-सा समास शब्द भी स्वीकार्य नहीं हुआ। उन कट्टर मुसलमानों को तो तभी सन्तोष हो सकता है जब अरबी से लाकर 'बैतु-ल-इल्म' नाम

रखा जाए। कुछ लोगों ने विशुद्ध हिन्दी या हिन्दुस्थानी शब्दों को लेकर 'पढ़ाई-घर' नाम सामने रखा था। परन्तु इस शब्द से व्यक्त होते विचार इतने मामूली तथा साधारण श्रेणी के होते हैं कि उनसे किसीको सन्तोष नहीं होता। कांग्रेसवालों की इस सामञ्जस्य की भावना का बम्बई के कुछ वाक्चित्र-निर्माताओं ने अनुसरण करने का प्रयत्न किया है। फलतः कुछ हिन्दू सामाजिक तथा धार्मिक चित्रों में भी अरबी, फ़ारसी तथा संस्कृत शब्दों का जो भानमती का कुनबा जोड़ा गया है, वह देखते ही बनता है। लेखक की दृष्टि में यह बनावटी साँधाजोड़ी, जिसका उद्देश्य भले ही अच्छा हो, बड़ी ही कुरुचिपूर्ण, प्रायः हास्यास्पद तथा कभी-कभी अपनी घोर असफलता के कारण नितान्त दयनीय लगती है।

(४) प्रादेशिक (Vernacular) या जानपद हिन्दुस्तानी—इसमें पश्चिमी उत्तर प्रदेश तथा पूर्वी पंजाब के क्रमशः रुहेलखण्ड एवं मेरठ डिवीज़न तथा अम्बाला ज़िले की बोलियाँ तथा उनके निकटवर्ती प्रदेश (करनाल, रोहतक के कुछ भाग, पेप्सू (जीन्द) राज्य के कुछ भाग, तथा जमुना के पश्चिमी तट पर के लगभग सारे दिल्ली इलाके) में बोली जाती बाँगरू बोली सम्मिलित हैं। इन भाषाओं को बुनियाद बनाकर, दिल्ली के दरबार तथा शहर में, खड़ी-बोली—हिन्दुस्थानी, नागरी-हिन्दी तथा उर्दू—के व्याकरण का निर्माण हुआ। उपर्युक्त बोलियाँ ऊपर कहे हुए प्रदेशों की जनता में प्रचलित प्रादेशिक, घर की बोलियाँ हैं, और ऐसे विभागों की जनता का संस्कार एवं शिक्षण से सम्पन्न होने के साथ-साथ नागरी-हिन्दी या उर्दू को अपनाना अत्यन्त स्वाभाविक एवं सहज हो जाता है। अहिन्दी-भाषियों का इन बोलियों से भी उतना ही नगण्य सम्पर्क रहता है, जितना अन्य उत्तर-भारतीय बोलियों से। वास्तव में नागरी-हिन्दी-उर्दू (खड़ीबोली) को हम प्रादेशिक या वर्नाक्युलर हिन्दुस्तानी के व्याकरण का परिष्कृत एवं सुसम्बद्ध तथा सुगठित रूप कह सकते हैं।

(५) बाज़ारू हिन्दी या बाज़ारू हिन्दुस्तानी या आम जनता की हिन्दुस्थानी—यह केवल (१) तथा (२) का सरलीकृत स्वरूप है। नागरी-हिन्दी के कुछ लेखक इसे 'लघु-हिन्दी' कहकर भी पुकारते हैं। इसका कोई सुनिश्चित रूप नहीं है। यह सर्वत्र प्रचलित बहुरूपी भाषा है जिसका व्याकरण खड़ीबोली के व्याकरण से उत्तरी (आर्य) भारत के विभिन्न क्षेत्रों में न्यूनाधिक अंशों में भिन्न दिखलाई पड़ता है। यह हिन्दी-उर्दू (खड़ीबोली) का बिगड़ा हुआ रूप है। कुछ अत्यावश्यक विषयों में इसका व्याकरण संक्षिप्त कर लिया गया है, और शब्दावली, मुहावरों तथा व्याकरण रूपों की दृष्टि से इसके

विभिन्न रूपों पर प्रादेशिक या स्थानीय बोलियों का प्रभाव स्पष्टतः लक्षित होता है। पंजाबी लोग, पूर्वी हिन्दीभाषी, भोजपुरी, मैथिल, मगही, बंगाली, ओड़िया, गुजराती, महाराष्ट्री तथा विदेशियों में चीनी, अंग्रेज़, पठान, ईरानी, अरबी आदि विभिन्न जन, जिन्होंने हिन्दी या उर्दू के व्याकरण-शुद्ध रूपों का अध्ययन नहीं किया है, 'बाज़ारू हिन्दुस्तानी' का व्यवहार करते हैं। यही 'बाज़ारू हिन्दुस्तानी' या 'लघु-हिन्दी' भारत की महान् सार्वजनीन व्यवहार की भाषा है, न कि व्याकरण-शुद्ध हिन्दी एवं उर्दू, जो केवल उत्तरी भारत के हिन्दुओं तथा मुसलमानों की सांस्कृतिक भाषाएँ हैं। इस भाषा का स्वरूप पहले स्पष्ट किया जा चुका है।

(६) इन चार प्रकार की हिन्दी या हिन्दुस्थानी के अतिरिक्त, भारत के संविधान में भविष्यकालीन भारत के लिए जो 'हिन्दी' प्रस्तावित हुई है, उसका भी उल्लेख होना चाहिए। संविधान ने कार्यतः ऊपर लिखी हुई (२) प्रकार की हिन्दी को मान लिया है, पर निखिल भारत के लिए उपयोगी तथा सर्व-जन-ग्राह्य भाषा हिन्दी को बनाने के लिए, एक अज्ञातपूर्व 'तिलोत्तमा' हिन्दी की रचना का प्रसंग उठाया गया है, जिसमें संस्कृत तथा चालू हिन्दुस्थानी के सिवा, भारत के अन्य प्रान्तिक भाषाओं से आवश्यकतानुसार नये-नये शब्द लिये जाएँगे। यह कैसी भाषा बनेगी, इसका खाका हमारे सामने अब तक नहीं आया।

इस प्रकार हिन्दी, हिन्दुस्तानी (या हिन्दुस्थानी) तथा उर्दू कहने पर एक ही भाषा के उपर्युक्त विभिन्न रूपों का बोध होता है। इन सभी रूपों में (परसर्ग तथा विभक्ति आदि) कुछ एक सदृश व्याकरणात्मक रीतियाँ पाई जाती हैं, जिनके कारण हिन्दी या हिन्दुस्थानी का अपना एक खास विशिष्ट रूप बन जाता है। वे ये हैं—अनुसर्ग 'का' (स्त्रीलिंग संज्ञा शब्द के साथ 'की') का सम्बन्धकारक के लिए प्रयोग; 'से' का अपादान एवं करण के लिए; 'में' एवं 'पर' का अधिकरण के लिए; 'इस', 'उस', 'जिस', 'किस' आदि तिर्यक् सर्वनाम रूप; साधारण क्रिया रूप के लिए 'ना' का प्रयोग; 'ता' का वर्तमान-निष्ठित तथा वर्तमान काल के लिए; 'आ' का भूतनिष्ठित तथा भूतकाल के लिए; तथा 'गा' का (कुछ फेरफारों के साथ) भविष्यत् तथा अन्य प्रयोगों के लिए व्यवहार। इनको ध्यान में रखते हुए, हम हिन्दी को साधारणतया 'का-में-पर-से-इस-उस-जिस-किस' तथा 'ना-ता-आ-गा' भाषा कहकर पुकार सकते हैं। इन अनुसर्गों तथा विभक्तियों से ही हिन्दुस्थानी उत्तर-भारत की उन विभिन्न अन्य भाषाओं तथा बोलियों से अलग पड़ जाती है, जिन्होंने घर या समाज के संकुचित क्षेत्र से बाहर हिन्दुस्थानी का सार्वभौमत्व स्वीकार कर रखा है।

२

हिन्दी (हिन्दुस्थानी) भाषा का विकास (१)

हिन्दुस्थानी की आधुनिक-कालीन स्थिति का स्वरूप, उसका अतीत राजनीतिक एवं सांस्कृतिक इतिहास—भारत में आर्यों का आगमन—आर्य एवं अनार्य उपादानों का जातिगत एवं सांस्कृतिक सम्मिश्रण—प्रत्नकालीन हिन्दू जन तथा हिन्दू संस्कृति—वैदिक ऋचाओं की भाषा, आद्य-भारतीय-आर्य (वैदिक) बोलियों पर आधारित एक कलापूर्ण साहित्यिक भाषा थी—अखिल आर्यावर्त की प्रथम सार्वजनीन भाषा, वैदिक भाषा—'ब्राह्मण'-ग्रन्थों की भाषा—बोलचाल की प्रचलित उपभाषाओं का वैदिक या आद्य-भारतीय-आर्य के अधिष्ठित रूप से भिन्न होते-होते, मध्ययुगीन-भारतीय-आर्य अवस्था का सूत्रपात—लौकिक (classical) संस्कृत का ब्राह्मणों द्वारा पाठशालाओं (गुरुकुलों) में व्यवहृत एक सांस्कृतिक तथा साहित्यिक भाषा के रूप में क्रमागत विकास—पाणिनि—आधुनिक हिन्दुस्थानी के विकास-क्षेत्रवाले प्रदेश के तत्कालीन रूप 'उदीच्य' तथा 'मध्य-प्रदेश' में लौकिक संस्कृत भाषा का आविर्भाव—संस्कृत का प्रसार—संस्कृत का स्वरूप तथा विशिष्टताएँ—बौद्धों तथा जैनों द्वारा पूरब की उपभाषा या बोली का साहित्यिक भाषा के रूप में प्रयोग—बुद्ध के उपदेशों का विभिन्न भाषाओं में अनुवाद—अर्द्ध-मागधी—पालि का उद्भव—पालि, एक मध्यदेशीय भाषा—भारत में प्रचलित भाषाओं के इतिहास में पूर्व बनाम पश्चिम—वैदिक, लौकिक संस्कृत, पालि, शौरसेनी प्राकृत, भूल से 'महाराष्ट्री' कही जाती अर्वाचीन शौरसेनी, पश्चिमी अपभ्रंश, ब्रजभाखा और हिन्दी (हिन्दुस्थानी) के भाषाक्रम को देखते हुए पश्चिम तथा मध्यप्रदेश का भाषाक्षेत्र में सिद्ध होता प्रमुख स्थान—शौरसेनी या पश्चिमी अपभ्रंश, एक महान् साहित्यिक भाषा—शौरसेनी अपभ्रंश का हिन्दी से सादृश्य—हिन्दुस्थानी का एक आधुनिक भाषा के रूप में प्रारम्भ—१० से १३वीं शती में तुर्कों की विजय तथा आधिपत्य—विदेशी उपादानों का भारतीयकरण—पंजाब तथा मध्यदेश की प्रचलित बोलियों को आधार-स्थान बनाकर दिल्ली में एक

आदान-प्रदान (या मेल-मिलाप) की भाषा का जन्म—आद्य हिन्दी या हिन्दुस्थानी तथा उसकी सहोदराएँ एवं चचेरी बहनें—'पछाँह' या पश्चिमी हिन्दी बोलियां तथा उनका हिन्दुस्थानी से सम्बन्ध—औ (या ओ)-कारान्त बोलियाँ तथा अ-कारान्त बोलियाँ—भिन्नता तथा साहश्य-विषयक कुछ अन्य बातें—हिन्दुस्थानी पर पंजाबी का प्रभाव—दिल्ली की बोली—प्रारम्भ में हिन्दुस्थानी की उपेक्षा—आद्यकाल में ब्रजभाखा का महत्त्व।

हिन्दुस्थानी को विकसित होते ११०० ई० से १८०० ई० तक लगभग ७०० वर्ष लगे। आधुनिक भारतीय भाषाओं में हिन्दुस्थानी को जो महत्त्वपूर्ण एवं विशिष्ट स्थान प्राप्त है, वह उसे यों ही अचानक नहीं मिल गया, बल्कि वह उत्तर भारत तथा दक्षिण भारत के राजनीतिक इतिहास एवं सांस्कृतिक हलचल के लम्बे युग के पश्चात् मिला है।

भारत में आर्य कब आये, इसका ठीक-ठीक हमें पता नहीं चलता। कितनी ही आनुमानिक आसपास की तिथियाँ इस समय के लिए सुझाई गई हैं। इनमें से एक बहुमान्य तिथि २०० वर्ष ई० पू० है। लेखक का निजी मत तो यह है कि आर्यों का भारत में आगमन ई० पू० १५०० वर्ष से प्राचीनतर तो हो ही नहीं सकता, चाहे कुछ शताब्दी पश्चात् का भले ही हो। आर्य लोग अर्द्धयायावर अवस्था में यूरेशिया के मैदानों में या रूस-स्थित अपने विवादग्रस्त आदिवास-स्थान से सम्भवतः कॉकेशस पर्वतमाला की राह से उत्तरी मेसोपोतामिया एवं ईरान से होते हुए आये थे। भारत में आने के पूर्व सम्भवतः कुछ शताब्दियों तक वे मेसोपोतामिया तथा ईरान में पर्यटन-विचरण करते रहे थे। इन क्षेत्रों में निवास करते हुए उन्होंने असीरी-बाबिली तथा अन्य सुसभ्य जनों से बहुत-से संस्कार आत्मसात् किये जान पड़ते हैं; और साथ ही यह भी सम्भव है कि स्थानीय जातियों के साथ हुए आंशिक मिश्रण से आर्यों का मूल स्वरूप भी कुछ हद तक परिवर्तित होने में मदद मिली। जब उन्होंने भारत में प्रवेश किया, उस समय देश जनविहीन नहीं था। उलटे, यदि सघन आबादी न कही जाए, तो भी, यहाँ बहुसंख्यक लोग निवास करते थे जिनकी जातियाँ, संस्कृतियाँ तथा भाषाएँ परस्पर भिन्न थीं। अधिकांशतः इनमें आपस में कोई एकता या सूत्रबद्धता नहीं थी; हाँ, कभी-कभी जातिगत एवं संस्कृतिगत सम्मेलन के कारण कुछ महत्त्वपूर्ण सम्पृक्त समूह-से अवश्य बन गए हो सकते हैं। जहाँ तक उत्तरा एवं पश्चिमी भारत का प्रश्न है, यहाँ के लोगों की जाति, संस्कृति एवं

भाषाएँ द्राविड़ तथा ऑस्त्रो-एसियाई कुटुम्ब की थीं। इन पूर्वार्य जनों के निर्माण में निग्रोबटु या यूराल-अल्ताई आदि अन्य जातिगत या सांस्कृतिक उपादान भी पहले ही से मिश्रित रहने की सम्भावना है। इन पूर्वार्य लोगों की सभ्यता बहुत बढ़ी-चढ़ी थी और उनका भौतिक विकास तो आर्यों से भी बहुत आगे था। दक्षिणी पंजाब तथा सिन्ध में प्राप्त प्राचीन नगरों के भग्नावशेष इस बात के प्रत्यक्ष साक्षी हैं। इन जनों में से कुछ शान्तिपूर्ण ग्रामवासी जातियाँ थीं जिनकी आद्यावस्था की संस्कृति कृषि पर आधारित थी; यही आधुनिक भारतीय ग्राम संस्कृति की आधारशिला है।

आर्य लोग अपने साथ अपनी आर्य-भाषा भी लाए थे, जिसका प्राचीनतम उदाहरण ऋग्वेद में मिलता है। नवागत आर्यों तथा स्थानीय देश-स्थित अनार्यों के प्रथम सम्पर्क शान्त रूप से भी हुए और संघर्ष के साथ भी। शान्तिपूर्ण सम्पर्कों के फलस्वरूप दोनों जनों का सम्मेलन होकर सांस्कृतिक, धार्मिक, सैद्धान्तिक तथा भाषागत सम्मिश्रण या एकीकरण हुआ। इस प्रकार हिन्दू-जन के इतिहास की नींव ईसा-पूर्व एक सहस्राब्दी से भी पहले पड़ी। अनार्य लोगों का पौराणिक एवं दन्तकथा साहित्य आर्यों के तत्सम्बन्धी साहित्य में अविश्लेष्य रूप से मिश्रित हो गया और इस प्रकार भारतीय महाकाव्यों के एक पौराणिक साहित्य का आद्य-रूप प्रस्फुटित हुआ। आर्यों तथा अनार्यों के संयोग से उत्पन्न मिश्रित जन को ये सारी वस्तुएँ एक ही रिक्थ के रूप में प्राप्त हुईं। निर्माण-काल की शताब्दियों में सांस्कृतिक क्षेत्र में सारी प्रक्रिया विश्लेषणात्मक न होकर संयोगात्मक ही रही।

आर्य लोग सर्वप्रथम पश्चिमोत्तर प्रदेश में—पंजाब में—बसे और वहाँ से ढाल की ओर आते हुए पूर्व की ओर प्रसरित हुए। उनकी भाषा की प्रतिष्ठा उनके पंजाब के केन्द्र में हुई एवं वहाँ से वह पूर्व की ओर फैलती चली गई। आर्य-भाषा धीरे-धीरे सारे उत्तरी भारत में प्रसरित एवं प्रचलित हो गई। इसके कारण, निर्विवाद रूप से अनार्य जनों में एकता की कमी, उनकी भाषा की अनेकता, आर्य विजेताओं का राजनीतिक प्रभुत्व तथा उनके विचारक मनीषियों की बुद्धि की प्रखरता थे।

आर्य-भाषा ने अनार्य-भाषाओं को सम्पूर्णतया अपदस्थ कर दिया; लगभग ६०० वर्ष ई० पू० तक अफ़गान सीमाप्रदेश से बंगाल तक आर्य-भाषा का एकच्छत्र साम्राज्य स्थापित हो गया। सर्वप्रथम समस्त आर्य-उपभाषाओं में से उपादान लेते हुए एक साहित्यिक अथवा कलात्मक भाषा (Kunst sprache) का निर्माण हुआ। इस भाषा में आर्य कवि या ऋषियों ने अपने

देवताओं की स्तुतियाँ ग्रथित कीं। लगभग एक सहस्र वर्ष ई० पूर्व, दक्षिण पंजाब (हड़प्पा) तथा सिन्ध (मोहेन-जो-दड़ो) में उपलब्ध मुद्राओं तथा अन्य लेखों पर प्राप्त एक प्रकार की पूर्वार्य प्राथमिक ब्राह्मी पर आधारित आर्य-लिपि का विकास हुआ। उपरिकथित स्तुतियाँ लगभग इसी काल में संकलित हुईं, और वेदों के रूप में उक्त लिपि में सर्वप्रथम लिखी गईं। वैदिक साहित्यिक भाषा का आरम्भ तो उस काव्यमय बोली में पहले ही हो चुका था जिसका व्यवहार आर्यजन भारत में आने के पूर्व बाहर ही करते थे। आर्यों के भारत में आगमन तथा प्रसार की आरम्भिक शताब्दियों में इसी भाषा ने पश्चिमोत्तर भारत में बसनेवाली विभिन्न आर्य उपजातियों को एकसूत्रबद्ध रखने का महत्त्वपूर्ण कार्य सम्पन्न किया होगा।

दैनिक जीवन की बोलचाल में प्रयुक्त आर्य-बोलियाँ तो विकसित होती चली गईं, परन्तु स्तुति-स्तवों की ऋचाओं के लेखन-बद्ध हो जाने के पश्चात् वैदिक साहित्यिक या काव्यमय भाषा का स्वरूप स्थिर हो गया और आर्य-गुरु-आचार्यों की पाठशालाओं में उसका अध्ययन होता रहा। वैदिक यज्ञबलि एवं पाठों को लेकर १००० से ६०० वर्ष ई० पू० के काल में दर्शन तथा धार्मिक एवं कर्मकाण्डी टीकाभाष्यों के एक बृहत् साहित्य का निर्माण हुआ। इस साहित्य के लिए प्रयुक्त भाषा वैदिक से नवीनतर थी और उसे हम 'ब्राह्मण'-ग्रन्थों की संस्कृत के रूप में जानते हैं। समस्त उत्तर-भारत में पश्चिमी पंजाब से लेकर पूर्वी बिहार तक धीरे-धीरे फैले हुए ब्राह्मण विद्वज्जनों ने इस साहित्य की शनैः-शनैः अभिवृद्धि की। कालान्तर में समय के कारण आये हुए आभ्यन्तर परिवर्तनों तथा भाषागत दृष्टि से विदेशी अनार्य उपजातियों में आर्य-भाषा के प्रसार के फलस्वरूप आये हुए बाहरी फेरफारों को लेकर प्रचलित बोलियाँ वैदिक भाषा के मूल आद्य-भारतीय-आर्य मान से अत्यधिक दूर हटती जाती प्रतीत होने लगीं। ब्राह्मण पण्डितों ने जब देखा कि वेदों के 'छान्दस' साहित्य की भाषा से बोलचाल की प्रचलित भाषाएँ बिलकुल भ्रष्ट होती जा रही हैं तब उन्होंने एक ऐसी साहित्यिक भाषा का निर्माण करना आरम्भ किया जो स्थित स्वरूप में रह सकती हो, एवं जिसका रूप प्रचलित बोलियों की भाँति 'विकृत या भ्रष्ट' न हो सकता हो। ब्राह्मणों के विद्याभ्यास के प्रमुख एवं महत्त्वपूर्ण केन्द्र पंजाब या 'मध्यदेश' के उस क्षेत्र में थे, जो आधुनिक उत्तरी गंगा के दोआब तथा दक्षिण-पूर्वी पंजाब में पड़ता है; यहाँ की आर्य बोलियाँ इतनी नहीं बिगड़ी थीं जितनी कि पूर्व की, जोकि भारत में आर्यों के प्रथम निवासस्थान से सर्वाधिक दूरस्थ था। वास्तव में, यह बात एक तरह से सर्वमान्य

गिनी जाती थी कि आर्य-भाषा पश्चिमोत्तर भारत, अर्थात् 'उदीच्य' प्रदेश में अपने विशुद्ध रूप में बोली जाती थी। उपर्युक्त ब्राह्मण विद्वज्जनों के समक्ष साहित्यिक भाषा के लिए वास्तव में एक आदर्श भाषारूप उपस्थित था : वह था वेदों की काव्यत्वपूर्ण शैली तथा उससे नवीनतर ब्राह्मण-ग्रन्थों एवं उपनिषदों की गद्य-शैली का रूप। इसे मूलाधार बनाकर तत्कालीन प्रादेशिक बोलियों की स्थिति को दृष्टिगत रखते हुए समयानुरूप कुछ सरलीकरण एवं अन्य परिवर्तन करके विश्व की मानव-संस्कृति एवं चिन्तानुभूति की सबसे महान् भाषाओं में से एक भाषा का निर्माण हुआ : वह थी संस्कृत अथवा लौकिक संस्कृत-भाषा (Classical Sanskrit)। इसके व्याकरण का स्वरूप लगभग चिरकाल के लिए पाणिनि ने नियमबद्ध कर दिया। पाणिनि स्वयं पश्चिमोत्तर पंजाब का निवासी था और सम्भवतः ५वीं शती ई० पू० प्रतिष्ठित हुआ था। परन्तु लौकिक संस्कृत-भाषा का आरम्भ पाणिनि के काल से दो-एक शताब्दी प्राचीनतर गिना जाता है; वस्तुतः यों भी कहा जा सकता है कि लौकिक संस्कृत का विकास अदृष्ट रूप से उत्तर-वैदिक काल के 'ब्राह्मण'-ग्रन्थों के गद्य से ही हो चुका था। वैदिक तथा 'ब्राह्मण'-कालीन बोलियों को लौकिक संस्कृत का ही आर्ष रूप कहा जा सकता है; वास्तव में वैदिक तथा लौकिक संस्कृत एक ही भाषा-परम्परा में हैं, यह निर्विवाद सत्य है।

'सादा जीवन एवं उच्च विचार' के सिद्धान्त का क्रियात्मक रूप में प्रयोग करनेवाले ब्राह्मणों के शिष्ट समुदाय ने लौकिक संस्कृत को अपनी सर्वमान्य भाषा बना लिया (दे० महर्षि पतञ्जलि द्वारा २री शती ई० पू० में इस बात का उल्लेख)। वह प्राचीन भारत की धार्मिक तथा साहित्यिक भाषा बन गई। पश्चकाल में बौद्धों एवं जैनों ने भी ब्राह्मणों की ही भाँति इसकी महत्ता को स्वीकार किया। लौकिक संस्कृत का अभ्युदय लगभग उसी प्रदेश में हुआ जिसमें कालान्तर में हिन्दुस्थानी का जन्म हुआ, अर्थात् आधुनिक पंजाब तथा पश्चिमी उत्तर प्रदेश। 'हिन्दू' शब्द का अर्थ 'प्राचीन भारतीय' लेते हुए, जिसमें कि ब्राह्मण, बौद्ध तथा जैनों के सभी मत-मतान्तर सम्मिलित हैं, हम कह सकते हैं कि 'हिन्दू'-संस्कृति के प्रसार के साथ-साथ ही संस्कृत का भी प्रसार हुआ। संस्कृत पश्चिम तथा उत्तर में प्रसरित होकर ईरान, अफ़ग़ानिस्तान तथा मध्य एशिया में पहुँची, और बौद्ध-धर्म के साथ-साथ चीन एवं तिब्बत से होते हुए सुदूर-प्राच्य में ठेठ कोरिया एवं ज़ापान तक पहुँच गई। ब्राह्मण तथा बौद्ध दोनों मतों के साथ संस्कृत सिंहलद्वीप में, ब्रह्मदेश में तथा इन्दोचीन (स्याम, कम्बुज, चम्पा या कोचीन चीन) एवं मलयदेश तथा इन्दोनेसीय द्वीपसमूह (सुमात्रा,

यवद्वीप, बलिद्वीप, लोम्बक तथा बोर्नियो) तक पहुँच गई। प्राचीन भारत की संस्कृति एवं विचारसरणि के वाहक या माध्यम-रूप संस्कृत को यदि हम एक प्रकार की ऐसी प्रत्नकालीन हिन्दुस्थानी कहें, जोकि स्तुतिपाठ तथा धार्मिक कर्मकाण्ड की भी भाषा थी, तो अनुचित न होगा।

वैसे तो संस्कृत देश के किसी भी भाग में घर की भाषा नहीं थी, हाँ, हम यों मान सकते हैं कि केवल ईसा-पूर्व की कुछ शताब्दियों में पंजाब तथा मध्यदेश (आधुनिक पश्चिमी उत्तर प्रदेश) की बोलियों पर इसका प्रारम्भिक स्वरूप आधारित था। फिर भी, संस्कृत एक अत्यन्त सजीव, प्राणयुक्त भाषा थी; क्योंकि थोड़े-बहुत फेर-बदल के साथ इसका व्यवहार केवल विद्वज्जनों एवं धर्माचार्यों द्वारा ही नहीं होता था, बल्कि प्रवासी साधारण-जन भी, जो निरक्षर ग्रामीण-मात्र नहीं थे, इसका समुचित उपयोग करते थे। बाकी के आर्यावर्त की विभिन्न प्रादेशिक बोलियों में आपस में काफ़ी अन्तर था, और उनका विकास भी स्वतन्त्र एवं अबाध गति से होता रहा। बुद्ध के काल में ही प्राच्य बोली संस्कृत के वैदिक आदर्श से इतनी अधिक भिन्न हो चुकी थी कि उसे बिलकुल स्वतन्त्र बोली ही माना जाने लगा था। बुद्ध तथा महावीर आदि मनीषियों द्वारा प्रचारित दार्शनिक पन्थ वैदिक ब्राह्मण-पन्थ के यागयज्ञ, पशु-बलि प्रभृति कर्म-काण्ड के विरुद्ध थे; अतएव इनके प्रचारकों एवं अनुयायियों ने ब्राह्मणों की प्राचीन लक्षण-सम्पन्न वैदिक स्तुति ऋचाओं की भाषा 'छान्दस' (छन्दों की भाषा) तथा संस्कृत का सप्रयत्न परित्याग किया। उन्होने लोकभाषा का आश्रय लिया। फलतः आधुनिक पूर्वी उत्तर प्रदेश तथा बिहार (अवध, बनारस, गोरखपुर, उत्तरी तथा दक्षिणी बिहार) के तत्कालीन भू-भाग में प्रचलित मध्य-युगीन-भारतीय-आर्य भाषा के एक पूर्वी रूप में बुद्ध तथा महावीर दोनों के उपदेश दिये गए एवं लिखे भी गए। इससे उक्त पूर्वी बोली में एक प्रकार का साहित्यिक गौरव एवं सौष्ठव आ गया। बौद्ध तथा जैन मत के प्रचार की सर्वमान्य अधिकृत भाषा होने के अतिरिक्त यह पूर्वी बोली सम्राट् अशोक की राजभाषा भी बनी। बौद्ध मत के शास्त्रों के निर्धारण के पूर्व, पालिपूर्व एवं गाथापूर्व की भाषा के विषय में उपर्युक्त मत ही आधुनिकतम है। बुद्ध भगवान् के उपदेशों का प्रणयन सर्वप्रथम इसी पूर्वी बोली में होकर, बाद में उनका अनुवाद पालि भाषा में, जोकि मध्यदेश की प्राचीन भाषा पर आधारित एक साहित्यिक भाषा थी, हुआ। इस मत की पुष्टि करते हुए पारिस के स्व० सिल्वां लेवी (Sylvain Lévi) तथा बर्लिन के प्राध्यापक हाइन्‌रिख् ल्यूडर्स (Heinrich Lueders) सदृश ख्यातिप्राप्त विद्वज्जनों ने इसकी सत्यता के बहुसंख्यक उदाहरण

एवं प्रमाण दिये हैं। कालान्तर में जैन लोगों ने इस प्राचीन पूर्वीय भाषा को कुछ परिवर्तित-परिवर्द्धित कर लिया, परन्तु महदंशों में उन्होंने इसे अपनाए रखा और उनके धर्म-ग्रन्थों में यह 'अर्द्धमागधी' नाम से विख्यात हुई। अर्द्धमागधी में उसका पूर्वीय स्वरूप बहुत-कुछ सुरक्षित रहा है, परन्तु वह स्वयं भाषागत विकास की एक पश्चकालीन अवस्था की ही द्योतक है। महावीर तथा बुद्ध की भाषा आद्य-मभाआ अवस्था की है, जबकि जैन दिगम्बर नियमादेशों की अर्द्धमागधी द्वितीय मभाआ अथवा 'प्राकृत' अवस्था का प्रतिनिधित्व करती है। भगवान् बुद्ध की इच्छा थी कि उनका उपदेश सभी नर-नारियों तक उनकी मातृभाषा में पहुँचना चाहिए। इस इच्छा को सम्पन्न करने हेतु बौद्धों ने तथागत के उपदेशों का विभिन्न अन्य बोलियों में अनुवाद किया। इस प्रकार बौद्धधर्म-ग्रन्थों के अनेक अनुवाद कई प्राचीन भारतीय आर्य-बोलियों में (सम्भवतः प्राचीन द्राविड़ भाषाओं में भी) तथा कई अति-भारतीय या भारतीयेतर भाषाओं, उदा० सुग्दी, प्राचीन खोतनी, प्राचीन कूची भाषा (Old Kuchean), प्राचीन काराशहरी (Old Karasharian) या तुखारी, प्राचीन तुर्की, चीनी, कोरियाई, जापानी, तिब्बती या भोट, मंगोल, माञ्चू ब्रह्मी, स्यामी, अनामी, मोन् एवं ख्मेर, तथा भारतीय-आर्य सिंहली इत्यादि में हुए।

बौद्ध-धर्मग्रन्थों का अनुवाद बुद्ध की मूल पूर्वी बोली से जिन-जिन अन्य प्राचीन भारतीय प्रादेशिक बोलियों में हुआ, उन्हीं में से एक पालि भी थी। इस पालि भाषा को गलती से मगध या दक्षिण बिहार की प्राचीन भाषा मान लिया जाता है; वैसे यह उज्जैन से मथुरा तक के मध्यदेश के भूभाग की भाषा पर आधारित साहित्यिक भाषा है; वस्तुतः इसे पश्चिमी हिन्दी का एक प्राचीन रूप कहना ही उचित होगा। मध्यदेश की भाषा के रूप में, पालि भाषा आधुनिक हिन्दी या हिन्दुस्थानी की भाँति केन्द्र की—आर्यावर्त के हृदय-प्रदेश की—भाषा थी; अतएव, आसपास में पूर्व, पश्चिम, पश्चिमोत्तर, दक्षिण-पश्चिम आदि के जन इसे सरलता से समझ लेते थे। बौद्ध शास्त्रग्रन्थों का पालिभाषा का अनुवाद (एवं कालान्तर में उनका संस्कृत अनुवाद) ही विशेष रूप से प्रचलित हुआ और मूल पूर्वी भाषावाला पाठ लुप्त हो गया। पालि हीनयान बौद्धों के 'थेरवाद' सम्प्रदाय की महान् साहित्यिक भाषा बनी और यही शाखा सिंहल में पहुँचकर आगे चलकर वहाँ प्रतिष्ठित हो गई। सिंहल से यह शाखा अपनी माध्यम पालि को साथ लिये हुए ब्रह्मदेश एवं स्याम तक पहुँची और इस प्रकार पालि आधुनिक इन्दोचीन के बौद्ध मत की धार्मिक भाषा बन गई। इस प्रकार हम देखते हैं कि पहले आद्य बौद्धों एवं जैनों, तथा बाद में

पाटलिपुत्र या पटना में राजधानी बनाकर राज्य करनेवाले मौर्यवंश के सम्राटों के प्रदेश में सर्वप्रथम तो पूर्वी बोली का प्रभुत्व रहा, एवं तत्पश्चात् पश्चिमी हिन्दी के क्षेत्र से उत्पन्न हुई पालि भाषा का साम्राज्य छा गया।

उत्तर भारत की भाषा के इतिहास में साधारणतया हमेशा से ही पश्चिम तथा मध्यदेश की भाषा का ही अन्य भाषाओं पर प्रभुत्व रहा है। वैदिक तथा संस्कृत भाषाएँ भी मुख्यतया पूर्व की न होकर पश्चिम की ही भाषाएँ थीं। पालि अब मध्यदेश की भाषा के रूप में सिद्ध हो चुकी है। वैसे भी, मध्यदेश की भाषा के प्रभाव द्वितीय शती ई० पू० के समय में भी उड़ीसा तक पहुँचे पाए जाते हैं। खारवेल शिलालेख एक ऐसी बोली में उत्कीर्ण है, जो पालि एवं तथाकथित कल्पित 'प्राचीन शौरसेनी' दोनों से मिलती-जुलती है। परन्तु ऐसे भी दो-एक उदाहरण मिलते हैं, जबकि पूर्व की भाषा का साम्राज्य रहा है। प्रथम बार तो यह बात मौर्यकाल में ही हुई। सम्राट् अशोक की राजभाषा एक पूर्वी बोली ही थी और मौर्यों के राजत्वकाल में समस्त आर्यावर्त में यही भाषा सर्वत्र समझी जाती एवं प्रयुक्त होती थी। अशोक के शिलालेखों में कहीं भी मध्यदेश की भाषा उपलब्ध नहीं होती, यद्यपि मानशेहरा तथा शाहबाजगढ़ी के लेखों में पश्चिमोत्तरी प्राकृत, गिरनार के लेखों में दक्षिण-पश्चिमी प्राकृत तथा अन्यत्र पूर्वी प्राकृत आदि विभिन्न प्राकृतें मिलती हैं। इनमें से अन्तिम (पूर्वी) कुछ फेरफारों के साथ हिमालय के पादप्रदेश-स्थित 'कलसी' के लेखों में मिलती है। ऐसा अनुमान लगाया जाता है कि अशोक के शिलालेखों के मूल मसौदे राजधानी पाटलिपुत्र में, राजभाषा पूर्वी बोली में ही तैयार किये गए रहे होंगे, एवं वहाँ से विभिन्न स्थानों में स्तम्भों एवं चट्टानों पर उत्कीर्ण कर दिए जाने के लिए भेजे गए होंगे। सौराष्ट्र (गुजरात), गान्धार (पश्चिमोत्तर पंजाब) आदि कई प्रदेशों में पाटलिपुत्र के मूल पाठ का प्रादेशिक बोली में अनुवाद कर लिया गया; परन्तु फिर भी, जैसा कि अमेरिकन विद्वान् श्री ट्रुमैन माइकल्सन (Truman Michelson) का मत है, प्रादेशिक अनुवादों पर भी पाटलिपुत्र की राजभाषा का प्रभाव पड़े बिना न रह सका; विशेषतः राज्य की ओर से प्रसारित आदेशों में तो यह प्रभाव स्पष्टतया परिलक्षित होता है। अशोक के शिलालेखों में मध्यदेशीय भाषा की अनुपस्थिति इस बात की द्योतक है कि इसके बोलनेवाले भी राज-भाषा के रूप में प्रचलित पूर्वी बोली को भलीभाँति समझ लेते थे। बैराट शिलालेख से स्पष्ट यह पता चलता है कि सम्राट् अशोक ने स्वयं बौद्ध धर्म-ग्रन्थों का अध्ययन उक्त पूर्वी प्राकृत में ही किया था। परन्तु पूर्वी प्राकृत का यह प्रभुत्व विशेष समय तक स्थायी न रह सका।

ईसा की प्रारम्भिक शताब्दियों में मध्यदेश की भाषा एक बार पुनः सर्वोपरि प्रतिष्ठित हो गई।

तत्पश्चात् के भारतीय प्रादेशिक बोलियों तथा उनसे विकसित साहित्यिक भाषाओं के इतिहास का अवलोकन करने पर हमें पता चलता है कि विशेषतः मध्यदेश, उदीच्य तथा पश्चिम की बोलियों को ही प्रमुख महत्त्व का स्थान मिलता रहा। मथुरा में मुख्य केन्द्रवाली शौरसेनी प्राकृत सबसे अधिक सौष्ठव एवं लालित्यपूर्ण प्राकृत या पश्च मध्ययुगीन भारतीय आर्यभाषा सिद्ध हुई। वैसे देखा जाए तो शौरसेनी, आधुनिक मथुरा की भाषा, हिन्दुस्थानी की बहन एवं विगत काल की प्रतिस्पर्द्धिनी ब्रजभाषा का ही एक प्राचीन रूप थी। संस्कृत नाटकों में अभिजात वर्ग के पात्र जहाँ कहीं संस्कृत नहीं बोलते, वहाँ उनके कथोपकथन शौरसेनी में करवाये गए हैं। इस शौरसेनी के साथ-साथ एक और भी प्राकृत कुछ प्रगति करती हुई दृष्टिगोचर होती है। यह महाराष्ट्र क्षेत्र में प्रचलित बोली 'महाराष्ट्री' थी जो आगे चलकर विकसित होते-होते 'मराठी' बनी। परन्तु इस प्रचलित मत के विरुद्ध एक नया मत इधर सामने आया है, जिसके अनुसार 'महाराष्ट्री' का मराठा प्रदेश या मराठी भाषा से कोई लगाव नहीं है; एवं महाराष्ट्री प्राकृत शौरसेनी प्राकृत से उत्पन्न एक विशेष प्रकार की छोटी मध्यदेशीय बोली ही सिद्ध होती है। (देखिए—पहले भी उल्लिखित, मनोमोहन घोष का 'महाराष्ट्री—शौरसेनी का एक पश्च रूप' शीर्षक निबन्ध।) यह कथन सर्वप्रथम बड़ा क्रान्तिकारी-सा प्रतीत होता है; परन्तु ई० सन् ४०० के आसपास प्रतिष्ठित प्राकृत के वैयाकरण वररुचि ने केवल एक 'प्राकृत' (शाब्दिक अर्थ 'प्रकर्षेण आकृत'=अत्युत्तम बोली) का ही उल्लेख किया है जो उसकी 'शौरसेनी' रही होगी। वररुचि के समय में ही यह भाषा आभ्यन्तर व्यञ्जनों के लोप के साथ अपनी द्वितीय मभाआ अवस्था तक पहुँच चुकी थी। इसके पश्चात् किसी एक बाद के लेखक ने वररुचि के 'प्राकृत-प्रकाश' में शौरसेनी पर एक प्रक्षिप्त परिच्छेद और जोड़ दिया, जिसमें उसने मागधी के समकक्ष एक प्राक्कालीन भाषा के रूप में शौरसेनी के लक्षणों का वर्णन दिया। यह मत सम्पूर्णतया विचारणीय है। यदि यह सही है तो महाराष्ट्री प्राकृत शौरसेनी प्राकृत तथा शौरसेनी अपभ्रंश के बीच की केवल एक अवस्था-मात्र सिद्ध हो जाती है। इसके अतिरिक्त यह भी प्रमाणित हो जाता है कि मध्यदेशीय भाषा का प्रभुत्व अविच्छिन्न रूप से ईसा की प्रथम सहस्राब्दी के सारे काल में, और उससे पहले भी, कायम रहा; अर्थात् पालि के रूप में, (ईसा-पूर्व की शतियों में) शौरसेनी प्राकृत के रूप में, (ईसा की आरम्भिक शतियों

में) 'प्राकृत' या संकुचित अर्थ में तथाकथित 'महाराष्ट्री प्राकृत' के रूप (लगभग ४०० ई० स० के आसपास), तथा शौरसेनी अपभ्रंश के रूप मे (४०० ई० स० से १००० ई० स० तक के बाका के काल में)। मध्यदेश वास्तव में भारत का हृदय एवं जीवन-संचालन का केन्द्र-स्थान था। यहाँ के निवासियों के हाथ में, एक तरह से, अखिल भारतीय ब्राह्मणीय संस्कृति का प्राथमिक सूत्रपात था, तथा हिन्दू-जंगत् के पवित्रतम देश के रूप में मध्यदेश की महत्ता सर्वत्र सर्वमान्य थी। परम्परा एवं इतिहास द्वारा वर्णित सार्वभौ साम्राज्यों के केन्द्र मध्यदेश एवं तन्निकटस्थ आर्यावर्त के अन्य क्षेत्रों में ही रहे हैं मध्यदेश के जनों को भी अपनी नागरिकता तथा सांस्कृतिक श्रेष्ठता का अभि मान था। उदाहरण, मनु-संहिता (? प्रथम से तृतीय शती ई० स०) का एक श्लोक देखिए :

"एतद्देशप्रसूतस्य सकाशादग्रजन्मनः।
स्वं स्वं चरित्रं शिक्षेरन् पृथिव्यां सर्वमानवाः।"

(=इस देश के ब्राह्मणों से सारे जगत् के लोग अपना-अपना जीवन बिताने की रीति सीखें।) इसके अतिरिक्त, राजशेखर (लगभग ६०० ई० स०) द्वारा स्वीकृति के साथ अपनी 'काव्य-मीमांसा' में उद्धृत किसी अज्ञात कवि का यह कथन भी द्रष्टव्य है : "यो मध्ये मध्यदेशं निवसति, स कविः सर्वभाषा निषण्णः।" (=जो मध्यदेश के मध्य में निवास करता है, वह सारी भाषाओं का प्रतिष्ठित कवि है।)

जैसे 'वैदिक संस्कृत> मध्यदेशीय भाषा>शौरसेनी प्राकृत तथा अप भ्रंश >ब्रजभाषा, खड़ी-बोली हिन्दी'—यह परम्परा हमें मिलती है, वैसे ही और परम्पराएँ भारतीय दूसरी आर्य भाषाओं के लिए भी हैं। जैसे—'वैदिक > प्राच्य भाषा > मागधी प्राकृत और अपभ्रंश > भोजपुरी, मैथिल-मगही असमिया-बंगला-ओड़िया'; 'वैदिक> दाक्षिणात्य भाषा >विदर्भ में प्रचलित प्राकृत और अपभ्रंश>मराठी।'

(तथाकथित 'महाराष्ट्री' को सम्मिलित करते हुए) शौरसेनी के पश्चात् पश्चिमी अपभ्रंश का महत्त्वपूर्ण स्थान है। पश्चिमी अपभ्रंश का व्यवहार उत्तरी भारत के राजपूत नृपतियों की राजसभाओं में, तुर्कों की उत्तरी-भारत विजय की कुछ शताब्दियों पूर्व होता था; यह एक महान् साहित्यिक भाषा के रूप में ठेठ महाराष्ट्र से बंगाल तक प्रचलित थी। बंगाल के कवियों तथा लग भग सारे उत्तरी भारत के प्रदेश के कवियों द्वारा इस भाषा में प्रस्तुत रचनाएं उपलब्ध हुई हैं। इस प्रकार पश्चिमी अपभ्रंश को एक तरह से ब्रजभाषा एव

हिन्दुस्थानी की उनके बिलकुल पहले की ही पूर्वज कहा जा सकता है।

तुर्क लोग भारत में आये और ११वीं शती में उनका आधिपत्य सारे पंजाब पर जम गया। महमूद गज़नवी के सर्वत्र विक्षोभ फैला देनेवाले आक्रमण ईसा की १०वीं शती के अन्तिम तथा ११वीं शती के प्रथम चतुर्थांश में हुए, और उन्हींके फलस्वरूप पंजाब गज़नी के साम्राज्य का भाग बन गया था। लगभग १०वीं से १२वीं शती तक पश्चिमी अपभ्रंश बड़े वेग के साथ प्रचलित थी, और (संस्कृत तथा अन्य प्राकृतों के अतिरिक्त भी) सर्वसाधारण की साहित्यिक तथा दैनिक जीवन के व्यवहार की भाषा बनी हुई थी। गुजरात के जैन आचार्य हेमचन्द्र (१०८८-११७२ ई०) द्वारा प्रणीत प्राकृत व्याकरण में उदाहृत पश्चिमी अपभ्रंश के प्रचलित साहित्य के कुछ उदाहरणों से हमें इस बात का पता चलता है कि उस काल की भाषा हिन्दुस्थानी के कितनी निकट थी। कुछ उदाहरण (हिन्दुस्थानी रूपान्तर के साथ) द्रष्टव्य हैं:—

(१) "भल्ला हुआ जु मारिआ, बहिणि, महारा कन्तु।
लज्जेज्जम् तु वअस्सिअहु, जइ भग्गा घरु एन्तु॥"

=भला हुआ, बहन! जो म्हारा (=मेरा) कन्त (प्यारा, स्वामी) मारा। जो भाग (कर) घर आता, तो वयस्याओं (सहेलियों) में (मुझे) लाज आती। [यह एक राजपूत रमणी का कथन है]।

(२) "जीविउ कासु न बल्लहउ, धणु पुणु कासु न इट्ठु?
दोण्णि-वि अवसरि निवड़िअइं, तिण सवँ गणइ विसिट्ठु।"

=जीवित अर्थात जीवन किसका बालम (=प्यारा) नहीं? धन फिर किसका ईठ (=इष्ट, मनमाँगा) नहीं? दोनों ही अवसर निबड़े से (=जब इन दोनों के मौके आ पड़ें), विशिष्ट (=शरीफ आदमी, अभिजात व्यक्ति) इन दोनों को तिनका-सा गिने।

(३) "जइ ण सु आवई, दूइ! घरु, का अहो-मुहु तुज्झु?
वअणु जु खण्डइ तउ, सहिए, सो पिउ होइ न मुज्झु॥"

=जो सो (वह) घर न आवे, दूती! क्यों तुझ (=तेरा) मुँह नीचा (अहो=अधः) है? बैन (=वचन) जो खण्डे तो, सही! सो (=वह) मुझ (=मेरा) पिउ (=प्यारा) न होवे।

(४) "अम्हे थोवा, रिउ बहुला—काअरा एवँ भणन्ति।
मुद्धि, निहालहि गअण-अलु; कइ जण जोण्ह करन्ति॥"

=हम थोड़े, रिपु (=शत्रु) बहुत—कायर (कापुरुष) यों भणें; हे मुग्धे (मूर्ख स्त्री)! गगन-तल निहार; कइ जन जुन्हाई (=ज्योत्स्ना) करें?

(५) "पुत्ते जाए कवरणु गुरणु !—अवगुरणु कवरणु, मुएरण ?
जो बप्पिक्की भुम्हड़ी चम्पिज्जइ अवरेण ?"

=पूत जना, (तो) कौन गुन ? मुआ, तो कौन औगुन ? जो बाप की भूईं (=भूमि) चाँपिजे (=चाँपी जाए, दबा ली) और ने ?

१०वीं से १३वीं शती तक भारत पर आक्रमण करनेवाले तुर्क लोग एक विदेशी जनसमूह थे, जिनके लिए भारत परदेश था और जहाँ एक बार बस जाने पर उन्हें यहाँ की जलवायु एवं वातावरण के अनुरूप अपने को बना लेना पड़ता। तुर्कों का उच्च अधिकारी-वर्ग घर में तो तुर्की (पूर्वी तुर्की या चग़ताई बोली) बोलता था, परन्तु उनकी राजकाज तथा संस्कृति की भाषा दूसरी ही थी। आधुनिक अफ़ग़ानिस्तान के तत्कालीन प्रदेश में आकर बसे हुए पूर्वी ईरान प्रदेश के फ़ारसी जनों के सम्पर्क से वे काफ़ी प्रभावित एवं सभ्य हो गए थे, तथा धीरे-धीरे उन्होंने अपनी मातृभाषा का त्याग कर फ़ारसी को ही अपनी राजकार्य की एवं सांस्कृतिक भाषा बना लिया था। तुर्की विजेताओं के साथ-साथ फ़ारसी-भाषी सिपाहियों एवं सरदारों के रूप में उनके विदेशी प्रजाजन भी भारत में आये। पश्तो-भाषी अफ़ग़ानों का तब तक कोई महत्त्वपूर्ण स्थान कायम न हुआ था; १२वीं शती तक वे एक नगण्य उपजाति थे जो सुलैमान पर्वत के आसपास निवास करती थी तथा तब तक पूर्णतया मुसलमान भी नहीं हुई थी। काबुल के आसपास तथा भारतीय-ईरानी सीमाप्रदेश (आधुनिक काल का पाकिस्तान सीमा-निकटस्थ पूर्वी अफ़ग़ानिस्तान) के निवासी हिन्दू थे, और उनकी जाति एवं भाषा पश्चिमी पंजाब के निवासियों से भिन्न न थी। आधुनिक काल में ये सारे जन अधिकांशतः अफ़ग़ानिस्तान के पश्तो एवं फ़ारसी-भाषी मुसलमान जनों से एकीकृत हो चुके हैं।

इस प्रकार तुर्क और फ़ारसी-जन भारत में आये और अपनी फ़ारसी-भाषा के साथ हमेशा के लिए प्रतिष्ठित हो गए। जैसे-जैसे वे यहाँ बसने लगे, एवं एक पीढ़ी के पश्चात् भारतीय स्त्रियों से विवाह-सम्बन्ध आदि करने लगे (क्योंकि एक आक्रमणकारी सेना के सिपाही अपनी स्त्रियों को साथ नहीं लाते), वैसे ही उनका भारतीयकरण आरम्भ हो गया। बहुत शीघ्र ही विजेताओं में विशुद्ध तुर्क एवं ईरानी बहुत कम बचे रह सके। एक ही पीढ़ी में अधिकांशतः उनके बच्चे अर्द्धभारतीय हो गए, और जैसे-जैसे उनका विवाह भी भारतीय स्त्रियों से होता गया, वैसे-वैसे धीरे-धीरे तीसरी पीढ़ी में वे तीन-चौथाई तथा चौथी पीढ़ी में $\frac{७}{८}$ भारतीय होते-होते, अन्त में उनका विदेशी रक्त नाममात्र

को ही रह गया। उनकी भाषा का भारतीयकरण दूसरी पीढ़ी से ही शुरू हो गया। तुर्की पिता तथा भारतीय माता के बच्चों की मातृभाषाएँ अनिवार्य रूप से भारतीय होना अवश्यम्भावी था। इसके अतिरिक्त, गज़नवी के हमले के पश्चात् विजित पंजाब के कुछ भारतीय निवासी भी मुसलमान बने, और इनका समूह भारतीयीकृत तुर्कों एव फ़ारसी जनों के बसने के लिए एक आधारभूमि सिद्ध हुआ। उस समय का प्रवास अत्यन्त कष्टसाध्य, दूरी एवं ख़तरों से भरा हुआ होने के कारण, एक सुदूर परदेश में उद्भूत संस्कृति के केन्द्र से दूर पड़े हुए उसके जनों से विच्छिन्न होकर अलग पड़ जाना अत्यन्त स्वाभाविक था। भारतीयकृत विदेशी मुसलमान रक्त में तो अधिकांशतः भारतीय हो चुके थे; और फ़ारसी भाषा और अपने पूर्वजों के साहित्य एवं संस्कृति को, चाहे वे कितने ही बलपूर्वक एवं कट्टरता से क्यों न पकड़े रहते, फिर भी उनके लिए एक भारतीय भाषा को स्वीकार करना अनिवार्य था।

सर्वप्रथम स्वभावतः ही उन्होंने पंजाब की प्रचलित भाषा को अपनाया। आज भी पंजाब की, विशेषतः पूर्वी पंजाब की बोलियों तथा उत्तर प्रदेश के बिलकुल पश्चिमी भाग की बोलियों में विशेष फ़र्क नहीं है। आठ या नौ सौ वर्ष पहले यह फ़र्क और भी कम रहा होगा, ऐसा अनुमान किया जा सकता है; यह भी सम्भव हो सकता है कि मध्य एवं पूर्वी पंजाब (यदि पश्चिमी पंजाब तथा हिन्दू अफ़गानिस्तान को छोड़ दें) और पश्चिमी उत्तर प्रदेश के सारे क्षेत्र की एक ही भाषा रही हो।

महमूद गज़नवी ने भारतवर्ष को लूट-मार करने के पश्चात् केवल पंजाब को अपने राज्य में हमेशा के लिए मिला लिया। फ़ारसी व्यवहार करनेवाले (परन्तु घर में तुर्की बोलनेवाले) विजेताओं तथा पंजाबी प्रजा में शान्ति-कालीन संसर्ग का आरम्भ हुआ। हिन्दू लोग भी फ़ारसी का अध्ययन करने लगे और उनमें से कुछ गज़नवी-शासनकाल में तिलक नाम के एक हिन्दू नेता की भाँति वरिष्ठ अधिकारी भी बने। तुर्की आक्रमणकारियों के 'बुतशिकन' या मूर्ति-विध्वंसक होने के बावजूद भी, उनमें अल्-बेरूनी के सदृश अच्छे सुसंस्कृत विद्वान् भी थे, जिन्होंने संस्कृत का अभ्यास किया और भारत के इतिहास का ११वीं शती के प्रथम चरण में लिखा हुआ सुविस्तृत एवं सहानुभूतिपूर्ण वर्णन छोड़ गए। महमूद गज़नवी ने अपने सिक्कों पर भारतीय भाषा द्वारा भारतीयों तक पहुँचने का प्रयास भी किया था। उसके चाँदी के 'दिरहम' पर उसके अरबी कलिया, उसके नाम, टकसाल का नाम तथा हिजरी सन् की तिथि—इन सबका संस्कृत में छपा हुआ अनुवाद इस दृष्टि से रोचक प्रतीत होता है।

वह यों है : 'अव्यक्तम् एकम्, मुहम्मद अवतार; नृपति महमूद; अयम् टङ्को महमूदपुरे घट्टे आहतः; जिनायन-सम्वत्.......'(अर्थात्, अवर्णनीय (ईश्वर) एक है; मुहम्मद (उसका) अवतार है (मुसलमानी मज़हब का यह स्थूल-सा वर्णन है), राजा महमूद; यह सिक्का या रुपया महमूदपुर की टकसाल में ढला। आगे चलकर हिजरी सन् के अनुवाद 'जिनायन' में 'रसूल' या 'नबी' का अनुवाद 'जिन' शब्द से विशेष रूप से द्रष्टव्य है। यह सम्पर्क पठान शासक मुहम्मद ग़ोरी ने चालू रखा, और उसने अपने व्यक्तिगत नाम मुहम्मद बिन-साम के नाम के सिक्के भारतीय नागरी लिपि में (श्री महमूद साम, श्रीहमीर=अमीर) छापकर प्रचलित किये। इन सिक्कों पर अफ़ग़ानिस्तान के हिन्दू नृपतियों की चलाई हुई साँड तथा घुड़सवार की छाप तो थी ही साथ में लक्ष्मी देवी की मूर्ति भी अंकित की गई थी। तुर्क और ईरानी विजेताओं के भारतीयीकरण का वातावरण इन सारी वस्तुओं में विद्यमान था। परन्तु इस दिशा में विशेष सफलता प्राप्त न होने का कारण यह था कि इन विजेताओं में समय-समय पर उनके स्वदेशीय एवं स्वधर्मी बन्धुओं के नये समूह बारम्बार आकर मिलते रहते थे, और वे बराबर धार्मिक विषयों में उनके रुख को कड़ा बनाए रखते थे। इसके कारण इस्लाम के विषय में वे अलग-से ही रहते थे, और उनकी दृष्टि में एक नीची विजित मूर्तिपूजक जाति के साथ अपना खुले रूप से समन्वय करने में वे घृणा का अनुभव करते थे। इतना सब-कुछ होते हुए भी स्थानीय भाषा की विजय हुई, एवं विजेता तथा उनके वंशज भारतीय हो गए, और मुसलमान बने हुए भारतीयों के उच्चवर्ग के साथ एकमेक हो गए।

पंजाब में बसे हुए ये परदेशी विजेता-गण, ११वीं-१२वीं शती में कुछ अंशों में भारतीय वातावरण के कारण बदल रहे थे। इसी समय, लगभग १२वीं-१३वीं शताब्दी में, दिल्ली और अजमेर का अन्तिम हिन्दू राजा पृथ्वीराज चौहान परास्त हुआ और ग़ोरी सल्तनत कायम हुई। ग़ोरी के साथ-साथ तुर्क और ईरानी भाईबन्दों का एक नया समूह उपरोक्त पुराने बाशिन्दों में फिर आ मिला। कुतुबुद्दीन ऐबक १२०६ ई० में उत्तरी भारत का पहला मुसलमान सम्राट् बना, एवं उसके साथ ही तुर्की 'ग़ुलाम वंश' का शासन आरम्भ हुआ। दिल्ली राजधानी बनी, एवं पंजाब का महत्त्व कम हो गया। परन्तु यह बहुत कुछ सम्भव है कि तुर्की एवं ईरानी विजेताओं के अनुगामियों के रूप में दिल्ली आये हुए पंजाबी मुसलमानों का महत्त्व राजधानी के अन्य भारतीय वर्गों से सबसे अधिक रहा हो। उनके साथ-साथ उनकी बोली भी दिल्ली में आई। य

बोली दिल्ली के उत्तर तथा उत्तर-पश्चिम के ज़िलों की बोली से कुछ महत्त्वपूर्ण बातों में मिलती-जुलती थी। इससे नई राजधानी की उस नूतन आदान-प्रदान या मेल-मिलाप की भाषा का रूप-रंग निखरा और उसमें कुछ महत्त्वपूर्ण बातें भी आईं। इस भाषा को मध्यदेश (हिन्दुस्थान) के स्थानीय जन, तथा भारतीयकृत तुर्क एवं ईरानी जन, जिनमें बहुत-से मुसलमान बने हुए पंजाबी भी सम्मिलित थे, सभी समझ या बोल सकते थे।

इस प्रकार की आदान-प्रदान की भाषा का मूलाधार पंजाब तथा पश्चिमी उत्तर प्रदेश की प्रचलित पश्चिमी अपभ्रंश हुई। यह अपभ्रंश स्वयं इस समय 'हिन्दुस्तान' में अपने आद्य प्राकृत या मध्ययुगीन भारतीय-आर्य स्वरूप से बदलकर पश्चकालीन देशज (Vernacular) अथवा नव्य-भारतीय-आर्य भाषा की अवस्था को प्राप्त कर रही थी, यद्यपि यह परिवर्तन पंजाब में नहीं हो रहा था। अतएव इस नूतन आदान-प्रदान की भाषा का कुछ शताब्दियों तक तो अस्थिर या बराबर परिवर्तित रूप में रहना अनिवार्य था।

साधारण जनों की दृष्टि में, पंजाब से बिहार तक के क्षेत्र में (उक्त दोनों प्रान्तों को गिनते हुए) प्रचलित बोलियाँ चार समूहों में विभक्त हो जाती हैं: (१) पंजाबी, (२) पछाँही या पश्चिमी, (३) पुरबिया या पूरबी, अर्थात् पूर्व की बोली, तथा (४) बिहारी। (२) के दक्षिण-पश्चिम में एक और समूह है; वह है (५) राजस्थानी। पंजाबी और पछाँही समूह कुछ हद तक एक-दूसरे से मिले हुए हैं। हिन्दुस्थानी के विकास के लिए हमें पुरबिया, बिहारी एवं राजस्थानी समूहों को देखने की आवश्यकता नहीं है, क्योंकि इन सबका व्याकरण हिन्दुस्थानी से भिन्न है। आधुनिक काल में अवश्य, पुरबिया बोलियों (कोसली या पूर्वी हिन्दी—अवधी या बैसवाड़ी, बघेली और छत्तीसगढ़ी) के बोलनेवालों, बिहारी बोलियों (मगही, मैथिली, भोजपुरिया, एवं छोटा-नागपुरिया) के बोलनेवालों तथा राजस्थानी बोलियों (मेवाती, जयपुरी, मारवाड़ी, मेवाड़ी, मालवी आदि) के बोलनेवालों, सभी ने हिन्दी या हिन्दुस्थानी (नागरी-हिन्दी तथा कुछ थोड़ी हद तक उर्दू) को ही अपनी साहित्यिक एवं सार्वजनिक जीवन की भाषा मान रखा है। हिन्दी (हिन्दुस्थानी) की मूलाधार खास करके 'देशज' (Vernacular) हिन्दुस्थानी तथा बाँगरू समूह एवं कुछ हद तक पूर्व-पंजाब की बोलियाँ हैं। 'पछाँही' बोलियों में तथाकथित 'पश्चिमी हिन्दी' बोलियाँ गिनी जाती हैं—जैसे ब्रजभाखा, कनौजी, बुन्देली तो एक ओर, तथा दूसरी ओर 'देशज' हिन्दुस्थानी (मेरठ और रोहिलखण्ड डिवीज़न एवं अम्बाला ज़िला) तथा बाँगरू या हरियानी (दिल्ली,

रोहतक, हिसार और पटियाला)।

ब्रजभाखा, कनौजी एवं बुन्देली 'देशज हिन्दुस्थानी' तथा बाँगरू से कुछ महत्त्वपूर्ण बातों में भिन्न हैं।

सबसे महत्त्वपूर्ण फ़र्क ये हैं: (१) ब्रजभाषा के साधारण पुल्लिग संज्ञा-शब्द तथा विशेषण 'औ'-या 'ओ'-कारान्त होते हैं, (उदा० 'मेरौ बेटौ आयौ' या 'मेरो बेटो आयो'; 'वानै मेरौ कह्यौ न मान्यौ'), जबकि दूसरे समूह में ये शब्द 'आ'-कारान्त होते हैं (उदा० 'मेरा बेटा आया', 'उसने मेरा कहा नहीं माना' खड़ीबोली)। राजस्थानी बोलियाँ 'औ'-या 'ओ'-कारान्त होकर ब्रजभाषा-समूह से मिलती हैं, एवं पंजाब की बोलियाँ खड़ीबोली-समूह की तरह 'आ-कारान्त हैं (उदा० 'म्हारो बेटो आयो, या 'आयोड़ो', वैं (या उण) म्हारो कह्यो न माण्यो'—राजस्थानी; 'मेरा बेट्टा (पुत्त या पुत्तर) आएआ', ओस् मेरा आक्खेआ न माणेआ'—पंजाबी।) (२) ब्रजभाषा-समूह में विभिन्न सर्वनामों के तिर्यक् रूप 'ता, वा, या, जा, का'-साधित हैं, जबकि खड़ी बोली-समूह में वे 'तिस्, उस्, इस् जिस्, किस्' आदि को लेकर बनते हैं। इस विषय में भी पंजाबी का खड़ीबोली से साम्य है, (उदा० 'इस् या एस् ओस्, जिस्, किस्' आदि)। और भी कई भेद इन दोनों समूहों में हैं, पर सबसे महत्त्वपूर्ण उपर्युक्त दो ही हैं। इसके अतिरिक्त एक बात और ध्यान देने योग्य है। वह यह है: पंजाबी बोलियों में, फिर चाहे वे पूर्वी हों या पश्चिमी, मभाआ (प्राकृत और अपभ्रंश) के युग्म व्यंजन एवं ह्रस्व स्वर अब भी पाए जाते हैं; उदा० पंजाबी—'कम्म'=काम, 'विच्च'=बीच, 'चम्म'=चमड़ा, 'हत्थ'=हाथ, 'सच्च'=सच, 'चन्द'=चाँद, 'मक्खन'=माखन आदि। परन्तु पछाँह के ब्रज-भाषा-समूह में आधुनिक नभाआ रूप के एक व्यंजन एवं दीर्घ स्वर ही पाए जाते हैं; यथा—'काम', 'बीच', 'हाथ', 'चाम', 'सच (साँच)', 'चाँद', 'माख़न' आदि। साधारणतया हिन्दुस्थानी (नागरी-हिन्दी एवं उर्दू) में एक व्यंजन एवं दीर्घ स्वरवाले रूप होने चाहिएँ; उदा० 'आज <अज्ज<अद्य, हाथ<हत्थ <हस्त, चाँद <चन्द <चन्द्र, काम <कम्म <कर्म, बात <वत्ता <वार्त्ता, प्राचीन हिन्दी: साद <सद्द <शब्द, इत्यादि। परन्तु हिन्दुस्थानी में बहुत-से ऐसे भी रूप मिलते हैं जिनमें एक ह्रस्व स्वर—एक ह्रस्व या एक ही व्यंजन पाया जाता है। ये शब्द वास्तव में हिन्दी की साधारण अभिव्यक्ति के विरुद्ध स्वरूपवाले हैं, और इस भिन्नता को हम पंजाबी का प्रभाव ही कह सकते हैं। इस प्रकार पंजाबी 'सच्च' से प्रभावित होकर हिन्दी 'सच' बना (बोलचाल में 'साच' या 'साँच' भी प्रयुक्त होता है); 'कल्ल' से प्रभावित होकर 'कल'

बना (न कि बोलचाल में प्रयुक्त 'काल'); इसी प्रकार 'नत्थ' से 'नथ', 'सब्ब' से 'सब', 'रत्ती' से 'रत्ती' (न कि 'राती') इत्यादि प्रभावित रूप बने। इस विषय में पंजाबी की उच्चता तथा नेतृत्व सदा से ही मूक रूप से स्वीकृत हुआ है। इसीलिए शायद उच्चारण का पंजाबीकरण भी अधिक लालित्य या सौष्ठवपूर्ण माना गया हो। अब भी यही बात है, हालाँकि अधिकांश लोग इस सुझाव से सहमत नहीं होंगे। प्राचीन जमाने में इससे युग्म व्यञ्जनों एवं ह्रस्व स्वरोंवाली अपभ्रंश का भी स्मरण हो आता था। और वैसे भी भारतीय जनता को प्राचीन रूढ़िबद्धता हमेशा प्रिय रही ही है। बाँगरू अपने युग्म व्यंजनों के आधिक्य के कारण पंजाबी की ओर झुकती है, परन्तु 'देशज' (Vernacular) हिन्दुस्थानी इस विषय में कुछ हिचकती प्रतीत होती है; उसमें हमें इन दोनों प्रवृत्तियों का संघर्ष दृष्टिगोचर होता है।

बाँगरू क्षेत्र के लगभग भीतर स्थित दिल्ली, करीब-करीब ऐसे केन्द्र-स्थान पर स्थित है जहाँ ब्रजभाखा, राजस्थानी, जानपद हिन्दुस्थानी तथा बाँगरू के प्रदेशों की सीमाएँ मिलती हैं। परन्तु किसी कारणवश दिल्ली में विकसित नई भाषा पर पंजाबी 'बाँगरू' जानपद हिन्दुस्थानी का सम्मिलित प्रभाव पड़ा प्रतीत होता है, और फलस्वरूप इस भाषा का मूलाधार औ-या ओ-कारान्त बोलियाँ न होकर, 'आ'-कारान्त बोलियाँ ही हुईं। इस विषय पर यहाँ विस्तार-पूर्वक विवेचन करने की आवश्यकता नहीं है। इतना ही कह देना पर्याप्त होगा कि उत्तरी भारत में दिल्ली राजधानी बनाकर एक मुस्लिम सल्तनत की नींव पड़ने पर, उत्तरी भारत की भाषा का एक नया स्वरूप प्रचलित हुआ, जिसकी प्रतिष्ठा-भूमि पूर्वी पंजाब एवं पश्चिमी उत्तर प्रदेश की बोलियाँ थीं। घर की बेटी होने पर भी पहले-पहल वह उपेक्षिता ही रही; दिल्ली के मुसलमान शासकों और उनके हिन्दू प्रजाजनों, दोनों ने ही इसे भूली-भटकी अनाथ बालिका की भाँति ही माना। मुसलमान लोग साहित्यिक उपयोग के लिए फ़ारसी का आश्रय लेते थे, क्योंकि फ़ारसी (विदेशी भारतीयकृत मुसलमानों की) कुछ अंशों में वंशानुगत तथा (आरम्भ में अपने विजेताओं और शासकों के सहायक होकर, बाद में उनके सहधर्मियों के रूप में सहायता एवं अभयदान पाते रहे मुसलमान बने भारतीयों की) सांस्कृतिक भाषा थी। हिन्दू लोग जब भी कुछ लिखते, तो राजस्थान में राजस्थानी के एक साहित्यिक रूप 'डिंगल' तथा पश्चिमी अपभ्रंश के एक राजस्थान में प्रचलित रूप 'पिंगल' का व्यवहार करते थे; उसी प्रकार मध्यदेश में मथुरा केन्द्रवाले ब्रजभाखा का और पूर्व में (बिहार तक), पश्चिम में (पंजाब एवं राजस्थान के कुछ भाग तक), दक्षिण में (बरार

तक) तथा उत्तर में (गढ़वाल तथा कुमायूँ तक) उसीके विभिन्न परिवर्तित रूपों का व्यवहार करते थे। अवध में अवधी या बैसवाड़ी, कुछ दूर पूर्व में भोजपुरिया, तथा उत्तरी बिहार या मिथिला में मैथिली का साहित्यिक कार्यों के लिए उपयोग होता था। पंजाब के हिन्दू एक प्रकार की पंजाबी-मिश्रित ब्रज-भाषा में लिखते थे।

ईसा के बिलकुल पश्चात् की ही शताब्दियों में सबसे अधिक लालित्य-पूर्ण प्राकृत, शौरसेनी प्राकृत की सीधी वंशज ब्रजभाखा का ही ऊपरी गंगा के मैदान में साहित्यिक भाषा के रूप में सबसे अधिक प्रचार था, एवं उसीका सबसे अधिक अध्ययन भी होता था। यहाँ तक कि उत्तरी भारत के मुसलमान अभिजात-वर्ग भी इसके सौन्दर्य के प्रभाव से बचे न रह सके। पहले तो ब्रज-भाखा के समक्ष हिन्दुस्थानी को कोई स्थान ही नहीं मिला; परन्तु धीरे-धीरे वह आगे बढ़ती चली गई, यहाँ तक कि अपनी बहनों में उसे सम्राज्ञी का पद प्राप्त हो गया। अब तो ऐसा प्रतीत होता है कि हिन्दुस्थानी (हिन्दी) के सामने उसकी सहोदरा बोलियाँ (एवं कुछ हद तक सहोदरा-भाषाएँ भी) बिल-कुल हारकर लुप्तप्राय हो जाएँगी या भुला दी जाएँगी। यह सब किस प्रकार सिद्ध हुआ, यही हमारे अगले अध्याय की चर्चा का विषय होगा।

३

हिन्दी (हिन्दुस्थानी) भाषा का विकास (२)

भारत में एक जनसाधारण की भाषा के विकास के इतिहास का संस्मरण—लौकिक संस्कृत और मध्यदेश—पालि—शौरसेनी प्राकृत—महाराष्ट्री—शौरसेनी अपभ्रंश—ब्रजभाखा—हिन्दी या हिन्दवी—११वीं शती में उत्तरी भारत का प्रादेशिक या देशज-भाषा-साहित्य—विदेशी मुसलमान एवं हिन्दवी—साहित्य में प्रयुक्त मिश्रित भाषा-रूप—'पिंगल'—१२वीं-१३वीं शताब्दियों की परिस्थिति—पश्चिमी अपभ्रंश (औ-कारान्त बोली) बनाम दिल्ली की हिन्दी या हिन्दवी—उर्दू नामकरण—इसकी उत्पत्ति एवं विकास—बाबर और भारतीय भाषा—बाबर द्वारा रचित मिश्रित-भाषा-पंक्तियाँ—अकबर के समय से मुग़ल सम्राटों की भाषा—अकबर द्वारा लिखी ब्रजभाषा की पंक्तियाँ—मिर्ज़ाखाँ की 'तुहफ़ातुल् हिन्द'—दक्षिण में 'उर्दू' नाम का उदय—हिन्दी (हिन्दवी) तथा अमीर खुसरो—१५वीं शती में हिन्दी (हिन्दुस्थानी)—सिक्ख गुरु लोग और उनके पद—एक भारतीय मुस्लिम संस्कृति का विकास—तत्सम्बन्धित भाषाएँ—दक्षिण में उत्तरी भारतीय उत्पत्तिवाले मुसलमान—उनके द्वारा हिन्दी (हिन्दुस्थानी) का व्यवहार—'दकनी' हिन्दी (या 'दकनी') साहित्य का विकास—दकनी हिन्दी के १५वीं, १६वीं तथा १७वीं शती के लेखक—दकनी हिन्दी द्वारा फ़ारसीकरण का मार्ग प्रशस्त होना—उसकी फ़ारसी-अरबी लिपि—आधुनिक-कालीन दकनी पर उत्तरी भारत की उर्दू का प्रभाव—'दकनी' अब केवल एक स्थानीय बोली मात्र—दकनी का उदाहरण तथा १७वीं-१८वीं शती के उत्तर-भारतीय मुसलमान—रेख़्ता—उर्दू में बाहरी उपादानों की परिपुष्टि तथा पचावट—'यावनी'—इस उर्दू या 'मुसलमानी हिन्दी' का प्रसार—दिल्ली से लखनऊ—खड़ीबोली—खड़ीबोली का गद्य-साहित्य—कलकत्ता और खड़ीबोली (हिन्दी एवं उर्दू) गद्य का आविर्भाव—कलकत्ता के फोर्ट विलियम कॉलेज के लेखक—१९वीं शती में हिन्दुस्थानी (हिन्दी एवं उर्दू) की स्थापना—आन्तर्जातिक या आन्तर्देशिक भाषा के रूप में हिन्दुस्थानी

(हिन्दुस्तानी)—इस भाषा को अंग्रेज़ों का सहयोग—स्कूल, विश्वविद्यालय कॉलेज तथा हिन्दी एवं उर्दू—खड़ीबोली में पद्य—उत्तरी भारत की टूटी-फूटी या 'बाज़ारू हिन्दी' तथा उसका उद्भव—विभिन्न बोलियों के प्रसिद्ध ग्रन्थ—हिन्दी के देशज उपादान—'ठेठ हिन्दी'—'ठेठ हिन्दी' के ग्रन्थ—प्रचलित हिन्दुस्थानी की ठीक-ठीक परिस्थिति—सरलीकृत व्याकरण की माँग—इस प्रचलित एवं सरलीकृत हिन्दुस्थानी के विकास पर पश्चिमी हिन्दी के क्षेत्र से बाहर के बोलनेवालों का प्रभाव—हिन्दी-उर्दू का झगड़ा, उसमें अन्तर्हित बातें—वास्तविक दृष्टिकोण।

हम यह देख चुके हैं कि किस प्रकार हिन्दुस्थानी भारत की एक सार्वजनिक भाषा के इतिहास की शृङ्खला में अन्तिम कड़ी के रूप में हमारे सामने आई है। इस सारे इतिहास में, हमेशा उत्तर-भारतीय मैदानों के पश्चिमी भाग—आधुनिक पंजाब एवं पश्चिमी उत्तर प्रदेश—में उद्भूत भाषा ही सार्वजनीन भाषा बनकर रही है। सर्वप्रथम, ब्राह्मण-ग्रन्थों के युग के पश्चात् हम संस्कृत अर्थात् 'लौकिक संस्कृत' को पाते हैं। इसके मुख्य अभिभावक एवं संचालक उदीच्य या पश्चिमोत्तर क्षेत्र (अर्थात् उत्तरी पंजाब) तथा मध्यदेश (अर्थात् पश्चिमी उत्तर प्रदेश) क्षेत्र के ब्राह्मण लोग थे। धर्म-कार्य की भाषा बन जाने के पश्चात् शीघ्र ही संस्कृत देवलोक से सम्बन्धित हो गई, और सारी ऐहिक सीमाओं से परे की वस्तु गिनी जाने लगी। तब से आज तक भी वह अखिल हिन्दू भारतवर्ष में विद्वज्जनों की साधारण भाषा के रूप में प्रतिष्ठित रही है। इसके पश्चात्, थोड़े-से समय के लिए एक पूर्वी बोली, भारत के पूर्वी प्रदेश 'प्राच्य' की प्राचीन प्राकृत सर्वाग्र स्थान प्राप्त करती है। इसका कारण था—बौद्धों तथा जैनों द्वारा पूर्व में वैदिक कर्मकाण्ड तथा यज्ञ-याग-पशुबलि आदि के विरुद्ध आरम्भ किया हुआ एक सर्वसाधारण प्रतिक्रियात्मक आन्दोलन, जिसके फलस्वरूप बौद्धिक चेतना की एक लहर-सी आ गई। साथ ही एक पूर्वी वंश, मौर्यवंश का राजनीतिक प्रभाव भी पूर्व की बोली के उत्थान का एक मुख्य कारण बना। परन्तु मध्यदेश एवं पश्चिमवालों ने शीघ्र ही अपना खोया हुआ स्थान पुनः प्राप्त कर लिया, और मध्यदेश की बोलियों को आधार बनाकर पालि भाषा का निर्माण हुआ। पालि के पश्चात् उसीका एक कनीयस् रूप शौरसेनी प्राकृत प्रचलित हुआ, जो ईसा की प्रथम सहस्राब्दी के अधिकांश भाग में सर्वापेक्ष अधिक लालित्य एवं सौष्ठवपूर्ण उत्तरी भारत का प्रादेशिक भाषा-

रूप समझा जाता था। शौरसेनी प्राकृत का ही एक कनीयस् रूप अब तक सम्भवतः महाराष्ट्री-प्राकृत के नाम से पुकारा जाता रहा; इसे ईसा की प्रथम सहस्राब्दी के मध्य के आस-पास पद्य-रचना का एक लालित्यपूर्ण माध्यम समझा जाता था। यही शौरसेनी प्राकृत राजस्थान की बोलियों के साथ मिश्रित होकर शौरसेनी अपभ्रंश बन गई, जिसका साम्राज्य भारतीय-आर्य प्रादेशिक भाषाओं पर कई शताब्दियों तक छाया रहा। तुर्की विजय के पहले भारतीय चालू या कथ्य बोलियों में सबसे अधिक प्रचलित यही शौरसेनी अपभ्रंश थी। उन दिनों पश्चिमी अपभ्रंश का स्थान आजकल की हिन्दुस्थानी का-सा था। उसे आधार-रूप मानकर विभिन्न साहित्यिक बोलियों की रचना हुई, जिनमें स्थानीय उपादानों का उपस्थित रहना अवश्यम्भावी था। पश्चिमी अपभ्रंश की उत्तराधिकारिणी कुछ अंशों में ब्रजभाषा हुई। ब्रजभाषा १२०० से १८५० ई० तक के सुदीर्घ काल के अधिकांश भाग में सारे उत्तरी भारत, मध्यभारत तथा राजस्थान, और कुछ हद तक पंजाब की भी सर्वश्रेष्ठ साहित्यिक भाषा बनी रही। पश्चिमी अपभ्रंश का उत्तराधिकार कुछ अंशों में हिन्दुस्थानी (हिन्दी) को भी मिला, जबकि पहले तो उसका उत्थान दिल्ली में हुआ, एवं तत्पश्चात् उत्तर-भारत के मुसलमान आक्रमणकारियों के साथ वह दक्षिण में भी पहुँची।

१०वीं-११वीं शती ई० में जब अपने मुसलमानी मज़हब को साथ लिये हुए, तुर्कों तथा ईरानियों ने उत्तरी भारत पर आक्रमण करना एवं आधिपत्य जमाना आरम्भ किया था, उस समय राजपूत राजवंशों में साहित्यिक रचनाओं की भाषा, धार्मिक एवं शास्त्रीय भाषा संस्कृत के अतिरिक्त, पश्चिमी अपभ्रंश ही थी, जिसमें भिन्न-भिन्न प्रदेशों की स्थानीय बोलियों का प्रभाव रहता था। बिशुद्ध ब्रज या नव्य-भारतीय आर्य अवस्था की हिन्दी का तब तक उदय नहीं हुआ था। संस्कृत एवं प्राकृत को छोड़कर उत्तरी भारत की अन्य किसी भाषा में पद्य-रचना होने का मुसलमानी इतिहासों में सबसे प्राचीन उल्लेख हमें १०२२ ई० का मिलता है। निज़ामुद्दीन द्वारा अपनी 'तबक़ात-ए-अकबरी में यह बात लिखी है कि कलंजर के राजपूत नरेश ने अपने द्वारा उपहारस्वरूप भेजे हुए खुले एवं बिना महावत के कुछ हाथियों को पकड़कर उन पर चढ़ते हुए तुर्क सिपाहियों की वीरता एवं चातुर्य पर 'हिन्दू भाषा' में कुछ पद्य लिखे, और उन्हें महमूद गज़नवी के पास भेज दिया। महमूद ने ये पद्य 'हिन्दुस्तान के उन विद्वज्जनों तथा अन्य कवियों को दिखलाए, जो उसके दरबार में थे। विदेशी उद्भव का हिन्दी में लिखनेवाला सबसे प्राचीन मुसलमान मस्ऊद इब्न सा'द था,

जो महमूद के पौत्र इब्राहीम के दरबार में था तथा ११२५ से ११३० ई० के बीच में मरा। उसके पूर्वज ईरान के हमादान नामक स्थान से भारत आये थे, और उसके द्वारा फ़ारसी, अरबी एवं 'हिन्दी' में रचित 'दीवानों' का उल्लेख अमीर खुसरो ने किया है। यह मालूम नहीं पड़ता कि यह 'हिन्दी' ठीक-ठीक कौनसी बोली थी, परन्तु बहुत सम्भव है कि वह ब्रजभाखा या पश्चकालीन हिन्दुस्थानी के सदृश न होकर १२वीं शती में प्रचलित सर्वसाधारण की साहित्यिक अपभ्रंश ही रही हो (देखिए—'८वीं ओरिएण्टल कान्फ्रेन्स की कार्यविवरणी' में प्रो० हेमचन्द्र राय का 'भारत में हिन्दुस्थानी कविता का प्रारम्भ' शीर्षक लेख, मैसूर, १९३५) क्योंकि १३वीं-१४वीं शती ई० तक हमें हिन्दी या हिन्दुस्थानी का दर्शन ही नहीं होता। इनके अतिरिक्त १२वीं-१३वीं शती के पंजाब के एक मुसलमान सन्त बाबा फ़रीद द्वारा रचित भी कुछ 'हिन्दी' कविताएँ बतलाई जाती हैं। उनका हम आगे उल्लेख करेंगे।

दिल्ली के अन्तिम हिन्दू नृपति पृथ्वीराज या पिथौरा की वीर-प्रशस्ति का वर्णन 'पृथ्वीराज-रासो' नाम के बड़े भारी ग्रन्थ में किया गया है, और इसके रचयिता पृथ्वीराज के दरबारी कवि चन्द बरदाई माने जाते हैं। इस महाकाव्य का वर्णित विषय तथा भाषा, दोनों कहाँ तक प्रामाणिक हैं, अर्थात् १२वीं-१३वीं शती ई० के हैं, जबकि इसका प्रसिद्ध लेखक जीवित था, यह बात विवादग्रस्त है। तर्कसम्मत रूप से यह अनुमान बाँधा जा सकता है कि इसमें स्वयं चन्द की लिखी भी बहुत-सी रचनाएँ मौजूद हैं, परन्तु भाषा अवश्य बहुत-कुछ बदल गई होगी। मुनिश्री जिनविजयजी को १६वीं शती के अन्तिम चरण के लिखित प्रबन्धों या गद्य-कथाओं के एक जैन संकलन की संस्कृत में लिखी गई दो गद्य-कथाओं में कुछ पश्चिमी अपभ्रंश के पद्य मिले हैं। ये पद्य 'चन्द बलिद्दऊ' (अर्थात् 'चन्द बरद्दिय' या 'चन्द बरदाई') के लिखे हुए हैं, तथा 'रासो' के नागरी-प्रचारिणी-सभा द्वारा प्रकाशित संस्करण के कुछ (बहुत ही विकृत) पद्यों से काफ़ी मिलते-जुलते हैं। (देखिए—१९३६ में अहमदाबाद तथा कलकत्ता से प्रकाशित 'सिन्धी जैन ग्रन्थमाला' के दूसरे ग्रन्थ 'प्रबन्ध-चिन्तामणि'-ग्रन्थ-सम्बद्ध 'पुरातन प्रबन्ध-संग्रह' का प्राक्कथन, पृष्ठ ९-१०)। पृथ्वीराज तथा जयचन्द-विषयक उक्त दोनों गद्य-आख्यानों में आये हुए पद्यों की भाषा शुद्ध अपभ्रंश है; परन्तु यही बात 'पृथ्वीराज-रासो' के उपलब्ध एवं प्रकाशित पाठ की भाषा के विषय में नहीं कही जा सकती। वैसे भी 'रासो' की भाषा कोई जीवित भाषा नहीं है; वह किसी भी काल या प्रदेश की बोलचाल की भाषा नहीं थी। वह तो एक कृत्रिम साहित्यिक भाषा है, जिसमें अनेक शताब्दियों के काल की तथा

हज़ारों मीलों के क्षेत्र की कितनी ही भाषाओं के रूप सम्मिलित हैं। इसके मुख्य उपादान तो पश्चिमी अपभ्रंश के हैं, और साथ-साथ आद्य पश्चिमी हिन्दी, राजस्थानी बोलियों तथा आद्य पंजाबी की विशेषताओं का जहाँ-तहाँ पुट मिला दिया गया है। १२०० ई० के पश्चात् इस प्रकार की एक मिश्रित बोली राजपूती काव्य में धीरे-धीरे प्रयुक्त होने लगी, तथा 'पिंगल़' या 'पिंगल्' नाम से प्रसिद्ध हुई। परन्तु राजपूत-चारण-काव्यों की यह मिश्रित भाषा एक विशिष्ट प्रकार की—एक वर्ग-विशेष की ही—भाषा थी, जिसे उसका अध्ययन-अभ्यास करनेवाले ही समझ सकते थे; यह जनसाधारण की भाषा नहीं थी।

तुर्कों एवं ईरानियों के भारत में बसने तथा दिल्ली के प्रथम मुसलमान राजवंश के प्रतिष्ठित होने के पश्चात् उत्तर-भारतीय मैदानों की जनता के लिए एक सर्वसाधारण की भाषा के रूप में उपयुक्त होने लायक पश्चिमी अपभ्रंश का किञ्चित् परिवर्तित रूप ही था। ब्रजभाखा आगे चलकर १६वीं शताब्दी में प्रकाश में आई; और वैसे भी ब्रजभाखा सर्वसाधारण की प्रचलित भाषा न होकर, एक विशिष्ट साहित्यिक भाषा ही बनी रही। गुजरात एवं पश्चिमी राजस्थान की साहित्यिक भाषा एक ही थी; यह वहाँ के प्रचलित पश्चिमी अपभ्रंश से निकली हुई एक भाषा थी। इस भाषा का १४वीं-१६वीं शतियों में रचित उच्चकोटि का जैन एवं ब्राह्मणीय साहित्य अभी हाल में प्रकाश में आया है। इस प्रकार हम देखते हैं कि १२वीं-१३वीं शती के पश्चात् हिन्दुस्थानी का विकास समयानुकूल ही हुआ—वह तभी हुआ जबकि उसकी आवश्यकता थी। विशेषतः विदेशी मुसलमान शासकों के लिए तो उसकी अतीव आवश्यकता थी, क्योंकि बाहर से आये रहने के कारण मुसलिम काल से पूर्व की देश की भाषागत या साहित्यिक परम्परा को न तो वे समझ सकते थे, और न समझने का प्रयत्न ही करते थे। ये शासक जब भारत में ही उत्पन्न मुसलमान होते थे, तो उनका भाषा एवं साहित्य देशज परम्परा से सम्बन्ध पहले से विच्छिन्न हुआ रहता था; इस प्रकार देशी एवं विदेशी दोनों ही मुसलमान धीरे-धीरे इस परम्परा को खो बैठे। ऐसी स्थिति में इस प्रकार की कोई भी भाषा, जिसे जनसाधारण अधिक-से-अधिक संख्या में समझ सकते हों, दोनों प्रकार के भारतीय मुसलमानों के लिए ग्राह्य हो जाना सर्वथा स्वाभाविक था। साथ ही साधारण हिन्दू जनता को भी इसमें आपत्ति नहीं थी, क्योंकि उनकी प्राचीन साहित्यिक परम्परा में किसी प्रकार का विक्षेप या हस्तक्षेप नहीं पड़ा।

परन्तु यह अनुमान किया जा सकता है कि हिन्दू लोग विशेषतः 'आ'-कारान्त बोलियों के क्षेत्र (पश्चिमी उत्तर प्रदेश एवं पञ्जाबी) वाले इस

भाषा के प्रति उदासीन ही रहे होंगे। किसीने भी इच्छा करके अथवा औपचारिक रूप से इसका आरम्भ एक नई भाषा के रूप में नहीं किया; यह तो 'आ'-कारान्त पश्चिमी हिन्दी की बोलियों से विकसित तथा प्रथम भारतीय मुसलमानों की पञ्जाबी भाषा से प्रभावित एक अदृष्ट रूप से निर्मित हुई भाषा थी। दिल्ली के बाज़ारों में इसका स्वभावतः ही व्यवहार होता था, क्योंकि दिल्ली 'आ'-कारान्त बोलीवाले बाँगरू क्षेत्र में है। यह एक ऐसी कृत्रिम भाषा नहीं थी जिसका उद्भव दिल्ली के तुर्क शासकों के दरबारों तथा फ़ौजी डेरों में हुआ हो। इसका नाम सर्वप्रथम 'हिन्दी' या 'हिन्द्वी' (हिन्दवी) था, जिसका अर्थ 'हिन्द' या भारत की अथवा 'हिन्दुओं' की भाषा थी। दूसरा नाम 'ज़बाने उर्दू' (फ़ौजी डेरे की भाषा) बहुत आगे चलकर १७वीं शताब्दी के अन्त में उस समय प्रचलित हुआ, जबकि मुग़ल सम्राट् ने दक्षिण के मुसलमान राज्यों तथा मराठों का दमन करने के लिए दल-पर-दल भेजना आरम्भ किया, और मुग़ल सेना के साथ दक्षिण में दिल्ली की बोली भी सर्वत्र दृष्टिगोचर होने लगी।

'उर्दू' शब्द का 'राजा के रहने या ठहरने का नगर या स्थान' इस अर्थ में प्रयोग अकबर के कुछ सिक्कों पर मिलता है। यह शब्द वास्तव में तुर्क-विजेताओं के साथ आया था। अपने मूल स्वरूप में यह एक अलताई शब्द है, जो विभिन्न तुर्की भाषाओं एवं बोलियों में 'ओर्दु', 'उर्दू', 'युर्त' आदि कई रूपों में पाया जाता है। 'उर्दू'—यह रूप मूल तुर्की का फ़ारसीकृत वर्ण-विन्यास के कारण परिवर्तित रूप है। मूल तुर्की शब्द का अर्थ होता है 'प्रधान व्यक्ति का तम्बू, डेरा, डेरा डालना, निवास-स्थान', इत्यादि। तुर्क एवं मंगोल सरदारों के तम्बू ही उनके दरबार थे; और बाबर तुर्क होने के कारण उसके द्वारा चलाये हुए 'मोग़ल' या 'मुग़ल' वंश के दरबार का नाम हुमायूँ के समय से फ़ारसीकृत एवं भारतीयकृत होते-होते भी मूल तुर्की शब्द से थोड़ा-सा परिवर्तित होकर 'उर्दू' हो रहा। फ़ारसी एवं भारतीय भाषा में अन्तिम दीर्घ स्वरोच्चार की प्रधानता रहती है; उक्त रूप का एक कारण यह भी था। तुर्की में अब तक यह शब्द 'डेरा, घर या स्वदेश' के अर्थ में प्रयुक्त होता है : देखिए—'तुर्कों का घर या स्वदेश' के अर्थ में प्रयुक्त आधुनिक तुर्की की एक बोली (स्मानूली) का समस्त शब्द—'तूर्क-ओर्दु' (Turk Ordu)। अकबर एवं जहाँगीर के राजत्व-काल में तो फ़ारसी के अतिरिक्त किसी अन्य भाषा को दरबार की भाषा मानने का प्रश्न ही नहीं था। इंगलैण्ड में स्टुअर्ट वंश के पुनरागमन के समय तथा १९वीं शती के आरम्भ में रूस देश में फ्रेञ्च की जो प्रतिष्ठा थी, उससे भी कहीं

अधिक ऊँचा स्थान १६वीं-१७वीं शती में उत्तर-भारत के मुसलिम राज्यों के भारतीय अभिजात-वर्ग में फ़ारसी को प्राप्त था। यदि कोई मुसलमान या हिन्दू दरबारी अमीर या सरदार किसी देशज भाषा के संरक्षक बनते अथवा उसमें स्वयं कविता करते, तो वह भाषा हिन्दू साहित्यकारों में प्रचलित तथा संस्कृत शब्दावली, काव्यालंकार आदि से युक्त समृद्ध परम्परावाली होकर फ़ारसी की टक्कर की ही हो सकती थी। अकबर के एक दरबारी तथा कवि खानखानाँ रहीम ब्रजभाषा में ही कविता करते थे; यहाँ तक कि स्वयं अकबर के लिखे कुछ ब्रजभाषा के दोहे भी बतलाए जाते हैं। इतना सब-कुछ होते हुए भी लिपि एवं आत्मा में सम्पूर्णतया हिन्दू ब्रजभाषा को सरकारी या औपचारिक रूप से मान्यता प्रदान करने का प्रश्न ही खड़ा न होता था। दिल्ली तथा आगरा के अमीर-उमरा हिन्दुस्थानी का एक प्राचीन रूप खड़ीबोली बोलते थे, जिसके साथ पंजाबी, ब्रज, जयपुरी, मारवाड़ी आदि निकटस्थ बोलियों के तथा काफ़ी बड़ी संख्या में फ़ारसी एवं अरबी के शब्द मिले रहते थे। परन्तु अब तक मुसलमानों में किसीने भी इसे पूर्ण रूप से ग्रहण नहीं किया था और न इसके लिए फ़ारसी लिपि का प्रयोग ही हुआ था। हाँ, कबीर आदि कई साधु-सन्तों एवं धार्मिक उपदेशकों ने धार्मिक उपदेश, शिक्षा, व्याख्यान तथा स्वानुभव एवं रहस्यात्मक भावनाओं को व्यक्त करने के सुन्दर माध्यम के रूप में इसको अवश्य स्वीकार किया था। कबीर आदि कुछ अवसरों पर अरबी-फ़ारसी शब्दावली का प्रयोग करने में भी न हिचकते थे। देशज भाषा या तो ब्रजभाषा के रूप में अथवा प्रारम्भिक हिन्दुस्थानी के रूप में दिल्ली के बादशाही दरबार के बाहर फिर भी पनपती रही। अक़बर तथा उसके पश्चात् के मुग़ल सम्राट् अपने घर पर हिन्दुस्थानी का ही एक आद्य रूप बोलते थे, परन्तु तब तक ऐसी कोई भारतीय भाषा विकसित न हो पाई थी जिसे 'बादशाही बोली' या 'दरबारी ज़बान' कहकर पुकारा जा सकता, ठीक उसी तरह जैसा कि १५वीं शती के इंगलैण्ड में टकसाली भाषा को King's English कहा जाता था।

१२०० से १६५० ई० तक के काल में भारतीय तथा भारतीयकृत पंजाबी और हिन्दुस्तानी मुसलमानों के सर्वोच्च वर्गों द्वारा व्यवहृत एवं विकसित भाषा के उदाहरण सीधे अविच्छिन्न रूप से कहीं नहीं मिलते। एक सूफ़ी सन्त बाबा फ़रीद (शेख़ फरीदुद्दीन गंज-शकर, जन्म : मुलतान के निकट ११७३ ई०, मृत्यु : १२६६ ई०) के नाम से प्रचलित दो कविताएँ ('सबद') सिक्खों के 'आदि-ग्रन्थ' में मिली हैं; परन्तु इनकी भाषा कहाँ तक प्रामाणिक है, यह पता नहीं चलता। 'आदि-ग्रन्थ' वाले इन दोनों सबदों

(शब्दों) का पाठ प्रत्यक्ष रूप से बिगड़ा या परिवर्तित जान पड़ता है। इन दोनों कविताओं की भाषा में असली प्राचीन हिन्दी की-सी ध्वनि निकलती है; और यद्यपि शब्दावली फ़ारसी-अरबी के परिवर्तित शब्दों से मिश्रित है, तो भी उसमें भारतीय उपादानों की ही प्रधानता है। भारतीय इतिहास पर फ़ारसी में लिखे गए ग्रन्थों में से अंग्रेज़ी पाठकों के लाभार्थ 'आद्य-उर्दू कथोपकथन' के कुछ नमूने डॉ० ग्राहम बेली (Dr. Grahame Bailey) ने इकट्ठे किये हैं (देखिए BSOS. London Institution, १९३०, अंक ६, भाग १, पृष्ठ २०५-२०८)। इन नमूनों के टुकड़ों से हमें ज्ञात होता है कि तब तक १६वीं शती में १७वीं-१८वीं शतीवाली 'खड़ीबोली हिन्दी' प्रतिष्ठित नहीं हो पाई थी, परन्तु भारतीय मुसलमान अमीर-उमरा तथा मुल्ला-मौलवीगण फ़ारसी-अरबी शब्दावली का प्रयोग दूर से करते थे। शासकों की भाषा स्वयं हिन्दी या पंजाबी का ही एक या एकाधिक रूप बन गई, इस बात का प्रमाण तुर्की विजय के पश्चात् भारत में प्रणीत फ़ारसी ग्रन्थों में अनिवार्य रूप से लिये गए भारतीय शब्दों से मिलता है; इसके अतिरिक्त फ़ारसी शब्दों का अर्थ भी स्वयं भारत में आकर बदल गया। इस प्रकार के परिवर्तित अर्थवाले भारतीय एवं फ़ारसी शब्दों की एक तालिका प्रो० मुहम्मद अब्दुलग़नी ने अपनी 'मुग़ल दरबार में फ़ारसी भाषा एवं साहित्य का इतिहास' विषयक अंग्रेज़ी पुस्तक में दी है (देखिए भाग १, पृष्ठ १३१-१३७, इलाहाबाद, १९२९)। इसी प्रकार मोरक्को के प्रसिद्ध विश्व-भ्रमणकारी इब्न-बतूता (१३०४-१३७८) की 'भ्रमण-कथा' में भारतीय शब्द मिलते हैं (देखिए इनकी तालिका प्रो० ग़नी की पुस्तक, भाग १, पृष्ठ ६२-६३)। प्रथम मुग़ल सम्राट् बाबर की तुर्की में लिखी आत्मकथा में भी ऐसे ही भारतीय शब्द मिलते हैं (देखिए वही, पृष्ठ ५९)। यह बात बड़ी रोचक प्रतीत होती है कि बाबर ने भी अपने भारतीय मुसलमान रिसाले में भारतीय भाषा का इतना प्रचार पाया कि उसने भी एकाध दोहा प्रयत्न-स्वरूप इसमें बना ही डाला, जो उसकी कविताओं के हस्तलिखित ग्रन्थ में मिलता है। इस दोहे की पहली पंक्ति हिन्दी में है और दूसरी मिश्रित अरबी, तुर्की एवं हिन्दी में—

> **"मुज-का न हुआ कुज हवस-ए-मानक-ओ-मोती,**
> **फ़ुक़रा हालीन बस बुलुग़सिदुर पानी-ओ-रोती।"**

—मुझे माणिक और मोतियों की हवस (इच्छा) नहीं है। ग़रीब स्थिति के लोगों के लिए पानी और रोटी ही काफ़ी हैं।

बाबर के सदृश एक विदेशी विजेता के लिए जो भाषा केवल मनोरंजन

एवं एक साहित्यिक औत्सुक्य का प्रयोग-मात्र थी, वही उसके भारतीयकृत पौत्र भारतीय सम्राट् अकबर के काल तक एक पूर्णतया प्रचलित स्वाभाविक प्रयोग की भाषा बन गई।

अकबर ने ब्रजभाषा में दोहे लिखे; और यदि हम उत्तर-भारत की उस काल की किसी भाषा को 'बादशाही बोली' कहना चाहें, तो वह निश्चय ही ब्रजभाषा होगी। बोलचाल के अतिरिक्त उर्दू का तब तक अस्तित्व ही न था, और जो थी वह भी पूर्णतया भारतीय थी। अकबर के नाम से प्रचलित दोहों में से एक-दो यहाँ उद्धृत किये जाते हैं—

"जाको जस है जगत में, जगत सराहै जाहि,
ताको जनम सफल है, कहत अकब्बर साहि।"

—जिसका जगत में यश है या जिसकी जगत सराहना करता है, उसीका जन्म सफल है, यह अकबर शाह का कथन है। (देखिए रामनरेश त्रिपाठी : 'कविता-कौमुदी', भाग १, छठा संस्करण, संवत् १९९०, पृष्ठ ४८-४९, इलाहाबाद; इसी पुस्तक में 'अकब्बर' नामवाली दो और कविताएँ मिलती हैं।) अकबर द्वारा अपनी वृद्धावस्था में अपने निकट के मित्रों की मृत्यु के सम्बन्ध में रचित बतलाया गया एक दोहा इस प्रकार है—

"पीथल सों मजलिस गई, तानसेन सों राग।
हँसिबौ, रमिबौ, बोलिबौ, गयौ बीरबल साथ॥"

—पीथल (बीकानेर के पृथ्वीराज) के साथ सभा गई; तानसेन के साथ गाना-बजाना; और हँसी-खुशी, बोलचाल, सारी बीरबल के साथ समाप्त हो गई। (श्री अलखधारी सिंह द्वारा अपनी 'राठौर वीरों की कहानियाँ' में पहली कहानी 'राजा रामसिंहजी', पृष्ठ १८५, १९३४ बीकानेर, में उद्धृत; और भी, अकबर के बतलाये गए एक और दोहे के लिए देखिए प्रो० ग़नी की ऊपर उल्लिखित पुस्तक का भाग ३, इलाहाबाद, १९३०, पृष्ठ ३१-३२)। अकबर के वंशज जहाँगीर एवं शाहजहाँ ने तो ब्रजभाषा का अध्ययन किया बतलाते हैं और औरंगज़ेब के समय के विषय में भी 'तुहफ़तुल्-हिन्द'[1] से यह बात प्रमाणित

१. यह १६७५ ई० के आसपास फ़खरुद्दीन मुहम्मद के पुत्र मीर्ज़ा ख़ाँ द्वारा प्रणीत फ़ारसी का एक अत्यन्त रोचक ग्रन्थ है। इसके पहले तीन खण्डों में ब्रजभाषा की लिपि, लेखन, व्याकरण, छन्द-व्यवस्था तथा ब्रजभाषा-काव्य के रस-अलंकारशास्त्र के विषय वर्णित हैं। तत्पश्चात् इसमें भारतीय कामशास्त्र, भारतीय संगीतशास्त्र तथा सामुद्रिकशास्त्र का वर्णन है, और अन्त में परिशिष्ट रूप में एक हिन्दी-फ़ारसी शब्दकोष दिया हुआ है।

होती है कि दिल्ली दरबार के मुसलमान उमरा भी ब्रजभाषा से अत्यन्त प्रेम रखते थे। 'मग्रासिरे-ग्रालमगीरी' (Bibliotheca Indica का पाठ, पृष्ठ ३३४ के इस उल्लेख के लिए लेखक सर यदुनाथ सरकार महोदय का ग्राभारी है) के ग्रनुसार, १६६० ई० के ग्रारम्भ में जब ग्रौरंगज़ेब दक्षिण में था, तब बड़ी दूर बंगाल से एक मुसलमान प्रवास करता हुग्रा बादशाह से मिलने कृष्णा नदीवाले प्रदेश में पहुँचा, ग्रौर वहाँ पहुँचकर उसने बादशाह से कहा—"ग्राप मुझे ग्रपना 'मुरीद' (ग्राध्यात्मिक शिष्य) बना लीजिए।" इस पर ग्रौरंगज़ेब ने उसे निम्न देशज पद्य की पंक्तियाँ कहकर फटकारा बतलाते हैं—

"टोपी लेन्दे, बावरी देन्दे, खरे निलज,
चूहा खान्दा मावली, तू कल बन्धे छज।"[1]

=तुम ग्रपने लम्बे बालों को छोड़कर (फ़कीर की) टोपी लेना चाहते हो। ग्ररे खरे निर्लज्ज! तुम्हारा घर (मावली? देखिए ग्ररबी 'म'वा'=घर) तो चूहा खाए जा रहा है, ग्रौर तुम कल उस पर छप्पर छाने की बात करते हो।

चौदहवीं शताब्दी के ग्रन्त तक दक्षिण के मुसलमान राज्य—बहमनी साम्राज्य एवं उसके तत्कालीन पाँच टुकड़े—बरार, बीदर, गोलकुण्डा, ग्रहमदनगर एवं बीजापुर—जहाँ उत्तरी-भारतीय मुसलमानों का ग्राधिपत्य था, दिल्ली से ले जाई गई उत्तर-भारतीय भाषा के केन्द्र बन चुके थे। खास करके गोलकुण्डा में तो उत्तर-भारतीय बोलियों का एक साहित्यिक रूप तक विकसित हो चुका था। बीजापुर का भी इसमें भाग था। १७वीं शती में हिन्दुस्थानी की एक बोली (या बोलियों?) को हम दक्षिण में बसे हुए उत्तर-भारतीय मुसलमानों की साहित्यिक भाषा के रूप में पूर्ण प्रतिष्ठित हुग्रा पाते हैं। ग्रौर जब, ग्रौरंगज़ेब

ब्रजभाषा-विषयक खण्ड नव्य-भारतीय-ग्रार्य भाषाशास्त्र की दृष्टि से इसलिए महत्त्वपूर्ण है कि यह सम्भवतः एक नव्य-भारतीय-ग्रार्य भाषा का प्राचीनतम ज्ञात व्याकरण है। पुस्तक के इस भाग का ग्रँग्रेज़ी में ग्रनुवाद विश्वभारती, शान्तिनिकेतन के स्व० प्रो० एम० ज़ियाउद्दीन ने १६३५ ई० में इन पंक्तियों के लेखक की प्रस्तावना के साथ प्रकाशित किया था।

१. मूल पाठ इतने बिगड़े हुए रूप में है कि उसे ठीक-ठीक पढ़ना कठिन हो जाता है। फिर भी फ़ारसी लिपि में लिखी हुई इन पंक्तियों को रोमन ग्रक्षरों में वैसा ही लिखने पर कुछ इस प्रकार पढ़ा जाता है: twpy lyndy b'wry dyndy khry nlj—cwh' khdn m'wly tw kl bndhy chj. यहाँ ग्रौरंगज़ेब ने पंजाबी का व्यवहार किया है, न कि हिन्दुस्थानी का; 'ज़बाने उर्दू-ए-मुग्रल्ला' की तो बात ही दूर रही।

की चढ़ाइयों में गई हुई मुगल सेना के साथ-साथ दिल्ली की हिन्दुस्तानी (या हिन्दुस्थानी) दक्कन में पहुँची, तब बहुत पहले आये हुए उत्तर-भारतीय मुसलमान आक्रमणकारियों के साथ वहाँ आकर बसी हुई पहलेवाली भाषा से भिन्न बतलाने के लिए इस (दिल्लीवाली भाषा) का नाम 'ज़बाने-उर्दू-ए-मुअल्ला' (=शाही डेरे की भाषा) रख दिया गया। आधुनिक प्रचलित शब्द 'उर्दू' उसी वर्णनात्मक नाम का संक्षिप्त रूप है।

अब हम पुनः दिल्ली एवं उसके आसपास विकसित होनेवाली भाषा के मूल विषय पर आते हैं। इसके मूल नाम उस समय 'हिन्दी' और हिन्दवी' थे। कभी-कभी स्पष्ट रूप से बतलाने के लिए इसे 'देहलवी' (दिल्ली की भाषा) भी कहा जाता था। भारतीय मुसलिम साहित्य के एक महान् लेखक तथा अपनी फ़ारसी कविताओं की श्रेष्ठता के कारण फ़ारसी के उच्चतम कोटि के कवियों एवं विद्वज्जनों में गिने जाते अमीर खुसरो (१२५३-१३२५) इस 'हिन्दवी' में लिखना आरम्भ करनेवाले प्रथम गण्यमान्य लेखक माने जाते हैं। अमीर खुसरो इस भाषा को बहुत अच्छी तरह जानते थे, और उन्हें अपनी हिन्दवी भाषा एवं उसकी उच्च साहित्यिक संस्कृति का अभिमान था। (इस प्रकार वे तत्कालीन बोलचाल की हिन्दुस्थानी, साहित्यिक बोली ब्रजभाषा, प्राचीन अपभ्रंश तथा सम्भवतः संस्कृत को भी एकत्रित रखकर ही देखते थे।) खुसरो तो 'हिन्दवी' को अरबी एवं फ़ारसी तक की समकक्ष मानते थे। उनके नाम से चलते कई छोटे-छोटे गीत, दोहे, पहेलियाँ एवं प्रेमगीत तथा फ़ारसी-मिश्रित 'हिन्दवी' भाषा में बनाये हुए कुछ मिश्रभाषा-पद्य, वास्तव में उन्हीं की मौलिक रचनाएँ हो सकते हैं। ये सारे १४वीं शताब्दी के रचे हुए हैं, और इस दृष्टि से हिन्दी के कुछ प्राचीनतम नमूनों में से हैं। हाँ, आज की उपलब्ध हस्तलिखित प्रतियों के पाठ का विगत शताब्दियों में परिवर्तित हो जाना अवश्य बहुत-कुछ सम्भव है।

१३वीं-१४वीं शती में अमीर खुसरो की कोटि के मुसलमान लेखक का भारतीय देशज भाषा में लिखना एक अपवाद-रूप घटना ही कही जा सकती है। हिन्दू लोगों ने भी राजधानी एवं राज-दरबार में बढ़ती हुई बोली की उपेक्षा नहीं की। १५वीं शती में ही नवोदित हिन्दी ने काफ़ी उन्नति कर ली थी और इसका प्रभाव अन्य प्रतिष्ठित उत्तर-भारतीय साहित्यिक बोलियों पर पड़ चुका था। भारत के महान् सन्तकवि कबीर (१५वीं शती) के प्राचीन हस्तलिखित ग्रन्थों में उपलब्ध उनके काव्य की भाषा (१६वीं शती) के सूरदास की-सी विशुद्ध ब्रजभाषा न होकर एक मिश्रित बोली है। वह हिन्दी (हिन्दुस्था

तथा ब्रजभाषा का एक मिश्रित रूप है। और, यद्यपि पंजाब में प्राचीन अपभ्रंश की परम्परा में आई हुई ब्रजभाषा का बड़ा ज़ोर था, तो भी पंजाब के कवियों को यह हिन्दी या हिन्दुस्थानी अधिक मनोनुकूल सिद्ध हुई। सिक्ख पन्थ के आरम्भिक गुरुओं की भक्ति-विषयक कविताओं की भाषा इसकी साक्षी है। उपर्युक्त बातों को दृष्टिगोचर रखते हुए यह कहा जा सकता है कि कबीर की भाषा तथा पंजाब के कवियों की पंजाबी-हिन्दुस्थानी-ब्रजभाषा की मिश्रित-सी भाषा से हिन्दुस्थानी का साहित्य के लिए उपयोग पूर्णतया निश्चित हो चुका था।

१६वीं शती के द्वितीयार्द्ध में अकबर के राजत्वकाल में एक विशिष्ट भारतीय-मुसलिम संस्कृति का विकास हुआ। १७वीं-१८वीं शती के मुगल सम्राटों के शासन के नीचे यह पूर्ण रूप से प्रस्फुटित एवं फलित हो गई। यह भारतीय-मुसलिम संस्कृति आधुनिक भारत के हिन्दू एवं मुसलमानों की सम्मिलित रिक्थ है। १६वीं शती के अन्त तक सभी भारतीय मुसलमान (विदेशी, देशज अथवा मिश्रित रक्तवाले) फ़ारसी को एक विदेशी भाषा के रूप में अनुभव करने लगे थे, और देशज भाषाओं को पूर्णतया स्वीकार कर चुके थे। और जब उन्होंने उत्तरी भारत में देश की भाषा में साहित्य की रचना करना आरम्भ किया, तब उन्होंने देशज भाषाओं में से सर्वाधिक प्रतिष्ठित ब्रजभाषा को ही चुना।

ब्रजभाषा के स्थान पर साहित्य के लिए विशेषकर हिन्दी या हिन्दुस्थानी के प्रयोग का आदर्श उत्तरी भारत के समक्ष सर्वप्रथम 'दक्कन' वालों ने ही रखा। १३वीं से १६वीं शताब्दी तक उत्तर-भारतीय मुसलमान सिपाहियों अथवा भाग्यान्वेषण करनेवाले आगन्तुकों के रूप में लगातार दक्कन में आते रहे। यहाँ वे मराठा, कन्नड़ तथा तेलुगु क्षेत्रों में बसते एवं अपनी आजीविका के साधन, काम-धन्धे आदि जमाते गए; कभी-कभी तो वे तमिल प्रदेश तक भी जा पहुँचे। दक्कन में उक्त उत्तर-भारतीय मुसलमानों के वंशज आज जो भाषा बोलते हैं (इसके उदाहरण 'लिंग्विस्टिक सर्वे ऑफ़ इण्डिया,' भाग ९, खण्ड १ में देखिए) तथा १६वीं-१७वीं शती की आरम्भिक 'दकनी' (या 'दक्कनी') कविता की भाषा (देखिए 'उर्दू शहपारे', डॉ० सय्यद मोहिउद्दीन क़ादरी, हैदराबाद-दक्कन, भाग १, १९२९) को देखते हुए यह बात स्पष्ट प्रतीत होती है कि १३वीं से १६वीं शती तक दक्कन में आकर बसनेवाले उत्तर-भारतीय मुसलमान अधिकांशतः पंजाब, बाँगरू प्रदेश तथा 'जानपद हिन्दुस्थानी' के क्षेत्र के थे। (हिन्दुस्थानी—'चला', 'रखा', 'करा' या 'किया', 'बोला', 'मारा',

आदि के बदले 'चल्या', 'रख्या', 'कर्या', 'बोल्या', 'मार्या' आदि का प्रयोग इस विषय में दृष्टव्य है। पंजाबी एवं बाँगरू बोलियों तथा कुछ 'जानपद हिन्दुस्थानी' बोलियों में 'चल्लेआ' या 'चल्ल्या', 'रक्खेआ', 'मारेआ', 'बोल्या'= पंजाबी 'अक्खेआ' आदि के सदृश रूप मिलते हैं।) जो भी हो, दक्षिण में प्रतिष्ठित हुई उत्तर-भारतीय जानपद भाषा पंजाब एवं पश्चिमी उत्तर प्रदेश से उत्पन्न होने के कारण यदि बिलकुल हिन्दुस्थानी नहीं, तो उसकी सहोदरा भाषा तो अवश्य थी।

इसमें सन्देह नहीं कि दक्कन में एक ही भाषा नहीं वरन् कई-एक परस्पर निकट सम्बन्धवाली बोलियाँ पहुँची थीं। परन्तु १६वीं शती में गोलकुण्डा में इन सबका एक साहित्यिक प्रचलित रूप विकसित हुआ, जिसके सर्वप्रथम कलापूर्ण कवि मुल्ला वज्ही ('क़ुत्ब मुश्तरी' (१६०६) तथा गद्य-ग्रन्थ 'सब-रस' (१६३४) के निर्माता) तथा गोलकुण्डा के सुलतान मुहम्मद क़ुली क़ुत्ब शाह (१५८०-१६११) थे। १६वीं शती का अन्त होते-न-होते ही दक्षिण के उत्तर-भारतीय मुसलमान, हिन्दू शैली में, हिन्दी देशज छन्दों में तथा अधिकांश संस्कृत एवं प्राकृत शब्दोंवाली भाषा में, धार्मिक कविता की रचना करने लगे थे। केवल लिपि को छोड़कर, यह सारा साहित्य बिलकुल हिन्दू परम्परा का उसी प्रकार अनुकारी था, जैसे उत्तरी भारत में आरम्भिक अवधी भाषा में रचित मलिक मुहम्मद जायसी का 'पदुमावती' (१५४५)। वज्ही तथा सुलतान क़ुली क़ुत्ब शाह के भी पहले के मुसलमान कवियों में एक सूफ़ी 'पीर' तथा धर्मोपदेशक, शाह मीरानजी (मृत्यु : हिजरी ९०२=१४९६ ई०), उनके पुत्र शाह बुरहानुद्दीन जानम (मृत्यु : हिजरी ९९०=१५८२ ई०—देखिए 'उर्दू शहपारे' तथा नीचे उल्लिखित प्रो० मुहम्मद हाफ़िज सैयद का 'सुख-सहेला' का संस्करण) तथा अहमदाबाद के मियाँ ख़ूब मुहम्मद चिश्ती, जिन्होंने १५७५ ई० के लगभग 'ख़ूब-तरंग' की रचना की, थे। नौ ग्रन्थों के प्रणेता शाह बुरहानुद्दीन एक अत्यन्त उत्कृष्ट कवि थे। इन्हीं ग्रन्थों में से एक 'सुख-सहेला' का अंग्रेज़ी में अनुवाद तथा सम्पादन इलाहाबाद विश्वविद्यालय के प्रो० मुहम्मद हाफ़िज सैयद ने १९३० में किया था। फ़ारसी-अरबी लिपि में लिखा होने पर भी 'सुख-सहेला' की शब्दावली तथा छन्द-व्यवस्था 'हिन्दू हिन्दी' की हैं। इसकी हिन्दी बहुत-कुछ कबीर तथा अन्य सन्त कवियों की-सी है। शाह बुरहान तथा उनके पिता दोनों ही बीजापुर में प्रतिष्ठित हुए। शाह बुरहान की भाषा में कुछ पंजाबी से निकटता बिलकुल स्पष्ट दिखलाई पड़ती है; इसके अतिरिक्त यह बात भी ध्यान देने योग्य है कि वे अपनी भाषा को

'भाका=भाखा' अर्थात् 'ब्रजभाखा' न कहकर 'गुजरी' कहते हैं। इस 'गुजरी' नाम से उक्त भाषा की उत्पत्ति तथा सम्बन्धों पर प्रकाश पड़ता है। स्पष्ट है कि 'गुजरात' एवं 'गुजराँवाला' आदि नगरों को अपना नाम देनेवाले पंजाब के गूजर लोग काफ़ी बड़ी संख्या में उत्तर-भारतीय सेनाओं के साथ 'दक्कन' आये थे, और उन्होंने अपने नाम तथा बोली को दक्षिण में कुछ समय तक चालू रखा था। (इन्हीं 'गुर्जरों' की उपजाति की एक शाखा प्राचीन काल में सौराष्ट्र या काठियावाड़ तथा 'लाट' एवं तन्निकटस्थ प्रदेशों में आकर बस गई थी, और उनके आधिक्य के कारण ईसा की प्रथम सहस्राब्दी के द्वितीयार्द्ध के आरम्भ में 'लाट' आदि का नाम बदलकर 'गुर्जरत्रा' या 'गुजरात' हो गया था।) शाह बुरहान की इस 'गुजरी' बोली से गुजराती का कोई सम्बन्ध नहीं है; यह तो पश्चिमी हिन्दी एवं 'पंजाबी के 'आ'-कारान्त समूह की ऐसी बोली थी जिसमें 'होना' के अर्थ में 'हो' धातु के साथ-साथ 'अछ' धातु भी थी। इस प्रकार 'दक्कन' की साहित्यिक परम्परा का आरम्भ १६वीं शताब्दी में हिन्दुस्थानी की एक सहोदरा भाषा को लेकर हुआ; यह परम्परा काफ़ी समय तक चलती रही, और अन्त में उत्तर की हिन्दुस्थानी या उर्दू के लिए रास्ता तैयार करके उसी में मिल गई।

उत्तर-भारतीय मुसलमान लोग अपने घरों से तो बहुत दूर पड़े ही थे, और उनके लिए फ़ारसी दुगुनी परे चली गई थी। वे फ़ारसी का अध्ययन करने की आशा नहीं रख सकते थे (क्योंकि वह तो केवल उनका नाममात्र का सम्बन्ध भारत से बाहर के मुसलमानों के साथ जोड़ रखने-भर के लिए थी) और अपनी उत्तर-भारतीय देशज भाषा को भी भुला न देना एवं चालू रखना उनके लिए नितान्त आवश्यक था; नहीं तो अत्यन्त बड़ी बहुसंख्यावाले हिन्दू मराठों, कन्नड़ों एवं तैलंगों में लुप्त हो जाने का डर था। अतएव उन्होंने अपने साथ उत्तर से लाई हुई हिन्दुस्तानी को ही पकड़े रखने का निश्चय किया, क्योंकि इसके द्वारा वे दिल्ली तथा मुसलिम प्रभुत्व एवं मुसलिम संस्कृति के अन्य भारतीय केन्द्रों से अपना जीवित सम्पर्क कायम रख सकते थे। वे अपनी भाषा को फ़ारसी लिपि में लिखते थे जिससे उसका सूत्र-संचालन या उत्कर्ष मुसलमानों के हाथ में ही रहे। हाँ, आरम्भ में तो स्यात् उन्होंने अपनी भाषा को, विचारों या शब्दों, दोनों की दृष्टि से फ़ारसी से सम्बद्ध रखने का विचार ही न रखा था। उन्होंने स्वभावतः भारतीय (हिन्दी) शब्दावली तथा भारतीय विचारों (आवश्यकतानुसार थोड़े-बहुत मुसलमानीकृत) को ही अपनाया। परन्तु दक्षिण में यह उत्तर-भारतीय भाषा मुसलमानों से इतनी

अविच्छिन्न गिनी जाती थी कि स्थानीय हिन्दुओं में उसका नाम 'मुसलमानी' प्रचलित हो गया। १७वीं तथा १८वीं शताब्दियों में इस भाषा में उत्कर्षपूर्ण साहित्यिक हलचल रही। इसके श्रेष्ठतम गिने जाने योग्य ग्रन्थ सुल्तान मुहम्मद क़ुली क़ुत्ब तथा मुल्ला वज्ही आदि द्वारा रचे गए। परन्तु १८वीं शती के पश्चात् दिल्ली की 'हिन्दुस्तानी' के आगमन के साथ-साथ दक्कन में बोलियों का एक संघर्ष शुरू हो गया। इसमें दिल्ली की हिन्दुस्तानी (जिसे 'दकनी' भाषा की भिन्नता में दक्षिण में 'शिमाली उर्दू' (=उत्तरी उर्दू) कहा जाता है) की जीत हुई, और तब से वही दक्कन की एकमात्र साहित्यिक भाषा के रूप में पूर्ण रूप से आधिपत्य जमाये हुए है। आरम्भ की भाषा अब दक्षिण या दक्कन के मुसलमानों के घर की टूटी-फूटी बोली के रूप में रह गई है। दक्षिण-भारत के ये मुसलमान (जो यहाँ कई पीढ़ियों से बसे हुए हैं) 'मुल्की' कहलाते हैं, जबकि उत्तरी भारत से हाल में आये हुए मुसलमान 'ग़ैर-मुल्की' या नवागन्तुक कहलाते हैं। 'दकनी' अब केवल 'मुल्की' लोगों के घरों की टूटी-फूटी भाषा रह गई है।

उत्तरी भारत के हिन्दुस्थानी-भाषियों ने दक्कन के मुसलमानों के आदर्श का अनुसरण किया, और १७वीं शताब्दी के अन्त में फ़ारसी लिपि में 'राज-दरबार की भाषा', फ़ारसी-युक्त दिल्ली की हिन्दुस्थानी में, साहित्य-निर्माण करने के प्रयत्न आरम्भ कर दिए। दिल्ली की हिन्दुस्थानी के फ़ारसीमय रूप के सर्वप्रथम कवि वली माने जाते हैं; और वे दक्कन में रह चुके थे। तब की भाषा पश्चकालीन उर्दू की तरह फ़ारसी से बिलकुल लदी हुई न थी; फ़ारसी के शब्द अपेक्षाकृत कम संख्या में मिलाए जाते थे; एक पंक्ति में कहीं-कहीं छितरे हुए ('रेख़्ता') रहते थे। इसलिए आधुनिक उर्दू-हिन्दुस्थानी पद्य की भाषा का आद्य रूप 'रेख़्ता' कहलाता था। १५वीं शती के कबीर के कुछ पद ही नहीं, १२वीं-१३वीं शती के बाबा फ़रीद के पद्य भी 'रेख़्ता' के कहकर पुकारे जा सकते हैं। इस दृष्टि से वली की अपेक्षा बाबा फ़रीद को 'बाबा-ए-रेख़्ता' (=रेख़्ता के जनक) कहना अधिक उपयुक्त जँचता है।

उत्तरी भारत के मुसलमानों के लिए वली की 'रेख़्ता' एक अत्यावश्यक कमी की पूर्ति रूप सिद्ध हुई, और कुछ ही समय में वह बड़ी प्रसिद्ध हो गई। इस प्रकार हिन्दुस्थानी के एक उर्दू साहित्यिक रूप का उद्भव हुआ; और जब १७२३ ई० के आसपास वली दिल्ली में बस गए तब उर्दू कविता की एक नई परिपाटी का उदय हुआ। लिपि के कारण उर्दू, राजभाषा एवं सांस्कृतिक भाषा, तथा भारत में इस्लाम की धार्मिक भाषा, फ़ारसी एवं अरबी

के साथ सम्बद्ध हो गई। लिपि के सादृश्य के कारण उसमें फ़ारसी एवं अरबी की शब्दावली का समावेश भी सहज भाव से होने लगा। इस प्रकार के अधिकाधिक समावेश से एक तो लेखक के धार्मिक एवं सांस्कृतिक दृष्टिकोण का परिचय मिलता था, और दूसरे लेखक को अपने 'मुसलमानी भाषा' के पाण्डित्य-प्रदर्शन का अवसर मिलता था। इस प्रकार हिन्दुओं की भाषा 'हिन्दवी' को उत्तर-भारतीय मुसलमानों की इच्छा एवं झुकाव के अनुरूप मुसलमानी स्वरूप दे दिया गया। पहले-पहल तो उत्तर-भारतीय प्रदेश के हिन्दू अपनी विशुद्ध (सूरदास की) या मिश्रित (कबीर की) ब्रजभाषा अथवा अवधी (तुलसीदास की) में ही लगे रहकर उदासीन बने रहे। जो अधिक कट्टरपन्थी थे, उन्होंने फ़ारसी लिपि एवं शब्दावली वाली इस नूतन साहित्यिक भाषा को, जो विशेषकर मुसलमानों में ही प्रचलित थी, अनुष्ठानिक रूप से अपवित्र एवं अशुद्ध समझा। उन्होंने इसे 'जामनी' या 'यामनी'='यावनी' (यवन या अहिन्दू बर्बरों की भाषा) कहकर पुकारा।

दकनी के नमूने पर साहित्यिक भाषा के रूप में दिल्ली की उर्दू, जो मुसलमानों को प्रिय थी, की स्थापना के बहुत दूरगामी परिणाम हुए। मुसलमानों में हमेशा से उत्तर-भारतीय भाषाओं में कविता करने की एक सजीव परम्परा चली आ रही थी और यह भाषा चाहे अवधी हो या ब्रज, मुसलमानों के हाथों में उसका रूप हिन्दुओं में प्रचलित रूप से भिन्न न होता था। मुसलमानों में कबीर की-सी मिश्रित भाषा भी लोकप्रिय थी और यह भी हिन्दी कहलाती थी। परन्तु जब फ़ारसी से लदी साहित्यिक उर्दू की स्थापना हो गई, जो फ़ारसी लिपि में लिखी जाती थी और जो संस्कृत शब्दों और यहाँ तक कि देशी हिन्दी शब्दों से जहाँ तक हो सके अपने को बचाकर चलती थी, तो विदेशों से आये मुसलमानों ने, और विशेषतः दिल्ली में शाही दरबार से सम्बन्धित लोगों ने, इसे बड़े उछाह से हाथों-हाथ अपना लिया। शुद्ध हिन्दी के वातावरण में पले स्वदेशी भारतीय मुसलमानों ने इसके प्रति कोई उत्साह प्रकट न किया। इन लोगों ने इस उर्दू-शैली का, जो हिन्दी की परम्परा का अनुसरण करने वाले मुसलमान लेखकों के बीच हिन्दी की प्रतिष्ठा के लिए घातक प्रतीत हो रही थी, विरोध तक किया। परन्तु मूलतः विदेशी होते हुए बोलचाल में भारतीय भाषा अपनाये हुए मुग़ल उमरावों का और मुसलमान धर्माचार्यों तथा विद्वानों का प्रबल समर्थन मिल जाने और भारतीय मुसलमानों में फ़ारसी-अरबी संस्कृति एवं विचारधारा के प्रति हार्दिक अनुराग होने के कारण, अन्ततः उर्दू का पलड़ा भारी रहा। धीरे-धीरे उत्तर-भारत के सभी मुसलमानों ने फ़ारसी लिपि में

लिखी जानेवाली तथा फ़ारसी-अरबी शब्दों से भरी उर्दू को अपने लिए सर्वाधिक उचित एवं स्वाभाविक भाषा के रूप में ग्रहण कर लिया। इस प्रकार मुसलमानों में हिन्दी के विभिन्न रूपों—ब्रजभाखा, ब्रज-अवधी-मिश्रित भाषा, अवधी और दिल्ली की बोली—में कविता करने की परम्परा धीरे-धीरे उठ गई। १७५० ई० तक दिल्ली की उर्दू ने अपने नये और विजयपूर्ण मार्ग पर कदम बढ़ा लिया और यही दिल्ली की उर्दू भारत-भर में हिन्दुस्थानी की प्रतिष्ठा करने में सहायक हुई।

१७वीं शताब्दी के अन्त से नहीं तो १८वीं शताब्दी के आरम्भ से, मुसलमानों द्वारा बोली जाती तथा विकसित इस उत्तर-भारतीय हिन्दी भाषा के लिए एक नया नाम प्रयुक्त होने लगा : यह नाम था 'हिन्दोस्तानी'। बहुत अधिक सम्भव है कि इस नाम का उद्भव 'हिन्दुस्तान' या उत्तर की भाषा को, 'दकनी' (अर्थात् दक्षिण की हिन्दी भाषा) से भिन्नता का बोध कराने के लिए, सर्वप्रथम दक्कन में हुआ हो। केटेलेयर (Ketelaer) तथा अन्य यूरोपीय लोग, जो गुजरात या दक्षिण में इसके सम्पर्क में आये, इस नाम से परिचित थे। लगभग १७५० ई० तक इस नाम को, उत्तरी भारत के लोगों ने, कविता की सुविकसित दरबारी भाषा, 'ज़बाने-उर्दू', की एक प्रकार की मूल बोली के अर्थ में स्वीकार कर लिया (और हिन्दुओं ने तुरन्त ही 'हिन्दुस्थानी' कहकर इसका भारतीयकरण कर लिया)। परन्तु सारे हिन्दू ही ज़बाने-उर्दू से विमुख न थे। कबीर का आध्यात्मिक एवं मानसिक वातावरण तथा उनका काव्य मुसलमान की अपेक्षा हिन्दू ही अधिक था। उन्होंने हिन्दू लोगों को हिन्दुस्थानी और ब्रजभाषा की मिश्रित-सी बोली से परिचित कराया। हिन्दू लोगों ने दिल्ली की भाषा के बढ़ते हुए महत्त्व को पहचाना। वह दक्षिण में फैल चुकी थी, और पश्चिमोत्तर में भी प्रचलित थी। ब्रजभाषा पर उसका प्रभाव पड़ चुका था, और १८वीं शती में वह पूर्व में बंगाल तक पहुँच गई थी। दिल्ली से एक मुसलमान अभिजात वंश अवधी (पूर्वी हिन्दी) के क्षेत्र के हृदय लखनऊ में आकर बसा, और वहाँ इस हिन्दुस्थानी को (भले ही अपने मुसलमानी रूप उर्दू में) प्रतिष्ठित कर दिया। दिल्ली के पश्चात् लखनऊ उर्दू का दूसरा घर बन गया; और (कम-से-कम लखनऊ शहर की सीमा से) स्थानीय भाषा, जिसने विश्व को 'तुलसीदास' दिया था, लगभग विलुप्त हो गई। 'आ'-कारान्त बोलियोंवाले क्षेत्र, पश्चिमी उत्तर प्रदेश एवं पंजाब के लोगों ने हिन्दी-हिन्दुस्थानी के फ़ारसीमय रूप उर्दू को भी सहज ही स्वीकार कर लिया, क्योंकि यह भाषा उन्हें अपनी मातृ-भाषा के निकट की-सी जान पड़ी। परन्तु मध्य एवं पूर्वी उत्तर प्रदेश

के ब्रजभाषा, कनौजी, अवधी तथा भोजपुरिया बोलनेवाले जन इसकी ओर तब तक उतने आकर्षित न हो सके।

१८वीं शताब्दी के अन्त तक तो हिन्दू लोगों ने भी इस प्रतिष्ठित दरबारी भाषा की ओर ध्यान देना आरम्भ कर दिया था। इसे लोग 'खड़ी-बोली' कहने लगे थे, जबकि ब्रजभाषा, अवधी आदि अन्य बोलियाँ 'पड़ी बोली' (=गिरी हुई बोली) कही जाने लगी थीं। तब तक १९वीं शती के आरम्भ तक पात्रों या एतादृश अन्य दस्तावेज़ों के अतिरिक्त हिन्दुस्थानी में गद्य की रचना नहीं हो पाई थी, अतएव साहित्यिक कला के विकास की कोई गुन्जाइश ही न थी। विशुद्ध खड़ीबोली-हिन्दुस्थानी के सर्वप्रथम हिन्दू लेखक मुन्शी सदासुख ने (१८वीं शताब्दी के अन्त में) 'भागवत-पुराण' का गद्य में अनुवाद 'सुख-सागर' नाम से लिखा। उन्होंने ब्रजभाषा एवं अवधी के लिए पहले से ही प्रयुक्त देवनागरी लिपि का व्यवहार किया, और उच्च कोटि के शब्दों के लिए उन्होंने संस्कृत का आश्रय लिया। उनके पश्चात् कलकत्ता की फोर्ट विलियम कॉलेज के अंग्रेज़ विद्वान् जेम्स गिलक्राइस्ट (James Gilchrist) ने हिन्दू एवं मुसलमान दोनों जाति के लेखकों को हिन्दुस्थानी गद्य लिखने के लिए प्रोत्साहन दिया। फलतः उर्दू गद्य के दो प्रारम्भ के ग्रन्थ, मीर अम्मन का 'बागो-बहार' (पूर्णतया प्रकाशित १८०४) तथा हाफ़िज़ुद्दीन अहमद का 'खरीद अफरोज़' (१८०३-१८१५) लिखे गए। साथ ही नागरी हिन्दी के भी दो आद्य ग्रन्थों, लल्लूजी लाल के 'प्रेमसागर' (१८०३) एवं सदल मिश्र के 'नासिकेतोपाख्यान' (१८०३) की रचना हुई।

इस प्रकार गद्य के माध्यम के रूप में हिन्दुस्थानी अपने दोनों रूपों—नागरी-हिन्दी एवं उर्दू—में आधुनिक जगत् के समक्ष १८०० ई० के आस-पास आ गई। १७वीं शताब्दी में कोई 'हिन्दू हिन्दी' या 'मुसलमान हिन्दी' न थी और न उर्दू एवं हिन्दी का विरोध ही था। दकन के मुसलमान लेखकों ने अवश्य इसे विकसित किया था; फिर भी, झगड़े की मुख्य वस्तु, इसकी शब्दावली, अधिकांशतः भारतीय या हिन्दू ही रही थी। हिन्दी या हिन्दवी या देहलवी नाम की जो सामान्य हिन्दुस्तानी (हिन्दुस्थानी) भाषा थी, वह हिन्दू एवं मुसलमानों की सम्मिलित सम्पत्ति थी। 'हिन्दुस्तानी' (हिन्दुस्थानी) नाम ही इस बात का परिचायक था कि 'देहलवी' या 'दिल्ली की भाषा' अपने संकीर्ण दायरे से बाहर आ रही थी; और 'ज़बाने-उर्दू' से यही बोध होता था कि उसका व्यवहार केवल दक्कन में शाही डेरों एवं सेना में होता था। परन्तु १९वीं-२०वीं शतियों में एक विचित्र प्रकार की घटना हुई। कवि, विद्वान् एवं

पण्डित लोग तो इसके पीछे लगभग डेढ़ सौ वर्षों से लगे हुए थे। इस प्रकार यद्यपि हिन्दी या हिन्दुस्तानी (हिन्दुस्थानी) के दोनों रूपों का व्याकरण, शब्दावली, धातुएं आदि सारी वस्तुएँ एक ही थीं; फिर भी भिन्न-भिन्न लिपियों (देशज भारतीय नागरी, तथा विदेशी फ़ारसी-अरबी) का उपयोग, तथा एक ओर आवश्यकता से अधिक फ़ारसी पर तथा दूसरी ओर संस्कृत पर झुकाव होने के कारण जो एक ही भाषा की केवल दो साहित्यिक शैलियाँ-मात्र होनी चाहिए थीं, वे बिलकुल 'न्यारी-न्यारी' या भिन्न-भिन्न दो भाषाएँ बन गईं।

इस प्रकार पश्चिमी हिन्दी की 'आ'-कारान्त बोलियों से एक प्रचलित सार्वदेशिक भाषा का जन्म हुआ, जिस पर १३वीं शती एवं तत्पश्चात् आद्य पंजाबी का भी थोड़ा-बहुत प्रभाव पड़ा। १६वीं शती में प्रथम बार दक्कन में इसके एक रूप का साहित्य के लिए उपयोग हुआ, जो ब्रजभाषा से मिलकर उत्तरी भारत की भविष्य की साहित्यिक भाषा का प्रारम्भिक स्वरूप बना। इसी सार्वदेशिक भाषा के 'दकनी' रूप का दक्षिण में गोलकुण्डा आदि स्थानों में काव्य-रचना के लिए होते उपयोग का आदर्श सामने रखते हुए, दिल्ली के मुसलमानों ने भी सर्वप्रथम इसे फ़ारसी लिपि में लिखकर इसका काव्य के लिए व्यवहार किया। १८वीं शती में आरम्भिक उर्दू कवियों की रचनाओं में हिन्दुस्थानी का मुसलमानी रूप इस प्रकार प्रतिष्ठित हो गया; और उसी शती में हिन्दुओं ने भी हिन्दुस्थानी का व्यवहार आरम्भ किया। १९वीं शताब्दी के आरम्भ के साथ-साथ हिन्दुस्थानी का नव्य-भारतीय-आर्य साहित्यिक भाषाओं के मञ्च पर अपने द्विमुख रूपों, नागरी-हिन्दी गद्य एवं उर्दू गद्य, को लेकर प्रथम प्रवेश हुआ। उर्दू पद्य के रूप में उसका निर्माण शताब्दियों से हो रहा था, और नागरी-हिन्दी पद्य के रूप में श्रीगणेश होना अभी बाकी था।

अंग्रेज़ों ने हिन्दुस्थानी के इन साहित्यिक रूपों को—विशेषतया फ़ारसी-युक्त उर्दू रूप को—अपनी सम्पूर्ण सहायता दी, क्योंकि कुछ अंशों में यह उन्हें दिल्ली के मुग़लों से उनके काल की सुव्यवस्थित, दरबारी भाषा एवं तत्पश्चात् सारे उत्तरी भारत में फैली हुई प्रचलित भाषा के रूप में, मिली थी। हिन्दुस्थानी के उर्दू रूप का कोर्ट-कचहरियों एवं सेना में (रोमन एवं फ़ारसी दोनों लिपियों में) प्रयोग, हिन्दी-हिन्दुस्थानी के नागरी स्वरूप को भी कतिपय अवसरों पर चलने देने की छूट तथा कलकत्ता, इलाहाबाद एवं पंजाब में विश्वविद्यालयों के खुलने के पश्चात् इन भाषाओं को प्रथम तो स्कूलों में एवं तत्पश्चात् कालेजों में मान्यता देना—इन्हीं सब कारणों को लेकर, नागरी-हिन्दी एवं उर्दू की सफलता

सुनिश्चित हो गई। पत्रकारों, प्रचारकों, राजनीतिक एवं धार्मिक कार्यकर्ताओं, सभी ने हिन्दुस्थानी के दोनों में से एक-न-एक रूप को अपना लिया। मुसलमानों के लिए १६वीं एवं १७वीं शताब्दी में ब्रजभाषा एक मनोरंजन का साधन-मात्र थी। १८वीं शताब्दी से फ़ारसी एवं अरबी पढ़े-लिखे उत्तर-भारतीय तथा दक्कन के मुसलमानों ने उत्तर-भारत की अन्य सभी जनसमूह में व्यवहृत भाषाओं को छोड़-छाड़कर केवल उर्दू से ही अपना सरोकार रखा। हिन्दू लोग अपनी ब्रज-भाषा एवं अवधी की निधि बढ़ाते रहे, परन्तु १९वीं शती के पश्चात् नागरी-हिन्दी उनका विशेष ध्यान आकृष्ट करने लगी। पिछली शताब्दी के मध्य से, उर्दू कविता के उदाहरण को सामने रखकर, तथा अवधी एवं ब्रजभाषा की विभिन्नता एवं प्राचीन अप्रचलित रूप को देखते हुए हिन्दुओं ने भी नागरी-हिन्दी (खड़ीबोली) या टकसाली हिन्दुस्थानी में पद्य-रचना आरम्भ कर दी। आधुनिक खड़ीबोली (नागरी-हिन्दी) में अत्यन्त उच्च कोटि के कवियों की संख्या उत्तरोत्तर बढ़ती ही गई है; उनमें से कुछ तो वास्तव में विलक्षण प्रतिभा-सम्पन्न हैं। अब भी ब्रज और अवधी के पूजक 'हिन्दी' कविता लिखनेवाले सज्जन निकल अवश्य आते हैं, परन्तु इन बोलियों का साहित्यिक जीवन एक प्रकार से शेष हो चुका है, जिनके घर की ये भाषाएँ हैं, वे उस रूप में इनका थोड़ा-बहुत व्यवहार भले ही करते रहें। पंजाबी बोलनेवालों ने (सिक्खों को छोड़कर, जोकि अपनी देशज पंजाबी भाषा एवं गुरुमुखी लिपि को बराबर पकड़े हुए हैं), ब्रजभाषा, कनौजी, पूर्वी हिन्दी, बिहारी, राजस्थानी तथा अन्य कई भाषाएँ एवं बोलियाँ बोलनेवालों ने धीरे-धीरे शिक्षण के लिए एवं सार्वजनिक जीवन में अपनी मातृभाषाओं की जगह नागरी हिन्दी या उर्दू को अपना लिया है।

१७वीं एवं १८वीं शताब्दियों में हिन्दी (हिन्दुस्तानी या हिन्दुस्थानी) का प्रसार, भारत के लिए केन्द्रित मुग़ल सरकार की सबसे बड़ी देन है। दिल्ली के शाही दरबार की प्रतिष्ठा इस भाषा के साथ सर्वत्र की जाती थी। फ़ारसी कुछ-कुछ अपदस्थ हो चुकी थी, और हिन्दी या हिन्दुस्तानी (हिन्दुस्थानी) का फ़ारसीयुक्त रूप 'ज़बाने उर्दू-ए-मुअल्ला'=शाही डेरे या दरबार की भाषा—एक प्रकार की बादशाही भाषा—ही सर्वत्र ऐसे लोगों के बीच, जिनका १८वीं शती में राजदरबार, फौज शासन से मुग़ल साम्राज्य के विभिन्न सूबों में किसी भी प्रकार का सम्पर्क था, एक फ़ैशनयुक्त एवं सुरुचिपूर्ण भाषा के रूप में प्रचलित थी।

नागरी हिन्दी अर्थात् नागरी अक्षरों में लिखी और छापे जानेवाली संस्कृतपूर्ण हिन्दी के प्रति अति उत्साह प्रकट करनेवाले लोगों को इस प्रकार

की हिन्दी के, आज से आधी शताब्दी पहले, जन्म और विकास का सामान्यतः कुछ भी पता नहीं है। उस समय पंजाब, उत्तर प्रदेश और बिहार की किसी कचहरी में ऐसे मुन्शी दुर्लभ थे जो नागरी अक्षरों में कोई आवेदन या उत्तराधिकार-पत्र लिख पाते। अधिकांश शिक्षित हिन्दू उर्दू पढ़ते थे, यद्यपि अब वे कचहरियों और स्कूलों में **नागरी-प्रचार** के आन्दोलन में बाहरी मन से कुछ उत्साह दिखाने लगे थे। यह आन्दोलन शुरू में बहुत धीमा था और इस शताब्दी के द्वितीय दशक से ही, जब भारतीय विश्वविद्यालयों में—कलकत्ता विश्वविद्यालय में सन् १९१९ में हिन्दी में एम० ए० कोर्स चलाए जाने से प्रारम्भ कर—हिन्दी को स्थान मिलने लगा, इस आन्दोलन में तेज़ी आई।

उर्दू के शायर, मौलवी, मुन्शी तथा मुल्ला लोग अपनी ही राह चलते रहे और फ़ारसी-भरी उर्दू का निर्माण एवं वर्द्धन करते रहे। इसी प्रकार पण्डित लोग तथा अन्य लेखक लोग संस्कृत-भरी हिन्दी का निर्माण करते रहे। परन्तु साधारण जनों का हिन्दी या हिन्दुस्थानी के विषय में एक ही रुख रहा; इनमें पश्चिमी पंजाब से लगाकर पूर्वी बंगाल तक के हिन्दू-मुसलमान सभी थे। वे अब भी, साधारण जीवन में जब अपने से भिन्न भाषावालों से बातचीत करना चाहते हैं तो प्रचलित हिन्दुस्थानी का ही व्यवहार करते हैं। नागरी-हिन्दी एवं उर्दू के रूप में हिन्दी के कोष को समृद्ध बनाने के लिए संस्कृत तथा अरबी-फ़ारसी के भण्डारों से एकत्रित किये हुए विचारों एवं भाषा-सौन्दर्य की निधि से उन्हें कोई सरोकार नहीं है। हाँ, बंगाल के बाहर उत्तरी भारत में केवल हिन्दुओं के जीवन में धर्म एवं romance या रमन्यासों के कुछ अत्यन्त उच्च-कोटि के महान् ग्रन्थ बिलकुल घर कर गए हैं, और विगत कुछ शताब्दियों से उनके जीवन को आध्यात्मिक एवं साहित्यिक शक्ति एवं प्रेरणा प्रदान करते रहे हैं; उदाहरणार्थ तुलसीदास का 'रामचरित-मानस' तथा उनके कुछ अन्य ग्रन्थ, सूरदास का 'सूरसागर', आल्हा-ऊदल (दिल्ली एवं अजमेर के अन्तिम हिन्दू नरेश पृथ्वीराज चौहान के भानजे) के बावन युद्धों के वर्णनों के गीत, नाभाजी दास की 'भक्त-माल', एवं कुछ अन्य ग्रन्थ। जब तक अनपढ़ आदमी सार को समझ सकता था अथवा कोई अन्य व्यक्ति उसे समझा सकता था, तब तक इन ग्रन्थों में कौनसी बोली प्रयुक्त थी, यह प्रश्न ही न उठता था। इस प्रकार (प्राचीन अवधी की) तुलसीकृत 'रामायण' पंजाब से बिहार तक सर्वत्र प्रचलित है, तथा (बुन्देली में लिखे) आल्हा-ऊदल के गीतों को भोजपुरिया अथवा मगही क्षेत्रवाले भी बड़े चाव से सुनते हैं। जनता ने हिन्दुस्थानी के सर्वसाधारण में सर्वाधिक प्रचलित बोलचाल के उस श्रेष्ठ रूप को अपनाया जिसमें अधिकांश

शब्द देशज हिन्दुस्थानी के, थोड़े-बहुत फ़ारसी-अरबी के, तथा काफ़ी बड़ी संख्या में संस्कृत के शब्द थे। साधारण जनता के सामने उच्च सांस्कृतिक शब्दों के निर्माण करने या कहीं से उधार लेने का अवसर ही न आता था: क्योंकि उदाहरणार्थ, तुलसी के ग्रन्थों एवं 'सूरसागर' का संस्कृत शब्द-भण्डार उनके सामने अक्षय रूप से विद्यमान था। परन्तु जब-जब उन्हें अपने पाँवों पर खड़ा होना पड़ता था, तब आवश्यकतानुसार अपने समक्ष उपस्थित सामग्री (देशज अथवा संस्कृत अथवा आत्मसात् की हुई विदेशी) की सहायता से साधारणतया अच्छे शब्दों का निर्माण कर लेते थे; उदा० 'आग-बोट' (=Fire-boat= Steamer से बम्बैया हिन्दुस्थानी में); 'ठण्डा तार', 'गरम तार' (Positive & Negative Wires); 'हवा-गाड़ी' (Motor-car); सेवादल ('Band of Help' = Volunteers in Social Service); 'जादू-घर' (Museum); 'बिजली-बत्ती' (Electric Light); 'हाथ-घड़ी' (Wrist watch); 'सोख-कागज़' (Blotting Paper); 'चीर-फाड़' (Operation); 'गरमी-नाप' (Thermometer); 'देश-सेवक' (Patriot); 'बालचर' (Scout); 'जंगी-लाट' (Commander-in-chief); 'किसान-संघ, मजदूर-संघ' (Farmers', Labourers' Union); 'बेतार' (Wireless); 'चिड़िया-घर' (Aviary, Zoo); 'तेज़ी-मन्दी' (Briskness and Dullness of the Market), इत्यादि। नागरी-हिन्दी तथा उर्दू के समर्थकों के समक्ष खड़ी सांस्कृतिक शब्दावली एवं लिपि की समस्या को सुलझाने में हमें जनसाधारण की हिन्दुस्थानी से कोई विशेष सहायता नहीं मिल सकती। परन्तु जीवन के साधारण एवं अकृत्रिम दिन-प्रतिदिन के व्यापारों के लिए नागरी-हिन्दी एवं उर्दू, दोनों ही साहित्यिक भाषाएँ, जन-साधारण की हिन्दुस्थानी से बहुत-कुछ सीख या ले सकती हैं।

कुछ विद्वानों ने नागरी-हिन्दी एवं उर्दू, दोनों की प्रतिष्ठा-भूमि देशज भाषा की व्यञ्जकता का पूरा-पूरा प्रयोग कर देखने का प्रयत्न किया है। वे लोग फ़ारसी-अरबी तथा संस्कृत दोनों प्रकार के शब्दों को छोड़कर, केवल प्राकृत से आये हुए विशुद्ध हिन्दी या हिन्दुस्थानी शब्दों को ही स्वीकार करने के पक्ष में हैं। उदाहरणार्थ, इन लोगों के मतानुसार फारसी 'शीरीं' अथवा संस्कृत 'मिष्ट या सुमिष्ट' को छोड़कर ठेठ हिन्दुस्थानी रूप 'मीठा' का उपयोग होना चाहिए; उसी प्रकार (संस्कृत) 'ईप्सित' प्रार्थित या इच्छित' अथवा (फ़ारसी) 'ख्वास्त' के बदले 'मन-माँगा'; 'लज्जाशीला' (संस्कृत) अथवा 'शर्मिन्दा' (फ़ारसी) के स्थान पर 'लाजवन्ती, आदि प्रयोग करना उन्हें ठीक जँचता है। इन्शा-अल्ला-ख़ाँ ने अपनी 'कहानी ठेठ हिन्दी में' (लगभग १८५० ई०) तथा

'हरिऔध' (अयोध्यासिंह उपाध्याय) ने अपने 'ठेठ हिन्दी का ठाठ' (१८९९) एवं 'अधखिला फूल' (१९०५) में, संस्कृत एवं फ़ारसी-अरबी के शब्दों का बिलकुल त्याग करते हुए केवल प्राकृत से प्राप्त विशुद्ध हिन्दुस्थानी शब्दावली के सहारे उपर्युक्त प्रकार की 'आदर्श हिन्दुस्थानी' में लिखने के प्रयत्न किये हैं। परन्तु ये रचनाएँ केवल साहित्यिक कलाबाज़ियाँ ही सिद्ध हुई हैं, जिनका उपयोग एक ऐसी महान् भाषा के लिए नहीं किया जा सकता, जो विगत कई शताब्दियों से देशज (संस्कृत) तथा विदेशी (फ़ारसी-अरबी एवं अंग्रेज़ी) दोनों भण्डारों से अपने कोष को परिपूर्ण करती रही है। इस प्रकार साधारण जनता की बोलचाल की हिन्दुस्थानी द्वारा सामने रखा हुआ हमारे प्रश्न का निराकरण अस्वीकार्य हो जाता है। लिपि के विषय में भी वही हाल है।

उत्तरी भारत की प्रचलित या जनसाधारण की हिन्दी (हिन्दुस्थानी) ने एक और समस्या हमारे सामने लाकर रखी है, जो अब तक विशेष प्रकाश में नहीं आई, परन्तु आगे-पीछे कभी-न-कभी जो आकर रहेगी। 'सांस्कृतिक शब्दावली एवं लिपि' के दो गम्भीर प्रश्नों के अतिरिक्त, बोलचाल की हिन्दुस्थानी ने जो एक और बड़ी भारी, स्यात् पहलेवाले प्रश्नों से गुरुतर, समस्या हमारे समक्ष रखी है, वह है 'व्याकरण की समस्या'। साहित्यिक हिन्दुस्थानी का स्वयं अपना आधार भी एक बोलचाल की बोली है; अतएव उसका व्याकरण भी उसके अपने 'घर के'—अर्थात् पश्चिमी उत्तर प्रदेश एवं पूर्वी पंजाब के क्षेत्रों के—जनों के सिवा अन्य लोगों को काफी जटिल एवं कठिन प्रतीत होता है। पूर्वी हिन्दी बोलियाँ, बिहारी बोलियाँ, बंगला, असमिया एवं उड़िया, गोरखाली, द्राविड़ी भाषाएँ तथा मराठी भी, यहाँ तक कि राजस्थानी, गुजराती, सिन्धी तथा पूर्वी एवं पश्चिमी पंजाबी बोलनेवाले लोग भी, हिन्दी (हिन्दुस्थानी) बोलते समय उसके प्रमुख व्याकरण-विषयक विशिष्टताओं के रूप को काफ़ी प्रमाण में सरल बना लेते हैं—अनेक बार तो उनके बिना ही काम चला लिया जाता है। इसके फलस्वरूप, साहित्यिक हिन्दी एवं उर्दू, तथा हिन्दी के 'घर के ज़िलों' (पश्चिमी उत्तर प्रदेश एवं पूर्वी पंजाब) की जनता द्वारा बोली जाती न्यूनाधिक प्रमाण में व्याकरण-शुद्ध हिन्दुस्थानी के विभिन्न रूपों के अतिरिक्त, एक और प्रकार की हिन्दुस्थानी भी खड़ी हो गई है जिसका व्याकरण सरल बना लिया गया है। यह आम बोलचाल की हिन्दुस्थानी है, जिसका व्यवहार, जानपद हिन्दी या हिन्दुस्थानी क्षेत्र के बाहर समस्त भारत में हाट-बाट, कारखानों-गोदामों, सेनाओं, बन्दरगाहों आदि में, सर्वत्र, साधारणतया होता रहता है। इस विषय का उल्लेख पहले परिच्छेद में एक बार हो चुका है, एवं आगे

भी करने का अवसर आएगा। हिन्दी (हिन्दुस्थानी) के साढ़े चौबीस करोड़ बोलने या समझनेवालों में से लगभग बीस करोड़ हिन्दुस्थानी का यही सहज रूप बोलते हैं; और उनके लिए साहित्यिक हिन्दुस्थानी के विशिष्ट व्याकरण को सीखना अत्यन्त कठिन है, यहाँ तक कि उनमें से अत्यन्त मेधावी व्यक्ति भी उस व्याकरण को सीखना कष्टसाध्य अनुभव करते हैं।

उपर्युक्त विवेचन से हमारे समक्ष एक अत्यन्त महत्त्वपूर्ण प्रश्न उपस्थित होता है। वह यह है: २० करोड़ व्यक्तियों द्वारा अपने व्यक्तिगत तथा सार्वजनिक जीवन में व्यवहृत इस सहज भाषा को, जिसके सहजीकरण के कारण इसका ओज या व्यञ्जक-शक्ति बिलकुल कम नहीं हुई, हम मान्य करें, अथवा साढ़े चार करोड़ से भी कम (स्यात् तीन करोड़ भी नहीं) लोगों के घर की भाषा को हर क्षेत्र में छा जाने एवं अपनी जटिलताओं को सर्वसाधारण पर लाद देने का अधिकार दे दें? 'मध्यदेश' के अपेक्षाकृत कमसंख्यक जनों ने हिन्दी (हिन्दुस्थानी) को सारे भारतवर्ष के सम्मुख लाकर रखा, और भारतीय जन ने इस उपहार को सहर्ष स्वीकार किया। परन्तु जनता ने अपनी आवश्यकतानुसार, उसके मूल रूप को परिवर्तित न करते हुए उसमें कुछ थोड़े-बहुत फेरफार अवश्य कर लिए। यदि ये फेरफार भारतीय जन के लिए हितकर सिद्ध हों, यदि उनके कारण अर्थ एवं बोधगम्यता में कमी आए बिना सहजता एवं सरलता आ सके, तथा पुष्टता एवं लालित्य की हानि हुए बिना उपादेयता में वृद्धि होती हो, तो हम क्यों न उनको स्वीकार कर लें?

हिन्दी-उर्दू के झगड़े की उत्पत्ति एवं विकास का अध्ययन एक अत्यन्त रोचक विषय हो सकता है, परन्तु प्रस्तुत अवसर उसकी चर्चा के लिए बिलकुल उपयुक्त नहीं है। श्री० चन्द्रबली पाण्डेय एम० ए० के (उदा० 'बिहार में हिन्दुस्तानी', संवत् १९९६; 'कचहरी की भाषा और लिपि', सं० १९९६; 'उर्दू का रहस्य', सं० १९९७); शाह साहिब नासिरुद्दीन पुरी के (नागरी-प्रचारिणी सभा द्वारा प्रकाशित, 'मुल्की ज़बान और फ़ाज़िल मुसलमान', सं० १९९७) तथा श्री वेंकटेशनारायण तिवारी के ('हिन्दी बनाम उर्दू', १९३८, इलाहाबाद) सुलिखित निबन्धों तथा ग्रन्थों से इस विषय की काफ़ी जानकारी प्राप्त हो सकती है। यहाँ यही उल्लेख कर देना पर्याप्त होगा कि १६वीं शताब्दी में आद्य हिन्दी के मुसलमान भाषियों द्वारा इस भाषा को जाने या अनजाने फ़ारसी लिपि में लिखने के प्रयत्न में ही इस झगड़े के ही सूक्ष्म अंकुर निहित थे। भारतीय भूमि पर ही भारत एवं भारतीय संस्कृति के अस्तित्व को अस्वीकार करनेवाली विचारसरणि पर जिस भाषा एवं साहित्य का धीरे-धीरे

निर्माण हुआ है, उसे भारत के सुपुत्र चुनौती दिये बिना कैसे रह सकते थे ? यह असम्भव था; और फलस्वरूप अत्यन्त संस्कृतगर्भित हिन्दी का जन्म हुआ। ज्यों-ज्यों १८वीं एवं १९वीं शताब्दियों में मुसलमानों की शक्ति का उत्तरोत्तर ह्रास होता गया, त्यों-त्यों पुनः एक बार १६वीं एवं १७वीं शताब्दियों के मुसलिम साम्राज्य की पुनःस्थापना के स्वप्न देखे जाते रहे। इस प्रकार उर्दू का निर्माण एक बीते हुए स्वर्ण-युग की स्मृतियों पर हुआ। अतएव, बहुत-से मुसलमानों के लिए, विशेषकर उनके लिए जो अपने को एक अपूर्ण सौभाग्य एवं गौरव की पूर्ति का उत्तरदायी समझते थे, उर्दू को एक प्रकार की स्वजाति-प्रीति एवं धार्मिक श्रद्धा की-सी भावना से पकड़े रहना स्वाभाविक ही था। साथ ही एक कारण कुछ भारतीय मुसलमानों का यह डर भी था, कि बहुसंख्यक हिन्दू यदि कभी अपनी संस्कृति का प्रसार दृढ़ता एवं कठोरता के साथ करने लग जाएँ तो मुसलमानों का अस्तित्व ही मिट जाएगा। इस सांस्कृतिक दृढ़ता एवं उसके साथ प्रयुक्त होनेवाली आशंकित कठोरता के कुछ नये प्रमाण 'शुद्धि' एवं 'संगठन' के आन्दोलनों, हिन्दू-एकता के सिद्धान्त के प्रचार, तथा आर्यसमाज एवं हिन्दू मिशन द्वारा हिन्दू धर्म के पुनरुत्थान कार्य में रखे गए कड़ाई के रुख से सम्भवतः खड़े हो गए। साथ-साथ, ब्रिटिश भारत की राजनीतिक कूटनीति, विशेषतः ब्रिटिश साम्राज्यवादियों की 'भेद डालकर शासन करने की नीति', भारत के राजनीतिक कलेवर में बराबर साम्प्रदायिक एवं धार्मिक ईर्ष्या एवं घृणा का विष-संचन करती रही। इसके अतिरिक्त, राष्ट्रीय जीवन के मूल्यों के प्रति खड़े किये हुए झूठे दृष्टिकोण— धर्म को जाति, संस्कृति एवं आर्थिक व्यवस्था से अधिक महत्त्व प्रदान करने की दूषित वृत्ति—एवं शक्ति, अधिकार एवं सम्पत्ति की बढ़ती हुई लिप्सा, इन सभी वस्तुओं को लेकर, साहित्य तथा शैली के क्षेत्र का एक प्रश्न बढ़ा-चढ़ाकर बहुत महत्त्व की राष्ट्रीय समस्या बना दिया गया था। यदि हमें भारतीय जीवन में घुसे हुए इस विषकीट का उन्मूलन करना है, जैसा कि होने लगा है, तो उसके लिए उच्च राजनीतिक सिद्धान्तों, सन्तुलित विचार एवं ऐसे शिक्षण की आवश्यकता है जो जनता को राजनीति एवं धर्म को न मिलाना, अन्य लोगों के धर्म के प्रति असहिष्णुता का त्याग करना आदि सिखाए। परन्तु यह विष अपना काम कर चुका है और इसका परिणाम हुआ है भारतवर्ष का भारत और पाकिस्तान के रूप में विभाजन, जो इस देश में साम्राज्यवादी कूटनीति की चालों के फलस्वरूप एक महान् जाति के अंग-भंग का अविस्मरणीय उदाहरण है। अभी हम भाषा के क्षेत्र में सक्रिय अन्य दूषित प्रवृत्तियों से मुक्त नहीं हो पाए हैं। अब ये प्रवृत्तियाँ एक

अकेली आधुनिक भारतीय भाषा द्वारा भारतीय एकता के नारे की आड़ में नया रूप ग्रहण कर रही हैं; यह नारा देश-भक्ति की पुकार के रूप में उठाया गया है और इसके द्वारा अहिन्दी-भाषी जनता पर जैसे-तैसे हिन्दी को लादने की चेष्टा की जा रही है—इस नीति की सभी सही ढंग पर सोचनेवाले लोगों ने ठीक ही निन्दा की है; प्रधान मंत्री श्री जवाहरलाल नेहरू ने भी भारतीय संसद् में इस प्रवृत्ति की भर्त्सना की है।

अब वह समय आ पहुँचा है जबकि हमारे भाषा-शास्त्रियों एवं राजनीतिज्ञों को, जोकि इस प्रश्न को भलीभाँति समझते हैं, भारत की राष्ट्रभाषा हिन्दी या हिन्दुस्थानी की शब्दावली, लिपि तथा व्याकरण की त्रिविध समस्या पर गम्भीरता से विचार करना चाहिए।

४

हिन्दी (हिन्दुस्थानी) की समस्याएँ तथा उन्हें हल करने के लिए प्रस्तावित सुझाव

हिन्दी (हिन्दुस्थानी) के आधुनिक-कालीन विभिन्न रूप, जिनके कारण हिन्दी की समस्याएँ खड़ी हुईं—(१) संस्कृतमय हिन्दी, (२) फ़ारसी-अरबीयुक्त हिन्दी या उर्दू, (३) बाज़ारू हिन्दी—हिन्दी की कमियाँ—अपने किसी भी रूप में अन्य भाषा-भाषियों की सांस्कृतिक भाषा नहीं—नागरी-हिन्दी एवं उर्दू भारत के अन्य जनों की कहाँ तक सेवा करती हैं?—अंग्रेज़ी, भारत की वास्तविक सांस्कृतिक भाषा—हिन्दी, संयुक्त भारत का प्रतीक—'अहिन्दी-भाषी' प्रदेश एवं हिन्दी का विकास—'हिन्दुस्थानी जनों' के समक्ष हिन्दी-समस्या का रूप—धार्मिक भेद का भाषा पर असर—शिक्षण तथा सार्वजनीन जीवन में भाषा की द्विविधता—समस्या का अखिल-भारतीय स्वरूप—हिन्दी की आन्तःप्रान्तिक तथा आदान-प्रदान (मेल-मिलाप) की भाषा के रूप में पहले से ही प्रतिष्ठा—समस्या का त्रिविध स्वरूप—लिपि-विषयक, सांस्कृतिक-शब्दावली-विषयक एवं व्याकरण-विषयक—लिपि की समस्या—देवनागरी लिपि एवं उसका महत्व—भारत को बाहरी जगत् से सम्पर्कित रखने की दृष्टि से देवनागरी बनाम फ़ारसी-अरबी लिपि—अरबी लिपि की प्रतिष्ठा पर अन्य जगहों में भी हुए आघात, इन्दोनेसिया में, तुर्की में, अफ्रीका में एवं सोवियत रूस में—ईरान में उसकी स्थिति—अरबी लिपि का मूलभूत सिद्धान्त—उसके दोष—अरबी लिपि की कमियों के उदाहरण—यह लिपि भारत की राष्ट्रीय लिपि नहीं हो सकती—रोमन वर्णमाला—रोमन बनाम देवनागरी—इस तुलना का निष्कर्ष—रोमन की तुलना में देवनागरी लिपि के दोष—शब्दों का पृथक्करण उनके रूप-विषयक तथा ध्वन्यात्मक उपादानों में—वर्णों का भारतीय (देवनागरी) क्रम एवं रोमन आकृति—भारत के लिए प्रस्तावित एक 'भारतीय रोमन' लिपि—हिन्दी (एवं अन्य भारतीय भाषाओं) के लिए भारतीय-रोमन लिपि का प्रयोग—अन्तःकालीन द्विलिपि-प्रयोग की स्थिति में दोनों लिपियों का साथ-साथ प्रयोग—

रोमन लिपि का अन्तर्राष्ट्रीय स्वरूप—रोमन हिन्दुस्थानी का प्रयोग देवनागरी में लिखित नागरी हिन्दी एवं फ़ारसी-अरबी में लिखित उर्दू के साथ-साथ किया जा सकता है—जब तक रोमन लिपि न अपनाई जाए तब तक भारत की अन्य सभी लिपियों में देवनागरी की सर्वमान्यता के कारण—लिपि एवं शब्दावली से किसी भाषा एवं उसकी संस्कृति का स्वरूप निर्धारित होता है—अवनति-कालीन मुगल भारत के मुसलमान अमीर-रईसों द्वारा निर्मित फ़ारसी-अरबीयुक्त उर्दू का ऐकान्तिक स्वरूप—हिन्दू हिन्दी का इन मुसलमान रईसों पर प्रभाव—उर्दू भाषा तथा साहित्य का वैदेशिक एवं अभारतीय स्वरूप—भारतीय साहित्य में 'फ़ारसी और अरबस्थानी सामान' की स्वीकृति—उर्दू साहित्य के माध्यम से भारत में आये हुए ईरानी रमन्यास तथा इस्लामी एवं अन्य अरबी किस्से-कहानियाँ—आधुनिक भारत की 'इस्लामी' भाषा के रूप में उर्दू'—फिर भी एक वर्ग-विशेष की ही भाषा—भारतीय भाषा की आधार 'संस्कृत' से उर्दू का विच्छिन्न होना—उर्दू का फ़ारसीकरण—'आत्मनिष्ठ' (Building) भाषाएँ तथा 'परभृत' या 'परपुष्ट' (Borrowing) भाषाएँ—लातीन एवं रोमानी-समूह की भाषाएँ, तथा संस्कृत एवं भारतीय भाषाएँ—उर्दू के कुछ विधायकों का अत्यन्त संकुचित तथा भारत-विरुद्ध मानस—फ़ारसीमय उर्दू का उत्तर प्रदेश में घटता हुआ प्रभाव—भारतीय सिक्कों पर फ़ारसी लेख—प्रस्तावित मध्य-पन्थी भाषा—भारतीय राष्ट्रीय कांग्रेस द्वारा प्रचारित 'हिन्दुस्थानी' का स्वरूप—फ़ारसीमय उर्दू को मिली सहायता—उसका प्रतिफल—'ऑल इण्डिया रेडियो' तथा हिन्दी-उर्दू की समस्या—फ़ारसी-अरबी सांस्कृतिक शब्दावली बनाम भारतीय राष्ट्रीयता—अरबी तथा तुर्की एवं फ़ारसी के सदृश अन्य 'इस्लामी' भाषाएँ—भारतीय राष्ट्रीयता, एवं भारतीय मुसलमानों का संस्कृत के प्रति रुख में आया हुआ अनिवार्य परिवर्तन—आरम्भिक उर्दू के कवि 'नज़ीर' एवं उनकी शब्दावली—भारतीय (हिन्दू) संस्कृति तथा इतिहास में संस्कृत का स्थान—कम-से-कम हिन्दुओं की ओर से संस्कृत को आन्तर्जातिक या आन्तर्देशिक के रूप में पुनः प्रतिष्ठित करने का सुझाव—फ़ारसीमय उर्दू एवं संस्कृतनिष्ठ हिन्दीवाले प्रश्न का बंगला आदि उर्दू की भाँति फ़ारसीमय न हुई भाषाओं से सम्बन्ध—राष्ट्रभाषा के रूप में हिन्दी की सांस्कृतिक शब्दावली का मुख्यतः संस्कृत से ही लिया जाना अनिवार्य—हिन्दी में आत्मसात् हुए साधारण फ़ारसी-अरबी उद्भववाले शब्दों को भी हिन्दी में चालू रखा जाए—इस राष्ट्रीय हिन्दी भाषा में इस्लामी धर्म एवं संस्कृति से सम्बन्धित शब्द फ़ारसी-अरबी से ही लिये जाएँ—हिन्दी में फ़ारसी-अरबी एवं संस्कृत के शब्दों के कृत्रिम मिश्रण की

विफलता—फ़ारसी-अरबी उपादानों का हिन्दी की शैलीगत विशिष्टता या सौन्दर्य-वृद्धि के लिए अतिरिक्त साधन के रूप में उपयोग की सम्भावना—लिपि एवं शब्दावली के विषय में ठोस या कार्यकर सुझाव—हिन्दी (हिन्दुस्थानी) व्याकरण एवं उसके सरलीकरण का प्रश्न—इस प्रकार का सरलीकरण आवश्यक एवं व्यवहार्य भी है—निम्न प्रकार की व्याकरण-विषयक कठिनाइयों से मुक्त 'बाजारू हिन्दी' : (१) विभक्ति-साधित बहुवचन रूप, (२) संज्ञा शब्दों का प्रत्यय (परसर्ग) ग्राही एकवचन रूप, (३) सम्बन्ध-पद, विशेषण, एवं क्रिया का व्याकरणात्मक लिंग, (४) क्रिया के विभिन्न 'पुरुषों' एवं 'कालों' के अनुसार बने हुए रूप, (५) भूतकालिक सकर्मक क्रिया के लिए 'कर्मणि प्रयोग' का व्यवहार—उपर्युक्त विशिष्टताओं का त्याग एक अत्यन्त विस्तीर्ण प्रयोग की व्यावहारिक स्वीकृति-मात्र है—इससे बाकी के भारतवर्ष के जनों द्वारा हिन्दी (हिन्दुस्थानी) के सहजसाध्य बनने की सम्भावना—सरलीकृत हिन्दी का सार्वजनीन स्वीकार—पुनरावृत्ति तथा निष्कर्ष।

अब तक हम देख चुके हैं कि भारतीय भाषाओं में हिन्दी (हिन्दुस्थानी) का क्या स्थान है, एवं उसका यह स्थान कहाँ तक ऐतिहासिक घटनाओं पर आश्रित है। अब हमें यह विवेचन करना है कि हिन्दुस्थानी के समक्ष महत्त्वपूर्ण समस्याएँ कौन-कौनसी हैं ? उन समस्याओं का नागरी-हिन्दी एवं उर्दू का मातृभाषा या देशज भाषा के रूप में व्यवहार करनेवालों के अतिरिक्त अन्य भाषाओं को मातृभाषा माननेवालों पर कहाँ तक प्रभाव पड़ा है ? तथा इन समस्याओं को किस प्रकार हल किया जाए ? उन विभिन्न बोलियों तथा भाषाओं को यदि हम एक बार छोड़ दें, जोकि हिन्दुस्थानी (नागरी-हिन्दी अथवा उर्दू) की छत्रच्छाया तले आ चुकी हैं, तथा जिनके बोलनेवाले सही या गलत रूप में अपने को मोटे तौर पर 'हिन्दी की बोलियाँ' कही जानेवाली भाषाएँ घर पर बोलनेवाले समझते हैं, तो हमें आधुनिक भारत में हिन्दुस्थानी के सर्वसाधारण स्त्री-पुरुषों द्वारा प्रयुक्त केवल तीन रूप मिलेंगे :

(१) देवनागरी अक्षरों में लिखित संस्कृत-निष्ठ हिन्दी, जिसमें हिन्दी के शब्द-भाण्डार की पूर्ति के लिए संस्कृत के कोष से पूरी-पूरी सहायता ली जाती है; परन्तु साथ ही फ़ारसी-अरबी के कई आवश्यक शब्द भी इसमें सम्मिलित हैं;

(२) फ़ारसी-अरबी लिपि में लिखित फ़ारसी-अरबी-निष्ठ हिन्दी।

इसमें फ़ारसी एवं अरबी शब्दों की प्रधानता रखी जाती है, तथा संस्कृत के शब्द लगभग नहीं के बराबर हैं। यह भाषा बिलकुल खुले तौर से मुसलमान भाषा है, एवं उसकी प्रेरणा तथा दृष्टिकोण निश्चित रूप से अभारतीय हैं।

(३) 'बाज़ारू-हिन्दी' या 'बाज़ारू हिन्दुस्थानी'—एक ऐसी भाषा जिसका व्याकरण (१) या (२) की सही हिन्दुस्थानी के व्याकरण से बहुत-कुछ सरलीकृत है। सर्वसाधारण जनता में इसीका प्रचार है; (जानपद हिन्दुस्थानी बोलनेवाले या पश्चिमी हिन्दी प्रदेशों के निवासी, अन्यत्र वालों की अपेक्षा, इसका अधिक शुद्ध रूप बोलते हैं)। इसकी शब्दावली का ठीक-ठीक रूप निश्चित नहीं है, क्योंकि इसमें संस्कृत, फ़ारसी-अरबी एवं अन्य विदेशी तथा 'तद्भव' उपादानों से निर्मित सभी प्रकार के शब्द प्रयुक्त रहते हैं। इसकी शब्दावली का रूप संक्षिप्त रहने का कारण यह है कि यह केवल साधारण बोलचाल की भाषा है।

हिन्दुस्थानी के उपर्युक्त तीनों रूपों में से एक भी किसी बंगाली, उड़िया, आसामी, गुजराती, महाराष्ट्री, तमिल या कन्नड़ व्यक्ति के लिए निश्चित रूप से सांस्कृतिक भाषा नहीं है। कोई भी महाराष्ट्री या बंगाली व्यक्ति इस बात का अनुभव नहीं करता कि अपनी मातृभाषा की अपेक्षा नागरी-हिन्दी या उर्दू के माध्यम द्वारा उच्चतर संस्कृति की प्राप्ति हो सकती है; बाज़ारू हिन्दी का तो प्रश्न ही दूर का है। इस समय कोई भी नागरी-हिन्दी अथवा उर्दू को अंग्रेज़ी का समकक्ष स्थान देने का स्वप्न भी नहीं देख सकता। नागरी-हिन्दी एवं उर्दू का आज अपनी साहित्यिक भाषा के रूप-व्यवहार करनेवाले जन उसी प्रकार बंगला या गुजराती, पंजाबी या उड़िया, तमिल या तेलुगु, कन्नड़ या मराठी का व्यवहार करनेवालों से अपनी किंचित् भी सांस्कृतिक या बौद्धिक श्रेष्ठता सिद्ध नहीं कर सकते। तेलुगु तथा मराठों पर हैदराबाद-दक्कन में पिछला मुसलमानी राज्य वहाँ के शासकों की बौद्धिक अथवा सांस्कृतिक श्रेष्ठता का द्योतक नहीं था। किसीके लिए यह कहना भी असम्भव है कि मराठी तथा तेलुगु साहित्यों से उर्दू का साहित्य परिमाण या गुणों में उच्चतर है, और न यही कहा जा सकता है कि उर्दू मराठी तथा तेलुगु से ओज, व्यंजक-शक्ति, मधुरता तथा गीतात्मकता में थोड़ी भी उच्चतर है। (हाँ, विभिन्न रूपों में एक विस्तीर्ण क्षेत्र मे प्रसारित वह अवश्य है।) इस प्रकार के प्रश्न पर तुलनाएँ करना बड़ा निरर्थक और बादग्रस्त हो जाता है! उन लोगों के लिए ही, जो नागरी-हिन्दी या उर्दू में ही जानकारी प्राप्त कर सकते हैं, अथवा हर्ष एवं आध्यात्मिक आनन्द का अनुभव कर सकते हैं, वे भाषाएँ पर्याप्त हो सकती हैं। पिछड़ी हुई भाषाएँ बोलनेवाले

कुछ हिन्दू तथा अन्य भाषाएँ बोलनेवाले बहुत-से मुसलमान भी, जिनकी अपनी भाषाएँ हिन्दी (हिन्दुस्थानी) के दोनों रूपों से कई एक बातों में निम्नतर कोटि की हैं, इनको उच्चतर संस्कृति के माध्यम के रूप में स्वीकार कर लेते हैं। उदाहरणार्थ, गुजराती, सिन्धी, काश्मीरी, अफ़गान तथा बंगाली मुसलमानों को सम्भवत: उर्दू भारत की सर्वश्रेष्ठ 'इस्लामी' भाषा जँच सकती है। इसके अतिरिक्त, क्योंकि उर्दू में ही किसी भी भारतीय भाषा की अपेक्षा, विशेषकर मुसलमानी विषयों पर विस्तीर्ण साहित्य उपलब्ध हो सकता है, इसलिए केवल उस साहित्य तक पहुँचने के लिए भी प्रत्येक भारतीय मुसलमान का उर्दू सीखना आदर्शरूप है, इस प्रकार भी उक्त मुसलमान लोग सोच सकते हैं। उसी प्रकार तुलसीकृत रामायण, संस्कृत साहित्य के बहुत-से हिन्दी अनुवादों तथा हिन्दू धर्म से सम्बन्धित अन्य ग्रन्थों को पढ़ने के लिए सिन्धी, पंजाबी एवं नेपाली हिन्दू भी नागरी-हिन्दी सीखने की इच्छा कर सकते हैं, और पंजाब से आसाम तथा काश्मीर से महाराष्ट्र तक उत्तर-भारतीय गायक—कलावन्त—ध्रूपद या खयाल के गीतों को ब्रजभाषा में तथा गज़ल, मर्सिया एवं कव्वाली को उर्दू में गा सकते हैं। अन्य प्रान्तों की सांस्कृतिक भाषा बनने की बात तो दूर रही—नागरी-हिन्दी एवं उर्दू, दोनों ही (कुछ भक्तिपूर्ण आनन्दोपलब्धि को छोड़कर) अपने निज के प्रदेशों के लोगों को भी उच्चकोटि का मानसिक खाद्य देने में असमर्थ हैं। अंग्रेज़ी को छोड़कर उसके स्थान पर नागरी-हिन्दी या उर्दू लाने के भी अधिकांश लोग विरुद्ध थे, क्योंकि उन्हें भय था कि ऐसा करने से उनका सांस्कृतिक स्तर नीचा आ जाएगा। अतएव जब-जब उर्दू या हिन्दुस्तानी (हिन्दुस्थानी) या हिन्दी को समस्त भारत के लिए स्वीकृत कर लेने का प्रश्न उठाया जाता है, तथा भारत की राजनीतिक एकता के नाम पर ऐच्छिक रूप से 'हिन्दी' या 'हिन्दुस्तानी' की कक्षाओं में भरती होने के लिए बड़े भावनापूर्ण शब्दों में अनुरोध किया जाता था, तथा जब कभी कांग्रेसी सरकार अथवा मुसलमान-शासित राज्यों में हिन्दुस्थानी (नागरी-हिन्दी या उर्दू) अनिवार्य रूप से जनता पर लाद दी जाती थी, तब-तब हमें रुककर क्षण-भर के लिए सोचना उचित था कि "यदि भावना के प्रश्न को छोड़ दें, तो इस कार्य के लिए लगे हुए इतने प्रयास का वास्तव में क्या कुछ मूल्य है?" ऐसे कुछ गिने-चुने भाग्यवानों के छोटे-छोटे दायरों को छोड़कर, जिन्होंने कि हिन्दुस्थानी के दोनों साहित्यिक रूपों में से एक का भलीभाँति अध्ययन किया है, बाकी अधिकांश साधारण जन की दृष्टि में हिन्दुस्थानी (या कोई भी अन्य भारतीय भाषा) का प्रश्न स्यात् प्रथम श्रेणी का महत्त्व नहीं रखता। उनके इस दृष्टिकोण को

समझने की तथा उन्हें प्रेम-भाव से एवं तर्कसम्मत भाषा में समझाकर अपने पक्ष में कर लेने की आवश्यकता है। हिन्दुस्थानी भाषा के नागरी-हिन्दी तथा उर्दू, दोनों रूपों में से कोई-सा भी सारे भारत की सांस्कृतिक भाषा की तरह व्यवहृत होने योग्य नहीं है—यही हिन्दुस्थानी की सबसे बड़ी कमी है। इसी कारण इसे अखिल भारतीय भाषा के रूप में समस्त भारत के जनों द्वारा स्वीकृत करवाने में आवश्यक उनका पूर्णतया ऐच्छिक, सन्तुष्ट तथा श्रद्धायुक्त सहयोग प्राप्त होना, असम्भव-सा हो जाता है। फिर भी (अन्य बहुत-से देशों की भाँति) भारत भावना-प्रधान देश है, तथा विगत पन्द्रह वर्षों में, जिन वर्षों में केन्द्रीय सरकार समस्त भारत से जुटाई निधि को हिन्दी के प्रसार और विकास में व्यय करती आई है, सरकारी प्रचार से एक अति तीव्र राष्ट्रीय भावना जगाई और प्रबल रूप से उत्तेजित की गई है। इससे तथा महात्मा गांधी के सबल विचारों से प्रेरित होकर बहुत-से लोग सोचने लगे हैं कि एक संयुक्त स्वीकृत भारत की एक भारतीय राष्ट्रभाषा होनी चाहिए, जोकि देश की एकता का ज्वलन्त प्रतीक हो; और हिन्दुस्थानी (या हिन्दी) ही ऐसी एकमात्र भाषा है, जो इस पद पर आरूढ़ हो सकती है। परन्तु इस सम्बन्ध में अभी तक सभी अहिन्दी-भाषी राज्यों में मतैक्य नहीं हो पाया है। अब स्पष्ट रूप से यह भावना ज़ोर पकड़ रही है कि सरलीकृत संस्कृत को ही अखिल भारतीय सरकारी तथा यहाँ तक कि राष्ट्रीय भाषा के रूप में ग्रहण किया जाए। दूसरे लोग अंग्रेज़ी या अंग्रेज़ी एवं संस्कृत दोनों को न कि हिन्दी या अन्य किसी प्रादेशिक भाषा को, इस पद पर बनाए रखने के पक्ष में हैं और इन लोगों का विचार है कि यदि अंग्रेज़ी से हमारा काम चल सकता है, जैसा कि आज तक चलता रहा है, तो किसी भारतीय भाषा को इस पद पर आरूढ़ करने की कोई आवश्यकता नहीं है।

यदि हिन्दुस्थानी कोई एक एवं अविभक्त भाषा होती, तो समस्त भारत में उसकी सफलता की अत्यधिक सम्भावना खड़ी हो जाती। परन्तु उसके एवं भारत के दुर्भाग्य से, बात ऐसी नहीं है। कुछ दूसरी बातें भी अब सामने आ रही हैं, जो इसके अखिल भारतीय राज-भाषा होने में बाधक हो रही हैं। इसका प्रादेशिक स्वरूप अभी स्पष्ट है और इसके फलस्वरूप इसके बोलनेवालों को अन्य भारतीय नागरिकों की अपेक्षा अधिक सुविधाएँ मिल जाती हैं और यह बात अब द्विगुणित शक्ति से उपस्थित की जा रही है। इसके अतिरिक्त, उसके व्याकरण में भी बहुत-कुछ जटिलता है, जिसके विरोध-स्वरूप साधारणतया हमेशा व्याकरण-विरुद्ध 'बाज़ारू' हिन्दुस्थानी का व्यवहार बराबर होता रहता

है। जब एक बार यह निश्चय हो जाएगा कि हिन्दुस्थानी का कौनसा रूप सर्व-साधारण के लिए स्वीकार्य है, तब बाकी भारत के सभी जनों को इस उलझन से छुटकारा मिल जाएगा, और विभिन्न वर्ग तथा व्यक्ति इस बात का निश्चय कर सकेंगे कि स्वीकृति के लिए चुना हुआ रूप उन्हें किस हद तक स्वीकार्य है। परन्तु स्वीकार्य रूप का निश्चय हिन्दुस्थानी के 'घर के प्रदेश' से बाहर के करोड़ों लोगों से सम्बन्ध रखता है; अतएव केवल हिन्दुस्थानी के स्वाभाविक अभिभावक, जो नागरी-हिन्दी अथवा उर्दू का यदि घर में नहीं तो पाठशाला में, साहित्य के लिए एवं सामाजिक तथा सार्वजनिक जीवन में व्यवहार करते रहे हों, अकेले ही इस प्रकार का निश्चय न कर सकेंगे। जिन प्रदेशों को हिन्दु-स्थानी को एक द्वितीय भाषा के रूप में स्वीकार करना है, उनका भी मत यह निश्चय करते समय अवश्य लिया जाना चाहिए।

जहाँ तक सुविधानुसार, 'हिन्दी संसार' या 'हिन्दुस्थानी जन' कहे जाते, अर्थात् उत्तर प्रदेश, बिहार, पंजाब के बहुत-से भाग, राजस्थान, मध्य-भारत तथा मध्यप्रदेश के कुछ भाग के निवासी, पहले से ही नागरी-हिन्दी अथवा उर्दू का साहित्य भाषा के रूप में प्रयोग करते आ रहे जनों का प्रश्न है, उपर्युक्त परिस्थिति बिलकुल भिन्न है। उनके समक्ष एक नवीन भाषा (जो आर्यभाषियों के लिए तो घनिष्ठ सम्बन्ध की तथा अपेक्षाकृत सरलता से बोध-गम्य है, तथा द्राविड़, निषाद एवं तिब्बती-चीनी जनों के लिए बिलकुल विदेशी है) को पाठ्य-क्रम में समावेश करने तथा बचे हुए समय में उसका परिश्रमपूर्वक अध्ययन करने का तो प्रश्न ही नहीं उठता (जोकि साधारण जीवन में चलते-चलते लिये हुए अनुभव की भाँति सीखी हुई भाषा के सीखने से नितान्त भिन्न है)। मुख्य समस्या तो यह है कि एक ही भाषा को दो रूपों में तोड़ दिया जाएगा जिससे कार्य अनावश्यक रूप से दुगुना हो जाएगा, एवं जनता के समय और शक्ति-सामर्थ्य का दुरुपयोग होगा; और इससे मनोमालिन्य, अधिकार हस्तगत करने की चालें तथा विपक्षियों की बढ़ती से ईर्ष्या आदि उत्तरोत्तर बढ़ेंगी। एक बंगाली, या गुजराती, या तमिल अथवा महाराष्ट्रीय के लिए हिन्दुस्थानी की समस्या दूर की वस्तु है, परन्तु एक बिहारी अथवा उत्तरप्रदेशी व्यक्ति के लिए तो यह उसके घर से सम्बन्धित अत्यन्त महत्त्वपूर्ण प्रश्न था। व्यवहार की दृष्टि से देखा जाए तो यह एक प्रकार से धार्मिक विभेदों का भाषागत रूप-सा हो गया था, जिससे एक ही जनता के दो भिन्न-भिन्न भागों के बीच एक बड़ी खाई खुद गई। यह खाई दिन-प्रतिदिन अधिकाधिक विस्तीर्ण एवं गहरी होती गई, जिससे देश के अधिकांश भाग में सुसंगठित एवं शिष्ट

जीवन असम्भव हो गया था। इस खाई को सम्भव हो सके उतनी शीघ्रता से पाट देने की नितान्त आवश्यकता थी; एवं, जैसा कि बहुसंख्यक हिन्दू राष्ट्र-प्रेमी सज्जनों का मत था, इसे हमें किसी भी प्रकार पाट देना ही चाहिए था। अन्यथा, शिक्षण से आरम्भ करके हमारी अधिकांश महत्त्वपूर्ण राष्ट्र-निर्माण की योजनाएं विफल हो जातीं। यदि हमें जनसाधारण में शिक्षण का प्रसार करना है, तो उसका माध्यम जनता की मातृभाषा ही होनी चाहिए। यदि नागरी-हिन्दी तथा उर्दू का सम्मिलन किसी भी प्रकार न हो सके, तो शिक्षण के सभी क्षेत्रों—प्राथमिक, माध्यमिक एवं हाईस्कूल तथा यूनिवर्सिटी—में हमें दो मातृ-भाषाओं की व्यवस्था करनी पड़ेगी, क्योंकि कालेज तक के उच्च शिक्षण का माध्यम मातृभाषा को बहुत शीघ्र ही बना देने का प्रश्न चर्चित है। सरकारी अथवा ज़िले की शासन-व्यवस्था में सर्वत्र, अब की भाँति दोनों भाषाओं—फ़ारसी-अरबी-उर्दू तथा संस्कृत-निष्ठ हिन्दी को, दो बिलकुल भिन्न-भिन्न लिपियों में लिखते हुए—कायम रखना होगा; और उर्दू को दबाने के प्रयत्न से, जैसा कि कुछ लोग करना चाहते हैं, नई अड़चनें सामने आएँगी।

इस समस्या की महत्त्वपूर्ण उलझनों को स्वयं 'हिन्दुस्थानी जनों' को ही अपने-आप सुलझाना पड़ेगा; यह कार्य उनके लिए अन्य प्रान्तोंवाले न कर सकेंगे। परन्तु इसके फलस्वरूप उपस्थित होते कई प्रश्नों का असर दूर-दूर तक पड़ेगा, तथा उनका कुछ-न-कुछ सम्बन्ध अन्य भारतीय भाषाभाषियों से भी है। भाषा का एक विद्यार्थी इस समस्या को हल करने के लिए अपने अध्ययन के अनुरूप कुछ सुझाव सामने रख सकता है। अतएव इस प्रकार के सुझाव एक ऐसे भाषाविद के दृष्टिकोण से उपस्थित किये जाते हैं, जो अब तक की स्वदेश की ही नहीं, विदेश की भी एतद्रूप घटित एवं आज की घटनाओं का निरीक्षण करता रहा है।

लेखक सर्वप्रथम इस मूलभूत प्रश्न की चर्चा करना नहीं चाहता कि राष्ट्रभाषा के रूप में आज किसी भारतीय भाषा को प्रतिष्ठित करने की कोई आवश्यकता भी है या नहीं। वह इस बात को गृहीत समझ लेता है कि इस प्रकार की राष्ट्रभाषा के लिए सर्वसाधारण की माँग है, एवं उससे भी अधिक यह कि ऐसी भाषा सर्वत्र प्रचलित 'बाज़ारू' हिन्दुस्थानी के रूप में हमारे समक्ष पहले से ही उपस्थित है। 'बाज़ारू' हिन्दुस्थानी एक महान् आन्तःप्रान्तिक भाषा (Umgangssprache) है जोकि एक बड़े विस्तृत क्षेत्र में प्रचलित है; साथ ही यद्यपि वह एक सांस्कृतिक भाषा (Kultursprache) नहीं है, फिर भी वह एक आदान-प्रदान (मेल-मिलाप) की भाषा (Verkehrssprache) है, जोकि

आधुनिक भारत में विद्यमान राष्ट्रभाषा का निकटतम रूप है। लेखक का यह मत बिलकुल भी नहीं है कि हमें इस भाषा को स्वीकार करने के लिए अंग्रेज़ी को बिलकुल त्याग देना चाहिए। नहीं; अपने अन्तर्राष्ट्रीय स्वरूप के कारण अँग्रेज़ी ही हमारे लिए पवन एवं प्रकाश का एक ऐसा वातायन है जिससे होकर बाहरी विज्ञान एवं साहित्य हम तक पहुँच सकता है। 'हिन्दुस्थानी भारत' के लिए हिन्दी-उर्दू की समस्या को सुलझाने का चाहे जो भी महत्त्व हो, समग्र भारतवर्ष के लिए एक राष्ट्रभाषा का प्रश्न इतना सर्वाधिक महत्त्व का या तुरन्त का नहीं है। और यद्यपि हिन्दी-उर्दू का झगड़ा बहुत-कुछ असुविधा तथा गति-रोध भी खड़ा कर रहा है, फिर भी अब तक उसका महत्त्व शिक्षणशास्त्रियों तक ही सीमित है।

हिन्दुस्थानी की समस्या त्रिविध-रूपा है: (१) लिपि की समस्या, (२) उच्च सांस्कृतिक शब्दावली की समस्या, तथा (३) व्याकरण की समस्या। तीसरी समस्या की ओर प्रायः ध्यान नहीं दिया जाता, फिर भी वह भाषा का एक अत्यावश्यक अंग है। हम होगों का अधिकांश ध्यान पहले दो प्रश्नों पर ही केन्द्रित है। यदि नागरी-हिन्दी तथा उर्दू किताबों में लिखित भाषाओं तक ही सीमित रहतीं और सार्वजनिक भाषण-व्याख्यानादि अन्य कार्यों के लिए प्रयुक्त न होतीं, तो शब्दावली की समस्या भी गौण बन जाती। परन्तु आधुनिक युग की देन रेडियो एवं 'टॉकी सिनेमा' ('रूपवाणी') द्वारा पिछले कुछ ही वर्षों में शब्दावली का प्रश्न अत्यन्त महत्त्वपूर्ण बन गया, तथा झगड़े के लिए कई नये कारण खड़े हो गए।

हिन्दुस्थानी (हिन्दी) आजकल तीन लिपियों में लिखी जाती है: देव-नागरी (नागरी-हिन्दी), फ़ारसी-अरबी (उर्दू) तथा रोमन (उर्दू)। इनमें से अन्तिम का प्रसार बहुत सीमित है। इन सबसे देवनागरी लिपि ही अपने गुणों के कारण सर्वश्रेष्ठ है, जो अन्य दो लिपियों में नहीं हैं। हम यहाँ तक कह सकते हैं कि हिन्दुस्थानी का जन्म ही देवनागरी की गोद में हुआ। देवनागरी-लिपि (अपने प्राचीन रूप में) हिन्दुस्थानी भाषा से अधिक प्राचीन है, और इन दोनों का सम्बन्ध कभी विच्छिन्न नहीं हुआ। मुसलमानी हिन्दुस्थानी अथवा उर्दू भी अपने अधिकांश विदेशी उपादानों के अतिरिक्त इतनी बार देवनागरी में लिखी गई है, जितनी कि संस्कृत-निष्ठ हिन्दी फ़ारसी-अरबी में नहीं लिखी गई है, उदा० आरम्भिक 'दकनी' लेखकों द्वारा, कुछ प्राचीन रागमाला आदि विषयक चित्रों पर हिन्दी के पद्यों में, और आधुनिक काल में पंजाब तथा अन्य प्रदेशों के केवल उर्दू जाननेवाले पाठकों के लिए लिखे गए आर्यसमाजी प्रचार-पुस्तिकाओं एवं

ग्रन्थों में। देवनागरी लिपि में उसकी ऐतिहासिक महत्ता के अतिरिक्त और कई भी विशेष गुण हैं। उसका भारत की अन्य प्रान्तीय लिपियों से सहोदर बहनों या चचेरी बहनों का-सा सम्बन्ध है। बंगाला-आसामी, मैथिली, उड़िया, गुरुमुखी तथा देवनागरी एक-दूसरे से इतनी निकट रूप से सम्बद्ध हैं, एवं एक-दूसरे से इतनी अधिक मिलती-जुलती हैं कि हम उन्हें एक ही लिपि की विभिन्न शैलियाँ तक कह सकते हैं; उदा० लातीन वर्णों के 'रोमन' तथा 'गाथिक' या 'ब्लैक लेटर' (Gothic, Black letter) रूप। दक्षिण भारत की तेलुगु-कन्नड़, ग्रन्थ-तमिल-मलयालम तथा सिंहली लिपियाँ भी मिलती-जुलती हैं, और उसी सिद्धान्त पर बनी हुई हैं। इस प्रकार उत्तर-भारतीय मुसलमानों द्वारा उर्दू लिपि के व्यवहार को छोड़कर बाकी सारे भारत में (ठीक आकृति में नहीं, परन्तु सिद्धान्ततः) सभी लिपियाँ देवनागरी लिपि की स्वगोत्र या कौटुम्बिक लिपियाँ ही सिद्ध होती हैं, और फ़ारसी-अरबी लिपि इस कुटुम्ब की एकता को भंग करने का कार्य करती है। जगत् के अन्य किसी देश में फ़ारसी-अरबी लिपि का अवगुण उसे राष्ट्रीय लिपि न बनने देने के लिए पर्याप्त गिन लिया जाता; वह भी तब, जबकि करोड़ों बंगाली, आसामी, उड़िया, पंजाबी (सिक्ख), गुजराती, महाराष्ट्री, तेलुगु, कन्नड़ी, तमिल तथा मलयाली आदि जन, देवनागरी (तथा महाजनी एवं कैथी) का व्यवहार करनेवाले राजस्थान, उत्तर प्रदेश तथा बिहार के ८५ प्रतिशत हिन्दू जनों के साथ सहयोग दे रहे हैं। इसके अतिरिक्त, देवनागरी-लिपि और उसके मूल सिद्धान्तों के माध्यम से ही हमारा सम्बन्ध भारतीय उद्भववाली वर्णमाला का व्यवहार करनेवाले बौद्ध तिब्बत, बौद्ध ब्रह्मदेश, बौद्ध स्याम तथा कम्बुज, तथा मुसलमान जावा एवं कुछ इन्दोनेशीय द्वीपों से बँधा हुआ है। इसके विरुद्ध यह तर्क उपस्थित किया जा सकता है कि भारतीय भाषा के लिए फ़ारसी-अरबी लिपि के उपयोग से हमारा सम्बन्ध पश्चिम के मुसलिम जगत्—फ़ारस, अफ़ग़ानिस्तान एवं पश्चिम के अरब देशों—अरबस्थान, इराक, सीरिया, फ़िलिस्तीन तथा मिस्र, एवं उत्तरी अफ्रीका के यूरोपीय शासित राज्यों, मालय देश के मुसलिम जगत्, तथा मध्यवर्ती एवं पश्चिमी अफ्रीका की इस्लामीकृत एवं अरबी को स्वीकार कर लेनेवाली नीग्रो जातियों से स्थापित हो सकता है। परन्तु यह सम्बन्ध मुख्यतया मुसलमानी धर्म के आधार पर ही स्थापित हो सकेगा; एवं इस विषय में भारत की संख्या-गरिष्ठ जनता का रुख यद्यपि हमेशा से सहानुभूतिपूर्ण रहा है, फिर भी उसके अत्यन्त उत्साहपूर्ण होने की आशा हम नहीं रख सकते। इसके अतिरिक्त, स्वयं अरबी लिपि की प्रतिष्ठा पर भी पश्चिम एवं पूर्व दोनों ओर से वार हुए हैं।

अधिकांश अफ्रीकी भाषाएँ रोमन अक्षरों में भी लिखी जाती हैं : अरबी लिपि वहाँ से रोमन को अपदस्थ करने में समर्थ नहीं हो सकी है, एवं हर वर्ष रोमन की स्थिति मजबूत होती जा रही है। तुर्कीवालों ने कई दशक हुए अरबी लिपि को छोड़कर रोमन को अपनाया, एवं आत्मसात् भी कर लिया है; तथा अपनी ध्वन्यात्मक विशेषताओं के अनुसार उसमें कुछ आवश्यक परिवर्तन भी कर लिए हैं। सोवियत् रूस की तुर्की कुटुम्ब की भाषाओं ने भी अरबी लिपि का परित्याग करके रोमन तथा सीरिलिक (Cyrillic—रूसी) लिपि को अपना लिया है। ईरान भी परिवर्तनकालीन अवस्था में है, और वहाँ भी प्रत्येक अरबी वस्तु के प्रति, जिसमें अरबी लिपि तथा फ़ारसी भाषा की अरबी शब्दावली भी आ जाती हैं, विद्रोह की भावना बढ़ रही है। ईरानी देशभक्त अभी तक यह निश्चय नहीं कर पाए हैं कि अपनी भाषा के लिए रोमन अक्षरों का व्यवहार आरम्भ करें अथवा प्राचीन अवेस्ती लिपि का पुनःप्रवर्तन करें। कुछ हद तक पुस्तकों के शीर्षक आदि सजावट के कार्यों के लिए प्राचीन अवेस्ती लिपि का व्यवहार भी आरम्भ हो गया है, एवं यूरोपीय लिपि की तरह बायें से दायें लिखे जाते यूरोप के संगीत-संकेत-चिह्न फ़ारस में रोमन के प्रचार में बड़े सहायक सिद्ध हो रहे हैं। तुर्किस्तान तथा सोवियत् रूस के तुर्कों का आदर्श सामने रखते हुए फ़ारस में भी भाषा का रोमनीकरण शीघ्र हो सम्पन्न हो जाएगा, ऐसा प्रतीत होता है। इस प्रकार फ़ारसी-अरबी लिपि की भी पश्चिम के मुसलमान देशों में अब वह शक्ति नहीं रही जो पहले थी। नये स्वतन्त्र राष्ट्र इन्दोनेसिया ने, जहाँ के अधिवासी ज़्यादातर मुसलमान हैं अपनी नवीन राष्ट्रभाषा, मालय भाषा के आधार पर गठित 'इन्दोनेसीय भाषा' (Bahasa Indonesia) के लिए रोमन लिपि को ग्रहण किया है। मालय देश में भी मालय भाषा प्रायः रोमन अक्षरों में लिखी या छापी जाती है। ब्रिटिश मलय के मालयेतर अर्थात् गैर-मुसलिम जन, जिनमें चीनी एवं भारतीय साथ मिलकर मलयों से अधिक हो जाते हैं, भी केवल रोमन मलय का व्यवहार करते हैं। डच-शासित प्रदेशों में (आधुनिक स्वाधीन इन्दोनेसिया में) भी रोमन मलय ही प्रचलित है, केवल वर्णों का स्वरूप डच उच्चारणों के अनुरूप थोड़ा-बहुत बदल लिया गया है। उपर्युक्त सारी घटनाओं के फलस्वरूप अरबी लिपि के अन्तर्राष्ट्रीय तो क्या अखिल-इस्लामी स्वरूप को भी बहुत-कुछ क्षति पहुँची है।

अरबी लिपि के निर्माण के मूल सिद्धान्तों से ही उसकी अधिकांश कमियों का पता चलता है। अरबी लिपि अपने आद्य स्वरूप में, रोमन एवं अन्य यूरोपीय वर्णों की जननी प्राचीन ग्रीक की भाँति फ़िनीशियन लिपि पर

ही आधारित है। फ़िनीशियन लिपि का निर्माण केवल फ़िनीशियन भाषा की आवश्यकताओं को देखते हुए हुआ था। इस लिपि के निर्माता शेमीय (Semitic) भाषा के स्वरूप के विषय में कुछ मत निश्चित कर चुके थे, जिसकी कुछ विशेषताएँ ये थीं : तीन अक्षरोंवाली धातुएँ, कण्ठनालीय स्पष्ट ध्वनि (अरबी के 'हम्ज़ा') के सदृश विचित्र ध्वनि, जिसे पृथक् व्यञ्जन ध्वनि माना गया; गलबिलजात अघोष ':ह' ('हे' ح) तथा सघोष 'ॱअ' ('ऐन' ع) की ऊष्म ध्वनियाँ। इनके अतिरिक्त जिस लिपि का उन्होंने आविष्कार किया, उसमें ह्रस्व स्वरों को स्थान ही नहीं दिया गया। जब ग्रीक लोगों ने अपने व्यवहार के लिए इस लिपि को अपनाया, तब उन्होंने स्वर-ध्वनियों को नहीं छोड़ा, परन्तु कुछ प्राचीन व्यंजनाक्षरों का स्वरों की तरह उपयोग करना तय कर लिया। इस प्रकार एक अत्यन्त प्रतिभापूर्ण अथवा अचानक अपने-आप सम्पन्न हुई घटना को लेकर, जगत् की प्रथम वास्तविक वर्णमाला का जन्म हुआ। परन्तु स्वरों को न प्रदर्शित करने की प्राचीन फ़िनीशियन प्रणाली सीरिया एवं उत्तरी अरबस्थान की शेमीय भाषाओं की विभिन्न वर्णमालाओं में चलती रही। इन्हीं में से एक से ५वीं शताब्दी ई० के आसपास प्राथमिक अरबी लिपि, आद्य 'कूफी' लिपि की उत्पत्ति हुई, जो आगे चलकर परिवर्तित होकर ७वीं-८वीं शताब्दी की विकलित 'कूफ़ी' बन गई। इसीसे विशेष व्यंजनों का बोध कराने के लिए तथा स्वरध्वनियाँ दिखलाने के लिए 'नुक़ता' आदि की पद्धति चलाकर १२वीं शती की अरबी लिपि 'नस्खी' तथा फ़ारसी लिपि 'नस्त'लीक़' विकसित हुईं। स्वरचिह्न फिर भी गौण ही बने रहे। फ़ारसवालों ने अपनी परिपूर्ण लिपि अवेस्ती, तथा कुछ अनिश्चित एवं दुर्बोध्य पह्‌लवी को छोड़कर, अरबों की विजय के पश्चात् ७वीं शती में अरबी लिपि को अपना लिया, और वे भी लिपि के अनुसार स्वरों का बहुत कम उपयोग करते रहे। भारत में यह फ़ारसी-अरबी लिपि ज्यों-की-त्यों हिन्दी या हिन्दुस्थानी के साथ प्रयुक्त करने के लिए सम्भवतः १६वीं शती में दक्कन में अपनाई गई। (इसके अपवादरूप हिन्दी भाषा के उदाहरणों के कुछ टुकड़े हो सकते हैं, जो फ़ारसी इतिहासों एवं भारत पर लिखे गए अन्य ग्रन्थों में मिलते हैं। इनका संकलन, स्व० डॉ० ग्रेहम बेली (Dr. Grahame Bailey) ने उर्दू उद्‌गमों से Bulletin of the School of Oriental Studies, लन्दन, अंक ६, भाग १, पृष्ठ २०५-२०८ में १६३० में प्रकाशित अपने 'आरम्भिक उर्दू बोलचाल' Early Urdu Conversation में किया है।) फ़ारसी-अरबी लिपि से आधुनिक उर्दू लिपि को विकसित होते-होते करीब १५० वर्ष लगे, जिसमें ये नये वर्ण सम्मिलित

किये गए; 'च, ज, ट, ड, ड़' के लिए निश्चित वर्ण 'ह' जोड़कर बनाये हुए महाप्राणों के संयुक्त रूप, यथा 'क् ह् (ख)', 'ग् ह् (घ)', 'च् ह् (छ)', 'ज् ह् (झ)', 'ट् ह् (ठ)', 'ड् ह् (ढ)', 'प् ह् (फ)', 'ब् ह् (भ)', 'ड़ ह् (ढ़)', तथा 'न् ह्' एवं 'म् ह्'। १६वीं-१८वीं शतियों में इन सबके विषय में कोई निश्चितता नहीं थी।

फ़ारसी-अरबी लिपि में बहुत-सी कमियाँ हैं : (१) स्वर-चिह्नों की अनुपस्थिति, तथा दीर्घ स्वरों एवं द्विस्वरों का बोध करने के लिए अत्यन्त क्लिष्ट पद्धति का अनुसरण—केवल एक 'य्' से 'य', 'ऐ', 'ई', 'ए' का तथा 'व्' से 'व्' (w और v) 'औ', 'ऊ' एवं 'ओ' का काम चला लिया जाता है। इसका मतलब यह है कि उर्दू (या फ़ारसी) को धाराप्रवाह ठीक-ठीक पढ़ सकने के लिए पहले किसी भी व्यक्ति को उर्दू भाषा बहुत अच्छी तरह जानना आवश्यक हो जाता है, भले ही वह सभी वर्णों से परिचित है। (२) नुक़तों का उपयोग व्यञ्जन वर्णों का सबसे महत्त्वपूर्ण भाग है। उदा० एक थोड़ी-सी मुड़ी हुई आड़ी लकीर के नीचे एक बिन्दी या नुक़ता लगाने से ब' बन जाता है, (ب) एवं नीचे दो बिन्दियाँ लगा देने से 'य' और 'ऐ, ए, ई' बन जाते हैं (ی, ے); ऊपर दो नुक़ते लगा देने से 'त' (ت) बन जाता है; तीन बिन्दियाँ ऊपर लगाने से 'स' (ث) बन जाता है; एक अर्द्ध वर्तुलाकार लकीर के बीच में एक बिन्दी लगा देने से 'न' (ن, ﻧ) बन जाता है, इत्यादि। ये नुक़ते आँखों को थका देते हैं, तथा प्रायः घसीट में ये छोड़ दिये जाते हैं। (३) आद्य या मध्य स्थानों में कुछ वर्णों की आकृति का संकुचित या छोटी हो जाना तथा प्रायः जुड़े हुए संयुक्त वर्णों का उपयोग। घसीट में फ़ारसी-अरबी लिखावट आधुनिक शौर्टहैण्ड लिपि के सदृश बन जाती है। हिन्दुस्थानी या अन्य किसी भाषा का वाक्य इस लिपि में बड़ी जल्दी लिखा जा सकता है, परन्तु उक्त भाषा के पूरे अभ्यस्त व्यक्ति के सिवा शुद्धता एवं सरलता से दूसरा कोई उसे पढ़ नहीं सकता।

फ़ारसी-अरबी लिपि का व्यवहार हिन्दी (हिन्दुस्थानी) तथा फ़ारसी के लिए किस प्रकार हो सकता है, इसका उदाहरण फ़ारसी लिपि का हू-ब-हू अक्षर-से-अक्षर रोमन प्रतिलिपि करने पर मिल सकता है। इसमें हम (') का 'अलिफ़' या 'अलिफ़-हम्ज़ा' के बदले उपयोग करेंगे। (फिर भी व्यंजनों का संकुचन तथा उनके स्वरूप का परिवर्तन तो इस प्रतिलिपि में भी साफ़-साफ़ दिखाया नहीं जा सकता)।

(१) यह रसना बस रखो, धरो गरीबी बेश।
शीतल बोली लेकर चलो, सभी तुम्हारा देश ॥

उर्दू लिखावट की रोमन प्रतिलिपि :—

yh rsn' bs rkhw dhrw ˠryby byš,
sytl bwly lykr clw sbhy tmh'r' dyš.

(२) बिजुरी चवँकै, मेहा गरजै, लरजै मेरौ जियरा।
पूरब पछवा पौन चलतु है, कैसे बारौं दियरा ॥

उर्दू लिखावट का रोमन प्रतिरूप :—

bjry cwnky myh' grjy lrzy myrw jyr'
pwrb pchw' pwn clt hy, kysy b'rwn dyr'.

(३) अगर आन् तुर्के-शिराज़ी ब-दस्त आरद दिले-मारा,
ब-ख़ाले-हिन्दवश् बख़्शम् समर्कन्दो-बुख़ार-रा।

=अगर वह निर्दय शीराज़ का तुर्क मेरा दिल अपने हाथ में ले ले, तो उसके कपोल पर के काले तिल के बदले मैं समरकन्द और बुख़ारा न्यौछावर कर दूँ या दे डालूँ। इस फ़ारसी लिखावट का रोमन रूप :—

'gr 'n trk šr'zy bdst 'rd dl m'r',
bx'l hndwš bxšm smrqnd w bx'r'r'.

(४) पर्दःदारी मी-कुनद् दर क़सरे कैसर 'अन्कबूत,
बूम नौबत मी-ज़नद् दर गुम्बज़े-अफ़रासियाब ॥

(=कैसर के किले में मकड़ी परदे लगाने का काम करती है, और अफ़रासियाब के गुम्बज में उल्लू नगाड़ा बजाता है।)

इसका फारसी लिखावट का रोमन प्रतिरूप :—

prdh d'ry myknd dr qṣr qyṣr 'nqbwt
bwm nwbt myznd dr gnbd 'fr'sy'b.

इस पद्धति के अनुसार अंग्रेज़ी के band, bend, bind, bond, bund सारे शब्द केवल bnd ही लिखे जाएँगे, और आद्य फ़ारसी 'शीर=दूध, तथा शेर'=सिंह, दोनों šyr ही लिखे जाएँगे। इस प्रकार की लिपि की तुलना में रोमन लिपि तो साक्षात् स्पष्टता की मूर्ति दिखलाई पड़ती है, और फारसी-अरबी की तुलना में वर्णों की आकृति कुछ जटिल होते हुए भी देवनागरी तथा अन्य भारतीय लिपियाँ बिलकुल सुनिश्चित और भ्रमरहित जान पड़ती हैं, क्योंकि किसी शब्द की ध्वनियों को ठीक-ठीक लेखनबद्ध करने के लिए उनमें किसी भी प्रकार की कमी नहीं है। हिन्दुस्थानी के लिए अरबी-फ़ारसी लिपि की स्वीकृति से कोई लाभ नहीं होगा। इसमें सिवा मुसलमानों की भावना के और कोई भी

गुण नहीं है; और वह भावना भी एक संकुचित तथा अशिक्षित एवं अज्ञानजन्य धार्मिक कट्टरतापूर्ण दृष्टिकोण पर आधारित है। इस भावना को सम्मान देने के लिए खासकर केवल इस्लाम से सम्बन्धित विषयों के लिए इस लिपि का प्रयोग चालू रखा जा सकता है। परन्तु समस्त भारत के मस्तक पर, जोकि इस भावना से अनुप्राणित नहीं है, इस लिपि को लाद देना अन्याय ही नहीं, अविचारणीय है। प्रस्तावित 'परिवर्तनों या सुधारों' वाली फ़ारसी-अरबी लिपि को भी भारत की 'एकमात्र' तो क्या 'एक' राष्ट्रलिपि बनने का भी न तो अवसर ही प्राप्त हो सकता है और न इसके लिए उसका अधिकार ही है।

अब उक्त स्थान के लिए हमारे समक्ष देवनागरी तथा रोमन लिपियाँ रह जाती हैं। देवनागरी लिपि की सुदीर्घ प्रसन्नता ब्राह्मी से होते हुए सम्भवतः और भी पहले की मोहें-जो-दड़ो तथा हड़प्पा की लिपि से आई मानी जा सकती है; हमारी संस्कृति एवं इतिहास के विभिन्न युगों के साथ इसका दीर्घकालीन सम्पर्क बराबर बना रहा है। वास्तव में, स्वभावतः देवनागरी ही भारत की एकमात्र राष्ट्रीय लिपि है, साथ ही उसमें निहित उसके गुण भी बिलकुल प्रत्यक्ष हैं। इसकी तुलना में, जहाँ तक भारत एवं भारतीय भावना का प्रश्न उठता है, एवं जब हम अंग्रेज़ी के लिए उसके प्रयोग से, उसकी कमियों को देखते हैं, तब रोमन लिपि बिलकुल, अभी कल की नवागन्तुक तथा हाल ही में बढ़ी-चढ़ी-सी जान पड़ती है। परन्तु देवनागरी के पक्ष में एवं रोमन के विरोध में इतना सब-कुछ होते हुए भी, लेखक इस निष्कर्ष पर पहुँच चुका है कि आवश्यकतानुसार परिवर्तित तथा अनुक्रम बदली हुई रोमन लिपि ही हिन्दुस्थानी तथा अन्य भारतीय भाषाओं के लिए उपयुक्त हो सकती है। इस प्रश्न पर लेखक का पूर्ण विवेचन Calcutta University Journal of the Dept. of Letters, अंक २७, पृष्ठ १-५८ में सन् १९३५ में प्रकाशित A Roman Alphabet for India 'भारत के लिए एक रोमन वर्णमाला' शीर्षक अंग्रेज़ी लेख में दिया जा चुका है; यहाँ उसका पिष्टपेषण करने की लेखक आवश्यकता नहीं समझता। भारतीय लेखन-प्रणाली के वर्णों के अनुक्रम की वैज्ञानिकता लेखन की अन्य सभी प्रणालियों में सर्वश्रेठ है, और रोमन अक्षरों की आकृति की अपेक्षाकृत सरलता उनका सबसे बड़ा गुण है। यहाँ देवनागरी लिपि अपने वर्णों की अपेक्षाकृत जटिलता, संयुक्ताक्षरों के उपयोग तथा लिखने की एक ध्वनिनिष्ठ न होकर एकाधिक ध्वनिमय पद्धति के कारण, रोमन से पीछे रह जाती है। देवनागरी और अन्य आधुनिक भारतीय वर्णों के साथ प्राचीन भारत के ब्राह्मी वर्णों तथा ग्रीक या रोमन वर्णों की तुलना कर देखिए; एक ही दृष्टि

में यह भेद स्पष्ट हो जाएगा। इसके पश्चात् संयुक्त व्यंजन और स्वर वर्णों के बाद में लिखे जाते रूप आते हैं: इन संयुक्त व्यंजनों के कारण वर्णमाला में बहुत-से जटिल वर्ण बढ़ गए हैं, हालाँकि उनमें जुड़े हुए वर्णों के टुकड़ों से सम्मिलित वर्णों की आकृतियाँ पहचानी जा सकती हैं। परन्तु स्वरों के लिए नीचे या ऊपर बनाये हुए रूपों का एक नया ही समूह बनाना पड़ता है; यह एक अनावश्यक वस्तु है जिसका हम परित्याग कर सकते हैं, और वह भी लाभ के साथ। इसी प्रकार, स्वर-चिह्नों को व्यंजनों के साथ जोड़ने की रीति के कारण, लेखन का मूल उपादान (एक या एकाधिक व्यंजन तथा एक स्वर का बना हुआ) एक अक्षर (syllabe) हो गया है, न कि किसी स्वर या व्यंजन के लिए लिखा जाता एक वर्ण, जैसा कि उदाहरण रोमन लिपि में है। व्यवहार में फ़ारसी-अरबी लिपि भी आक्षरिक (syllabic) ही है, केवल उसके स्वर भाग साधारणतया लिखे नहीं जाते—साधारणतया वे समझ या मान लिए जाते हैं और स्पष्ट लिखे नहीं जाते।

तमिल, संस्कृत या हिन्दी, बंगला अथवा मराठी के सदृश भाषाओं के शब्दों का विश्लेषण दो प्रकार से किया जा सकता है—एक तो उनके अर्थ-सम्बन्धी उपादानों का, और दूसरा उनके ध्वन्यात्मक उपादानों का। पहले का मूलाधार 'व्युत्पत्ति' और 'रूपतत्त्व' है, एवं दूसरे का 'ध्वनितत्त्व'। उदा० मराठी के एक क्रियारूप 'पाहिजे' (=चाहिए) का अर्थदृष्टि से विश्लेषण इस प्रकार होगा—धातु-'पाह्' + (वर्तमान कर्मणि प्रत्यय)'-इज्' + (प्रथम पुरुष-वाची प्रत्यय) 'ए'; उसीका ध्वन्यात्मक आक्षरिक विश्लेषण पहले इस प्रकार—'पा-हि-जे' तथा दुबारा स्वरों को भी तोड़ते हुए इस प्रकार—'प्-आ-ह्-इ-ज्-ए' होगा। उसी प्रकार बंगला—'राखिलाम' (=मैंने रखा) का अर्थ-तात्त्विक विश्लेषण 'राख्+इल्+आम्' तथा ध्वन्यात्मक विश्लेषण 'रा-खि-ला-म, र्-आ-ख्-इ-ल्-आ-म्' होगा। प्राचीन भारत में ध्वनियों का ज्ञान अत्यन्त परिपूर्ण होते हुए भी ब्राह्मी वर्णमाला के ध्वन्यात्मक विश्लेषण का मूलाधार, जहाँ तक लिखित अक्षरों द्वारा सूचित ठीक-ठीक ध्वनि का प्रश्न था, आक्षरिक (syllabic) विश्लेषण ही रहा, न कि भिन्न-भिन्न ध्वनियों का अन्त तक विश्लेषण (यद्यपि यह भी प्राचीन भारतीयों को पूर्णतया अवगत था।)

अतएव रोमन तथा भारतीय दोनों लिपियों की अच्छाइयों के संयोग से एक आदर्श वर्णमाला तैयार की जा सकती है। लेखक ने ऐसी ही एक रोमन-भारतीय या भारतीय-रोमन वर्णमाला प्रस्तुत की थी, जिसमें कोई नये बिन्दी-वाले या टोपीवाले अक्षर (Dotted and Capped Letters) न हों, परन्तु

कुछ आवश्यकतानुसार लगा लिए जाने वाले 'सूचक' या 'अलामात' चिह्न बना लिए जाएँ, जो कि साधारण रोमन में अविद्यमान भारतीय ध्वनियों को सूचित करने के लिए मूल अक्षरों के पहले या पीछे व्यवहृत किये जा सकें। उदा० स्वरदीर्घता अक्षरों अथवा ऊपर की आड़ी पाई (—) द्वारा सूचित करने के बदले (जिसमें नये टाइप आवश्यक होंगे, यथा—ā, ī), साधारण स्वर वर्ण के पश्चात् दो बिन्दियाँ लगाकर सूचित की जा सकती है (उदा० आ a:, ए e:, ई i:, ओ o:, ऊ u:)। उसी प्रकार मूर्द्धन्यों के लिए विशेष बिन्दी वाले अक्षरों (यथा—ṭ, ḍ, ṇ, ṛ, ḷ) का उपयोग न करके साधारण (t, d, n, r, l) अक्षरों के पश्चात् एक उद्धरण चिह्न लगाया जा सकता है, (यथा, t'=ट, d'=ड, n'=ण, r'=ड़, l'=ळ)। आधुनिक देवनागरी लिपि में छपाई के लिए लगभग ४०० से भी अधिक विशेष प्रकार के टाइपों की आवश्यकता पड़ती है; इस भारतीय-रोमन के व्यवहार से वह संख्या घटकर केवल ५० के लगभग रह जाएगी। आवश्यकतानुसार लगाये या हटा लिये जाने वाले 'सूचक-चिह्नों' के साथ में उपयोग से, केवल अंग्रेज़ी भाषा की छपाई के लिए आवश्यक टाइपों की सहायता से ही कोई भी भारतीय भाषा शुद्ध रूप में छापी जा सकेगी। उक्त सरलता से छपाई के मूल्य में होने वाली भारी कमी एवं साक्षरता-प्रसार के कार्य में होने वाली महत्त्वपूर्ण सहायता का अनुमान लगाया जा सकता है। रोमन अक्षरों के अनुक्रम को भारतीय वर्णमाला के (संस्कृत के) क्रम के अनुसार इस प्रकार बदल लेना होगा—

अ आ, इ ई, उ ऊ, ऋ ॠ, लृ, ए, ओ
a a:, i i:. u u:. r· r:, l· e: (e), o: (o).

ऐ औ, अं अः; क ख ग घ ङ; च छ ज झ ञ
ai au, am. ah·; k kh g gh n·; c ch j jh n′;

ट ठ ड ढ ण; त थ द ध न; प फ ब भ म;
t' t'h d' d'h n'; t th d dh n; p ph b bh m;

य र ल व; श ष स ह; ळ; ँ; फ़ ज़ झ़ ख़ क़।
y r l w (v); s′ s' h; l'; n'; f, z, z′, x, q.

और, इन वर्णों के वही भारतीय नाम 'क, ख, ग, घ,......' आदि रखे जाएँगे और महाप्राणों को 'प्राणयुक्त' कहा जा सकता है (यथा प्राणयुक्त 'क' k='ख' kh, इत्यादि)। इस प्रकार हम एक ऐसी सर्वश्रेष्ठ लिपि बना सकते हैं, जैसी कहीं भी नहीं मिल सकती। h को 'ह' कहेंगे, हरगिज़ 'एच्' aitch नहीं; वैसे g='ग', 'जी' नहीं, r='र', 'आर' नहीं।

अब, लेखक का यह सुझाव है कि हिन्दुस्थानी के लिपि-सम्बन्धी

झगड़ों का निराकरण रोमन लिपि को स्वीकार करके किया जा सकता है। इससे केवल झगड़ों का ही समाधान न होगा, बल्कि अनेक लाभ भी होंगे। छपाई की सुविधा तथा साक्षरता का प्रसार उनमें से दो मुख्य महत्त्वपूर्ण लाभ हैं, जिन्हें हम सहज ही भूल नहीं सकते। यदि इस भारतीय-रोमन लिपि के विरुद्ध कोई तर्क हो सकता है, तो वह हमारी प्राचीन, वैज्ञानिक तथा पूर्णतया परीक्षित राष्ट्रलिपि के लिए हमारी स्वाभाविक भावना एवं अनुराग ही हो सकता है। जीवन में भावना नगण्य वस्तु नहीं होती; प्रत्यक्ष लाभों के समक्ष भावना-प्रेरित अनिच्छा को दूर हटाना ही श्रेयस्कर होगा, विशेषतः ऐसी परिस्थितियों में जबकि हमारे देश की लिपि की समस्या को हमें प्राप्त उपकरणों की सहायता से ही सुलझाना पड़ रहा है।

पहले-पहल भारतीय-रोमन लिपि का प्रयोग हमें सभी भारतीय भाषाओं के लिए करना न होगा, यद्यपि लेखक की दृष्टि से लक्ष्य यही रखना होगा; और जहाँ तक उसे प्रतीत होता है, कभी-न-कभी यह होकर ही रहेगा। परन्तु यह एक या दो पीढ़ियों के द्विलिपि-प्रयोग के पश्चात् होगा, जबकि मूल लिपि एवं रोमन दोनों साथ-साथ चलती रहेंगी। इसके पश्चात् जनता की दृष्टि में भी भारतीय-रोमन प्रणाली की तुलनात्मक श्रेष्ठता प्रमाणित हो जाएगी। भारतीय-रोमन लिपि में लिखा हुआ, लेखक द्वारा प्रस्तावित हिन्दुस्थानी का परिवर्तित रूप आधुनिक भारत के लिए सर्वश्रेष्ठ राष्ट्रभाषा बन सकता है। रोमन लिपि अब अपने उद्गम-स्थान रोम की, या इटली देश की, या पश्चिमी जगत् की न रहकर, सारे विश्व में प्रसारित हो चुकी है। ध्वनियों को सूचित करने की एक अत्यन्त सुगम और सर्वाधिक प्रसार वाली प्रणाली के रूप में वह उसी प्रकार संस्कृति का एक आयुध बन चुकी है, जैसे आधुनिक विज्ञान के आविष्कारों के फलस्वरूप प्राप्त हुई कई प्रणालियाँ तथा यन्त्र-औज़ार। जब एक वस्तु वास्तविक रूप में अन्तर्राष्ट्रीय बन चुकी है, तो यदि हम उसे स्वेच्छा से, सुगम मानकर, एवं अपनी विशेष आवश्यकतानुसार परिवर्तित करके ग्रहण करें, तो इसमें लज्जा का कोई कारण नहीं रहता।

लिपि की समस्या के लिए तो हमारा यह सुझाव है। सार्वजनिक एवं राजनीतिक कार्यों के लिए, अथवा ऐसे सभी अवसरों पर जबकि हमें अंग्रेज़ी के अतिरिक्त एक राष्ट्रभाषा के व्यवहार करने की आवश्यकता पड़े, तब हम इस 'रोमन हिन्दुस्थानी' का उपयोग कर सकते हैं। 'हिन्दुस्थानी जनता' अपनी रुचि, अपने धर्म तथा संस्कारों एवं वातावरण के अनुरूप, कुछ समय तक (या हमेशा के लिए भी) देवनागरी में लिखित नागरी-हिन्दी तथा फ़ारसी-अरबी में

लिखित उर्दू का आज की तरह ही व्यवहार करती रहेगी। परन्तु लिपि के प्रश्न का समाधान शब्दावली के दूसरे प्रश्न के समाधान की दिशा में पहला कदम होगा।

इस विषय में लेखक अपना यह निश्चित मत भी स्पष्ट कर देना चाहता है कि यदि रोमन लिपि स्वीकृत न हो तो उसके पश्चात् केवल देवनागरी ही एकमात्र ऐसी लिपि है जिसमें भारत में सबसे अधिक प्रचलित होने के तथा राष्ट्रीय लिपि बनने के अन्य सारे आवश्यक गुण हैं। जब तक रोमन लिपि साधारणतया स्वीकृत न हो जाए, तब तक राष्ट्र की ओर से देवनागरी का व्यवहार अन्तर्राज्यीय कामों में ज़्यादातर हो सकता है, जिससे भारत में सभी दृष्टियों से अत्यावश्यक लिपि की एकता सम्पादित की जा सके।

शब्दावली तथा लिपि, इन दोनों में से कौनसी अधिक महत्त्व की वस्तु है, इस विषय में भी बहुत-से लोग अब तक निश्चय पर नहीं आ सके हैं। परन्तु अधिकांश लोगों का यही ख़याल है कि वर्णमाला ही भाषा है। पूर्वी उत्तर प्रदेश तथा बिहार में अनपढ़ मुसलमान और हिन्दू ग्रामीण जन, लिपि को देखकर प्रायः उर्दू को 'फ़ारसी' कहते हैं। १८०३ ई० में प्रकाशित ईस्ट इण्डिया कम्पनी की एक कानून की पुस्तक में उर्दू तथा नागरी के लिए 'फ़ारसी व नागरी भाखा वो अच्छर' लिखा गया है, (श्री चन्द्रबली पाण्डे द्वारा उनकी 'उर्दू का रहस्य' पृष्ठ ८४-८५, में उद्धृत)। लगभग ५० वर्ष पूर्व जब हिन्दी-साहित्य के अध्ययन एवं विकास के उद्देश्य से एक समिति की रचना हुई, तब उसके संस्थापकों को भी शब्दावली की अपेक्षा लिपि का प्रश्न अधिक महत्त्वपूर्ण जान पड़ा और समिति का नाम 'नागरी-प्रचारिणी सभा' रखा गया। उर्दू लिपि का प्रयोग होते ही स्वभावतः यह भारतीय भाषा फ़ारसी एवं अरबी के साथ सम्बद्ध हो गई। इससे इस्लामी विषयों को भी हिन्दी में पूर्णतया व्यक्त होने का पूरा अवसर मिला तथा भारत की देशीय संस्कृति पर, जिसका प्रतिनिधित्व नागरी-हिन्दी करती थी, बड़ा आघात हुआ। उत्तरी भारत के हिन्दू विचार-नेताओं को अब हिन्दू संस्कृति की सुरक्षा एवं स्थिति के लिए देवनागरी लिपि की आवश्यकता का महत्त्व ज्ञात हुआ। भाषा भले ही बिलकुल फ़ारसीमय हो, परन्तु जब तक वह देवनागरी में लिखी जाती थी, तब तक कोई अड़चन न थी; उसे एक प्रकार से 'मूलोत्खात'-सी बना लेना सम्भव न था। इस प्रकार बिलकुल फ़ारसीमय हिन्दुस्थानी भी देशीय भाषा 'हिन्दी' की तरह चलने दी जा सकती थी।

हिन्दुस्थानी के विषय में अब तक मुसलमानों का रुख, बराबर दृढ़तापूर्वक फ़ारसी लिपि तथा अन्य फ़ारसी-अरबी उपादानों का जी-जान से संरक्षण करने का ही रहा है; साथ ही उनका उद्देश्य, भाषा का उत्तरोत्तर फ़ारसीकरण करने का रहा है, जिस कार्य को उन्होंने १८वीं शती के मध्य से लगातार बढ़ते हुए वेग से करना चालू रखा है। परन्तु इसमें सन्देह नहीं कि इस कार्य में उत्तर या दक्षिण दोनों ओर के मुसलमान बिलकुल अलग अपनी ही राह चलते रहे हैं। (पंजाब, उत्तर प्रदेश एवं बिहार के कुल कायस्थों तथा कुछ काश्मीरियों आदि) कुछ हिन्दुओं को छोड़कर, जिनका लाहौर, दिल्ली, आगरा, लखनऊ, इलाहाबाद, पटना तथा हैदराबाद के मुसलमान दरबार-कचहरियों एवं शासन से निकट सम्बन्ध था, शेष साधारण जनता उपर्युक्त षड्यन्त्र से अनभिज्ञ तथा उसके प्रति उदासीन रही। आरम्भ में तो यह अमीर-उमरा एवं उनके नौकर-वर्ग के व्यवहार की विशिष्ट वर्ग की भाषा बनी रही, जिसमें साधारण हिन्दू जनता से उनका सांस्कृतिक पार्थक्य दिखलाने के लिए इतने विदेशी उपादान भरे गए जितने भरे जा सकते थे। १७वीं तथा १८वीं शतियों में कभी-कभी इस रईस वर्ग के कई व्यक्ति हिन्दू-संस्कृति के कुछ दृष्टिकोणों की ओर उसके ब्रजभाषा साहित्य के माध्यम से आकर्षित हुए भी; (उदा० ई० १६७६ के आसपास का लिखा मीर्ज़ा खां का 'तुहफ़तुल्-हिन्द' नामक फ़ारसी-ग्रन्थ जो मुग़ल दरबारियों के लिए बनाया गया था और जिसमें ब्रजभाषा, ललित साहित्य, रस एवं अलंकार, भारतीय संगीत-शास्त्र, काम-शास्त्र, मानस-शास्त्र तथा हस्तरेखा-शास्त्र के विषय चर्चित थे। दे० मीर्ज़ा ख़ाँ के 'ब्रजभाषा का व्याकरण' का १९३५ ई० में शान्तिनिकेतन से प्रकाशित एम० ज़ियाउद्दीन द्वारा सम्पादित संस्करण की भूमिका); परन्तु ऐसे उदाहरण, यद्यपि वे इतने कम न थे जितने हम सोचते हैं, फिर भी उक्त रईस वर्ग के स्वीकृत एवं सुविख्यात नेताओं ने साहित्य अथवा संस्कृति के विषय में ऐसे अवसरों पर अपना सहयोग आनुष्ठानिक या प्रत्यक्ष रूप से कभी भी नहीं दिया। उन्होंने अपने द्वारा सर्जित उर्दू भाषा एवं साहित्य के एकान्त मीनार पर अपने को बन्द किये रखा; और उसका तन्निकटस्थ चारों ओर के साधारण जीवन से कोई सम्बन्ध न था। मौलाना 'हाली' पानीपती तथा आधुनिक काल के शायरों को छोड़कर, उर्दू कविता की प्रारम्भिक अवस्था के सारे काल में उसका वातावरण विशेष रूप से अभारतीय रहा—वह बिलकुल फ़ारसी वातावरण था। आरम्भिक उर्दू के कवि भारतीय नदी-पहाड़ों—हिमालय, गंगा, जमुना, सिन्ध, नर्मदा या गोदावरी इत्यादि—का

नाम तक नहीं लेते; वे तो नाम भी लेते हैं तो फ़ारस के अनजान पहाड़ों और चश्मों का; तथा मध्य एशिया की नदियाँ उनके पास हमेशा उपस्थित रहती हैं। भारतीय फूलों और भारतीय पौधों का कहीं नामोनिशान नहीं मिलता; मिलते हैं तो फ़ारस के फूल-पौधे, जिन्हें शायर केवल कहीं बाग़ में देख पाता है। कोई भी वस्तु, जो फ़ारसी में वर्णित नहीं थी अथवा भारतीय थी, उसकी ओर ज़बरदस्ती से आँखें मीच ली जाती थीं। उर्दू के आरम्भिक कवि १८वीं शती में हो रहे मुसलिम साम्राज्य के प्रत्यक्ष ह्रास से बड़े दुखित थे और जो जगत् उन्हें पसन्द नहीं था उससे बचने के लिए वे फ़ारसी काव्य की शरण लेते थे। इसी का वातावरण उन्होंने उर्दू में उतार लिया। सारी वस्तु सम्पूर्णतया विदेशी थी और उसकी जड़ें भारत की भूमि में नहीं थीं; और मुख्यतया इसी नींव के ऊपर १९वीं शती तथा आधुनिक युग के उर्दू साहित्य की इमारत का निर्माण हुआ है।

उर्दू साहित्य तथा हिन्दुस्थानी भाषा के उर्दू रूप 'गान्धार' कला की तरह हैं, जिसके उद्भव एवं स्वरूप के विषय में बहुत-कुछ कहकर भी हम उसे भारतीय कला के अध्ययन में ही सम्मिलित कर सकते हैं, यद्यपि उसकी सारी कहानी यही रहेगी कि उसने भारतीय कला की विभिन्न राष्ट्रीय पद्धतियों पर प्रत्यक्ष या अप्रत्यक्ष कितना प्रभाव डाला। बिलकुल फ़ारसीमय कलापूर्ण उर्दू साहित्य उन अत्यन्त सुसंस्कृत मुसलमान एवं हिन्दू साहित्यिकों की गोष्ठियों को प्रसन्न कर सकता है जो केवल मध्ययुगीन फ़ारसी वातावरण तथा मध्ययुगीन फ़ारसी कविता के चमन में ही साँस लेते और जीते हैं। परन्तु साधारण जनता, भारतीय जनता के अधिकांश व्यक्ति, जिनमें करोड़ों ऐसे मुसलमान भी शामिल हैं जो हिन्दुस्थानी के दायरे के बाहर हैं, उक्त वातावरण से बिलकुल परे हैं। उदाहरण के लिए बंगाली मुसलमानों द्वारा रचित साहित्य देखिए : अब तक फ़ारसी संस्कृति में से जो-कुछ वे आत्मसात् कर पाए हैं, वह हैं कुछ फ़ारसी कहानी-किस्से व दास्तान, 'मिलाद शरीफ़' (पैग़म्बर के आगमन की आश्चर्य-पूर्ण कहानी) एवं 'रोज़े-क़ियामत' (अन्तिम प्रलय दिन) के रोज़ होने की आश्चर्यपूर्ण घटनाओं की कथाएँ, जिन्हें हम अरबी या इस्लामी 'पुराण' कह सकते हैं; कर्बला के युद्ध की विचित्र कहानियाँ तथा 'अमीर हम्ज़ा एवं 'हातिमताई' के किस्से, जिन्हें हम भारतीय उपन्यास का 'फ़ारस एवं अरब वाला सामान' कह सकते हैं। मलिक मुहम्मद जायसी द्वारा रचित 'पदुमावति' (लगभग १५४५ ई०) से एक १६वीं शताब्दी के धार्मिक उत्तर-भारतीय मुसलमान का मानसिक गठन एवं झुकाव स्पष्टतया परिलक्षित होता है; अपने सम्पूर्ण

भारतीयत्व में उसे किसी भी तत्कालीन भारतीय लेखक से भिन्न देखना भी कठिन हो जाता है; फिर भी इस्लाम एवं सूफ़ी मत की आत्मा उसकी प्रत्येक पंक्ति में बोल रही है।

जो भी हो, आज के ज़माने में फ़ारसीयुक्त उर्दू के पृष्ठपोषक, पंजाब के अधिकांश मुसलमान (उनमें भी बहुत-से पंजाबी के समर्थक मिल सकते हैं), उत्तर प्रदेश के लगभग सभी मुसलमान तथा बिहार के भी अधिकांश मुसलमान ही हो सकते हैं। गुजरात, बंगाल, महाराष्ट्र तथा अन्य प्रदेशों के मुसलमानों को उर्दू के प्रति 'इस्लामी भाषा' के नाम से सहानुभूति अवश्य होगी,—और बंगाली मुसलमानों के विषय में तो लेखक निश्चयपूर्वक कह सकता है—और उनमें से कुछ अनपढ़ एवं अनभिज्ञ जन उर्दू को 'नबीजी की भाषा' (पैग़म्बर मुहम्मद की भाषा) कहकर उस पर दूर ही से प्रसन्न हुआ करें; परन्तु उर्दू उन्हें कभी सुविधाजनक नहीं लगती, और न वे उसका अध्ययन ही करते हैं। सरकार की सहायता के बावजूद भी उर्दू एक वर्ग-विशेष की ही भाषा बनी हुई है, जिसका भारत की ७५ प्रतिशत अथवा ८० प्रतिशत जनता समर्थन नहीं कर सकती।

एक महान् तथा सांस्कृतिक भाषा में जटिल एवं नये विचारों के अभिव्यक्त करने की क्षमता भी होनी चाहिए। प्राचीन एवं मध्ययुग की भाषाओं में सुरक्षित भूत-काल के अनुभवों से हमें भविष्य का मार्ग तय करने में सहायता मिल सकती है। सभी भाषाओं को अन्य भाषाओं से मदद लेनी ही पड़ती है; विशेषतया तब, जबकि वे जर्मन एवं चीनी भाषाओं की तरह 'आत्मनिष्ठ भाषाएँ' न होकर, अँग्रेज़ी, जापानी तथा अधिकांश भारतीय भाषाओं की भाँति 'परपुष्ट भाषाएँ' हों। भाषाओं में उनके निर्माण-काल में ही 'आत्मनिष्ठ' या 'परपुष्ट' बनने की वृत्ति विकसित हो जाती है। ऐसी कई भाषाएँ हैं जिनका उद्भव प्राचीन समय की सांस्कृतिक भाषा एवं आधुनिक काल में भी अधीत साहित्यिक भाषा के रूप में प्रतिष्ठित किसी भाषा से हुआ रहता है। ऐसी भाषाएँ, स्वभावतः आवश्यकता पड़ने पर अपनी मूल उद्गम वाली भाषा रूपी माँ से ही शब्द उधार लेती हैं। आधुनिक लातीन समूह की भाषाओं—इटालियन, फ्रेंच, स्पैनिश, केटेलोनियन, पोर्तुगीज़ तथा रूमानियन—के विषय में यही हुआ। वे साधारणतया आवश्यक नई शब्दावली अपनी माँ लातीन से लेती हैं। उसी प्रकार आधुनिक ग्रीक प्राचीन ग्रीक से सहायता प्राप्त करती है। (Renaissance) या यूरोप की सांस्कृतिक पुनर्जागृति के समय से समस्त यूरोप की सर्वश्रेष्ठ सांस्कृतिक भाषा के रूप में स्वीकृत प्राचीन ग्रीक

भाषा अन्तर्राष्ट्रीय समझौते से नवीन वैज्ञानिक शब्दावली के लिए सबसे सुगम भण्डार मानी जा चुकी है। फ़ारसी, अर्थात् आधुनिक फ़ारसी, ७वीं शताब्दी की ईरान पर अरबों की विजय के पश्चात् अरबी की छाया तले आ गई; और अरबी को धार्मिक भाषा के रूप में प्रभुत्व प्राप्त हो जाने के कारण फ़ारसी के अन्तर्हित आत्मनिष्ठ गुणों का लोप होना आरम्भ हो गया धीरे-धीरे फ़ारसी एक परपुष्ट भाषा बन गई, एवं अरबी के पीछे-पीछे चलने वाली हो गई। आधुनिक भारतीय-आर्य भाषाओं की तुलना आधुनिक लातीन समूह की भाषाओं के साथ हो सकती है। संस्कृत के घर में जन्म लेकर वे हमेशा से अपनी नानी अथवा नानी की बहन से अपनी प्राण-वस्तु प्राप्त करती रही हैं। जब कभी ठीक पड़ा उन्होंने प्राप्त किये हुए उपादानों से भी नये शब्दों की रचना की; परन्तु दिग्दिगन्त प्रतिष्ठा एवं महान् साहित्य वाली संस्कृत भाषा की देशज पृष्ठभूमि वाला घर का वातावरण हमेशा उपस्थित रहा। संस्कृत की यह महत्ता द्राविड़ी दक्षिण वालों पर भी बिलकुल छा गई; और केवल तमिल को छोड़कर अन्य प्रमुख द्राविड़ भाषाओं, तेलुगु, कन्नड़ एवं मलयालम ने संस्कृत का प्रभाव स्वीकार कर लिया, एवं संस्कृत-पुष्ट भाषाएँ बन गईं। अत्यन्त समृद्ध एवं विशिष्ट प्रकार के प्राचीन तमिल साहित्य के परोक्ष प्रभाव-स्वरूप केवल तमिल भाषा में देशज द्राविड़ उपादानों की सहायता से नये शब्दों का निर्माण करने की प्राचीन शक्ति अब भी बहुत-कुछ अंशों में विद्यमान है, यद्यपि तमिल भी बहुत प्राचीन काल से संस्कृत तथा अन्य भारतीय-आर्य शब्दों को अपनाती रही है।) उत्तरी मध्य-एशिया में प्राप्त ऑरखन् (Orkhon) शिलालेखों में लिखी तुर्की भाषा के साहित्यिक जीवन का जब ७वीं सदी में आरम्भ हुआ, उस समय तुर्की भाषा एक आत्मनिष्ठ भाषा थी। जब मध्य-एशियाई तुर्कों में बौद्ध-मत फैला तब इस आत्मनिष्ठता की शक्ति में और भी वृद्धि हुई। उदाहरणार्थ हम बौद्ध प्रेरणा से ११वीं शती में लिखा गया प्राचीन तुर्की का ग्रन्थ 'कुदत्कु बिलिक' (Kudatqu Bilik) देख सकते हैं। परन्तु ईरान, इराक, एशिया-माइनर तथा मध्य-एशिया में बसे हुए तुर्कों ने जब धीरे-धीरे इस्लाम अंगीकार कर लिया, तब उनकी भाषा भी अरबी-पुष्ट होती चली गई एवं उसमें फ़ारसी एवं अरबी के शब्दों की भरती होने लगी। अब तुर्की में नवयुग के उदय के साथ-साथ—तथा उसके पहले भी yeni Turan 'येनि तूरान' (नव तूरान) आन्दोलन का आरम्भ होने के पश्चात् से—गैर-तुर्की उपादानों का बहिष्कार एवं प्राचीन तुर्की शब्दों की पुनः प्रतिष्ठा करने की प्रवृत्ति बड़े ज़ोर-शोर से चल पड़ी है तथा व्यवहार में भी लाई जा रही है।

इसका उल्लेख हम आगे चलकर भी करेंगे।

(अन्य सभी नव्य-भारतीय आर्य भाषाओं मराठी, गुजराती, बंगला, उड़िया तथा पंजाबी आदि की भाँति) एक नव्य-भारतीय-आर्य भाषा के अनुरूप ही, हिन्दुस्थानी में भी संस्कृत के सभी प्राचीन रूपों से शब्द-भाण्डार अपनाने की प्रवृत्ति स्वभावतः ही रही है। हिन्दी या हिन्दुस्थानी की यह प्राचीन रिक्थ उसके नागरी-हिन्दी रूप में सुरक्षित है। अवधी, ब्रजभाषा, ब्रज-मिश्रित पंजाबी अथवा ब्रज-मिश्रित 'खड़ीबोली'—सभी साहित्य में प्रयुक्त उत्तर-भारत के उत्तर-गंगा-मैदान की बोलियाँ बराबर क्रमबद्ध रूप से, लगातार संस्कृत से बेरोक-टोक शब्दावली उधार लेती रही हैं, और नव्य-भारतीय-आर्य भाषाओं के लिए यह कार्य अत्यन्त स्वाभाविक माना जाता रहा है। परन्तु हिन्दी के उर्दू रूप ने इस स्वाभाविक प्रवृत्ति को छोड़ दिया। अपनी उत्तर-भारत की सहोदर बोलियों से, जिन्होंने प्राचीन परम्परा को जारी रखा, और देशज प्रतिभा तथा उसकी संस्कृति की रक्षक संस्कृत भाषा से विच्छिन्न होने के पश्चात् दक्षिण में हिन्दुस्थानी-पंजाबी बोलियों का अपना स्वतन्त्र रूप से विकास हुआ। बुरहान शाह, मुल्ला वजही, सुल्तान मुहम्मद क़ुली क़ुत्ब आदि आरम्भिक कवियों ने तो पहले-पहल विषय, उपमाओं, शब्दावली तथा छन्दों तक में प्राचीन परम्परा को ही चालू रखा। साहित्यिक वैचित्र्य के रूप में फ़ारसी छन्द सर्वप्रथम हिन्दुस्थानी भाषा में १६वीं शती में प्रयुक्त हुए। परन्तु फ़ारसी लिपि के प्रयोग से फ़ारसी एवं अरबी शब्दों के सहज प्रवेश के लिए द्वार बिलकुल खुल गए। और उत्तर की हिन्दुस्थानी के दक्कन में मुग़ल सेना के साथ आकर 'दकनी' बन जाने के पश्चात् भी जब १७वीं शती के अन्त में 'ज़बाने-उर्दू-ए-मुअल्ला' ने दकनी के उदाहरण से लाभ उठाना चाहा, तब भी उसके आरम्भिक कवियों वली, आबरू, नाज़ी, यक्रंग आदि ने भारतीय आत्मा एवं भारतीय वातावरण को पूर्णतया नहीं छोड़ा था। यह तो बाद में जाकर शुरू हुआ : और हिन्दी के कई ग्रन्थ फ़ारसी-अनुकारकों का दृष्टिकोण तो उर्दू कवि सौदा के निम्नलिखित शब्दों में संक्षेप में ही मार्मिक रूप से दिखलाई पड़ता है—

"ग़र हो कशीशे-शाहे-ख़ुरासाँ, तो सौदा,
सिज्दा न करूँ हिन्द की नापाक ज़मीं पर।"

(=अगर खुरासान के शाह की ओर से मुझे थोड़ा-सा प्रलोभन मिले तो मैं हिन्द की इस अपवित्र पृथ्वी पर दण्डवत् भी न करूँ।)

उर्दू का फ़ारसीकरण कुछ हद तक तो इस मनोवृत्ति के कारण ही था। यह भी सत्य है कि फ़ारसीमय उर्दू हैदराबाद एवं उत्तर प्रदेश के कुछ

अभिजात रईस कुटुम्बों की, जिनमें कुछ साहित्यिक संस्कार विद्यमान हैं, घर की वास्तविक भाषा बन गई है। परन्तु ब्रिटिश सरकार के मुग़ल शासन की फ़ारसी परम्परा को जारी रखने में सहयोग देने के बावजूद भी, साधारण जनता से फ़ारसीमय उर्दू धीरे-धीरे उठ रही है। १९वीं शताब्दी में उत्तर प्रदेश में इसके उत्कर्ष के लिए उत्तरदायी मुसलमान अमीर-रईस तथा कुछ चतुर हिन्दू लोग थे। परन्तु श्री वेंकटेशनारायण तिवारी द्वारा (अपनी 'हिन्दी बनाम उर्दू' शीर्षक पुस्तक के पृष्ठ ९-१० में) दिये गए १८९१ से १९३६ तक के उर्दू तथा नागरी-हिन्दी के पत्रों के ग्राहकों, स्कूलों एवं कालेजों में दोनों भाषाएँ पढ़ने वाले विद्यार्थियों, तथा दोनों भाषाओं में प्रकाशित पुस्तकों की संख्या के सरकारी आँकड़ों से यह स्पष्टतया दृष्टिगोचर होता है कि उर्दू के प्रचलन में उत्तरोतर कमी एवं नागरी-हिन्दी के प्रचलन में बराबर वृद्धि होती रही है। १८९१ ई० में नागरी-हिन्दी पत्रों के केवल ८००० ग्राहक थे जबकि उर्दू पत्रों के १६२५६ थे; नागरी का प्रतिशत आँकड़ा ३१.९१% था एवं उर्दू का ६७.१%। परन्तु १९३६ ई० में नागरी-हिन्दी पत्रों के ग्राहक ३,२४,८८० हो गए एवं उर्दू के १,८२,४८५ हो गए; प्रतिशत आँकड़े लगभग उलटकर नागरी-हिन्दी के ६४% तथा उर्दू के ३६% हो गए। (स्मरण रहे कि उर्दू के पाठक अधिकांशतः वे मुसलमान जन हैं जो उतर प्रदेश के आर्थिक दृष्टि से समृद्ध तथा प्रभावशाली वर्ग के हैं।) १९३६ ई० में वर्नाक्यूलर स्कूल फ़ाइनल परीक्षा में बैठने वालों में उर्दू वाले परीक्षार्थी ४१.४% थे एवं हिन्दी के ५८.६%, जबकि १८९० ई० में हिन्दी वाले २२.४% एवं उर्दू वाले ७०.६% रहे थे। १९३८ ई० में हाई इंगलिश स्कूल फ़ाइनल परीक्षा में हिन्दी के परीक्षार्थी ५६.८% तथा उर्दू के परीक्षार्थी ४३.२% थे। इण्टरमीडिएट (यूनिवर्सिटी) परीक्षा में १९३८ ई० में हिन्दी के ६१.६% तथा उर्दू के ३८.४% परीक्षार्थी थे। भाषा के दोनों रूपों में प्रकाशित पुस्तकों की संख्या इस प्रकार थी—

नागरी-हिन्दी		उर्दू
१८८९-९०—३६१	(३८.८%)	५६१ (६१.२%)
१९३५-३६—२१३९	(८१.५%)	२५२ (१०.९%)

इन आँकड़ों से बहुत-कुछ पता लगता है। स्कूलों में उर्दू पढ़ने वालों की प्रतिशत संख्या का कारण उर्दू की चली आती हुई वह परम्परा है जो उसके कोर्ट-कचहरियों में उपयोग के कारण चलती आ रही है, यद्यपि उत्तर प्रदेश के ८४% आबादी वाले हिन्दू नागरी-हिन्दी के लिए सरकारी सहयोग एवं मान्यता

प्राप्त करने के अथक प्रयत्न करते रहे हैं। भारतीय (चाँदी के) सिक्कों पर भी उनका मूल्य अँग्रेज़ी के साथ-साथ केवल फ़ारसी में ही लिखा रहता है। यह प्रयोग ईस्ट इंडिया कम्पनी के समय में फ़ारसी व्यवहार करने वाले मुग़ल-वंश के प्रभुत्व का परिचायक था; फिर सप्तम एडवर्ड के काल से उसका पुनः व्यवहार आरम्भ कर दिया गया था। परन्तु पंचम जार्ज के समय से राँगे के छोटी कीमत के सिक्कों पर उनका मूल्य उर्दू के साथ-साथ हिन्दी, बंगला और तेलगू में अंकित किया जाने लगा। अब स्वतन्त्र भारत के सिक्कों पर केवल नागरी लिपि में हिन्दी और अँग्रेज़ी ही रखी गई हैं।

दिल्ली की मृतप्राय परम्परा के ब्रिटिश सरकार द्वारा चालू रखे जाने एवं १९वीं शती के अधिकांश भाग में उत्तर-भारतीय जीवन में उसका आधिपत्य रहने के बावजूद भी, हिन्दू लोगों की भारतीय राष्ट्रीयता उन्हें संस्कृत के लिए एकत्रित होकर प्रयत्न करने को बाध्य करती रही; और विभाजन एवं स्वाधीनता के बाद फ़ारसीमय उर्दू के विरुद्ध साधु हिन्दी को हिन्दू बहुमत का प्रत्यक्ष या अप्रत्यक्ष समर्थन प्राप्त हो गया और फलतः फ़ारसीमय उर्दू की आज की-सी हालत हो गई। भारतीय राष्ट्रीय कांग्रेस द्वारा भारतीय मुसलमानों के एक वर्ग की भावना को सन्तुष्ट करने के लिए दी गई छूटछाटों एवं सुविधाओं में से, फ़ारसी लिपि को भारत की एक वैकल्पिक राष्ट्रलिपि स्वीकार कर लेना भी एक है, जोकि किसी भी मानदण्ड से मापने पर स्पष्ट रूप से राष्ट्रीयता के बिलकुल विरुद्ध प्रतीत होती है। सुविधा देने की यह प्रवृत्ति और भी आगे बढ़ी है। फलतः फ़ारसीकरण की मनोवृत्ति को यहाँ तक बढ़ावा मिला कि वह हिन्दुस्थानी के नागरी-हिन्दी-रूप के (जिसमें मुख्यतया देशज शब्दों का एवं सांस्कृतिक शब्दावली के लिए देशज शब्दों के न रहने पर संस्कृत शब्दों का व्यवहार होता है) बिलकुल विरुद्ध खड़ी हो गई, और उर्दू 'हिन्दुस्थानी' को चुपचाप सक्रिय रूप से सहकार देने लगी।

अब कांग्रेस वाले साहित्यिक नागरी-हिन्दी तथा उर्दू दोनों की मूलाधार 'खड़ीबोली' या 'ठेठ हिन्दुस्थानी' के आधार पर एक नई भाषा या नई साहित्यिक शैली का निर्माण करना चाहते थे। इसमें उनकी इच्छा स्पष्ट रूप से यही है कि मुसलमान जिसके लिए आग्रह करते हैं, उस विदेशी फ़ारसी एवं अरबी शब्दावली; तथा हिन्दुस्थानी क्षेत्र एवं बाकी सारे देश के हिन्दू जिसके लिए कटिबद्ध हैं, उस देशज हिन्दी एवं संस्कृत की शब्दावली—इन दोनों को बराबर न्याय मिले। व्यवहार में इसके फलस्वरूप फ़ारसीमय हिन्दुस्तानी की ही स्वीकृति हो रही है, जिसे गुजराती, बंगाली, मराठी, उड़िया तथा दक्षिण

ी जनता समझ ही नहीं सकती (एवं फिर भी उन्हें 'भारत की राष्ट्रभाषा' हकर इसे स्वीकार करना पड़ता है) तथा जिससे बिहार, उत्तर प्रदेश, ाजस्थान एवं मध्य प्रदेश के संस्कृत शब्दों के व्यवहार से अभ्यस्त ोग, कभी भी सरलता से आत्मीयता का अनुभव नहीं कर सकते, और न वीकार ही कर पाते हैं। केवल उत्तर प्रदेश, बिहार एवं हिन्दी-भाषी मध्य देश और पंजाब के शिष्ट मुसलमानों, तथा पश्चिमी उत्तर प्रदेश तथा पंजाब के थोड़े-बहुत शिक्षित हिन्दू एवं सिक्खों के लिए यह भाषा सुविधाजनक हो सकती है।

हिन्दी और उर्दू के आदर्शगत विरोध के बारे में ऊपर जो कुछ कहा गया है, वह अब सरकारी तौर पर संविधान ने नागरी हिन्दी को मान्यता देने के बाद, मानो कि निरर्थक, अतीत की वस्तु हो गया है। पर कोई आदर्श इतनी जल्दी मरने का नहीं। स्वतन्त्र भारत में उर्दू को एक मुख्य भारतीय भाषा की मर्यादा दी गई है और राष्ट्रभाषा हिन्दी की बनावट में उर्दू का हाथ भी रहे, यह उर्दूभाषी भारतीय नागरिक स्वाधिकार से चाहते हैं। मामला तो पूरी तौर से अब तक हल नहीं हो पाया।

यह बात स्पष्टतया समझी जानी चाहिए कि पूर्वी उत्तर प्रदेश, बिहार, नेपाल, बंगाल, आसाम, उड़ीसा, आंध्र, तामिल-नाडु, कर्णाटि, केरल, महाराष्ट्र, गुजरात तथा राजस्थान के जनों का हिन्दू-हिन्दुस्थानी के प्रति आकर्षण केवल दो वस्तुओं को लेकर है; और वे हैं, उसकी देवनागरी लिपि एवं संस्कृत शब्दावली। इस महान् सत्य को हमें न तो भूलना ही चाहिए, और न हम इसे कभी भूल ही सकते हैं। पश्चिमी एवं मध्यवर्त्ती उत्तर प्रदेश एवं दिल्ली, लखनऊ तथा इलाहाबाद के सदृश शहरों के हिन्दू—शायद पंजाब को छोड़कर—भारत के अन्य सभी भागों के (मुसलमानों सहित) सभी जनों की अपेक्षा फ़ारसी शब्दावली के निकटतर सम्पर्क में आये। उत्तर प्रदेश तथा पंजाब के बाहर, जब तक किसीने विशेष रूप से अध्ययन करने का विचार न किया हो, तब तक साधारणतया, ऑल इण्डिया रेडियो की 'हिन्दुस्थानी' में आने वाले, 'तरक्क़ी, मज़हब, ज़ालिम, इन्क़िलाब, आज़ादी, जंग, आलिम, तवारीख़, क़ौमी, ज़बान, फतेह, मफ्तूह, दुश्मन, वज़ीरे-आला, मुशाइरा' तथा अन्य भी बहुत-से ऐसे शब्द समझ नहीं सकते। परन्तु काश्मीर से कन्याकुमारी तक तथा दिब्रूगढ़ से लाहौर तक के रेडियो-संवाद समझ सकने वालों में से ⅘ 'उन्नति, धर्म, अत्याचारी, क्रान्ति या विप्लव, स्वाधीनता, युद्ध, विद्वान्, इतिहास, जातीय, भाषा, जेता या जयी, विजित, शत्रु, प्रधान मन्त्री, कवि-सम्मेलन'—इन शब्दों को तो अवश्य

ही समझ सकते हैं। भारत के अन्य भागों द्वारा हिन्दुस्थानी को राष्ट्रभाषा के रूप में स्वीकार करने के प्रति दिखलाये गए उत्साह का कारण यह था कि वह संस्कृतनिष्ठ हिन्दी थी, तथा भारतीय लिपि देवनागरी में लिखित थी; उसका कारण यह था कि एकसदृश संस्कृत उपादानों को देखकर, उन्होंने अपनी भाषाओं तथा हिन्दुस्थानी में निकटता का अनुभव किया। वे हिन्दी को 'समकक्षों में प्रथम' स्वीकार करके प्रसन्न थे। परन्तु हिन्दी के संस्कृत उपादान को क्रमशः कम करने की प्रवृत्ति भारतीय परम्परा एवं भारतीय संस्कृति पर प्रत्यक्ष आघात-सा है। इसका फल यही होगा कि सांस्कृतिक विषयों में भारत का दिवालियापन घोषित करना पड़ेगा, और स्थिति को टिकाए रखने के लिए फ़ारसी एवं अरबी से उसी प्रकार उधार लेने का अवसर खड़ा हो जाएगा, जैसे संस्कृत का अस्तित्व ही नहीं था। ऐसा कौनसा भारतीय है—विशेषतः यदि वह हिन्दू हो—जो राष्ट्रीय आत्मसम्मान का दम भरते हुए, संस्कृत के 'गणित' सदृश शब्द को छोड़कर अरबी के 'हिन्दसा' सरीखे शब्द को, जो आर्य पारसीक 'अन्दाज़' से प्राप्त है, स्वीकार करेगा? क्या हम एक 'त्रिकोण' को त्रिकोण न कहकर 'मुसल्लस' कहें? तिलमात्र भी राष्ट्रीय आत्मसम्मान रखने वाला ऐसा कौनसा व्यक्ति है, जो विज्ञान, साहित्य एवं दर्शन की सारी शब्दावली, हिन्दू भारत में कभी भी अप्रचलित न हुई संस्कृत की शब्दावली के उपस्थित रहते हुए भी, ज्यों-की-त्यों अरब-स्थान से मँगवाना चाहेगा?

इस विषय में हिन्दू दृष्टिकोण बिलकुल स्पष्ट प्रतीत होता है, एवं वही एक सच्चे राष्ट्रप्रेमी का दृष्टिकोण है। मुसलमान भावना की रक्षा करते हुए भी, ऐसा कोई सच्चा भारतीय नहीं हो सकता—यदि वह बिलकुल धर्मान्ध ही हो और धार्मिक विषयों के शब्दों के अतिरिक्त अन्य विषयों में भी लिपि के साथ अध्यात्म का सम्बन्ध जोड़ने के विचित्र विचार रखता हो, तो कह नहीं सकते—जो संस्कृत का अरबी के लिए बलिदान कर दे। अरबस्थान के बाहर के मुसलमान जनों में भी अरबी के प्रति पहले वाली प्रगाढ़ भक्ति नहीं रही। तुर्किस्तान वालों ने तो ईश्वर शब्द के अरबी पर्याय 'अल्लाह' तक को निकालकर उसकी जगह प्राचीन तुर्की के 'तान्री' (Tanri=आकाश या आकाश-देवता), 'इदि' (Idi=ईश्वर), तथा 'मुंकु' (Munku=अमर) आदि शब्दों को अपनाया है। फ़ारस में भी देशज आर्य-शब्द 'ख़ुदा' या 'ख़ुदाय' (वह जो स्वतः कार्य करता है; <प्राचीन ईरानी—'ख़्व-दात'=संस्कृत 'स्व-धा',—ग्रीक=औतो-क्रातोर् Autokrator) तथा 'ईज़द्' (पूजित, <प्राचीन ईरानी—'यज़त'=संस्कृत—'यजत') अरबी 'अल्लाह' से कभी नहीं दबे; तथा देशज

आर्य 'नमाज़' (=संस्कृत 'नमस्') ईरान में (तथा भारत में) अरबी 'सलात' की अपेक्षा अधिक प्रचलित शब्द है। फ़ारस के लोगों ने इस्लाम का परित्याग नहीं किया, परन्तु वे भी अपनी भाषा को अरबी के दासत्व से छुड़ाकर उसकी शैली को विशुद्ध देशज ईरानी बनाने का प्रयत्न कर रहे हैं। प्राचीन पारसीक शब्दों का पुनरुद्धार किया जा रहा है: उदा० 'ईज़द्' (=ईश्वर) शब्द जो अव्यवहृत हो चला था, अब पुनः भली भाँति प्रचलित हो गया। तेहरान विश्वविद्यालय का नाम अरबी—'दारु-ल्-उलूम' न होकर आर्य पारसीक 'दानिश्-गाह' (संस्कृत* 'जानिष्णु-गातु या ज्ञान-गातु') रखा गया है। जब बाहर के जगत् का ही यह रुख है, तो भारतीय मुसलमानों के फ़ारसीयुक्त उर्दू के प्रश्न पर कड़े विचार रखने वाले एक वर्ग-विशेष के विचारों में भी परिवर्तन आकर ही रहेगा; और चिह्न तो ऐसे दृष्टिगोचर हो रहे हैं कि वह समय बहुत दूर नहीं है। व्यक्तिगत रूप से मुसलमान विद्वज्जनों ने संस्कृत एवं हिन्दी के प्रति अपने बदले हुए दृष्टिकोण का परिचय दिया है। मेरे एक मुसलमान मित्र हैं जो यनिर्वसिटी के प्रोफ़ेसर हैं। उनका घर लखनऊ है और वे अरबी तथा फ़ारसी के अच्छे पण्डित हैं; जर्मनी तथा यूरोप की अन्य यूनिर्वसिटियों में बारह वर्ष से भी अधिक समय बिता चुके हैं। उन्हें उनके एक मुसलमान मित्र ने अपने नये बनाये हुए मकान के लिए उपयुक्त फ़ारसी या अरबी नाम पूछा। प्रोफ़ेसर साहब ने उन्हें सुझाव दिया कि हिन्दी या संस्कृत के 'सुख-भवन' के सदृश कोई नाम रखिए, क्योंकि अरबी के नाम अनुपयुक्त एवं पुराने-से होते जा रहे थे, एवं इसके अतिरिक्त एक भारतीय के नाते उन्हें अपने घर का भारतीय नाम रखकर अधिक प्रसन्न होना चाहिए। हमने सुना है ऐसे कुछ मुसलमान लेखकों का दल खड़ा हो भी गया है, जो अपनी उर्दू को विशुद्ध हिन्दी के अधिकाधिक निकट लाना चाहते हैं, तथा इस हेतु से देशज भारतीय-आर्य शब्दों का (भरसक) प्रयोग करते हैं। ऐसे ही एक लेखक की कुछ कविताएँ दोनों लिपियों में हिन्दी एवं उर्दू दोनों की पढ़े जाने की दृष्टि से प्रकाशित की गई हैं।

स्व० सर मुहम्मद इक़बाल, जोकि आधुनिक उर्दू कवियों में सबसे महान् गिने जाते हैं, कभी-कभी निम्न प्रकार की पंक्तियाँ लिख जाते थे (इक़बाल साहब पाकिस्तान के विचार के सर्वप्रथम जन्मदाता थे; यद्यपि उनके पूर्वज काश्मीरी ब्राह्मण थे); हालाँकि यह संशय उठ खड़ा होता है कि स्यात् उन्होंने ये पंक्तियाँ नम्रता के वश होकर लिख डाली होंगी। वे पंक्तियाँ ये हैं—

"शक्ती भी शान्ती भी भगतों के गीत में है,
धरती के वासियों की मुक्ती प्रीत में है।"

('नया शिवाला'

इन पंक्तियों में तथा इक़बाल की साधारणतया अत्यन्त फ़ारसी-गर्भि शैली में, जिसके उदाहरण पहले दिये जा चुके हैं, कितना अन्तर है! एक आरम्भिक उर्दू कवि अवश्य ऐसा था जो कम-से-कम अपनी कुछ कविताओं में अरबी तथा फ़ारसी की भरती की उक्त पराकाष्ठा तक नहीं पहुँचा। वह आगरा के नज़ीर (लगभग १७२०-१८२०)। ये बड़ी चलती हिन्दुस्थानी लिखते थे जो न तो अत्यन्त फ़ारसीमय ही थी, और न बिलकुल संस्कृतपूर ही; और (हिन्दू पाठकों एवं श्रोताओं के लिए लिखी गई) कई कविताओं तो उन्होंने संस्कृत शब्दों का भी बेरोक-टोक प्रयोग किया है। (नज़ीर मुंशी और पेशवा जब आगरा में नज़र-कैद थे, उनके लड़कों को तथा शहर के क हिन्दू व्यवसायियों के लड़कों को भी फ़ारसी एवं उर्दू पढ़ाया करते थे। नज़ीर सच्चे मानव-प्रेमी थे और फैलन (Fallon) के मतानुसार, आधुनि यूरोपीय मानों से जाँचने पर प्रारम्भिक उर्दू के एकमात्र महान् कवि कहे ज सकते हैं। हाँ, यह बात अवश्य है कि कई गन्दी एवं अश्लील कविताएँ भी उनकी रचित बतलाई जाती हैं। वास्तव में यह बड़े दुःख की बात है कि फ़ार की बाग़ो-बहार पर फ़िदा हुए उर्दू के अन्य कवियों एवं लेखकों के ध्यान नज़ीर की हिन्दुस्थानी की शैली जँच न सकी। नज़ीर की कविताएँ वास्तव लोकप्रिय होने योग्य हैं, और उनकी 'बंजारानामा', 'जोगी', 'बरसात 'आदमी-नामा' आदि कविताएँ तो बहुत ही प्रसिद्ध हैं। अब भी यह आशा क जा सकती है कि नज़ीर की हिन्दू पौराणिक एवं अन्य सर्वसाधारण विषयों प लिखी कविताएँ (न कि उनकी 'ग़ज़लें' जिनमें उन्होंने फ़ारसी रीतियों का अनु सरण किया है), आज की हिन्दुस्थानी के लिए दिशासूचक या पथ-प्रदर्शक बनें

भारतीय जीवन में संस्कृत के महत्त्व के विषय में जो कुछ भी कह जाए, कम ही होगा। संस्कृत वह सूत्र है, जो भारत को सांस्कृतिक और परि णामतः राजनीतिक एकता में बाँधने वाला रहा है। जनता का एक बहुत बड़ वर्ग किसी भी भारतीय प्रादेशिक भाषा—और हिन्दी भी एक प्रादेशिक भाष है—को हटाकर संस्कृत को एकमात्र राष्ट्र-भाषा नहीं तो कम-से-कम राष्ट्रीय भाषाओं में से एक बनाना चाहता है। संस्कृत अधिकांश भारतीय भाषाओं— आर्य और द्रविड़ दोनों की पोषक है और यदि हिन्दुस्थानी को भारतीय ब रहना है तो इसे संस्कृत का आश्रय लेना होगा। फ़ारसीमय हिन्दुस्थानी, ज

पंजाब और पश्चिमी उत्तर प्रदेश के बाहर सामान्यतः समझी नहीं जाती, सार्वजनिक भाषा, विशेषतः बिहारियों, नेपालियों, बंगालियों, उड़ीसा-वासियों, असमियों तथा महाराष्ट्रों, गुजरातियों, राजस्थानियों, और तेलगू, कन्नड, तमिल तथा मलयालम-भाषियों के बीच लोकप्रिय भाषा नहीं बन सकती। इस सम्बन्ध में पाकिस्तान सरकार तक की यह चेष्टा पूर्वी बंगाल में सफल नहीं हुई है।

हमें हिन्दुस्थानी को केवल जीवन के साधारण व्यापारों के उपयुक्त 'आदान-प्रदान (मेल-मिलाप) की भाषा' ही न बनाकर, उच्च एवं आधुनिक विचारों को व्यक्त करने जितनी शक्तिपूर्ण बनाना है, और इसके लिए हमेशा शब्द निर्मित नहीं किये जा सकते; अतएव वे मुख्यतया संस्कृत से ही लिये जाएँगे। दूसरे शब्दों में हम कह सकते हैं कि भारत में किसी भी भाषा के लिए संस्कृत की अवगणना करके, वास्तविक राष्ट्रभाषा बनने का प्रयत्न करना नितान्त असम्भव होगा—हम इसी बात को यों भी कह सकते हैं कि शब्दावली की दृष्टि से सबको स्वीकार्य राष्ट्रभाषा नागरी-हिन्दी ही हो सकती है, उर्दू नहीं। सांस्कृतिक शब्दों के लिए हमें इस क्रम का अनुसरण करना होगा : यथासम्भव, जनसाधारण की रीति पर चलते हुए, नये शब्दों का निर्माण कर लिया जाए; यह न हो सके, तो शब्द संस्कृत से ले लिये जाएँ; यदि संस्कृत में भी अप्राप्य हों, तो फिर फ़ारसी या अरबी या अंग्रेज़ी से ले सकते हैं। साधारण शब्दावली के लिए सर्वप्रथम अवसर संस्कृत को दिया जाना चाहिए। 'इस्लामी शब्दों' के लिए अरबी या फ़ारसी से शब्द लेने की पूरी-पूरी छूट रहेगी, क्योंकि उनके संस्कृत पर्यायों से लोगों को कभी-कभी आपत्ति भी हो सकती है, अथवा यह उज्र भी उठाया जा सकता है कि संस्कृत पर्याय मूल शब्द का अर्थ ठीक-ठीक व्यक्त नहीं कर सकते। संस्कृत या हिन्दी के विरोध की यह भावना भारत के सर्वप्रथम मुसलमान विजेता महमूद गज़नवी के दृष्टिकोण में नहीं मिलती, यद्यपि उसे 'बुतशिकन्' (मूर्ति-तोड़क) कहा जाता है। उसने अरबी धार्मिक सिद्धान्तों को भी संस्कृत में अनुवाद करवाकर अपने दिरहमों (सिक्कों) पर छपवाया (दे० व्याख्यान २—भाग २)। औरंगज़ेब तक को संस्कृत भाषा से कोई विरोध नहीं था। फ़ारसी में अपने पुत्रों तथा अन्य व्यक्तियों को लिखे गए उसके अत्यन्त व्यक्तिगत तथा मानवीय भावनाओं से परिपूर्ण पत्रों में से एक में यह वृत्तान्त मिलता है : एक बार बादशाह के एक पुत्र ने उसे दो प्रकार के आम भेजे, और बादशाह से उनका नामकरण करने की प्रार्थना की। उत्तर में औरंगज़ेब ने दो संस्कृत नाम—'सुधा-रस' तथा 'रसना-विलास' (रसना-बिलास) सुझाए। फ़ारस के लोग यदि (अरबी के 'अल्लाह, सलात,

सौम, रसूल तथा मल्अक' आदि नामों के बदले या साथ-साथ) अपने प्राचीन शब्दों, 'ख़ुदा, नमाज़, रोज़ा, पैग़म्बर तथा फ़िरिश्ता' का प्रयोग कर सकते हैं, तो भारत में भी भारतीय देशज (संस्कृत या हिन्दी) शब्दों—'ईश्वर, या देव,' 'अर्चना या विनती,' 'उपवास-लंघन,' 'ईश्वर-प्रेरित' या 'महापुरुष' तथा 'देवदूत' आदि—का व्यवहार क्यों न किया जाए ? महमूद गज़नवी तक ने अपने भारतीय सिक्कों पर अरबी 'रसूल' के लिए 'जिन' और 'अवतार' आदि संस्कृत शब्दों का उपयोग किया है। अभी कल तक, इलाहाबाद के आसपास के मुसलमान 'अल्लाह' के बदले 'गुसैयाँ' (संस्कृत 'गोस्वामिन्') का प्रयोग करते थे; तथा मलिक मुहम्मद जायसी एवं अन्य मुसलमान ग्रन्थकारों ने 'अल्लाह' के अर्थ में 'करतार,' 'साईं' (=स्वामी) आदि शब्दों का ही व्यवहार किया है। यदि शिक्षित मुसलमानों की भावना ऐसे संस्कृत या हिन्दी शब्दों के भी विरुद्ध ही बनी रही, तो विशिष्ट रूप से मुसलमानी सन्दर्भों में हमें उनके फ़ारसी या अरबी पर्याय ही अपनाने होंगे। साथ ही राष्ट्रभाषा में हमें कई सौ या लगभग एक हज़ार तक, ऐसे फ़ारसी-अरबी के शब्द सम्मिलित करने होंगे, जिनका सम्बन्ध मुसलमान धार्मिक विवेचन, कर्मकाण्ड तथा धार्मिक संस्कृति से हो; व्यवहार में ये शब्द एक वर्ग-विशेष के रूप में रहेंगे। और जहाँ तक साधारण जीवन के व्यापारों को व्यक्त करने वाले हिन्दुस्थानी के आत्मसात् किये हुए अरबी एवं फ़ारसी शब्दों का प्रश्न है, हमें उन्हें ज्यों-का-त्यों बने रहने देना चाहिए (उदा० 'आदमी, मर्द, औरत, बच्चा, हवा, कम, बेश, मालूम, नज़दीक, मुल्क, फ़ौज, आईन, जल्द, फलाना, खूब, हमेशा, देर, जमा, हिसाब, ज़िद्द, हुकम' इत्यादि)। इन शब्दों की संख्या लगभग पाँच हज़ार के हो जाएगी। (यह अनुमान बंगला के ऊपर से लगाया गया है। स्व० श्री ज्ञानेन्द्र मोहनदास-कृत बंगला के सबसे बड़े शब्दकोश के द्वितीय संस्करण में, एक लाख बीस हज़ार के लगभग शब्दों में भाषा द्वारा आत्मसात् किये हुए फ़ारसी-अरबी शब्दों की संख्या पच्चीस सौ के लगभग है।) ऐसे शब्द हिन्दी में भी घुल-मिलकर एक हो गए हैं, और उनसे किसी को आपत्ति भी नहीं होनी चाहिए। इनमें से बहुत-से दैनिक जीवन के व्यवहार के शब्द हो गए हैं, और अब सहज ही उनके बिना चलना कठिन जान पड़ता है, हालाँकि हमारे पास उनके संस्कृत एवं हिन्दी पर्याय भी हैं। उदा० ऊपर दिये गए शब्दों के लिए अनुक्रमानुसार ये शब्द भी हमारे यहाँ हैं : 'मानुस, पुरुष या नर, स्त्री या नारी, शिशु, बयार, या वायु, अल्प या थोड़ा, अधिक, विदित या ज्ञात, निकट, देश, सेना, विधि, तुरन्त या शीघ्र, अमुक, अच्छा या सुन्दर, सदा, विलम्ब, एकत्र या इकट्ठा, आय, गणना

या आय-व्यय, आग्रह या निर्बन्ध, आज्ञा या आग्या।' परन्तु उच्च शब्दों की बात दूसरी है।

कभी-कभी परमात्मा एवं मनुष्य दोनों की एक ही उद्देश्य से साथ-ही-साथ प्रार्थना करने से दोनों ही विफल हो जाती हैं। उसी प्रकार 'सुवर्ण मध्य' मार्ग का अनुसरण करने की चिन्ता में तैयार की हुई हिन्दी एवं उर्दू की—संस्कृत तथा फ़ारसी-अरबी की—कुछ ऐसी विचित्र खिचड़ी पकाई जाती है, जिसे देखकर न तो हिन्दू ही सन्तुष्ट हो सकते हैं और न मुसलमान ही। सिनेमा की हिन्दुस्थानी के विषय में बम्बई और अन्य स्थलों पर यही हो रहा है। कभी तो, पौराणिक हिन्दू फ़िल्मों में कोई ऋषि महाराज किसी बातूनी पात्र को 'ख़ामोश, ख़ामोश!' कहकर फटकारते दिखलाई पड़ते हैं, और इसके पश्चात् संस्कृत के लम्बे-लम्बे शब्दों के साथ फ़ारसी-अरबी के जबड़ातोड़ शब्दों की अजीब गंगाजमुनी बहाने लग जाते हैं। कभी प्राचीन हिन्दू नायक एवं नायिकाएँ एक-दूसरे के प्रति शाश्वत एवं 'ज़िन्दगी'-भर तथा उसके बाद भी चलने वाली 'मोहब्बत' की शपथ लेते नज़र आते हैं। यह सब देखकर 'ऑर्डर' के मुताबिक भाषा बना देने वाले इन व्यवसायियों की भाषा की जानकारी एवं परख पर तरस आये बिना नहीं रहता। हिन्दुस्थानी में अरबी-फ़ारसी के बहुत-से शब्द अतिरिक्त भाण्डार के रूप में रहने चाहिएँ, जिनका उपयोग विशेष प्रकार के संयोगों के लिए ही हो। केवल जनसाधारण की बोलचाल के ही नहीं, वरन् आवश्यकतानुसार शैली को अलंकृत करने के लिए भी प्रयुक्त हो सकें, ऐसे अरबी-फ़ारसी के शब्द-भाण्डार से हमारी राष्ट्रभाषा की भाव-व्यञ्जकता में और भी वृद्धि होगी; यद्यपि हमारी भाषा में वास्तविक भारतीय भाषा के सभी गुण हैं, और अपनी महान् तथा अतुलनीय संस्कृत रिक्थ की वह सच्ची अधिकारिणी है। इस प्रकार उसका स्वरूप उसी प्रकार अनेकविध एवं सार्वजनीन हो जाएगा, जैसे अंग्रेज़ी का देशज सैक्शन भाषा से शक्ति संचय करके फ्रेंच एवं लातीन उपादानों से उधार लेकर हुआ है।

अतएव हमारा सुझाव यह है कि हमें रोमन लिपि एवं संस्कृत की वर्णमाला को स्वीकार करना चाहिए। हमारी पृष्ठभूमि संस्कृत की रहे, जिससे आवश्यकतानुसार शब्दावली हम लेते रहें। साथ ही इस्लामी सिद्धान्तों को अक्षुण्ण रखने के लिए आवश्यक शब्दावली हम फ़ारसी तथा अरबी से लेंगे; तथा अधिकांश लोगों की समझ में आने वाले एवं साधारणतया भाषा में प्रयुक्त अरबी तथा फ़ारसी के शब्दों को निकालने का प्रयत्न न करें। इस प्रकार यह विस्तृत रूप से समझी जाने वाली सर्वसामान्य भाषा रोमन अक्षरों में लिखित,

संस्कृतनिष्ठ 'हिन्दी' हिन्दुस्थानी होगी, जिसमें सर्वसाधारण द्वारा स्वीकृत फ़ारसी-अरबी के उपादान, तथा इस्लामी धर्म एवं संस्कृति के सदृश विषयों से सम्बन्धित शब्दावली भी फ़ारसी-अरबी से लेने की योजना रहेगी ।

अब हम अन्तिम बात पर आते हैं : यह रोमनी-कृत संस्कृतनिष्ठ एवं फ़ारसी-अरबी इत्यादि उपादानों वाली भाषा एक सहज भाषा होनी चाहिए—अर्थात् उसका व्याकरण सरल होना चाहिए । हमारी समस्या के इस पहलू का महत्त्व अधिकतर या तो समझा ही नहीं जाता, अथवा समझकर दबा दिया जाता है ।

कलकत्ता में अपने बचपन में ही लेखक ने हाट-बाज़ारों में तथा घर के बिहारी नौकरों से बंगाल में प्रयुक्त 'बाज़ारू हिन्दी' कहलाने योग्य भाषा का ज्ञान प्राप्त कर लिया था । उसके पश्चात् जब सर्वप्रथम उसने हिन्दुस्थानी का सही व्याकरण रोमन अक्षरों में छपी एक छोटी-सी पुस्तिका में, जो भारत में आने वाले ब्रिटिश सिपाहियों के लिए बनी थी, देखा, तब उसे अतीव आश्चर्य हुआ । पता चला कि जहाँ सब पुरुषों एवं वचनों के लिए हम एक ही रूप का व्यवहार करते थे (यथा—'हम जायगा—हम लोग जायगा, तुम जायगा—तुम लोग जायगा, आप जायगा—आप लोग जायगा, वो जायगा—ऊ लोग जायगा') वहाँ उस व्याकरण में कम-से-कम चार रूप दिये हुए थे, (यथा—'मैं जाऊँगा—हम जायँगे, तू जायगा—तुम जाओगे, वह जायगा—वे जायँगे') । तब धीरे-धीरे जाकर हमें पता चला कि हिन्दुस्थानी के कम-से-कम दो रूप तो थे ही : एक तो पुस्तकों तथा सार्वजनिक सभाओं में व्यवहृत रूप, जिसका व्याकरण पुस्तकों में तो मिलता है; दूसरा वह, जिसके विविध सरल रूप साधारण लोगों में सर्वत्र (लेखक को बाद में पता चला कि), बिहार तथा उत्तर प्रदेश के कुछ भागों के शिक्षित व्यक्तियों तक में, प्रचलित थे ।

खड़ीबोली के नागरी-हिन्दी एवं उर्दू रूपों का व्याकरण सहज नहीं है, और विशेषकर निम्नलिखित कतिपय बातें तो सर्वसाधारण, सभी जगह सरल बना ही लेते हैं—

(१) विभक्ति-साधित बहुवचन रूपों का त्याग—(उदा०) 'घोड़ा-सब, सब-बात, स्त्री-लोग' आदि-का, 'घोड़ा—(बहु०) घोड़े, बात—(बहु०) बातें, (इ) स्त्री—(इ) स्त्रियाँ' आदि की जगह प्रयोग ।

(२) एकवचन के प्रत्यय (परसर्ग)-ग्राही रूपों का त्याग—(उदा० 'घोड़े-का' की जगह 'घोड़ा-का') । संज्ञा के प्रत्यय-ग्राही रूपों के साथ प्रयुक्त होने वाले सम्बन्ध पद के रूप का त्याग—(उदा० 'उस-के हाथ-से लो' के

बदले 'उस-का हाथ-से लो'।)

(३) व्याकरणात्मक लिंग (स्त्रीलिंग) और उसके साथ विशेष (विशेषणात्मक) सम्बन्ध प्रत्यय—'की' का त्याग, यदि साथ का संज्ञा शब्द स्त्रीलिंग हो—(उदा० 'उस-का लाठी', 'उस-का बहन', 'नया किताब', 'भात अच्छा बना, मगर दाल अच्छा नहीं बना', इत्यादि। व्याकरण-शुद्ध रूप—'उस-की लाठी', 'उस-की बहन', 'नई किताब', 'भात अच्छा बना, मगर दाल अच्छी नहीं बनी।')

(४) आज की हिन्दुस्थानी में १ से १०० तक के संख्यावाचक शब्द एक समस्या हैं—इनमें से हरेक को अलग-अलग याद करना पड़ता है क्योंकि ध्वन्यात्मक परिवर्तनों के कारण इन शब्दों का दशमलवीय स्वरूप अस्पष्ट हो गया है; इस प्रकार १०=**दस**, १५=**पन्द्रह**, १८=**अठारह**, २०=**बीस**, २९=**उन्तीस**, ३०=**तीस**, ३९=**उनतालीस**, ५०=**पचास**, ५१=**इकावन**, ५५=**पचपन**, ५९=**उनसठ**, ७०=**सत्तर**, ७५=**पचहत्तर** आदि। संख्याओं को प्रकट करने का एक सरल ढंग, जो मैंने बर्मा में तेलगू मजदूरों को हिन्दुस्थानी बोलते समय व्यवहार करते देखा, यह है कि एक सरल विश्लेषणात्मक रूप से काम लिया जाए और यह 'बाज़ारू हिन्दुस्थानी' की प्रवृत्ति के अनुरूप ही होगा; जैसे—ऊपर दिये संख्यावाचक शब्दों के लिए क्रमशः **दस**, **दस-पाँच**, **दस-आठ**, **दो-दस**, **दो-दस-नौ**, **तीन-दस**, **तीन-दस-नौ**, **पाँच-दस**, **पाँच-दस-एक**, **पाँच-दस-पाँच**, **पाँच-दस-नौ**, **सात-दस**, **सात-दस-पाँच**, इत्यादि।

(५) सभी कालों, पुरुषों एवं वचनों के लिए एक ही रूप का उपयोग—(उदा० 'हम जाता है—हम लोग जाता है'; 'तुम आया था—तुम लोग आया था।')

(६) सकर्मक क्रिया के भूतकाल के 'कर्तरि (या भावे) प्रयोग' के एक ही रूप का सब वचनों एवं पुरुषों के साथ व्यवहार; तथा भूतकालिक सकर्मक क्रिया के प्रचलित 'कर्मणि प्रयोग' का पूर्णतया त्याग, जबकि क्रिया कर्म की विशेषण रहती है, और यदि कर्म बहुवचन या स्त्रीलिंगी हो, तो क्रिया भी बहुवचन या स्त्रीलिंग-सूचक प्रयत्यों से युक्त की जाती है। (उदा० बाज़ारू हिन्दी में—'हम रोटी खाया', 'हम भात खाया'; 'हम एक राजा देखा', 'हम दो राजा देखा', 'हम रानी देखा'—इत्यादि कर्तरि वाक्य; 'हम (एक, दो) राजा-को देखा', 'हम रानी-को देखा'—इत्यादि 'भावे वाक्य' जिनमें कर्म के रूप में निश्चिन्तता की कल्पना है। शुद्ध हिन्दुस्थानी में उपरोक्त रूप क्रम से इस प्रकार होंगे—'हम-ने या मैं-ने रोटी खाई (स्त्री०), या भात खाया (पु०); 'हम-ने

या मैं-ने एक राजा देखा, दो राजा देखे'; 'हम-ने या मैंने-ने रानी देखी, दो रानियाँ देखीं'; तथा भावे प्रयोग—'हम-ने या मैं-ने एक राजा-को, एक रानी-को (या दो राजाओं को, दो रानियों को देखा)'।

हिन्दुस्थानी का लिंग-विचार बड़ा ही जटिल है, यहाँ तक कि नागरी-हिन्दी एवं उर्दू के बड़े-से-बड़े पण्डित भी इसके स्वरूप के विषय में एकमत नहीं हो सकते। नागरी-हिन्दी तथा उर्दू, दोनों में, पुल्लिग एवं स्त्रीलिंग तो हैं, पर नपुंसकलिंग नहीं हैं। लिंग का आधार हिन्दी में स्वाभाविक लिंग न होकर व्याकरणात्मक है। संस्कृत-'पुस्तिका' से निकला हुआ प्राकृत रूप 'पोत्थिआ' स्त्रीलिंगी है और इसी कारण उससे निकला हिन्दी रूप 'पोथी' भी स्त्रीलिंगी है। संस्कृत 'पुस्तक' (संस्कृत में नपुंसक) तथा फ़ारसी-अरबी 'किताब', दोनों हिन्दी में स्त्रीलिंगी हैं, क्योंकि वे स्त्रीलिंगी 'पोथी' के पर्याय रूप से लिये गए हैं। परन्तु आश्चर्य की बात तो यह है कि फ़ारसी 'दफ़्तर' तथा संस्कृत 'ग्रन्थ' दोनों हिन्दी में पुंलिंग हैं—सम्भवतः ये हिन्दी में बाद में लिये जा रहे होंगे। इसी प्रकार 'वार्त्ता>वत्ता>बात' भी हिन्दी में अपने आभाआ आद्य रूप के कारण स्त्रीलिंगी है। जब संज्ञा-शब्द स्त्रीलिंगी रहता है तब उसके विशेषण को भी 'ई'-प्रत्यय लगाकर स्त्रीलिंग ही बना लिया जाता है, एवं उसके साथ प्रयुक्त क्रिया भी स्त्रीलिंगी हो जाती है।

व्याकरणात्मक लिंग एवं सकर्मक क्रिया के भूतकाल के 'कर्मणि प्रयोग' में आवश्यक लिंग एवं वचन का भेद—इन दो बातों के कारण हिन्दुस्थानी व्याकरण की भाषा कठिन हो जाती है, विशेषतः उन व्यक्तियों के लिए जिनकी मातृभाषाओं एवं बोलियों में व्याकरणात्मक लिंग नहीं है (उदा० पूर्वी हिन्दी, बिहारी, बंगला, असमिया, उड़िया, द्राविड़ एवं अस्ट्रो-एशियाई तथा चीनी-तिब्बती भाषाएँ।) पंजाबी, लहंदी, सिन्धी तथा कुछ अंशों में राजस्थानी, गुजराती, मराठी और हिमालय प्रदेश की बोलियाँ, जिनमें स्वयं व्याकरणात्मक लिंग (कभी-कभी बदले हुए रूप में), तथा भूतकालिक सकर्मक क्रिया के 'भावे-प्रयोग' हैं, बोलने वाले इस विषय में किसी कठिनाई का अनुभव नहीं करते। परन्तु लेखक का अनुभव है कि ये लोग भी बाज़ारू हिन्दुस्थानी का उपरिकथित सरल रूप ही व्यवहार करना पसन्द करते हैं। मद्रास तथा मैसूर में लेखक को बतलाया गया कि द्राविड़ी परीक्षार्थियों को व्याकरणात्मक लिंग तथा 'कर्मणि प्रयोग' की कठिनाइयाँ अत्यन्त दुरूह जान पड़ने के कारण, कांग्रेस हिन्दुस्थानी बोर्ड के अधिकारियों ने तीन वर्ष के पाठ्यक्रम में से पहले दो वर्ष वाले विद्यार्थियों को इस विषय में छूट दे रखी है; उक्त दोनों गलतियों के लिए

परीक्षार्थियों के अंक नहीं कटते। इससे स्पष्ट है कि दक्षिण-भारतीय अध्यापकों के अनुभव से यह बात सिद्ध हो चुकी है कि ये चीजें हिन्दुस्थानी में अनावश्यक हैं।[1]

इन दो वस्तुओं के कारण, हिन्दुस्थानी को साहित्यिक भाषा के रूप में स्वीकार करने वाले पूर्वी हिन्दी, बिहारी एवं कुछ हद तक राजस्थानी एवं पंजाबी वाले जनों के लिए भी, नागरी-हिन्दी तथा उर्दू परिश्रमपूर्वक अध्ययन करने का विषय हो जाती हैं। इस विषय में पश्चिमी हिन्दी या 'पछाँहा' की बोलियाँ बोलने वालों की तुलना में स्वभावतः ही पिछड़ जाना पड़ता है। और यह बात, जैसा कि ऊपर कहा है, केवल व्याकरण के विषय में ही नहीं, बल्कि शब्दावली एवं मुहावरों के लिए भी लागू होती है। 'पछाँहा' या पश्चिमी हिन्दुस्तान का एक निवासी अपनी बोलचाल की भाषा के शब्दों तथा मुहावरों का बेरोकटोक उपयोग करता हिचकिचाता नहीं; परन्तु इलाहाबाद, बनारस या पटना वालों के विषय में यह बात नहीं है। हिन्दुस्थानी के शुद्ध प्राकृतोपलब्ध हिन्दी शब्द पछाँहा के ही हैं, और उनका लिंग-भेद भी पछाँह का ही है। यही सब सोचकर तो एक विख्यात उर्दू कवि ने कहा था—

"बाजों का गुमाँ है, कि— 'हम अहले-जबाँ हैं' :
दिल्ली नहीं देखी, जबाँ-दाँ ये कहाँ हैं ?"

(=कुछ लोगों का यह अभिमान है कि हम भी राष्ट्रभाषा वाले हैं। इन्होंने दिल्ली तो देखी ही नहीं, फिर ये भाषाविद् कहाँ से हुए ?)

उक्त पंक्तियाँ हमें 'कौशितकी उपनिषद्' में आये हुए 'उदीच्य' भाषा

---

१. इस विषय में आन्ध्र के अखिल-भारतीय ख्याति-प्राप्त नेता डॉ० पट्टाभि सीतारामय्या के निम्नलिखित विचार रोचक प्रतीत होंगे : "हम दक्षिण वालों के लिए हिन्दुस्थानी या हिन्दी दो सबसे बड़े हौवे खड़े कर देती है; वे हैं, कर्ता के साथ 'ने' का प्रयोग तथा शब्दों का लिंग-भेद। तेलुगु में लिंग-भेद बड़ा सहज है; शब्द स्त्री या पुरुषवाची ध्वनि या विचार के साथ बदलते हैं, तथा स्त्रीलिंग एवं नपुंसकलिंग दोनों के लिए विभक्ति एक सदृश होती है....हम दक्षिण वाले जब हिन्दी या हिन्दुस्थानी सीखने लगें तब हम लोगों को इस 'ने' तथा लिंग-भेद के जुल्म से मुक्त ही रखना चाहिए। अन्त तक विश्लेषण करने पर तो 'ने' वाली कठिनाई भी लिंग-भेद तथा वचन-भेद के कारण ही उत्पन्न हुई ज्ञात होती है।" (जेड० ए० अहमद द्वारा संकलित तथा 'किताबिस्तान', इलाहाबाद द्वारा १९४१ में प्रकाशित 'भारत की राष्ट्रभाषा' National Language of India शीर्षक पुस्तक, पृष्ठ २५२ से उद्धृत।

की लोकमान्यता के उल्लेख का स्मरण कराती हैं (दे० व्याख्यान—२)। हिन्दुस्थानी (नागरी-हिन्दी या उर्दू) का शुद्ध एवं मुहावरेदार रूप सीखने में पश्चिमी उत्तर प्रदेश—विशेषतः दिल्ली या मेरठ या देहरादून का पर्यटन बहुत-कुछ सहायक हो सकता है। इसी कारण पछाँहा के बहुत-से हिन्दी एवं उर्दू के साहित्यिकों में भाषा के विषय में 'पुरबियों तथा अन्यों' से अपने श्रेष्ठतर होने की सम्भावना रहती है। और दूसरे लोग (पुरबिये आदि) अपने तद्रूप न्यूनगण्ड के कारण चुपचाप उक्त श्रेष्ठता को स्वीकार भी कर लेते हैं, और अपने 'अशुद्ध' व्याकरण, मुहावरे तथा शब्दों के प्रयोगों को लेकर उड़ाई हुई हँसी को भी चुपचाप सह लेते हैं।

परन्तु यदि ये व्याकरण-विषयक विशिष्टताएँ, जो बाकी के भारत-वासियों के लिए वास्तविक कठिनाइयाँ बन रही हैं, कम कर दी जाएँ, जैसा कि पूर्वी हिन्दी वालों तथा बिहारियों ने किया है, तो संस्कृतनिष्ठ प्रचलित हिन्दुस्थानी, एक अत्यन्त सहज, सुबोध तथा ओजपूर्ण भाषा बन जाती है। इस सहज बनी हुई हिन्दुस्थानी का सारा व्याकरण एक पोस्टकार्ड पर लिखा जा सकता है। 'बाज़ारू हिन्दुस्थानी' के सदृश सुगठित तथा ओजपूर्ण भाषा को हाट-बाज़ार से, जहाँ पर कि उसका स्वतन्त्र, अनवरुद्ध जीवन-प्रवाह पंडितों की घृणा की परवाह न करते हुए अनवरत रूप से बहा चला जा रहा है, उठाने की आवश्यकता है। हमें उसे आदरपूर्ण आन्तर्जातिक या आन्तर्देशिक भाषा के इतने उच्च स्तर तक उठाना होगा कि वह कम-से-कम सार्वजनिक सभा-सम्मेलनों आदि में प्रयुक्त होने योग्य बन जाए। इसमें साहित्य का सृजन बाद में हो सकता है—आगे चलकर होगा ही। परन्तु वह सारी भविष्य की बात है। अभी हाल के लिए इसे एक द्वितीय भाषा के रूप में स्वीकृत किया जा सकता है, जिससे सर्वसाधारण को परिचित हो जाने के लिए कहा जाए। यह उसी भाँति फ़ारसीयुक्त उर्दू तथा नागरी-हिन्दी के साथ-साथ प्रयुक्त होती रहेगी, जैसे आज होती है। जिनकी इच्छा होगी, वे अपने धर्म या पसन्दगी के अनुसार आज की भाँति उर्दू या नागरी-हिन्दी का भी अध्ययन करते रहेंगे।

फ़िलहाल कुछ दिनों के लिए हिन्दुस्थानी के इस तीसरे रूप का व्यवहार अंग्रेज़ी और संस्कृत के साथ-साथ अन्तर्प्रान्तीय सम्पर्क के लिए किया जा सकता है। साहित्यिक हिन्दी एवं उर्दू के प्रेमियों तथा खास हिन्दुस्थानी प्रदेश (अर्थात् पश्चिमी हिन्दी क्षेत्र) के निवासियों को यह योजना उनकी भाषा की ज़ड़ों पर कुठाराघात-सा प्रतीत होगा, और वे इससे चौंककर स्वभावतः विचलित भी हो उठेंगे। परन्तु बिना व्याकरण की इस अशुद्ध बाज़ारू हिन्दुस्थानी

के आज तक, कई पीढ़ियों तक प्रयुक्त होते रहने पर भी, हिन्दी या उर्दू की विशुद्धता को तनिक भी आँच नहीं पहुँची। जब तक इस (व्याकरण-शुद्ध हिन्दी या उर्दू) का एक घर की भाषा के रूप में व्यवहार तथा अध्ययन होता रहेगा—भले ही वह और भी सीमित क्षेत्र में क्यों न हो—तब तक उसकी विशुद्धता नष्ट भी नहीं हो सकती। किसी भाषा को तो उसकी बिना पकड़ वाले बाहर के लोग बोलते या लिखते समय बिगाड़ते हैं। उपर्युक्त प्रकार का भय पछाँह के ऐसे बहुत-से लेखकों के मन में है; जो बिहार, पूर्वी उत्तर प्रदेश, पंजाब एवं राजस्थान के बहुत-से लेखकों द्वारा लिखित हिन्दी या उर्दू से कुछ बड़े प्रसन्न नहीं हैं। उन्हें 'छूटछाट' वाली भाषा का प्रयोग करने दिया जाना चाहिए; तभी मूल भाषा की रक्षा हो सकती है।

परन्तु इस सारे कल्पना-जंजाल में उतरने की आवश्यकता ही नहीं है। लेखक का उद्देश्य केवल सहज हिन्दुस्थानी को राष्ट्रभाषा के विषय में विशेष चिन्ताशील लोगों के समक्ष लाना है, जो पहले से ही हमारे बीच प्रचलित है। हम इस सहज हिन्दुस्थानी के कलकत्ता या बंगाल में व्यवहृत रूप की पूर्ण रूप से विवेचना एक निबन्ध में कर ही चुके हैं। इसके अतिरिक्त बम्बई, पूना, अहमदाबाद, पेशावर, दार्जिलिंग, गौहती, ढाका, मद्रास, तिरुप्पती, बँगलौर तथा रामेश्वरम् आदि विभिन्न स्थानों के बाज़ारों एवं राजमार्गों पर के अपने अनुभव से लेखक इसी निष्कर्ष पर पहुँचा है कि इन सभी जगहों की हिन्दुस्थानी कलकत्ता की हिन्दुस्थानी से कोई बहुत भिन्न नहीं है। भारत के विभिन्न भागों में प्रचलित इस सहज हिन्दुस्थानी के रूपों का पूर्ण अध्ययन करने वाले विशेषज्ञों की एक समिति—जिसमें द्राविड़ प्रदेश वाले भी हों—एक ऐसा संक्षिप्ततम व्याकरण सुझा सकेगी जो इस अखिल-भारतीय आदान-प्रदान (मेल-मिलाप) की भाषा के नियमन के लिए आवश्यक हो। वही समिति यह भी सुझाव दे सकेगी कि किस प्रकार इस भाषा का भारतीय जनता के अधिकाधिक लाभ के लिए उपयोग किया जा सकता है।

राज (या राष्ट्रीय) भाषा के रूप में हिन्दी (हिन्दुस्थानी) की स्थिति के सम्बन्ध में एक संक्षिप्त वक्तव्य द्वारा मैं इस प्रसंग को समाप्त करना चाहता हूँ।

इस शताब्दी के द्वितीय दशक से जब राष्ट्रीय स्वाधीनता आन्दोलन ने एक नया रूप धारण किया, ब्रिटिश शासन के प्रति अविश्वास ने अंग्रेज़ी भाषा के प्रति प्रबल विरोध की भावना को फिर से उभाड़ा और लोग जीवन के प्रत्येक क्षेत्र में अपनी ही भाषाओं के व्यवहार के इच्छुक हुए और महात्मा

गांधी ने भारत में सर्वाधिक प्रचलित भाषा होने के नाते हिन्दी को स्वतन्त्र होने वाले भारत की **राष्ट्रभाषा** के रूप में सामने रखा तथा भारतीय राष्ट्रीय कांग्रेस ने अधिक सोच-विचार किये बिना ही, अपने अन्दर के हिन्दी-भाषा गुट के उत्साहपूर्ण समर्थन से हिन्दी को इस रूप में स्वीकार कर लिया। स्वतन्त्रता-प्राप्ति के बाद यह प्रश्न फिर उठा और इसे प्राथमिक महत्त्व का प्रश्न बना दिया गया। स्वतन्त्र भारत में प्रथम सार्वजनिक निर्वाचन से पहले देश के लिए संविधान तैयार करने के उद्देश्य से बनाई गई संविधान-समिति ने, जिसमें भारतीय राष्ट्रीय कांग्रेस के सदस्य थे, दो बैठकों के बाद १५० से कम सदस्यों के सदन में केवल एक बहुमत से निश्चय किया कि नागरी लिपि में लिखित हिन्दी भारत की राज-भाषा होगी (सितम्बर १९४९)। दो सदस्यों ने, जिनमें से एक नज़ीरुद्दीन अहमद मुसलमान थे और दूसरे पंडित लक्ष्मीकान्त मैत्र हिन्दू थे, संस्कृत का पक्ष बड़े ज़ोर के साथ सामने रखा और अनेक प्रमुख सदस्यों ने संस्कृत का पक्ष-समर्थन किया। यह सदन चुनाव द्वारा समस्त भारत का प्रतिनिधि नहीं था और अब अहिन्दी-भाषी लोग, वास्तविकता से सामना होने पर हिन्दी के प्रति उतने उत्साही न रह गए थे। नई संसद का चुनाव हो जाने पर राष्ट्रीय सरकार बनी तो उसके सामने संविधान में राज-भाषा के रूप में हिन्दी रखी हुई थी, जिसे अन्ततः अंग्रेज़ी का स्थान लेना था। हिन्दी-भाषी लोगों के प्रबल समर्थन के साथ हिन्दी के प्रसार और व्यवहार का कार्य शुरू किया गया। परन्तु प्रगति बहुत धीमी रही और अंग्रेज़ी की जगह हिन्दी को बिठाने के प्रयत्न में अप्रत्याशित कठिनाइयाँ सामने आने लगीं। भारत सरकार ने यह जाँच करने के लिए कि अंग्रेज़ी की जगह हिन्दी को रखना क्या सम्भव होगा और कहाँ तक, इस सम्बन्ध में सिफारिशें पेश करने के लिए सन् १९५५-५६ में २१ सदस्यों का एक आयोग नियुक्त किया। इस आयोग ने अपनी रिपोर्ट १९५६ में ही प्रस्तुत कर दी थी, परन्तु यह रिपोर्ट जनता के सामने १९५७ के द्वितीय सार्वजनिक चुनाव के बाद ही रखी गई। आयोग के दो सदस्यों ने अखिल भारतीय कार्यों के लिए अंग्रेज़ी को यथापूर्व रहने देने की सिफ़ारिश करते हुए विरोधात्मक टिप्पणियाँ प्रस्तुत की थीं। इसी बीच हिन्दी के विरुद्ध अहिन्दी-भाषी लोगों के मत स्पष्ट रूप ग्रहण कर रहे थे, क्योंकि एक तो हिन्दी प्रादेशिक भाषा है और दूसरे यह न तो अंग्रेज़ी-जैसी समृद्ध ही है और न भारत की अन्य 'राष्ट्रीय भाषाओं' के ऊपर श्रेष्ठता का दावा ही कर सकती है। अभी तक भी यही अनुभव किया जा रहा है कि एक प्रादेशिक भाषा होने के कारण हिन्दी-भाषियों को हमेशा के लिए विशेष सुविधाएँ मिल जाएँगी।

इससे भारत के किसी विशिष्ट भाषा वाले राज्य में अन्य भारतीय भाषाओं की मान्यता का प्रश्न उपस्थित होने पर इन अन्य भाषाओं के प्रति असहिष्णुता की भावना के फलस्वरूप भाषा-सम्बन्धी उपद्रवों का दृश्य उपस्थित हो गया। भारत-सरकार द्वारा नियुक्त संस्कृत-आयोग (१९५६-५७) ने भी हाई स्कूल के विद्यार्थियों के लिए अनिवार्य भाषाओं के रूप में मातृभाषा अंग्रेजी और संस्कृत (या कोई समान क्लासिकल भाषा या दूसरी विदेशी भाषा) को रखने और आवश्यकता होने पर हिन्दी को कालेज में पढ़ाने की एकमत से सिफ़ारिश की। उधर कलकत्ता की 'Society for the Development of the National Language of India' जैसी संस्थाएँ राज-भाषा के रूप में हिन्दी के विरोध में तथा अंग्रेज़ी और विभिन्न 'राष्ट्रीय भाषाओं' के पक्ष में प्रवल आन्दोलन कर रही हैं। भारतीय संसद का जो भी निर्णय हो, परन्तु ऐसा प्रतीत होता है कि भारत की एकमात्र राजभाषा के रूप में हिन्दी को स्थापित करने में, जैसा कि जनता का एक वर्ग चाहता है, अनेक उल्लंघ्य कठिनाइयाँ उपस्थित होंगी। भारत के प्रधान मंत्री पण्डित श्री जवाहरलाल नेहरू ने भी भारत में अंग्रेज़ी के महत्त्व पर ज़ोर दिया है और संसद में घोषणा की है कि अंग्रेज़ी अनिश्चित काल तक राजभाषा के रूप में बनी रहेगी और अंग्रेज़ी भी उतनी ही भारतीय भाषा है जितनी कि पांडिचेरी में फ्रेंच या गोआ में पुर्तगाली भाषा और इसका अध्ययन अति आवश्यक है। उन्होंने अहिन्दी-भाषी जनता पर हिन्दी को लादने के विचार का विरोध करते हुए यह भी घोषणा की कि राजभाषा तथा अखिल-भारतीय भाषा के रूप में अंग्रेज़ी को हटाने के बारे में अहिन्दी-भाषी जनता की बात अन्तिम मानी जाएगी।

परिशिष्ट १

प्राग्भारत-यूरोपीय

('Indian Culture' कलकत्ता, जिल्द ८, संख्या ४,
पृ० ३०६-३२२, अप्रैल-जून १९२२ से अनूदित)

सर विलियम जोन्स (Sir William Jones) ने भारत-यूरोपीय भाषा-तत्त्व की नींव सन् १७८६ में कलकत्ता में एशियाटिक सोसायटी और बंगाल के समक्ष प्रस्तुत अपने इस युग-प्रवर्तक वक्तव्य द्वारा डाली—

> "संस्कृत भाषा की प्राचीनता जो भी हो, इसका ढाँचा आश्चर्यजनक है, ग्रीक से अधिक पूर्ण, लातिन से अधिक विशाल और दोनों से ही अधिक सर्वाङ्ग-परिष्कृत; फिर भी दोनों के साथ क्रियाओं की धातुओं तथा व्याकरण के रूपों—दोनों ही बातों में उससे अधिक समानता रखने वाली, जितनी कि दैवयोग से उत्पन्न हो सकती है; इतनी दृढ़ (समानता) कि कोई भी भाषा-शास्त्री इन सबका विवेचन यह विश्वास किये बिना नहीं कर सकता कि इनके उद्भव का कोई मूल-उत्स है, जो शायद अब विद्यमान नहीं। यह कल्पना करने के लिए भी समान कारण है, यद्यपि (यह कारण) पूर्णतः सशक्त नहीं, कि गॉथिक (Gothic) और कैल्तीय (Celtic) दोनों ही, यद्यपि एक भिन्न मुहावरे में ढली हैं, संस्कृत के साथ समान उत्पत्ति वाली हैं।"

"कोई मूल-उत्स, जो शायद अब विद्यमान नहीं"; और इस 'मूल-उत्स' को टटोलने का पहला प्रयास फ्रांज़ बोप (Franz Bopp) ने १८१६ ई० में, सर विलियम जोन्स के उपर्युक्त वक्तव्य के तीस साल बाद, अपनी पुस्तक 'Ueber das konjugationssystem der Sanskritsprache in Vergleichung mit jenem der griech, lat., persischen und germanischen Sprachen में किया। जब कोलब्रुक (Colebrooke) और फ़ोस्टर (Foster) भारत से अपने संस्कृत व्याकरण प्रकाशित कर चुके, अलेग्ज़ेण्डर हैमिल्टन (Alexander Hamilton) पेरिस में फ्रेडरिख श्लेगेल (Friedrich Schlegel) को संस्कृत पढ़ा चुका और ऐफ़० श्लेगेल (अपनी प्रसिद्ध पुस्तक

'Ueber die sprache und Weisheit der Inder', १८०८ द्वारा) तथा उसका छोटा भाई ऐडोल्फ़ (Adolf) जर्मनी में संस्कृत का परिचय करा चुके, तब से यूरोप में और उसके बाद अमेरिका में विद्वानों की चार पीढ़ियाँ उस मूल-उत्स को, जो शायद अब विद्यमान नहीं, खोजने में सतत प्रयत्नशील रही हैं। सभी भारत-यूरोपीय भाषाओं का उनके प्राचीनतम तथा परवर्ती, दोनों ही रूपों में विस्तारपूर्वक अध्ययन किया गया, और कदम-पर-कदम बढ़ाता हुआ, खोज-पर-खोज जोड़ता हुआ यह विज्ञान आगे बढ़ा और अन्ततः उन्नीसवीं शती के अन्त तक उसके लिए उस अनुमानित भारत-यूरोपीय मूल-भाषा का निर्धारण सम्भव हो सका, जो वैदिक, अवेस्तिक (Avestan), ग्रीक, लातिन, गॉथिक, प्राचीन आइरिश (old Irish), प्राचीन धार्मिक स्लाव (old Church Slav) तथा अन्य समान भाषाओं की पूर्वज होने के नाते, इन भाषाओं के गठन तथा असंगतियों की व्याख्या कर सकती है। बोप (Bopp), ग्रिम (Grimm) और रास्क (Rask) के बाद पौट (Pott), श्लाइख़र (Schleicher), बेनफाइ (Benfey), फ़िक (Fick), बेत्सेनबेर्गर (Bezzenberger), कुह्न (Kuhn), शेरेर (Scherer), कुर्तियूस (Curtius) और योहान्नेस श्मिट् (Johannes Schmidt), तथा इनके बाद 'युंग ग्रामातिकेर' (Jung Grammatiker) अर्थात् नई विचारधारा के वैयाकरणों, जैसे जर्मनी में पाउल (Paul), ब्राउने (Braune), ज़ीफ़र्स (Sievers), कार्ल वेर्नेर (Karl Verner), ओस्थोफ़ (Osthoff), ब्रुगमान (Brugmann), ह्युब्शमान (Hübschmann), द सोस्यूर (de Saussure), योली (Jolly), शूल्त्से (Schulze), क्रेच्मर (Kretschmer) और देलब्र्युक (Delbrück) तथा अन्य यूरोपीय देशों में फ़ोर्तुनातोफ़ (Fortunatov), आस्कोली (Ascoli), पी० गाइल्स (P. Giles), ए० नोरेन (A. Noreen), उह्लेन्बेक (Uhlenbeck), आँत्वान् मेय्ये (Antoine Meillet) और अन्य विद्वानों ने इस विज्ञान को आगे बढ़ाया और जर्मनी, फ्रांस, इंगलैंड तथा यूरोप के अन्य देशों और अमेरिका में इस क्षेत्र के आधुनिकतम विद्वान एच० हीर्त (H. Hirt), ए० तुम्ब (A. Thumb), एफ० ज़ोमर (F. Sommer), एच० राइख़ेल्त (H. Reichelt), आर० थुर्नासेन (R. Thurnasen), मिकोला (Mikolla), लेस्किँ (Leskien), श्त्राइतबर्ग (Streitberg), गोतियो (Gauthiot), प्रोकोश (Prokosh), सपियर (Sapir), कैन्ट (Kent), स्टरटेवन्ट (Sturtevant), बक (Buck) तथा कुछ और विद्वान सर विलियम जोन्स द्वारा उद्भावित भारत-यूरोपीय भाषाओं के उस 'मूल-उत्स' को स्पष्ट करने में लगे हैं। इन विद्वानों के परिश्रम के फल-

स्वरूप उन भारत-यूरोपीय भाषाओं की, जो आज जीवित भाषाओं अथवा क्लासिकल या प्राचीन भाषाओं के रूप में विद्यमान हैं और जिनका अध्ययन-अनुशीलन अटूट कालक्रम से चला आ रहा है या पुनरुज्जीवित किया गया है, विद्यमान भाषा-सम्बन्धी सामग्री द्वारा हम उनकी मूलभूत आद्य भारत-यूरोपीय भाषा के सम्बन्ध में एक अकेली और अविभक्त भाषा के रूप में (ऐसे विभाषीय विभेदों सहित जो सभी भाषाओं में रहते हैं) स्पष्ट धारणा बना सकने में समर्थ हुए हैं। इस आद्य भारत-यूरोपीय भाषा का और विशेषतः इसकी ध्वनियों और शब्द-रूपों का पुनर्गठन गत सौ वर्षों में मानवीय बुद्धि की सर्वश्रेष्ठ उपलब्धियों में से एक है। उसके द्वारा हम, प्रस्तुत प्रसंग में यथासम्भव अधिकतम सम्भाव्यता के साथ, भारत-यूरोपीय भाषा की ध्वनियों और शब्द-रूपों की प्रकृति का उस रूप में निर्धारण कर सके हैं, जिस रूप में ये (ध्वनियाँ और शब्द-रूप) आज से लगभग पाँच हज़ार वर्ष पूर्व भारत-यूरोपीय-भाषी जनों के समस्यामूलक निवास-स्थान (जो 'यूरेशिया' में कहीं रहा होगा) में प्रचलित भाषा में विद्यमान थे। यह पुनर्गठित अनुमानाश्रयी मूल-भाषा अब वह चरम बिन्दु बन गई है, जिस तक हम किसी विशेष भारत-यूरोपीय भाषा या सामान्यतः सभी भारत-यूरोपीय भाषाओं को पीछे खींचकर ले जा सकते हैं। अब हम संस्कृत, ग्रीक, रूसी, अल्बानी (Albanian)-जैसी किसी भाषा की ध्वनियों तथा शब्द-रूपों को आद्य भारत-यूरोपीय में उनके मूल रूपों से जोड़ सकने की स्थिति में आ गए हैं और अब हम इन मूल रूपों तथा परवर्ती रूपों को परस्पर पूरक भाषा-सामग्री के तौर पर अगल-बगल रख सकते हैं। उन्नीसवीं शती के अन्तिम दशक में तथा बीसवीं शती के प्रथम दशक में मध्य एशिया से कुछ लुप्त भारत-यूरोपीय भाषाओं का पता चला है, जैसे सोग्दीय (Sogdian) तथा प्राचीन खोतनी (old Khotanese), जो दोनों ही भारत-यूरोपीय परिवार की भारत-ईरानी शाखा के ईरानी वर्ग की हैं; तथा प्राचीन कूची या तोखारी (old Kuchean or Tokharian), जो किन्हीं बातों में अपने बगल की भारत-ईरानीय की अपेक्षा पश्चिम की केल्तीय (Celtic), इतालीय (Italic), तथा जर्मनीय (Germanic) और स्लाव (Slav) एवं आर्मनीय (Armenian) से अधिक समानता रखती हुई भारत-यूरोपीय परिवार में स्वयं में एक नई और अलग शाखा है। किन्हीं अभिलेखों के अवशेषों तथा प्राचीन लेखकों द्वारा व्यवहृत किन्हीं शब्दों के रूप में उपलब्ध वैनेशियन (Venetian), फ्रीजियन (Phrygian), थ्रेसियन (Thracian) इत्यादि प्राचीन भाषाओं का भी अध्ययन किया गया है, और जहाँ तक इन भाषाओं के उपलब्ध अत्यल्प

उदाहरणों से सम्भव हो सका है, भारत-यूरोपीय परिवार में इनके उचित स्थान का निर्धारण किया गया है। इन नई भाषाओं की खोज और संयोजन का विद्वानों द्वारा अभी तक पुनर्गठित या पुनर्निर्धारित आद्य भारत-यूरोपीय के स्वरूप पर कोई प्रभाव नहीं पड़ा है।

हम कह सकते हैं कि १६०० ई० तक विशेषज्ञों के परिश्रम द्वारा आद्य भारत-यूरोपीय का पुनर्निर्धारण हो चुका था और इस भाषा के स्वरूप की निम्नलिखित विशेषताएँ मानी गईं :

स्वर—

ह्रस्व—अॉ (a), एॅ (e), ओॅ (o), इ (i), उ (u)।

दीर्घ—आ (ā), ए (ē), ओ (ō), ई (ī), ऊ (ū)।

अतिह्रस्व अॅ (ə) तथा कुछ अन्य अस्पष्ट स्वर, जैसे इॅ (ĭ), उॅ (ŭ)।

सन्ध्यक्षर (Dipthongs)—इ, उ (अर्थात् य्, व्) से अनुगमित उपर्युक्त ह्रस्व और दीर्घ आ, ए, ओ से बने ह्रस्व और दीर्घ सन्ध्यक्षर—अॉइ (ai), एॅइ (ei), ओॅइ (oi), अॉउ (au), एॅउ (eu), ओॅउ (ou) और आइ (āi), एइ (ēi), ओइ (ōi), आउ (āu), एउ (ēu), ओउ (ōu)।

आद्य भारत-यूरोपीय की स्वर-प्रणाली अपेक्षाकृत सरल थी। सीधे-सादे स्वर अॉ, एॅ, ओॅ ही एक प्रकार से इस भाषा के मूल-स्वर थे। इ, उ तथा अति ह्रस्व स्वरों की स्थिति इसमें गौण थी। दीर्घ ई, ऊ स्वर उत्पत्ति के विचार से गौण ही थे; क्योंकि इनकी उत्पत्ति इ, उ के साथ इनके आगे या पीछे आने वाले अति ह्रस्व स्वर अॅ (ə) के संयोग से हुई थी और यह अॅ भी अॉ, एॅ, ओॅ का विकार ही था तथा इ, उ की उत्पत्ति भी अन्तःस्थ या अर्ध-स्वर (semi-vowel) व्यंजनों (य्, व्) से हुई थी। दूसरी ओर दीर्घ आ, ए, ओ 'परिमाणात्मक अपश्रुति' (quantitative ablaut) नाम से अभिहित प्रक्रिया द्वारा अपने ह्रस्व स्वरों अॉ, एॅ, ओॅ के विकार प्रतीत होते हैं। यह 'परिमाणात्मक अपश्रुति, भी अन्ततोगत्वा सम्भवतः प्रागैतिहासिक भारत-यूरोपीय में, जबकि आद्य भारत-यूरोपीय भाषा विभिन्न भाषाओं के रूप में विभक्त होने से ठीक पहले की स्थिति में विकसित हो रही थी, बलात्मक स्वराघात (Stress accent) की प्रक्रिया का परिणाम थी। यह अनुमानाश्रित पुनर्गठित स्वर-प्रणाली अब तक प्राचीन भारत-यूरोपीय भाषाओं की स्वर-प्रक्रिया की पूर्णतः व्याख्या करने में समर्थ रही है।

व्यंजन—भारत-यूरोपीय भाषा के व्यंजनों का पुनर्गठन निम्नलिखित रूप में किया गया :

ओष्ठ्य (labials)—प्, फ्, ब्, भ्, म् (p, ph, b, bh, m) ।

दन्तमूलीय (alveolars) या दन्त्य (dental)—त्, थ्, द्, ध्, न् (t, th, d, dh, n) ।

तालव्य (palatals) अर्थात् पुरःकंठ्य (front velars या front guthuals) —क्, ख्, ग्, घ्,ङ् (k, kh, g, gh, ṅ)

[रोमन में इन्हें कभी-कभी (k̂, k̂h, ĝ, ĝh, n̂ भी लिखा जाता है];

कंठ्य (velars) [वस्तुतः कंठोष्ठ्य (urulars)]—

क़्, ख़्, ग़्, घ़् ङ् (q, qh, G, Gh, N)

ओष्ठ्यीयकृत कंठ्य (labialised velars)—क़्व्, ख़्व्, ग़्व्, घ़्व्, ङ्व् ।

तरलित (liquids)—र् (r), ल् (l) ।

ऊष्म—स् (तथा इसका विकार ज़् z) ।

अर्ध स्वर या अन्तःस्थ (Semi-vowels)—य् (y), व (w) ।

तरलित (liquids) र्, ल् तथा नासिक्य (nasals) म्, न्, ङ्, ङ़् ङ़्व् किसी भी स्वर के सहयोग के बिना अक्षर (syllable) बना सकते थे और इसलिए स्वराघात (accent) के अभाव के कारण किसी पार्श्ववर्ती स्वर (अॉ, ऍ, ओॅ a, e, o) का लोप हो जाने पर ये स्वर का काम दे सकते थे । आद्य भारत-यूरोपीय के स्वरों के निर्धारण में जैसे ग्रीक से सर्वाधिक सहायता मिली, ऐसे ही इसके व्यंजनों की स्थापना में संस्कृत सबसे अधिक सहायक हुई । उपर्युक्त व्यंजन-माला में स्पर्श-व्यंजन (stops) और उनके महाप्राण रूपों (aspirates) ही प्रमुख हैं । अकेले स् के सिवाय इस भाषा में ऊष्म व्यंजनों (spirants) का सर्वथा अभाव है और यह स् भी सघोषों (voiced) के सम्पर्क से ज़् (z) में परिवर्तित हो जाता था । कुछ विद्वानों का मत है कि आद्य भारत-यूरोपीय में एक प्रकार के ज़्ॅ (ž) के साथ-साथ कुछ और उल्लेखनीय ऊष्म ध्वनियाँ भी थीं, जैसे ख़् (χ), ग़् (γ), थ़् (θ), द़् (δ); परन्तु यह मत सामान्यतः मान्य नहीं हुआ । आद्य भारत-यूरोपीय में कोई अलग ह् (h) ध्वनि नहीं थी । इस प्रकार आद्य भारत-यूरोपीय में स्पर्श तथा महाप्राण ध्वनियों का निश्चित रूप से प्राधान्य था और इस भाषा में सेमेटिक (Semetic) वर्ग की भाषाओं की कुछ विशिष्ट ध्वनियों, जैसे ह़् तथा अ़ (अरबी के 'हा' और 'ऐन'), अरबी का 'हम्ज़ा' तथा त्[व], द्[व], स्[व], द़्[व], ज़्[व] का सर्वथा अभाव था । स्वरों के समान उपर्युक्त व्यंजन-प्रणाली भी भारत-यूरोपीय भाषाओं के व्यंजनों की व्याख्या करने में पूर्णतः समर्थ थी ।

भारत-यूरोपीय भाषा के रूप-तत्त्व का जैसा पुनर्गठन किया गया, उसमें उसकी संज्ञा-शब्दों की रूप-प्रणाली वैदिक भाषा के साथ, इस भाषा में बाद के कुछ नवीन परिवर्तन-परिवर्द्धनों की छूट देते हुए, साधारणतः मेल खाती है। परन्तु क्रियाओं के रूपों में विभिन्न प्राचीन भारत-यूरोपीय भाषाओं की तुलना से यह प्रतीत हुआ कि आद्य भारत-यूरोपीय की स्थिति वैदिक, ग्रीक-जैसी प्राचीनतम भारत-यूरोपीय भाषाओं से सर्वथा भिन्न थी। आद्य भारत-यूरोपीय का क्रिया-रूप प्रणाली का बहुत-कुछ आभास भारत-यूरोपीय की स्लाव (Slav) शाखा से मिला और आज के भाषाशास्त्रियों के प्रवर्धित ज्ञान और सूक्ष्म-ग्राहिणी कल्पना के सहारे आद्य भारत-यूरोपीय के लिए बड़ी सफलतापूर्वक एक ऐसी अनुमानाश्रयी क्रिया-रूप-प्रणाली की कल्पना कर ली गई है, जिससे प्राचीन भारत-यूरोपीय भाषाओं की क्रिया-रूप-प्रणाली का विकास पूर्णतः बोध-गम्य रूप से दिखाया जा सकता है।

इस प्रकार आद्य भारत-यूरोपीय की ध्वनियों और शब्द-रूप-प्रणाली की स्थापना उन्नीसवीं और बीसवीं शती के भाषाशास्त्र की गौरवपूर्ण उपलब्धि है। यह उपलब्धि प्राचीन भाषाओं की दृढ़ भित्ति पर आधारित थी और आधुनिक विज्ञान की सतर्कता ने इसमें कोई भी छिद्र न रहने दिया था। परन्तु बीसवीं शताब्दी के दूसरे दशक में, एशिया माइनर से प्राप्त ईस्वी-पूर्व द्वितीय सहस्राब्द पुराने कुछ लेखों में एक नई भारत-यूरोपीय भाषा हित्ती (Hittite) के प्रकाश में आने के साथ-साथ कुछ नये तथ्य सामने आये। इस प्राचीन भाषा के अस्तित्व का पता सन् १९०२ में ही लग चुका था, जबकि जे० ए० क्नुत्ज़ोन (J. A. Knudtzon) ने मिस्र के तेल-ऐल-अमर्ना (Tell-El-Amarna) नामक स्थान में प्राचीन मिस्र के बादशाहों के प्राचीन-ग्रन्थ-रक्षागार (Archives) से प्राप्त दो पत्रों की भाषा के भारत-यूरोपीय स्वरूप को लक्ष्य किया। इनमें से एक पत्र मिस्र के सम्राट् आमेनहेतेप तृतीय (Amenhetep III) द्वारा एशिया माइनर में अरज़वा (Arzawa) के शासक को लिखा गया था (देखिए, J. A. Knudtzon—Die Zwei Arzawa-Briefe; die ältesren Urkunden in indogermanischer Sprache; एस० बुगे (S. Bugge) तथा ए० तोर्प (A. Torp) की टिप्पणियों सहित; लीपज़िग, १९०२)। १९०७ ई० में ह्यूगो विन्क्लेर (Hugo Winckler) ने अंकारा (Ankara) से ९० मील पूर्व की ओर बोग़ाज़कोइ (Boghaz-köi) नामक एक तुर्की गाँव में, जो हातुसास (Hatusas) की प्राचीन हित्ती राजधानी था, मिट्टी की मुहरों पर कीलाक्षरों में खुदा हुआ एक पूरा साहित्य ही खोज निकाला। विन्क्लेर ने "शाही ग्रन्थागार का काफ़ी हिस्सा,

जिसमें कई हजार मिट्टी की मुहरें और मुहरों के हिस्से शामिल थे," प्राप्त कर लिया। इस सामग्री में कानून, राजनीति, धर्म और कर्मकाण्ड, इतिहास, चिकित्सा-शास्त्र, व्यक्तिगत पत्र और घुड़दौड़ के लिए घोड़ों की शिक्षा इत्यादि अनेक विषयों का साहित्य था और इससे विद्वानों के सामने अमूल्य सामग्री का अम्बार लग गया। एडवर्ड मेयर (Edward Meyer) को इस सामग्री के एक पाठ में वैदिक देवताओं—मित्र, वरुण, इन्द्र और नासत्यों के नाम मिले। परन्तु १९१३ ई० में ह्यूगो विन्क्लेर का देहान्त हो गया और यद्यपि इस सामग्री में हित्ती के साथ-साथ सेमेटिक भाषा-परिवार की असीरी-बैबीलोनीय (Assirio-Babylonian) भाषा में प्राप्त पाठों तथा हित्ती वर्णमाला की प्रकृति के परिज्ञान के सहारे असीरी भाषा के विशेषज्ञ पाठों का अर्थ लगा सके, परन्तु हित्ती भाषा के भारत-यूरोपीय स्वरूप को पूर्णतः प्रकाशित करने का श्रेय सन् १९१६ में चेकोस्लोवाक विद्वान बेदरिख रोज़नी (Bedrich Hrozny) को ही प्राप्त हुआ (देखिए रोज़नी का निबन्ध 'Die Sprache der Hethiter, ihr Bau und ihre Zugehörigkeit zum indogermanischen Sprachstamin; ein Entzifferungsversuch; लाइपज़िग, १९१७)। इसके बाद ही नार्वे-देशीय विद्वान सी० जे० ऐस० मार्सत्रान्देर (C. J. S. Marstrander) की पुस्तक Caractére indo-européen de la tangue hittite, १९१८ ई० में ख्रिस्तियानिया, ओस्लो (Christiania, Oslo) से प्रकाशित हुई और १९२२ ई० में योहान्नेस फ्रेडरिख़ (Johannes Friedrich) ने जर्मन ओरियंटल सोसाइटी के जर्नल में हित्ती भाषा का पूर्ण विवरण प्रस्तुत किया (देखिए, ZDMG, लाइपज़िग १९२२ नई सीरीज़, जिल्द १, भाग २, पृ० १५३-१७३ में 'Die Hethitische Sprache' शीर्षक निबन्ध)। इनके अतिरिक्त अन्य विद्वानों ने भी हित्ती भाषा को स्पष्ट करने में योग दिया और हित्ती भाषा का अध्ययन संयुक्त राज्य अमेरिका में भी शुरू हो गया, जहाँ अमेरिकी विद्वानों ने भाषाशास्त्र के इस क्षेत्र में प्रमुख भाग लिया है। प्रोफ़ेसर ऐडगर एच० स्टरटेवेन्ट (Prof. Edgar H. Sturtenant) की पुस्तक 'Comparative Grammar of Hittite' (१९३३), लिंग्विस्टिक सोसाइटी ऑव् अमेरिका, पेन्सिल्वानिया विश्वविद्यालय फ़िलाडेलफ़िया) इस क्षेत्र में अन्य कृतियों के अलावा सर्वाधिक बहुमूल्य अमेरिकी अवदानों में से है। गत बीस वर्षों में हित्ती भाषा के अध्ययन ने भारत-यूरोपीय गवेषणाओं में अग्र स्थान ग्रहण कर लिया है और अब यह अध्ययन अपने इतिहास के दूसरे चरण में पहुँच गया है, जबकि स्टरटेवेन्ट तथा अन्य विद्वानों ने इस भाषा का अन्य भारत-यूरोपीय भाषाओं के

साथ निश्चित रूप से सम्बन्ध स्थापित कर दिया है। हित्ती भाषा के अध्ययन के इस द्वितीय चरण (और यह किसी प्रकार भी अन्तिम चरण नहीं है) में हुई कुछ खोजें तो पुनर्गठित आद्य भारत-यूरोपीय के लिए—कम-से-कम इस पुनर्गठित भारत-यूरोपीय के इतिहास को प्रायः दो सीढ़ी पीछे ढकेलने में—क्रान्तिकारी सिद्ध हो रही हैं। ये खोजें हमें 'प्राग्भारत-यूरोपीय' की उस स्थिति की झलक पाने में सहायता दे रही हैं, जबकि पुनर्गठित भारत-यूरोपीय स्वरूप ग्रहण कर रही थी।

हित्ती के प्रारम्भिक अध्ययन से इस भाषा की भारत-यूरोपीय प्रकृति का उद्घाटन तो हुआ, परन्तु भारत-यूरोपीय के उस पुनर्गठित रूप से—जो रूप अन्य सभी भारत-यूरोपीय भाषाओं की पूर्णतः व्याख्या कर देता था, मेल न खाने के कारण यह भाषा पुनर्गठित भारत-यूरोपीय की कल्पना में विक्षेप डालने वाली ही सिद्ध हुई और यह सिद्धान्त स्थिर करना पड़ा कि हित्ती भाषा की भारत-यूरोपीय के अन्तर्गत एक अलग ही सत्ता है। वस्तुतः हित्ती भाषा को, इसकी अनेक विशेषताओं सहित, मूल भारत-यूरोपीय से सर्वप्रथम अलग होने वाली शाखा के रूप में माना गया, जिस शाखा ने मूल भाषा से अलग होकर अपनी विशेषताओं का स्वतन्त्र रूप से विकास कर लिया था। परन्तु धीरे-धीरे इस क्षेत्र में काम करने वालों की समझ में आने लगा कि हित्ती भाषा की ये विशिष्ट प्रवृत्तियाँ किन्हीं अन्य भाषाओं के सम्पर्क में आने से उत्पन्न हुई विलग प्रवृत्तियाँ नहीं हैं, अपितु मूलभाषा की प्रवृत्तियों का विकसित रूप हैं और अन्य भारत-यूरोपीय भाषाओं में भी मूलभाषा की इन प्रवृत्तियों के परिणाम पर ध्यान दिया जाना चाहिए। अतः स्टरटेवन्ट तथा अन्य विद्वान अन्ततः इस निष्कर्ष पर पहुँचे कि हित्ती भाषा पुनर्गठित भारत-यूरोपीय की उसी रूप में उपज नहीं है, जिस रूप में संस्कृत, ग्रीक, लैटिन इत्यादि भाषाएँ, अपितु यह भाषा भारत-यूरोपीय की बहन है। इस विचारधारा के अनुसार भारत-यूरोपीय हित्ती भाषा की बहन हुई और कहना चाहिए कि हित्ती भाषा संस्कृत, ग्रीक, लैटिन-जैसी प्राचीन भारत-यूरोपीय भाषाओं की चाची या चचेरी बहन है। हित्ती भाषा तथा पुनर्गठित भारत-यूरोपीय की अनुमानाश्रयी मूलभाषा को स्टरटेवन्ट ने 'भारत-हित्ती' (Indo-Hittite) नाम दिया है और इन भाषाओं का सम्बन्ध अगले पृष्ठ पर दिये वंशवृक्ष में दिखाया गया है :

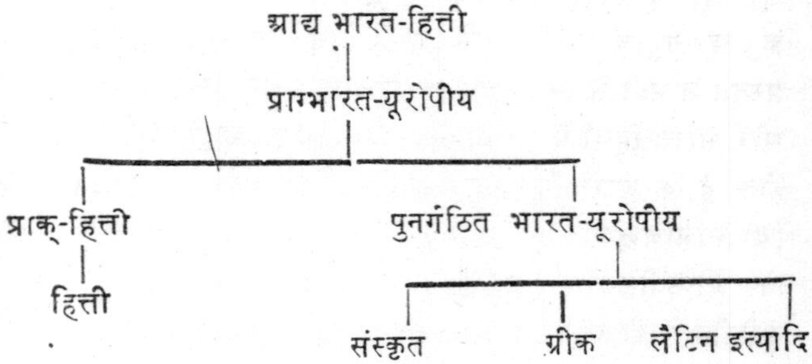

इस अनुमानाश्रयी भारत-हित्ती को विद्वानों ने सर्वतोभाव से स्वीकार नहीं किया है, परन्तु हित्ती अध्ययन की आधुनिकतम गति को देखते हुए इसके सिवाय और कोई रास्ता दिखाई नहीं देता कि आद्य भारत-यूरोपीय के पीछे अज्ञात दिशा में एक और कदम बढ़ा दिया जाए और इस कदम की निर्दोषता स्वीकार करनी ही पड़ती है, जबकि हम देखते हैं कि यह कदम हमें भारत-यूरोपीय से भी पहले की एक ऐसी स्थिति पर ले जाता है, जिससे भारत-यूरोपीय में दिखाई पड़ने वाली बहुत-सी परस्पर-विरोधी बातों तथा अनियमितताओं की व्याख्या हो जाती है। भारत-हित्ती की कल्पना या पुनर्गठन से संसार के सर्वाधिक महत्त्वपूर्ण भाषा-परिवार भारत-यूरोपीय की उत्पत्ति या पूर्ववृत्त का उद्‌घाटन करने की दिशा में एक लम्बा डग भरा गया है।

आइए, हम देखें कि प्राग्भारत-यूरोपीय से भी पहले की इस आद्य भारत-हित्ती का स्वरूप क्या था।

पहले, ध्वनियों के सम्बन्ध में। जहाँ तक विभिन्न स्पर्शों तथा महाप्राणों का सम्बन्ध है, हित्ती में प्रत्येक वर्ग के चार-चार व्यंजनों—दो अघोष स्पर्श और महाप्राण तथा इनके दो सघोष रूप—की जगह केवल एक-एक अघोष स्पर्श पाया गया, जैसे—क्, ख्, ग्, घ् की जगह केवल क्; त्, थ्, द्, ध् की जगह केवल त्; प्, फ्, ब्, भ् के स्थान पर केवल प्। यह कोई आश्चर्यजनक या अपूर्व बात नहीं है; अनेक भाषाओं में स्पर्शों और महाप्राणों की यह कमी देखी जाती है। हित्ती में महाप्राणों तथा सघोष स्पर्शों के इस अभाव का भारत-यूरोपीय में इन व्यंजनों के ग्रहण पर कोई प्रभाव नहीं पड़ता। भारत-हित्ती में इन व्यंजनों की अवस्थिति हमें वैसे ही ग्रहण करनी पड़ती है, जैसे स्वयं भारत-यूरोपीय में; हित्ती में इनका अभाव भारत-हित्ती परिवार की केवल इसी भाषा (हित्ती) तक सीमित है। भारत-यूरोपीय के कंठ्य-व्यंजन निम्नलिखित वर्गों में विभक्त पाये गए थे—(१) तथाकथित 'तालव्य', सीधे-सादे

क्, ख्, ग् घ्; (२) तथाकथित 'कंठ्य' जो संभवतः 'अलिजिह्वजात' थे, क़्, ख़्, ग़्, घ़्; (३) ओष्ठ्यीकृत कंठ्य क़्व्, ख़्व्, ग़्व, घ़्व्। हित्ती द्वारा प्रस्तुत सामग्री से ऐसा आभास मिलता प्रतीत होता है कि प्राग्भारत-यूरोपीय और भारत-हित्ती में इन व्यंजनों की स्थिति थोड़ी भिन्न थी। ऐसा प्रतीत होता है कि भारत-हित्ती के कंठ्य-व्यंजन दो वर्गों के थे—(१) सामान्य कंठ्य' (या अलिजिह्वजात)—क़् ख़्, ग़्, घ़्; और व् अथवा उ से रंजित या यों कहें कि 'ओष्ठ्यीकृत'—क़्व्, ख़्व्, ग़्व्, घ़्व्। सामान्य वर्ग के कंठ्य-व्यंजन भारत-यूरोपीय में दो वर्गों में विभक्त हो गए प्रतीत होते हैं—एक वर्ग नें वे अग्र-स्वरों (front vowels) के सम्पर्क के कारण उच्चारण में अधिक अग्रगामी हो गए, या यों कहें कि 'तालव्यीकृत' हो गए; ओष्ठ्यीकृत कंठ्य-व्यंजन अपनी मूल स्थिति बनाये रहे। परन्तु यह विश्वास किया जाता है कि कंठ्य-व्यंजनों (क्, ख्, ग्, घ्) के इन दोनों विकारी वर्गों तथा मूल ओष्ठ्यीकृत वर्ग (क़्व्, ख़्व्, ग़्व्, घ़्व्) की यथोचित स्थिति प्राग्भारत-यूरोपीय में तथा आद्य भारत-यूरोपीय में सादृश्य (analogy) के कारण बहुत विक्षिप्त हो गई थी। पुनर्गठित भारत-यूरोपीय में नये तौर पर सजाये गए कंठ्य-व्यंजनों के तीन वर्ग ऊपर से देखने पर तो नियमित ही जान पड़ते हैं, परन्तु इनके सम्बन्ध में ऐसे अनेक परस्पर-विरोधी उदाहरण मिलते हैं, जिनका समाधान हित्ती भाषा-सम्बन्धी खोजों से ही होता जान पड़ता है।

हित्ती में ह् (=ख़्) का प्रश्न बहुत महत्त्वपूर्ण है। देखा गया कि अनेक शब्दों और शब्द-रूपों में, जहाँ हित्ती में एक कंठ्य ऊष्म (spirant) ध्वनि ख़्, जो ह् लिखी गई है, मिलती है, वहाँ भारत-यूरोपीय भाषाओं में इसके स्थान पर कोई ध्वनि नहीं है, जैसे—हित्ती **आर्ख़** (arxa) 'दूर, अलग'= संस्कृत **आरे** (āre) 'पीछे, बाद में', **आरात्** (ārāt) 'से'; हित्ती **एस्ख़र** (esxar)=सं० **असृक्** (a'sṛk), ग्रीक **एआॅर** (éar) 'रक्त'; हित्ती **ख़न्त्** 'आगे का, सामने का', **ख़न्ति** (xanti) 'आगे, सामने, विशेषतः अलग से', **ख़न्तेत्सिस्** 'प्रथम'=ग्रीक **ऑन्ति** (anti) 'सामने, उल्टे', **ऑन्ता** (anta) 'मुख'; हित्ती **ख़र्किस्** (xarkis) 'श्वेत, शुभ्र'=ग्रीक **आॅर्गोस्** (a'rgos) 'शुभ्र' सं० **अ'र्जुन** (a'rjuna) 'श्वेत'; हित्ती **ख़स्ताइ** (xastai) 'हड्डियाँ'=सं० **अस्थि** (asthi), ग्री० **ऑस्तेओॅन** (ostéon), लैटिन ऑस् (os) 'हड्डी'; हित्ती **ख़्वेस्त्सी** (xwestsi) 'रहता है'=सं० **वसति** (va'sati) 'रहता है'; हित्ती **ख़्र्ताइ** (xwrtai) 'शाप देता है'=लैटिन **'वेरबुम'** (verbum), गौथिक **वौर्द** (wɔrd) 'शब्द'=भारत-यूरोपीय ***वेर्धॉम्** (werdham); **ख़ॉइ** 'खाली करता

है, छिड़कता है'=ग्रीक **हुएँइँ** (huei) 'पानी बरसता है' इत्यादि। इसके अतिरिक्त कुछ शब्दों में यह भी देखा जाता है कि जहाँ हित्ती में ह्रस्व स्वर+ह् (अर्थात् ख् अथवा इसका कोई विकारी रूप)+व्यंजन है, वहाँ भारत-यूरोपीय में दीर्घस्वर+व्यंजन मिलता है, जैसे— हित्ती **मॉख़्लॉस** (maxlas) 'अंगूर की बेल की टहनी'=ग्री० डोरिक **मालॉन** (malon) 'सेव'; हित्ती **मेॅख़्वेॅनि** (mexweni) 'समय'=भारत-यूरोपीय **'मेत्'** (me-t), जिससे सं० **मात्रम्** (mātram), ग्री० **मेत्रॉन्** (metron) बने हैं; इत्यादि। इससे भारत-यूरोपीय भाषाशास्त्र के एक जन्मदाता जेनेवा के फर्डिनेन्ड द सौस्यूर (Ferdinand de' Saussure) द्वारा १८७६ ई० में दिये गए इस सुझाव की पुष्टि होती जान पड़ती है कि भारत-यूरोपीय के वे दीर्घ-स्वर, जो 'अपश्रुति' (ablaut) का परिणाम नहीं हैं, किन्हीं परवर्ती व्यंजनों के लोप का फल हैं।

हित्ती के इस विक्षेपकारी ह् (अर्थात् ख्) से आद्य भारत-हित्ती में कुछ ऐसी ध्वनियों की स्थापना की गई है, जिनको भारत-यूरोपीय में नहीं रखा गया है। स्टरटेवन्ट और जे० अलेग्ज़ेण्डर कर्न्स (J. Alexander Kerns) तथा बेंजामिन श्वार्त्स (Benjamin Schwartz) ने भारत-हित्ती में चार ऐसी नई ध्वनियों के अस्तित्व का अनुमान किया है, जो भारत-यूरोपीय में विद्यमान (या सुरक्षित) नहीं हैं (देखिए कर्न्स तथा श्वार्त्स का येल विश्वविद्यालय प्रेस से प्रकाशित अमेरिकन ओरियण्टल सोसाइटी के जर्नल, जिल्द ६०, सन् १९४०, पृ० १८१-१९२ पर प्रकाशित लेख 'The Laryngeal Hypothesis and Indo-Hittite, Indo-European Vocalism' तथा लिंग्विस्टिक सोसायटी ऑव् अमेरिका के जर्नल Language की जिल्द १६, सं० २, अप्रैल-जून १९४०, पृ० ८१-८७ पर स्टरटेवन्ट का लेख 'Evidence for Voicing in Indo-Hittite ϒ')। इन अलिजिह्वीय (laryngeal) ध्वनियों के अनुमान का भारत-यूरोपीय के विवर्तन के सम्बन्ध में आधारभूत महत्त्व है। भारत-हित्ती में चार कंठ्य ऊष्म (guttural spirants) व्यंजनों का ग्रहण आवश्यक हो गया है (मिलाइए, कर्न्स तथा श्वार्त्स का ऊपर उल्लिखित लेख; स्टरटेवन्ट ने ऊपर उल्लिखित अपने लेख में यह विचार प्रकट किया है कि उपर्युक्त चार ध्वनियों में से दो कंठनालीय (glottal) स्पर्श ध्वनियाँ हैं—एक तालव्य उच्चारण (palatal colour) से रंजित और दूसरी कंठ्य उच्चारण (velar colour) से रंजित तथा दो कंठ्य-ऊष्म (velar spirants) ध्वनियाँ हैं, एक सघोष ग़् γ और दूसरी अघोष ख़् x)। ये कंठ्य-ऊष्म ध्वनियाँ निम्नलिखित हैं (यहाँ मैंने जिन लिपि-चिह्नों का प्रयोग किया है, वे इस विषय में अधिक प्रचलित प्रयोगों

के अनुरूप हैं और मैंने कर्न्स तथा श्वार्त्स की स्थापनाओं को अधिक परिचित रूप में प्रस्तुत करने के लिए यहाँ अपने ही पारिभाषिक शब्दों का उपयोग किया है) :

१. ख्ʼ x′—अघोष कंठ्य-ऊष्म (velar spirant)

अग्रगामी (advanced) [तालव्यीकृत]

२. ग्ʼ γ′—सघोष कंठ्य-ऊष्म (velar spirant)

अग्रगामी (advanced) [तालव्यीकृत]

३. ख् x—अघोष कंठ्य-ऊष्म (velar spirant)

विशुद्ध कंठ्य (या अलिजिह्वजात)

४. ग् γ—सघोष कंठ्य-ऊष्म (velar spirant)

विशुद्ध कंठ्य (या अलिजिह्वजात)

(मैंने ख्ʼ x′, ग्ʼ γ′ को 'तालव्य ऊष्म' (palatal spirant) नहीं कहा है, क्योंकि तब ये International Phonetic Script के ç j′ लिपि-संकेतों के बराबर होंगे, जिनकी भारत-हित्ती में कल्पना समय के बहुत आगे की बात होगी।)

भारत-हित्ती में इन चार ध्वनियों के ग्रहण से केवल हित्ती तथा भारत-यूरोपीय का सम्बन्ध ही अधिक स्पष्ट नहीं हुआ, अपितु भारत-यूरोपीय के पुरावृत्त के पुनर्गठन के लिए भी एक नई दृष्टि प्राप्त हुई है। अब भारत-यूरोपीय की स्वर तथा व्यंजन-प्रणाली के सम्बन्ध में किन्हीं आधारभूत बातों की नये तथा अधिक तर्क-संगत ढंग से व्याख्या की गई है। भारत-हित्ती की प्राचीनतम स्थिति में (इस स्थिति को ईसा-पूर्व ४,००० या ५,००० वर्ष मानते हुए?) ध्वनि-बहुल स्वर-प्रणाली के अभाव की ही आशा की जा सकती है और मनुष्य की आदिम भाषा में हमें तर्क-संगत रूप से कण्ठ्य व्यंजनों तथा कण्ठ्य अस्पष्ट ध्वनियों के बाहुल्य की ही आशा करनी चाहिए। इन कण्ठ्य-ध्वनियों का स्वर-ध्वनियों की अल्पता या सीमित प्रयोग पर अवश्य ही प्रभाव पड़ा होगा। कण्ठ्य-ऊष्म (spirant) ध्वनियों का अग्रगामी अथवा पश्चगामी उच्चारण स्वरों के नाद-तत्त्व (timbre) को सरलता से प्रभावित कर सकता है और इस प्रभाव से कोई तटस्थ (neutral) अथवा कण्ठ्य स्वर तालव्य तथा कोई तालव्य स्वर तटस्थ अथवा कण्ठ्य बन सकता है। इस सम्बन्ध में आद्य भारत-हित्ती की स्थिति तथा उसकी हित्ती तथा भारत-यूरोपीय में परिणति का निम्नलिखित रूप में अनुमान किया गया है—

	आद्य भारत-हित्ती	**>भारत-हित्ती**	**>हित्ती**	**>भारत-यूरोपीय**
१.	ख्ʼऍ—x′e–	>ख्ʼऍ x′e	>ऍ, e,	> –ऍ –e
	ग्ʼऍ—γ′e–	>ग्ʼऍ γ′e	>ख्ʼऍ x′e	>ऍ e

	आद्य भारत-हित्ती	>भारत-हित्ती	>हित्ती	>भारत-यूरोपीय
	ख़्एँ—xe–	>ख़्आँ xa	>ख़्आँ xa	>आँ a
	ग़्एँ—γe–	>ग़्आँ γa	>आँ a	>आँ a
२.	–ऍख़्'ऍत्– –ex'et–	>–ऍइ'त्– –éit–	>–एत्–ēt–	>एत्– -et–
	–ऍग़्ऍत्– –eγ'et–	>–ऍ'इत्– –éit–		
	–ऍख़्ऍत्– –exet–	>–ऍ'इत्– –éit–		
	–ऍग़्ऍत्– –eγet–	>–ऍ'इत्– –éit–		
३.	–ऍख़्'त्– - ext–	>ऍख़्'त्– –ex't–	>–एत् –et–	>–एत्– –ēt–
	–ऍग़्'त्– –eγ't–	>ऍग़्त्– –eγ't–	>–ऍख़्त्– –ext–	>–एत्– –ēt–
	–ऍख़्त्– –ext–	>–आँख़्त्– –axt–	>–आत्– –at–	>–आत्– –āt–
	–ऍग़्त्– –eγt–	>–आग़्त्– –aγt–	>–आँख़्त्– –axt–	>–आत्– –at–
४.	त्ऍख़्'एँ tex'e	>त्ख़्'एँ tx'e	>तेँ te	>थेँ the
	द्ऍख़्'एँ dex'e	>द्ख़्'एँ dx'e	>तेँ te	>तेँ te
	त्ऍग़्'एँ teγ'e	>त्ग़्'एँ tγ'e	>तेँ te	>दे de
	द्ऍग़्एँ deγ'e	>द्ग़्एँ dγ'e	>तेँ te	>धेँ dhe
	तेँख़ेँ texe	>त्ख़ाँ txa	>ताँ ta	>थाँ tha
	देँख़ेँ dexe	>द्ग़ाँ dγa	>ताँ ta	>ताँ ta
	तेँग़ेँ teγe	>त्ग़ाँ tγa	>ताँ ta	>दाँ da
	देँग़ेँ deγe	>द्ग़ाँ dγa	>ताँ ta	>धाँ dha
५.	-ऍख़्'एँ -ex'e	> -ऍख़्' -ex'	> -ए -ē	> -ए -ē
	-ऍग़्'एँ -eγ'e	> -ऍग़्' -eγ	> -ए -ē	> -ए -ē
	-ऍख़्एँ -exe	> -आँख़् -ax	> -आ -ā	> -आ -ā
	-ऍग़्एँ -eγe	> -आँग़् -aγ	> -आ -ā	> -आ -ā

कर्न्स और श्वार्त्स ने उपर्युक्त सभी ध्वनि-परिवर्तनों को उदाहरणों-सहित प्रदर्शित किया है। इस प्रकार भारत-यूरोपीय धातुओं में व्यंजनों का महाप्राण-करण और स्वरों के विकार आंशिक तौर पर ही सही, इन कण्ठ्य उष्मों (the 'laryngeals') के व्यवहार पर आधारित प्रतीत होते हैं।

अतः प्राग्भारत-यूरोपीय भारत-हित्ती की व्यंजन-प्रणाली का निम्नलिखित रूप में पुनर्गठन किया गया है—

स्पर्श तथा महाप्राण—कण्ठ्य velars परन्तु

वस्तुत: अलिजिह्वीय (levulars)—क्, ख्, ग्, घ् (ङ्) व्। उ से रंजित (अर्थात् होंठों को गोल करते हुए उच्चरित)

कण्ठ्य—क्व्, ख्व्, ग्व्, घ्व् (ङ्व्)

दन्त्य अथवा दन्तमूलीय—त्, थ्, द्, ध्, न्।

ओष्ठ्य—प्, फ्, ब्, भ्, म्

ऊष्म—अग्रगामी (तालव्यीकृत) कण्ठ्य—ख्', ग्'

कण्ठ्य ऊष्म (कण्ठ्य या अलिजिह्वजात)—ख्, ग्

शिन्-व्यंजन (sibilants)—स्, ज़्

तरलित (liquids)—र्, ल् (भारत-हित्ती में र् कभी पद के आदि में नहीं आता)।

अर्ध-स्वर—य्, व्

भारत-यूरोपीय की तरह यहाँ भी नासिक्य व्यंजन स्वरों (sonants) का भी काम करते थे।

भारत-हित्ती के स्वरों के सम्बन्ध में अभी तक कोई निश्चित स्थापना नहीं की गई है; मूल भारत-हित्ती की स्वर-प्रणाली का सन्तोषजनक रूप से निर्धारण नहीं हो सका है। सम्भवत: यह भारत-यूरोपीय की स्वर-प्रणाली से बहुत भिन्न न थी, परन्तु इसमें कोई सन्देह नहीं कि भारत-यूरोपीय अपश्रुति और भारत-यूरोपीय स्वर-प्रणाली भारत-हित्ती की स्थिति में स्वरूप ग्रहण कर रही थीं और जहाँ तक अनुमान किया जा सकता है, यही प्रतीत होता है कि अभी तक स्वर-ध्वनियाँ अपेक्षाकृत अल्प ही थीं तथा अग्रगामी और सामान्य ऊष्म ध्वनियाँ स्वरों के प्रकार को प्रभावित करने लगी थीं।

भारत-हित्ती में पार्श्ववर्ती दो दन्त्य स्पर्शों के बीच एक शिन्-ध्वनि (sibilant) विकसित होने लगी थी; त्त्, त्थ्, द्द्, द्ध्>त्स्त्, त्स्थ्, द्ज़्द्, द्ज़्ध्। भारत-यूरोपीय में इस विकास-क्रम का संकेत-मात्र मिलता है। हित्ती में यह विकास-क्रम नियमित रूप से सुरक्षित है।

ध्वनि-तत्त्व भाषा का आधार होता है। चीनी भाषा के ध्वनि-तत्त्व तथा ध्वनि-प्रक्रिया के अध्ययन से प्राचीन चीनी भाषा के सम्बन्ध में सर्वथा अप्रत्याशित स्थिति प्रकट हुई है और वह यह कि प्राचीन चीनी भाषा मूलत: रूप-विकारी (inflected) भाषा थी और यह बाद में ध्वनियों के लोप के परिणामस्वरूप विश्लेषणात्मक (isolating) भाषा बन गई। इसी प्रकार भारत-यूरोपीय भाषा की भी इसके प्रागैतिहासिक तथा निर्माण-काल में पुनर्गठित भारत-यूरोपीय से कुछ भिन्न

स्थिति का पता चलता है। भारत-यूरोपीय के ध्वनि-तत्त्व की एक विशिष्ट बात के रूप में अपश्रुति के तथा निर्माणात्मक तत्त्वों के योग से विस्तार द्वारा भारत-यूरोपीय धातुओं के निर्माण की प्रक्रिया के गहन अध्ययन से भारत-यूरोपीय की धातुओं की पृष्ठभूमि में निहित जटिलताओं का धीरे-धीरे उद्‌घाटन हुआ। हित्ती ने भारत-यूरोपीय के अध्ययन का क्षेत्र और भी विस्तृत कर दिया है। भारत-हित्ती व्यंजन-समूह **ग़्'व्** हित्ती में **ख़्व्** तथा भारत-यूरोपीय में केवल **व्** हो जाता है। आद्य भारत-हित्ती धातु ***ग़्'एॅ वे॑** (*γ'ewe) 'गतिशील होना, चलना, रहना' थी, जिससे हित्ती में **ख़ुवइ** (xuwai) 'बढ़ना, जाना' धातु प्राप्त हुई; -स्- के योग से विस्तार पाकर यह धातु भारत-हित्ती में *ग़्वे॑स् (γ'wes) बन गई, जिससे हित्ती में **ख़्वस्** 'रहना' तथा भारत-यूरोपीय में ***वे॑स्** (wes) = सं० **वस्**, गौथिक **विस्-अन्** (wis-an) धातु प्राप्त हुई, ***बे॑** (be-) उपसर्ग जोड़कर भारत-हित्ती में इस धातु का रूप हुआ ***बे॑-ग़्'एॅवे॑** (be-γ'ewe), जिसका विस्तार ***बे॑-ग़्'एॅवा** (be-γ'ewā) के रूप में हुआ, जिससे भारत-यूरोपीय ***भे॑वे॑** (bhewe), ***भे॑वा** (bhewā) = संस्कृत **भव-, भवि-, भू-,** अंग्रेज़ी **'बी'** (be) धातु प्राप्त हुई। इस प्रकार आधुनिक अंग्रेज़ी के **बी** (be)—**वॉज़** (was) एक ही धातु के विकारी रूप नहीं हैं, अपितु विभिन्न निर्माणात्मक तत्त्वों के साथ एक ही धातु हैं, (देखिए, कर्न्स तथा श्वार्त्स का ऊपर उल्लिखित लेख, पृ० १८५, टिप्पणी ८)। इस प्रकार भारत-यूरोपीय तथा हित्ती का तुलनात्मक भाषाशास्त्रीय अध्ययन हमारे सामने एक विचित्र तथा नवीन संसार उपस्थित करता है; परन्तु यह संसार ऐसा है जिसका कि एक शती के भाषाशास्त्रीय अनुसन्धानों के फलस्वरूप प्रस्तुत भारत-यूरोपीय के स्वरूप के साथ मेल बैठ जाता है।

यहाँ हम भारत-हित्ती शब्द-रूप-प्रक्रिया की किन्हीं प्रमुख बातों का, जिनका हित्ती के आधार पर अनुमान लगाया जा सकता है, उल्लेख करेंगे।

हित्ती ने दो या अधिक संज्ञा-पदों को मिलाकर समस्त-पद बनाने की आदत न डालकर सम्भवतः भारत-हित्ती की प्रकृति को अक्षुण्ण रखा। इस सम्बन्ध में भारत-यूरोपीय स्पष्टतः भारत-हित्ती से काफ़ी आगे बढ़ गई। दूसरी ओर हित्ती में संज्ञा तथा क्रिया दोनों प्रकार के पदों के निर्माण में आम्रेडन अथवा द्वित्त्व (reduplication) के अत्यधिक उपयोग से प्रतीत होता है कि आम्रेडन के उपयोग में भारत-हित्ती भी भारत-यूरोपीय की अपेक्षा अधिक आगे बढ़ी हुई थी, यद्यपि भारत-यूरोपीय में भी आम्रेडन का कम महत्त्वपूर्ण स्थान नहीं है।

हित्ती में निर्माणात्मक प्रत्ययों की संख्या काफ़ी ज्यादा है और विभिन्न

भारत-यूरोपीय भाषाओं में इन प्रत्ययों के प्रतिरूप अधिकांश में मिल जाते हैं। इसमें उपसर्गों की संख्या अत्यधिक सीमित है; **स**- (sa-) < भारत-हित्ती **स्म्**- संस्कृत तथा ग्रीक में मिलता है और **ख**- (xa-) <भारत-हित्ती ***ख**- (xa-) ग्रीक में मिलता है।

संज्ञा शब्दों के रूप-निर्माण में भारत-यूरोपीय की जिस स्थिति का अनुमान किया गया है, भारत-हित्ती की भी सब मिलाकर वही स्थिति जान पड़ती है। हित्ती में दो लिङ्ग हैं—एक प्राणि बोधक (जिसके अन्तर्गत पुल्लिङ्ग तथा स्त्रीलिङ्ग दोनों ही आ जाते हैं और हित्ती में इन दोनों में भेद नहीं किया गया है) तथा अप्राणिबोधक (या नपुंसकलिङ्ग)। यह स्पष्टतः जाना गया है कि आद्य भारत-यूरोपीय में स्त्रीलिङ्ग नहीं था और विभिन्न प्राचीन भारत-यूरोपीय भाषाओं में इसका स्वतन्त्र रूप से विकास हुआ था। जहाँ तक संख्या प्रकट करने का सम्बन्ध है, हित्ती में द्वि-वचन के चिह्न मिलते हैं—जैसे—**खॉसॉ-खॉत्सॉसॉ** (xasa-xatsasa) 'पौत्र (और) प्रपौत्र', जो संस्कृत के **'मित्रा'** या 'मित्र-वरुण' जैसे देवता द्वन्द्व-समासों के समान है; मिलाइए ग्रीक—**ऑइऑन्ते** Aiante='दोनो ऑइऑ'। बहुवचन का हित्ती में खूब प्रयोग मिलता है और इसके बहुवचन के प्रत्यय कुछ तो भारत-यूरोपीय के बहुवचन-प्रत्ययों से मिलते हैं और कुछ हित्ती के अपने विशिष्ट प्रत्यय प्रतीत होते हैं, जो इसके अपने नये निर्माण हो सकते हैं। संज्ञा-शब्दों के रूप बनाने की भारत-यूरोपीय प्रकृति हित्ती में पूर्णतः प्रतिबिम्बित है और अधिकांश हित्ती कारक-रूपों के प्रतिरूप प्राचीन भारत-यूरोपीय भाषाओं में मिल जाते हैं। हित्ती रूप-निर्माण प्रणाली के एक विशिष्ट उदाहरण के तौर पर यहाँ एक 'ऑ'कारान्त (=भारत-यूरोपीय-ओ) पुल्लिङ्ग शब्द के रूप दिये जाते हैं

	एकवचन	बहुवचन
कर्ता	**ऑन्तुख्सॉस्** (antuxsas) 'मनुष्य'	**ऑन्तुख्सेस** (antuxses)
कर्म	**ऑन्तुख्सॉन्** (antuxsan)	**ऑन्तुख्सुस्** (antuxsus)
करण	[**ऑन्तुख्सेत्** (antuxset)]	—
अधिकरण-सम्प्रदान	**ऑन्तुख्से** (antuxse)	—
अपादान	**ऑन्तुख्सॉस्** (antuxsas)	**ऑन्तुख्सास्** (antuxsās)
सम्बन्ध	[**ऑन्तुख्सॉस्** (antuxsas)]	

उपर्युक्त रूपों की अधिकांश में भारत-यूरोपीय के रूपों से तुलना की जा सकती है।-अ(=भारत-यूरोपीय-ओ)कारान्त प्रातिपदिकों के कर्ता तथा

सम्बन्ध में एक ही रूप ध्यान देने योग्य है; संस्कृत में हमें इसके एक-दो उदाहरण मिलते हैं (जैसे—'सूरे दुहिता' < सूरः दुहिता 'सूर्य की पुत्री')। हित्ती में संज्ञाओं की रूप-प्रक्रिया में र्। न्-कारान्त प्रातिपादिकों का वर्ग ध्यान देने योग्य है (जैसे—कर्ता, ए. व. **उतर** utar 'पानी', सम्बन्ध—**उतॉनॉस्** utanas; **ऍस्ख़ॉर** esxar 'रक्त', सम्बन्ध—**ऍस्ख़ॉनॉस** esxanas; **स्तॉमॉर** stamar; 'कान', सम्बन्ध—***स्तॉमॉनॉस्** stamanas; **कुतॉर्** kutar 'ग्रीवा', सम्ब०—**कुतॉनॉस** kutanas; **पॉख़ुर** paxur; 'आस', सम्ब०—**पॉख़ुनॉस्** paxunas; मिलाइए संस्कृत में बहु-प्रातिपदिकीय (heteroclitic) संज्ञाओं के रूप—**असृ-क्** 'रक्त', सम्ब०—**अस्नस्, यकृ-त्**, सम्ब०—**यक्नस्**; लैटिन—**इऍकुर्** iecur 'यकृत', सम्ब०—**इऍकिनो॑रिस्** iecinoris; ग्रीक—**हेपॉर** hēpar 'यकृत', सम्ब०—**हेपॉतोस्** hēpatos: तथा जर्मनिक में र्। न् का व्यत्यय, जैसे प्राचीन अंग्रेज़ी—**फ़्यर** fyr आग'—मिलाइए ग्रीक—**पुर्** pur—और गौथिक—**फ़ुनिस्क्स्** funisks 'आग्नेय')। भारत-हित्ती में संज्ञाओं की रूप-प्रक्रिया भारत-यूरोपीय की अपेक्षा कहीं कम जटिल जान पड़ती है।

सर्वनामों के सम्बन्ध में हित्ती की भारत-यूरोपीय से तुलना द्वारा स्टरटेवन्ट तथा अन्य विद्वान यह निष्कर्ष निकाल पाए हैं कि भारत-हित्ती में सार्वनामिक रूप अत्यल्प थे, यथा—

	प्रथम पुरुष		मध्यम पुरुष		अन्य पुरुष
	ए. व.	ब. व.	ए. व.	ब. व.	ए. व.
कर्ता—	*ऍग् eg	*वे॑इस् weis	*ते॑ te	—	—
विकारी	*ईमे īme, मे mē मो॑ई moī	*न् स् n̥s *नो॑स् nos	*त्वे॑ twe *तो॑ई toī *तू tū		*उस्मे॑ usme सॉइ sai

इस आधार पर हित्ती ने प्रथम तथा मध्यम पुरुष सर्वनामों के नियमित रूप बना लिये। पराश्रित (enclitic) सर्वनाम भारत-हित्ती में भी वैसे ही विद्यमान थे, जैसे भारत-यूरोपीय में और हित्ती में इनके अतिरिक्त कुछ और भी ऐसे सम्बन्धबोधक पराश्रित सर्वनाम मिलते हैं, जो प्राचीन भारत-यूरोपीय भाषाओं में नहीं मिलते; परन्तु फिर भी इन भाषाओं ने इन पराश्रित सर्वनामों को आद्य-भारत-यूरोपीय और अन्ततः भारत-हित्ती से प्राप्त किया होगा, क्योंकि ये सम्बन्धसूचक पराश्रित सर्वनाम किन्हीं परवर्ती भारत-यूरोपीय भाषाओं, जैसे फ़ारसी, में मिलते हैं। हित्ती में निर्देशक (demonstrative) तथा अनिश्चय-बोधक, सम्बन्धबोधक तथा प्रश्नवाचक सर्वनाम पाए जाते हैं और इनके आधार-

भूत रूपों का सम्बन्ध भारत-यूरोपीय भाषाओं के तत्सदृश सर्वनामों से जोड़ा जा सकता है। इनमें से कुछ भारत-यूरोपीय में सर्वनाम के रूप में नहीं मिलते, जैसे—हित्ती—ऑपॉस् apas 'वह', भारत-यूरोपीय—*ओॅभि (obhi) (=सं० अभि, लैटिन-ओॅब् ob) से सम्बन्ध जान पड़ता है।

क्रियाओं के रूप-विधान में हमें हित्ती में भारत-यूरोपीय की अपेक्षा अधिक पुराने समय की अनेक झाँकियाँ मिलती हैं। पहले तो इसमें कुछ 'वियोज्य उपसर्ग' separable prefixes (=संस्कृत के उपसर्ग) हैं, जो क्रिया-पद के अर्थ में विकार लाते हैं; इनमें से कुछ संस्कृत, ग्रीक तथा अन्य भारत-यूरोपीय भाषाओं के उपसर्गों से मिलते-जुलते हैं, जैसे—ऑपॉ apa=ग्रीक-ऑपो apō; ऑन्तॉ anta=प्राचीन लैटिन—ऍन्दोॅ endo; ऑवॉन् awan;=संस्कृत—अव; ख़ॉन्ति xanti=ग्रीक—ऑन्ति anti; क़ॉतॉ kata =ग्रीक—कॉतॉ kata; प्रॉ pra = सं० प्र, ग्री० प्रोॅ pro इत्यादि।

हित्ती क्रियाओं की धातुओं में भृशार्थक या अतिशयार्थक (intensive) आम्रेडन (reduplication) का पर्याप्त उपयोग होता है, जैसे संस्कृत की सन्नन्त (desidearative) तथा यङ्लुङन्त (frequentative) प्रक्रिया में, परन्तु सम्पन्न (perfect) में यह संस्कृत के आम्रेडन से भिन्न है।

"हित्ती क्रिया के दो भाव—mood (निर्देश indicative तथा अनुज्ञा imperative) और दो काल (वर्तमान-भविष्यत् तथा भूत) होते हैं। इसमें दो असमापिकाएँ (infinitives), एक प्रायः सदैव परस्मैपदीय (active) और दूसरी आम तौर पर अकर्मक, एक क्रिया-जात-विशेषण (participle), जो नियमित रूप से अकर्मक होता है, एक संयुक्त-क्रिया (supine) जो 'क्रिया के कार्य को प्रारम्भ करने तथा जारी रखने' का अर्थ प्रकट करने के लिए **ताँइ** tai- 'स्थान' से संयुक्त होता है तथा दो प्रकार की क्रियार्थक संज्ञाएँ (verbal nouns) हैं। इसमें दो विकृत (secondary) धातु-रूप हैं, एक प्रेरणार्थक (causative) और दूसरा पौनःपुन्य—स्थितिबोधक (iterative-durative)। अन्ततः इसमें एक संयुक्त सम्पन्न (compound perfect) और इसका भूत-कालवाची रूप है, जो क्रियाजात-विशेषण के नपुंसकलिङ्गी रूप के साथ गौण क्रिया **ख़र् (क्)** Xar (K) 'रखना' के दोनों कालों के संयोग से बनता है। इसमें एक मध्यःआत्मनेपद (medio-passive voice) है, जो निजवाचक (reflexive या passive) होने अथवा कर्ता का विशेष हित द्योतित करने के कारण परस्मैपद (active) से भिन्न हो सकता है, परन्तु प्राय परस्मैपद के समान प्रतीत होता है।" (स्टरटेवन्ट, पृ० २१६)

उपर्युक्त धातु-रूप-प्रणाली भारत-यूरोपीय की प्रणाली से सामान्यतः सम्बन्धित है, परन्तु हित्ती की क्रिया-प्रणाली से प्रतीत होता है कि यह भारत-हित्ती के मुख्य रूप से (अथवा भारत-यूरोपीय के उस रूप से जो भारत-यूरोपीय की क्रिया-प्रणाली के निश्चित रूप ग्रहण करना प्रारम्भ करने के पूर्व का था) वियुक्त थी। हित्ती की धातुएँ रूप-रचना में दो प्रमुख वर्गों—परस्मैपद (active) में (१) -मि- वर्ग और (२) -खि- वर्ग -mi conjugation and -xi conjugation (मध्य-आत्मनेपद medio-passive की रूप-रचना भिन्न होती है)—में से एक या दूसरे के अन्तर्गत पड़ती हैं। -मि-वर्ग मोटे तौर पर भारत-यूरोपीय की वर्तमान एवं सामान्य (aorist) अविकरणार्ह (athematic) तथा विकरणार्ह (thematic) प्रणाली के सदृश है। इस वर्ग में अन्तर्भूत धातुएँ या तो अविकरणार्ह (athematic) हैं—और हित्ती में ये काफ़ी बड़ी संख्या में हैं, जबकि भारत-यूरोपीय में इनकी संख्या बहुत कम हो गई है—अथवा विकरणार्ह (thematic) हैं; विकरणार्ह प्रकार की धातुएँ मूल धातु में प्रत्यय (जिन्हें संस्कृत में 'विकरण' कहते हैं) लगाकर निष्पन्न होती हैं। हित्ती में ये प्रत्यय (सं० विकरण) हैं— इय-iya -आँ (-एँ) a(e),-स् -s,- एँस् -es, -न्- -n- (नासिक्य का आगम),-नो -no, -स्कें/आँ -ske/a। भारत-यूरोपीय में इस प्रकार के और भी प्रत्यय मिलते हैं, परन्तु हित्ती के ये प्रत्यय भारत-यूरोपीय में भी हैं। -मि-वर्ग के वर्तमान के प्रत्यय भारत-यूरोपीय के वर्तमान तथा सामान्य (aorist) के प्रत्ययों में सादृश्य रखते हैं; और वर्तमान तथा सामान्य में काल की भिन्नता—वर्तमान तथा भूत—द्योतित करने के लिए भेद का अभाव हित्ती ने भारत-हित्ती से विरासत में पाया होगा—भारत-यूरोपीय ने सामान्य को भूत-काल के अर्थ में सीमित कर लिया। -मि-वर्ग का भूतकाल (preterite) भारत-यूरोपीय के असम्पन्न imperfect (=संस्कृत का लङ्) से समानता रखता है, परन्तु इसमें अन्य पुरुष बहुवचन का प्रत्यय भारत-हित्ती के सम्पन्न (perfect) से लिया गया है।

-खि-वर्ग में तीन प्रकार की क्रियाएँ हैं—(१) जिनका अङ्ग (stem) व्यंजनान्त होता है; इनमें अविकृत (primary) क्रियाएँ, -आँख् (-ax) अन्त वाली अभिधायी (denominative) क्रियाएँ और -ख् (x) प्रत्ययान्त व्युत्पन्न (derivative) क्रियाएँ सम्मिलित हैं; (२)-आँकारान्त अङ्ग वाली क्रियाएँ, जिनके अन्तर्गत अविकृत क्रियाएँ—और -नाँ (-na) तथा -साँ (-sa) प्रत्ययान्त व्युत्पन्न क्रियाएँ हैं; तथा (३) सन्ध्यक्षरान्त (dipthongal) अङ्ग वाली क्रियाएँ। "-खि-वर्ग की क्रियाओं के वर्तमान के रूप भारत-यूरोपीय के सम्पन्न (=संस्कृत

लिट्) के समान हैं, परन्तु इन पर उन रूपों का पर्याप्त प्रभाव है, जिन्हें भारत-यूरोपीय व्याकरण में वर्तमान या सामान्य (aorist) कहते हैं" (स्टरटेवन्ट)। -ख़ि-वर्ग की क्रियाओं का भूतकाल भारत-यूरोपीय के सामान्य (aorist) से समानता रखने वाले रूपों तथा नये बनाए रूपों का समाहार है।

हित्ती का मध्य-आत्मनेपद (medio-passive) ग्रीक के middle voice = संस्कृत के आत्मनेपद के समान है। इसमें दो काल हैं—निर्देश प्रकार (indicative) के वर्तमान-भविष्यत और भूतकाल और इसमें अनुज्ञा (imperative) प्रकार, क्रियाजात-विशेषण (participle) तथा क्रियाजाल संज्ञाएँ (verbal nouns) भी हैं। इनके रूप परस्मैपद (active) के ढंग पर बनते हैं, परन्तु इनमें कुछ विशेष पुरुषसूचक-प्रत्यय (personal endings) भी लगते हैं।

हित्ती की क्रिया-रूप-रचना में द्विवचन नहीं है, केवल एकवचन और बहुवचन हैं; वैसे हित्ती में तीनों वचन मिलते हैं।

हित्ती में कम-से-कम तीन यौगिक-धातु (periphrastic) रूप विकसित हुए प्रतीत होते हैं—**एॅस्** (es) 'होना' क्रिया के योग से निष्पन्न कृदन्त, जो भूत या सम्पन्न द्योतित करता है; इसी प्रकार **ख़र् (क)**—xar (k) 'रखना' के योग से निष्पन्न सम्पन्न का द्योतन करने वाला नपुंसकलिङ्गी कृदन्त तथा किसी क्रिया का प्रारम्भ और चलते रहना प्रकट करने के लिए 'ताॅइ-' tai- 'स्थित करना' क्रिया के योग से निष्पन्न -वाॅन् -wan प्रत्ययान्त संयुक्त (supine) क्रिया।

कुछ क्रिया-रूपों से हित्ती की स्थिति स्पष्ट हो जाएगी;

(अ) -मि- वर्ग : 'ऍत्' et 'खाना'

निर्देश indicative **वर्तमान**	**वर्तमान**	**अनुज्ञा** imperative
ऍ॑त्मि—आॅत्वे॑नि (etmi) (atweni)	१. *ऍतुन्—*ऍत्वे॑न् (etun)—(etwen)	१. ————
*ऍत्सि—आॅत्स्ते॑नि etsi) (atsteni)	२. *ऍत्स्—ऍस्ते॑न् (ets)—(etsten)	२. ऍत्—*ऍत्स्ते॑न (et)—(etsten)
ऍ॑त्स्त्सि (>ऍत्ति)–आॅतॉन्त्सि etstsi <etti) (atantsi)	३. ऍत्स्त्—ऍते॑र् (etst)—(eter)	३. ऍत्स्तु–*आॅतॉन्तु (etstu)–atantu

क्रियाजात-विशेषण—आॅतॉन्त्स् (atants) असमापिका-पद—आॅतॉन्त्सि (atantsi)

यौगिक—*ऍत्वाॅन् (etwan) क्रियाजास्त-संज्ञा—*ऍत्वाॅर् (etwar)

(आ) -खि- वर्ग : 'सॉक्' Sak —'जानना'

निर्देश indicative वर्तमान	वर्तमान	अनुज्ञा imperative
१. सॉक्खि —सेॅक्वेॅनि (sakxi)—(sekweni)	१. *सॉक्खुन्—सेॅक्वेॅन् (sakxun)—(sekwen)	१. ————
२. सॉक्ति—सेॅक्तेॅनि (sakti)—(sekteni)	२. सॉक्तॉ—सेॅक्तेॅन् (sakta)—(sekten)	२. सॉक्, सॉकि—सेॅक्तेॅ (sak, saki—sekter
३. सॉकि—सॉकॉन्त्सि (saki)—(sakantsi)	३. सेॅक्त्, सॉक्स्—सेॅकेर् (sekt. saks)—seker	३. सॉक्तु—सेॅकान्तु (saktu)—(sekantu

क्रियाजात-विशेषण—सेॅकॉन्त्स् (sekants) असमापिका-पद *सेॅक्वॉन्त्सि (sekwantsi) यौगिक—*सेॅक्वान्त् (sekwant) क्रियाजात-संज्ञा—*सेॅक्वार् (sekwar) (medio-passiv

(इ) 'यॉ' ya 'जाना'

निर्देश indicative वर्तमान	वर्तमान	अनुज्ञा imperative
१. —— *यॉवॉस्तॉ (yawasta)	१. यॉखॉत्, याखाख'त्— (yaxat, yaxax'at)	१. ————
२. यॉतॉ—यॉतुमॉ (yata)—(yatuma)	२. यॉअॉत्, यॉतॉत्—यॉतुमॉत् (yaat, yatat)—(yatumat)	२. यॉखुत्—यॉतुमॉत् (yaxut)—(yatumat
३. यॉतॉ—यॉन्तॉ (yata)—(yanta)	३. यॉतॉत्—यान्तात् (yatat)—(yantat)	३. ————

क्रियाजात-विशेषण—*यॉअॉन्त्स् (yaants); क्रियाजात-संज्ञा—*यॉअॉतॉर् (yaatar

ऊपर दिये गए क्रिया-रूप देखने में बहुत ही सरल प्रतीत होते हैं। हित्ती के पुरुषवाचक प्रत्यय भारत-यूरोपीय के प्रत्ययों से सम्बद्ध हैं और इसके क्रिया-रूपों का भारत-यूरोपीय के क्रिया-रूपों से सम्बन्ध खोज लिया गया है। अनुज्ञा के अन्य-पुरुष के -उ में अन्त होने वाले रूप, जो भारत-इरानी (संस्कृत, अवेस्ता की भाषा, प्राचीन फ़ारसी) में भी मिलते हैं, विशेषत: ध्यान देने योग्य हैं। परस्मैपदीय अतीत (active preterite) के -र् में अन्त होने वाला (-मि- तथा -खि- दोनों वर्गों की क्रियाओं के) क्रिया-रूप भारत-यूरोपीय भाषाओं में सम्पन्न के क्रिया-रूप (जैसे—संस्कृत में -उर् (ऊचुर्, चक्रुर), अवेस्ता में -अरेॅ (are) तथा लैटिन में -एरेॅ (-ere) में अन्त होने वाला रूप) से सम्बन्धित है। तुख़ारीय (Tokharian) में भी यह रूप मिलता है। मध्य-आत्मनेपदीय (medio-passive) के रूपों में भी हित्ती में कुछ -र् में अन्त होने वाले

रूप हैं (जैसे—अन्यपुरुष एकवचन तथा बहुवचन में -तॉरि -tari, -न्तॉरि -ntari में अन्त होने वाले रूप, जो ऊपर दिये रूपों में शामिल नहीं किये गए हैं) और इनका सम्बन्ध इतालीय, कैल्तीय तथा तुखारीय के समान रूपों से जोड़ लिया गया है।

जान पड़ता है कि हित्ती ने प्राग्भारत-यूरोपीय की—वस्तुतः भारत-हित्ती की—उस स्थिति से अपने क्रिया-रूप-रचना-सम्बन्धी तत्त्व विरासत में प्राप्त किये थे, जबकि क्रिया-रूप-रचना-प्रणाली का आद्य-भारत-यूरोपीय में, इसके विभिन्न भाषाओं के रूप में विघटित होने से कुछ पहले, अभी स्वरूप स्थिर न हो पाया था।

इस प्रकार हित्ती ने हमें प्रागैतिहासिक भारत-यूरोपीय के सम्बन्ध में अपने मतों को दुहराने और फिर से स्थिर करने के योग्य बनाया है; इसने हमें भारत-यूरोपीय भाषा की उत्पत्ति की खोज में और आगे बढ़ने के योग्य बनाया है।

अनुमानाश्रयी भारत-हित्ती ने, जिसके पुनर्गठन का कार्य अभी चल रहा है, हमें भारत-यूरोपीय की ध्वनियों तथा पदों के उद्भव के सम्बन्ध में अनुमान करने का उचित अवसर दिया है, परन्तु भारत-यूरोपीय के मूल उत्स के रूप में आद्य भारत-हित्ती के काल तथा स्थान के सम्बन्ध में अभी तक इससे कोई सूत्र प्राप्त नहीं हुआ है। अभी तक भारत-हित्ती के सम्बन्ध में प्रत्न-जीवन-सम्बन्धी भाषाश्रयी अनुसन्धान (linguistic palaeontology) का कार्य प्रारम्भ हुआ नहीं जान पड़ता; परन्तु हम आशा रख सकते हैं कि भाग्यवशात् हमारे हाथ लगी इस हित्ती-भाषा की सामग्री के अधिकारी विद्वानों द्वारा समुचित उपयोग किये जाने पर हम निकट भविष्य में उन लोगों के निवासस्थान तथा संस्कृति से अवगत होंगे, जिनके बीच भारत-हित्ती ने स्वरूप ग्रहण किया था—चाहे यूराल प्रदेश में, या मध्य-एशिया में अथवा ईरान में या एशिया-माइनर में।

परिशिष्ट २

भारतीय आर्यभाषा में बहुभाषीय तत्त्व

(सातवीं ऑल इण्डिया ओरियण्टल कॉन्फरेंस, बड़ौदा में १९३३ में पठित लेख 'Polyglottism in Indo-Aryan' का अनुवाद)

किसी नव्य भारतीय आर्यभाषा (बंगला, हिन्दी, मराठी आदि) में निम्नलिखित प्रकारों में से किसी-न-किसी प्रकार के तत्त्व मिलते हैं :

१. विरासत में पाये हुए भारतीय आर्यभाषीय (भारत-यूरोपीय) तत्त्व (शब्द, धातुएँ, शब्दों के विकारी रूप) जो नव्य भारतीय आर्यभाषाओं के **तद्भव** तत्त्व हैं। ये निम्नलिखित विकास-क्रम से प्राप्त हुए हैं—भारत-यूरोपीय>भारत-इरानीय या आर्य >प्राचीन भारतीय आर्य>मध्य भारतीय आर्य>नव्य भारतीय आर्य।

२. संस्कृत से उधार लिये शब्द, जो इन भाषाओं के **तत्सम** तथा **अर्ध-तत्सम** तत्त्व हैं। (मध्यभारतीय आर्य में भी अर्ध-तत्सम तत्त्व विद्यमान थे, जो नव्य भारतीय आर्यभाषाओं को रिक्थ के अंश के रूप में प्राप्त हुए हैं।)

३. भारतीय आर्येतर-भाषीय (non-Aryan) शब्द जो सही तौर पर **देशी** तत्त्व हैं और भारतीय आर्यभाषा में प्राचीन भारतीय आर्य से लेकर नव्य भारतीय आर्य के बनने तक शामिल होते रहे हैं। इस वर्ग में ऐसे शब्दों का काफ़ी बड़ा समूह शामिल करना होगा, जो उत्पत्ति के विचार से सचमुच ही भारत-यूरोपीय नहीं हैं और न जिनका किसी आर्येतर भाषा (द्रविड़, भोट-चीनी और ऑस्ट्रिक) के साथ सम्बन्ध खोजा जा सका है।

४. भारत से बाहर की भाषाओं के शब्द, जो प्राचीन भारतीय आर्य-भाषा काल से ही (वैदिक भाषा में आये हुए कुछ एशियाई तथा मैसोपोटामीय शब्दों से प्रारम्भ कर) प्रवेश पाने लगे थे। ऐसे शब्दों में हमें प्राचीन इरानीय, प्राचीन ग्रीक, मध्य-इरानीय, कुछ प्राचीन चीनी, नव्य इरानीय (आधुनिक फ़ारसी, जिनमें तुर्की तथा अरबी के शब्द भी शामिल हैं), पुर्तगाली, फ्रांसीसी, डच तथा अंग्रेज़ी के शब्द मिलते हैं।

५. इनके अतिरिक्त कुछ शब्द ऐसे हैं जिनके स्रोत का पता नहीं

चलता, जो न तो भारतीय-आर्य भाषा के ही हैं और न विशिष्ट रूप से विदेशी ही, परन्तु जिनका हम अपने ज्ञान की वर्तमान स्थिति में किसी भारतीय-आर्येतर भाषा-परिवार से भी सम्बन्ध नहीं जोड़ पाते।

भारतीय-आर्य भाषा की समस्त शब्द-राशि उपर्युक्त पाँच वर्गों में अन्तर्भूत हो जाती है। इसमें जो लोक-तत्त्व या वस्तुतः स्वदेशी तत्त्व है, वह वर्ग १ के अन्तर्गत है और विद्वत्समाज द्वारा प्रयुक्त स्वदेशी तत्त्व वर्ग २ में रखे गए शब्दों से बना है; वर्ग ३, ४ और ५ के शब्द स्वदेशी या विदेशी विजातीय भाषाओं से आये हैं।

जब आर्यभाषी लोग पंजाब में बस गए और यहाँ उन्होंने अपना प्रभाव जमा लिया, तब से उत्तर भारत में आर्येतर जनता द्वारा आर्यभाषा को अपनाने की प्रक्रिया प्रारम्भ हुई और ईसा-पूर्व प्रथम सहस्राब्द के पूर्वार्ध में जब गंगा के मैदान में ब्राह्मण-धर्म तथा संस्कृति पूर्णतः प्रतिष्ठित हो चुकी, तब तो यह प्रक्रिया तीव्र गति से चलने लगी। यह प्रक्रिया आज तक चलती आ रही है, जिसके फलस्वरूप उत्तर-भारत में आर्येतर भाषा-भाषी जनता के बचे-खुचे अंश धीरे-धीरे आर्यभाषा अपनाते जा रहे हैं, जिसका अपरिहार्य परिणाम यह हुआ है कि आर्येतर भाषाओं के सभी रूप अधिक-से-अधिक एक शताब्दी के अन्दर विलुप्त होते जा रहे हैं। इस प्रकार की स्थिति में, आर्येतर भाषाओं के कुछ शब्दों तथा बोलने के ढंगों का आर्यभाषा में, प्रत्यक्ष नहीं तो अप्रत्यक्ष रूप से ही सही, प्रवेश पा जाना सर्वथा स्वाभाविक बात है। प्राचीन तथा मध्य-भारतीय-आर्य भाषा में और नव्य भारतीय-आर्य भाषा में शामिल हुए आर्येतर भाषीय तत्त्वों का प्रवेश इसी प्रकार हुआ है।

भारत में विजेता अथवा प्रवासी के रूप में आकर बस जानेवाले विदेशी भाषा-भाषी लोगों के सम्पर्क से—जो सम्पर्क अधिकांश में सांस्कृतिक आदान-प्रदान का कारण बना—भारतीय भाषाओं में अनेक विदेशी शब्दों ने प्रवेश पाया।

यदि कोई विदेशी शब्द वस्तुतः किसी अभाव की पूर्ति करता है, तो वह एक बार ग्रहण कर लिये जाने पर, भाषा का स्वाभाविक अंग बन जाता है। यदि दो भिन्न भाषाओं के बोलनेवाले लोग एक-दूसरे के आस-पास रहते हों और इस स्थिति से उनमें परस्पर सांस्कृतिक आदान-प्रदान प्रारम्भ हो जाए, तो एक भाषा के बोलनेवाले पड़ोस की दूसरी भाषा के विशिष्ट शब्दों से परिचित हो ही जाते हैं। विभिन्न भाषाओं के पारस्परिक प्रभाव की इस प्रारम्भिक स्थिति में, जबकि इन भाषाओं के बोलनेवाले अपनी ही भाषा का उपयोग

करते रहते हैं, होता यह है कि एक वर्ग के लोगों को दूसरे वर्ग के शब्दों से परिचित करने के लिए थोड़ी-सी व्याख्या की आवश्यकता होती है। इस प्रकार जब विदेशी भाषा का कोई नया शब्द सामने आता है, जिसे स्वदेशी भाषा बोलने वाले सामान्यतः पूरे तौर पर समझ नहीं पाते, तो इस विदेशी शब्द द्वारा द्योतित अर्थ को स्पष्ट करने के लिए स्वदेशी भाषा का कोई विशिष्टता-द्योतक शब्द, जो इसका बहुत-कुछ सही अनुवाद होता है, इसके साथ प्रयोग किया जाता है। इस प्रकार के समस्त पद, जिन्हें अनुवादात्मक-समस्त-पद (Translation compound) कहा जा सकता है, उन सभी भाषाओं में मिलते हैं, जो किसी अन्य भाषा के सजीव सम्पर्क में आई हैं और उससे प्रभावित हुई हैं।

इस प्रकार अंग्रेज़ी में, मध्य-अंग्रेज़ी के काल में, जब इंगलैंड में नॉर्मन-फ्रेंच और अंग्रेज़ी साथ-साथ प्रचलित थीं, हमें लिखित साहित्य में ऐसी व्याख्याएँ मिलती हैं, जैसे Ancrene Riwle (१२२५ ई०) में—cherite thet is luve, in desperaunce thet is in unhope...; understondeth thet two manere temptaciuns—two kunne vondunges—beoth; pacience thet is tholemodnesse, lecherie thet is golnesse, ignoraunce thet is unwisdom and unwitenesse, इत्यादि (ओ० येस्पर्सन *Growth and Structure of the English Language*, ऑक्सफ़र्ड १९२७, पृ० ८९)।

जब इंगलैंड में फ्रेंच बोलना फ़ैशन की बात थी और बोलचाल की भाषा में फ्रेंच शब्द बड़ी संख्या में ग्रहण किये जा रहे थे, तब इन नये और विदेशी शब्दों को जड़ जमाने में सहायता करने के लिए, इस प्रकार की प्रवृत्ति सम्भवतः अधिक सर्वसामान्य थी। चाउसर (Chaucer) की कृति में ऐसे दर्जनों शब्द हैं, जिनमें कोई विचार फ्रेंच शब्द द्वारा प्रकटकर उसे अंग्रेज़ी शब्द द्वारा परिच्छिन्न अथवा अनूदित किया गया है अथवा किसी अंग्रज़ी शब्द को फ्रेंच शब्द के योग से सबल बनाया गया है (देखिए, येस्पर्सन का ऊपर उल्लिखित ग्रन्थ, पृ० ९०)। इस प्रकार—he coude songes make and wel endyte; faire and fetisly; swinken with his handes and laboure; of studie took he most cure and most hede; poynaunt and sharp; lord and sire; कैक्स्टन (Caxton) की कृति मे भी—honour and worship; olde and auneyent; advenge and wreke; feblest and wekest; good ne proffyt; fowle and dishonestly; glasse or mirrour; इत्यादि। ये फ्रेंच शब्द अब अंग्रेज़ी के पूर्णतः स्वाभाविक शब्द बन गए हैं और अब इन व्याख्यात्मक पदों की आवश्यकता नहीं रही।

हिन्दी-हिन्दुस्थानी में भी फ़ारसी-अरबी शब्दों का, इसकी शब्द-राशि के सम्मिलित तत्त्व के रूप में अथवा स्वदेशी हिन्दी या संस्कृत के शब्दों का, जो विदेशों से आये हुए तथा फ़ारसी का उपयोग करनेवाले तुर्की और ईरानी मुसलमानों की दृष्टि में अधिक अर्थपूर्ण अथवा प्रभावोत्पादक न थे, स्थान ग्रहण करने के लिए, इसी प्रकार प्रवेश कराने की चेष्टा की गई। इसके लिए अमीर खुसरो (मृत्यु १३२५ ई०) की प्रसिद्ध 'खालिक़-बारी'-जैसे छोटे-छोटे कोश बनाये गए, जिनमें हिन्दी शब्द देकर उसका फ़ारसी-अरबी समानार्थक शब्द दिया जाता था, जिसे कण्ठस्थ कर विद्यार्थी अपने लेख में प्रयुक्त करें।

परन्तु भारतीय-आर्य भाषा में किसी नये या विदेशी शब्द की दूसरे स्वदेशी या अधिक परिचित शब्द द्वारा व्याख्या करने का यह ढंग कुछ भिन्न रूप में मिलता है। यहाँ हमें दो शब्दों से बने कुछ सामासिक पद मिलते हैं जिनमें से प्रत्येक शब्द एक ही अर्थ द्योतित करता है और दोनों शब्द एक-दूसरे की व्याख्या करते हैं। इस प्रकार नव्य भारतीय-आर्य भाषा में इन 'अनुवादात्मक समासों' के ऐसे अति स्पष्ट उदाहरण मिलते हैं, जिनमें एक शब्द विदेशी रहता है या किसी नये विदेशी शब्द की किसी पुराने या आत्मसात् किये शब्द से व्याख्या की रहती है। ये 'अनुवादात्मक समास' द्योतित अर्थ को बहुत जोरदार बना देते हैं और कभी-कभी द्योतित वस्तु के किसी विशेष प्रकार को प्रकट करते हैं और उस वस्तु के इस नवीन रूप का संकेत उस सामासिक पद का विदेशी या नया शब्द करता है। यहाँ बंगला से कुछ उदाहरण दिये जाते हैं :

चा-खडी 'लिखने की चाक'—यह चा+खडी का समस्त-पद अपरिचित अंग्रेज़ी शब्द chalk (चॉक), जिसका तीन या चार पीढ़ी पहले स्वयं अंग्रेज़ी में 'चाक' उच्चारण था, के साथ स्वदेशी बंगला शब्द **'खडी'** के मेल से बना है; **चाक+खडी>चा-खडी**।

पाओ-रूटी 'पाव-रोटी'=पुर्तगाली 'पाओ' pao (जिसका उच्चारण 'पाउ' pau होता है) 'रोटी'+स्वदेशी बंगला शब्द **'रूटी'**, हिन्दुस्थानी **'रोटी'**। इस समस्त-पद का व्यवहार यूरोपीय ढंग की खमीरेदार रोटी, जो भारतीय चपाती या रोटी से भिन्न होती है, के लिए किया जाता है।

काज-घर—पुर्तगाली casa (जिसका उच्चारण है **काजॅ** (kaxə) 'घर'+बंगला **'घर'**। मूलतः इस समस्त-पद का अर्थ था '(बटन के लिए)' **घर'**।

सील-मोहर 'धातु की नामांकित मुद्रा'=अंग्रेज़ी शब्द seal (सील)+

फ़ारसी **'मुहर'** जो बंगला में **'मोहर'** हो गया है।

इस प्रकार के सामासिक पदों के अन्तर्गत ऐसे पद भी पर्याप्त संख्या में हैं, जो फ़ारसी तथा स्वदेशी तत्त्वों से बने हैं। यहाँ बंगला से कुछ और ऐसे उदाहरण दिये जाते हैं (हिन्दुस्थानी तथा अन्य भारतीय भाषाओं में इन समस्त-पदों की बराबरी के अथवा इनके सदृश या कभी-कभी हू-ब-हू यही पद निश्चित रूप से मिलेंगे)।

आशा-सोटा 'गदा'=फ़ारसी-अरबी **'असा'**+भारतीय **'सोटा'**।

खेल-तामाशा=भारतीय **'खेल'**+फ़ारसी **'तमाशा'**।

शाक-सब्ज़ी=भारतीय (संस्कृत) **'शाक'**+फ़ारसी **'सब्ज़ी'**।

लाज-शरम या **लज्जा-शरम**=भारतीय **'लाज'** (प्राकृत) और **'लज्जा'** (संस्कृत)+फ़ारसी **'शर्म'**; दोनों का अर्थ एक ही है।

धन-दौलत=भारतीय+फ़ारसी (फ़ारसी-अरबी)।

जन्तु-जानोआर 'पशु'=भारतीय (संस्कृत)+फ़ारसी **'जानवर'**।

राजा-बादशा=भारतीय **'राजा'**+फ़ारसी **'बादशाह'**<**पादिशाह**।

लोक-लस्कर 'अनुगामियों अथवा अनुचरों का दल'=भारतीय **लोक** 'व्यक्ति या व्यक्ति-समूह'+फ़ारसी **लश्कर** 'सेना या दल'।

हाट-बाज़ार=भारतीय **'हाट'**+फ़ारसी **बाज़ार**।

झण्डा-निशान=भारतीय **'झण्डा'**+फ़ारसी **'निशान'**।

हाडी-मुर्दाफ़राश 'भंगी और मुर्दघाट के अनुचर'=भारतीय **हाडी** 'भंगियों की एक छोटी जात'+फ़ारसी **मुर्दफ़रोश** 'मुर्दा ढोने वाला'।

लेप-काँथा 'तकिये का खोल'=**लेप** <फ़ारसी **लिहाफ़** 'तकिया'+ बंगला **काँथा**, संस्कृत **कन्था** 'पुराने कपड़ों से बनाया हुआ खोल'।

आदाय-उसूल 'ऋण या किराये की वसूली'=संस्कृत **आदाय**+फ़ारसी-अरबी **वसूल**।

काग़ज़-पत्र=फ़ारसी **काग़ज़**+संस्कृत **पत्र**।

गोमास्ता-कर्मचारी 'एजेंट और क्लर्क'=फ़ारसी **गुमाश्तः**+संस्कृत **कर्मचारी**।

निरीह-बेचारा 'सीधा-सरल'=संस्कृत **निरीह**+फ़ारसी **बेचारः**।

अति स्पष्ट विदेशी तत्त्व-युक्त उपर्युक्त अनुवादात्मक-समासों के अतिरिक्त कुछ ऐसे भी सामासिक पद हैं, जिनके दोनों अंग स्वदेशी हैं, जैसे :

पाहाड़-पर्बत—बंगला **'पाहाड़'** (इसकी उत्पत्ति अनिश्चित है; इसको नव्य भारतीय-आर्य भाषा के प्रारम्भ-कालीन **'पाहन'**=संस्कृत **पाषाण** से मिलाया

गया है) +संस्कृत **पर्वत**।

घर-बाड़ी='मकान, मकान और बगीचा, मकान और ज़मीन, घरबार'—**घर**+**बाड़ी** (**गृह**+वाटिका<वृत—)।

गाछ-पाला='पेड़-पौधे'—**गाछ**<**गच्छ**+**पाला**<**पल्लव**।

हाँड़ी-कूँड़ी='बर्तन-भाँडे, सामान'—**भाण्ड**+**कुण्ड**।

इनमें से **कुछ** 'द्वन्द्व-समास' की सीमा-रेखा पर स्थित हैं और अन्तर्भाव (inclusive idea) प्रकट करते हैं; जैसे—**कापड़-चोपड़** 'कपड़े और टोकरियाँ, वस्त्र'; **कापड़**<**कर्पट**—'चिथड़े, कपड़े'+**चोपड़**, मिलाइए—**चुपड़ी, चोपड़ी**='टोकरी'। सम्भवत: प्रारम्भ में इसमें द्वन्द्व-समास का अस्पष्ट भाव था, परन्तु अनेक उदाहरणों में दोनों शब्द पर्यायवाची होते हुए एक-दूसरे की व्याख्या करते हैं, जैसे—**'बाक्स-पेंटरा'** में; **'बाक्स-पेंटरा'**'=बक्से और पिटारे'—अंग्रेज़ी box (सौ वर्ष पहले इसका उच्चारण **बाक्स** baks था)+बंगला—**पेंटरा, पेंड़ा**<**पेटक-,पिटक-**।

कुछ बंगला शब्दों में 'देशी' तत्त्व स्पष्ट हैं, जैसे—बंगला—**'पोला-पान'**='**बच्चे**' (पूर्व बंगाल की बोली में); इसमें '**पोला**<संस्कृत—**'पोत-ल'** और **'पान'** एक ऑस्ट्रिक शब्द जान पड़ता है, जो सन्थाली (कोल) में **होपोन** (ho`po`n) के रूप में मिलता है; **पान** इस संथाली शब्द का सरलीकृत रूप है। इसी प्रकार बंगला—**'छेले-पिले'** (**'छेले-पुले'** रूप भी मिलता है), जिसका **अर्थ** 'बच्चे, सन्तति' है, पुराने **'छालिया-पिला'** से व्युत्पन्न है, जिसमें **छालिया**< **छावालिया**=प्राचीन भारतीय आर्य **शाब-** + **-आल**+ **इक-**+**-आक** और **पिला** शब्द, जो उड़िया में भी इसी रूप में मिलता है, द्रविड़ भाषा का अनुमान किया गया है (मिलाइए, तमिल **पिल्लइ**='बच्चा, बेटा'।

इस प्रकार आधुनिक भारतीय-आर्य भाषाओं के प्रचलित शब्दों में हमें बहुभाषीय तत्त्वों के सम्मिश्रण के प्रमाण मिलते हैं। **छेले-पिले, चा-खड़ी, पाउ-रुटी, राजा-बादशा** आदि शब्दों के अध्ययन से—जो शब्द अपना सामासिक रूप थोड़ा-बहुत सुरक्षित रखते हुए एक अकेला अर्थ द्योतित करते हैं—हम देख सकते हैं कि कैसे विभिन्न तत्त्वों ने नव्य भारतीय-आर्य भाषा के निर्माण में योग दिया है। उपर्युक्त उदाहरणों में हम स्वदेशी **प्राकृत** तथा संस्कृत के **तत्सम** शब्दों के साथ-साथ **देशी** या स्वदेशी आर्येतर-भाषीय और विदेशी—फ़ारसी-अरबी, पुर्तगाली, अंग्रेज़ी आदि के—शब्द पाते हैं। इन शब्दों से हमें भारतवासियों में नव्य भारतीय-आर्य भाषा-काल में 'बहुभाषिता' (Polyglottism), अर्थात् देश में एक साथ अनेक भाषाओं का प्रचलन तथा बहुसंख्यक जनता का अपनी निज

की भाषा के अलावा किसी अन्य भाषा से थोड़ा-बहुत परिचय, के पुष्कल प्रमाण मिल जाते हैं।

यह खोज यदि मध्य भारतीय-आर्य तथा प्राचीन भारतीय-आर्य प्राकृतों तथा संस्कृत की शब्द-राशि की ओर बढ़ाई जाए, तो वहाँ भी हमें यही स्थिति दिखाई देगी। अब हमारे हाथ प्राकृत तथा संस्कृत के कुछ ऐसे शब्द लग गए हैं, जो स्पष्ट दिखा देते हैं कि कैसे आज से १५०० या २००० अथवा २५०० वर्ष पहले के भारत में केवल भारतीय-आर्य भाषाएँ ही प्रचलित न थीं, अपितु आर्येतर तथा विदेशी भाषाएँ भी, जो बहुत सजीव भाषाएँ थीं और जिनकी भारतीय-आर्य भाषा पर उल्लेखनीय प्रतिक्रिया हुई थी, यहाँ बोली जाती थीं। यहाँ हम संस्कृत तथा प्राकृत के ऐसे कुछ शब्दों का अध्ययन प्रस्तुत करेंगे, जो वस्तुतः 'अनुवादात्मक-समास' हैं।

(१) संस्कृत—**कार्षा-पण**=पाली **कहापण**, प्राकृत **कहावण**, बंगला **काहन**='एक प्रकार का तोल, एक **कार्षा** के वज़न का सिक्का'। यह शब्द के दो घटक हैं, **कार्षा** और **पण**; इनमें से **कार्षा** का मूल **कर्ष** 'एक तोल' है। **कर्ष** शब्द हखामनीषिय (Achaemenian) फ़ारस से आया होगा; भारत की भौतिक सभ्यता पर फ़ारस का प्रभाव अब पूर्णतः स्वीकार किया जा रहा है। **पण** शब्द के बारे में डॉ० प्रबोधचन्द्र बागची ने दिखा दिया है कि यह गणना-वाचक शब्द मूलतः ऑस्ट्रिक (कोल) है (इसका वास्तविक अर्थ 'चार' है और यह कोल भाषा के शब्द **उपुन**, **पुन**='चार' से सम्बन्धित है। इस **कार्षा-पण** के रूप में हमारे सामने एक व्याख्यात्मक समास है, जो प्राचीन फ़ारसी **कर्श** और एक ऑस्ट्रिक शब्द के आर्य-रूप **पण** के संयोग से बना है।

(२) **शालि-होत्र** संस्कृत का एक ऐसा ही अन्य ध्यान देने योग्य शब्द है। यह 'घोड़े के लिए एक कवित्वपूर्ण नाम' (मोनियर-विलियम्स) है और इसकी शास्त्रीय व्याख्या इस प्रकार की गई है कि **शालि** 'धान' का **होत्र** 'आहार' प्राप्त करने के कारण घोड़े को **'शालि-होत्र'** कहा जाता है। **शालि-होत्र** एक ऋषि का नाम भी है, जिसने पशु-चिकित्साशास्त्र पर एक ग्रन्थ बनाया है। संस्कृत में अश्व-चिकित्सक को भी **'शालि-होत्रिन्'** कहते हैं। इस अर्थ में यह शब्द अभी तक भारतीय सेना में प्रचलित है; घुड़सवार रिसाले के पशु-चिकित्सक को **'सोलुत्री'** कहा जाता है। हिन्दुस्थानी में इस शब्द का रूप **सरोतरी** या **सलोतरी** है।

शालि-होत्र शब्द दो विभिन्न भाषाओं से प्राप्त दो पर्यायवाची शब्दों से बना सामासिक-पद प्रतीत होता है। संस्कृत के सामान्यतः प्रचलित शब्द **शालि**

'धान' को, जिसकी व्युत्पत्ति स्पष्ट प्रतीत होती है, छोड़ दें तो **शालि-होत्र** का **शालि** शब्द असन्दिग्ध रूप से वही प्रतीत होता है जो **शालि-वाहन** नाम में है; और जे० प्रज़िलुस्की (J. Przyluski) ने (रायल एशियाटिक सोसाइटी, लन्दन के जर्नल, १९२९ ई०, पृ० २७३ टिप्पणी में) दिखा दिया है कि यह घोड़े का वाचक प्राचीन कोल (ऑस्ट्रिक) शब्द-मात्र है (जो सन्थाली में **सद्-ओम** रूप में मिलता है)। प्राचीन भारत की बोलचाल की भाषा में घोड़े के अर्थ में **साद्, सादि**-जैसे किसी शब्द का प्रचलन संस्कृत के **साद** '(घोड़े पर) बैठा हुआ, सवार' शब्द से, जो **सादि, सादित** रूप में भी मिलता है (मिलाइए, **अश्व-सादि** 'घुड़सवार'), प्रमाणित है। इस शब्द का सम्बन्ध असन्दिग्ध रूप से **शालि-वाहन** और **सात-वाहन** से तथा **शालि-होत्र** से जोड़ना चाहिए। इस प्रकार स्पष्ट हो जाता है कि **शालि** का अर्थ है 'घोड़ा' और यह मूलतः ऑस्ट्रिक शब्द है; और **होत्र** शब्द का भी यही अर्थ प्रतीत होता है और सम्भवतः हम इस शब्द का सम्बन्ध द्रविड़ों से जोड़ सकते हैं। घोड़े के लिए भारत-यूरोपीय शब्द *ऍक्वोँस् (ekwos) संस्कृत में '**अश्वः**' रूप में विद्यमान है। बाद में अनिश्चित स्रोत से प्राप्त शब्द '**घोट**' ने इसका स्थान ले लिया। दर्दीय क्षेत्र की एक-दो बोलियों तथा किन्हीं बिरले शब्दों (जैसे, बंगला '**आश-गन्द**'<सं० **अश्व-गन्धा** 'एक पौधे का नाम') को छोड़कर, भारत की भाषाओं में **अश्व** शब्द बच नहीं पाया और भारतीय-आर्य तथा द्रविड़ भाषाओं में घोड़े के लिए '**घोट**' शब्द ***घोत्र** तथा इससे व्युत्पन्न शब्द प्रचलित हैं। स्वयं संस्कृत रूप 'घोट' भी प्राचीन रूप या ***घुत्र** का, जिसका हम सीधे-साधे द्रविड़ भाषाओं के अश्ववाची शब्दों (तमिल—**कुतिरइ**, कन्नड़—**कुतुरे**, तेलुगु—**गुर्र-मु**<**गुत्र-मु**) से सम्बन्ध बैठा सकते हैं।

स्वयं ***घुत्र—घोट—कुतिरइ** शब्द का मूल स्रोत सन्दिग्ध है, परन्तु यह एक बहुत ही पुराना शब्द है और निकट-पूर्व (Near East) में विस्तृत रूप से प्रचलित है। प्राचीन मिस्र में घोड़े के लिए, जो वहाँ निश्चित तौर पर एशिया से (एशिया माइनर या मैसोपोटामिया से) पहुँचा था, **ह्.त्.र्** ḥtr शब्द प्रचलित था, जो ***घुत्र** का एक दूसरा रूप प्रतीत होता है। अर्वाचीन ग्रीक में गधे का नाम **गॉदॉइरोँस्** gadairos तथा खच्चर के लिए तुर्की शब्द **हत्यर्** hatyr का सम्बन्ध *घुत्र-ह्.त्.र् ghutra-ḥtr से जान पड़ता है। फ़िलहाल हम काम-चलाऊ तौर पर इस शब्द को भारत के बाहर का (एशियाटिक अर्थात् एशिया माइनर और एजियन प्रदेश का) आर्येतर-भाषीय मान लेते हैं, जो सम्भवतः द्रविड़ों के साथ भारत आया; यह भी हो सकता है कि यह असली द्रविड़ शब्द

हो, क्योंकि द्रविड़ों के मूलतः भूमध्य-सागरीय (लाइसियन, क्रीटन) जन होने की सम्भावना होने पर भी हमें ध्यान देना है। **शालि-होत्र** के दूसरे घटक **होत्र** में भी घोट का कोई प्राचीन रूप सुरक्षित जान पड़ता है। इस प्रकार **शालि-होत्र** पद घोड़े के पर्यायवाची के रूप में एक ऑस्ट्रिक+द्रविड़ अनुवादात्मक समास है और **अश्व-सादि** एक आर्य+ऑस्ट्रिक अनुवादात्मक समास है।

(३) परवर्ती संस्कृत-साहित्य में **पाल-काप्य** ऋषि का नाम हस्ति-शिक्षा के आचार्य के रूप में मिलता है। उसके सम्बन्ध में कुछ कथाएँ मिलती हैं, जिनसे पता चलता है कि वह हाथियों के बीच रहता था। **पाल-काप्य** नाम की व्याख्या यह की जाती है कि इसमें **पाल** व्यक्तिगत नाम है और **काप्य**, जो स्पष्टतः **कपि** का विकारी रूप है, गोत्र का नाम है; **कपि** का अर्थ संस्कृत में सामान्यतः 'बन्दर' होता है। परन्तु **पाल-काप्य** एक अनुवादात्मक-समास प्रतीत होता है और इसकी रचना ठीक **शालि-होत्र** के समान हुई जान पड़ती है। **पाल-काप्य** दो विभिन्न भाषाओं के हस्ति-वाची दो शब्दों का समास-मात्र है और जैसा व्यक्तिगत नामवाची **शालि-होत्र** पद के बारे में हुआ, यह सामासिक पद **पाल-काप्य** भी हस्ति-शिक्षा एवं संवर्धन का आचार्य माने जानेवाले ऋषि का नाम पड़ गया। ये इस बात के उदाहरण हैं कि कैसे एक सामान्य नाम के आधार पर एक व्यक्तित्व की कल्पना कर ली जाती है—**पाल-काप्य** और **शालि-होत्र** दोनों ही इसके निदर्शक हैं। **पाल-काप्य** के प्रथम अवयव **'पाल'** का द्रविड़-भाषा में, जहाँ यह शब्द विविध रूपों में मिलता है, 'हाथी' और 'हाथीदाँत' अर्थ होता है (इसका विस्तृत विवेचन जे० प्रलुस्की ने *Journal Asiatique*, १९२५ ई०, पृ० ४६-५७ पर प्रकाशित अपने Notes Indiennes में तथा प्रबोधचन्द्र बागची ने *Indian Historical Quarterly*, १९३३ ई०, पृ०२५८ टिप्पणी में किया है)। इस सम्बन्ध में यह भी ध्यान देने की बात है कि **पाल-काप्य** का दूसरा नाम **करेणु-भू** अर्थात् 'हथिनी में उत्पन्न' भी मिलता है, जिससे प्रकट होता है कि इस नाम का हाथियों से भी कुछ सम्बन्ध है। दूसरे अवयव **काप्य** पर प्रबोधचन्द्र बागची ने (ऊपर उद्धृत, पृ० २६१ पर) विचार किया है और यह स्पष्ट कर दिया है कि **कपि** शब्द का अर्थ 'हाथी' भी होता था या कम-से-कम **कपि** शब्द के पर्यायवाची के रूप में भी प्रयुक्त होता था। बागची ने **गज पिप्पली** 'एक पौधे का नाम' के पर्यायवाची के रूप में **करि-पिप्पली**, **इभ-कण**, **कपि-वल्ली** तथा **कपिल्लिका** शब्द उद्धृत किये हैं, जिनमें स्पष्टतः **गज**, **करि**, **इभ**, **कपि**, शब्दों का एक ही अर्थ है। एक सामान्य भारतीय फल का नाम है **'कपित्थ'** (मिलाइए, **अश्वत्थ** 'पीपल का पेड़')। यह फल हाथियों को

बहुत प्रिय है और संस्कृत में एक कहावत है **"गज-भुक्त-कपित्थ-वत्"** (अर्थात् 'हाथी के खाए कपित्थ के समान'—कहा जाता है कि जब हाथी कपित्थ का फल निगल लेता है, तो उसके पेट में इसका सख्त खोल तो ज्यों-का-त्यों बना रहता है, परन्तु उसके अन्दर की गिरी हाथी के पेट में निकल आती है और खाली खोल बाहर निकल जाता है)। क्या **कपित्थ** शब्द में भी **कपि** का अर्थ 'हाथी' नहीं हो सकता ? **कपि** शब्द का 'हाथी' अर्थ इस बात से भी पुष्ट होता है कि किन्हीं सन्निकट पूर्व की भाषाओं में, हिब्रू में तथा प्राचीन मिस्र की भाषा में **कपि** के सदृश एक शब्द का अर्थ हाथी होता है; जैसे—हाथीदाँत के लिए हिब्रू में **शेन-हब्बिम्** šen-habbim शब्द है, जिसमें **शेन** का अर्थ है 'दाँत' और स्पष्ट है कि **हब्बिम्** (बहुवचन) का अर्थ 'हाथी' होगा; **हब्बिम्** का प्रातिपदिक रूप होगा **हब्ब्** habb। प्राचीन मिस्री में हाथी के लिए **ह्‌ब्** (अर्थात् **हब्‌**) शब्द है। इन हिब्रू और मिस्री शब्दों **हब्ब्, हब्‌** की तुलना **कपि** से करने की इच्छा होती है; **कपि**=**हब्‌** का मूल अज्ञात है। सम्भवत: यह ऐसा ही शब्द है जैसे* **घुत्र—कुतिरइ—.ह्‌त्‌र्—गॉदॉइरोस—कत्थर**। मेरा विचार है कि **पाल-काप्य** पद के रूप में एक द्रविड़ तथा भारत से बाहर की किसी आर्येतर भाषा के शब्दों से बना अनुवादात्मक-समास देखना कोई तर्क-शून्य और साहसिकता-पूर्ण अनुमान न समझा जाना चाहिए।

(४) गोपथ-ब्राह्मण में जनमेजय के समसामयिक **दन्तवाल-धौम्र** नामक एक ऋषि का उल्लेख हुआ है। यह नाम जैमिनीय ब्राह्मण में जनक विदेह के समसामयिक के रूप में उल्लिखित **दन्ताल धौम्य** से भिन्न है (इन नामों के प्रति मेरा ध्यान आकर्षित करने के लिए मैं डॉ० हेमचन्द्र रायचौधुरी का कृतज्ञ हूँ)। **धौम्र** तो अपत्यार्थक शब्द है, परन्तु व्यक्तिगत नाम **दन्तवाल** का क्या अर्थ है ? क्या यह **दन्त-पाल** का दूसरा रूप तो नहीं है ? दूसरे नाम **दन्ताल** का अर्थ है 'लम्बे या बड़े दाँतोंवाला', परन्तु सम्बन्ध-वाची प्रत्यय—**आल**,–**वाल**,–**पाल** बहुत बाद के हैं और भारतीय आर्य-भाषा के इतिहास में अपभ्रंश-काल से पहले नहीं मिलते। मेरा सुझाव है कि यह पद **दन्त-वाल** वस्तुत: **दन्त-पाल** के लिए है और एक आर्य-द्रविड़ पर्यायवाची समास है, जिसका अर्थ पहले 'हाथीदाँत' था और तब 'हाथी' हुआ। इस प्रसंग में एक ही नगर के पर्यायवाची नामों **दन्त-पुर**=पालोउरा Paloura तथा **बालेओकोउरोस्** Baleokouros (=विलिवयकुर Vilivayakura) और **कोल्हापुर** का, जिन पर क्रमश: सिलवाँ लेवी (Sylvain Lévi) तथा प्रबोधचन्द्र बागची ने विचार किया है, स्मरण किया जा सकता है (देखिए, प्रबोधचन्द्र बागची *Indian Historical Quarterly* १९३३ ई०

पृ० २५६ टिप्पणी में)।

(५) भारतीय इतिहास के शक-काल में हमे भारत में कुछ शक (तथा अन्य इरानी) नामों एवं विशेषण पदों के प्रचलित होने के प्रमाण मिलते हैं। **मुरुण्ड** एक ऐसा ही शब्द है, जिसका शक भाषा में 'राजपुत्र' या 'राजा' अर्थ होता है। भारतीय शक लेखों में प्राप्त 'मुरुण्ड-स्वामिनी'-जैसा शब्द भी उसी प्रकार का द्विभाषीय शब्द है, जैसे शब्दों पर ऊपर विचार किया गया है।

(६) इसी प्रकार के दिखाई देनेवाले अनेक शब्दों का उल्लेख किया जा सकता है, परन्तु इन शब्दों के प्रत्येक अवयव के मूल तथा सम्बन्ध की अभी खोज नहीं की गई है। प्राग्ज्योतिष के वैद्यदेव (ग्यारहवीं शती का उत्तरार्ध) के कमौली दान-पत्र में एक नदी का **जउगल्ल** नाम आया है। यह **जउ** < सं० **जतु** 'लाक्षा, लाख' + **गल्ल** का समास है; **गल्ल** शब्द आधुनिक बंगला में **गाला** (='लाख') के रूप में मिलता है (जतु > **जउ** भी बंगला में मिलता है)। सम्भवतः **'गल्ल'** का मूल अर्थ 'गलाया हुआ लाख' था, परन्तु यहाँ इन दो शब्दों का एक नाम में प्रयोग ऊपर दिये उदाहरणों के समान माना जा सकता है।

(७) महावस्तु में हमें **'इक्षु-गण्ड'** पद मिलता है, जो **इक्षु** (नव्य भारतीय-आर्य भाषाओं में **ईख, आउख, आख, ऊख, ऊस** < **इक्षु, * अक्षु, * उक्षु**) और **गण्ड** का समास है; **गण्ड** शब्द नव्य भारतीय-आर्य भाषा (हिन्दुस्थानी) में **गन्ना** और **गंडेरी** रूपों में मिलता है। क्या इस सामासिक पद के रूप में भी हमारे सामने प्राचीन भारत में प्रचलित दो भिन्न भाषाओं के समानार्थक शब्दों का समास है?

(८) इसी प्रकार महावस्तु का **गच्छ-पिण्ड**, जिसका अर्थ 'वृक्ष' है, एक विचित्र समास है। **गच्छ** शब्द **गाछ** 'पेड़, पौधा' रूप में बंगला में (तथा अन्य सम्बन्धित पूर्व-भारतीय बोलियों में) मिलता है। मूलतः इसका अर्थ था 'आगे बढ़ना, गति', जो वृक्ष के बढ़ने का संकेत करता है; और **पिण्ड** का अर्थ है 'ढेर, अचल वस्तु'। प्रारम्भ में यह समास **गच्छ-पिण्ड** विवरणात्मक रहा होगा और एक पहेली के तौर पर प्रयुक्त हुआ होगा; **गच्छ-पिण्ड** अर्थात् 'गतिशील पिंड'। परन्तु वृक्ष-जैसी सरल तथा दैनिक जीवन की अंगभूत वस्तु के लिए पहेली बुझाने की आवश्यकता ही क्यों पड़ी? हमें यहाँ स्मरण रखना चाहिए कि **पिण्ड** से हिन्दुस्थानी का वृक्षवाची शब्द **पेड़** या **पेंड़** शब्द निकला है। इस **पेड़** का वास्तविक उद्भव किस शब्द से हुआ? जो भी हो, नव्य भारतीय-आर्य-भाषा में गृहीत अर्थ को देखते हुए **गच्छ-पिण्ड** ='वक्ष+वृक्ष' अर्थात् एक अनुवादात्मक समास ही है।

(९) ठीक **गच्छ-पिण्ड** तथा ऐसे ही अन्य शब्दों के समान है अपभ्रंश का शब्द **'अच्छ-भल्ल'**='भालू', जिसमें **अच्छ** शब्द भारत-यूरोपीय है, जो संस्कृत में **'ऋक्ष'** के रूप में मिलता है (हिन्दुस्थानी का **'रीछ'** शब्द इसका निश्चित रूप से अर्ध-तत्सम है) और **भल्ल** शब्द नव्य भारतीय-आर्य-भाषा के **भालू** (हिन्दुस्थानी), **भालुक, भाल्लुक** (बंगला) का मूल-रूप है। **भल्ल** शब्द को प्राचीन भारतीय-आर्य भाषा के **भद्र** शब्द से व्युत्पन्न बताया गया है; इस प्रकार **अच्छ-भल्ल < ऋक्ष-भद्र**; इस दृष्टि से इसका अर्थ हुआ 'भला भालू', और यह किसी अभद्र वस्तु को भद्र रूप में प्रकट करने का ढंग हुआ। यह असम्भव भी नहीं है, क्योंकि लोगों में किसी दुष्ट पशु का नाम न लेने की प्रवृत्ति है (नाम लेने से उस दुष्ट पशु के पास आ जाने का भय माना जाता है); **भल्ल** अर्थात् 'विनीत, भला' का प्रयोग पहले इसी प्रवृत्ति के कारण (Euphemistically) किया गया होगा और फिर यही अपने-आपमें उस पशु का वाचक हो गया, जैसे कि रूसी में भालू के लिए **मेद-वेद** med-ved='मधु-भक्षी' (=संस्कृत **मधु-अद्**) शब्द है। परन्तु इस शब्द के सम्बन्ध में अभी और खोज होनी चाहिए कि क्या संस्कृत के **भद्र** शब्द के अतिरिक्त इसका किसी आर्येतर भाषा से तो सम्बन्ध नहीं है।

(१०) इस प्रसंग में हम संस्कृत के **कञ्चुल, कञ्चुलिका**='चोली' की तुलना समानार्थक **चोलिका** से कर सकते हैं। इन शब्दों के प्रतिरूप आज की बोलियों में भी मिलते हैं। इस शब्द का मूल अर्थ 'स्तनों को ढकने का वस्त्र' रहा होगा (मिलाइए, **चोलिका-पट्ट** 'मध्य-भाग के लिए वस्त्र')। तब **कञ्चुल, कञ्चुलिका**=***कन्**+**चोलिका** प्रतीत होंगे, जिसमें ***कन्** एक ऑस्ट्रिक शब्द है, जो बंगला में **'कानि'**='चिथड़ा' रूप में मिलता है; मिलाइए—मलय **कइन** kain 'कपड़ा' और **चोल** का सम्बन्ध अनिश्चित व्युत्पत्तिवाले शब्द **चेल** Cela = 'कपड़ा' से जोड़ा जा सकता है।

(११) महाराष्ट्र में हिन्दुओं की **कायस्थ** जाति, जो उत्तर-भारत तथा बंगाल में (**कायथ रूप में**) खूब फैली है, **कायस्थ-प्रभु** कही जाती है। सुझाया गया है (मेरे मित्र हरित कृष्ण देव ने इस ओर मेरा ध्यान आकर्षित किया) कि **कायस्थ** शब्द, जो मुसलमानों के आगमन से बहुत पहले से ही सरकारी दफ्तरों से सम्बन्धित लेखकों की जाति का वाचक रहा है, वस्तुतः प्राचीन इरानी शब्द **'ख्शायथिय'** (Xšayaθiya)= 'राजा' का, जो हखामनीषीय राजवंश के अभिलेखों में मिलता है, प्रतिरूप है। यह शब्द भारत में ईसा पूर्व छठी शताब्दी में आया और यही शब्द आधुनिक फ़ारसी **शाहि, शाह** का मूल है; मध्य

भारतीय-आर्य भाषा में इस शब्द का तद्भव रूप होगा ***खयत्थिय,** जो फिर बदलकर **कायत्थ** (नव्य भारतीय-आर्य में **कायथ**) बनेगा और तब बड़ी सरलता से इसका संस्कृत-रूप बन जाएगा **कायस्थ**। राजा का वाचक शब्द आगे चलकर केवल आदरार्थक शब्द रह गया, जैसे भारतीय आर्य शब्द **'महाराज'** (जिसका बाद में पाचक ब्राह्मण के लिए भी व्यवहार होने लगा) या हिन्दुस्थानी में **शाह साहब** (सूफी फ़कीर के प्रसंग में); इस प्रकार यह शब्द सरकारी लेखक या सचिव के लिए प्रयुक्त हुआ और बाद में जातिवाचक बन गया। संस्कृत शब्द **प्रभु** का **कायस्थ** के बाद प्रयोग (यदि **कायस्थ** की उत्पत्ति ऊपर दिये सुझाव के अनुसार प्राचीन फ़ारसी से मान ली जाए) भी मध्य भारतीय-आर्य भाषा-काल से व्यवहृत अनुवादात्मक-समास का ही एक उदाहरण होगा (='राजा या प्रभु+प्रभु')।

यद्यपि ऊपर जिन मध्य तथा प्राचीन भारतीय-आर्य भाषा के शब्दों पर विचार किया गया है, उनमें निश्चित तथा सुप्रमाणित उदाहरणों की संख्या अधिक नहीं है, फिर भी इन्हें इस अनुमान का सहायक प्रमाण मान लेना न्याय-संगत होगा कि प्राचीन भारत में भाषा-सम्बन्धी संघर्ष और समझौते चल रहे थे। आर्येतर-बोलियाँ तब विद्यमान थीं और दो हज़ार वर्ष पूर्व तथा बाद में भी ये बहुत प्रबल थीं, यद्यपि भारतीय आर्य-भाषा में निबद्ध ब्राह्मण, जैन और बौद्ध साहित्य में इनकी ओर कोई ध्यान नहीं दिया गया। इन बोलियों के शब्द और नाम आर्यभाषा में प्रवेश पा रहे थे और बाद में जब मूल आर्येतर-भाषाएँ लुप्त हो गईं, तो उनके व्यंजित अर्थ भी इधर-उधर छितरी किन्हीं अनुश्रुतियों के सिवाय अन्यत्र समाप्त हो गए। प्रवासी लोग यहाँ विदेशी भाषाएँ भी बोलते थे—ग्रीक, फ़ारसी तथा अन्य अनेक इरानी भाषाएँ सम्भवतः बहुसंख्यक वर्गों में प्रचलित थीं। इनके शब्द भी भारतीय-आर्य भाषा में स्थान पा रहे थे। निस्सन्देह ऐसे शब्दों की संख्या बोलचाल की भाषा में उसकी अपेक्षा कहीं अधिक रही होगी, जितनी कि आज संस्कृत तथा प्राकृत साहित्य के आधार पर मानी जा सकती है। वस्तुतः प्राचीन भारत में भी भाषाओं के सम्बन्ध में वही स्थिति थी, जैसी आज के भारत में है; अन्तर केवल यही है कि तब आर्येतर भाषाएँ आज की अपेक्षा अधिक विस्तृत क्षेत्र में बोली जाती थीं। आज हम जिसे आर्य-भारत कहते हैं, सम्भवतः तब इसके जनसाधारण में आर्येतर भाषाएँ (द्रविड़, ऑस्ट्रिक) आर्य भाषाओं की अपेक्षा कहीं अधिक प्रचलित थीं। वस्तुतः दो हज़ार वर्ष पहले का तथा इससे भी प्राचीन भारत बहुभाषिता (Polyglottism) का वैसा ही क्षेत्र बना हुआ था, जैसाकि आज का भारत।

परिशिष्ट ३

भारतीय-रोमन वर्णमाला

हिन्दी (हिन्दुस्थानी) तथा अन्य सभी प्राचीन और अर्वाचीन, आर्य तथा आर्येतर भाषाओं को, भारतीय एवं फ़ारसी-अरबी लिपियों में निबद्ध सभी ध्वनियों सहित, किसी अंग्रेज़ी अखबार को छापने के लिए आवश्यक साधारण रोमन (Roman) अक्षरों के द्वारा छाप लेना सम्भव होगा। (इस प्रश्न पर कलकत्ता विश्वविद्यालय के *Journal of the Department of Letters* में प्रकाशित मेरे निबन्ध A Roman Alphabet for India (भारत के लिए रोमन वर्णमाला) में पूर्णतः विचार किया गया है। भारी-भरकम टोपीवाले (capped) और विन्दुवाले (dotted) अक्षरों की आवश्यकता कुछ चलन-क्षम सूचक-चिह्नों या निशानी-ए-अलामात (moveable indicators) के प्रयोग द्वारा पूरी की जा सकती है। इस प्रकार स्वरों की दीर्घता प्रकट करने के लिए 'कोलन' colon या दो (विसर्ग-जैसे) विन्दुओं (:) का उपयोग किया जा सकता है; मूर्धन्य वर्ण दाईं ओर ऊपर को अर्ध-विराम का चिह्न (') लगाकर प्रकट किये जा सकते हैं; तालव्य उच्चारण स्वराघात के चिह्न (') से और अनुनासिकता या तो सानुनासिक स्वर के पहले एक वक्र-रेखात्मक चिह्न, जिसे टिल्डी tilde कहते हैं (~) लगाकर, अथवा इस प्रकार के स्वर के बाद इतालीय (Italic) *n* जोड़कर प्रकट किये जा सकते हैं। अक्षर के ऊपरी भाग के बगल में एक विन्दु का प्रयोग अन्य प्रयोजनों के लिए किया जा सकता है। इस भारतीय रोमन वर्णमाला में कोई बड़ा (capital) अक्षर न होगा; व्यक्तिवाचक नाम (या इससे बना विशेषण) लिखने के लिए इसके वाचक शब्द से पहले *तारा-चिह्न (asterisk mark) लगाया जाएगा। सामान्य से बड़े या मोटे आकार के सूचक-चिह्न [: '-` · *] सरलतापूर्वक बनाये जा सकते हैं, जिनसे लिखने या छापने में किसी गलती या किसी चिह्न के छूट जाने की शंका न रह जाए।

नागरी तथा फ़ारसी-अरबी अक्षरों के इस प्रस्तावित भारतीय-रोमन लिपि के प्रतिरूप नीचे दिये जा रहे हैं। इस भारतीय रोमन लिपि में वर्णों का

क्रम भारतीय लिपियों के विज्ञान-सम्मत क्रम के अनुसार रहेगा और इन भारतीय रोमन अक्षरों का नामकरण संस्कृत या हिन्दी-जैसा होगा। इस प्रकार **g** को **ग** कहा जाएगा (न कि अंग्रेज़ी की तरह जी), **h** को ह कहा जाएगा (न कि अंग्रेज़ी की तरह एइच) और **u** का नाम उ होगा (न कि अंग्रेज़ी की तरह यू)। [ṅ] जैसे अक्षर को हिन्दुस्थानी में **'बिन्दुवाला ङ'** कहा जाएगा। इसी प्रकार [n'] को **'पाईवाला ञ'**, [t', d', n'] को 'चोटीवाले ट, ड, ण' तथा महा-प्राण वर्णों को, जैसे ख (kha) को **'क पर ह** (या प्राण), ढ़ (d'h) को 'चोटी-वाले ड पर ह (या प्राण)' कहा जाएगा।

इस प्रणाली में भारतीय लिपि के प्रतिरूप निम्नलिखित होंगे :

अ आ, इ ई, उ ऊ, ए ऐ, ओ औ=[a a:, i i:, u u:, e (या e:) **ai, o** (या o:,) **au**]। सानुनासिक स्वर, **अं, आं, इं, उं** ऐं इत्यादि [**~a, ~a:, ~i, ~u, ~ai**]; अथवा टिल्डी tilde चिह्न न लगाकर स्वर के बाद इतालीय italic [*n*] जोड़कर भी सरलता से सानुना-सिकता प्रकट की जा सकती है, जैसे [**a*n*, a:*n*, i*n*, u*n*, ai*n***] इत्यादि; इस प्रकार पाँच پانچ=[**p~a:c**] या [**pa:*n*c**]।

क, ख, ग, घ, ङ=[k, kh, g, gh, ṅ];

च, छ, ज, झ, ञ=[c, ch, j, jh, n'];

ट, ठ, ड, ढ, ण=[t', t'h, d', d'h, n'] ड़, ढ़=[r', r'h];

त, थ, द, ध, न=[t, th, d, dh, n];

प, फ, ब, भ, म=[p, ph, b, bh, m];

य, र, ल, व=[y, r, l, w (v)];

श, ष, स, ह=[ś, s', s, h]

संस्कृत (वैदिक सहित) के विशिष्ट वर्ण :

ऋ, ॠ [r', r:], ऌ [l']; ळ ळह [ḷ, ḷh]=[l', l'h]; **विसर्ग=[h:]**, अनुस्वार=[m:]।

हिन्दी (और संस्कृत) में क्योंकि ङ, ञ अपने वर्गीय स्पर्शों और महाप्राणों के ही पहले आते हैं इसलिए इन दोनों के स्थान पर केवल [*n*] लिख देने में सुविधा होगी और इसके पूर्वगामी व्यंजन से इसका ध्वन्यात्मक गुण स्पष्ट हो जाएगा; इस प्रकार **पङ्क= पंक**=[p*a*nka], **पञ्च= पंच=[pa*n*ca]** न कि [paṅka, pan'ca]। यही बात मूर्धन्य ण के साथ भी, जो हिन्दी (हिन्दुस्थानी) के स्वाभाविक उच्चारण में पद-मध्य में नहीं है, वरन् संस्कृत के प्रभाव से पुनः प्रयुक्त होने लगी है और हिन्दी में इसका प्रयोग केवल संस्कृत

शब्दों तक सीमित है; इस प्रकार **गण्डवाना**=[gand'wa:na:], **चण्डी**=[cand'i:], परन्तु **विवरण**=[vivaran'] । संस्कृत का **व**=[w या v] पद के आदि में हिन्दी में **ब** हो जाता है (जैसे—**विवाह**>**बियाह**>**ब्याह**;; **विंशति**>**बीस**); संस्कृत से गृहीत तत्सम शब्दों में भी यही बात है (जैसे—**विचार**=**बिचार**, **विवेक**=**बिबेक**, **देवी**=**देबी**, **वृन्दावन**=**बृन्दाबन** इत्यादि] । इसलिए हिन्दी के तद्भव शब्दों में **ब** [b] तथा संस्कृत-तत्सम शब्दों में **व** [w] या [v] का प्रयोग करना सम्भवतः सुविधाजनक होगा; और हिन्दी में पद के आदि में [v] का प्रयोग कर सकते हैं, और इस [v] का उच्चारण वैकल्पिक रूप से [b] किया जा सकता है; तथा पद-मध्य और पदान्त में [w] को काम में ला सकते हैं ।

फ़ारसी-अरबी लिपि के लिए विशिष्ट भारतीय रोमन अक्षर :

ثسص=[s]; परन्तु आवश्यक होने पर इनमें इस प्रकार भेद किया जा सकता है—ث=[s·], س=[s] ص,=[s)], जैसे ثالث=s a:lis.], سرخ=[surx], صدر=[s)adr]. ظ ض ذ ز=[z] जिनमें भिन्नता प्रकट करने के लिये ز [z], ذ=[z·].ض=[z·)[, ظ=[z·)], जैसे زخم=[zaxm], عذر=[+uz·r], قاضی=[qa:z)i:], قرض=[qarz)], ظلم=[z·) ulm], حافظ=[h:a: fiz·)], نذر=[naz'r], نظر=[naz')r], इत्यादि । अरबी में **स्वाद**, **द्वाद**, **त्वा**, **ध्वा** का कंठ्य-उच्चारण (Velarisation) विशिष्ट चिह्न > के द्वारा प्रकट किया जाता है ।

ش ژ=s',z'] क्रमशः ; b=[t] या [t)];

چ=[c], ج=[j], خ=[x], ح=[h:], ط=[h];

ع=[+], हम्ज़ा=[?]; ف=[+], ق=[q], غ=[g']

तमिल (और मलयालम) की विशिष्ट ध्वनियाँ—[l']=मूर्धन्य ड़ ; [z']=तथाकथित **भ्रह** (zh) या **'ल'** (l) ध्वनि जैसे **तमिल** [tamiz'] शब्द में ; [n)], [r)]=तथाकथित तालव्य **न** और **र** ध्वनियाँ ; और [x] या [h·]=तमिल **आयतम्** । आवश्यकतानुसार ह्रस्व **ऍ**,, **ऑ**=[e, o] और दीर्घ ए ओ [=e:, o:] ।

कोल (मुंडा) भाषाओं की विशिष्ट ध्वनियाँ—नियन्त्रित स्पर्शों (checked के लिए [k', c', t', p'] या [g', j', d', b']; विशिष्ट संथाली **अ** के लिए [a'] ।

भारतीय-रोमन लिपि में संस्कृत, उर्दू, हिन्दी और 'बाज़ारी हिन्दी'

जैसा कि खंड २ के प्रवचन ४ में प्रस्तावित किया गया है, नीचे कुछ संस्कृत, हिन्दी, उर्दू और बाज़ारी हिन्दी (या हिन्दुस्थानी अथवा लघु-हिन्दी) के कुछ उद्धरण भारतीय रोमन लिपि में दिये जा रहे हैं। अंग्रेजी के साथ-साथ परिनिष्ठित ठेठ हिन्दी और उर्दू के समानार्थक रूप अगल-बगल रखे गए हैं और हिन्दी (हिन्दुस्तानी या हिन्दुस्थानी) के तीनों रूपों में आए विदेशी शब्दों को इतालीय italics टाइप में रखा गया है।

संस्कृत

agnim i:l'e: puro:hitam: yajn'asya de:vam r'tvijam,
ho:ta:ram: ratna-dha:tamam.
agnih: pu:rve:bhir r's'ibhir i:d'yo: nu:tanair uta ;
sa de:va:n e:ha vaks'ati.
agnina: rayim as'navat po:s'am e:va dive:dive:,
yas'asam: vi:ravat-tamam.
namas te: va:n'mano:ti:ta-ru:pa:ya:nanta-s'aktaye:,
a:di-madhya:nta-hi:na:ya nirgun'a:ya gun'a:tmane:,
sarve:s'am a:di-bhu:ta:ya, bhakta:na:m a:rti-na:s'ine:.
jayati jagat-traya-janma-sthiti-sam:hr'ti-ka:ran'am
param brahma,
satyam anantam ana:di, jn'a:na:tmakam e:kam amr'ta-padam.
ve:da:nte:s'u yam a:hur e:ka-purus'am:
vya:pya sthitam: ro:dasi:,
yasminn i:s'vara ity ananya-vis'ayas'
s'abdo: yatha:rtha:ks'arah:—
antar yas' ca mumuks'ubhir niyamita-
pra:n'a:dibhir mr'gyate:,
sa stha:n'us sthira-bhakti-yo:ga-sulabho:
nis's're:yasa:ya:stu nah:.

(१) अपव्ययी पुत्र का दृष्टान्त

अंग्रेज़ी	ठेठ हिन्दी	उर्दू	बाज़ारी हिन्दी
A certain man had two sons; and the younger of them said to his father, Father, give me the portion of thy substance that falleth to me. And he divided unto them his living.	Kisi: manus'ya ke do putra the, un me*n* se chut'ke ne pita: se kaha: ki, he pita:, apni: sampatti me*n* se jo mera: am:s' ho, so mujhe de di:jiye. tab us ne unko apni: sampatti ba:*n*t' di:.	kisi: *s'axs)* ke do bet'e the. un me*n* se chot'e ne apne *wa:lid* se kaha: ki, *abba:ja:n*, a:p ni; *ja:eda:d* me*n* se jo mera: *h:is)s)a* ho mujhe de di:jiye. *cu-na:nce* us ne apna: *as'a:-s'a:* dono:*n* ko *taqsi:m* kar diya:.	kisi: *a:dmi:* ka: do bet'a: tha:. un me*n* chhot'a bet'a: ba:p ko kaha:, ba:ba:, a:p ka: *ma:l:matta*; men (*or* dhan-*daulat* me*n*) jo kuch ham ko milega:, wo-sab ham ko de di:jye. tab ba:p chot'a lar'ka:ka: ans' (*or bakhra:*) us ko de diya:.
And not many days after, the younger son gathered all together and took his journey into a far country; and there he wasted his substance with riotous living.	kuch din bi:te, chut'ka: putra sab kuch ikat't'ha: kar ke du:r des' cala: gaya:, aur waha:*n* lucpan me*n* din bi:ta:te hue us ne apni: sampatti ur'a di:.	aur *cand* hi: *roz ba'd* chot'a bet'a sab *ma:l* ikat't'ha: kar ke bahut du:r ke *mulk* me*n* cala: gaya:, aur waha:*n* sa:ri: *daulat s'uhad*-pan me*n* ur'a: di:.	*Kuch* din (*or roj*) bi:t ja:ne ke *ba'd*, chot'a lar'ka: apna: sab dhan ikat't'ha: kar ke kisi: du:r des' ko cala; gaya:, aur waha:*n* luca:pan me*n* din bita:ta: hua: apna: sub kuch ur'a diya:.
And when he had spent all, there arose a	jab wah sab kuch ur'a: cuka:, tab us des'	jab sab ut'h gaya: to us *mulk* men *qah:at)-e-*	jab wo sab kuch ur'a: cuka:, tab us des'

अंग्रेजी	ठेठ हिन्दी	उर्दू	बाजारी हिन्दी
mighty famine in that country; and he began to be in want. And he went and joined himself to one of the citizens of the country; and he sent him into his fields to feed swine.	me*n* bar'a: aka:l par'a:, aur wah kan·ga:l ho gaya:, aur wah ja:ke us des'-niwa:siyo:*n*-me*n* se ek ke yaha:*n* rahne laga:, jis ne use apne kheto:*n* me*n* su:ar cara:ne ke liye bhej diya:.	†*oz·)i:m* par'a:, aur wah *muh:ta:j* ho cala:, aur wah us *mulk* ke *ba:s'in-daga:n* men se ek ke ha:*n* ja:ke rahne laga:, jis ne use apne kheto*n* me*n* su:are*n* cara:ne ke liye bhej diya:.	me*n* bar'a: aka:l par'a:, aur wo kan·ga:l ho gaya:. tab wo us des' ka: rahnewa:la: kisi: *a:dmi*: ka: ghar par ja: kar rahne laga:, aur wo *a:dmi*: us ko apna: khet me*n* su:war cara:ne ke liye bhej diya:.

(२) महारानी विक्टोरिया का घोषणा-पत्र, इलाहाबाद, १ नवम्बर, १८५८

We shall respect the rights, dignity and honour of the Indian Princes as our own, and we desire that they, as well as our own subjects, should enjoy that prosperity and that social advancement which	**hindusta:n* ke ra:ja:ma-ha:ra ja:o*n* ka: adhika:r, ma:n aur marya.da: ko ham apni: hi: jaisa: sam-jhen·ge, aur hama:ri: yahi: a:ka:n·ks'a: hai ki *bha:rati:ya ra:ja:maha:-ra:ja: aur hama:ri: wa-ha:*n* ki: praja: un sukh-samr·ddhi aur sa:ma:jik unnati ko pra:pta kare*n*	*ma: ba-daulat wa:li:a:n-e-riya:sat-ha:-e-*hind* ke *h:uqu:q, wiqa:r* aur †*izzat* ko isi: *pa:sda:ri*: ka: *mustah:iq tasawwur farma:-*enge, jo ham *xud* apne *h:uqu:q*, *wiqa:r* aur †*izzat* ke sa:th *rawa: farma:*te hai*n*; aur ham ca:hte hai*n* ki *wa:li:a:n-e-riya:-sat-ha:-e- *hind* aur hama:ri: *ra†a:ya*: us *xus'-h a:li*: aur *a†ala; tamaddun* se *bahrawar* ho,	ham *bha:rates'wari: maha:ra:ni: *bha:rat ka: ra:ja: maha:ra:ja:o*n* ka: adhika:r (*hakk*), ma:n aur marya:da: (*izzat*) ko, hama:ra: apna: jaisa:, waisa: ma:nega:, aur ham ise bhi: ca:hta, hai ki, wo log aur hama:ra: apna: praja:log, us sukh-samr ddhi aur sa:ma:jik unnati ko bhog kare, jo kewal des' me*n* bhi:-

अंग्रेज़ी	ठेठ हिन्दी	उर्दू	बाज़ारी हिन्दी
can only be secured by internal peace and good government.	jo kewal des' men s'a:nti aur sus'a:san ke rahne se ho sakti: hai.	jo *mulk* ke *andar wali: s)ubah:, wa a:s'ti:* aur *h:ukumat* ke *h:usn intiz')-a:m* hi: se *ru:numa:* hota: hai.	tri: s'a:nti aur sus'a:san ka: rahne se ho sakta: hai.
And it is our further will that, so far as may be, our subjects of whatever race or creed be firmly and impartially admitted to offices in our service, the duties of which they may be qualified by their education, ability and integrity duly to discharge.	hama:ri: yeh bhi: kalpana: hai ki hama:ri *bha.rati:ya praja:*on* men jo log apni: s'iks'a:, sa:marthya aur sacca:i: se jin *sarka:ri:* ka:mo*n* ko pu:ri: ri:ti se karne ke yogya hon'ge, ja:ti aur dharma ka: wica:r na kar ke nis'paks'apa:t se un ko jaha:*n* tak ho sakega: un ka:mo*n* par stha:yi: niyukta kiya: ja:ega:.	*ni:z* hama:ri yah bhi: *xwa:his'*hai, *ta:ba-h:add-e-imka:n* hama:ri *ra†a:ya:* ke *bila: taxs)i:s)-e-maz'-h:ab-o-millat* hama:ri: *h:uku:mat* ke *s'u†bon* men in *†ahadon* par *fa:?iz* kiye ja:en, jin ke *fara:?iz)* wah apni: *†ilmiyyat, qa:biliyyat* aur *diya:nat* se *anja:m* de sakte ho*n*.	aur hama:ra: ye bhi: iccha: hai ki, jaha:*n* tak ho sakega:, bina: ja:t aur dharma ka: bica:r kar, hama:ra: *bha:rati:ya praja: log hama:ra: *sarka:r* ka: ka:mo*n* me*n* drir'hata: ke sa:th aur bina: paks'ap:t se niyat kiya: ja:ega:, jin ka:mo*n* ko accha: ri:t (praka:r, *tarah*) se karne ko apna: s'iks'a:, s'akti aur saca:i: ke ka:ran' ye-log yogya hoga:.
In their prosperity will be our strength, in their contentment our security, and in their gratitude our best reward.	*bha:rat-wa:siyo*n* ki: samr'ddi hama:ri: s'akti, un ke santos' se ham:ari: nirbhay sthiti, aur un ki: kr'tajn'ata: se hama:ra: uttam puraska:r hoga:	un ki: *xus'-h:a:li:* hama:re liye *ba:?is'-e-iqtida:r*, un ki: *t)ama:niyyat* hama:re liye *maujib-e†a: fiyyat*, aur un ka: *tas'akkur* hama:ri: *mih:naton* ka: *s'amra* hai.	un-logo*n* ka: samr'ddhi me*n* ki: hama:ra: s'akti, un ka: santos' me*n* hama:ra: nirbhay rahna:, aur un ka: kritagyata: me*n* hama:ra: sab se accha: puraska:r (*ina:m*) hoga:.

(३) भारतीय राष्ट्रीय कांग्रेस की स्वाधीनता-दिवस की प्रतिज्ञा, २६ जनवरी, १९४०; प्रस्तावना

अंग्रेज़ी	ठेठ हिन्दी	उर्दू	बाज़ारी हिन्दी
Independence Day Pledge.	swa:dhi:nata: diwas ki: pratijn'a:	*yaum-a:za:di:* ka: *ah:ad-na:ma*	swa:dhi:nata: ka: din ka: bacan
We believe that it is the inalienable right of the Indian people, as of any other people, to have freedom and to enjoy the fruits of their toil and have the necessities of life, so that they may have full opportunities of growth.	ham *yaqi:n* karte hai*n* ki **hindusta:n* ki: janata: ko, jaisa: ki kisi: du:sre *mulk* ki: janata: ko, yah pu:ra: *haqq* hai ki use *a:za:di:* mile, wah apni: *mihnat* ka: phal bhog sake, aur ji:wan ke liye jo *ci:z zaru:ri:* hai*n* itni: mile ki use apni: *taraqqi:* karne ka: pu:ra: *mauqa:* pra:pta ho.	hama:ra: *yaqi:da* hai ki, du:sre logo*n* ki: *tarah:* **hindusta:ni:on* ka: bhi: yah ek *paida:is'i: h:aqq* hai ki wah *a:za:d* ho*n* aur apni: *mih:nat* ke phal kha:e*n*, aur unhe*n* *zindagi:* ki: *tama:m z)aru:riya:t* *nasi:b* hon, ta:ki unhe*n* bhi: *taraqqi:* karne ke pu:re-pu:re *mauqe* mil sake*n*.	ham-log, aur des'o*n* ka: bha:*n*ti:, *bha:rat-wa:si:o*n* ka: bhi: aisa: adhika:r (*hakk*) ma:nta: hai, jo kabhi: chi:n liya: ja: nahi:*n* sakta:, ki ham-log swa:dhi:n ho kar rahe, apna: kama:i: ka: phal ham-log a:p-hi:-a:p bhog kare, aur ham-logo*n*-ko ji:wan bi:ta:ne ke liye *zaru:ri:* (a:was'yak) sab subidha: mil ja:e, jis se ham-longo*n* ko bhi: apna: unnati ka: pu:ra: awasar (*mauka:*) mil sake.

अंग्रेज़ी	हिन्दी	उर्दू	बाज़ारी हिन्दी
We believe also that if any government deprives a people of these rights and oppresses them, the people have a right to alter it or to abolish it. [The language of the Hindi version has leanings towards a Persianised vocabulary as favoured by the Congress: from the 'National Herald', Lucknow, 26 January 1940]	ham yah bhi: ma:nte hai*n* ki *agar* koi: *sarka:r* janata:ke in *haqqon* ko chi:ne aur us par *zulm* kare, to use is ba:t ka: bhi: adhika:r hai ki wah use *badal* de, *ya*: *khatm* kar de.	hama:ra: yah bhi: *it-qa:d* hai ki *agar* koi: *h:aku:mat* kisi: *qaum* ko uske *h:aqu:q* se *mah:ru:m* karti: hai aur use daba:-ti: hai, to us *qaum* ko aisi: *h:aku:mat* ko *badal* dene *ya*: mit'a: dene ka: pu:ra: *h:aqq h:a:s)il* hai.	ham-log yah bhi ma:n-ta: hai ki yadi (*agar*) koi: *sarka:r* is adhika:r (*hakk*) ko chi:n leta: hai aur ham-log ko sata:ta: hai, to us *sarka:r* ko *badal* dena *ya*: mit'a: dene ka: bhi: adhikar (*hakk*) ham-logo*n* ko hai.

(४) रवीन्द्रनाथ ठाकुर की 'गीताञ्जलि' (अंग्रेज़ी अनुवाद) से दो कविताएँ

हिन्दी अनुवाद—महाशय काशीनाथ कृत, प्रकाश पुस्तकालय, कानपुर, द्वितीय संस्करण, १९३६

उर्दू अनुवाद—मौलाना अबुल म'अनी नियाज़ फतेहपुरी का किया, आज़ाद बुक डिपो, दिल्ली, १९१६

No. 35.	[pai*n*tīs]	[pai*n*tīs]	[*nambar* ti:s-pa:*n*c]
Where the mind is without fear, and the head is held high ;	jaha:*n* citta bhay-s'u:-nya hai, jaha:*n* mastak ucca rahta: hai ;	jaha:*n* *qalb be-xauf* hai, aur *sar buland* rakha: ja:-ta: hai ;	jaha:*n* citta nirbhay hai, aur sir jaha:*n* u:*n*ca: rahta: hai ;

अंग्रेजी	हिन्दी	उर्दू	बाजारी हिन्दी
Where knowledge is free ;	jaha:*n* jn'a:n (gya:n) mukta hai ;	joha:*n* †*ilm a:za:d* hai: ;	jahn:*n* gya:n mukta (swa:dhi:n) hai ;
Where the world has not been broken up into fragments by narrow domestic walls ;	jaha:*n* jagat (ra:s't'ra) ks'udra ghara:u: *di:wa:ron* se khan'd'a-khan'd'a nahi:*n* kar diya: gaya: hai ;	jaha:*n dunya: tang xa:ngi: di:wa:ron*(ke jhagr'o*n*) me*n* t'u:t' kar *purze-purze* nahi:*n* ho gai: ;	jah:*n* chot'a:-chot'a: ghara:u: *di:wa:ron* se jagat t'ukr'a:-t'ukr'a: nahi:*n* kar diya: gaya: hai ;
.Where words come out from the depth of truth ;	jaha:*n* s'abda satyata: ki: gahra:i: se nikalte hai*n* ;	jaha:*n alfa:z'*) †*umuq-e-s*)*ada:qat* se nikalte hai*n* ;	jaha:*n* saca:i: ka: gahra:i: se ba:t-sab nikal a:ta: hai ;
Where tireless striving stretches its arms towards perfection ;	jaha:*n* an-thak purus'a:rtha apni: bhuja:o*n* ko pu:rn'ata: ki: or bar'ha:ta: hai ;	jaha:*n sa*†*i:-e-mustaqil* apne *ba:zu: takmi:l-e-ka:r* ki: or phaila:ti: hai ;	jaha:*n* an-thak karmaces't'a: purn'ata: ka: or apna: bhuja:o*n* ko bar'ha.ta: hai ;
Where the clear stream of reason has not lost its way into the dreary desert sand of dead habit ;	jaha:*n* tarka ki: nirmal dha:ra: ne apne ma:rga ko mr'ta ru:r'hi (*rasm-riwa:z*) ki: bhaya:nak maru-bhu:mi me*n* nas't'a nahi:*n* kar diya: hai ;	jaha:*n* †*aql* ka: *s*)*a:f cas'ma fuz*)*u:l mara:sim* ke *xus'k* reti:le jangal me*n* apna: *ra.sta:* nahi:*n* bhu:la: ;	jaha:*n* bica:r ka: nirmal dha:ra: nis'pra:n' abhya:s (*a:dat*) ka: ba:lu: me*n* apna: sar'ək ko nas't'a nahi:*n* kar diya: hai ;

अंग्रेज़ी	हिन्दी	उर्दू	बाज़ारी हिन्दी
Where the mind is led forward by Thee into ever-widening thought and action—	jaha:*n* (ke niwa:siyo*n* ka:) man sada: bistr˙t honewa:le bica:ro*n* aur karmo*n* ki: or agrasar rahta: hai—	jaha:*n* tu: *nafs* ko *da:ʔimu-l-wasa†* *taxayyul wa* *†amal* ki: *t)araf* le ja:ta: hai—	jaha:*n* sada: ke liye phailnewa:la: bica:r aur karma me*n* man ko tum a:ge bar'ha:e liya: ja:ta: hai—
Into that heaven of freedom, my Father, let my country awake.	ai mere pita: ! swatantrata: ke aise diwya lok me*n* mera: pya:ra: des' ja:gr˙t ho.	*ay ma:lik* ! usi: *firdaus-e-a:za:di:* me*n* mere *mulk* ko *beda:r* kar.	he mera: pita: ! swa:dhi:nata: ka: aisa: swarga me*n* mera: des' ko ja:gne do.
No. 36.	[chattīs]	[chattīs]	[*nambar* ti:s-che]
This is my prayer to Thee, my Lord—strike, strike at the root of penury in my heart ;	mere prabhu ! meri. tujh se yah pra:rthana: hai ki mere hr˙day ki: daridrata: ki: jar' par tu: kut'ha:ra:gha:t kar ;	ay mere *ma:lik*, tujh se meri: *du†a:* yah hai ki— mere *qalb* ki: *bunya:d-e-ifla:s* ko du:r kar de ;	mera: prabhu ! tum se mera: ye binti: hai ki mera: hriday ke bi:c di:nata: ka: jar' par tumma:ro, tum ma:ro ;
Give me the strength lightly to bear my joys and sorrows ;	wah bal de jis se mai*n* sukh aur dukh ko sahaj hi: me*n* sahan kar saku:*n* ;	mujhe *quwwat* de, ki apne *a:la:m-o-masarra:t* ko *a:sa:ni:* ke sa:th *barda:s't* kar saku:*n* ;	apna: sukho*n* ko aur dukho*n* ko sahaj bha:w se sahne ka: s'akti tum ham ko do ;

अंग्रेज़ी	हिन्दी	उर्दू	बाज़ारी हिन्दी
Give me the strength to make my love fruitful in service ;	mujhe wah bal de jis se mai*n* apne prem ko sewa: aur paropaka:r dwa:ra: saphal kar saku:*n* ;	mujhe: *quwwat* de, ki apni: *muh:abbat* ko *insa:n* ki: *xidmat* karne me*n* *ba:r-a:war* karu:*n* ;	apna: prem ko sewa: me*n* saphal karne ka s'akti tum hame*n* do ;
Give me the strength never to disown the poor, or bend my knees before insolent might ;	mujhe wah bal de jis se mai*n* di:n-dukhiyo*n* ko kabhi: paritya:g na karu:*n*, aur apne ghut'-no*n* ko abhima:ni: satta:-dha:riyo*n* ke sa:mne kabhi: na jhuka:u:*n* ;	mujhe *quwwat* de, ki *g'ari:b* ko kabhi: *naz'*)*ar-anda:z* na karu:*n*, aur apne *za:nu: gusta:x quwwat* ke sa:mne na jhuka: du:*n* ;	hame*n* aisa: s'akti do ki jis se *gari:bo*n ko (dukhi:*on* ko) ham kabhi: tya:g na kare, aur abhi-ma:ni: (garwit) prata:p ke sa:mne apna: ghut'-no*n* ko ham kabhi: na jhuka:e ;
Give me the strength to raise my mind high above daily trifles ;	mujhe wah bal de ki jis se mai*n* apne man ko nitya ki tuccha ba:to*n* se bahut u:par rakkhu:*n* ;	mujhe *quwwat* de, ki apne *nafs* ko *roz-marra* ke *xasa:yis* se *buland* ra-khu:*n* ;	nitya ka: chot'a: ba:-to*n* se bahut u:par apna: man ko rakhne ka: s'akti hame*n* do ;
And give me the strength to surrender my strength to Thy will with love.	mujhe wah bal de jis se mai*n* apni: s'akti ko prem-pu:rwak teri: iccha: ke was'i:bhu:t kar du:*n*.	aur mujhe *quwwat* de, ki apni: *quwwat* ko *mu-h:abbat* ke sa:th teri: *mar-z)i:* ke *sipurd* kar du:*n*.	aur hama:ra: s'akti ko prem ke sa:th tumha:ra: iccha: ka: adhi:n kar dene ka: s'akti hame*n* do.

परिवर्धन और संशोधन

पृ० १० टिप्पणी—आद्य-भारत-यूरोपीय भाषा का जिस रूप में पुनर्गठन किया गया है, उसका परिचय निम्नलिखित ग्रन्थों से प्राप्त किया जा सकता है :

कार्ल ब्रुगमान (Karl Brugmann)—*Grundriss der vergleichenden Grammatik der Indogermanischen Sprachen*, द्वितीय संस्करण ४ जिल्दों में, स्त्रास्बर्ग, १८९७-१९१६ (प्रथम संस्करण का अंग्रेज़ी अनुवाद जोज़ेफ़ राइट तथा अन्यों द्वारा ५ जिल्दों में, न्यूयार्क, १८८८, १८९५)।

हरमान हीर्त (Hermann Hirt)—*Indogermanische Grammatik*, ७ जिल्दें, हीडेलबर्ग (Heidelberg), १९२१-३७।

आँत्वान् मेय्ये (Antoine Meillet)—*Introduction a' l' Etude Comparative des Langues Indo-europeennes*, आठवाँ संस्करण, पेरिस, १९३७।

जोज़ेफ़ राइट (Joseph Wright)—*A Comparative Greek Grammar*, ऑक्सफोर्ड यूनिवर्सिटी प्रेस, १९१२।

कार्ल डार्लिंग बक (Carl Darling Buck)—*Comparative Grammar of Greek and Latin*, शिकागो यूनिवर्सिटी प्रेस, १९३३।

आल्बर्ट तुम्ब (Albert Thumb)—*Handbuch des Sanskrit*, एच० हीर्त की टिप्पणियों सहित, द्वितीय संस्करण, हीडेलबर्ग, १९३०।

ए० वाल्द (A. Walde)—*Vergleichendes Wörterbuch des Indogermanischen Sprachen, herausgegeben und bearbeitet von J. Pokorry*, ३ जिल्दें, बर्लिन और लीपजिग, १९३०-३२।

आल्बर्ट कारनोय (Albert Carnoy)—*Grammaire Ele'mentaire de la Langue Sanscrite, compare'e avee celle des Langues indo-europe'ennes* ल्वावाँ और पेरिस, १९२५।

जे० कुरिलोविच (J. Kurylowicz)—*L' Accentuation des Languse indo-europe'ennes*, क्रैको (Cracow), १९५२।

टी० बरो (T. Burrow)—*The Sanskrit Language*, लन्दन, १९५४।

पृ० २५-२६—हित्ती लोग। हित्ती भाषा की सामग्री के पढ़े जाने से और इस खोज से कि यह भारत-यूरोपीय से सम्बन्धित है, आद्य-भारत-यूरोपीय के प्रारम्भिक इतिहास के विषय में एक नई दृष्टि प्राप्त हुई है। संस्कृत, ग्रीक,

लैटिन, गॉथिक, प्राचीन आइरिश, प्राचीन स्लाव, तुखारीय आदि की जननी के रूप में कल्पित भारत-यूरोपीय से और पहले की सीढ़ी के रूप में 'भारत-हित्ती' का प्रस्ताव किया गया है और भारत-यूरोपीय की अनेक बातें, जो अब तक अस्पष्ट थीं, अब 'भारत-हित्ती' द्वारा उनकी व्याख्या हो जाती है। इस सम्बन्ध में देखिए, परिशिष्ट १ (पृ० २६६-२८७) "प्राग्भारत-यूरोपीय"।

पृ० १५-१६ टिप्पणी—अब तक माना जाता था कि भारत-यूरोपीय के सबसे पुराने नमूने वैदिक भाषा के रूप में सुरक्षित हैं। एशिया माइनर में मितन्नी भाषा की प्राप्त हुई सामग्री ने भारत-यूरोपीय की भारत-ईरानी अथवा आर्य शाखा का इतिहास ईसा-पूर्व दसवीं शती (इन पंक्तियों के लेखक ने कृष्ण द्वैपायन व्यास द्वारा वैदिक सूक्तों का चार वेदों के रूप में संग्रह किये जाने का समय, एफ० ई० पार्जिटर, हेमचन्द्र राय चौधुरी तथा ऐल० डी० बार्नेट द्वारा जुटाई सामग्री के आधार पर, ईसा-पूर्व दसवीं शती माना है) से पीछे खींचकर ईसा-पूर्व पन्द्रहवीं शती तक पहुँचा दिया है। उस काल में भाषा प्राग्वैदिक अथवा भारत-ईरानी की स्थिति में थी। इधर हाल में रेखामय माइसीनियन लिपि (Linear Mycenian Script) में अंकित प्राक्-हैलेनिक (pre Hellenic) अभिलेखों के पढ़े जाने से यह सिद्ध हो गया है कि इन अभिलेखों की भाषा होमर-कालीन (Homeric) ग्रीक से कई शताब्दी पूर्व की है; और इस प्रकार ग्रीक भाषा का इतिहास ईस्वी-पूर्व ९वीं शताब्दी, जो साधारणतः होमर के काव्यों के प्राचीनतम अंशों का काल माना जाता है, से ईस्वी-पूर्व १४वीं शती पर पहुँच गया है। इस प्रकार ग्रीक भाषा के प्राचीनतम रूप के प्रमाणभूत इन अभिलेखों तथा भारत-ईरानी (जिसके अन्तर्गत वैदिक भाषा भी है) के इन कुछ अति महत्त्वपूर्ण दस्तावेजों से प्राचीन भारतीय आर्य-भाषा (वैदिक भाषा अपने आधारभूत रूप में) तथा प्राचीन ग्रीक लगभग एक ही काल की भाषाएँ सिद्ध होती हैं। देखिए Documents in Mycenian Greek / 300 Selected Tablets / from Knossos, Pylos and Mycenae with / Commentary and Vocabulary / by / Michael Ventris / Department of Greek, University College, London / and / John Chadwick / Lecturer in Classics, University of Cambridge / with a foreword by J. B. Wace / Emeritus Professor of Classical Archaeology, University of Cambridge / Cambridge University Press, 1956 (pp. XXXI-452)

पृ० ४० टिप्पणी—भारतीय आर्य-भाषा पर ऑस्ट्रिक प्रभाव।

इसके लिए देखिए *Pre-Aryan and Pre-Dravidian in India* जो Sylvain Lévi, Jean Przyluski और Jules Bloch के मूलतः फ्रेंच में लिखित निबन्धों का प्रबोधचन्द्र बागची, एम० ए०, डी० एस० एल० (पेरिस) द्वारा अनुवाद है और कलकत्ता विश्वविद्यालय द्वारा १९२९ ई० में प्रकाशित हुआ; मिलाइए एस० के० चटर्जी का *The Study of New Indo-Aryan* निबन्ध, कलकत्ता विश्वविद्यालय के Journal of the Department of Letters, १९३७, पृ० २० पर प्रकाशित; तथा F. B. J. Kuiper, 'Austro-Asiatic Words in Sanskrit', लन्दन, १९५० ।

भारतीय आर्य-भाषा पर आर्येतर-भाषीय प्रभावों के ज्ञान के लिए *Bulletin de L' Ecolefrancaise de L' Extreme Orient*, जिल्द ३४, १९३५ ई०, पृ० ४२९-५६६ पर प्रकाशित पोलिश विद्वान Constantin Régamy का बहुमूल्य निबन्ध *Bibliographie Analytique des Travaux relatifs aux Ele'ments an-aryenes dans La Civilisation et les Langues de L' Inde* अपरिहार्य रूप से पठनीय है ।

पृ० ४३, ४४—हेवेशी के मतों को भारतीय पाठकों के लिए डॉ० बीरेन बानुर्ज्या ने Indian Culture कलकत्ता के अप्रैल १९३७ के अंक में पृ० ६२१-६३२ पर प्रकाशित अपने निबन्ध *Traces of Legrian Occupation of India* में संक्षिप्त रूप में प्रस्तुत कर दिया है । अभी तक किसी विद्वान ने हेवेशी की स्थापनाओं का तात्त्विक विवेचन नहीं किया है और यह कार्य समुचित रूप से वही विद्वान सम्पन्न कर सकता है, जो कोल (मुण्डा), और ऑस्ट्रिक भाषाओं तथा यूराल भाषाओं में निष्णात हो । हेवेशी के मतों पर आलोचनात्मक टिप्पणियाँ Régamy के ऊपर उल्लिखित निबन्ध में मिलेंगी ।

पृ० ७४-७५ टिप्पणी—स्यामी तथा इन्दोनेसीय भाषाओं में संस्कृत के शब्द । यहाँ जो शब्द और नाम दिये गए हैं, उन्हें मैंने १९२७ ई० में रवीन्द्रनाथ ठाकुर के साथ मलय, जावा, बाली और स्याम की यात्रा करते हुए स्वयं एकत्र किया था । स्यामी में संस्कृत-शब्दों के सम्बन्ध में देखिए **'नागरी प्रचारिणी पत्रिका'**, जिल्द ४०, सं० २, श्रावण, संवत् १९९८, पृ० १६७-१७८ पर उद्धृत कलकत्ता से प्रकाशित हिन्दी मासिक **'विशाल भारत'**, जन १९४१ में छपा 'एक स्यामी विद्यार्थी' का निबन्ध ।

पृ० १०४ टिप्पणी—नव्य भारतीय आर्य-भाषा के लिए सर जॉर्ज अब्राहम ग्रियर्सन (Sir George Abraham Grierson) की चिर-स्मरणीय कृति **'भारतीय भाषाओं का सर्वेक्षण'** (Linguistic Survey of India) अपरिहार्य

है। इस महान् ग्रन्थ में विभिन्न भारतीय भाषाओं के सम्बन्ध में पूर्ण ग्रन्थ-तालिकाएँ मिल जाएँगी। यहाँ पर नव्य-भारतीय आर्य-भाषाओं के ऐतिहासिक तथा तुलनात्मक अध्ययन के सम्बन्ध में निम्नलिखित कृतियों का (जो अधिकांशतः अंग्रेज़ी में हैं) विशेष रूप से उल्लेख उचित होगा—

John Beames, *A Comparative Grammar of the Modern Aryan Languages of India*, ३ जिल्दें, लन्दन से १८७२, १८७५, १८७९ ई० में प्रकाशित।

रामकृष्ण गोपाल भाण्डारकर द्वारा १८७७ ई० में बम्बई विश्वविद्यालय में दिये *Wilson Philological Lectures*, जो Journal of the Bombay Branch of the Royal Asiatic Society की जिल्द XVI और XVII में प्रकाशित हुए और पुस्तक के रूप में बम्बई से १९१४ ई० में तथा पूना से १९२९ ई० में पुनर्मुद्रित किये गए।

A. Rudolf Hoernle—*A Comparative Grammar of the Gaudian Languages, with special reference to the Eastern Hindi*, लन्दन, १८८० ई०।

George Abraham Grierson—*On the Phonology of the Modern Indo-Aryn Vernaculars*; Zeitschrift der Deutschen Morgenländische Gesellschaft', Vol. XLIX, पृ० ३९३-४२१ और Vol. L, पृ० १-४२।

George Abraham Grierson—*On Certain Suffixes in the Modern Indo-Aryan Vernaculars*; Kuhn's zeitschrift, Vol. XXXVIII, पृ० ४७३-४९१।

George Abraham Grierson—*On the Radical and Participial Tenses of the Modern Indo-Aryan Languages*,—Journal of the Asiatic Society of the Bengal, Vol. LXIV, १८९५ ई०, पृ० ३५२-३७५।

E. Trumpp—*Grammar of the Sindhi Language*, लन्दन और लीपज़िग, १८७२ ई०।

John T. Platts—*A Grammar of the Hindustani or Urdu Language*, लन्दन, १८७४ ई०।

C. J. Lyall—*Sketch of the Hindustani Language*, एडिनबरा, १८८० (*Encyclopaedia Britannica*, १०वाँ संस्करण)।

S. H. Kellogg—*A Grammar of the Hindi Language*, द्वितीय संस्करण, लन्दन १८९३ ई० (तृतीय संस्करण T. G. Bailey द्वारा सम्पादित,

१९३८ ई०)।

L. P. Tessitori—*Notes on the Grammar of Old Western Rajasthani*,—Indian Antiquary, बम्बई; १९१४-१६ में प्रकाशित।

Jules Bloch—*L' Indo-Aryan du Veda aux temps moderness*, पेरिस, १९३४ ई०।

Jules Bloch—*La formation de La Language Marathe*, पेरिस, १९१९ (अंग्रेज़ी अनुवाद पूना से प्रकाशित)।

R. L Turner—*The Indo-Germanic Accent in Marathe*,—Journal of the Royal Asiatic Society of Great Britain and Ireland, १९१६।

R. L. Turner—*Gujarati Phonology*, वहीं से प्रकाशित, १९२१।

R. L. Turner—*Sindhi Recursives*,—Bulletin of the School of Oriental Studies, लन्दन, जिल्द ३, पृ० ३०१-३१५।

John Sampson—*The Dialect of the Gipsies af Wales*,—Oxford University Press, १९२६ ई०।

सुनीतिकुमार चाटुर्ज्या—*The Origin and Development of the Bengali Langnage*, २ जिल्दें, कलकत्ता यूनिवर्सिटी प्रेस, १९२६ ई०।

बनारसीदास जैन—*A Phonology of Panjabi (with a Ludhiani Phonetic Reader)*, पंजाब विश्वविद्यालय, लाहौर, १९३४ ई०।

बाबूराम सक्सेना—*The Evolution of Awadhi*, इलाहाबाद, १९३८ ई०।

सुमित्र मंगेश कात्रे—*The Formation of Konkani*, बम्बई, १९४२ ई०।

रामचन्द्र नारायण वले—*Verbal Composition in Indo-Aryan*, पूना, १९४८ ई०।

Wilhelm Geiger—*A Grammar of the Sinhalese Language*,—Ceylon Branch of the Royal Asiatic Society, कोलम्बो, १९३८ ई०। (इससे पूर्व प्रो० गाइगर की कृति जर्मन में स्त्रास्बर्ग से १९०० में प्रकाशित हुई थी)।

टी० एन० दवे—*A Study of the Gujarati Language in the 16th Century*, लन्दन, १९३५ ई०।

बाजीकान्त काकतीय—*Assamese, its Formation and Development*, गौहाटी, १९४१ ई०।

सुभद्र झा—*The Formation of the Maithili Language.* लन्दन, १९५८ ई० ।

उदयनारायण तिवारी—*The Origin and Development of Bhojpuri Language*, एशियाटिक सोसाइटी, कलकत्ता, १९६० ई० ।

ग्रियर्सन की *Maithili Grammar* (द्वितीय संस्करण, कलकत्ता, १९०९ ई०) । उदयनारायण तिवारी का निबन्ध *A Dialect of Bhojpuri* (Journal of the Bihar and Orissa Research Society, पटना, जिल्द २०, २१) तथा धीरेन्द्र वर्मा की *La Langue Braj* (पेरिस, १९३५ ई०) भी उल्लेखनीय हैं ।

George Abraham Grierson—*A Manual of the Kashmiri Language*, २ जिल्दें, ऑक्सफर्ड, १९११ ई० तथा *The Piśāca Languages of North-Western India*, लन्दन, १९०६ (दर्दीय भाषाओं पर ओस्लो के George Morgenstierne की अधिक हाल की कृति ध्यान देने योग्य है) ।

जहाँ तक नव्य-भारतीय आर्य-भाषा की व्युत्पत्ति का सवाल है, R. L. Turner की *Nepali Dictionary*, लन्दन, १९३१ ई० सबसे अधिक अधुनातन कृति है । J. T. Platts की *Hindustani Dictionary* (*Urdu, Classical Hindi and English*) पुराने ढंग की होते हुए भी आज भी बड़े काम की है । सुमित्र मंगेश कात्रे की *Comparative Glossary of Konkani*, जो Calcutta Oriental Journal (जो अब जीवित नहीं है) की जिल्द २, संख्या १ (१९४५ ई०) में शुरू की गई थी और अभी तक पूरी नहीं छप सकी है । टर्नर का भारतीय भाषा सर्वेक्षण से सम्बन्धित नव्य-भारतीय आर्य-भाषा का तुलनात्मक कोष अभी प्रकाशित नहीं हुआ है ।

पृ० १११-११२ टिप्पणी—नव्य-भारतीय आर्य-भाषा के ध्वनि-विज्ञान के सम्बन्ध में अलग-अलग भाषाओं और बोलियों के निम्नलिखित अध्ययन उल्लेखनीय हैं :

T. Grahame Bailey—*A Panjabi Phonetic Reader*, University of London Press, १९१४ ई० ।

सुनीतिकुमार चाटुर्ज्या—*Bengali Phonetics*, Modern Review, कलकत्ता, जनवरी १९१८ ।

H. S. Perera तथा Daniel Jones—*A Colloquial Sinhalese Reader*, Manchester University Press, १९१९ ई० ।

सुनीतिकुमार चाटुर्ज्या—*A Brief Sketch of Bengali Phonetics*,

International Phonetic Association, लन्दन, १९२१।

सुनीतिकुमार चाटुर्ज्या—*A Bengali Phonetic Reader*, University of London Press, १९२८ ई०।

बनारसीदास जैन—*A Ludhiani Phonetic Reader*, पंजाब विश्वविद्यालय, लाहौर, १९३४ ई०।

बाबूराम सक्सेना—*Evolution of Awadhi* में अवधी के ध्वनि-तत्त्व तथा ध्वनि-विज्ञान-सम्मत पाठवाले अंश।

एस० जी० मुहीउद्दीन क़ादरी—*Hindustani Phonetics* (हैदराबाद दक्षिण की हिन्दुस्तानी), पेरिस, १९३० ई०

गोपाल हालदार—*A Brief Phonetic Sketch of ihe Noakhali Dialect of South-Eastern Bengali*, Calcutta University Journal of the Department of Letters, Vol. XIX, १९२९ ई०, पृ० १-४०।

गोपाल हालदार—*A Skeleton Grammar of the Noakhali Dialect of Bengali*, वही, Vol. XXIII, १९३३ ई०, पृ० १-३८।

सुमित्र मंगेश कात्रे—*Konkani Phonetics*, वही, Vol. XXVII, कलकत्ता, १९३५ ई०, पृ० १-१९।

सिद्धेश्वर वर्मा—*The Phonetics of Lahnda*; Journal of the Royal Asiatic Society of Bengal, १९३६, Letters Vol. II, पृ० ४७-११८।

सुभद्र झा—*Maithili Phonetics*; Indian Linguistics, कलकत्ता विश्वविद्यालय, जिल्द ८, भाग १, १९४०-४१ ई०, पृष्ठ ३९-७०।

कृष्णपद गोस्वामी—*Linguistic Notes on Chittagong Bengali*, वही, जिल्द ८, भाग २ और ३, पृ० १११-१६२।

पृ० १५६ टिप्पणी—नागरी लिपि में लिखित हिन्दी का बंगाल में समर्थन। उपलब्ध प्रमाणों से स्पष्ट विदित होता है कि अठारहवीं शती के अन्त की ओर तथा उन्नीसवीं शती के अधिकांश काल में, जब खड़ी-बोली हिन्दी धीरे-धीरे विकसित हो रही थी, नागरी लिपि अति विपन्न स्थिति में आ पड़ी थी। संस्कृत का अध्ययन करनेवाले कुछ ब्राह्मण तथा जैन विद्वानों को छोड़ समस्त उत्तर-भारत और कश्मीर में तथा राजस्थान और महाराष्ट्र में भी और फ़ारसी तथा उर्दू के केन्द्रों से दूर मुसलमान शासकों के दरबारों में रहनेवाले तथा राजकीय विभागों और कचहरियों में (मुगल-शासन के तथा पंजाब और अवध-जैसे स्वतन्त्र या अर्ध-स्वतन्त्र राज्यों के अधीन) काम करनेवाले शिक्षित

हिन्दुओं में भी नागरी लिपि का व्यवहार धीरे-धीरे पूरे तौर पर उठ चला था। ब्रिटिश शासन-काल में भी नागरी की उपेक्षा होती रही और यद्यपि जान पड़ता है कि पंजाब में अंग्रेज़ी शासन से पहले के समय में संस्कृत के साथ-साथ नागरी-लिपि का प्रसार दृढ़तापूर्वक हो रहा था, परन्तु वहाँ भी नागरी-लिपि पिछड़ गई। बिहार से लेकर पंजाब तक के स्कूलों में अधिकतर उर्दू पढ़ाई जाती थी और कचहरियों में केवल उर्दू का ही राज्य था; हिन्दी जाननेवाले वकीलों और अफ़सरों का वहाँ नितान्त अभाव था। समय-समय पर राष्ट्रीय विचारधारा के हिन्दू नागरी-लिपि के पक्ष में आवाज़ उठाते रहे, परन्तु उन्नीसवीं शताब्दी के उत्तरार्ध से पहले इस दिशा में गम्भीर या नियमित रूप से कुछ न किया जा सका, यद्यपि १८५० ई० से पहले ही नागरी-हिन्दी में दो-एक समाचार-पत्र निकल चुके थे। बंगाल में स्थिति बिलकुल भिन्न थी; वहाँ फ़ारसी-अरबी लिपि स्वदेशी बंगला-लिपि को कभी दबा न पाई थी और यद्यपि खुलना तथा चटगाँव में फारसी-अरबी लिपि में लिखित बंगला के कुछ हस्तलिखित ग्रन्थ मिले हैं, परन्तु बंगाली मुसलमान बंगला-लिपि का ही व्यवहार करते थे। हिन्दी तथा बिहार, उत्तर प्रदेश और पंजाब के मामलों में रुचि रखनेवाले बंगालियों ने शुरू से ही नागरी तथा संस्कृतमय हिन्दी का पक्ष लिया। उन्नीसवीं शती के उत्तरार्ध से बिहार, उत्तर प्रदेश तथा पंजाब में प्रवासी के तौर पर बसे बंगालियों ने बिहार, उत्तर प्रदेश और पंजाब के स्कूलों तथा कचहरियों में नागरी-हिन्दी की स्थापना के आन्दोलन में भाग ही नहीं लिया, अपितु इसका नेतृत्व भी किया। मुसलमानों तथा फारसी-अरबी लिपि के अन्य समर्थकों को यह आन्दोलन अखरा और उन्होंने इसका विरोध किया। बिहार और उत्तर प्रदेश से आकर कलकत्ता में बस गए हिन्दी के लेखकों तथा अनुवादकों ने अपने पढ़े या अनूदित बंगला-ग्रन्थों का अनुसरण करते हुए हिन्दी में भी संस्कृत-बहुल शैली का निर्माण करने में सहायता पहुँचाई, यहाँ तक कि भारतेन्दु हरिश्चन्द्र-जैसा साहित्यकार भी, जो आधुनिक हिन्दी के निर्माताओं में से एक है, बनारस में बंगला साहित्य से प्रभावित हुआ और इसके अनेक ग्रन्थों का उसने इस स्वरूप ग्रहण करती हुई आधुनिक हिन्दी में अनुवाद किया (देखिए, सुधाकर चैटर्जी का निबन्ध 'आधुनिक हिन्दी साहित्ये बाँगलार स्थान' (आधुनिक हिन्दी साहित्य में बंगला का स्थान), भाग १, कलकत्ता, बंगला संवत् १३६४=१९५७ ई०; इस प्रसंग में रामचन्द्र शुक्ल का प्रसिद्ध 'हिन्दी साहित्य का इतिहास' भी देखिए।

नवीनचन्द्र राय (जो गत शताब्दी के उत्तरार्ध में पंजाब में एक उच्च

सरकारी अफ़सर तथा शिक्षा-प्रसार के सक्रिय कार्यकर्ता और ब्राह्म-समाज के प्राण थे) तथा भूदेव मुखर्जी (जो बिहार में शिक्षा-विभाग के एक महत्त्वपूर्ण पद पर स्थित अफ़सर थे और जिनकी सेवाओं का पहले भी उल्लेख किया जा चुका है) के अतिरिक्त हमारे सामने बेनीमाधव भट्टाचार्य और शारदाप्रसाद सान्याल आते हैं, जिन्होंने अंग्रेज़ी पत्र Reflector द्वारा, जो उत्तर प्रदेश में सर्वप्रथम प्रकाशित होनेवाले पत्रों में से एक था, १८६८ ई० से नागरी-हिन्दी की पुनः स्थापना का आन्दोलन शुरू किया। इस पत्र (Reflector) में हिन्दी का जो समर्थन किया गया, उसका अलीगढ़ कॉलेज के संस्थापक सर सैयद अहमद खाँ ने **अलीगढ़ इन्स्टीट्यूट गजट** में घोर विरोध किया था। इलाहाबाद के प्यारी-मोहन बनर्जी (जिन्हें 'The Fighting Munsiff' अर्थात् 'लड़ाके मुन्सिफ' कहा गया था), रामकाली चौधुरी और नीलकमल मित्र-जैसे अनेक बंगालियों ने मुंशी सदासुखलाल और बाबू गयाप्रसाद-सरीखे स्थानीय लोगों के साथ तत्कालीन उत्तर-पश्चिमी सूबे (उत्तर प्रदेश) के लेफ्टिनेंट गवर्नर सर विलियम म्योर के सामने नागरी-हिन्दी का पक्ष-समर्थन किया था। उस समय सर विलियम म्योर ने इन लोगों की माँग यह कहकर टाल दी थी कि संस्कृति की भाषा के रूप में हिन्दी अभी उर्दू की बराबरी नहीं कर सकती और उन्होंने वचन दिया कि इस माँग पर सहानुभूतिपूर्वक विचार किया जाएगा और नागरी-हिन्दी में साहित्य का कुछ विकास हो जाने पर इसे कचहरियों में स्थान दिया जाएगा। कचहरियों में नागरी-हिन्दी को, सन् १८९३ में स्थापित नागरी प्रचारिणी सभा के माध्यम से नागरी-प्रेमी हिन्दुओं द्वारा चलाये गए दीर्घ-कालीन आन्दोलन के फलस्वरूप अन्ततः बीसवीं शती के प्रथम दशक में, मान्यता प्राप्त हो सकी। बिहार में इससे पहले ही भूदेव मुखर्जी के उद्योग से नागरी-लिपि को अदालती लिपि के रूप में (फ़ारसी-अरबी तथा कैथी लिपियों के समकक्ष) स्वीकार कर लिया गया था। इलाहाबाद में उपर्युक्त बंगाली सज्जनों द्वारा, जिनकी नागरी-हिन्दी की सर्वाग्र सेवा अब पूर्णतः भुला दी गई है, प्रारम्भ किये आन्दोलन को राजा शिवप्रसाद ने आगे बढ़ाया था (देखिए, ज्ञानेन्द्र मोहनदास की पुस्तक 'बाँगलार बाहिरे बाँगाली' (बंगाल के बाहर बंगाली), जिल्द १, उत्तर-भारत वाला भाग, कलकत्ता, बंगला साल १३२२, पृ० ७२-७५।)

बिहार की अदालतों और तब पाठशालाओं में नागरी-हिन्दी की स्थापना के लिए गत शताब्दी के आठवें दशक में भूदेव मुखर्जी के प्रयत्नों की प्रशंसा अम्बिका कवि के एक भोजपुरी गीत में की गई है; इस गीत को सर जार्ज अब्राहम ग्रियर्सन ने अपनी *Seven Grammars of the Dialects and Sub-*

Dialects of the Bihari Language, part II, the Bhojpuri Dialect, कलकत्ता, १८८४ ई० में उद्धृत किया है। गीत इस प्रकार है—

धन्य धन्य गवरमिण्ट परजा-सुख-दाई।
जामनी-के दूर करि नागरी चलाई॥
भुवनदेव (=भूदेव) करि पुकार लाट ढिग जाई।
परजा-दुख दूर करह जामनी बुराई॥

भूदेव मुखर्जी के समसामयिक लोगों तथा शिवनन्दन सहाय ने उनकी नागरी-हिन्दी की सेवाओं की निम्नलिखित शब्दों में मुक्तकण्ठ से अभ्यर्थना की है (देखिए, सहाय द्वारा संगृहीत साहिब प्रसादसिंह की ग्रन्थ-सूची, बाँकीपुर, १९०७) :

'उक्त बाबू भूदेव मुखोपाध्याय ही बिहार-प्रान्त-में हिन्दी-के मुख्य कारण हो गए हैं, उन्होंने इस-के लिए बहुत-कुछ यत्न किया था, उन्हीं-के समय-में बिहारियों-की कुछ रुचि हिन्दी-की ओर झुकी, उन्हीं के समय-में बिहार-प्रान्त-के शिक्षा-विभाग-के कर्मचारियों-ने विद्यार्थियों-के उपयोगी कई-एक पुस्तकों-की रचना की। पूर्वोक्त 'गुरु-गणित-शतक' की समालोचना-में तत्कालीन हिन्दी-भाषा-के प्रसिद्ध समाचार-पत्र 'उचित-वक्ता' में लिखा था कि "हम लोग आशा करते हैं कि भूदेव बाबू-के यत्न-से बिहार-प्रान्त-में हिन्दी-की सभी प्रकार-की पुस्तकें (जिस प्रकार बंगला में हैं) प्रकाशित हो जाएँगी, क्योंकि जब-से उक्त महाशय बिहार-प्रान्त-में आये हैं, दिन-दिन हिन्दी पुस्तकें बढ़ती जाती हैं। यह देखकर हम लोगों-को जान पड़ता है कि कुछ दिनों में बिहार-प्रान्त-में पश्चिमोत्तर-प्रदेश की अपेक्षा पुस्तक-संख्या अधिक हो जाएगी।" जो हो, पर इस आदि उद्योग-के लिए बिहार भूदेव-बाबू-का निस्सन्देह बाधित है, और सदैव रहेगा।' (इस उद्धरण की ओर मेरा ध्यान आकर्षित करने के लिए मैं डॉ० महादेव साहा का आभारी हूँ।)